汽车先进技术译丛　汽车技术经典手册

车辆系统动力学手册
第3卷：子系统动力学

［意］吉亚姆皮埃罗·马斯蒂努（Giampiero Mastinu）
［奥］曼弗雷德·普勒彻（Manfred Ploechl）　主编
吉林大学汽车仿真与控制国家重点实验室　组译
李杰　等译

机械工业出版社

本丛书对车辆系统动力学建模、分析与优化，车辆概念和空气动力学，充气轮胎和车轮-道路/越野，车辆子系统建模，车辆动力学和主动安全，人机相互作用，智能车辆系统，以及车辆事故重建被动安全进行了全面描述。

本丛书由来自23所大学与9家知名企业的50余位专家共同编写，以科学界与工业界的视角对知识结构进行了平衡，代表了目前车辆系统动力学技术发展的水平，适合汽车工程师与汽车专业师生阅读使用。

推荐序言

汽车仿真与控制国家重点实验室，是国家布局在汽车工程科技领域的首批国家重点实验室。1989 年，实验室获批立项建设。1993 年，获得世界银行贷款 2500 万元投资，研制国际先进的汽车性能模拟器。1996 年，在"整体系统自行设计与集成，关键部件国外引进，一般部件国内配套、软件自行开发"的总体技术路线指导下，成功研制了中国首台开发型汽车性能模拟器，当年 12 月以"世界先进、亚洲第一和中国首创"的评价通过国家验收，正式对国内外开放。

通过 30 多年的建设与发展，实验室已经建设和发展成为我国汽车行业产品开发的基础、共性和前沿技术的主要研究基地、高层次人才培养基地和重大实验装备的主要研制基地，支撑了我国汽车行业产品开发技术自主创新体系的建立与完善，代表中国在国际汽车仿真与控制领域形成重要的学术影响力。

1999 年，李杰教授担任实验室主任助理，协助我开展实验室学术和科研的管理工作。在实验室的工作中，因高度的责任心、踏实的作风和创新的思维而晋升为实验室副主任，负责实验室的学术和科研运行与规划工作。他先后与 4 位实验室主任共事过，有力保证了实验室各项政策和工作的顺利过渡，4 次负责具体组织参加科技部组织的国家重点实验室评估工作，并且 4 次顺利通过国家评估。

国家重点实验室肩负着基地运行与发展、队伍建设与人才培养、学术创新研究、开发交流与科学传播等使命，不断地将实验室的代表性成果向国内外推介，同时引进国外先进的理论、方法和技术，既是科学传播的主要任务，也是中国由汽车大国走向汽车强国的重要途径。

我非常欣慰地看到，李杰教授组织了与机械工业出版社汽车分社的合作，通过"汽车先进技术译丛/汽车技术经典手册"开展汽车仿真与控制国家重点实验室组译工作，并且率先带头开展了 *Road and Off - Road Vehicle System Dynamics Handbook* 的翻译工作。

这部手册由原 Swets & Zeitlinger 公司（现 Taylor & Francis Group 公司）和国际车辆系统动力学学会（IAVSD）前秘书长 Robin Sharp 教授和车辆系统动力学前主编 Peter Lugner 教授倡议，由欧洲、美国和亚洲等 13 个国家的 50 余位著名的科学家和工程师撰写，23 所大学和 9 家知名企业直接或间接参与完成，具有权威性和系统性。手册的翻译和出版，既有助于进一步推动车辆系统动力学发展，也有助于使车辆系统动力学更好地适应数字化、电动化、智能化和网联化的发展。

2020 年 12 月 7 日

译者的话

Road and Off–Road Vehicle System Dynamics Handbook 由 Swets & Zeitlinger 公司和国际车辆系统动力学学会（IAVSD）一起策划和推进，Taylor & Francis Group 公司收购 Swets & Zeitlinger 公司后，这一计划仍得以继续。这部手册由欧洲、美国和亚洲等 13 个国家的 50 余位著名的科学家和工程师撰写，23 所大学和 9 家知名企业直接或间接参与，在车辆系统动力学领域，虽然国内外学者已经出版了一些专著，但是还缺乏一套系统和权威的标准参考手册。因此，我向机械工业出版社建议引进翻译出版本书。

车辆系统动力学是吉林大学汽车仿真与控制国家重点实验室的重点研究方向，而国家重点实验室又具有科学传播的使命，当机械工业出版社建议我来组织本书的翻译时，我愉快地接受了邀请，组织丛书的翻译工作，由此也拉开了其后与机械工业出版社汽车分社合作的汽车仿真与控制国家重点实验室组译工作的序幕。

2016 年，我带领自己的研究生郭文翠、王培德、王亮、王祥、杨昆、赵唤、谷盛丰和陈凯开始了翻译工作，结合翻译的内容每周进行组会交流，对存在的问题进行讨论和提出解决方案。在此过程中，他们付出了艰苦的努力，但也从翻译中得到了收获和提高。

在完成了全部 42 章的翻译初稿后，由我和赵旗老师进行校对和修改工作，对各章风格和排版进行了统一。在此过程中，我也发现了全书各章顺序排列存在的问题。在与责编面对面交流出版问题时，经过讨论，为方便国内读者阅读，我们决定将原著厚达 1700 多页的手册分卷出版，并按照各卷名对个别章的前后顺序进行了微调，使其更适合国内读者的阅读习惯。此后，在对书稿再次进行全文校对和修改后，向出版社提交稿件。

这部手册翻译和修改共计 3 次，整个过程得到出版社编辑的大力支持、鼓励和鞭策。译稿历时 5 年才得以提交，主要原因在于我只能在紧张繁忙的工作之余开展翻译工作，力图能够更好地表达著者的写作内容。虽然希望通过时间消耗尽量减少错误，但是肯定会有错误和不当之处，恳请读者给予指正，通过邮箱联系：lj@jlu.edu.cn。

  郭孔辉院士在得知我们所进行的这项工作后，欣然应邀为本手册作序，并对与机械工业出版社汽车分社合作的汽车仿真与控制国家重点实验室组译工作表示了肯定和支持。郭院士在国内汽车动力学研究方面所做的开创性的工作，以及多年来工作中对本人的指导和鼓励，是我投身汽车动力学研究的最大动力，在此也向郭院士致以真诚的感谢与最大的敬意！希望本手册的出版，有助于推动国内车辆系统动力学与控制的研究工作，更希望看到中国版车辆系统动力学手册的早日出版。

李杰

前　言

几年前，Swets & Zeitlinger 出版公司和国际车辆系统动力学学会（IAVSD）（以 IAVSD 前秘书长 Robin Sharp 教授和《车辆系统动力学》前主编 Peter Lugner 教授为代表）一起向我们提议出版本书。从那时起我们就做出许多努力，召集杰出学者参与这个项目。在 Taylor & Francis Group 收购 Swets & Zeitlinger 后，我们继续努力。现在，可以向科学和技术领域展示这一成果了。

我们的目标是在车辆系统动力学领域出版一套权威的标准参考著作。当代关于这一主题的出版物要么非常专业（科学论文），要么需要花费大量时间阅读（非常专业的书籍）。本书既适合初学者又适合有经验的工程师阅读，也可以作为大学研究生课程的教科书。

丛书的内容由著名的科学家和工程师撰写，其中的许多人已经就本书中涉及的主题撰写了完整的书籍。作者是从工业领域和大学中挑选出来的，以在理论和实践之间找到平衡。

丛书由来自欧洲、美洲和亚洲等 13 个国家的 50 余位专家撰写，共 42 章，23 所大学和 9 家知名企业直接或间接参与这个项目。

丛书由涵盖当前车辆系统发展状况的一系列独立章节组成，分为 8 个部分：车辆系统动力学基础、建模、仿真分析，车辆概念和空气动力学，充气轮胎和车轮－道路/越野道路接触，车辆子系统建模，车辆动力学和主动安全，人机相互作用，智能车辆系统，道路事故重建和被动安全。各部分均从发展历史介绍开始。

我们尽量不过分强调汽车，部分内容还涉及摩托车和商业车辆以及越野车辆。但主要内容还是汽车。

我们为作者提供了在章节中表达其非凡经验的自由，之后编辑们仔细阅读了所有章节，平衡了部分内容，未涉及的问题分别反馈给各个作者。

我们充分意识到丛书内容不会永远是最新的，但以简洁、信息丰富的方式并以基本问题为中心写成的内容，在相当长的一段时间内将是有用的。

丛书是一套公式和实例的集合，有助于在没有任何数学证明下解决问题，而数学证明则留给以后阅读文献中引用的论文或书籍。这样就忽略了小技术问题，只处理高水平的科学/技术问题。我们一直努力遵循 S. K. Clark 编辑《充气轮胎力学》所规定的高标准，这本书于 1981 年由美国交通部出版。

丛书反映了全世界在解决车辆系统动力学设计问题上使用的科学/技术方法。我们鼓励不同作者对相同的问题给出不同的观点。将选择权留给读者以指导使用本书中收集的信息。工程学是一个令人兴奋的复杂领域，在一个仍然悬而未决的问题上仅允许单一的意见将会大大降低本书的丰富性。

丛书可以通过参考问题索引找到想要了解的问题。有经验的读者可以按任何顺序阅读本书，没有经验的读者可以从研究本书开头的"横向"章节中获益，这些内容涉及总论问题，如第 2 章~第 10 章的系统建模、分析和优化。这些"横向"章节是后续阅读"纵向"章节的基础。"纵向"章节处理特殊问题，如第 11 章~第 42 章的轮胎和车辆子系统、人机相互作用、主动和被动安全。无论如何，问题索引可以帮助读者识别本书的各个部分，通过纵向或横向章节找到所需的内容。

丛书对初学者，是希望其获得对于具体问题的基本知识；对有经验的工程师或科学家，是希望其获得对于特定领域最新的信息。这是略有矛盾的目标，需要通过作者处理基本问题并在专业论文中添加适当的参考文献以供进一步阅读。

我们要感谢所有作者的努力，他们热情地参与这个项目，耐心地编辑和修改了其章节并提供了本书的最后定稿，它们反映了车辆系统动力学当前的知识。

吉亚姆皮埃罗·马斯蒂努

曼弗雷德·普勒彻

撰写者

Masato Abe
Department of Vehicle System Engineering
Kanagawa Institute of Technology
Atsugi – shi, Japan

Jorge Ambrósio
Institute of Mechanical Engineering
Instituto Superior Tecnico
Technical University of Lisbon
Lisbon, Portugal

Dieter Ammon
Daimler AG
Stuttgart, Germany

Martin Arnold
Institute of Mathematics
University of Halle – Wittenberg
Halle, Germany

Jahan Asgari
Research and Innovation Center
Ford Motor Company
Dearborn, Michigan

John Aurell
Volvo Trucks
Gothenburg, Sweden

Massimiliano Avalle
Department of Mechanical and Aerospace Engineering
Politecnico di Torino
Turin, Italy

Giovanni Belingardi
Department of Mechanical and Aerospace Engineering
Politecnico di Torino
Turin, Italy

Bernd Bertsche
Institute of Machine Components
University of Stuttgart
Stuttgart, Germany

Maurizio Boiocchi
Pirelli Tire S. p. A.
Milan, Italy

Thomas Bruder
BMW Group
Munich, Germany

Carlo Maria Domenico Cantoni
Brembo S. p. A.
Bergamo, Italy

Riccardo Cesarini
Brembo S. p. A.
Bergamo, Italy

Horst Ecker
Institute of Mechanics and Mechatronics
Engineering Dynamics
Vienna University of Technology
Vienna, Austria

Johannes Edelmann
Institute of Mechanics and Mechatronics
Vehicle System Dynamics Research Group
Vienna University of Technology
Vienna, Austria

Paul Fancher
Transportation Research Institute
The University of Michigan
Ann Arbor, Michigan

Michael Fodor
Research and Innovation Center
Ford Motor Company
Dearborn, Michigan

Jochen Gang
Institute of Machine Components
University of Stuttgart
Stuttgart, Germany

Gwanghun Gim
原 R&D Center
Hankook Tire Co., Ltd.
Daejeon, Republic of Korea

现
Global OE Technology
Cheng Shin Tire & Rubber Co., Ltd.
Kunshan, Jiangsu, People's Republic of China

Michael Gipser
Department of Automotive Engineering
Esslingen University of Applied Sciences
Esslingen, Germany

Massimiliano Gobbi
Department of Mechanical Engineering
Politecnico di Milano
Milan, Italy

Soong – Oh Han
Freudenberg Forschungsdienste SE & Co. KG
Weinheim, Germany

Holger Hanselka
原 Fraunhofer Institute for Structural Durability and System Reliability LBF
Darmstadt, Germany
现
Karlsruhe Institute of Technology (KIT)
Karlsruhe, Germany

Rüdiger Heim
Fraunhofer Institute for Structural Durability and System Reliability LBF
Darmstadt, Germany

Günter H. Hohl

Austrian Society of Automotive Engineers
Vienna, Austria

Davor Hrovat
Research and Innovation Center
Ford Motor Company
Dearborn, Michigan

Stefan Jakubek
Division of Control and Process Automation
Institute of Mechanics and Mechatronics
Vienna University of Technology
Vienna, Austria

Ichiro Kageyama
Director of Nihon University Center for Automotive Research (NU – CAR)
Department of Mechanical Engineering
College of Industrial Technology
Nihon University, Japan

Heinz Kaufmann
Fraunhofer Institute for Structural Durability and System Reliability LBF
Darmstadt, Germany

Michael Kieninger
Fraunhofer Institute for Intelligent Analysis and Information Systems IAIS
Sankt Augustin, Germany

Martin Kozek
Division of Control and Process Automation

Institute of Mechanics and Mechatronics
Vienna University of Technology
Vienna, Austria

Ferit Kücükay
Institute of Automotive Engineering
Braunschweig University of Technology
Braunschweig, Germany

Andreas Laschet
ARLA Maschinentechnik GmbH
Wipperfürth, Germany

Peter Lugner
Institute of Mechanics and Mechatronics
Vehicle System Dynamics Research Group
Vienna University of Technology
Vienna, Austria

Charles MacAdam
The University of Michigan
Ann Arbor, Michigan

Giampiero R. M. Mastinu
Department of Mechanical Engineering
Politecnico di Milano
Milano, Italy

Giuseppe Matrascia
Pirelli Tire S. p. A.
Milan, Italy

Wolfgang Matschinsky
Büssing AG
Brunswick, Germany

和
BMW AG
Munich, Germany

Masao Nagai
Faculty of Engineering
Department of Mechanical Systems Engineering
Tokyo University of Agriculture and Technology
Tokyo, Japan

Jürgen Nuffer
Fraunhofer Institute for Structural Durability and System Reliability LBF
Darmstadt, Germany

Hans B. Pacejka
Delft University of Technology
Delft, the Netherlands

Anna Pandolfi
Department of Civil and Environmental Engineering
Politecnico di Milano
Milan, Italy
和
Division of Engineering and Applied Sciences
California Institute of Technology
Pasadena, California

Panos Y. Papalambros
Department of Mechanical Engineering
The University of Michigan
Ann Arbor, Michigan

Huei Peng
Department of Mechanical Engineering
The University of Michigan
Ann Arbor, Michigan

Manfred Ploechl
Institute of Mechanics and Mechatronics
Vehicle System Dynamics Research Group
Vienna University of Technology
Vienna, Austria

Karl Popp
Institute of Dynamics and Vibration Research
Leibniz Universitaet Hannover
Hannover, Germany

Giorgio Previati
Department of Mechanical Engineering
Politecnico di Milano
Milano, Italy

Werner Schiehlen
Institute of Engineering and Computational Mechanics
University of Stuttgart
Stuttgart, Germany

Robin S. Sharp
Faculty of Engineering and Physical Sciences
University of Surrey
Guildford, United Kingdom

Roberto Sicigliano
Brembo S. p. A.
Bergamo, Italy

Karl Siebertz
Ford Forschungszentrum
Aachen, Germany

Cetin M. Sonsino
Fraunhofer Institute for Structural Durability and System Reliability LBF
Darmstadt, Germany

Yoshihiro Suda
The University of Tokyo
Tokyo, Japan

Andrea Toso
Dallara
Parma, Italy

Hans True
DTU Compute
Technical University of Denmark
Lyngby, Denmark

Eric H. Tseng
Research and Innovation Center
Ford Motor Company
Dearborn, Michigan

Andreas Wagner
Audi AG Ingolstadt
Ingolstadt, Germany

Kai Wolf
Institute for Security Systems
University of Wuppertal
Velbert, Germany

Jo Y. Wong
Department of Mechanical and Aerospace Engineering
Carleton University
Ottawa, Ontario, Canada

Anton van Zanten（已退休）
Robert Bosch GmbH
Abstatt, Germany

目 录

推荐序言
译者的话
前言
撰写者

第21章 悬架系统 ………………… 1
21.1 引言 ………………………… 1
21.2 悬架分析 …………………… 2
21.3 驱动与制动 ………………… 9
21.4 转向 ………………………… 14
21.5 转向几何 …………………… 20
21.6 弹簧和悬架 ………………… 29
21.7 弹性运动学 ………………… 32
21.8 结论 ………………………… 42
符号表 …………………………… 42
参考文献 ………………………… 44

第22章 主动和半主动悬架系统 … 46
22.1 引言 ………………………… 46
22.2 执行器硬件类型 …………… 48
 22.2.1 电液执行器 …………… 49
 22.2.2 电子执行器 …………… 49
 22.2.3 半主动执行器 ………… 51
 22.2.4 载荷均衡悬架 ………… 51
22.3 与硬件相关的考虑 ………… 53
 22.3.1 摩擦 …………………… 53
 22.3.2 泄漏 …………………… 53
 22.3.3 执行器控制：力与位移
     跟踪 …………………… 53
 22.3.4 执行器带宽 …………… 56
22.4 硬件实施 …………………… 58
 22.4.1 低带宽主动悬架 ……… 58
 22.4.2 高带宽主动悬架 ……… 60
 22.4.3 半主动悬架 …………… 63
22.5 车辆模型 …………………… 63
22.6 其他概念 …………………… 67
 22.6.1 抗点头、抗后坐、抗俯
     仰悬架设计 …………… 67
 22.6.2 Delft悬架 ……………… 68
 22.6.3 侧倾控制悬架 ………… 69
 22.6.4 动态吸振器或调谐质量
     减振器 ………………… 71
 22.6.5 附加考虑 ……………… 71
附录 ……………………………… 71
参考文献 ………………………… 74

第23章 动力传动系统 …………… 77
23.1 引言 ………………………… 77
23.2 动力传动系统动态效应
   分析的过程 ………………… 78
23.3 动力传动系统的扭转
   振动模型 …………………… 78
23.4 应激性分析 ………………… 82
 23.4.1 基础 …………………… 82
 23.4.2 固有特性的灵敏度 …… 83
 23.4.3 共振图 ………………… 83
23.5 动力传动系统部件 ………… 86
 23.5.1 发动机 ………………… 87
 23.5.2 飞轮和离合器 ………… 88
 23.5.3 手动和自动变速器 …… 94
 23.5.4 传动轴 ………………… 101
 23.5.5 差速器 ………………… 104
23.6 动力传动系统动态行为
   仿真：实例 ………………… 104
 23.6.1 动力传动系统：车辆主要动态
     效应的研究 …………… 104
 23.6.2 动力传动系统的非线性
     行为 …………………… 108

23.6.3 动力传动系统建模和换档行为仿真 ……… 113
23.7 结论 …………………………… 115
参考文献 ……………………………… 116

第24章 制动系统

24.1 引言 …………………………… 119
24.2 制动功能 ……………………… 120
24.3 制动过程 ……………………… 122
   24.3.1 制动距离：行车制动 … 122
   24.3.2 静止状态的车辆：驻车制动 ………………… 124
   24.3.3 直线制动和稳定性 …… 125
   24.3.4 最佳直线制动和制动平衡 ………………… 128
   24.3.5 制动时车身姿态 ……… 133
24.4 液压制动系统和部件 ………… 136
   24.4.1 制动系统构型 ………… 140
   24.4.2 制动系统部件 ………… 141
   24.4.3 制动器类型 …………… 147
24.5 缓速器 ………………………… 149
24.6 NVH …………………………… 150
   24.6.1 先进的NVH综述 ……… 151
   24.6.2 现象和影响因素 ……… 152
   24.6.3 试验和计算 …………… 154
   24.6.4 模型 …………………… 159
   24.6.5 制动振动和/或噪声：原因和机理 …………………… 179
24.7 结论 …………………………… 183
附录 …………………………………… 184
参考文献 ……………………………… 185

第25章 转向系统

25.1 引言 …………………………… 203
25.2 转向装置基本结构 …………… 203
25.3 转向装置发展历程 …………… 205
   25.3.1 转向机构的发展历程 … 205
   25.3.2 动力转向的发展历程 … 207
25.4 转向系统基本理论 …………… 208
   25.4.1 Ackerman转向 ………… 208

   25.4.2 转向系统建模 ………… 210
25.5 动力转向 ……………………… 214
   25.5.1 动力转向分类 ………… 215
   25.5.2 动力转向系统建模 …… 216
   25.5.3 动力转向系统实例分析 … 217
   25.5.4 电动助力转向 ………… 218
参考文献 ……………………………… 221

第26章 车身设计中结构和动力学问题 ……………………… 225

26.1 引言 …………………………… 225
26.2 外观和乘员舱造型 …………… 226
26.3 空气动力学 …………………… 227
26.4 弯曲和扭转刚度 ……………… 228
26.5 车身动态行为和模态分析 …… 234
26.6 被动安全 ……………………… 241
26.7 疲劳耐久性 …………………… 243
参考文献 ……………………………… 247

第27章 作为车辆部件的轮胎 …… 253

27.1 引言 …………………………… 253
27.2 稳态滑移的刷子模型 ………… 255
27.3 相似方法 ……………………… 263
   27.3.1 纯滑移条件 …………… 264
   27.3.2 组合滑移条件 ………… 268
27.4 魔术公式轮胎模型 …………… 271
   27.4.1 模型描述 ……………… 272
   27.4.2 方程集合 ……………… 280
27.5 一阶轮胎迟滞 ………………… 284
   27.5.1 模型开发 ……………… 285
   27.5.2 线性模型 ……………… 285
   27.5.3 半非线性模型 ………… 289
   27.5.4 全非线性模型 ………… 289
   27.5.5 陀螺耦合 ……………… 292
   27.5.6 增强的非线性瞬态轮胎模型 ………………… 293
27.6 短波长中频率轮胎模型 ……… 296
   27.6.1 非稳态行为的接触模型 … 297
   27.6.2 剩余刚度和带动力学 … 298
   27.6.3 短路面不平度的动态轮胎

响应 …………………………… 302
27.7　轮胎稳态和动态试验装备 …… 305
附录　力、力矩和车轮滑移的
　　　符号转换 …………………… 312
参考文献 …………………………… 313

第28章　充气轮胎模型：详细的
　　　　　力学模型 ………………… 316
28.1　引言 …………………………… 316
28.2　轮胎有限元分析 ……………… 319
28.3　减低复杂性使用专用软件的轮胎
　　　力学模型 …………………… 321
28.4　悬架和轮胎模型之间的接口 … 323
28.5　常用的轮胎力学模型 ………… 324
28.6　FTire 模型族 ………………… 326
　　28.6.1　柔性环轮胎模型 ……… 327
　　28.6.2　FETire：粗网格的 FE
　　　　　　轮胎模型 ……………… 337
28.7　参数化工具 …………………… 342
参考文献 …………………………… 345

第29章　充气轮胎：构造和
　　　　　测试 ……………………… 349
29.1　引言 …………………………… 349
29.2　材料 …………………………… 349
　　29.2.1　橡胶 …………………… 350
　　29.2.2　填料 …………………… 351
　　29.2.3　固化系统 ……………… 351
　　29.2.4　保护系统 ……………… 352
　　29.2.5　处理剂 ………………… 353
　　29.2.6　树脂 …………………… 353
　　29.2.7　钢和织物 ……………… 353
29.3　制造过程 ……………………… 354
　　29.3.1　混合 …………………… 355
　　29.3.2　压延/挤压 ……………… 356
　　29.3.3　制造 …………………… 359
　　29.3.4　固化 …………………… 361
29.4　轮胎结构 ……………………… 364
　　29.4.1　内衬 …………………… 365
　　29.4.2　帘布 …………………… 366
　　29.4.3　胎圈和填料 …………… 366
　　29.4.4　胎圈包布和轮辋缓冲层 … 367
　　29.4.5　胎侧 …………………… 367
　　29.4.6　带 ……………………… 367
　　29.4.7　带楔：边缘包裹 ……… 368
　　29.4.8　胎面 …………………… 368
29.5　轮胎标准和试验 ……………… 369
　　29.5.1　UN/ECE 法规 ………… 369
　　29.5.2　DOT FMVSS139 测试 … 376
　　29.5.3　内部试验测试 ………… 380
　　29.5.4　其他标准或法规 ……… 385
29.6　结论 …………………………… 387
参考文献 …………………………… 387

第21章 悬架系统

Wolfgang Matschinsky

21.1 引言

世界上第一辆汽车采用了源于马车的刚性轴并带有板簧。随着车辆动力学规律和车辆振动行为知识的日益增长，引入悬架运动学机理使得性能提高成为可能，如牵引和制动的抗俯仰布置。改进的试验方法和计算机程序允许灵活实现悬架弹性—运动学协调，以便使驱动稳定性与行驶平顺性同时得到优化。

具有半轴的转向独立前悬架结构如图 21.1 所示。图 21.1 中 1 是装有轮胎的车轮，3 是确定车轮与车身相关姿态的轮架，制动器 2 布置在车轮和轮架之间，下横臂 7 通过拉杆 10 连接到车身上，10 叫作稳定杆或抗侧倾杆（MacPherson 结构）。减振器 4 固定在轮架上，其活塞杆作为悬架的另一个连杆，转向横拉杆 9 通过齿轮齿条转向器 5 与轮架的转向臂连接，以上部件共同组成悬架机构。弹簧 6 可以视为高柔性的悬架连接杆，使悬架成为一个静定系统。半轴 8 与内置的主减速器相连（图 21.1 中未画出）。

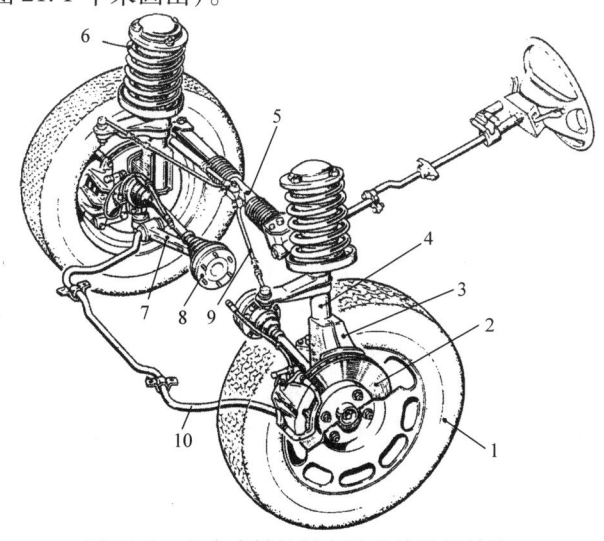

图 21.1　具有半轴的转向独立前悬架结构

本章将论述车轮悬架机构的运动规律、悬架几何分析方法以及悬架特性。

由于车轮与悬架连杆在车身内部运动,而间隙是设计中最重要的问题之一,因此每个车轮悬架设计通常假设车身为一个固定系统,如图21.2所示。在后面采用的车辆固定坐标系中,x轴向前,y轴向左,z轴向上。俯仰角ϑ、侧倾角ϕ和横摆角ψ定义在这个坐标系中,左转时,左轮的转向角δ定义大于0°。当然,这意味着正的前束角δ_v对应负的转向角δ。

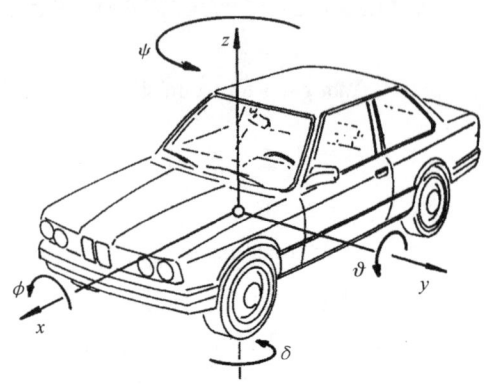

图21.2 坐标系

下面给出的悬架系统大部分没有显示出弹簧单元,因为通常任何类型的弹簧均可以用于各类悬架设计中。

悬架设计是一个非常特殊的话题,精通悬架设计的专家相对较少,主要集中于为数不多的车辆生产商中。有关悬架的特殊知识遵循"实践学习法"原理,通过更有经验的设计师传授给初级设计师。出版物的理论处理通常是简化的,甚至整本书都无法涵盖日常设计工作中应用的所有专业技巧。然而,本章将尝试说明悬架设计中最重要的原则和方法,紧密围绕本书作者的悬架专著中的模式进行介绍[1,6],详细内容可参见相关著作。

21.2 悬架分析

为了应对路面不平度,高速行驶的车辆每个车轮需要具有在主要的垂直方向单自由度运动的可能性,车轮路径遵循一个确定的可重复的功能。

在空间中,一个自由移动的物体具有6个自由度。一个完整机构的自由度用"F"表示,而连接的自由度用"f"表示。

图21.3所示为悬架中经常使用的连接类型:图21.3a为球铰,允许有三个独立的转动自由度,因而自由度$f=3$。由于许多球铰仅采用一个旋转轴,其他两个轴的角位移相对较小,因此可以采用橡胶连接(图21.3b)。然而,橡胶连接

将恢复力矩引入到连接件中。转动连接（图 21.3c）的自由度 $f=1$；转动-滑动连接（图 21.3d）的自由度 $f=2$；球-面连接（图 21.3e）在车轮悬架中很少应用。

这些连接用于悬架连杆与车身、轮架连接，如图 21.4 所示。连杆（图 21.4a）有两个球铰，每个球铰有三个自由度，整个连杆有六个自由度。然而，其中一个自由度是绕着自身轴线的转动，因此这类杆件应用于悬架时，可提供五个自由度。三角连杆或"A 臂"（图 21.4b）的自由度 $f=4$，梯形连杆（图 21.4c）的自由度 $f=2$。转动-滑动连杆（图 21.4d）代表了悬架中的伸缩阻尼器，因此在转动-滑动连杆的轴上与球铰以特殊形式连接，使连杆自由转动，它用于悬架时提供四个自由度。

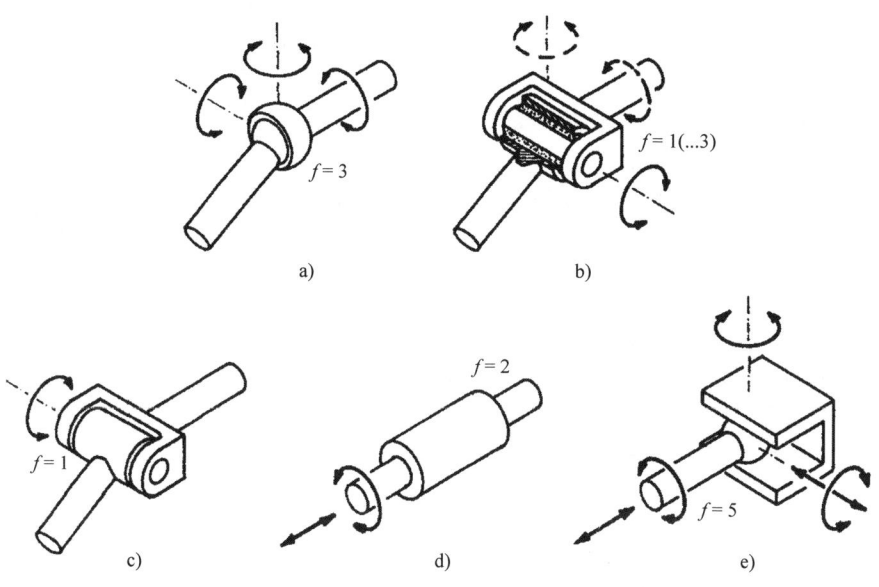

图 21.3 连接类型

a）球铰 b）橡胶连接 c）转动连接 d）转动-滑动连接 e）球-面连接

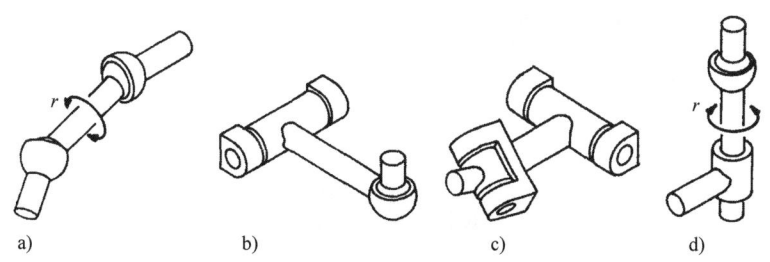

图 21.4 车轮-悬架连杆类型

a）连杆 b）三角连杆或"A 臂" c）梯形连杆 d）转动-滑动连杆（r 表示自由转动数）

图 21.5 所示为独立悬架示意图。悬架的自由度为

$$F = 6(k+l-g) - r + \sum_{i=1}^{g} f_i$$

(21.1)

式中，k 为轮架数；l 为连杆数；g 为连接数量；r 为连杆的自由转动数；f_i 为连接 i 的自由度。

当 $k=1$，$l=3$，$g=6$，4 个球铰、1 个转动连接和 1 个转动 – 滑动连接的自由度总和为

$$\sum f_i = 4 \times 3 + 1 + 2 = 15$$

两个转动（$r=2$），机构的自由度 $F=1$，这是独立悬架的必要条件。

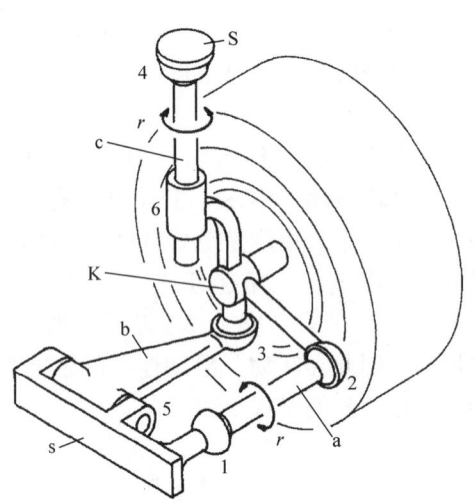

图 21.5 独立悬架示意图

悬架主要分为独立悬架和非独立悬架。独立悬架可以由简单的半拖曳连杆系统（图 21.6a）或复杂的五连杆系统（图 21.6b）表示。非独立悬架由刚性轴组成，如图 21.7 所示。图 21.7a 为推力球轴，有横拉杆；图 21.7b 为四连杆系统。独立悬架以一个车轮表征，需要一个自由度。而非独立悬架的刚性轴有两个车轮，需要两个自由度。由于一个连杆降低系统的一个自由度，独立悬架的基本模型是一个五连杆机构，而非独立悬架是四连杆机构。

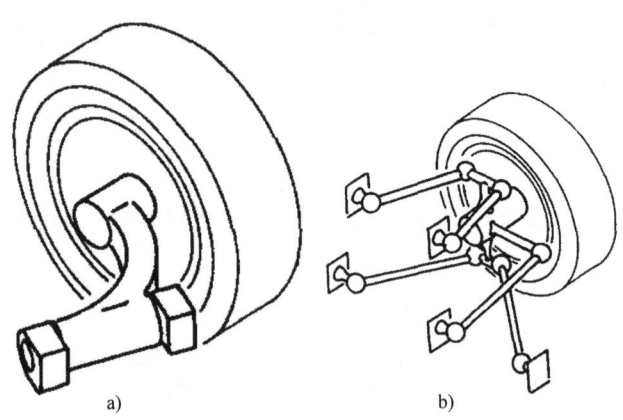

图 21.6 独立悬架实例
a）半拖曳连杆系统 b）五连杆系统

然而，悬架机构并不局限于独立悬架和非独立悬架类型，还有其他类型。复

第21章 悬架系统

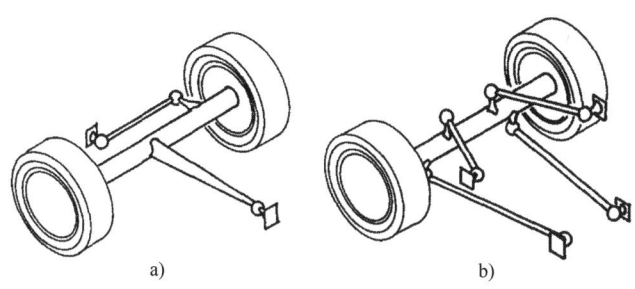

图 21.7 非独立悬架实例
a) 推力球轴 b) 四连杆系统

合悬架如图 21.8 所示。图 21.8a 中，每个车轮五连杆悬架的上横臂与另一端的轮架相连。图 21.8b 中，四连杆悬架的轴为断开式，其一半采用转动–滑动副连接，后者引入的多余的两个自由度通过附加的横向连杆抵消。这种复合悬架演化成为在世界范围内广泛应用的前驱汽车的后扭力梁悬架的基本类型，也如图 21.27 所示。

为了进行悬架运动学分析，普遍使用的是定义机构的"极点"和"瞬时轴"，以便使用它们定义悬架性质或悬架特性，例如悬架侧倾中心、侧倾移距，或者建立悬架的力和力矩平衡。然而，这种方法并不普遍适用，将在下面讨论。

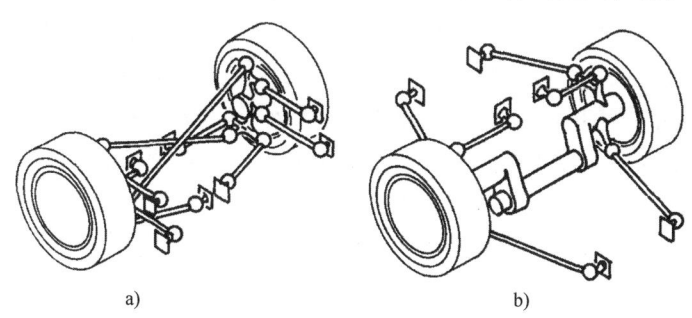

图 21.8 复合悬架实例
a) 独立悬架导出 b) 刚性轴导出

三种简单的"梯形连杆悬架"变体，如图 21.9 所示。图 21.9a 中，梯形连杆转向副的轴线平行，与上连杆连接，它们定义的瞬时转动中心轴线 m 也平行于转向副轴线。这类悬架的几何可以通过垂直于转向副轴线的投影平面完美分析，图 21.9a 所示的悬架为平面机构。图 21.9b 中，梯形连杆转向副的轴线彼此倾斜，相交于点 Z，因为 Z 是轮毂以及车身上的固定点，轮毂上所有的点在空间绕 Z 为中心的球面转动。图 21.9b 所示的悬架为球面机构，图 21.9a 的平面机构实际上就是球面机构的一种特殊情况，即球面中心 Z 为无穷的情况。图 21.9c

中，梯形连杆倾斜的转向副轴线不再相交，这种系统运动的形式不再是绕着瞬时转轴 m 的旋转，而是一个轴向位移和绕轴转动的复合运动，这导致"瞬时螺线"和"空间"类型机构出现。

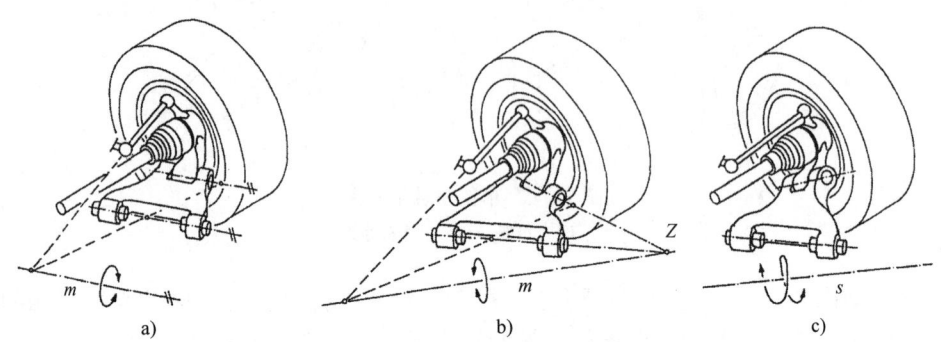

图 21.9　三种"梯形连杆悬架"变体
a）平面机构　b）球面机构　c）空间机构
m—瞬时转动轴线　s—螺旋轴　Z—球面中心

在悬架设计中，引入了一些悬架特性，给出了悬架在典型载荷情况下或与驾驶操纵相关的基本性质信息。其中，五个最重要的悬架特性是侧倾中心、制动力支撑角、驱动力支撑角、车轮外倾角随车轮行程的变化，以及车轮内倾角随车轮行程的变化。为了使所有这些特性都能自由设计尺寸，悬架必须基于由五个参数确定的机构进行设计。平面机构或球面机构的瞬时转动轴线由四个参数定义，例如两个平面相交点的两个坐标，而第五个参数轴向节距是瞬时螺距要求的。

因此，悬架运动分析基于瞬时螺线假设。然而，螺旋轴通常不适于定义力杠杆和建立力的静态平衡，与瞬时转轴相反，不垂直于螺旋轴的力产生力矩，即使力与轴相交也是如此。与螺旋轴相交的平面点通常不能用作运动学或静力学研究的"极点"。

一种非常合适和简单的用于悬架机构运动分析的方法，如图 21.10 所示。悬架包含五个连杆和一个弹簧单元，分别通过球铰与车辆底盘和轮架连接。轮架 K 理想的运动状态，可以通过作为参考点的车轮轮心 M 的速度矢量 v_M 和轮架的角速度 ω_K 表示。轮架上任意一点 i 速度矢量可以表示为

$$v_i = v_M + \omega_K \times r_i \tag{21.2}$$

对于定长度的连杆 a_i，速度分量 v_i 和连杆向量方向的内部铰链可能的速度 $v_{i'}$ 有如下关系

$$v_i a_i = v_{i'} \cdot a_i \tag{21.3}$$

由式（21.2）和式（21.3）有

$$(v_M + \omega_K \times r_i) \times a_i = v_{i'} \times a_i \tag{21.4}$$

以分量形式表示，这是线性方程。对于五个连杆，可以建立类似的方程。项 v_i，a_i 可以表示连杆的弹性变形或转向器输入。例如，如果 a_i 是转向悬架的横拉杆。在所有其他情况下，式（21.4）的右端项为零。弹簧是高柔性的杆，使系统成为一个静定结构。如果被压缩，则用弹簧压缩速度 v_f 代替式（21.4）中的项 $v_{i'}a_i$。

由五个连杆和弹簧产生式（21.4）类型的六个线性方程组成一个系统，用于确定速度 v_M 和角速度 ω_K 的三个分量。

当然，如果将速度乘以时间 dt，则可以作为"虚位移"。

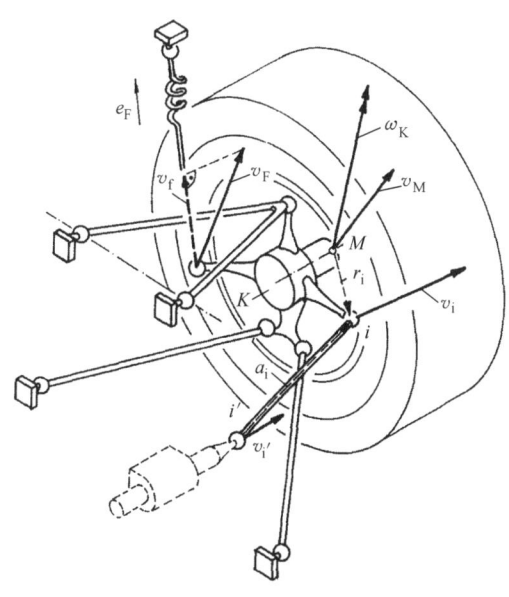

图 21.10　车轮悬架运动分析

这种方法的基本优点是，用于分析运动分析的方程也可以用于静态分析，无须再建立静态分析方程。既然悬架特性大多由力或位移导出，这种方法可以较为方便地用于定义这些特性。以前悬架受到制动力 F_{xB} 为例，具体如图 21.11 所示。

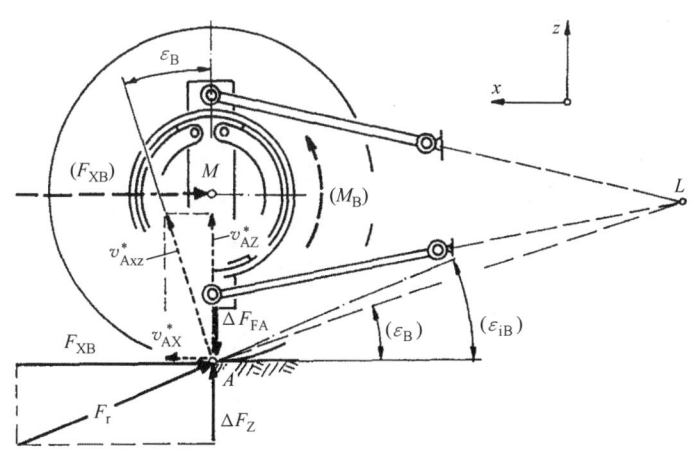

图 21.11　制动时的功率平衡

制动力会导致俯仰力矩，大小取决于车辆重心高度以及轴距。制动时，俯仰力矩使得后轮向前轮转移增加载荷 ΔF_Z。前轮制动作用于车轮和轮架之间，将制动转矩 M_B 传递到车轮上。弹簧力变化用 ΔF_{FA} 表示，它会降低到轮胎接地点 A。

受力分析图与车辆前行速度不相关，因此后面可以将速度这一因素从悬架中抽离，也就是说，在"抱死"车轮假设下的受力分析图也是有效的。在这种条件下，制动时轮胎与地面的接地点 A 与轮架是固定的。对于虚拟弹簧压缩过程，点 A 会以垂直于点 L 与 A 点连线（极线），以虚拟速度 v_A^* 运动。在力和速度 v_A^* 的分量作用下，"功率"平衡可以表示为

$$(\Delta F_Z - \Delta F_A)v_{AZ}^* - F_{XB}v_{AX}^* = 0$$

或者 $\tan\varepsilon_B = \pm v_{AX}^*/v_{AZ}^*$（上标用于前轮）

可得

$$\Delta F_{FA} = \Delta F_Z - F_B\tan\varepsilon_B \tag{21.5}$$

式中 ε_B 为制动力支撑角[3]，用于评价悬架抗点头实际性能的悬架特性。

当制动力支撑角增加时，弹簧力变化明显减小。

对于空间悬架，虚速度 v_A^* 要根据式（21.1）确定，假设力矩支撑被"锁住"。

在内制动和制动力矩通过传动轴传递的罕见情况下，或者独立悬架带有主减速器固定在车身上的正常情况下，可以类似应用前述方法，即将传动轴集成到悬架运动学模型中，并假定力矩支撑（例如发动机）被"锁住"。

在万向节上，两端的两个半轴可以相对相互旋转，仅围绕对称平面 Π_s 中的一个轴转动，如图 21.12 所示。因此，轴的相对角速度矢量要正交于对称平面的法向向量 n。

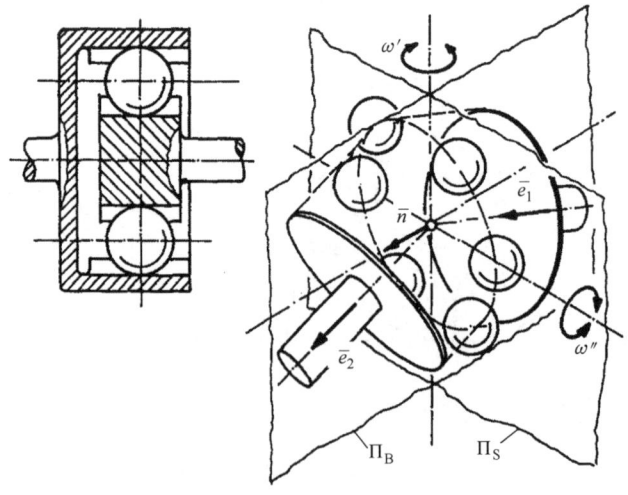

图 21.12 Homokinetic 万向节

对于悬架轮架 K 的给定运动状态（类型是不重要的），可用矢量 v_M 和 ω_K 表示，如图 21.13 所示。传动轴 W 的万向节外侧万向节 2 的速度 v_2 可以由式 (21.2) 确定，使用 v_2，考虑到万向节的运动条件，假定内侧轴端被锁住，可以导出驱动轴的运动状态。因此，可以确定传动轴内侧轴端 Z 对轮架的相对角速度。基于此，相对角速度可以通过轮毂减速装置减少：这里使用减速比 i 表示带传动，其中 $i > 0$ 时轴 Z 和车轮等方向旋转，得到车轮和轮架的相对角速度和车轮的绝对角速度 ω_R。虚速度向量 v_A^{**}可以类似于式 (21.2) 得到

$$v_A^{**} = v_M + \omega_R \times r_A \tag{21.6}$$

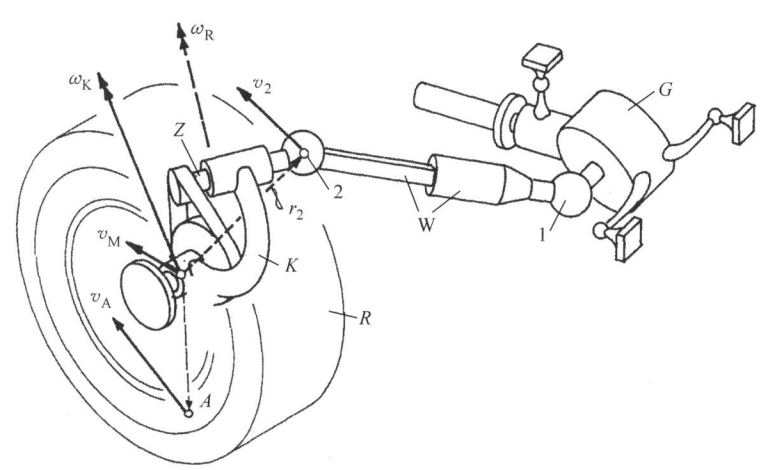

图 21.13 带有传动轴和轮毂减速装置的轮架

21.3 驱动与制动

在加速或制动过程中，惯性力 m_{ax} 作用在车辆重心 S，会造成前轮和后轮的载荷转移 ΔF_{ZV} 和 ΔF_{zh}，如图 21.14 所示。轮胎接地点处的纵向牵引力或制动力 F_{xv} 和 F_{xh} 由系统设计确定，可以保证最佳使用路面与轮胎间的摩擦系数。车轮产生的力 F_r 与车辆质心高度的交点，称为"制动中心"或"牵引中心" $E^{[4]}$。前后轮接地点与中心 E 之间的角度 ε_{iv}^* 和 ε_{ih}^* 是理想的支撑角。在这样理想的角度下，假设悬架在加速或制动过程中可以实现 100% 的抗点头和抗后坐能力。

对于单轴驱动或制动，加速或制动中心 E 位于未驱动车轮上，如图 21.15 所示。对于后者，理想的支撑角为 90°，意味着抗点头或抗后坐的措施是无效的。然后，驱动或制动悬架的理想支撑角简单地由车辆重心高度和车辆轴距确定。

如图 21.11 所示，假设锁住力矩支撑（制动力矩或发动机传来力矩），车轮

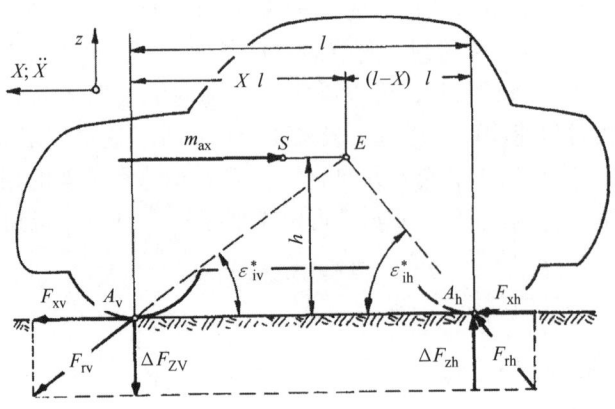

图 21.14 车辆加速时的受力

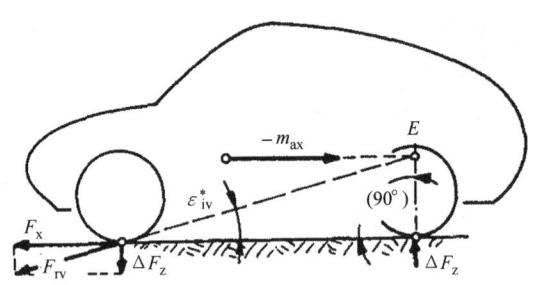

图 21.15 单轴驱动

虚拟运动时支撑角由轮胎接地点的虚速度向量决定,在轮架(车轮制动或轮毂驱动)力矩支撑的情况下可以表示为

$$\tan\varepsilon^* = \frac{\pm v_{Ax}^*}{v_{Az}^*} \tag{21.7}$$

在力矩传动通过传动轴和可能的轮毂减速装置的情况下,有

$$\tan\varepsilon^{**} = \frac{\pm v_{Ax}^{**}}{v_{Az}^{**}} \tag{21.8}$$

式中上部符号对前轮有效。

轮架上安装力矩支撑的典型情况,如图 21.16 所示。轮架驱动单元(图 21.16a)用于轻型摩托车,将主减速器集成到轴梁的"活动"刚性轴(图 21.16b),将制动器安装到独立悬架的轮架上的(图 21.16c)。在车身上的力矩支撑,与横向传动轴组合,对于图 21.17a 所示的独立悬架和图 21.17 b 所示的 Dion 刚性轴是典型的结构形式。

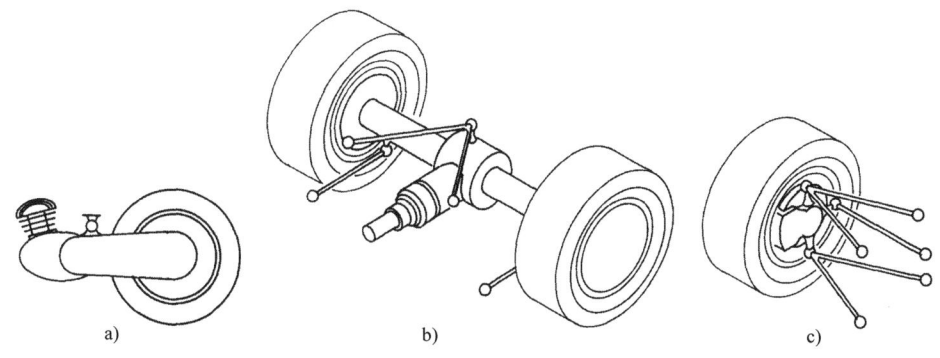

图 21.16 安装在轮架上的力矩支撑

a) 轮架驱动单元 b) 与主减速器集成的刚性轴 c) 安装在独立悬架轮架上的制动器

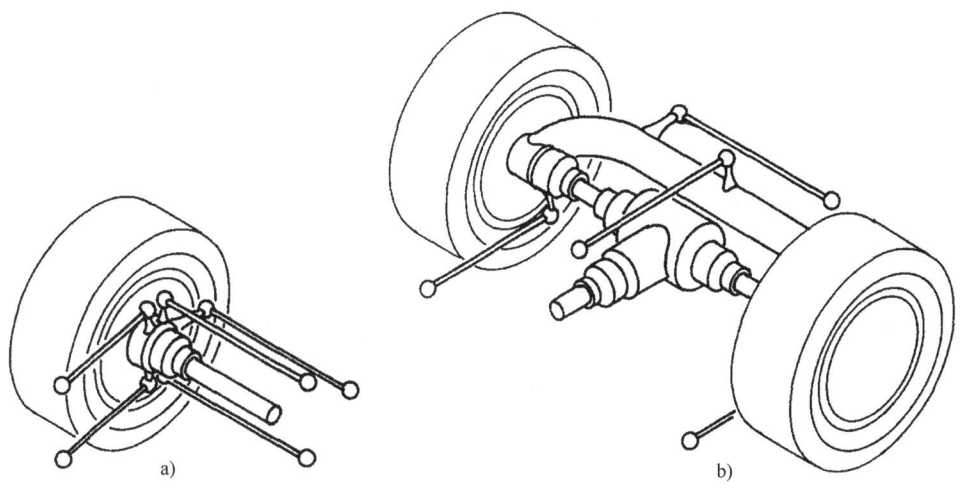

图 21.17 安装在车身上的力矩支撑

a) 带驱动轴的独立悬架 b) Dion 刚性轴

在转向悬架上，难以达到大的制动力支撑角，因为在大多数情况下这与靠近车轮的如图 21.11 所示的"极点"耦合，可能会导致危险的后倾角度变化和随车轮行程变化的偏移，见 21.5 节。然而，转向悬架主销布置在悬架和底盘之间，近似于常见的摩托车叉，如图 21.18 所示，采用布置将导向连杆 K 与主销近似垂直和通过力矩反作用杆 BS 控制可转动的制动支撑 BA，可以使大的支撑角 ε^* 和最小的后倾角变化成为可能。这同样适用于乘用车（历史上）的 Dubonnet 悬架。

在带有传动轴的独立悬架上，即使假设内轴端锁住，轮胎接地点 A 的运动路径也近似与车轮中心 M 的运动路径相一致，如图 21.19 所示。因此，驱动时的支撑角相对较小，约等于车轮行驶角，见 21.6 节。

然而，如果轮架在侧面随车轮行驶有转动，则轮毂减速齿轮对支撑角会有很大的影响。图 21.20 所示的悬架有一个纵向杆 L 靠近车轮，由横向传动轴和轮毂减速齿轮进行驱动。驱动杆 L_A 的距离可以近似表示为

$$p = \frac{li}{i-1} \tag{21.9}$$

在反向旋转的情况下（$i<0$），L_A 位于选于悬架极点 L 和车轮中心 M 之间。

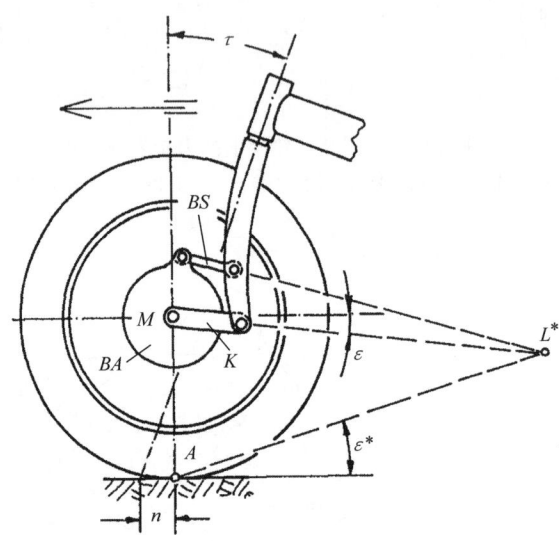

图 21.18　安装可旋转的制动支撑

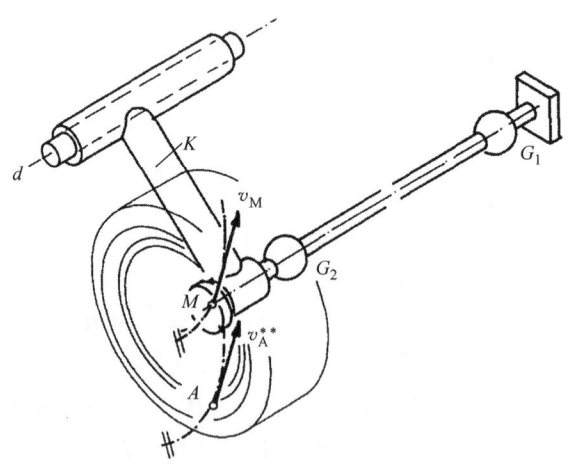

图 21.19　带传动轴的独立悬架

牵引或制动俯仰的过补偿通常会造成乘坐感觉不适，还会导致车轮磨损增

加，这主要是由轮胎纵向滑移引起的。

下面介绍驱动独立悬架的一种特殊情况，在动力传动系统中没有任何万向节，是一种罕见的带有摇摆锥齿轮的摆动轴系统，如图 21.21 所示。假设锁住发动机，也锁住最后驱动的小齿轮。当车轮虚拟运动时，摆臂将绕着轴 d 旋转，而车轮作为空间物体首先固定在其与轴 d 的交点 T，其次固定在齿轮上的 E 点。因此，车轮运动的虚拟轴为穿过 T 和 E 的轴线 m^{**}，与车轮平面相交于点 L^{**}，进而得到相当大的支撑角 ε^{**}。然而，在这种类型的悬架中，另一个车轮的小齿轮通常在后面产生符号相反的支撑角。

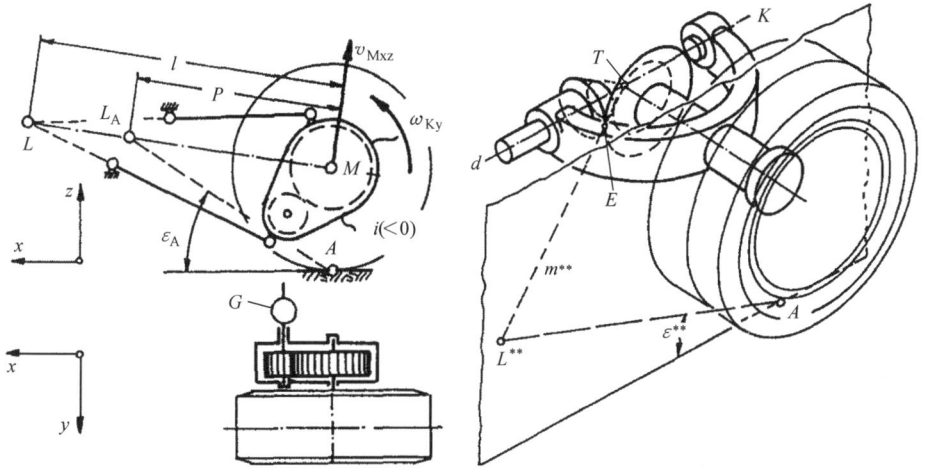

图 21.20　带轮毂减速齿轮的悬架　　　图 21.21　带摇摆锥齿轮的摆动轴

带有纵向摆臂的链传动后悬架可以用于摩托车，如图 21.22 所示。它有三个支撑角：适用于制动的固定在摆臂（轮架）上的角度 ε_B，适用于驱动和发动机制动的角度 ε_A 和 ε_{MB}，这是由张力下摆臂和相应链条的交叉点得到的[5]。

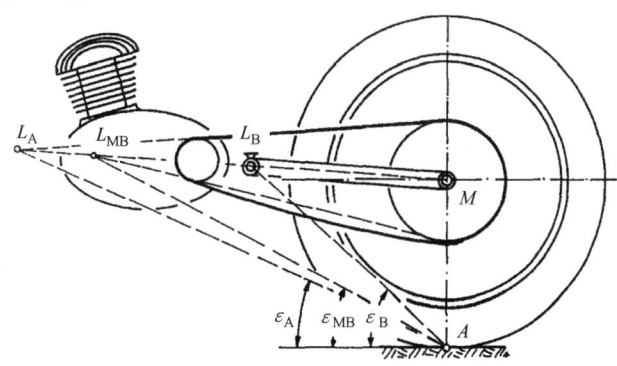

图 21.22　链传动悬架的支撑角

对于货车和拖车上常用的平衡悬架轴，需要对支撑角进行仔细协调，以避免制动或加速时轴荷差过大，从而避免轴荷减少导致轴过早滑动[1,6]。

在具有可变制动或牵引力分配的车辆上，例如具有独立制动的摩托车或具有制动或牵引防抱死制动系统的车辆，支撑角最好不要超过最坏情况的理想角度即单轴牵引或制动情况。

受到弹簧载荷（监测机械弹簧的变形或气体弹簧的压力）影响的制动功率控制装置，如果悬架设计为100%的抗点头时，就无法感知到动态负载变化。在这种情况下，最好采用纵向加速度传感器。

21.4 转向

在稳态转向时，车辆质心的离心力会产生侧倾力矩，导致外侧车轮载荷增加和内侧车轮载荷减少。图21.23所示为简化的车辆模型，悬架通过位置引导的刚性轴表示，允许车身上下运动和侧倾运动。图21.23中没有描述弹簧，而是使用恢复力矩 M_{FV} 和 M_{FH} 表示。侧向力 F_{yv} 和 F_{yh} 通过接触点 R_{Zv} 和 R_{Zh} 传递到车身上。因为重心 SP 位于接触点连线 r 之上，距离为 h'。离心力导致侧倾力矩，使弹簧系统受载，产生侧倾角 φ。因此，连线 r 称为侧倾轴，接触点 RZ 称为侧倾中心。

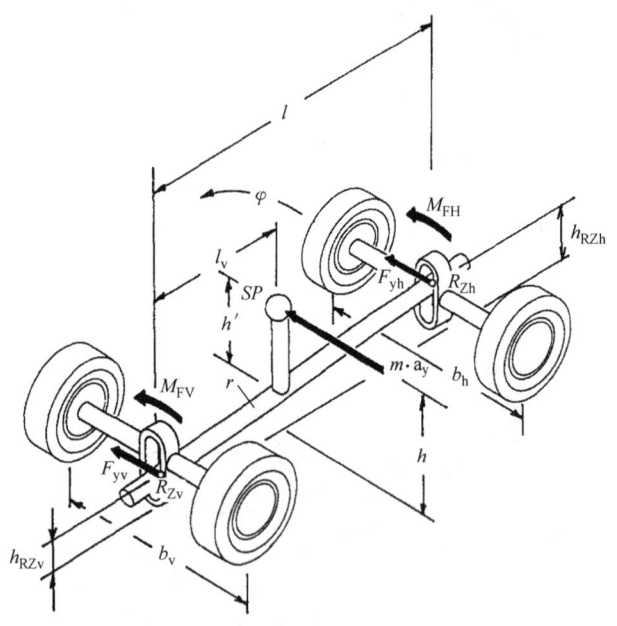

图21.23 转向时的力和力矩

在独立悬架和复合悬架中，非簧载质量也会产生侧倾力矩，主要由弹簧系统吸收，这取决于车轮行驶时相对车身的外倾角梯度变化。

作用在弹簧上的车身侧倾力矩根据其侧倾弹簧刚度被分配到前后轴上，分别是 M_{FV} 和 M_{FH}。对于由单一障碍激发的车辆俯仰振动，例如铁路交叉口，前悬架的固有频率通常选择小于后悬架，见 21.6 节。因此，前弹簧对侧倾刚度的贡献通常小于后弹簧，这是不可取的，因为这导致前轮载荷转移减小，以后轮增加为代价。为了补偿这个缺点，在前悬架上使用横向稳定杆或抗侧倾杆，以提高前悬架的侧倾刚度，如图 21.24a 所示；也可以使用横向复合悬架降低后悬架的侧倾刚度，以确保车辆的不足转向特性，如图 21.24b 所示。在一定的限制下，位于路面以上的侧倾中心高度，也可以用于影响侧倾力矩分布。

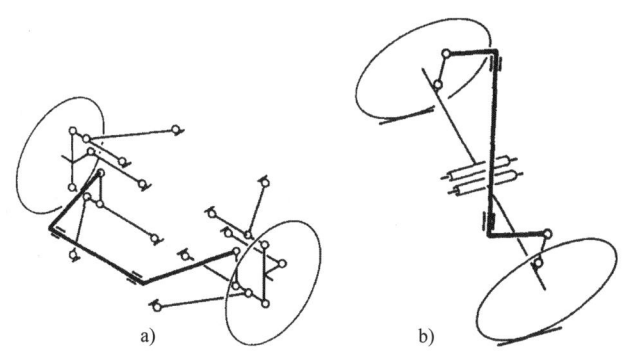

图 21.24 提高侧倾的构件
a）横向稳定杆 b）横向复合弹簧

带有明显制动力支撑角的前悬架，可能会对车轮载荷转移产生进一步的影响，因为侧向力的纵向分量随着转向角的增加而增加，促进不足转向[7]。

对于刚性轴悬架，其侧倾中心比较容易确定。在图 21.25 中，槽形导向支点显然是车身与车轴间的侧向力传递点。侧倾中心应用虚功原理确定，见 21.3 节。当然，将刚性轴考虑为两个自由度，其中一个自由度是弹跳运动，不适用于车身侧倾分析。首先，由于接触点没有水平速度分量，因此不能产生侧向力对应的虚功；其次，关键是因为其对称运动状态的部分，而车辆侧倾是一个反对称的行为。然而，轴具有反对称运动时，会在轮胎接地点 A 处得到垂直于接地点与侧倾中心的连线的非对称速度矢量 v_{Aw}。侧向力 F_y 和速度分量 v_{Awy} 的功率，应等于侧倾力矩 $2F_y h_{RZ}$ 与侧倾角速度 ω_Φ 的功率，即

$$2F_y h_{RZ} \omega_\Phi = 2F_y v_{Awy}$$

因为 $v_{Awz} = \omega_\Phi y_A$，侧倾中心高度可以表示为

$$h_{RZ} = y_A \left(\frac{v_{Awy}}{v_{Awz}} \right) \qquad (21.10)$$

对于独立悬架，车轮相对于车身只有一种运动形式，如图 21.26 所示。复合

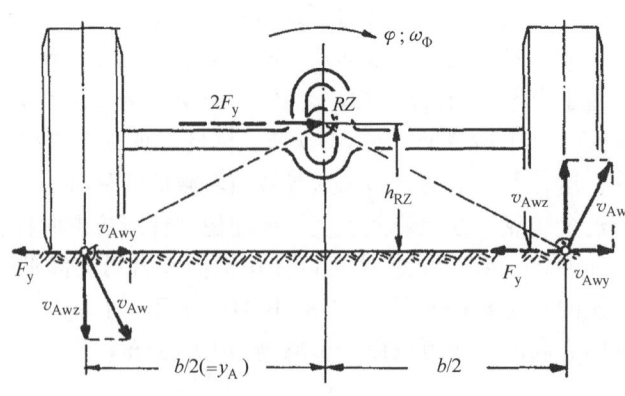

图 21.25 刚性轴的侧倾中心

悬架即如图 21.27 所示著名的扭力梁悬架或称 H - 结构悬架，通常会表现出不同形式的对称或反对称运动。当两侧车轮上下对称跳动时，整体结构会绕着轴心点 L 和 L' 的连线旋转，即平行运动的 m_p 轴。然而，对于反对称运动，横向梁会绕着开口截面的剪切中心 T 的连线扭转，由于反对称，这条线的中点 M 保持"固定"。每个车轮的反对称运动的轴 m_w 通过 M 和对应的轴心点 L（或 L'），因而在截面中分别定义对应的极点 Q_w。在接触点 A 的反对称运动速度矢量（未标明），在截面中垂直于 A 和 Q_w 的连线，定义了侧倾中心 RZ。

前面的内容仅在侧向加速度非常小的情况下有效，即侧向力在两侧车轮处近似相等，车辆侧倾角可以忽略。

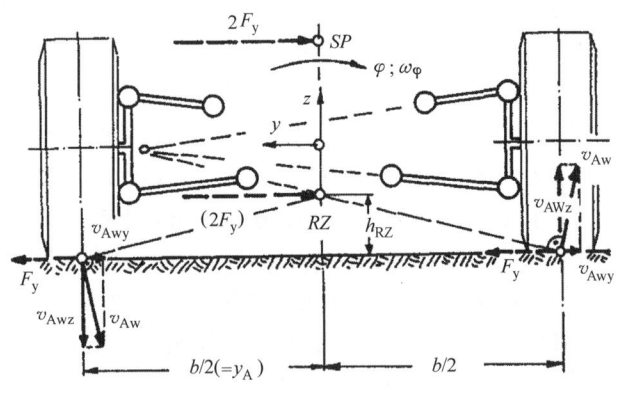

图 21.26 独立悬架侧倾中心

随着侧向加速度和侧倾角的增加，同一轴两侧车轮的悬架位置变成非对称，如图 21.28 所示。其中，侧倾中心的简单定义触及其极限。尤其是，不能指望大的侧向加速度问题可以通过简单的几何考虑得到解决，因为图 21.28 中的力分析

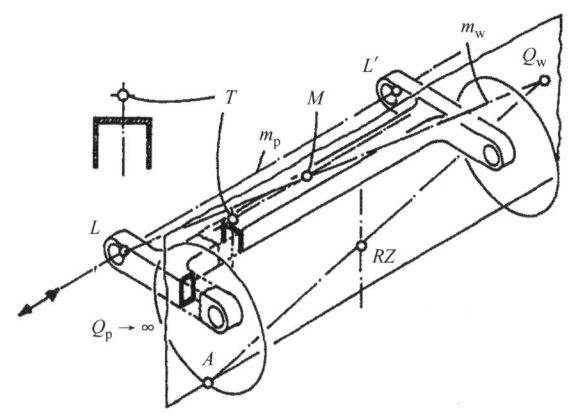

图 21.27 复合悬架的侧倾中心

是静态"过约束":侧向力 F_{qa} 和 F_{qi} 作用在一条线上,由轮胎的非线性特性,例如滑移角、外倾角、前束组合产生。

图 21.28 所示的悬架针对接地点 A 采用了直线路径设计,这意味着不变的侧倾中心高度高于路面,可以通过不等长横臂实现,长度与到路面的距离近似成反比[8],如图 21.28a 所示。悬架是平面的,因此极点可以用于力分析。显然,外侧车轮极线 $A_a - P_{qa}$ 距离路面较大,而内侧车轮极线离水平线近得多。因此,外侧悬架可以承受载荷转移 ΔF_{Ra} 和侧向力 F_{qa} 的矢量和,其通过运动力 K_a 将必需的弹簧力变化 ΔF_{FRa} 降低到几乎为内侧车轮要求的弹簧变化的一半。外侧车轮对凸起的行程明显低于内侧车轮的回跳行程,车辆将被抬高。

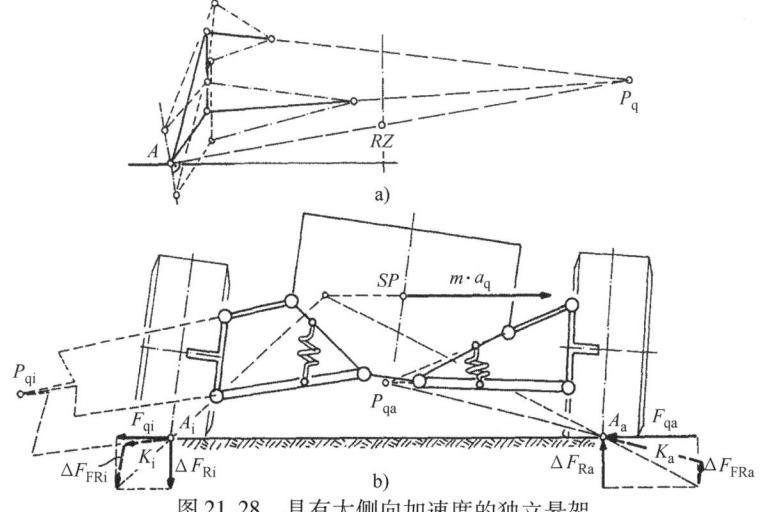

图 21.28 具有大侧向加速度的独立悬架
a) A 点的直线路径 b) 悬架受力分析

显然，通过调整两侧车轮极线对各自侧向力的倾斜度，以使两侧车轮的弹簧力变化相等，可以减少车辆抬高效应。当然，这要求悬架轮胎接地点具有曲线路径，因此侧倾中心将会降低到有凸起的路面下。现代独立悬架比较好地显示了几何特性，其侧倾中心对于凸起降低快于车身。

在刚性轴上，由于侧倾中心"固定"在车身上，可以避免车辆抬高现象，即对于路面凸起的下沉与车辆同步。这是真的，如图 21.25 中的轴所示。

车辆驾驶稳定性及其转向行为也受到悬架的运动自转向（变形转向）的影响。车辆侧倾引起转向角增加，通过刚性轴悬架比较容易解释，如图 21.29 所示。四连杆机构可以相对车身沿着连杆的交点 P_v 和 P_h 的连线旋转，因此，线 $P_v P_h$ 是反对称运动的瞬时轴 m_w，当然也确定了侧倾中心 RZ。车辆的侧倾轴 r 通过 RZ，如图 21.23 所示。通过车辆侧倾角 φ 和 m_w 和 r 之间的角 κ，在平面图中，刚性梁的转向角

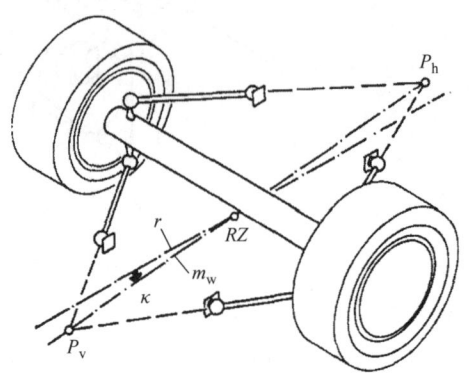

图 21.29　四连杆刚性轴悬架

$$\delta = \kappa\varphi \tag{21.11}$$

这类似于著名的可转向溜冰鞋的轮轴，它显然使用了斜轴 m_w。

后轴正的转向角 δ 增加了左转的转向半径，因此会促进车辆的不足转向，相反的情况可以应用于前轴。

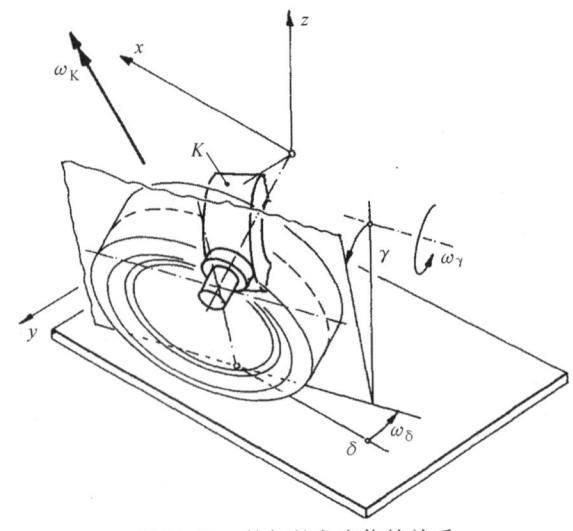

图 21.30　轮架的角度依赖关系

对于独立悬架或复合悬架，定义角度 κ 是困难的且用途不大，因为两个车轮可以假定不同的转向角，要分为内束角和转向角。

通常，轮架 K 有给定的转向角 δ、车轮外倾角 γ 和角速度 ω_K，如图 21.30 所示。产生车轮外倾速度[1,6]

$$\omega_\gamma = -\omega_{Kx}\cos\delta - \omega_{Ky}\sin\delta \tag{21.12}$$

转向速度

$$\omega_\delta = -\omega_{Kx}\tan\gamma\sin\delta + \omega_{Ky}\tan\gamma\cos\delta + \omega_{Kz} \tag{21.13}$$

注意：转向速度并不一定等于 ω_K 的垂向分量。

由于弹簧的虚位移导致垂向速度分量 v_{AZ}，或者由于同样值的速度 v_{AZ}^* 或 v_{AZ}^{**}，外倾变化和转向角对车轮行程的关系表示为

$$\frac{d\gamma}{ds} = \frac{\omega_\gamma}{v_{AZ}} \tag{21.14}$$

$$\frac{d\delta}{ds} = \frac{\omega_\delta}{v_{AZ}} \tag{21.15}$$

独立悬架的典型转向效应，使用图 21.31 讨论。可以设计成车轮后部具有连杆（例如转向系统的横拉杆）的双横臂悬架，以便连杆内连接点位于外连接点（位置 0）轨迹的曲率中心。因此，前束曲线 $\delta_v(s)$ 在正常位置（$s=0$）有垂直切

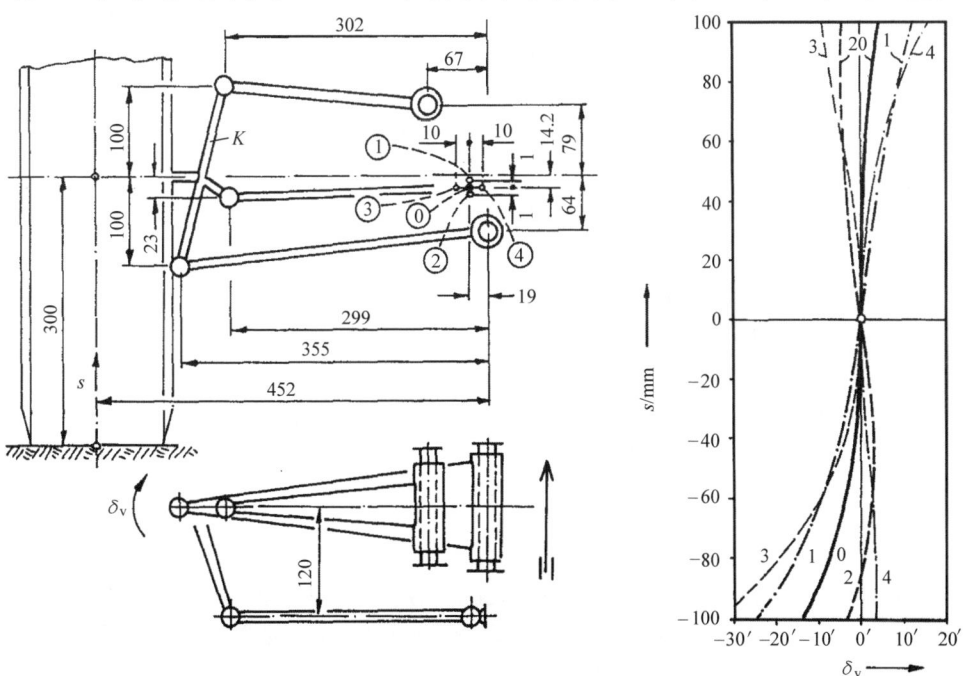

图 21.31 独立悬架车轮前束与车轮跳动的关系

线，这意味着 $d\delta/ds$ 为零。然而，当通过凸起时，内束角轻微增加，反弹时，车轮逐渐移向外束。

对于多连杆悬架，这种"s形"曲线是典型的，由连杆外部连接点的理论路径偏移引起，通过轮架的运动给出，其为变曲率半径曲线，实际路径是绕连杆内连接点的圆。

连杆内连接节点的上下移动仅 1mm（位置 1 和 2），就会导致前束梯度的显著变化。然而，曲线仍保持其"s形"。另一方面，在高度不变的情况下，连杆长度 ±10mm（位置 3 和 4）不影响梯度，曲线会变成一个重叠的圆形。

如果连杆不是位于车轮后部，而是位于车轮前部，则以上这些变化趋势将反过来。

图 21.31 中显示了两个重要的事情：首先，为了避免不希望的转向角偏差，尤其要对连杆节点的垂向位置进行仔细控制；其次，故意偏离"正确运动"的布置可以用于对理想转向效应或对弹性转向角进行补偿，见 21.7 节。

21.5 转向几何

高速行驶的车辆前轮绕主销转动进行转向，使得干扰力的杠杆臂非常小，节省车辆空间，只造成可以忽略不计的地面空间投影扩展，保证侧翻稳定性。

至于悬架几何，也为转向几何建立了特殊的"转向特性"。大多数这些特性的传统定义，如图 21.32 所示。

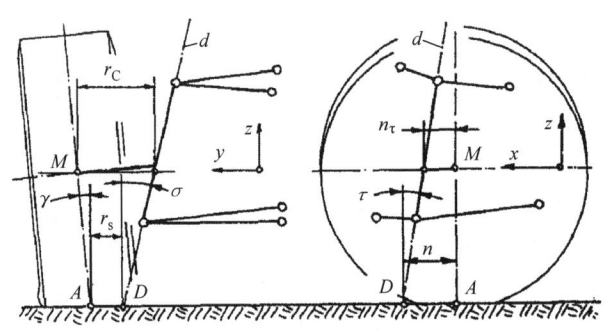

图 21.32 转向特性的传统定义

主销轴 d 通常由轮架上的两个球铰确定，因此它相对于轮架是固定的。它在车辆横截面上产生主销内倾角 σ，在侧视面上产生主销后倾角 τ。主销轴线与路面交点 D 到车轮中心平面的水平距离是刮擦半径或主销偏距 r_s，而对应的在车轮中心的高度是轮心偏距 r_C。在车轮侧视面中，点 D 和轮胎接地点 A 之间的距离是后倾拖距 n，在车轮中心高度对应的特性是轮心后倾拖距 n_τ。

虽然上述特性在世界范围内已经标准化,但是其他一些不直观的特性也十分重要,例如关于车轮载荷的指标——车轮-载荷杠杆臂 $p^{[1,6,7]}$。

在主销固定在轮架的悬架上,如图 21.32 所示,车轮-载荷杠杆臂可以按式 (21.16) 计算

$$p = r_s \tan\tau + n\tan\sigma \tag{21.16}$$

在 20 世纪 70 年代末,出现了通过瞬时轴或瞬时螺线定义主销的可转向悬架,在运动布置中获得了更多的自由度,尤其扩大了是防抱死制动系统和盘式制动器在车轮中的可用空间。如图 21.33 所示,可以将传统的固定主销轴（d）如何转化为虚拟主销轴（i）,这是通过将三角连杆分隔成独立连杆实现的。这种悬架早期的实例,如图 21.34 所示。滑柱类型设计的三角连杆结构分割成一个横向连杆和一个拉杆,这两个杆件都通过独立球铰与轮架耦合。

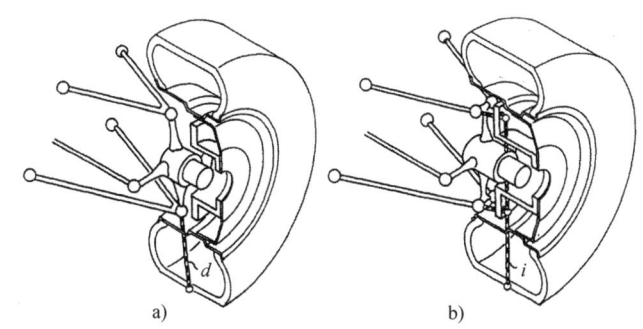

图 21.33　固定主销轴和虚拟主销轴的悬架
a) 固定主销轴　b) 虚拟主销轴

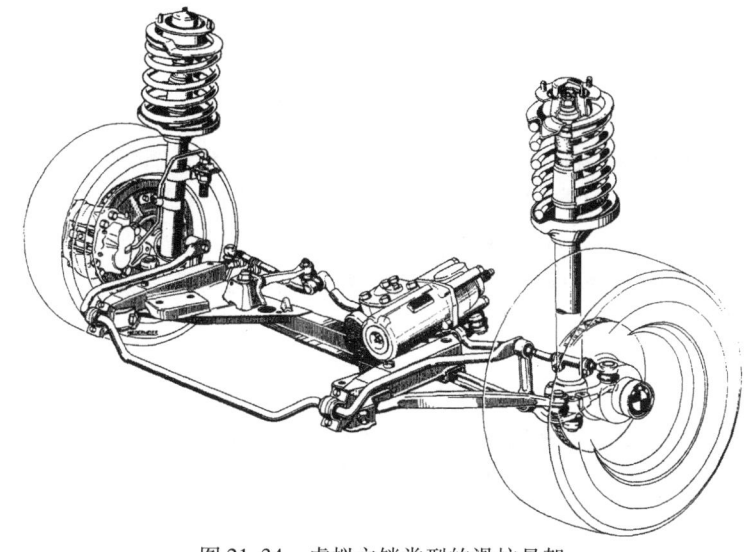

图 21.34　虚拟主销类型的滑柱悬架

基于这样的设计,主销通常会随着悬架连杆以及轮架的变化而变化,图 21.32 中讨论的几种传统定义不再有效,而且虚拟的主销轴可以变成一个瞬时螺线,因此对力不可再应用杠杆臂的定义。

基于这个原因,有必要对转向几何特性定义进行改进。但是,这些改进当然要与目前所有的悬架类型完全兼容。使用方法与前面的使用方法相同,即虚功原理,如图 21.35 所示。

因为角度之间的相互作用关系不受主销轴是否为螺线的影响,因此主销内倾角 σ 和主销后倾角 τ 的定义可以表述为

$$\sigma = -\mathrm{atn}\left(\frac{\omega_{Ky}}{\omega_{Kz}}\right) \tag{21.17}$$

$$\tau = -\mathrm{atn}\left(\frac{\omega_{Kx}}{\omega_{Kz}}\right) \tag{21.18}$$

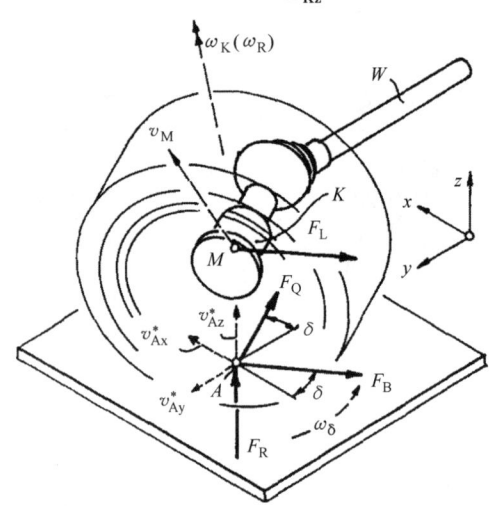

图 21.35 转向轮的速度与力

如果将制动器安装在轮架上,主销偏距 r_s 就变成制动力的杠杆臂。为了保证与传统定义兼容,主销偏距 r_s 与制动力 F_B 一起从图 21.35 中导出,导致力矩 $F_B r_S$,由式(21.13)的 ω_δ 得到功率 $F_B r_S \omega_\delta$。一个虚矢量 v_A^*——它来源于虚拟的转向输入,假设弹簧不可压缩,制动力矢量 F_B 引起的虚功是它与 v_A^* 的标量乘积,因此有

$$F_B r_S \omega_\delta = F_B v_A^*$$

其中

$$F_{Bx} = -F_B \cos\delta, \ F_{By} = -F_B \sin\delta, F_{BZ} = 0$$

主销偏距为

$$r_S = \frac{-(v_{Ax}^* \cos\delta + v_{Ay}^* \sin\delta)}{\omega_\delta} \tag{21.19}$$

轮心偏距 r_C、后倾拖距 n、轮心后倾拖距 n_τ 和车轮-载荷杠杆臂 p 表示如下:

$$r_C = \frac{-(v_{Mx}\cos\delta + v_{My}\sin\delta)}{\omega_\delta} \quad (21.20)$$

$$n = \frac{-(v_{Ax}^*\sin\delta - v_{Ay}^*\cos\delta)}{\omega_\delta} \quad (21.21)$$

$$n_\tau = \frac{(v_{Mx}\sin\delta - v_{My}\cos\delta)}{\omega_\delta} \quad (21.22)$$

$$p = \frac{v_{Az}^*}{\omega_\delta} \quad (21.23)$$

通过乘以时间微分 dt,式(21.23)变为

$$p = -\frac{dz}{d\delta} \quad (21.24)$$

车轮-载荷杠杆臂是车辆在转向角下的举升变化导数,假设弹簧是不可压缩的,具有固定主销轴和不同几何布置的转向特性 γ、n 和 p 的典型曲线,如图 21.36 所示。由图 21.36 可以清楚看出,车轮外倾角在标准位置 $\delta=0$ 的梯度近似正比于主销后倾角。

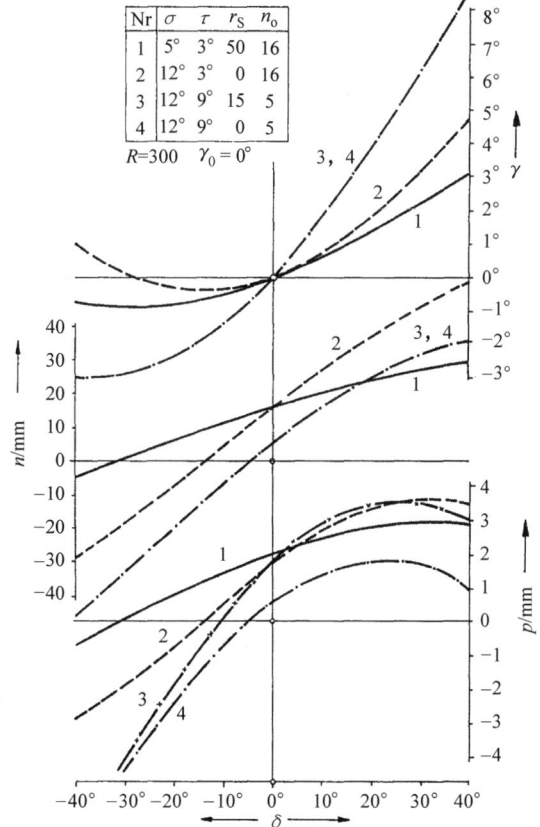

图 21.36 外倾角、后倾偏距、车轮-载荷杠杆臂与转向角的关系

后倾拖距 n 会随着内侧转向角的增加而增加，随着外侧转向角减小而减小，最终变成负值。

车轮－载荷杠杆臂 p 在 $\delta = 0$ 处的梯度 $\mathrm{d}p/\mathrm{d}\delta$，是由车辆重量引入的恢复力臂，是直线行驶时转向自中心最重要的前提条件。对于转向过程中具有"不可压缩"弹簧的固定主销的悬架，增加 $\mathrm{d}p/\mathrm{d}\delta$ 显然会增加后倾偏距的 $\mathrm{d}n/\mathrm{d}\delta$，后者对转向回正能力是不利的。

这一问题可以通过将弹簧从悬架连杆上分离得到解决，如图 21.37 所示。然而，车轮－载荷杠杆臂可以对具有"虚拟主销"的悬架产生广泛的影响。

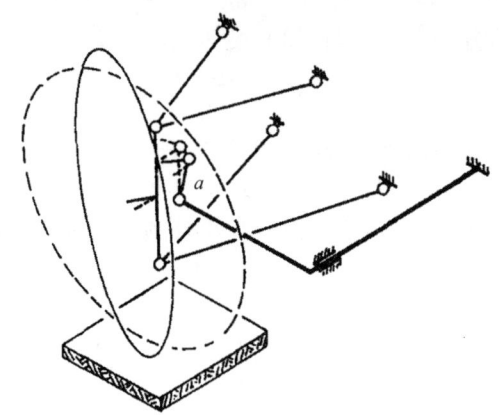

图 21.37　由于车辆重量引起的恢复力矩的自由选择

类似于转向特性的广义定义，如图 21.35 所示。但是，使用虚速度 v_A^{**} 作为转向输入，锁住发动机和轴驱动，牵引力半径 r_T 可以用式（21.25）计算[1,6]：

$$r_T = \frac{-(v_{Ax}^{**}\cos\delta + v_{Ay}^{**}\sin\delta)}{\omega_\delta} \quad (21.25)$$

将其与车轮跳动 s 绘制于图 21.38 中，比较正常车轮悬架的主销偏距 r_S 和车轮中心偏距 r_C。相比于 r_S 和 r_C，r_T 在车轮上跳时降低，在车轮下跳时增加，这样就立即解释了前驱车辆转向时的行为，外侧悬架上跳，内侧下跳：由于不同的 r_T 导致加速惯性力试图将转向拉直。

对于有横向传动轴但是没有轮毂减速齿轮的悬架，半径 r_T 可以容易地根据图 21.39 确定：车轮和转轴（或平行于转轴的线）的平分线 d^* 通过车轮轴（a）和主销轴线（d）的交点 H，与路面的交点距离轮胎接地点 A 之间的距离为 r_T。

有轮毂减速齿轮时，假设主销内倾角 σ 不为 $0°$，特别是减速传动比为负时（反向转动），r_T 会被大幅降低。角度以弧度表示时，r_T 可以近似为[6]

$$r_T \approx r_S + \left(\frac{R}{i}\right)\left(\frac{\sigma + \gamma - \alpha}{2}\right) \quad (21.26)$$

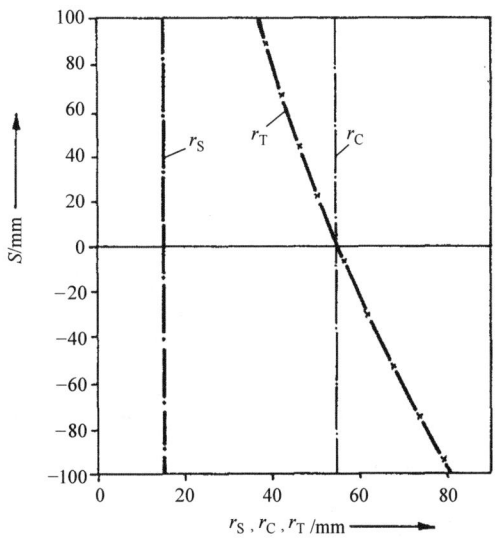

图 21.38　牵引力半径、车轮中心偏距、主销偏距与车轮跳动的关系

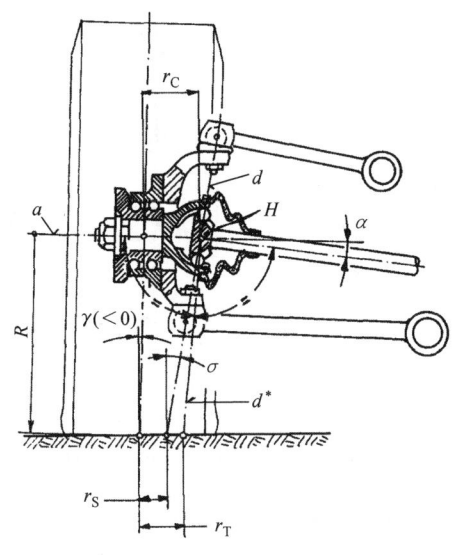

图 21.39　牵引力半径的图形近似

式中，R 为车轮半径；i 为减速传动比；σ 为主销内倾角；γ 为车轮外倾角；α 为轴的转动角度。

转向装置由杠杆和横拉杆组成，分别将转向轴两侧的车轮与转向器相连，同时需要确保外转向角 δ_a 和内转向角 δ_i 之间满足一定的关系。例如，这两个角要满足车轮所有车轴线在平面内交叉于一点的条件，如图 21.40 所示。这样的布置提供所有车轮绕着一个转向中心 K 的纯滚动,这样的条件称为阿克曼(Ackermann)条件。相应的转向角是 Ackermann 转角。必须注意的是,在车辆动力学中,这一术语用于两个车轮的平均转向,因而具有相当不同的解释。著名的 Ackermann 方程可简化为

$$\cot\delta_a = \frac{\cot\delta_i + b^*}{l} \tag{21.27}$$

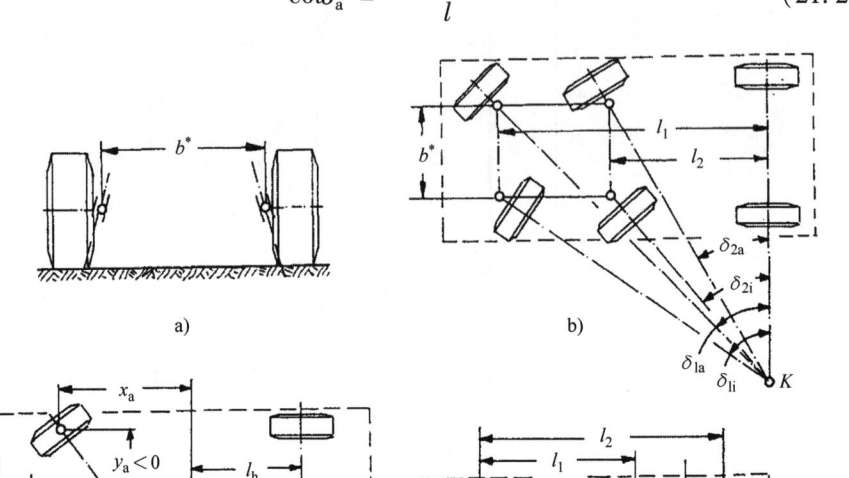

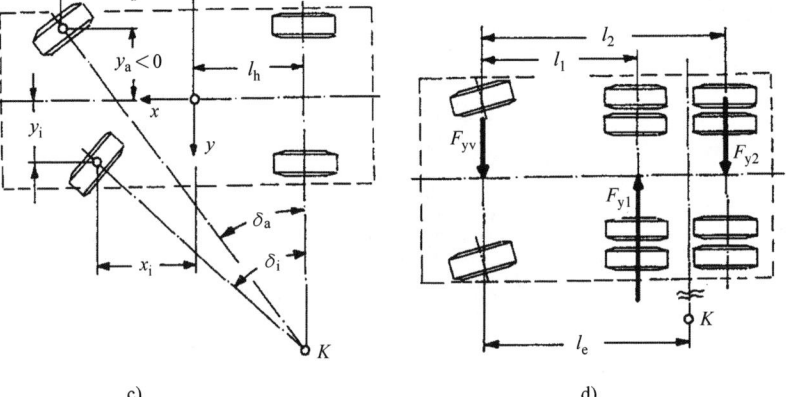

图 21.40 Ackermann 条件
a)、b) 简化形式 c) 通用和精确形式 d) 无转向串联后轴形式

对于一个车轴的转向角关系为

$$l_1\cot\delta_1 = l_2\cot\delta_2 \tag{21.28}$$

关于两个车轴上的转角关系,图 21.40b 所示的情况对于现代悬架并不是足够的精确,因为现代悬架有大的主销内倾角(甚至有虚拟主销轴),它在完全锁住时可能导致两个角度的误差大。因此,导致转向回正性能布置产生严重误差。在这种情况下,最好结合车轮的实际位置进行考虑,如图 21.40c 所示[1,6]。

在货车或有平衡悬架轴的拖车上,有效轮距可以近似为

$$l_e = \frac{l_1^2 + l_2^2}{l_1 + l_2} \tag{21.29}$$

稍微大于两个轴的平均轴距,如图 21.40d 所示。

独立悬架转向装置的典型特性比较,如图 21.41 所示。对于现代悬架,有软的纵向柔性,见 21.7 节。转向横拉杆优先布置于横向,以避免纵向柔性诱导产生转向角。

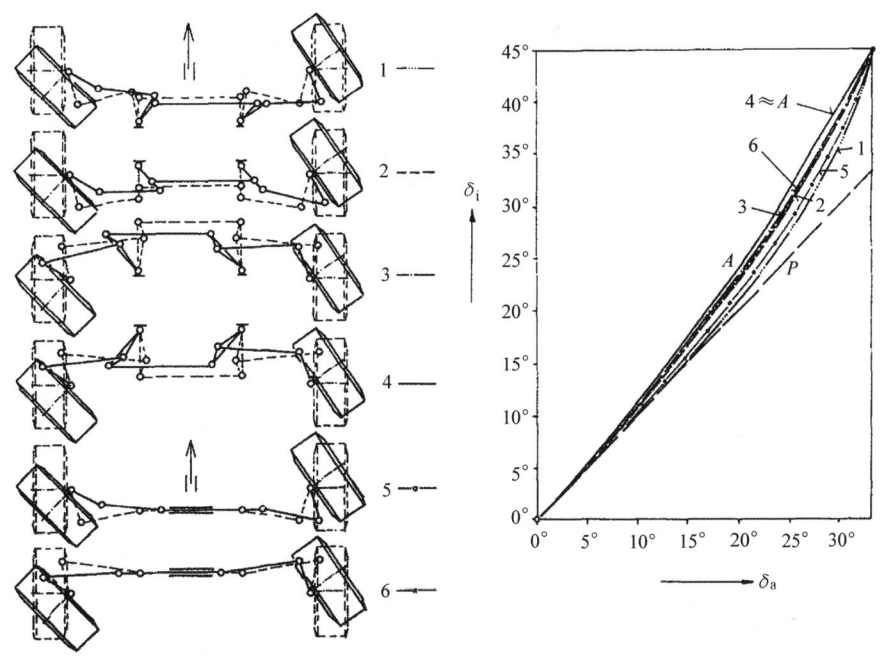

图 21.41 转向装置布置的典型特性

Ackermann 曲线 A 在同样的情况下不是一条稳定的曲线,而是趋于某一拐点。只有连杆 4 能够提供这样的行为[9],然而这以转向器极端靠前布置为代价。连杆 1 与 Ackermann 曲线有最大的偏离,在较大的范围内接近于两个车轮的平行转向曲线 P。

在大的侧向加速度下,转向回正性能主要通过与转向几何特性有关的轮胎侧向力保证。

如图 21.42 所示,当车辆向前滚动时,加载产生侧向力,轮胎接地区通过侧偏角 α 发生角变形,该侧偏角由侧向剪切应力 τ 的梯形图产生。因此,图 21.42 所产生的力位于车轮中心后,通过轮胎拖距 n_R 表示。于是,轮胎侧向力通过有效的杠杆作用在转向悬架上,杠杆臂为后倾偏距 n 与轮胎拖距 n_R 的和。

然而,随着侧向力的增加(侧偏角 α 增加),剪切应力 τ 的图形从其尾部开

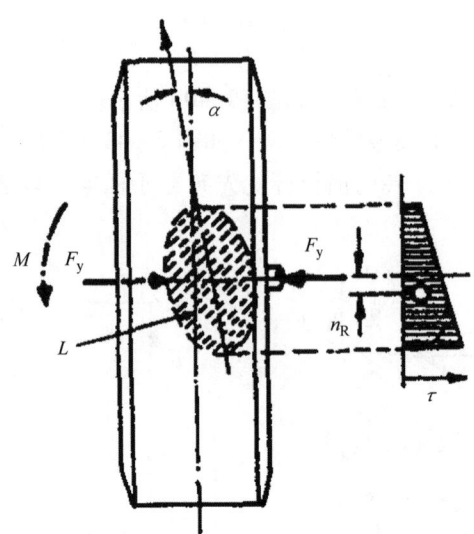

图 21.42　轮胎侧偏角 α 和轮胎拖距 n_R

始消失,轮胎拖距 n_R 逐渐减小到零。而且,随着转向角的增加,外侧车轮的后倾偏距 n 会减低,直至负值,如图 21.36 所示。

基于这一原因,转向轮的恢复力矩与转角、侧向加速度的关系,通常表现为递减的曲线。这样有利于避免较大的转向力和驾驶人手臂疲劳,在车辆动力学限制条件下获得更好的转向修正灵敏度。任何情况下,恢复力矩大于零,对于提供实际受力正确信息是必需的。

外侧车轮增加的载荷,对相应的车轮-载荷杠杆臂 p 产生作用。如果车轮-载荷杠杆臂 p 为负值——这点仅对较大转向角度才成立,会提高转向回正性能,如图 21.36 所示。

大的制动力支撑角,尤其是如果遇到凸起逐步上跳,可能在前轴上造成稳定器效应,导致自我增加不足转向,当然这可能降低车轮的回正能力,这些已经在 21.4 节中说明过了。

相比于车辆在大侧向加速度时的转向,低速转向回正能力,有接近于零的侧向加速度——例如泊车过程——会受到大量参数的影响。在极端情况下,车轮载荷转移和动态侧向力均消失。

如果转向几何偏离了 Ackermann 条件,例如由于转向装置的特殊属性,如图 21.36 所示,或者由于追求接近平行的转向曲线 P,以更好地使用两侧车轮的侧移潜力(这是过去常用的方法),偏离角会起到如相当大内束角的作用,使产生的侧向力指向车辆两侧车轮的中间平面。随着转向角的增大,由于外侧车轮相对于内侧的偏距 n 减小,如图 21.36 所示,这些内束力会产生增加转向角的力矩,对转向回正造成损害。当然，车辆载荷在恢复作用上对车轮-载荷杠杆臂上产生作用，但是它通常很小，不足以抵消内束力矩。

然而，当转向角大和转向半径小时，轮胎会产生纵倾力矩，阻止轮胎在路面上进行转向运动，这个力矩在许多情况下会"保存"回正能力。

低速时的转向回正能力明显取决于两个大转矩之间的差值，此外还受到轮胎磨损、轮胎压力、温度和制造商设计参数等的影响，一条胎面磨损严重的轮胎要比一条新的轮胎产生的侧偏力大。基于这个原因，对 Ackermann 转向几何好的近似，推荐用于有大主销偏距变化的悬架上，路面测试应当覆盖各种可能的情况，例如轮胎磨损、高摩擦系数、低摩擦系数以及错误的胎压情况。

21.6 弹簧和悬架

弹簧和阻尼的主要目的，是为了对路面不平度产生的车身振动进行隔离。在压缩或伸张过程，弹簧可以储存能量或释放能量，车身只承受波动的弹簧力作用。

人体可以接受的频率在 $f = 0.7 \sim 2.0 Hz$ 范围之间，相应的线性弹簧的静态压缩量 s_0 为 $500 \sim 600 mm$，如图 21.43 所示。由于悬架的车轮行程限制在 $\pm(100 \sim 120) mm$，因此软弹簧不能储存太多的能量，渐变弹簧特性可以由基本弹簧和辅助弹簧（最好是橡胶的弹性类型）叠加而实现。

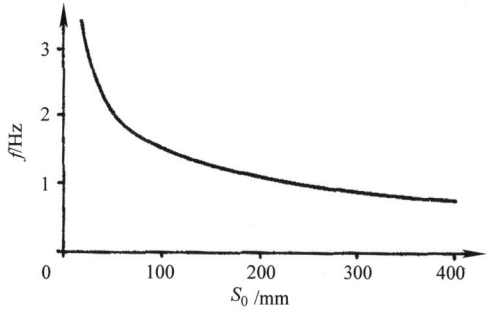

图 21.43 线性弹簧的静态变形和自振频率关系

对于舒适的车辆，其俯仰频率不应当高于弹跳频率。在长轴距或小俯仰转动惯量的车辆上，这可能要求应用纵向复合弹簧系统以降低俯仰频率。对于轻型前轮驱动车辆，这是典型的处理方法。

长波障碍，例如铁路道口，由于前后轮时间的延迟导致俯仰激励。为了快速衰减俯仰角，通常的做法是让前轮的弹跳频率低于后轮的跳弹频率，使后轮悬架"赶上"前轮悬架的振动。另一方面，这一措施与前轮侧倾率高于后侧倾率的愿望是矛盾的，见21.4节。因此，在前悬架上应用了抗侧倾杆。

一些关于弹簧和悬架之间的相互作用特性，在下面考虑。

即便在今天，钢板弹簧仍然用于悬架。如图21.44所示，非对称的钢板弹簧表现为绕其极点 P 做转动的轴梁，极距

$$p = \frac{l_1 l_2}{l_2 - l_1} \qquad (21.30)$$

这个极点完全对应于悬架机构的运动学极点，因此适于同样意义的应用，例如用于确定支撑角。

在驱动或制动力矩 M 的作用下，钢板弹簧轴会卷升一个角度 α'，如图21.45所示。卷升弹簧率为

$$c_{\alpha'} = \frac{\mathrm{d}M}{\mathrm{d}\alpha} = c l_1 l_2 \qquad (21.31)$$

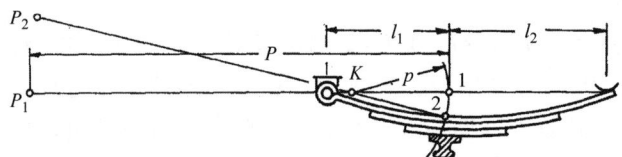

图21.44 非对称钢板弹簧及其极点

如果是对称的弹簧，$l_1 = l_2 = l$，$c_{\alpha'} = c l^2$。这意味着对卷升的抵制与长度的二次方成正比，这也是应用长钢板弹簧的决定性原因。

螺旋弹簧通常用于车身与悬架连杆之间，因此受到车轮行程弯曲的影响，如图21.46a所示。通过弹簧两端的对称变形，可以实现最小弯矩、最佳抗弯曲和最小安装高度，如图21.46b所示。

在悬架中，弹簧通常沿着车轮载荷线变化，在其变形和车轮行程之间表示弹簧比，如图21.47所示。有效的弹簧力 F_{FA} 降低到轮胎接地点的弹簧力 F_F，根据弹簧受力的功率平衡

$$F_f v_f = F_{FA} V_{Az}$$

或使用弹簧比

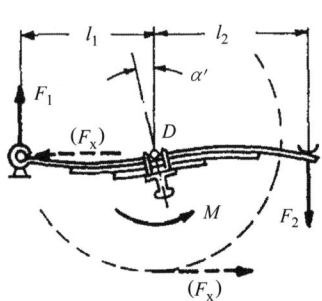

图21.45 力矩作用下卷升的钢板弹簧

$$i_F = \frac{v_f}{v_{Az}} \qquad (21.32)$$

因此

$$F_{FA} = F_F i_F \tag{21.33}$$

有效弹簧率 $c_{FA} = dF_{FA}/ds = d(F_F i_F)/ds$ 降低到轮胎接地 A，取决于可变弹簧力 F_F 和大部分情况下可变的弹簧比 i_F。因此，有效弹簧比可以按式（21.34）计算[10]：

$$c_{FA} = c_F i_F^2 + F_F \left(\frac{di_F}{ds}\right) \tag{21.34}$$

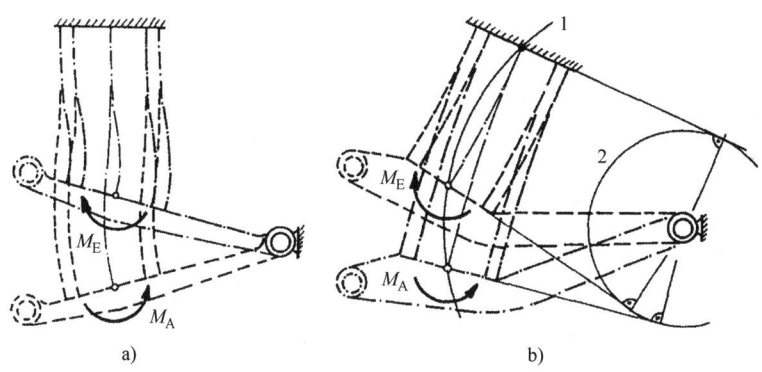

图 21.46 螺旋弹簧和悬架连杆

上述方程的第二项是运动学弹簧率，其应用效果是明显的，特别是在摩托车的后悬架中，采用线性弹簧实现渐变的弹簧特性。

然而，可变弹簧比通常与可变杠杆和力变化的方向紧密耦合。现代车轮悬架的设计是为了考虑弹性运动学功能——见 21.7 节——特别是为了考虑软的纵向柔性。为了避免这样悬架的力水平分量波动，不推荐使用运动技巧影响弹簧特性。弹簧和减振器在车辆中应当最好保持在近似垂向位置。

在驱动或制动具有抗俯仰和支撑角随着车轮行程变化的悬架设计上，

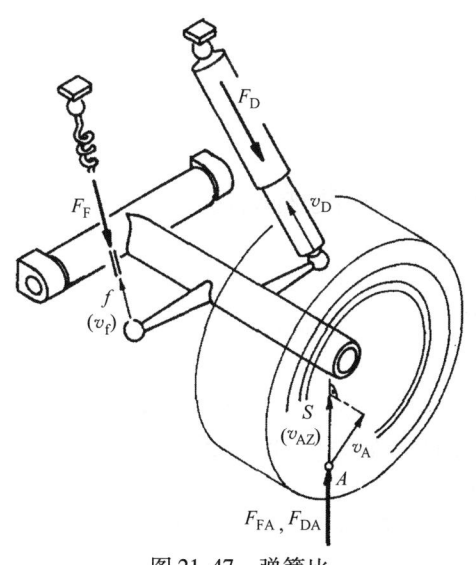

图 21.47 弹簧比

纵向力在制动或加速过程中会影响弹簧刚度的变化[1,6]。

最后，介绍悬架的另一个特性。该特性对于摩托车具有次重要性。这个特性即车轮跳动角 ε，如图21.48所示。其为侧面过车轮中心 M 的主销与垂向的夹角：

$$\varepsilon = -\mathrm{atn}\left(\frac{v_{Mx}}{v_{Mz}}\right) \tag{21.35}$$

显然，摩托车（图21.48a）的伸缩前叉对于越野车辆可能是有用的。但是，考虑到要安装橡胶弹性悬置，较少将结构（图21.48b）应用于摩托车上。在21.4节中，这已经在带传动轴悬架的牵引力支撑角的关系中提及。

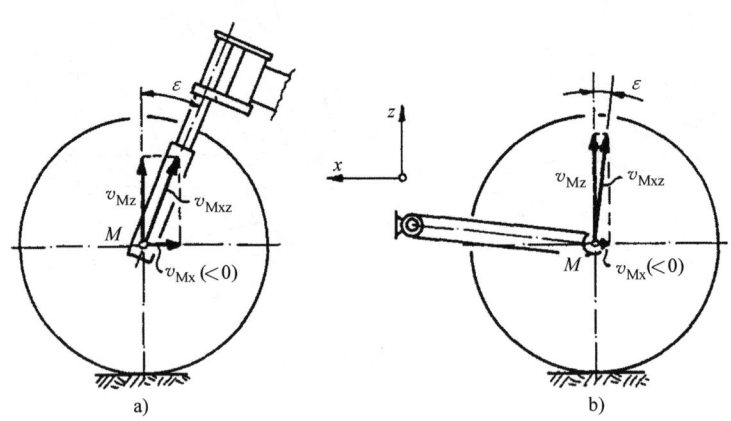

图21.48 在伸缩前叉和纵向推力杆的车轮跳动角
a) 伸缩前叉 b) 纵向推力杆

21.7 弹性运动学

路面不平度以及轮胎的不均匀性会导致悬架振动，振动可以通过橡胶装置降低。橡胶装置也可以用于隔声，具有免维护、无摩擦、临时过载能够恢复和节约成本等附加的优点。

早期，橡胶装置通常造成驾驶性能的恶化，因为其在悬架结构上提供了不理想的弹性特性。因此，通常采用刚性连接（例如金属）代替橡胶装置达到赛车运动的目的。

在舒适的车辆上，悬架的纵向柔性可达到15mm。在这样的悬架上，需要采取合适的措施以避免不良的转向角。

弹性运动学术语是指有意识调节悬架连接的弹簧刚度、任何底盘单元可能的弹性和悬架连杆空间布置,以补偿外部载荷引起的弹性位移,甚至可以将其转化为"想要的"位移。

悬架纵向柔性历史上的解决方法,早在1933年首先开始应用,如图21.49所示。双横臂系统可以绕着底盘上的轴 d 转动,抵抗橡胶装置 G 的恢复力。转向横拉杆 S_p 大致平行于轴 d 和主销轴组成的平面,因而在不发生过大内束变化的情况下允许产生纵向位移。

图21.49 早期的纵向柔性解决方案

当然,这还不是现代意义上的"弹性运动学"总成,但是已经具有在制动力作用下车轮避免轮架弹性卷升的意图了。

对于橡胶连接,易于实现不同方向具有不同的刚度,如图21.50所示。斜向力 F 导致位移 f,朝向较软弹簧的方向的刚度变化。图21.50中也显示了根据Mohr/Land方法准确设计的图形,确定位移 $f = F/c^*$。橡胶弹簧的这些特性经常使用,尤其是用于副车架悬置中。

弹性运动学研究可以分为两种主要领域——悬架机构和副车架结构或车身。

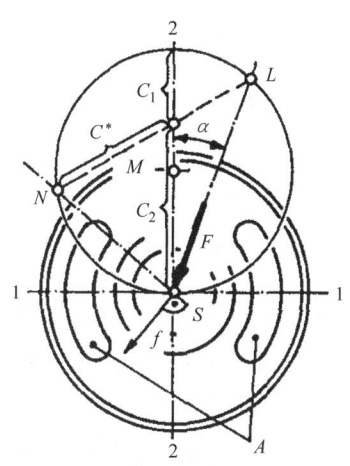

图21.50 橡胶弹簧受到斜向载荷

而悬架通常是静定系统,因此易于研究,空间结构的变形通常只能应用有限元模型确定。

首先,悬架机构弹性运动学协调的典型措施,可以通过五连杆系统进行演示。五连杆系统具有非常明确和对称的结构,这里讨论的所有效应都会在实际悬架上以叠加方式出现。

车轮载荷 F_R 通过支撑弹簧的上横臂连杆外节点捕捉,如图 21.51 所示。力矩 $F_R b_R$ 通过压缩作用在上横臂上,通过拉伸作用在两个下横臂上,而两个纵向杆没有被涉及。

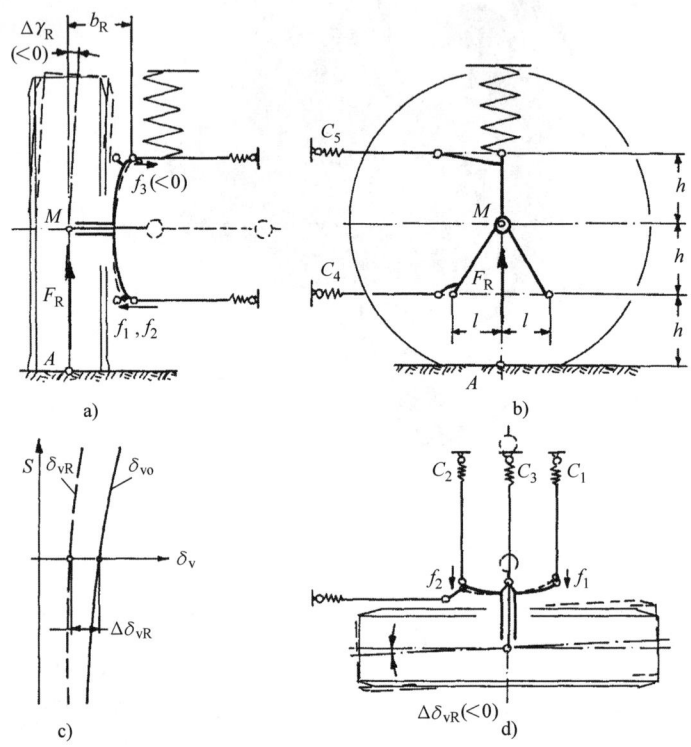

图 21.51 车轮载荷 F_R 下的独立悬架,$C_1 \cdots C_5$ 为连杆的刚度,γ 为外倾角,δ_v 为内束角

对于车辆的行驶稳定性,感兴趣的是弹性的转向角(内束角变化)$\Delta \delta_v$,偶然也需要弹性外倾角变化 $\Delta \gamma$。图 21.51 为一个简单的机构,弹性内束角变化和外倾角变化与两个下横臂变形 f_1 和 f_2、上横臂变形 f_3 之间的关系为

$$\Delta \delta_v = \frac{(f_1 - f_2)}{2l} \text{ 和 } \Delta \gamma = \frac{[f_3 - (f_1 + f_2)/2]}{2h}$$

式中,$f_1 = F_1/C_1$(>0 表示张力)。

使用弹性变形 $f_1 \cdots f_3$,可以得到车轮载荷 F_R 引起的弹性外倾角 $\Delta \gamma_R$(这里为负）和弹性内束角 $\Delta\delta_{vR}$。

F_R 引起负的外倾角变化，当 $C_1 > C_2$ 时，内束角也变成负值，即外束。基于（刚性）悬架机构的运动学内束角 δ_{v0} 曲线，如图 21.51d 所示，车轮载荷 δ_{vR} 下的弹性曲线在 $s = 0$ 处偏移了 $\Delta\delta_{vR}$，车轮在遇到凸起时，由于载荷增加，在 δ_{v0} 曲线也将增加偏距。

如果效果不理想，偏距 $\Delta\delta_{vR}$ 可以通过调节其中一个下横臂连接点进行补偿。为了修正曲线 δ_{vR} 的梯度，对下横臂一个连接点的垂向坐标进行特意"错误"的运动学调整是有效的，如图 21.31 所示，其中一个连杆长度的变化有助于对 δ_{vR} 曲线中可能不好的曲率半径变化进行修正。

这些弹性运动学措施显然可以允许实现车轮载荷下悬架任何想要的功能。在系统的这种状态下，下一步要研究的是侧向力（如转向）的情况，如图 21.52 所示。

侧向力 F_Q 会通过后轮拖距 n_R 在轮胎接地点 A 后的地方对悬架加载，如图 21.42、图 21.52b 和图 21.52d 所示。因此，下横臂后连杆要比下横臂前连杆的受力要大，引起两个连杆发生弹性压缩，变形为 f_1 和 f_2。上横臂连杆受到拉力作用，变形为 f_3。变形 f_1 和 f_2 会导致内束角变化 $\Delta\delta_{vR}$，正或负取决于侧向力引起的下横臂连杆的弹簧刚度，上述两个位移与上横臂连杆的变形 f_3 一起会导致（正）后倾角变化 $\Delta\gamma_Q$。

在前轮上，更希望负前束，因为这样可以通过对转向输入的不足转向反应而改善车辆转向行为，这一点对驾驶员的安全感是重要的。而在后轮上，负前束就意味着过度转向，在任何情况下都是不希望的。为了补偿不希望的负前束，有两种有效的措施：首先，在不影响悬架几何的前提下提高弹簧刚度 C_1（或降低 C_2）。其次，在前后方向移动下横臂连杆，以提供更加合适的连杆作用力。当然，这些措施需要对车轮－载荷弹性运动学进行重复性研究，如图 21.51 所示。

如 21.5 节所述，轮胎拖距 n_R 会随着侧向加速度的增加而降低。因此，随着侧向加速度的增加，任何柔性的前悬架将表现出弹性过多转向的趋势，任何后悬架则会表现出弹性不足转向的趋势。

车轮和轮架之间存在制动时，制动力 F_B 通常作用在轮胎接地点 A 处，如图 21.53 所示。对纵向连杆产生作用力，即下连杆是拉力，上连杆是压力，对应的弹性变形分别是 f_4 和 f_5。而且，由于纵向连杆对车轮中心平面侧向偏移 b_B，如图 21.53a 所示，下横臂后连杆压缩为 f_1，而前连杆拉伸为 f_2。这会导致弹性转向角 $\Delta\delta_{vB}$，将运动学前束曲线变成负前束形式。这里不考虑弹性外倾角变化，负的前束变化当然对前悬架有利。因为在转向制动过程中，占优的外侧车轮会表现出不足转向特性。然而，在后轮上，转向制动过程中，需要增加前束角，以消除过度转向的不良效应，特别是在紧急转向的情况下。

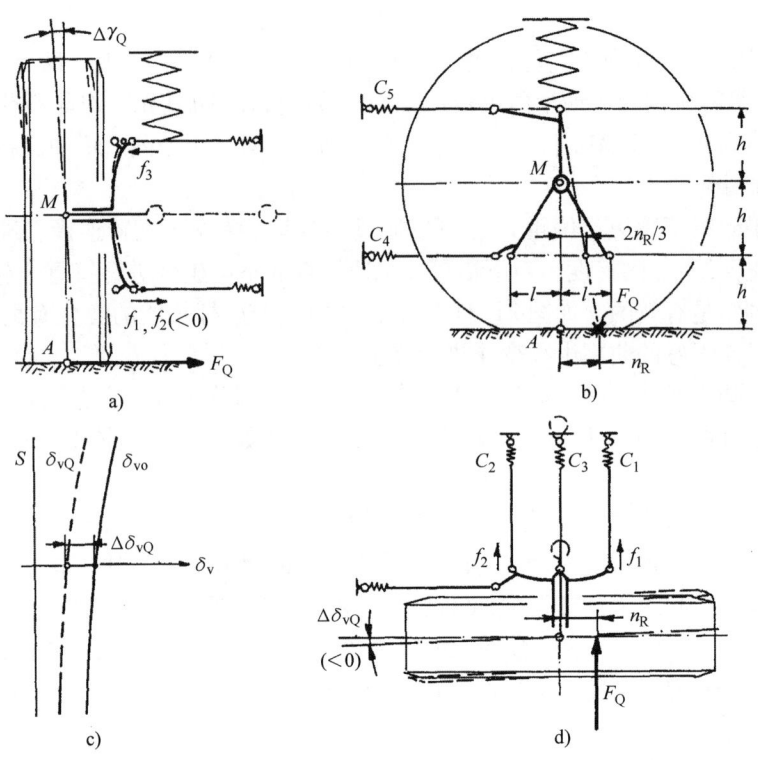

图 21.52 图 21.51 中的悬架受侧向力 F_Q 的作用

悬架横臂连杆的刚度已经适应前述的车辆载荷和侧向力情况,负前束到前束的应用要求新的策略,如图 21.53c 所示。两个下横臂连杆在其平面内以角度 α 倾斜,以便在下纵臂纵向变形 f_4 的影响下,产生绕极点 P 的运动学转向角。当受到侧向力作用时,点 P 会在车轮中心向后偏移至少 $2n_R/3$,如图 21.52 所示。例如,通过叠加大于 $\Delta\delta_{vB}$ 的修正角 $\Delta\delta_{B\,corr}$,将负前束角 $\Delta\delta_{vB}$ 变成前束角可能是希望的。然后,可确定希望的极点距离为 $f_4/\Delta\delta_{B\,corr}$。

然而,前束角变化并不是制动时发生的唯一严重影响。另一个变形是相当大的卷升角 $\Delta\tau_B$,其由下纵臂的拉伸和上纵臂的压缩引起。显然,两个下横臂连杆的外节点在反方向发生垂向位移,引起前束曲线梯度大幅变化,如图 21.31 所示。因此,由此产生的前束曲线 δ_{vB} 由正常位置的负前束位移 $\Delta\delta_{vB}$ 确定,当然通过前束角 $\Delta\delta_{B\,corr}$ 和弹跳时负前束曲线趋势进行补偿。后者在前轮和后轮上是可以接受的,因为转向时,在制动力的作用下促进了前轮以及后轮的不足转向。

假设悬架由横向传动轴驱动,外载荷的第四种情况是牵引力,通常在车轮中心 M 加载在轮架点,如图 21.54 所示。由于实例所选悬架的几何简化,牵引力 F_T 会以相同的力压缩两个纵向连杆,将忽略弹性卷升。由于点 M 和纵向连杆在

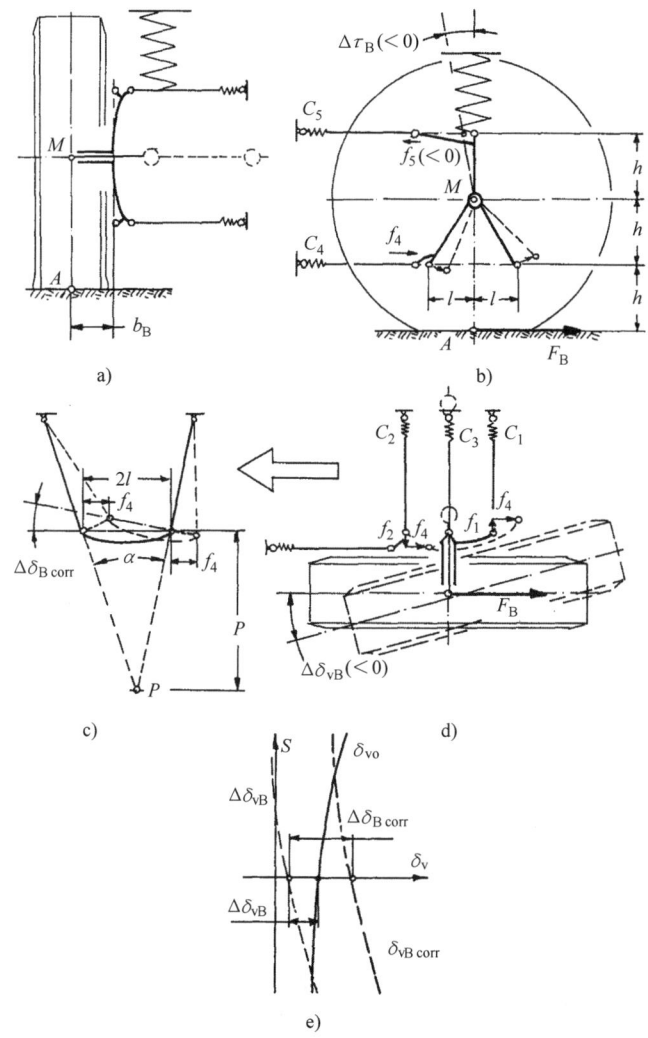

图 21.53 图 21.51 中的悬架受制动力 F_B 的作用：τ = 轮架的卷升角

截面内有侧向距离 b_T，牵引力会导致下横臂后连杆拉伸 f_1 以及前连杆压缩 f_2，这些变形会导致弹性内束角变化 $\Delta\delta_{vT}$。

考虑到转向时的车辆效应，这在前轮上是受欢迎的，因为在释放加速踏板后，外侧前轮可以产生不足转向的负前束角。

然而，在后轮上，希望牵引力作用下的负前束角至少在外侧车轮上由于功率变化，可以实现不足转向的前束效应。在两个下横臂连杆之间选择安装角 α 已经用于制动力的布置，通常用相同的角产生必要的修正角 $\Delta\delta_{T\ corr}$ 是不可能的。然而，对此仍可进行补救即以杠杆 b_B 和 b_T 有效相互适应的方式，使得两种情况可以通过使用相同的倾斜角 α 解决，如图 21.54a 和图 21.54c 所示。

在可转向悬架上，杠杆 b_B 和 b_T 对应于主销偏距 r_S 和车轮中心偏距 r_C，弹性运动学要求是清楚的，并且可能与转向几何相冲突。

如果有轮毂减速装置，则加载在轮架上的力除了车轮中心的 F_T 外，还会存在顺时针方向的齿轮力矩 $F_T R(i-1)/i$，其中 R 为轮胎半径，i 为减速比。

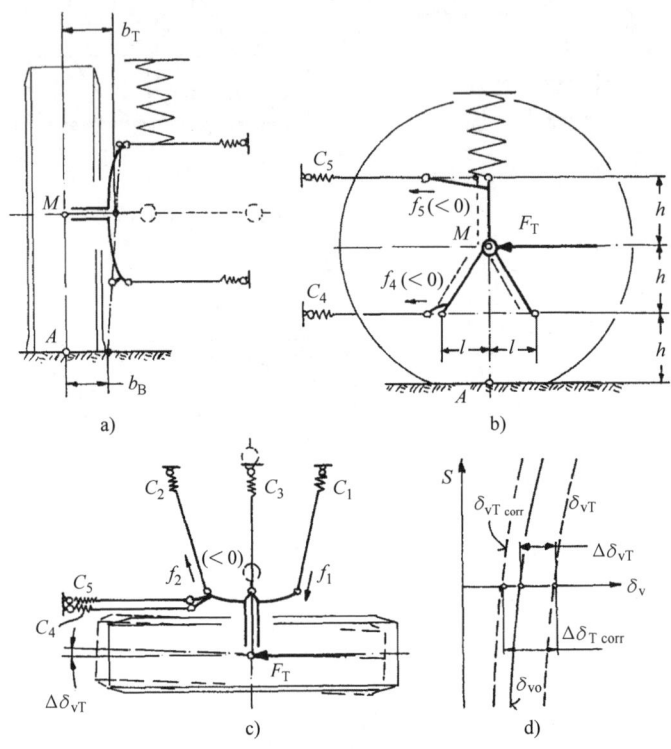

图 21.54　图 21.51 中的悬架受到牵引力 F_T 的作用

尽管如此，前述车轮悬架弹性运动学协调的考虑是合理的，至少在理论上是合理的，包括了所有相关情况的外载荷，例如车轮载荷、侧向力、制动和可能的牵引力，通过合理选择悬架连接的刚度、连杆布置和倾斜角等，可以实现弹性运动学的协调。当然，在现实中，这要求进行迭代研究。无论如何，悬架弹性运动学的协调是更有希望的，更多的连杆可供使用，这也是多连杆悬架应用增加的主要原因。

一种量产车辆驱动后轴的五连杆悬架，使用了前述讨论的所有措施，如图 21.55 所示。上、下倾斜连杆为轮架提供了侧向和纵向导引，同时还可以支撑制动力矩，当然也包括弹性卷升。所有连杆在空间上都有不同的倾斜，当两个上连杆交叉时，两个下连杆的延长轴线与其外侧的连接点相交。与图 21.33b 相比，这将在车辆内部产生一个向上倾斜的虚拟轴，显然它对制动和牵引起力杠杆的协调作用，如图 21.5 节所讨论的一样。当然，这种轴 i 的位置也可以通过使用上三角连杆实现。然而，这种较短的横向连杆会随着车轮行程降低侧倾中心高度，如图 21.28 所示，在转向过程中增加了车身顶升效应的缺点。

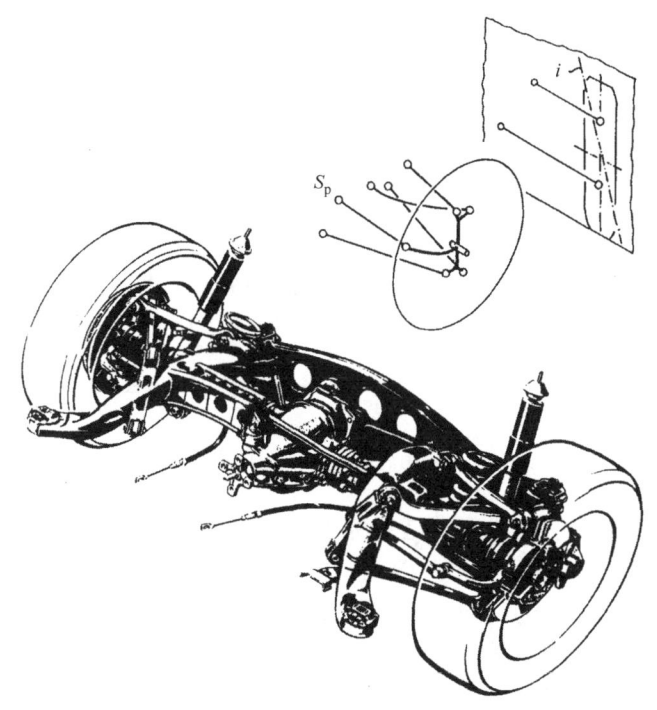

图 21.55 用于弹性运动学协调优化的五连杆后悬架

简单的悬架形式如图 21.51～图 21.54 所示。其平行的纵向连杆不会随车轮行程严重改变其弹性运动学特性。然而，许多悬架，尤其是后悬架，在侧视图中，车轮跳动过程会绕轮架转动。对于具有较大的制动和牵引力支撑角的系统，这是典型的情况，如图 21.56 所示。如果对侧向力设计中性反应，在轮胎接地点 A 后通过以轮胎后拖距 n_R 距离定位一个力的中性作用点实现。这个中性点固定在轮架上，随着车轮行程将沿着关于极点 L 的路径 g_N 移动。然而，侧向力 F 作用点沿着路径 g_F 移动，其平行于过轮心 M 点的路径 g_M。转向时，外侧车轮悬架受压缩，内侧车轮悬架受拉伸，因此外侧力杠杆增加，内侧力杠杆减小，两个侧向力会产生相当大的弹性前束角。当然，后轮是可以承受的。

后悬架经常安装在副车架上，而副车架通过大的橡胶悬置与车身连接，以达到良好的隔声效果。简单的悬架系统不适于达到好的弹性运动学协调，副车架可能是唯一实现弹性运动学效果的方法。

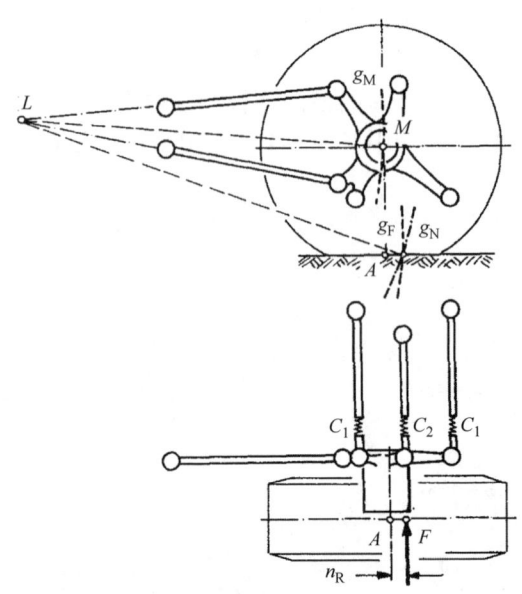

图 21.56　在侧视图中由轮架转动引起的可变弹性运动学特性

由于副车架的安装位置通常是对称于车辆中平面的，系统的弹性中心 S_F 处于中平面内，如图 21.57a 所示。因此，单侧的前后力会使整个总成产生弹性转向角。在后轴上，单侧的制动力以及牵引力会产生转向角，可以消除单侧力对车辆重心产生的力矩，所以是有用的。当然，在前轴上，副车架产生转向角，会增加车辆对单侧力的横摆运动。这就是副车架很少用于前悬架的原因，除非采用宽基础的悬置布置，用于绕垂直轴产生最大的旋转刚度。

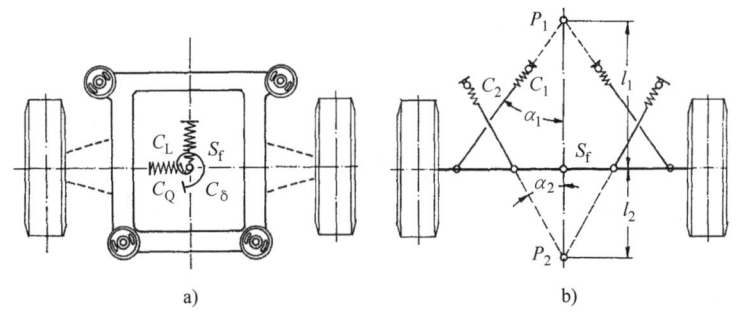

图 21.57　带弹性悬置的副车架和刚性轴悬架
a) 副车架　b) 刚性轴悬架
C = 弹簧刚度　C_δ = 角刚度　S_f = 弹性中心

具有悬架连杆及其弹性连接的刚性轴，表现出与安装弹性副车架一样的基本特性，如图21.57b所示。

副车架通常是表示一个高度过约束的结构，其变形取决于作用在结构上的所有外力组合的共同作用。因此，不可能确定悬架连杆安装点的刚度，使用这一参数的目的类似于橡胶悬置的刚度。

然而，通过巧妙设计，副车架的变形对悬架性能敏感性的影响可以降至最小。图21.58所示为多连杆后悬架，它是由梯形连杆系统派生的，可以适当抵抗制动时的卷升。但是，两个上横拉杆用于更好地控制前束角。副车架是弯曲的，以便让传动轴和排气管通过。因此，副车架下半部分的刚度相对较低。

在驱动力矩作用下，下梯形连杆的前连接点力朝向车辆内部作用，变速器前悬置的力朝向垂直方向作用，这两者会使副车架的前横梁向上弯曲。相反的情况出现在后横梁上。因此，副车架的纵向梁承受扭转力矩。两个上连杆的内连接点有水平横向位移，通过调整副车架纵向梁的高度位置，可以避免不希望的转向角在这个区域形成几乎平面的矩形，因此它在任何水平方向上均保证足够的刚度。

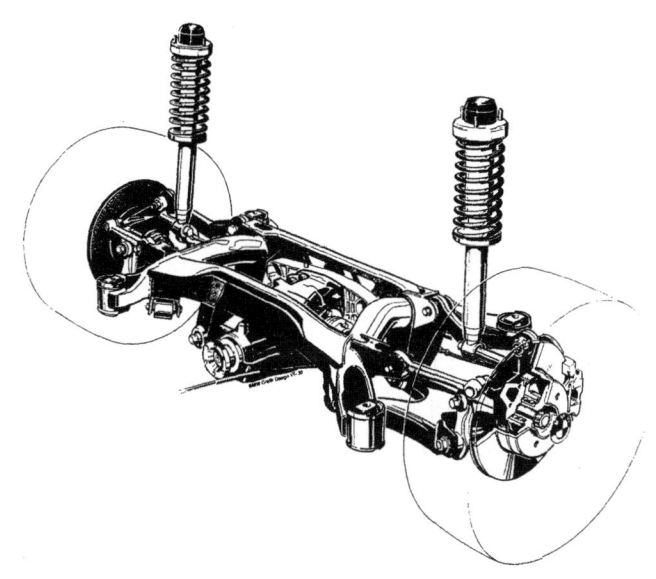

图21.58 多连杆后悬架

最后，简单讨论一个经常会被悬架工程师提及的问题——悬架的柔性是否影响悬架运动特性。

图21.59所示的纵臂后悬架具有良好纵向柔性的橡胶连接，受到制动力F_X以及相应动态车辆载荷变量ΔF_z的作用。由于F_X和F_Z的合力作用于铰链方向上，达到100%的抗举升效果。然而，制动力会引起弹性向后的变形f_x。考虑到

静态受力情况,这个变形显然不导致任何值得一提的静态力。由这个简单的机构可以清楚看出,它也可以应用于更为复杂的悬架:机构(静定)的弹性变形对悬架连杆的位置以及静态受力的影响可以忽略不计。

考虑弹性变形的悬架特性定义的任何尝试是没用的和有误导性的。例如,每 100mm 车轮行程的 5mm 弹性纵向位移变形会导致 3°的支撑角,意味着乘用车前轴 15%～20% 的抗点头几何,或者单轴驱动车辆 25% 的抗举升或抗后坐几何的性能。基于相同的原因,通过测试真实系统车轮路径确定悬架特性的尝试,将给出内部作用力和系统力矩的令人怀疑的结果。确定悬架运动学特性唯一可靠的方法是考虑(理论上的)刚性机构,当然这意味着它们可以很好地用于运动学模型计算。

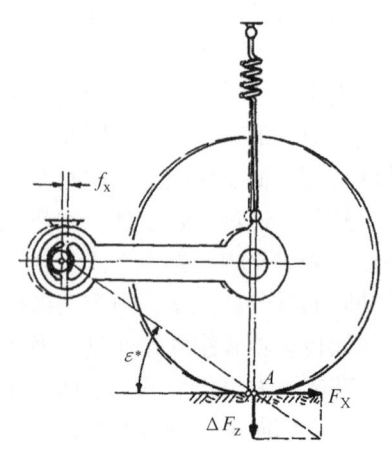

图 21.59 制动力下的柔性悬架

21.8 结论

车轮悬架是可以对诸如传动、制动和转向的车辆动力学进行影响的运动机构。

本章尝试对悬架设计的最重要方面和影响因素进行介绍,包括它对传动轴、轮毂减速装置和弹性悬置的影响。

对于相关问题更多详细的内容,可以在有关的车辆动力学、轮胎特性和振动[13-19]以及如制动[20]、传动轴[2,21]、金属弹簧[22,23]或橡胶弹簧[24,25]等结构单元的专著[12]、标准出版物或手册上获得。

符号表

在本章中,矢量采用粗体表示。

A	轮胎接地点
C	弹簧刚度(N/mm)
d	主销轴;转动轴
F	机构的自由度

符号	含义
F	力（N）
f	铰链的自由度
f	弹簧变形（mm）
h	重心高度（mm）
h_{RZ}	侧倾中心高度（mm）
i	传动比
K	车轮托架
l	轮距；长度（mm）
M	车轮中心
M	力矩（N·m）
m	瞬时轴
m	质量（kg）
n	后倾偏距（mm）
n_R	轮胎拖距（mm）
n_τ	车轮中心的偏距（mm）
P	极点
p	极点距离（mm）
p	车轮–载荷杠杆臂（mm）
R	轮胎半径（mm）
RZ	侧倾中心
r	车辆的侧倾轴
r_C	车轮中心偏距（mm）
r_S	主销偏距（mm）
r_T	牵引力半径（mm）
S，SP	重心
s	瞬时螺线轴（mm）
s	车轮行程（mm）
t	时间（s）
v	车速（mm/s）
x，y，z	坐标轴
α	传动轴连接变形角（rad）
α	轮胎侧偏角（rad）
γ	外倾角（rad）
δ	转向角（rad）

δ_v 前束角（rad）

ε 车轮跳动角度（rad）

ε^* 支撑角（轮毂安装的力矩支撑）（rad）

ε^{**} 支撑角（底盘安装的力矩支撑）（rad）

ϑ 俯仰角（rad）

σ 主销内倾角（rad）

τ 后倾角（rad）

φ 侧倾角（rad）

ω 角速度（rad/s）

参 考 文 献

1. Matschinsky, W.: *Radführungen der Straßenfahrzeuge*. Springer, Berlin, Germany, 2007.
2. Seherr-Thoss, H.-Ch. Graf von, Schmelz, F., and Aucktor, E.: *Universal Joints and Driveshafts*. Springer, Berlin, Germany, 1992.
3. Behles, F.: Die Beherrschung des Brems- und Anfahrnickens. *Automobiltechnische Zeitschrift* 66 (1964) 225–228.
4. Winkelmann, O. J.: Anforderungen an das Fahrverhalten von Kraftfahrzeugen. *Automobiltechnische Zeitschrift* 63 (1961) 121–128.
5. Matschinsky, W.: Der Einfluß der Antriebsart auf die Radführung—besonders bei Zweiradfahrzeugen. *Automobiltechnische Zeitschrift* 67 (1965) 221–225.
6. Matschinsky, W.: *Road Vehicle Suspensions* (Translation edited by A. Baker). Professional Engineering Publishing, London, U.K., 2000.
7. Matschinsky, W., Dietrich, C., and Winkler, E.: Die Doppelgelenk-Federbein-Vorderachse der neuen BMW Sechszylinderwagen der Baureihe 7. *Automobiltechnische Zeitschrift* 79 (1977) 357–365.
8. Dingerkus, O.: Über die Spur- und Sturzänderung spezieller Radaufhägungen von Kraftfahrzeugen. *Automobiltechnische Zeitschrift* 65 (1963) 49–55.
9. Forkel, D.: *Ein Beitrag zur Auslegung von Fahrzeuglenkungen*. Deutsche Kraftfahrzeugforschung und Strarßenverkehrstechnik No 145. VDI-Verlag, Düsseldorf, Germany, 1961.
10. Behles, F.: Möglichkeiten und Grenzen der Verbesserung der Federweichheit von Kraftfahrzeugen. Diss. München, Germany, 1962.
11. Braess, H.-H. and Ruf, G.: Influence of tire properties and rear axle compliance steer on power-off effect in cornering. *Proceedings of the 6th International Conference of Experimental Safety Vehicles*. Washington, DC, 1976.
12. Bastow, D.: *Car Suspension and Handling*, 2nd edn. Pentech Press, London, U.K., 1988.
13. Fenton, D.: *Handbook of Vehicle Design Analysis*. Professional Engineering Publishing, London, U.K., 1996.
14. Fenton, D.: *Handbook of Automotive Powertrain and Chassis Design*. Professional Engineering Publishing, London, U.K., 1998.
15. Ellis, J.R.: *Vehicle Handling Dynamics*. Professional Engineering Publishing, London, U.K., 1994.
16. Mitschke, M.: *Dynamik der Kraftfahrzeuge* Vol. A: *Antrieb und Bremsung*, 3rd edn., 1995 Vol. B: *Schwingungen*, 3rd edn., 1997 Vol. C: *Fahrverhalten*, 2nd edn., 1990, Springer, Berlin, Germany.
17. Braess, H.-H. and Seiffert, U. (eds.): *Handbuch Kraftfahrzeugtechnik, Vieweg*, Springer, Berlin, Germany, 2000.
18. Fenton, D.: *Advances in Vehicle Design*. Professional Engineering Publishing, London, U.K., 1999.
19. Matthews, C.: *I Mech E Engineers' Data Book*, 2nd edn. Professional Engineering Publishing, London, U.K., 2000.

20. Harper, G.A.: *Brakes and Friction Materials*. Professional Engineering Publishing, London, U.K., 1997.
21. Seherr-Thoss, H.-Ch. Graf von, Schmelz, F., and Aucktor, E.: *Gelenke und Gelenkwellen*. Springer, Berlin, Germany, 2002.
22. Gross, S.: *Berechnung und Gestaltung von Metallfedern*. Springer, Berlin, Germany, 1960.
23. Gross, S.: *Calculation and Design of Metal Springs*. Chapman & Hall, London, U.K., 1966.
24. Göbel, E.F.: *Berechnung und Gestaltung von Gummifedern*. Springer, Berlin, Germany, 1955.
25. Göbel, E.F.: *Rubber Springs Design*. Butterworth, London, U.K., 1974.

第 22 章 主动和半主动悬架系统

Davor Hrovat、Eric H. Tseng、Michael Fodor 和 Jahan Asgari

22.1 引言

一般将汽车悬架分为三类：被动悬架、半主动悬架（SA）和主动悬架。其中，被动悬架定义为不需要任何外部动力或能源的悬架，其部件的调校是固定的，在行驶过程中不进行调节。典型的被动悬架由弹簧和减振器组成，没有电子控制部分。半主动悬架包含行为可以通过电脑或类似手段调节的单元，但是调节过程不要求显著水平的动力输入。半主动悬架的一个实例是可调减振器，其阀需要一定信号水平的动力（典型为电动），但是比高作用力液压活塞要小。典型的半主动悬架在外表上类似于被动悬架，但是使用电控减振器，具有相应的传感器（垂向、俯仰、侧倾）、微处理器和线束等。它的执行器吸收、耗散机械能，但是不提供机械能给车辆的其他系统。全主动悬架包含执行器，它通常通过闭环控制方式进行悬架控制，需要很大的动力进行操作。主动系统既可以耗散也可以为整车系统提供机械能。典型的全主动悬架进一步增加了系统的复杂度，它包含前述的电子产品、各类电子液压执行器、泵、阀以及相关的传感器。典型的全主动悬架系统[1]包括执行器、传感器、微控制器和液压供应系统，如图 22.1 所示。

第 34 章将描述整体系统的设计概念，给出主动悬架设计的目标，这要求在行驶平顺性、安全性（抓地性）和悬架动行程三方面同时进行折中。这些理论结果为潜在的主动悬架提供了设计指标，也为实际硬件的开发和实现提供了对应的要求，包括执行器的力能力、功率和带宽，其他问题包括包装、成本、可靠性、适用性、NVH 以及容错性。第 34 章描述的各种控制方法——天棚控制、优化控制等——产生理想的执行器力，可以作为外部环的一部分。这些内容反过来为内部环力的产生和跟踪提供了命令或参考值，如图 22.2 所示。在实际应用中，这种期望力跟踪的传递是非常具有挑战性的任务，具体见 22.3 节。一些挑战包括面对总是存在干扰的高保真力的控制，这些干扰来自路面不平度、执行器有限的带宽、行程与力的要求、系统内部固有摩擦等。

第 22 章　主动和半主动悬架系统

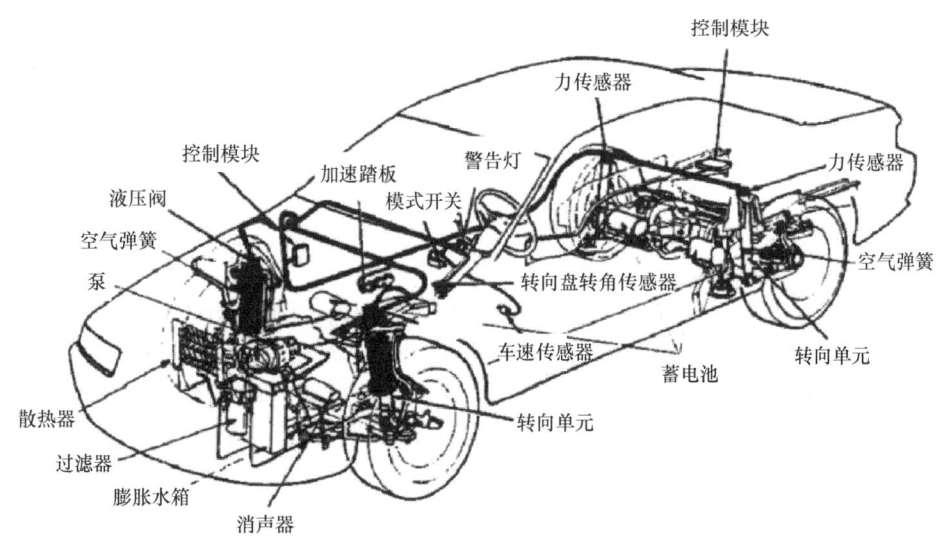

图 22.1　典型的液压全主动悬架系统和部件

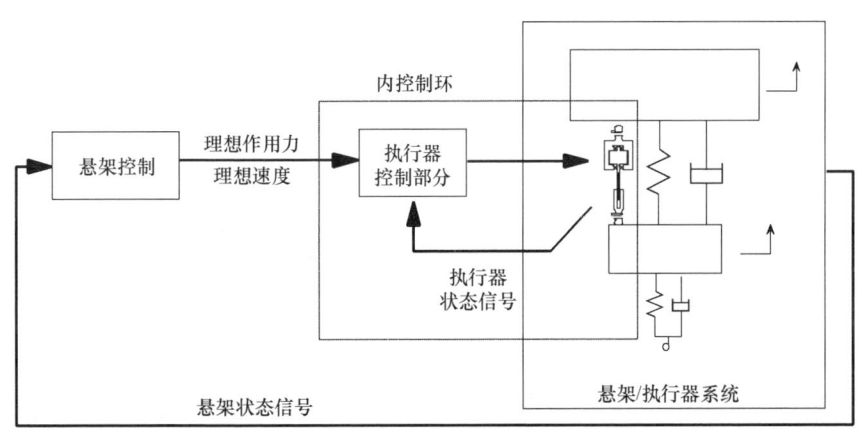

图 22.2　悬架内外控制环

设计良好的悬架系统，对车辆动态性能——平顺性、操纵稳定性、安全性等，可以给出充分的好处，驾驶员对这样系统的反应是相当正面的。在 20 世纪 80 年代中期，主动悬架引起广泛注意，莲花（Lotus）公司经过多年研发推出试验车辆 Esprit，其演示得到广泛宣传。1987 年 1 月 21 日，《纽约时报》描述了该车辆的能力，其内容为：

"车辆测试驾驶人员对车辆性能表示相当惊诧。英国杂志 Car 在最新期刊的封面上称'这是自二战以来汽车领域中最伟大的极品'。Car 的编辑史蒂夫·克罗普利（Steve Cropley）写到：这个车集其他现代汽车的所有优点于一身，'将它们加起来再放大一倍，你才可能接近达到全主动悬架改善车辆性能的程度'。"

美国杂志 *Road & Track* 的特约编辑道格·奈（Doug Nye）说，他最初持怀疑态度，但是实际上这辆车太神奇了，"我已经写了24年的车评，老实讲，这是目前为止给我印象最深的一款车。"

一如既往，这些评论都有一定的广告宣传目的，存在一些炒作的水分。特别是早期的评论主要说明的车辆操纵稳定性方面的实质改进，是在特定和严格的行驶工况下才可以体现出来的。相对于一般消费者而言，平顺性的改善可能更为重要，但当时并没有得到明确的证明，这是后续工作的主题。然而，早期的演示说明，主动悬架对车辆轮跳现象有一定的改善效果，可以改善车辆的平顺性和操稳性，而这与整车控制和安全性产生相关影响。这反过来刺激和增加了工业上的广泛关注，最终于20世纪90年代将第一个窄带或"慢"主动悬架系统应用于Nissan和Toyota车型上，之后主动侧倾控制逐步应用于Citron车型，所谓"主动车身控制（ABC）"悬架应用于Mercedes车型，见22.4节。

接下来本章将集中在主动悬架和半主动悬架设计的硬件部分，包括控制部分。22.2节将呈现不同类型的主动和半主动悬架执行器硬件，22.3节描述与硬件相关的内容，主要涉及控制系统的设计，22.4节讨论各种先进悬架概念的硬件实现，22.5节给出相关的车辆模型，22.6节对相应的因素进行总结。

22.2 执行器硬件类型

主动悬架和半主动悬架的实现必须借助大量的硬件，而这些硬件都有对应的设计权衡。这些权衡包括典型的工程考虑，如性能、成本、复杂度和可靠性。性能通常指降低悬架执行器的带宽范围或抵抗越来越高频率路面干扰的能力，因此，全主动悬架可以分为两类——高带宽或低带宽。高带宽执行器定义为可以对车轮型振动（约10Hz）和车身型振动（约1Hz）进行控制，这就要求力控制能力远大于10Hz。低带宽执行器只能影响车身振动，可以放松带宽要求至约5Hz，通常以减低动力要求为特征。然而，根据定义，与高带宽系统相比，低带宽意味着性能的降低。高带宽和低带宽系统的典型拓扑结构，如图22.3所示。为了充分利用执行器的高带宽能力，设计者应当避免在执行器、簧载质量、非簧载质量之间引入过多的力滤波柔性。因此，传统的高带宽系统仅包含相对的刚性连接，与主要的悬架并联。低带宽系统中的主要悬架通常采用螺旋弹簧或其他类型的储能单元作为执行器，例如液压/充气，同时与主动执行器串联。半主动悬架的执行器通常是具有可调节率的减振器，也会受到带宽限制，这限制了其潜在效率。22.3节将呈现电液、电子、半主动悬架、载荷均衡执行器，以及它们之间的一些相关分析和设计考虑。

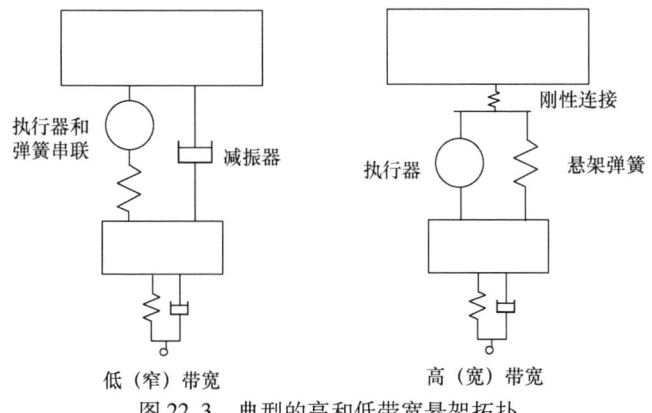

图 22.3 典型的高和低带宽悬架拓扑

22.2.1 电液执行器

电液执行器是迄今为止最常见的应用于试验与生产的全主动悬架执行器。液压活塞—液压缸单元为主动悬架控制提供必备的力能力和带宽,同时满足典型悬架的安装要求,它的缺点包括永久流体泵输送导致的固有能量损失、耦合器与充满液压油的软管系统的服务和维护要求。图 22.4 给出了低和高带宽液压驱动方法的简化原理,这两种系统使用伺服阀控制高压油进出液压缸。低带宽执行器包含大的液压装置,以大储能器的形式与活塞串联。这种调节单元对作用在储能装置/活塞对的液压油压力波动进行"滤波",从而降低系统的有效驱动带宽,同时消除(较高频)路面输入干扰的效应。

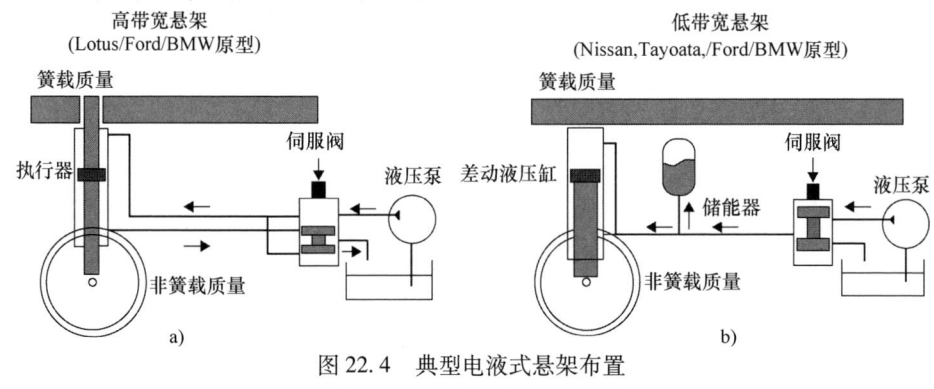

图 22.4 典型电液式悬架布置
a) 高带宽悬架 b) 低带宽悬架

典型的电液执行器模型,详见本章附录。在附录中,这种执行器模型应用于车辆行驶动力学的四分之一模型的研究。

22.2.2 电子执行器

电子执行器可以提供几个可能的优点,包括产生高带宽的力、低 NVH、易于服务并且具有能量再生的机会。这些优点可能被与重量和有限的最大力能力有关的问题所抵消，高带宽系统也可能还需要在车辆中使用高压电气基础设施——这是一个潜在的成本要求。在文献［2，3］中，提出一种具有潜在吸引力、实用的高带宽执行器的机电实现方法。文中提出的电子主动悬架（EAS）执行器，包含滚珠螺母组合——用于将高效永磁电动机的旋转功率转换成相应悬架力和平动速度，如图 22.5 所示。承载大部分执行器质量的定子安装在车辆的簧载质量（车身）上，只将滚珠螺母和下衬套安装在非簧载质量（车轮）上。除了提高更高带宽之外，当执行器在悬架系统上消除机械能时，电子控制执行器允许能量回收。控制执行器的主要挑战，来源于由执行器转动惯性产生的簧载质量和非簧载质量的惯性耦合。簧载质量和非簧载质量的任何运动都会导致电动机电枢的转动，必须仔细控制这种惯性运动，以保证执行器在高频时没有将簧载质量和非簧载连接成为刚体。同样的现象推动了上、下执行器衬套的设计，以确保整个装置在高频时的合理有效，详见文献［4］。

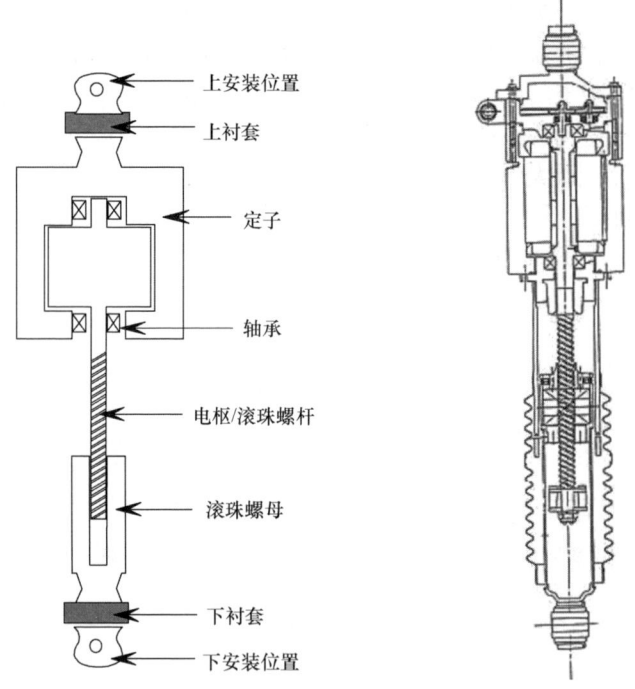

图 22.5　Ford 电子主动悬架执行器概念

早期的概念基于旋转电动机或功率源，一种更新的基于直线电动机运动和永磁体的方法在文献［5］中提出。在这种情况下，据称悬架力可以非常有效地控制，这是基于 Bose 公司多年扬声器系统的成功生产经验实现的。根据文献［5］，悬架系统也包含所谓的减振器重量，有助于减少轮跳，其原理类似于22.6.4节中的动力吸振器（DA）或调谐质量减振器。根据文献［5］，直线运动悬架的概念似乎是有前途的。然而，目前尚无实际车辆测试数据的报告，看见这个有趣概念的进展也将是有趣的。

22.2.3　半主动执行器

半主动控制通常通过将可调节的减振器与悬架弹簧并联实现。每个执行器的阻尼比由第34章中描述的选择控制策略确定，可调阻尼由气压或液压的活塞—液压缸，以及通常安装在活塞面节流孔中的电子机械控制工具组合而成。然后，执行器的带宽由控制阀反应时间和动力学决定。作为一种选择方案，磁流变（MR）流体可以用于改变工作流体的黏度，进而改变执行器的作动力。这种方法具有更短的响应时间，MR流体也存在使用寿命受限的缺点，需要保养。2002年，一款MR减振器应用于Cadillac的Sevile STS车型上，其中MR流体由Delphi和Lord公司联合开发，由悬浮铁颗粒和合成碳氢化合物为流体基底组成，其连续的可变阻尼可以在1000Hz下进行调节。磁流变减振器的快速响应时间可以保证车辆闭环稳定性控制，通过在瞬态运动状态下控制悬架侧向和纵向的载荷转移实现[6]。

减小节流孔控制阀带宽要求的一种方法，是采用阻力控制半主动阻尼方法，如文献［7］进行的试验。其中，使用包含两个控制阀的双作用减振器，每个控制阀只在一个方向（伸张或压缩）设置装置的阻尼比。节流孔的打开与关闭借助被动单向阀完成，这些被动单向阀提供轮胎高频运动所需的高带宽切换，而低带宽控制阀只要求响应相对低带宽的车身运动。图22.6给出了这种装置的工作原理。图中$\dot{z}_s$为簧载质量速度；$\dot{z}_s - \dot{z}_{us}$为通过减振器的相对速度；可控阻尼率用于减振器的伸张和压缩，是车身运动的函数，b_s为装置产生的组合阻尼比；当只用于低带宽控制阀时，组合阻尼比提供希望的高频特性。使用两个低性能和低成本的阀代替单个高性能和高带宽的阀，可以有效降低成本。

22.2.4　载荷均衡悬架

载荷均衡悬架的拓扑构造类似于低带宽悬架，其中主悬架弹簧的平衡点是主调节点。然而，载荷均衡悬架只能以极低带宽的方式工作，无法控制低频的车身模态。相反，其表现类似于被动悬架。但是它可以提供车辆姿势（或姿态）"再平衡"能力，在大范围载荷条件下维持适当的车身姿势，并在可用的动挠度范围内适当定位悬架中点。同样，作为缓慢的执行器，它允许安装较软的主弹簧，常见于高档舒适的豪华汽车上。

载荷均衡悬架通常采用空气弹簧构造，其平衡长度通过改变弹簧中空气体积进行调节，由一个空气泵和简单的开/关阀实现。砰-砰（Bang-bang）控制是一种典型的控制策略，根据一组高度传感器对弹簧长度进行调节。在1984款Linkoln Continental中，使用的电子控制载荷均衡就是典型的实例。电控空气悬架系统，在保证车辆姿态和悬架行程的条件下，允许其弹簧刚度比相应的钢质弹簧悬架低32%~38%[8]，如图22.7a和图22.7b所示。

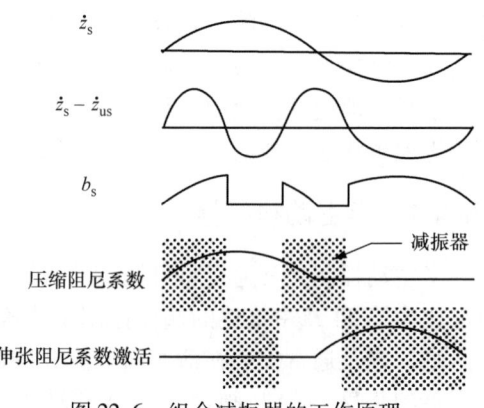

图22.6 组合减振器的工作原理

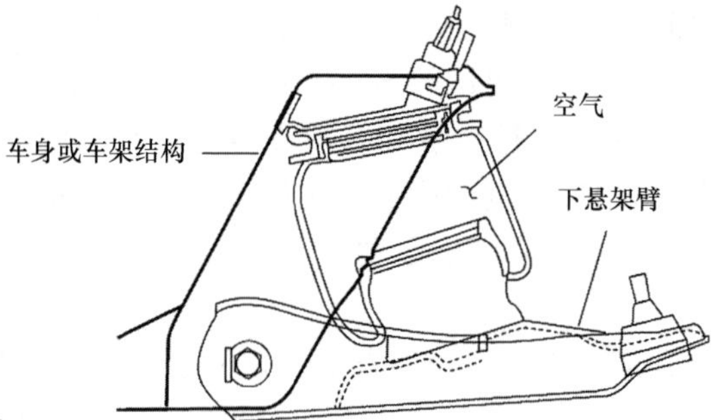

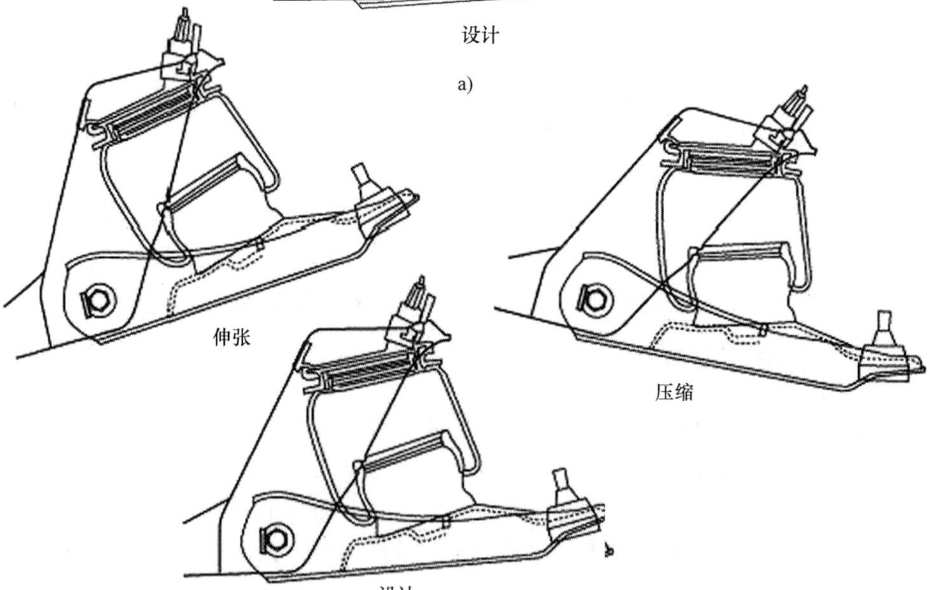

图22.7 空气弹簧
a) 典型的弹簧-臂空气弹簧 b) 空气弹簧工作模态

在这种和大多数其他的载荷均衡悬架中，高度传感器用于调节弹簧中充气量。在Linkoln Continental 中，点火、车门和制动系统的信号只在必要时用于保证载荷均衡。例如，如果点火信号为开，同时车门打开，车辆根据驾驶员和乘员体重在 50s 内进行均衡；如果点火信号为关闭，则只进行有限的载荷均衡。

22.3 与硬件相关的考虑

在同时平衡一些设计折中要求方面，诸如平顺性、操稳性以及空间布置等，主动悬架控制系统的设计正面临着挑战。通常，设计经常将执行器理想化，假设其在无限带宽下工作，或其带宽特性在整个工作条件下是一致的。这些简化有助于系统级的分析，但在完成实际悬架设计时要重新考虑。因此，当包含更详细的硬件因素时，控制问题就会变得更加复杂。典型的硬件问题是执行器的带宽限制、执行器和相应硬件间的摩擦影响、对给定的执行器匹配合理的控制系统，详细的内容将在下面进行介绍。

22.3.1 摩擦

即便是一个很小的干摩擦，也会降低平顺性，导致主动悬架以及半主动悬架预期和实际的响应之间存在显著的差异。例如，一个 1364kg 的车辆，每个车轮处为 341kg，对应的执行器干摩擦仅为 111N。即便如此，干摩擦对簧载质量加速度均方根值有 3.3% 的影响。为了说明这一点，假设理想加速度为零，即相应的簧载质量力为零，执行器带宽远小于轮跳频率，轮跳运动足够灵活，冻结"摩擦"。如果不是这样，悬架将会锁死，导致不希望的车辆簧载质量和非簧载质量共同加在轮胎上的现象。

22.3.2 泄漏

对于电子液压主动悬架执行器，存在多种泄漏路径，包括活塞密封的泄漏、供油口和出油口处的泄漏以及跨端口泄漏，跨端口泄漏是影响整个系统动态行为显著的因素[9]。实际上，这种泄漏与液压油串联作用。可以想象，执行器伺服阀在其中间位置工作，如图 22.8 所示。这样的最终效果是相应的车辆/悬架模态有更大的阻尼，在占主导地位车身振动模态情况下尤其如此。

22.3.3 执行器控制：力与位移跟踪

主动悬架实际意义的一个重要方面，是执行器动力学及其与车辆系统动力学之间的相互作用问题。在实际中，高精度驱动的挑战，要求深入了解基本系统动力学和掌握相关机电一体化的设计技巧。例如，考虑前面假设的常数情况，车身

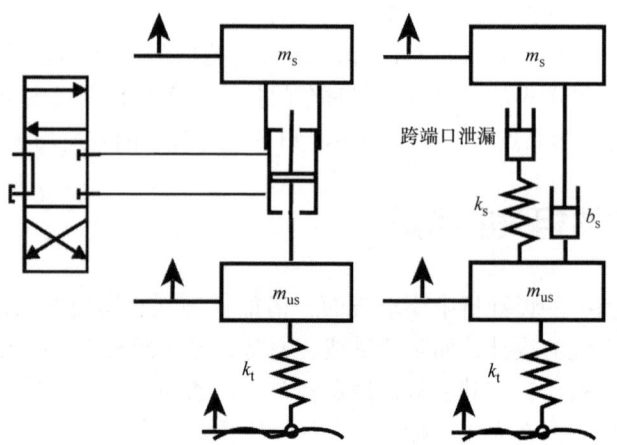

图 22.8 高带宽主动悬架示意及其对应模型

加速度为零对应于可能的最佳平顺性。即使这个看似不起眼和容易的任务，产生恒定的执行力等于簧载质量的重量也是具有相当挑战性的。正如文献［10］所述，主要问题是悬架力会随着悬架安装点之间的相对速度而变化，悬架安装点就相当于一个力干扰产生器。消除这些影响，是内环力传递子系统主要任务之一。

要注意的是，这些干扰力的消除或抑制也会排除或减少，将任何附加的车辆动力学引入到内环力跟踪子系统中。这点在文献［11］中已经说明，通过上述附加的动力学效果，被控对象车辆的极点成为闭环系统的零点。更准确地讲，内环力跟踪系统可以通过框图表示，如图 22.9 所示。图中，C_{in} 表示内环控制器，G_a 和 G_p 分别表示执行器和车辆的传递函数。悬架执行器理想和实际的力对应的传递函数为

$$G_{ff} = C_{in} \frac{G_{fi}}{1 + C_{in} G_{fi}} \tag{22.1}$$

式中

$$G_{fi} = \frac{G_a}{1 + G_p G_h} \tag{22.2}$$

以上公式中，G_h 总结了通过执行器建立的反馈路径，即由于悬架安装点相对运动导致的悬架力的变化。这种耦合或反馈效应是借助众多硬件实现的，虽然耦合程度可能取决于悬架实现的概念和处理的类型（电液或电动）而变化。通常，电液执行器完全抵消这一项是比较困难的，由于其高度的非线性特性——如黏度与温度的依赖性和夹杂空气——并更可能需要某种形式的调整，详见文献［12］。为了完整性，图 22.9 也给出外环或主环控制器 C_{out}，可以包含一个合适的观测器或 Kalman 滤波器。

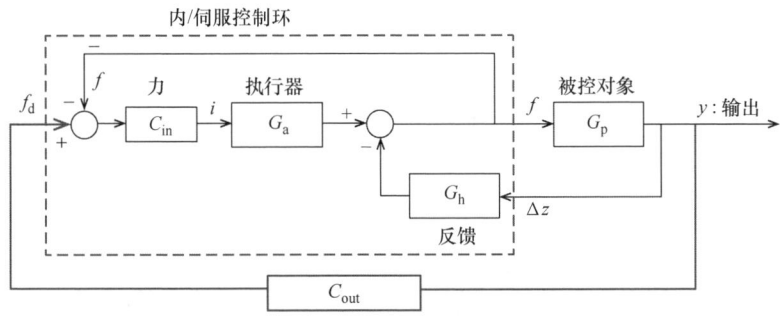

图 22.9　力跟踪执行器的控制器设计

由前面的传递函数式（22.1）和式（22.2）可以看出，车辆 G_p 的开环极点成为生成内环构型（G_{ff}）力跟踪的零点。在典型的四分之一车辆模型中，这意味着在这种内环中有两对相对较小的阻尼零点。第一对零点对应于占主导地位的车身振动垂直模态，其典型的低频约为 1Hz。这种模态的阻尼大小可能发生改变，但是其接近于被动悬架中的阻尼，对应阻尼比为 0.2～0.3。例如，将一个被动悬架或半主动悬架阻尼部件作为整体集成到一个主动悬架执行器中，可以发现这种模态对应的阻尼比增加了 0.1～0.2。

第二对零点对应于轮跳振动模态，一般为 10Hz 左右，具有相对较小的固有阻尼。这种模态更具有挑战性，这对零点将是高性能系统能力的限制因素，实际上产生的闭环极点将趋向于系统零点。改善这种情况和增加有效轮跳阻尼的一种方法，是通过结构硬件的变化，引入在轮跳频率上可调谐的动力吸振器。这种方法也可以改善整体系统的平顺性和操纵稳定性，将在第 34 章中讨论。有趣的是，曾经是平顺性最好的小型车辆 Citroen CV，就是利用动力吸振器对轮跳模态进行调谐的。虽然这是在基本被动悬架下进行的，基于第 34 章，预期发展良好的未来主动悬架系统将包含一些形式的被动或（半）主动动力吸振器。

文献［12］和文献［13］提出了一种不同的方法，可以达到与前述力跟踪相同或类似的平顺性和操纵稳定性。这种方法不是跟随希望的力命令，而是设计内环控制跟随（等效）理想的悬架位移。这种构型，可以以框图的形式表示，如图 22.10 所示。对应的传递到悬架执行器的理想位移和实际位移的传递函数为

$$G_{zz} = C_{in} \frac{G_{zi}}{1 + C_{in} G_{zi}} \tag{22.3}$$

式中

$$G_{zi} = \frac{G_a G_p}{1 + G_p G_h} \tag{22.4}$$

利用这种方法，虽然车辆的极点不再是整个系统的零点，但是产生的零点集包含车辆零点，物理上对应于簧载质量和非簧载质量之间在轮胎弹簧上搭接在一起的情况。忽略轮胎阻尼，产生的零点形成纯复数共轭对。因此，它比前面讨论的力跟踪方法对应的情况更具有挑战性。此外，由于图22.10所示的限制零点的带宽，低于图22.9所示的限制零点带宽的轮跳模态频率，因此，现在限制的频率更小。

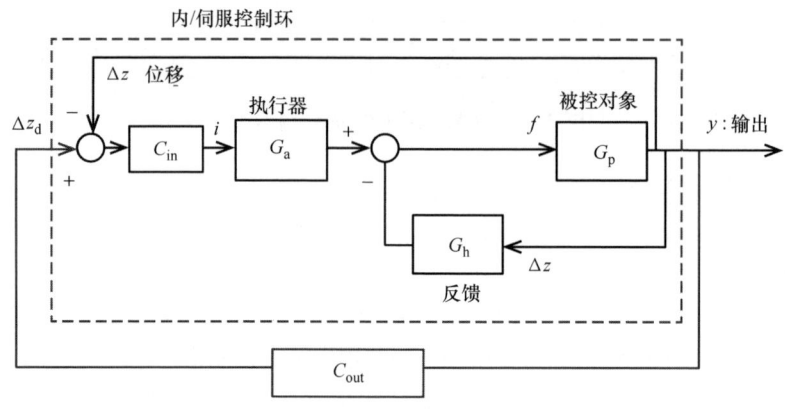

图22.10　位移跟踪执行器的控制器设计

无论是使用力跟踪还是使用位移跟踪的方法，均取决于通过执行器的主流动或速度和位移。大的速度或流动，如越野车辆所见，使用位移跟踪方法调节更加高效。在这种情况下，也可以使用流量控制阀。关于它的更多介绍，见22.3.4节。

22.3.4　执行器带宽

当处理主动悬架时，一个十分重要的考虑是执行器带宽的要求和限制。通常指执行器力发生器对通过执行器安装点的所有可能运动的带宽，这也是低或窄带宽（或慢动作）和高或宽带宽（或快动作）悬架的一个明显区别。前者只适于控制相对慢的车身振动模态，其带宽通常为3～7Hz；而后者适于控制车身和车轮模态，其带宽通常为12～15Hz。

控制带宽的一种方法，是以空气-弹簧储能器的形式引入附加的柔性，可能会增加半主动阻尼，这对高频和NVH隔离提供积极的副作用。相关结构和动力学的更多内容在文献［14］中给出，其中典型的低带宽悬架构型借助于键合图建模方法进行分析，应用于简单的四分之一模型，如图22.11所示。图22.11a所示的通用悬架构型包括了一个（也可能是多个）液压阻尼阀、液气储能器和两个液体流动源Q_A和Q_B，通过合适的电液阀进行控制。借助于图22.11b所示的键合图,将变化率设为1,所有机械和结构可以等效获得,如图22.11c所示。需要注意的是,液压阻尼和气体柔性实际上是几何上平行相互作用的。

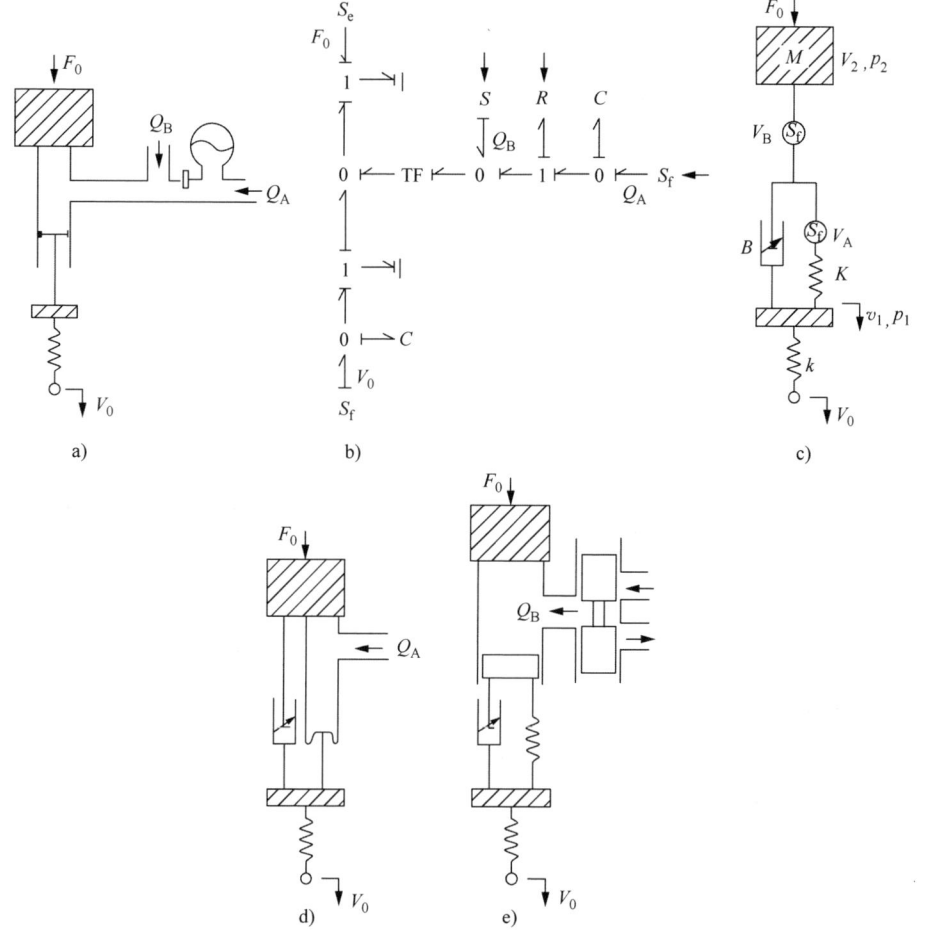

图 22.11 低带宽悬架构型及其键合图
a) 通用的悬架构型 b) 等效的键合图 c) 产生的等效机械结构
d) 只有 V_A 时的实例 e) 只有 V_B 的实例

实际上,通常只会出现两个液压源中的一个。只有 V_A 的实例,如图 22.11d 所示,这种布置是典型的空气悬架执行器。另一方面,另一种可能的硬件结构是只有 V_B,如图 22.11e 所示,它与典型的液压悬架单元类似。前述通用构型的潜在重要扩展性,可以考虑液压转动惯量、阀/电磁动力学、阀芯阻力以及其他相关因素,借助键合图建模技术,这些因素可以很好地结合在一起。

22.4 硬件实施

尽管对主动悬架控制设计有相当多的研究，但是只有少量系统出现。大多数仍然是研究和开发的原型，在商业化市场较少见到。下面介绍的几个系统可以分为高带宽和低带宽两种类型。

22.4.1 低带宽主动悬架

一些低带宽主动悬架系统已经推向市场，取得有限的成功。文献［15］介绍了一种低带宽悬架硬件的实例，如图 22.12a 所示。其中包括：

① 储能器，用于带宽限制和 NVH 控制。
② 机械支撑弹簧（虽然在某些构型中可能没有）。
③ 一个相对便宜的压力控制阀。

在结构上，这种硬件类似于图 22.11e 所示的构型，有一个流动源 V_B。需要注意的是，单作用执行器构型，确实具有结构简单和价格便宜的优点。然而，却限制了系统在压缩行程的可控性，压缩行程是通过弹簧/储能器设置确定好的部分。而典型的图 22.12a 所示的构型不是唯一可能的布置形式，未来低带宽悬架可以通过增加两个双作用执行器的柔性，以及合理选择储能器还有并联弹簧等方法来获益。

另一种硬件选择，是将图 22.12a 中的压力控制阀换成相应的流量控制阀。一种典型的比例压力补偿的流量控制阀［16］，如图 22.12b 所示，它由一个压力控制阀和一个电磁控制流量计量孔组成。由于两者之间的特殊互连，液压油通过计量孔，阀芯会有一恒定的压降 ΔP，这是通过预先设定好的电磁阀控制电压决定的。这反过来会产生希望的输出流量，独立于输入和输出压力的变化。

在低带宽悬架执行器的背景下，前面提到的流量控制阀的一种可能应用，可以按以下方式合理应用。这样的执行器产生的任何力都伴随着相应的位移和串联柔性速度，如图 22.11e 和图 22.12 所示。在这种情况下，可以考虑相关的流量控制问题，而不是力控制。然而，由于硬件简化，通过压力控制阀的更加直接的方法，在实际中似乎是首选，也是目前唯一应用于量产产品的方法。

Mercedes 的"主动车身控制"

DaimlerChrysler 将"ABC"系统引入到 2000CL 轿车上。该系统由四个低带宽（5Hz）液压执行器组成，可以实现全主动的载荷均衡、垂直、俯仰和侧倾控制。

图 22.13 提供了一款 ABC 悬架系统示意图[17,18]。主液压缸和钢质螺旋弹簧串联。该液压缸设置了弹簧预紧载荷，串联布置导致低带宽的系统行为，与弹

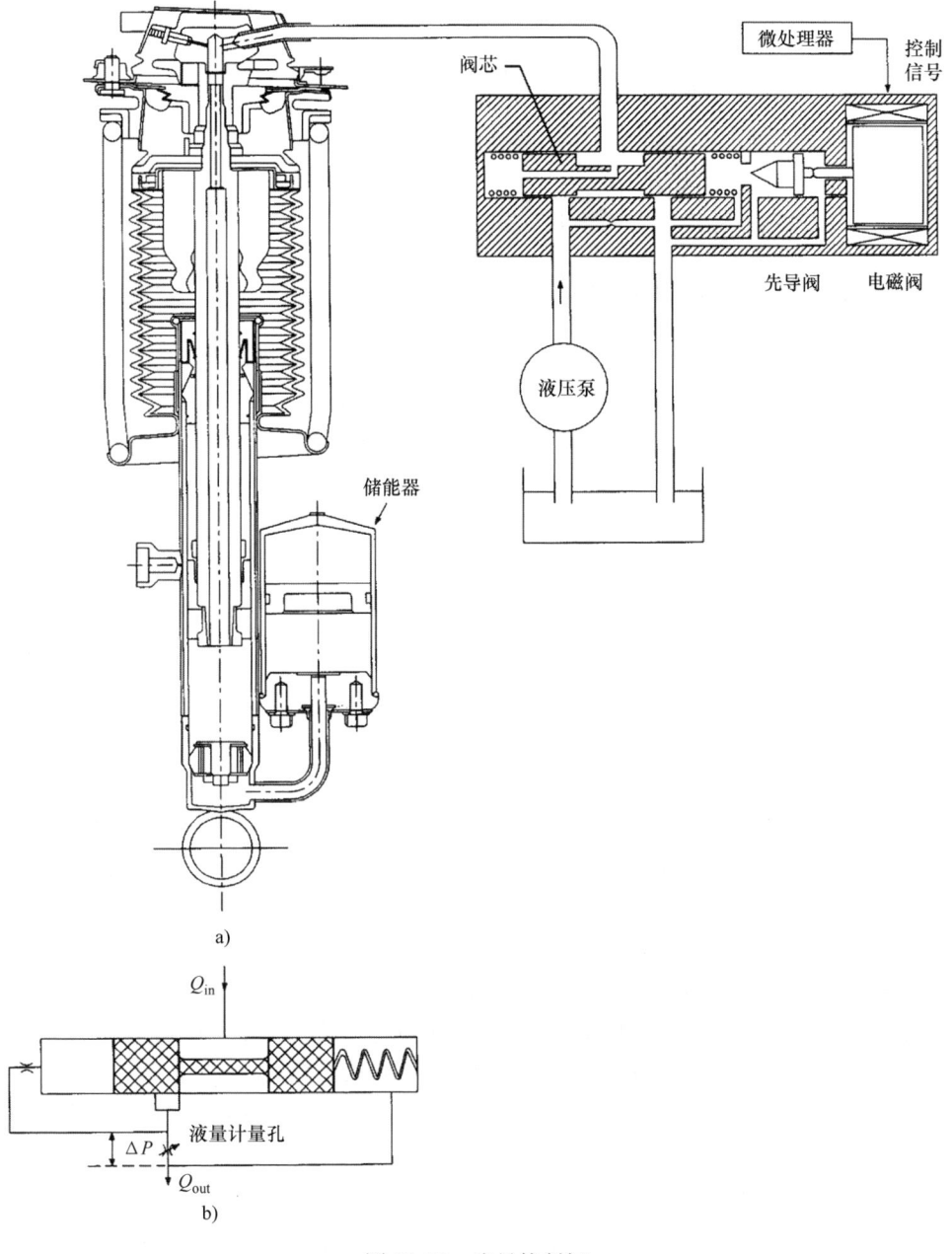

图 22.12 流量控制阀

a) Nisaan Infinity Q45 原理 b) 典型的比例压力补偿流量控制阀原理

簧/液压缸平行的是双管气体减振器(阻尼器)。液压流体压力通过泵调节至 200bar,每个轴的储能器在最大载荷时进行压力均衡。高压流体由两个阀体携带——每个轴一个，每个阀体包含三通比例阀——每个角一个——用于维持柱塞压力，每个角的两通双向截止阀用于车辆停止时锁死缸体和提供故障安全操作，回流流体通过回流至储能器衰减压力。

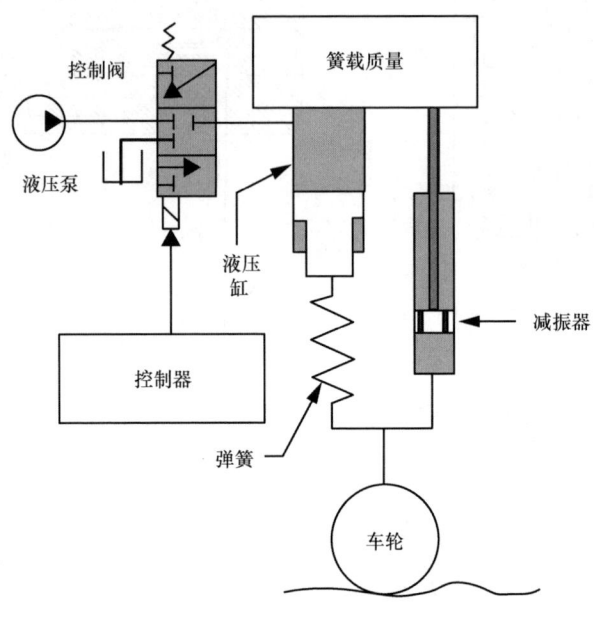

图 22.13　ABC 悬架

ABC 系统利用多个传感器进行机械状态测量。传感器包括纵向和侧向加速度计、三个垂直加速度计（用于颠簸、俯仰和侧倾检测），以及一个水平传感器和在每个车轮上的一个柱塞位置传感器。此外，还包括用于压力控制和检测的压力传感器。

根据车辆状态，ABC 系统采用不同的算法模块对车辆进行动态控制。提供的功能包括基于速度的载荷均衡、车身高度调节、车身高度天棚控制、侧倾角对车辆侧向加速度响应的侧倾控制、俯仰角对纵向加速度响应的控制[18]。控制算法进一步会由驾驶员输入控制，通过操作仪表板高度和性能模式开关来实现。

22.4.2　高带宽主动悬架

由于高带宽主动悬架（BBAS）既尝试对较慢的车身模态控制，也对快速的轮跳模态进行控制。因此，通常预期高带宽主动悬架系统更难以实现，这种悬架需要更高成本，同时耗油量更高[19]。另一方面，设计师也在争论低带宽悬架存在增加耗油量的潜在性，因为更柔性的液压系统增加了泵流量的要求。

文献［20］总结了执行器带宽对系统基本性能的影响。在文献［20］中，在假设执行器力产生可以近似为一个特定带宽的简单、一阶低通滤波器的前提下，进行了简化分析。结果表明，5Hz 的带宽执行器可以提供性能相对接近极限情况对应的理想、无限快速执行器。这与第 34 章基于两自由度四分之一模型的分析是一致的，可以预期在慢的车身模态下车辆平顺性良好。

前述面与带宽相关的研究只是一种近似分析，因为分析是基于一个简单的线性模型，忽略了车辆动力学对执行器力产生能量的任何耦合影响。此外，在实际中，当频率超过某一范围时，任何悬架的性能主要由相关的被动部件所决定。实际上，主动悬架力的产生在理想带宽和路面干扰约束下，其本身就是一个具有挑战的问题。这方面仍然还是一个开放的领域，可能需要创新的设计解决方案，以及充分利用机械电子学及其相关的控制系统技术。佩因特（Paynter）提出一种可能的方法，包括使用坚固的基于聚合物的拖一扭执行器[21,22]。

为了确定给定执行器的带宽能力——车辆系统在力跟踪的情况下，通常首先需要验证的是，相应的力频率响应是否达到截止频率（3dB 或 45°相移）。对于通过执行器安装位置的不同力水平和不同的运动，这应当是正确的。一旦确认，这种完整的高带宽悬架的潜在好处，意味着可以重复利用快速预瞄，进一步改善系统整体的性能，尤其是第 34 章讨论的轮跳模态的控制。

即便尚未应用于量产车辆，这类悬架对于探索和建立最大可能的平顺性、操纵稳定性的研发工作是非常有用的。甚至对于不同于悬架概念的主动安全系统也是有益的。正是在这种情况下，大多数高带宽悬架已经和可能会继续在不同的汽车生产商和供应商的原型车辆中得到应用。高带宽悬架的一个实例由 Ford 在 20 世纪 80 年代后期开发，如图 22.1 所示[1,23]。

Ford 的 Thunderbird（雷鸟）BBAS 样车使用了四个高保真电液伺服执行器，分别安装在每侧车轮处。虽然典型的低带宽悬架通过三通比例压力控制阀进行控制，但是 BBAS 通过四通伺服阀进行控制，具有更高的精度和响应速度。此外，BBAS 执行器基于双作用缸开发，压缩与伸张行程同样可以快速响应。车辆具有一个用于快速信号/控制处理的中心和四个转向单元的微处理器、四个执行器位移传感器、四个用于内环（力）计算的载荷单元和四个空气弹簧——每个角布置一个弹簧与 BBAS 执行器并联。空气弹簧支撑和将簧载质量中心作为一个典型的载荷均衡集合，同时提供较低的簧载质量固有频率，以提供更舒适的基本平顺性，然后通过 BBAS 执行器进行适当的动态调整。整体系统集成了 26 种不同的传感器，包括加速度计、压力传感器以及车速传感器。

BBAS 控制策略基于各个车轮的协同控制，由两个层次组成[1,23]。外环以 20ms 速率工作，其计算四个 BBAS 执行器理想的作动力和理想的操作模式（操纵稳定性或平顺性），同时检查系统的完整性。平顺性相关的计算基于四分之一模型完成，目标是在每侧车轮处模拟天棚阻尼，通常非常接近可能的最优平顺性，见第 34 章。此外，不同弹簧和阻尼比的使用取决于主要的操作模式，即平顺性或操纵稳定性；表 22.1 总结了它使用的典型参数[23]。

表 22.1　Ford 的 BBAS 使用的典型参数

参数	单位	平顺性模式		操纵稳定性模式	
		前	后	前	后
天棚阻尼	N·s/m	4115.3	1751.2	4115.3	1751.2
传统阻尼	N·s/m	525.4	525.4	1400.0	700.5
悬架弹簧	N·s/m	2626.8	2626.8	21.014	21.014

计算还包括转向、制动、加速和其他类似工况下侧倾和俯仰姿态控制，这基于纵向加速度信号和转向传感器。

转向力指令或者理想大小被传递给转向处理器，它基于载荷单元传感器提供的反馈，以较高的 1ms 采样步长实现内环力控制。转向单元在不同的伺服阀之间分配力请求，例如，传统（相对）悬架阻尼以及天棚力的被动部分，通过旁路或交叉的两通伺服阀提供，仅在出现类似于半主动阻尼控制的效果要求时才提供。

BBAS 研发样车可以完成许多关键目标，尤其是主平顺性（约 5Hz）和操纵稳定性。典型的 NASA 平顺性指标总结在文献［23］中，其中 10 级中的数字越小，平顺性越好。由该文献可以看出，平均而言，Thunderbird 的主动悬架在 12 个不同车辆中性能最好。其中，BBAS 唯一表现稍差的地方是在平坦道路上，而 Jaguar XJ60 和 Lexus LS400（都是以良好的平顺性著称）在这方面有优势。这可能是由于尚不完善的 NVH（高频率）水平，对于 BBAS 概念而言，这是更大的挑战。基于文献［23］总结的结果，也应当指出，Thunderbird BBAS 的性能明显优于 Thunderbird 被动悬架，以及应用于 Infinity Q45a 和 Toyota Soarer 的简化低带宽主动悬架。

文献［23］对比了 Thunderbird 主动悬架与其对应（生产）的被动悬架的操纵稳定性。对比结果表明，安装主动悬架的车辆产生更灵活的操纵性能，更加快速的横摆响应，更小的车身侧倾和俯仰，以及明显更大的最大侧向加速度（$0.895g$ 比 $0.81g$）。因此，通过两个车辆的直接比较，安装主动悬架车辆的平顺性和操纵稳定性均得到明显改善。

实现了 BBAS，通过早期的努力已经取得显著的进步，但是在严格意义上高带宽悬架所有潜在好处仍然是虚幻目标，尤其是平顺性和操纵稳定性。需要进一步发展具有挑战性的领域，主要包括次平顺性、NVH 以及系统的动力消耗、复杂度和成本。可能的方法包括对于轮跳引入调谐吸振器和增加串联可控柔性，如果设计得当，可以提供合适的 NVH 隔振，也可以进一步缩小 BBAS 和 NBAS 之间的差别。

22.4.3 半主动悬架

在1987款的Thunderbird涡轮增压轿车上，引入了第一代量产的半主动悬架，采用电子控制减振器［24］。阻尼根据驾驶条件，例如急转弯、制动、加速以及高速行驶等进行调节。通过开启旋转的截止阀，使液压油流通至旁路活塞阀，对阻尼进行调节，如图22.14所示。截止总成中的单向阀进一步允许在相同的设置/旋转位置对应的压缩与伸张行程时的阻尼不同。

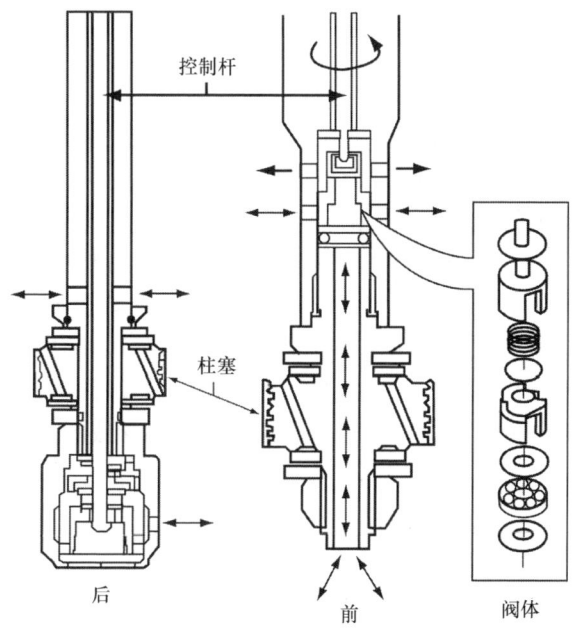

图22.14 1987款Thunderbird涡轮增压轿车可调减振器

22.5 车辆模型

本节将简短回顾用于研究优化悬架平顺性控制算法设计的各种车辆模型，从简单的四分之一车辆模型开始，其允许仅有垂直方向的一个自由度。在这种模型中，最简单可能的单自由度模型只由车辆或簧载质量，以及车辆与路面之间的悬架执行器组成，如图22.15所示。此外，假设车辆以一定的车速匀速前行已成通例，以便路面激励作为垂直输入与车速和路面不平度的空间斜率成比例关系，这就是所谓的"移动"的路面。

在单自由度模型的基础上添加车轮/轮胎组件（非簧载质量），构成四分之一二自由度模型，如图22.16所示。非簧载质量的模态通常称为"轮跳"，其以

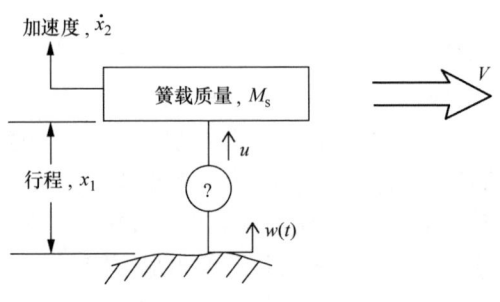

图 22.15 单自由度模型

相对小的阻尼和 8~12Hz 固有频率表征。车身主模态，或者簧载质量模态，通常约为 1Hz，如果是主动悬架系统，则会更低，约为 0.5Hz。相应的状态方程在 22.A 附录中总结，在文献 [25] 中说明了应用四分之一二自由度模型的理由。作者采用基于 ADAMS™ 的车辆模型和阶跃响应识别二自由度模型参数。典型的麦弗逊悬架，如图 22.17 所示。要搭建其模型，作者发现只使用简单的基于部件的数据参数即可，例如，非簧载质量，通常由相应车轮、关节以及附加连杆组成。然而，对于其他悬架构型——例如，双横臂悬架——利用简单部件参数进行仿真后得到的结果，与 ADAMS 辨识的数据和基于部件的数据之间存在明显差别，这是由于典型路面激励对应的运动学路径的不同导致的。

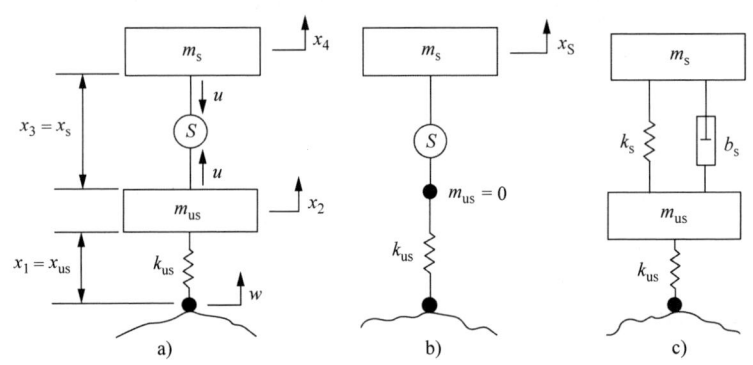

图 22.16 二自由度模型
a) 主动悬架 b) 相应的极限情况 c) 传统被动悬架

典型的半车模型，即二维模型，包括簧载质量俯仰和垂直两个模态，如图 22.18 所示。在此基础上，经常增加前、后非簧载质量垂向动力学和可能的发动机/变速器等部件动力学。另一方面，整车三维模型包含车辆侧倾以及俯仰和垂直模态，如图 22.19 所示。这些模型只考虑了刚体运动，并且基于集中参数和线性化动力学，这样可以适于 LQG 优化控制技术的应用。

第22章 主动和半主动悬架系统

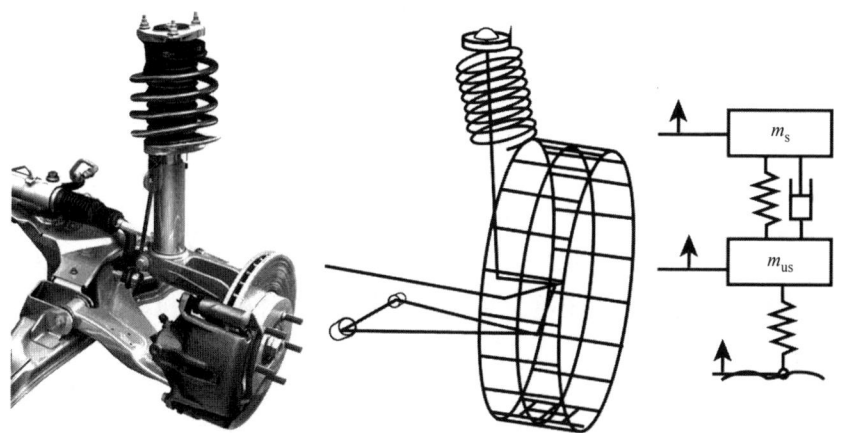

图 22.17　麦弗逊悬架及其等效二自由度模型

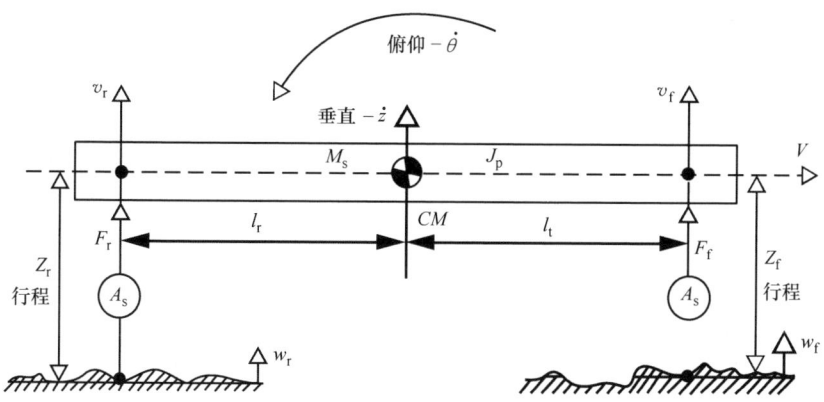

图 22.18　半车二自由度模型

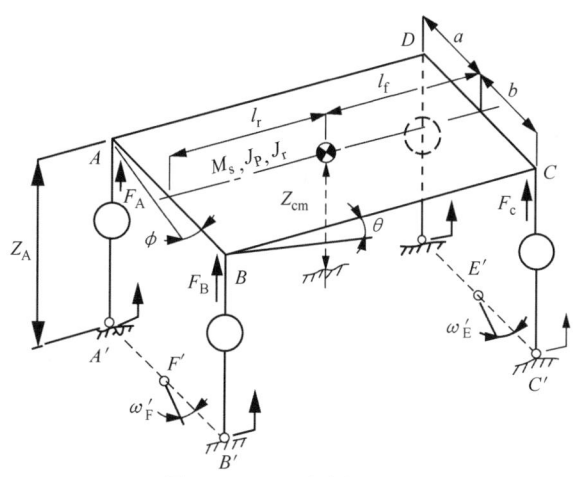

图 22.19　三维车辆模型

一个典型的车辆行驶动力学模型往往局限于近似的线性处理,通过相对小的簧载质量速度、角位移以及悬架和轮胎变形表征。这种假设在多大程度上满足,最好通过实际车辆测试来评价。一些有用的相关结果可以在文献［26］中找到,作者对测试和预测的驾驶员座椅位置处的垂向加速度进行了对比。预测基于1974年 Buick Luxus 的线性7自由度模型,采用被动悬架。7个自由度分别对应刚体车身的垂直、俯仰和侧倾以及四个非簧载质量的垂向位移。文献［26］的研究结果表明,10Hz 左右频率时的结果一致性好,10Hz 以上有差异,主要是由于未建模的高频弹性模态和其他忽略的现象所造成,如轮胎不平衡和发动机组动力学。

文献［26］还对不同复杂度的线性车辆模型进行了对比,对比了四分之一二自由度模型、半车四自由度模型和前面的7自由度整车模型预测的加速度响应。得出的结论是,不同模型之间的结果差别不大,尤其是考虑预测和测试的差别时。这意味着应用更简单的线性模型,尤其是在初步研究中使用它——比如现在的情况,足以确定主要趋势和效益。

文献［27］对测试数据进行了一系列比较,其中使用了线性二维的六自由度模型,由簧载质量垂直位移和俯仰位移、前后非簧载质量垂直位移以及发动机和乘员组成。实测和预测的车辆质心加速度功率谱密度（PSD）和左前轮加速度功率谱密度,分别如图22.20和图22.21所示。测试数据由1979款的 Ford Fairmont 在 Ford Dearborn 试验场以88km/h 的速度直线得到。为了便于分析,将测试得到的道路谱通过合适的指数/对数函数进行近似处理。通过比较实测和预测的

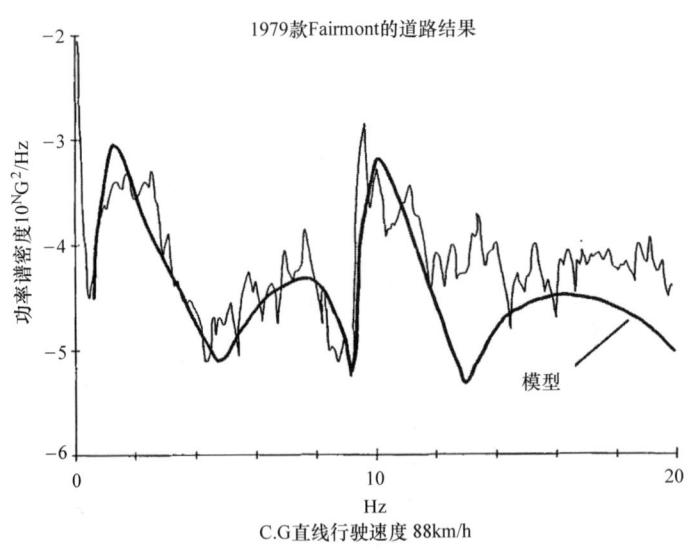

图22.20 测试和线性六自由度模型预测的质心加速度功率谱密度的对比

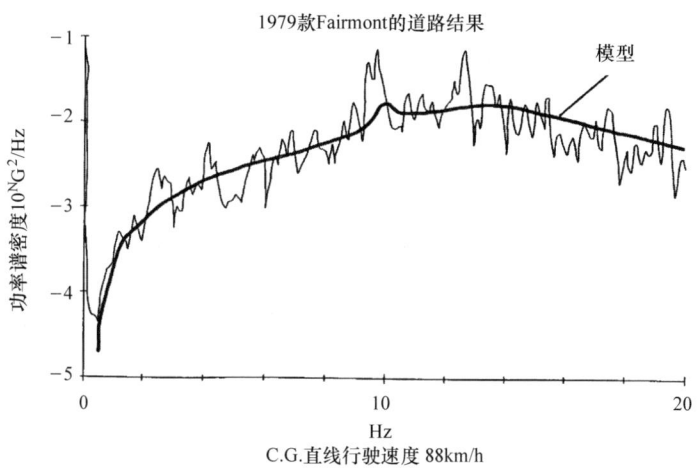

图 22.21　测试和线性六自由度模型预测的非簧载质量加速度功率谱密度对比

加速度，可以得出结论，当频率在 12Hz 及其以下时，两者吻合度通常非常好。更高频的差异主要原因是建模不完全、高频的弹性模态、轮胎不平衡和各种非线性因素。

对于系统级研究，线性、低阶模型通常就足够了，例如第 34 章将讨论的悬架优化控制综合与分析。这种系统级研究是确定潜在效益、整体趋势和研发方向所必需的前提。一旦以这种方式确定后选的悬架，进一步的评估通常会通过更加精细和复杂的模型完成，这样的模型会包括弹性模态、执行器动力学和各种非线性因素。由于平顺性和操纵稳定性涉及许多固有的主观成分，因此，最终的评价和判定仍然意味着需要利用实车进行测试与验证。

22.6　其他概念

22.6.1　抗点头、抗后坐、抗俯仰悬架设计

在被动悬架中，悬架几何可以用于改变载荷传递路径，以便令纵向加速度和制动相关的重量转移，可以通过悬架动挠度进行部分调节。在合适的设计措施下，载荷增加会导致悬架行程减少或"反悬架行程"，这种载荷增加通过悬架连杆而不是悬架弹簧挠度和行程机构承受。因此，反悬架行程的大小影响车身姿态，称为抗后坐（通常与加速度有关）、抗点头（通常与制动有关）或抗俯仰，其经常用作为车身姿态进行纠正的一般术语。

抗 x 特性的机理可以通过"等效纵臂分析"解释，在功能上所有悬架均等

效为纵臂，如图 22.22 所示。机理也可以通过"等效柔性分析"解释[29,30]，将悬架几何、运动学以及衬套转化为对车辆的作用力和力矩的等效柔性。

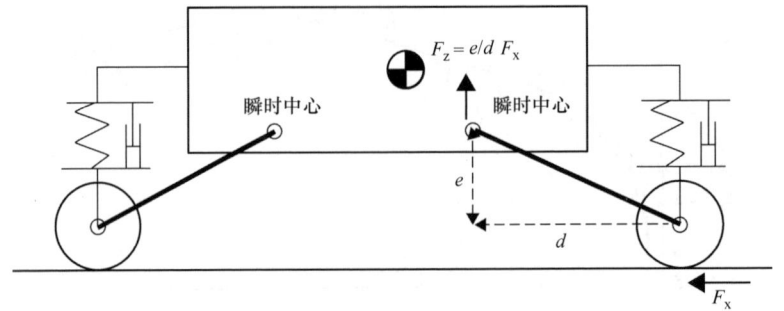

图 22.22　后轮驱动、后独立悬架车辆等效纵臂和抗后坐几何的说明

另一方面，主动悬架可以隔离路面不平度和载荷干扰，例如由于制动、加速或转向引起的惯性载荷，并且各个悬架相互独立，这是被动悬架不可能做到的。在文献[31]中，讨论了一种主动悬架设计，在保持软被动悬架平顺性的同时，提高了悬架的载荷响应。具有一定程度抗 x 特性的主动悬架控制设计，可以进一步与常用的预测或前馈控制方法结相合，以便应用于抵抗加速踏板/制动踏板。无论如何，在进行前馈控制计算时，应当考虑现有的被动悬架和/或主动悬架的抗 x 特性能力及其影响。

22.6.2　Delft 悬架

所谓 Delft 悬架，代表一种原始设计方法，用于实际的主动或主动调节的悬架[32-34]。从概念上讲，整体的悬架力通过图 22.23 所示的机构控制，悬架机构力 F_C 通过变化图 22.23 中可调杆距 b 控制。这个概念通过一个三维装置实现，由一个锥形机构组成，一端有弹簧 S，通过 A 点连接到车辆簧载质量上，另一端连接到一个可调曲柄连杆机构上，由电子伺服机构进行调节。曲柄旋转使弹簧沿着一个假想的表面旋转，弹簧的长度在理论上保持常数。在忽略动力消耗的理想情况下，纯效应是图 22.23 所示的力 F_C，通过伺服-连杆机构的旋转实现连续控制。

至今，对转向和制动过程中的车辆姿态控制已经取得良好成功。然而，在实际实现过程中，动力消耗仍然很大[20]，有限的平顺性测试报告显示，加速度均方根值有 10% 的改善，改善主要集中于占主导的簧载质量振动模态。由于前面的概念包含可变弹簧悬架（SA）的特性，预计将有显著改善实际平顺性的潜力，它可以在未来的进一步发展中成为现实。

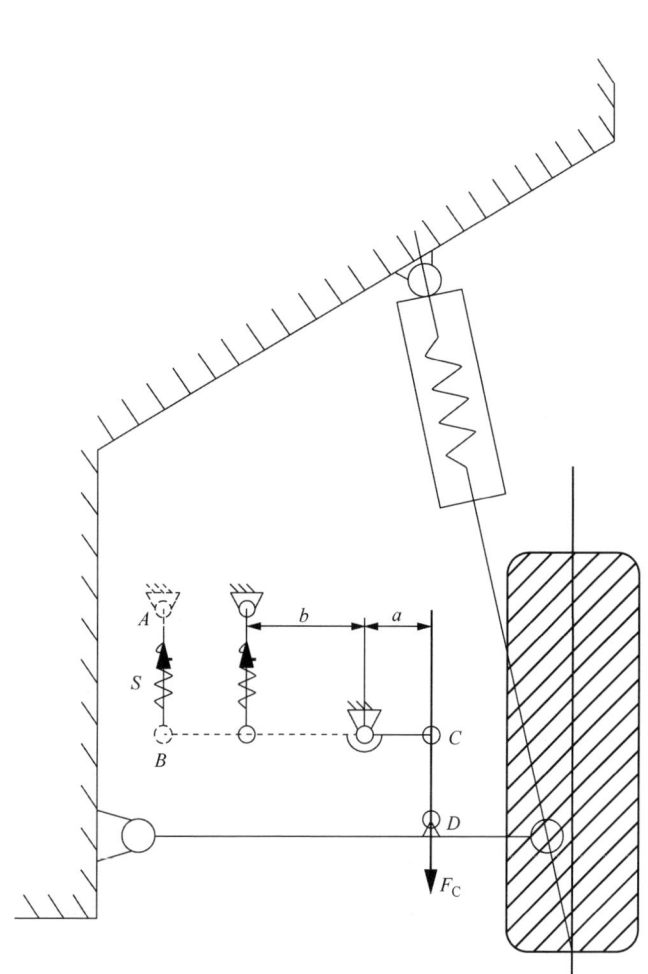

图 22.23 具有可变杠杆"b"的 Delft 悬架机构

22.6.3 侧倾控制悬架

由于全主动悬架面临成本高和复杂度大的问题,作为提高平顺性和操纵稳定性的妥协解决方案,许多汽车生产商引入了只集中在车辆侧倾控制的主动悬架和半主动悬架。这样可以显著降低所需动力——同时改善性能——将驾驶员的反应为前馈,通过转向盘、制动和加速踏板输入进行反馈。众所周知,良好的平顺性,可以通过软调被动悬架或半主动悬架和对应软侧倾杆的设置来实现。然而,这在紧急制动和急转向时将分别导致车辆发生严重的俯仰或侧倾运动,主动或半主动侧倾控制用于解决上述矛盾的约束问题。实际上,侧倾控制通常通过插入一个小型液压缸和电磁气动弹簧蓄能器来实现,它们与抗侧倾杆并联安装。抗侧倾杆的刚度可以如赛车一样很大,对直线行驶的平顺性没有负面影响,因为连接液压缸和蓄能器的电磁阀保持开启,降低了抗侧倾杆—蓄能器组合的有效刚度,这种情况如图 22.24 的上部所示。

当车辆转向时,电磁阀关闭,抗侧倾杆刚度增加,全部用于防止车辆的过度侧倾,如图 22.24 中部所示。在急转向的情况下,通过将高压油压入液压缸到适当位置,可以进一步增强抗侧倾行为,如图 22.24 下部所示。这一概念的生产实现可以在 1995 款 Citroen Activa 中找到[35],它有效增强了主动液压或气动载荷均衡悬架已经本来就具备的平顺性能力[36]。

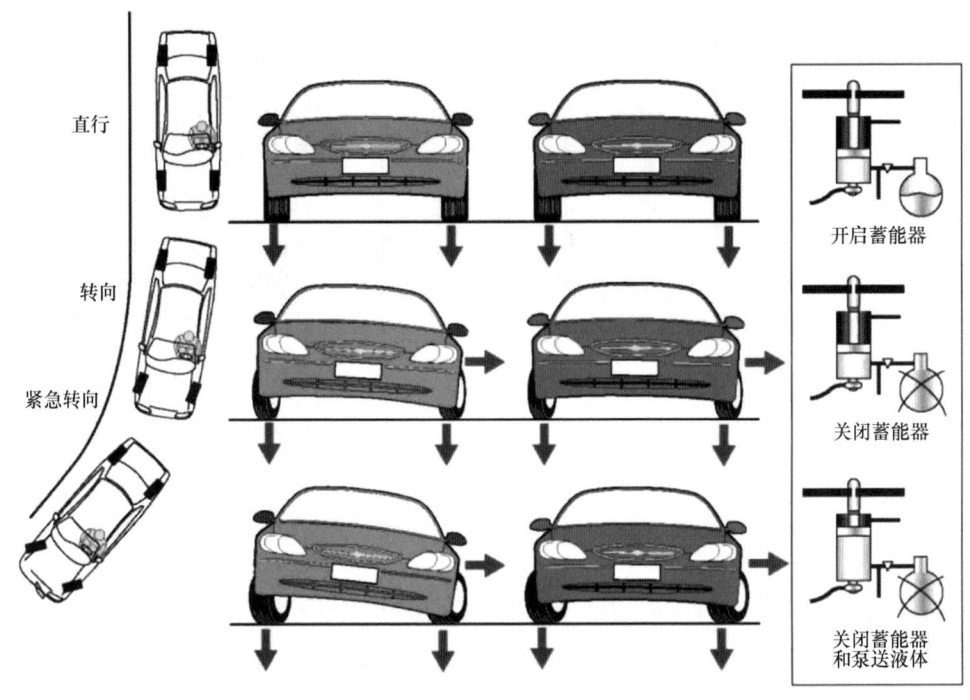

图 22.24　汽车直行与转向过程的侧倾控制

文献［37］讨论了侧倾控制的优点,在稳定杆中部借助于嵌入液压旋转执行器可以增加抗侧倾力矩。最近一些较高端的 BMW 车辆的前后轴安装了类似形式的旋转执行器,由此产生了"动态驱动"这一概念[38]。前、后侧倾控制执行器利用两个电控调节的压力控制阀控制,这样可以使转向时侧倾运动和路面输入侧倾干扰最小，同时也有利于保证车辆的转向精度与灵活性。通过与其他车辆控制系统协调，如制动、主动转向和电控全轮驱动，主动侧倾控制的未来效益将集中于增加整车稳定性和主动安全性的功能和改进等方面。这在紧急机动中非常有用，如在湿滑路面上躲避过程中突然需要车辆稳定和控制的时候。

22.6.4　动态吸振器或调谐质量减振器

在最基本形式中，动力吸振器或调谐质量减振器由质量—弹簧—减振器组成振子系统，用于调谐"吸收"目标固有频率下的过度振动。在典型情况下，这种目标共振的特点是缺乏足够的阻尼。因此，动力吸振器实际上用于增加临界共振模态阻尼。目前为止，唯一已知动力吸振器在悬架中的生产应用是 Citroen 2CV——一种小型轿车，由于包含许多原始特性，如优越的平顺性，它可以达到其他车辆所不及的地位。

尽管动力吸振器只构成小部分目标共振质量，但是它仍然增加了重量。因此，为了说明动力吸振器的合理性，重要的是清楚地确定相关的效益。这已经在文献［39］中完成，从文献中可以看出，动力吸振器可以很好补充主动悬架，充分实现其潜力。通过进一步采用主动悬架和动力吸振器方式，将进一步大幅增加潜在效益[20,39]。

22.6.5　附加考虑

尽管本章主要侧重点是次级或簧载质量悬架，但是也引入了可能在车辆其他位置应用的先进主动或半主动悬架单元，例如车辆座椅和重型汽车驾驶室的隔离[20]。针对路面/行驶产生的振动，这些可以进一步增强保护车辆乘员和货物，尤其是如果它与前述的簧载和非簧载悬架相结合，则性能更佳。

最后，应当提到的是大多数（如果不是全部）生产引入的主动悬架单元目前都是低带宽类型，见22.4.1节。然而，未来在硬件和微电子方面的进步可能会促进高带宽主动悬架的充分开发，包括在第34章中讨论的预瞄控制潜力的开发，以及在突然与安全相关的情况下实现快速、前瞻的干预。可想而知，未来的先进悬架可以包括快速非簧载质量执行器，以及逐渐变带宽的自适应悬架执行器，它们均可以通过可互换的半主动弹簧和减振器来实现。那些基于合理的控制系统的洞察力和原理的智能悬架结构的实例，可具体参见第34章。

附录

本附录给出装备液压主动悬架执行器的二自由度四分之一车辆模型。假设弹簧和阻尼是线性的，并且忽略轮胎阻尼。借助于键合图分析，如图22A.1所示，

主动悬架系统的数学表示为

$$\dot{x} = Ax + Bf + B_w \dot{w}$$

其中，图 22.16a 中定义了 $x_1 \sim x_4$ 的四个状态

$$A = \begin{bmatrix} 0 & 1 & 0 & 0 \\ -\omega_{us}^2 & -2\zeta\rho\omega_s & \rho\omega_s^2 & 2\zeta\rho\omega_s \\ 0 & -1 & 0 & 1 \\ 0 & 2\zeta\rho\omega_s & -\omega_s^2 & -2\zeta\rho\omega_s \end{bmatrix}$$

$$B = \begin{bmatrix} 0 \\ \rho \\ 0 \\ -1 \end{bmatrix}, B_w = \begin{bmatrix} -1 \\ 0 \\ 0 \\ 0 \end{bmatrix}$$

$$\omega_s = \sqrt{\frac{k_s}{m_s}}$$

$$\omega_{us} = \sqrt{\frac{k_{us}}{m_{us}}}$$

$$\zeta = \frac{b_s}{2m_s\omega_s}$$

$$\rho = \frac{m_s}{m_{us}}$$

式中，m_s 为簧载质量；m_{us} 为非簧载质量；k_s 为悬架刚度；k_{us} 为轮胎刚度；b_s 为悬架阻尼系数；z_s 为簧载质量位移；z_{us} 为非簧载质量位移；f 为主动执行力；w 为路面激励，如图1所示。

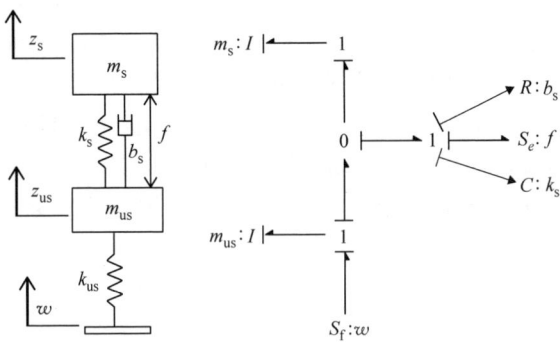

图1　二自由度四分之一车辆模型及其键合图

基于伺服阀动力学,如图 2 所示,液压执行系统可以表示为

$$\dot{f} = \frac{\sqrt{2A_\mathrm{p}}\beta k_\mathrm{xd}}{V} x_\mathrm{sp} \cdot \mathrm{signsqrt}\left(\frac{P_\mathrm{s} - \mathrm{sign}(x_\mathrm{sp})f}{A_\mathrm{p}}\right) + \frac{2A_\mathrm{p}^2\beta}{V}(\dot{z}_\mathrm{us} - \dot{z}_\mathrm{s})$$

$$\dot{x}_\mathrm{sp} = \frac{1}{\tau}(-x_\mathrm{sp} + k_\mathrm{sv}i_\mathrm{sv})$$

式中,A_p 为活塞面积;β 为流体体积模量;k_xd 为孔流系数;x_sp 为伺服阀位移;$\mathrm{signsqrt}(y) \equiv \mathrm{sign}(y)\sqrt{|y|}$;$P_\mathrm{s}$ 为供给压力;V 为缸腔容积;τ 为伺服阀位移的时间常数;k_sv 为阀门增益。

如果将伺服阀工作点附近的液压方程进行线性化处理,有

$$2C_x x_\mathrm{sv} + 2A_\mathrm{p}(\dot{z}_\mathrm{us} - \dot{z}_\mathrm{s}) = \frac{V}{\beta A_\mathrm{p}}\dot{f}$$

$$\tau \dot{x}_\mathrm{sv} + x_\mathrm{sv} = K_\mathrm{v} i_\mathrm{sv}$$

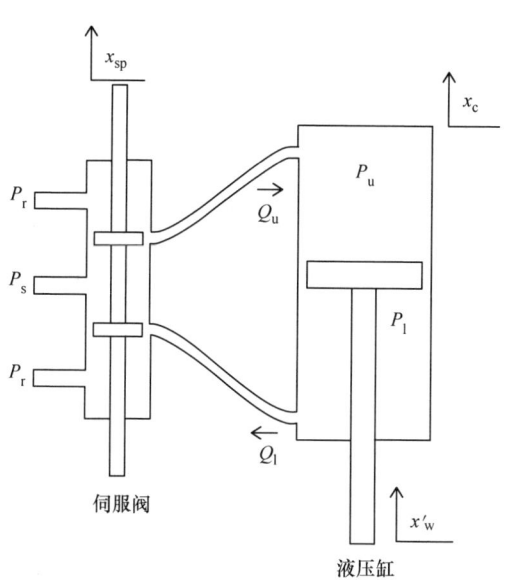

图 2 液压伺服阀

因此,线性的四分之一车辆主动悬架模型可以扩展为[40]

$$\frac{\mathrm{d}}{\mathrm{d}t}\begin{bmatrix} z_{us} - w \\ \dot{z}_{us} \\ z_s - z_{us} \\ \dot{z}_s \\ f \\ x_{sv} \end{bmatrix} = \begin{bmatrix} 0 & 1 & 0 & 0 & 0 & 0 \\ -\omega_{us}^2 & -2\zeta\rho\omega_s & \rho\omega_s^2 & 2\zeta\rho\omega_s & \dfrac{-\rho}{m_s} & 0 \\ 0 & -1 & 0 & 1 & 0 & 0 \\ 0 & 2\zeta\omega_s & -\omega_s^2 & -2\zeta\omega_s & \dfrac{1}{m_s} & 0 \\ 0 & \dfrac{2\beta A_p^2}{V} & 0 & -\dfrac{2\beta A_p^2}{V} & 0 & \dfrac{2\beta A_p^2}{V}C_x \\ 0 & 0 & 0 & 0 & 0 & \dfrac{-1}{\tau} \end{bmatrix} \begin{bmatrix} z_{us} - w \\ \dot{z}_{us} \\ z_s - z_{us} \\ \dot{z}_s \\ f \\ x_{sv} \end{bmatrix}$$

$$+ \begin{bmatrix} 0 \\ 0 \\ 0 \\ 0 \\ 0 \\ \dfrac{k_v}{\tau} \end{bmatrix} i_{sv} + \begin{bmatrix} -1 \\ 0 \\ 0 \\ 0 \\ 0 \\ 0 \end{bmatrix} \dot{w}$$

参 考 文 献

1. Goran, M.B., Bachrach, B.I., and Smith, R.E.: The design and development of a broad bandwidth active suspension concept car. SAE Paper No 925100, *Proceedings of the 24th FISITA Congress,* London, U.K., 1992, pp. 231–252.
2. Davis, R.I. and Patil, P.B.: Electrically powered active suspension system for a vehicle. U.S. Patent: 5,060,959 (1992).
3. Miller, J.M. and Grabowski, J.R.: Current mode hysteresis controller for pulse width modulated inverters. U.S. Patent 5,159,542 (1992).
4. Hrovat, D., Asgari, J., and Fodor, M.: Automotive mechatronic systems. In: Leondes, C.T.: *The Mechatronic Systems Techniques and Applications,* Gordon and Breach Science Publishers, Amsterdam, the Netherlands, 2000, pp. 1–98.
5. Moran, T.: A new suspension's magnetic appeal. *The New York Times,* October 11, 2004, p. D10.
6. Bodie, M. and Hac, A.: Closed loop yaw control of vehicles using magneto-Rheological Dampers, *SAE Technical Papers,* 2000-01-0107, 2000, doi:10, 4271/2000-01-0107.
7. Fodor, M. and Redfield, R.C.: Experimental verification of resistance control, semi-active damping, *Vehicle System Dynamics,* 26(2) (1996): 143–159.
8. Chance, B.K.: Continental mark VII/Lincoln continental electronically-controlled air suspension system, SAE 840342, 1984.
9. Watton, J., Holford, K.M., and Surawattanawan, P.: Electrohydraulic effects on the modelling of a vehicle active suspension, *Proceedings of the Institution of Mechanical Engineers, Part D: Journal of Automobile Engineering,* 215 (2001): 1077–1092.

10. Hrovat, D. and Hubbard, M.: A comparison between jerk optimal and acceleration optimal vibration isolation, *Journal of Sound and Vibration*, 112(2) (1987): 201–210.
11. Alleyne, A. and Liu, R.: On the limitations of force tracking control of hydraulic servosystems, *ASME Journal of Dynamic Systems, Measurement, and Control*, 121(2) (1999): 184–190.
12. Zhang, Y. and Alleyne, A.: A practical and effective approach to active suspension control, *Proceeding of the 6th International Symposium on Advanced Vehicle Control*, Hiroshima, Japan, September 2002, pp. 153–158.
13. Peng, H., Strathearn, R., and Ulsoy, A.G.: A novel active suspension design technique—Simulation and experimental results, *Proceedings of the 1997 American Control Conference*, Vol. 1, Albuquerque, NM, 1997, pp. 709–713.
14. Karnopp, D.C.: Active suspensions based on fast load levelers, *Vehicle System Dynamics*, 16 (1987): 355–380.
15. Akatsu, Y., Fukushima, N., Talcahashj, K., Satch, M., and Kawaranki, Y.: An active suspension employing an electrohydraulic pressure control system, SAE Paper No. 905123, 1990.
16. Merritt, H.E.: *Hydraulic Control Systems*. Wiley, New York, 1967.
17. Merker, T., Gaston, G., and Olaf, T.: Active body control (ABC) the DaimlerChrysler Active Suspension and Damping System, *SAE Technical Paper* 2002-21-0054.
18. Merker, T., Wirtz, J., Hill, M., and Jeglitzka, M.: Das SL Fahrwerk-Dynamik und Komfort vereint (The SL Chassis-Dynamics and Comfort Combined). *ATZ/MTZ Magazine Special Issue* (2001), 84–91.
19. Hillebrecht, P., Konik, D., Pfeil, D., Wallenowitz, H., and Zieglmeier, F.: The active suspension between customer benefit and technological competition. SAE Paper No. 925099, *Proceedings of the 24th FISITA Congress*, London, U.K., 1992, pp. 221–230.
20. Hrovat, D.: Survey of advanced suspension developments and related optimal control applications, *Automatica*, 33(10) (1997): 1781–1817.
21. Paynter, H.M.: High-pressure fluid-driven tension actuators and method for making them. U.S. Patent 4,751,869 (1988).
22. Paynter, H.M.: Thermodynamic Treatment of tug-&-twist technology, *Proceedings of the 1996 Japan–U.S.A. Symposium on Flexible Technology*, Boston, MA, 1996.
23. Goran, M.B. and Smith, R.E.: Insights gained from active suspension development, *Proceedings of the 26th FISITA Congress*, Prague, Czech Republic, 1996.
24. Soltis, M.W.: Thunderbird turbo coupe programmed ride control (PRC) suspension, SAE Paper 870540, 1987.
25. Kim, C., Ro, P.I., and Kim, H.: Effect of the suspension structure on equivalent suspension parameters, *Proceedings of the Institution of Mechanical Engineers*, 213(Part D) (1999): 457–470.
26. Healey, A.J., Nathman, E., and Smith, C.C.: An analytical and experimental study of automobile dynamics with random roadway inputs, *ASME Journal of Dynamic Systems, Measurement, and Control*, 99(4) (1977): 284–292.
27. Smith, R.E. and Sigman, D.R.: Experimental verification of a linear rigid body model, Ford Motor Company Research Report, Dearborn, MI, October 1981.
28. Gillespie, T.D.: *Fundamental of Vehicle Dynamics*. ISBN 1-56091-119-9, SAE, Warrendale, PA, 1992.
29. Tseng, H.E., Kuang, M., Asgari, J., and Hrovat, D.: Chassis modeling of passenger vehicle for clutch engagement/gear shift events, *Proceeding of the 4th International Symposium on Advanced Vehicle Control*, Nagoya, Japan, September 1998, pp. 123–128.
30. Tseng, H.E., Asgari, J., and Hrovat, D.: Modeling and analysis for simulation of vehicle chassis motion during powertrain engagement/gear shift events, *Proceeding of 1998 Western Multi-Conference, International Conference on Simulation and Multimedia in Engineering Education*, San Diego, CA, January 1998, pp. 280–290.
31. Wang, F. and Smith, M.C.: Active and passive suspension control for vehicle dive and squat. In: Johansson, R. and Rantzer, A. (eds.): *Nonlinear and Hybrid Systems in Automotive Control*, ISBN 1-85233-652-8, Springer-Verlag, London, U.K., 2003.
32. van der Knapp, A.C.M.: Design of a low power anti-roll/pitch system for a passenger car. Delft University of Technology, Vehicle Research Laboratory, Delft, the Netherlands, Report 89.3VT.2628.
33. van der Knapp, A.C.M. and Paceijka, H.B.: Mass spring system with roll/pitch stabilization for use in vehicles. International Patent Application PCT/NL93/00094.

34. Venhovens, P.S.Th., van der Knaap, A.C.M., and Pacejka, H.B.: Semiactive vibration and attitude control, *Proceeding of International Symposium on Advanced Vehicle Control*, Yokohama, Japan, 1992, pp. 170–175.
35. Anonymous: Roll-Free Cornering, *Popular Science*, 247(1) (1995): 28.
36. Carbonaro, O.: Hydractive suspension electronic control system, control technology and philosophy, *Proceedings of the 23rd FISITA Conference*, Paper 905101, Torino, Italy, 1990.
37. Reusing, O., Ochs, M., Walz, U.G., and Bungeler, J.: Low-cost active suspension system, *Proceedings of International Symposium on Advanced Vehicle Control*, Yokohama, Japan, 1992, pp. 176–180.
38. Konik, D., Bartz, R., Barnthol, F., Bruns, H., and Wimmer, M.: Dynamic drive—The new active roll stabilization system from the BMW Group—System description and functional improvements, *Proceeding of International Symposium on Advanced Vehicle Control*, Ann Arbor, MI, 2000, pp. 413–420.
39. Hrovat, D.: Optimal active suspension structures for quarter-car vehicle models, *Automatica*, 26(5) (1990): 845–860.
40. Shen, X. and Peng, H.: Analysis of active suspension systems with hydraulic actuators, *Vehicle System Dynamics*, 41 (2004): 143–152.

第23章 动力传动系统

Andreas Laschet 和 Ferit Küçükay

23.1 引言

自亚里士多德（Aristotle，公元前384年—前322年，古希腊哲学家）以来，其观点"整体大于部分总和"一直是正确的。考虑复杂的技术相关性时，这一观点也是正确的。因此，整体系统分析产生附加价值，因为通过系统分析方法得到技术系统的实际行为，比只分析单个部件更现实。

由于对最佳传动解决方案的需求不断增加——尤其是汽车应用中的动力传动或复杂的动力系统——全部驱动系统的整体系统分析，变得越来越重要[1]。只通过对单个部件，如发动机、离合器、飞轮、手动或自动变速器（AT）和齿轮级等进行研究，动力传动的"工程师式"设计不能成功实现。根据"整体精神"，即整体系统分析而言，由于动态效应，所有驱动元件的相互作用和相互依赖，要在整个开发设计过程中加以考虑。为此，强大的仿真软件包和来自测试和试验台研究的结果，获得最佳模型产生的所有细节和信息，以及非常适合实际的相关计算方法都是必须的。不同技术领域的跨学科应用对于符合一般技术要求是至关重要的，有关动力传动系统分析的最重要的技术领域是力学、电子学、控制工程、液压学、气动学、热动力学和流体动力学。

现在，主要目标之一是集成车辆传动与发动机扭振和横向振动计算机辅助经典分析的整体系统动态和声学特性优化。未来，期望的动态效应（机械振动、声学效应）是设计指南的一部分，以创造一个最佳的动力传动系统。因此，NVH研究成为研究和开发（R&D）的一个中心领域。"NVH分析"问题是动力传动系统动态效果优化的代名词。

本章下面的内容将重点详细分析汽车动力传动系统的动态行为。读者可参阅相关文献，以便了解更多机械系统中动力学和振动学的基础知识[2-5]，并且还有包含应力和寿命分析的驱动元件的布局与计算[6]。汽车动力传动系统部件基础和先进技术的总结，由文献 [7，8] 给出。

23.2 动力传动系统动态效应分析的过程

动力传动系统的动态效应分析，需要一个具体的过程。由于动力传动系统的典型动态行为，大部分问题可以通过分析扭转振动解决，在某些情况下也可以通过分析横向振动甚至两者的结合来解决。本章将聚焦扭转振动分析（TVA），处理扭转振动计算有几种方法。因为大多数动力传动系统具有复杂的非线性结构，在汽车行业研发过程中日常使用的纯粹解析方法几乎是不可能的或是很困难的。因此，有限元方法（FEM）或者多体系统方法（MBS）常用于扭转振动分析。一个特殊的和经过行业验证的方法，是离散模型的时域仿真[9,10]。

在这样的扭转振动分析过程中，典型的推荐过程，如图 23.1 所示[11]，该过程将在下面的章节中详细说明。

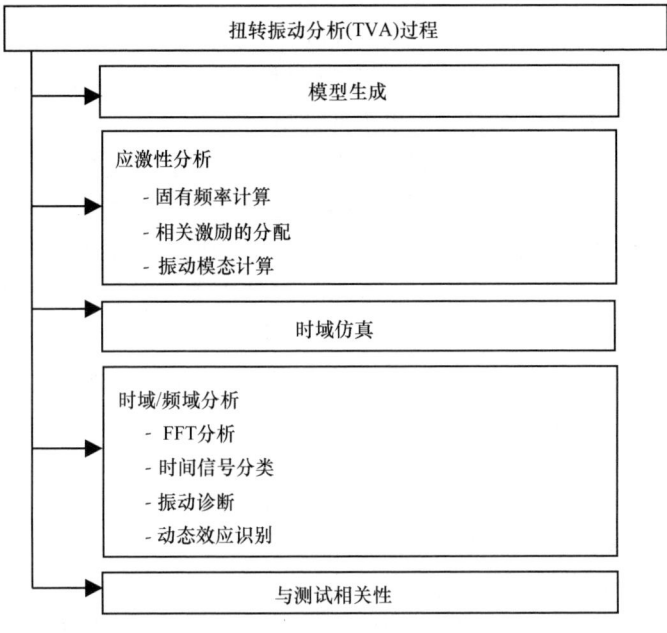

图 23.1　扭转振动分析过程

23.3 动力传动系统的扭转振动模型

为了应用计算机辅助方法了解动力传动系统的整体行为，需要建立一个高质量的计算机模型，它应符合实际的相关性并且易于使用。在日常研发的过程中，经常忽略这一步骤的重要性。因此，更详细的模型生成过程是必不可少的[1,5,9,10,12]。

建议根据具体问题生成不同的模型。例如，针对一个更基础的研究，解决的具体问题发生在各种传动元件，如齿轮级或万向轴问题。或者为了优化单个部件，如双质量飞轮（DMF）和离合器。适用于各种应用的统一模型几乎是不可能的，也是不经济的，尽管工程师们通常喜欢寻找这样一个理想的模型。

动力传动系统的扭转振动分析，可以使用基于离散模型的多体系统模型进行。这样的模型由通过刚度单元连接（柔性、弹性连接）的集中转动惯量组成，转动惯量（即惯性矩）针对刚性质量建模，并且刚度（代表轴、齿轮级、两个半联轴器之间的连接等）没有质量。对于振动固有频率和振型的计算，阻尼的大小是不必要的，这就是为什么优先考虑无阻尼系统的原因。在大多数情况下，阻尼对扭转振动系统固有特性的影响是不重要的。然而，以后需要阻尼特性的仿真！系统结构可以是直通的、分支的或者相互啮合的，如图 23.2 所示。相邻的两个转动惯量之间，必须考虑速度比和与相对阻尼器平行的刚度，如图 23.3 所示。双质量系统的动态行为在标准文献［2-4］中进行过数学描述，基于如下的微分方程（运动方程）

$$J\ddot{\varphi} + c\dot{\varphi} + k\varphi = T(t) \tag{23.1}$$

式中，J 为转动惯量；c 为相对阻尼系数；k 为扭转刚度。

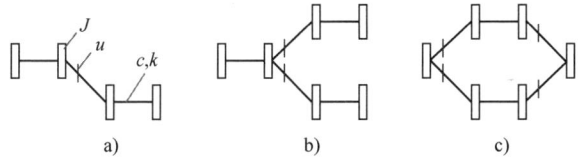

图 23.2　离散扭转振动系统的结构
a）直通　b）分支　c）网状系统
J = 转动惯量　c = 阻尼　k = 刚度　u = 速度比

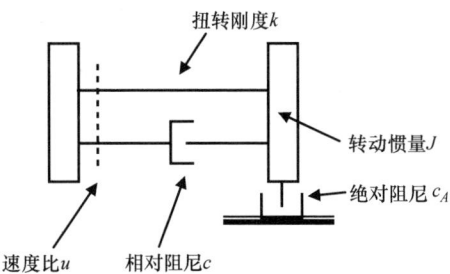

图 23.3　由两柔性连接的质量（惯量）组成的基本振动系统

外部的激励通过随时间变化的转矩定义，而转矩取决于角度 φ 和/或角速

度 $\dot{\varphi}$。

考虑旋转的"轴单元"（基本单元，圆柱单元），d_2 为外径（O.D.），d_1 为内径（I.D.），L 为圆柱长度，ρ 为密度，G 为剪切模量，极转动惯量由以下公式计算

$$J_p = J = \rho I_p L \ [kgm^2] \tag{23.2}$$

轴的转动惯量——如式（23.2）所述，可以如下进行计算
① 实心轴

$$I_p = J = \frac{\pi d^4}{32} [m^4] \tag{23.3}$$

② 空心轴

$$I_p = J = \frac{\pi (d_2^4 - d_1^4)}{32} [m^4] \tag{23.4}$$

扭转刚度 k 为

$$k = \frac{G I_p}{L} [N-m/rad] \tag{23.5}$$

公式表明无论是转动惯量还是刚度与直径的四次方成正比。考虑到圆柱的长度，转动惯量呈线性增加，而扭转刚度与长度呈反比。因此，对模型的验证，检查直径精度尤为重要。

对于转动惯量和刚度的计算，必须考虑钢材料的剪切模量 $G = 8 \times 10^{10}$ N/m^2，以及钢材料的密度 $\rho = 7650$ kg/m^3。

如果扭转振动模型反映的是多台阶轴，如图23.4所示。要将轴的每个"重要部分"建模为刚体转动惯量或者刚度单元，轴分成"重要部分"，意味着将实际的几何分成集中的质量（即转动惯量）或弹性（即扭转刚度）。通常，这样阶梯轴的圆柱单元建模为转动惯量，而之间的连接变成扭转刚度。重要的是必须注意到，局部刚度导致弹性串联。由于总刚度是刚度倒数的累加，因此，总刚度总是小于最小的部分刚度，如图23.4所示。

转动惯量总是指向轴截面的质心。如果需要，轴截面可以将几个较小的截面组合成一个较大的单一惯性单元。在这种情况下，转动惯量以相邻惯性单元之间串联形式计算。实例中的多个阶梯轴表示了与扭转振动模型的离散结构相关的若干轴截面。

多个刚度串联的通用公式为

$$k_{\text{total}} = \frac{1}{\sum_v 1/k_v} \tag{23.6}$$

对于啮合刚度，意味着两个齿轮之间的刚度 k_t 的计算，可以使用以下公式替代刚度确定的基本公式[9]

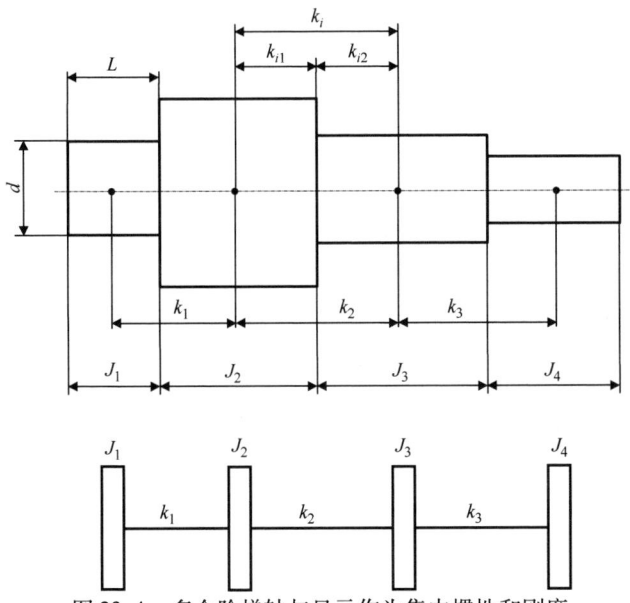

图 23.4 多个阶梯轴与显示作为集中惯性和刚度

d = 直径　L = 长度　J = 转动惯量　k = 扭转刚度

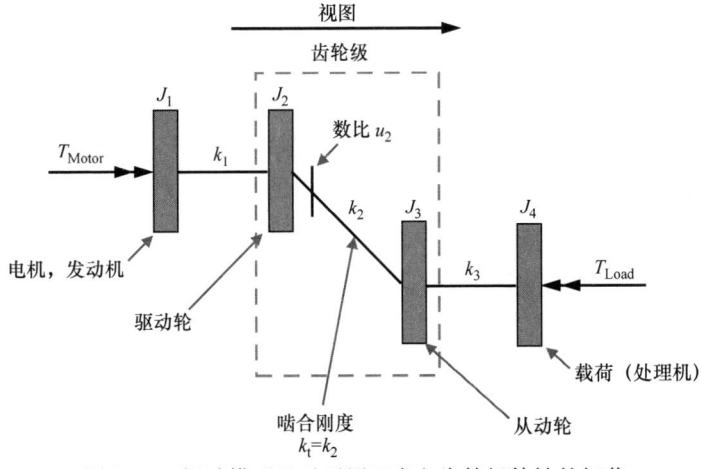

图 23.5 振动模型显示了用于定义齿轮级特性的细节

$$k_t = k_{spec} \frac{b}{\cos\beta} r_0^2 \qquad (23.7)$$

式中，k_{spec} 为具体齿的刚度，例如 10~20[N/(mm/μm)]；b 为齿宽（mm）；β 为螺旋角（°）；r_0 为节圆半径（与小齿轮相关）（mm）。

推荐的 k_{spec} 值基于文献 [13,14]，直齿圆柱齿轮啮合刚度 k_{spec} 的公认值是 $1.4 \times 10^{10} \text{N/m}^2$ [14,15]。然而，为了得到关于齿刚度的最佳值，要考虑到轮齿设计的重要影响，可以通过现代有限元模型进行数值计算。不同的制造方法会产生不同形状的齿根和影响刚度，但是主要的变化来源于压力角度的变化或根切。

一个典型的振动模型，将啮合刚度 k_t 假设为扭转刚度，如图 23.5 所示。为了计算啮合刚度，节圆半径必须应用到被动轮的转动惯量 J_3 中。

模型的大小取决于工程目标的复杂性。计算机模型中最大固有频率应当总是大于最大、最重要的激励频率和声波频率[11]。

为了减小模型中的转动惯量和刚度，从而使最大固有频率最小化，应当使用基于里温（Rivin）方法的特殊方法[5,9,12]，通常必须注意方法里面给出的减小指南[11]。

23.4 应激性分析

23.4.1 基础

为了解释动力传动系统的动态行为，"应激性分析"是必需的。动力传动系统动态行为分析的第一步，包括固有特性分析，以固有频率或特征值和相应的模态、振动模态或特征模态表示。系统的固有特性是动态系统的映像，因此它对于动态分析的基本理解具有重要意义。固有频率和固有模态通常由无阻尼线性系统计算。

作为一个实例，图 23.6 显示了直通的四个质量系统特定固有频率的振动模态（四个转动惯量，三个刚度），可视化为正则化的角位移（PHI）、每个转动惯量的动能（EKIN）和每个扭转弹性的势能（EPOT）值。

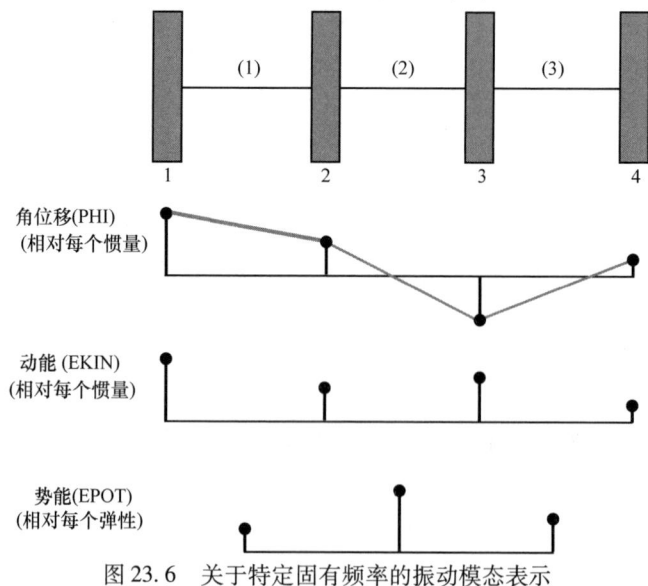

图 23.6　关于特定固有频率的振动模态表示

为了解释此模态，应当注意以下几个方面：

① EKIN 的大小表示最重要的点（惯性）（例如，发动机、飞轮或任何其他大的转动惯量），在外部激励的情况下可能是敏感的。

② EPOT 的大小表示最重要的弹性扭转刚度，它可能是共振的一个关键因素。如果一个激励确实存在，并与相应的激励频率一致，则会导致相当大的动态振幅。

③ EPOT 和 EKIN 模态的结合解释了动力传动系统在特定的传动单元中经历共振类型放大到怎样的程度，这通过"应激性"表示。必须注意到的是，定量的说明只能通过仿真方法实现。

23.4.2 固有特性的灵敏度

对于整体、优秀系统的理解以及系统辨识，在应激性分析的情况下，系统灵敏度的知识是至关重要的。借助于系统灵敏度的说明，可以解决关于特定参数变化的灵敏度问题，以及因数据公差和不确定性引起的灵敏度问题。这不仅提供了机会，也提供了通过系统特定参数变化（如刚度和惯性）影响动态特性的危险。进一步的信息可以从文献［9，16］中获得。在特定模态下选定固有频率，车辆动力传动系统行为的两个参数评价，如图 23.7 所示。此外，借助于固有特性的灵敏度分析，可以对测量进行评级并使其易于理解。

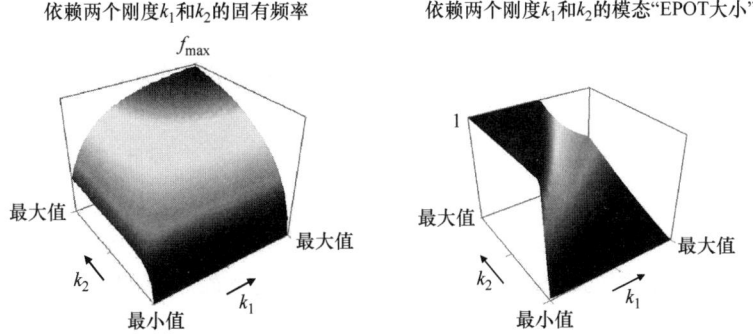

图 23.7　由特性弹性变化引起的动力传动系统固有特性的灵敏度分析（k_1 = 离合器刚度/阻尼，k_2 = 后轮驱动轿车的边轴刚度），正则化模态的幅值通过灰色阴影进行可视化

23.4.3　共振图

通常，共振在所谓 Campbell 图（共振图）中呈现。Campbell 图表示频率（＝各阶与速度相关的激振频率，及与速度无关的固有频率）与速度（如发动机

转速）的关系，并且可以可视化共振速度，阶线对应于重要的谐波激励。

将可能的激励源分配给其典型的激励频率，如表 23.1 所示。转速 n(r/min) 始终是产生激励的相应驱动单元的速度。

存在几种类型的激励。一个激励线可能对应于内燃机的二阶（例如四冲程，四缸发动机），另一个激励线是一个集合的激励（例如压缩机和泵）。而且，激励线也可以由所谓的参数激励引起，如齿轮级中的啮合刚度波动（啮合频率）。

表 23.1 激励源和对应的激振频率

序号	激励源	取决于频率 $f = n/60$（Hz）的激励频率，n = 转速（r/min）
1	离合器（+间隙）、压缩机、涡轮，由于不平衡和偏心产生的激励	$1 \times f$ 或 $2 \times f$
2	万向轴、曲柄滑块	$2 \times f$
3	齿轮传动 z_G = 齿数	齿轮啮合频率 1, 2, $3 \times z_G \times f$
4	泵、风扇、通风机，z_p = 叶片数	叶片通过频率 $z_p \times f$
5	压缩机、泵、二冲程内燃机	$1, 2, 3\cdots, k \times f$
6	四冲程内燃机	$0.5, 1.0, 1.5, 2.0, \cdots, k \times f$

电驱动的速度比例激励，取决于电动机特性，也可以可视化为共振图中典型的激励线。由于在驱动系统中经常发生不平衡和偏心，因此必须要注意每个轴速度的一阶和二阶激励。

由于固有特性通常根据线性扭转振动系统进行计算，因此与时间和速度无关的固有频率显示为水平线。固有频率线与激励阶线的交点可以引起共振。共振与动力传动系统的具体量（例如，转矩—响应信号情况下的刚度）有关，只作为重要幅值（例如放大的转矩响应）而存在，前提是下面所有的项目都是有效的。

① 激励和固有频率一致。
② 激励幅值显著。
③ 相关的振动模态在具体位置显示显著的幅值。

较大的共振峰值可以导致动力传动系统损坏，应力与寿命分析必须显示目前的激励控制在允许的范围内[6]。较小的共振峰不会影响耐久性，但是可以导致动力传动系统内产生严重的噪声问题和干扰振动（质量问题）。因此，即使小的能量（即小振幅振动模态）也可能会导致声学问题，这一事实在 NVH 分析中起着重要的作用。典型的共振图（Campbell 图），如图 23.8 所示。

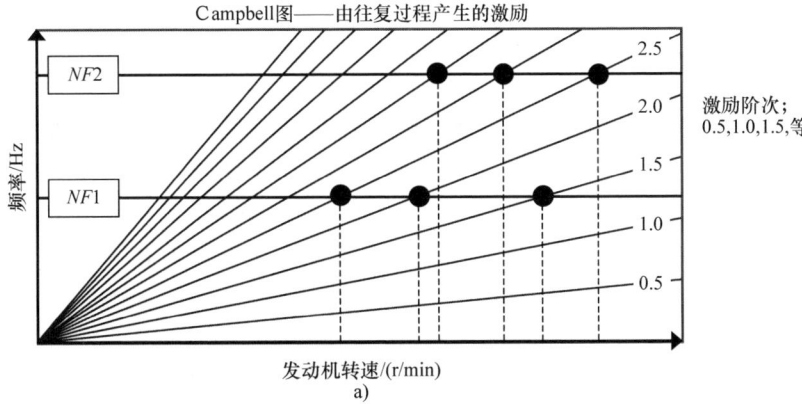

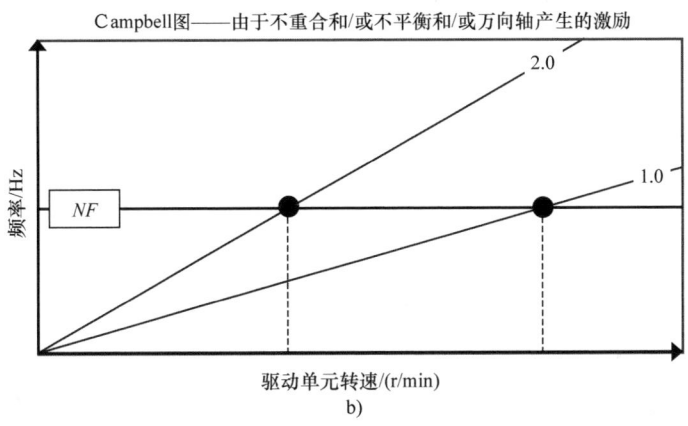

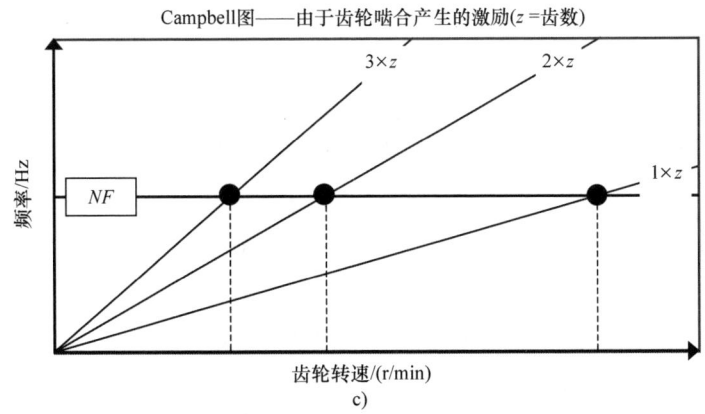

图 23.8 具有显著共振点（图中黑圆）的典型共振图（Campbell 图）
a）发动机激励 b）不重合和/或不平衡和/或万向轴 c）齿轮啮合（动态齿刚度）
NF = 固有频率　z = 齿数

23.5 动力传动系统部件

动力传动系统的基本功能，包括在燃料消耗、排放、噪声、舒适性和性能方面支持车辆优化。其重点在于将主发动机的 map 图转换成辅助车轮的 map 图，如图 23.9 所示。起动装置和传动装置要满足特定的要求，而且应用于传统的动力传动系统中以实现以上的功能。汽车动力传动系统部件的总体描述，在文献 [8] 中给出。

在许多车辆中使用的标准动力传动系统，如图 23.10 所示。纵向安装的内燃机通过法兰与起动装置和传动装置相连接，这是典型的动力传动系统设计。动力通过传动轴传递，由变速器输出到集成差速器的主减速器中，差速器的输出与传动轴的车轮相连接。在转弯情况下，需要差速器对车轮速度进行调节。

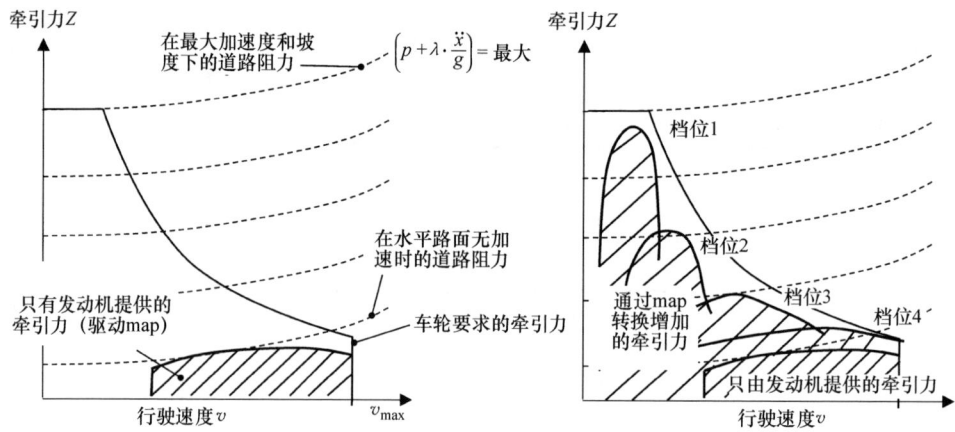

传动的主要功能：将发动机map转换和调整成要求的map

图 23.9 由于存在多速变速器，通过 map 转换，将内燃机功率图调整到车轮牵引力的要求。如果没有转换，则加速以及上坡或者下坡行驶将受到限制

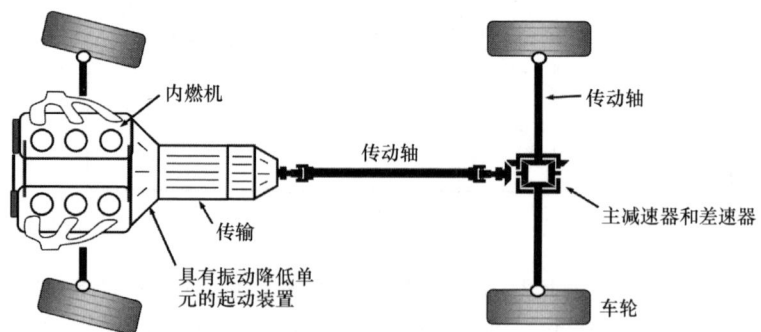

图 23.10 标准动力传动系统的组成：传统的动力传动系统的动力通过起动装置从内燃机传递到变速器，再通过轴和轴齿轮传递到车轮

除了上述设计，也常见前纵向安装或者前横向安装。对于前者，不需要传动轴，因为动力通过集成在变速器中的轴齿轮和差速器传递到前轴的传动轴。对于后者，包括一种安装在纵向车辆轴上的横向安装的内燃机，并且通常也包括集成齿轮系和差速器的变速驱动桥。所有动力传动系统对变速器设计有具体要求，见23.5.3节。

驱动车辆所需的机械动力由内燃机产生，为变速器输入轴提供速度与转矩。内燃机的重要特性是转矩波动，因为每个气缸单独点火，由此产生不规则的曲轴转速。为了减少波动，飞轮和扭转减振器被安装在现代的动力传动系统中，见23.5.2节。

在传统的动力传动系统中，起动装置用于实现发动机起动转速。这些起动装置最常见的类型，包括机械摩擦离合器和特里洛克（Trilok）转换器，见23.5.2.2节，它被安装在变速器的前面。变速器是动力转换中最重要的一部分，其传动比可以在不同的档中调整，典型的变速器设计将在23.5.3节中进行介绍。主减速器的传动比通常是固定的，动力传动系统的总传动比由变速器传动比和主减速器传动比的乘积确定。总传动比的变化范围通常为2（最高档）到16（最低档）

$$i_{\text{Overall}} = i_{\text{Transmission}} \cdot i_{\text{FinalDrive}} \tag{23.8}$$

动力传动系统中的传动轴传递旋转动力，并且可以补偿传动部件的空间位移，例如，转弯时由车轮角引起的位移。车轮最终将动力系统传来的旋转运动和转矩转换为平移运动和力。

事实上，在车辆动力传动系统中所有提到的旋转驱动部件的组合，对于整体动态灵敏度和总旋转系统的 NVH 特性是至关重要的。因此，必须分析整个系统的动态特性，并且了解每个驱动部件的详细特性和重要性。

23.5.1　发动机

内燃机是往复式机器——汽车用内燃机基本为四冲程内燃机。顾名思义，四冲程内燃机的运行包括四个基础步骤，发动机每两转（720°）便会重复这四个步骤，如图23.11所示。典型的发动机激励由切向力曲线描述，或者重新计算为转矩-角函数，主要由取决于过程特性（汽油机，柴油机）的傅里叶（Fourier）系数表示，如图23.12所示[18,19]。

曲轴的不规则旋转由内燃机的燃烧特性引起。只有当燃料燃烧时，驱动力才会在曲轴上产生转矩。对于四缸四冲程发动机，由于每转有双缸点火，因而每转有两个驱动力的峰值。发动机第二阶不规则性也可以在曲轴中观测到，一方面，由于不断变化的转矩载荷，这减少了动力传动系统部件的使用寿命；另一方面，这诱导产生动力传动系统的振动，对于舒适性存在负面影响。

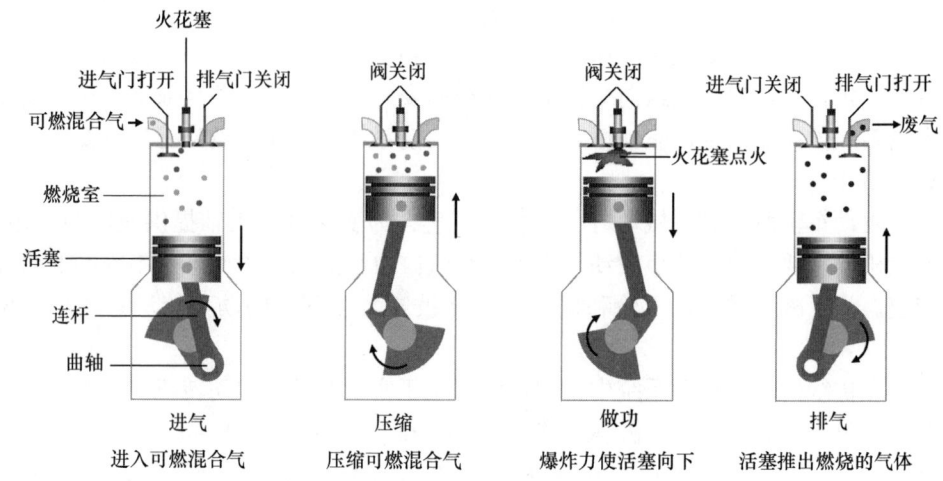

图 23.11 车辆中的往复式内燃机的四冲程循环

23.5.2 飞轮和离合器

23.5.2.1 变速器输入时的扭转振动阻尼

惯性和振动阻尼的组合增加，通常应用于动力传动系统，以在剩余的动力上减少与发动机相关的振动影响（前侧）。在最简单的情况下，飞轮用于增加曲轴的转动惯量，减小转矩波动对转速的影响。然而，这种额外的质量对于性能和燃油消耗有着负面影响，因为行驶过程中要加速的惯性显著增加，尤其是在较低档上。因此，离合器-弹簧-阻尼器系统集成在离合器盘上，如图 23.13 所示。合适的弹簧刚度会在动力传动系统的变速器输入端产生不严重的振动响应，其固有角频率 v 减少，导致内燃机在双怠速之下产生隔离频率 Ω，如图 23.15a 所示。由于产生的阻尼特性，正常车辆运行中在前侧的不规则振动衰减较大。因此，这也减少了变速器输入端的负载，振动放大只发生在起动发动机时。

然而，传统的离合器-弹簧-阻尼器只能将旋转振动抑制到一定程度。而且，在低激励频率下良好的阻尼特性，即发动机低转速时，由于弹簧单元刚度低获得的阻尼特性，会导致明显的负载变化效应。因此，评价是负面的。但是，即使在低速以及减少怠速和减少工作缸的情况下，现代汽车发动机以更高转矩特性为表征，这是出于减少燃料消耗和排放的期望。这又反过来增加了转动不规则性，尤其是在低频临界范围内。为此，需要一种替代技术以有效预防变速器输入的扭转振动。常用的技术包括所谓的双质量飞轮（DMF），如图 23.14 所示。其中，曲轴的传统飞轮（单质量飞轮）被分为主飞轮和次飞轮，一个（多步）切向弹簧系统放置在它们之间。变速器输入的振动系统也因产生附加的振动模态而改变，发动机旋转不规则的振动特征放大功能也以一种正面的方式而改变：由于固有频率不怎么占主导地位，隔离频率转向较低的转速，低于发动机怠速，如图 23.15b 所示。这种技术的主要缺点是 DMF 成本太高。

这也是为什么研究人员寻找一种替代技术的原因，该替代技术可以在轻微的附加损耗条件下保证良好的振动阻尼，例如离心摆。具体的细节，可以在文献［20，22］中找到。

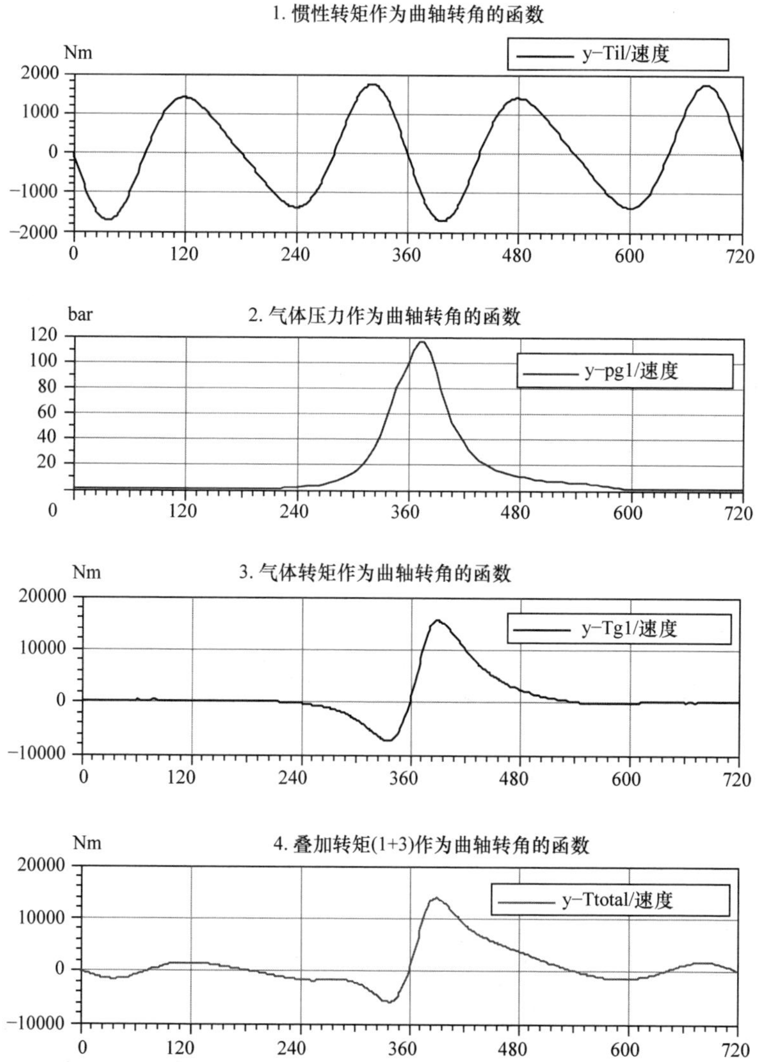

图 23.12 发动机激励转矩的典型表现

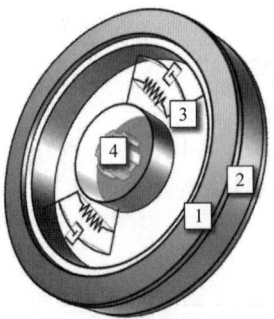 

图 23.13 传统离合器 – 弹簧 – 阻尼器系统。在与变速器输入轴毂连接的内部零件和摩擦衬片载体之间存在切向弹簧组,阻尼效果由摩擦引起

1 离合器衬片
2 离合器衬片载体
3 弹簧单元(摩擦产生阻尼)
4 变速器输入轴毂

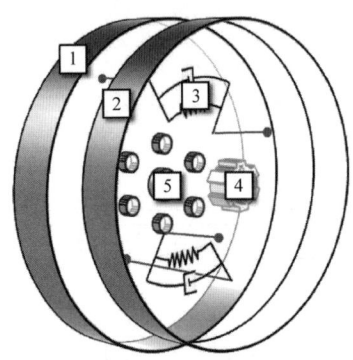 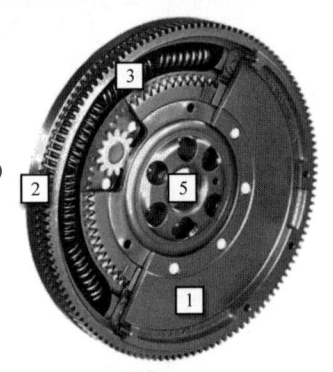

1 主飞轮
2 次飞轮
3 弹簧单元(摩擦产生阻尼)
4 变速器输入轴毂
5 与发动机连接的法兰

图 23.14 DMF:主和次飞轮由弹簧组连接,法兰和毂将它们连接到发动机和变速器

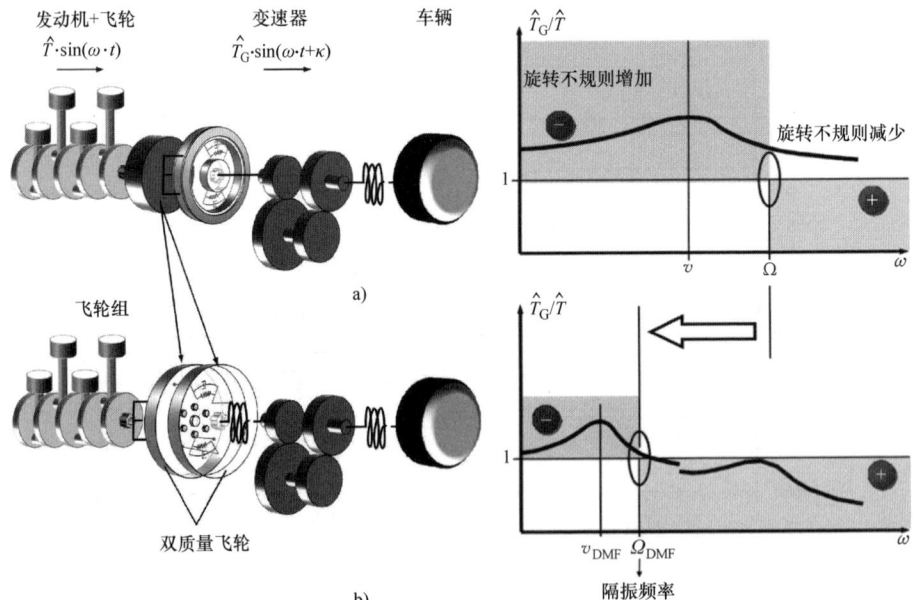

图 23.15 变速器输入振动的吸收
a)传统的减振器 b)DMF

23.5.2.2　起动装置

如前所述，即使最现代化的内燃机也只有在曲轴达到一定转速时，才能够提供动力。如果低于这个极限，由活塞产生的转矩是不足以克服摩擦损失的。因此，在动力传动系统中必须包含一个起动装置，以便提供起动转速。现在常用的起动装置、离合器和转矩转换器的共同之处在于，起动时能量损失要以热量形式储存或释放。一般而言，对起动装置的要求可以总结如下：

① 如果车辆处于静止状态或处于档位变化时，则将传动系统与运行的发动机分离。

② 当起动时，提供起动转速。

③ 隔离振动。

④ 过载保护"以防发动机熄火。

23.5.2.3　机械离合器

机械摩擦离合器，无论是手动或双离合器（DCT）传动的干式离合器，还是在 DCT 中带有油冷却的湿式多盘离合器，都不是转矩转换器。这意味着离合器两个盘的转速可以是不同的，但是这两个零件的转矩是相同的。

干式机械摩擦离合器的布置，如图 23.16 所示。它通常由带有摩擦衬片的离合器盘组成，该摩擦衬片介于压盘与飞轮或者压盘与 DMF 离合器的次飞轮之间。离合器盘连接到变速器输入轴上以防止旋转，并且弹簧组可以集成在传统的离合器-弹簧-阻尼器系统的状态下。飞轮和压盘随发动机转速一起旋转，如果不踩离合器，则压盘将通过产生正常力的碟形弹簧压在离合器盘上。这种力决定着离合器的传输转矩。分离时，碟形弹簧上的载荷由分离轴承卸载，并且压盘与离合器盘分开。弹簧特性显著影响离合器踏板力。在平行轴自动变速器 AMT 的情况下，执行机构移动分离轴承。

当离合器接合时，离合器的两个部分在不同的速度范围内，以法向力和传递转矩进行旋转。起动过程，如图 23.17 所示，在接合阶段离合器滑移，离合器从发动机将转矩传给变速器，然后再传到车轮。车辆加速，变速器的输入转速增加，而发动机转速降低——假设驾驶员不踩加速踏板。一旦变速器输入转速和发动机转速相同，离合器从摩擦状态转变到黏附状态，完成接合过程。

在接合阶段，摩擦能量损失发生在离合器中，以热形式输入到衬套。因此，离合器升温很快，热量取决于传递转矩、车辆质量和起动传动比。正是因为这个原因，并不是所有的重型车辆都能配备干式摩擦离合器。因此，湿位移单元或所谓的液力变矩器得到应用。

23.5.2.4　液力变矩器

液力变矩器基于液力离合的原理，由与发动机相连的泵轮和与变速器输入相连的涡轮组成。油在两者之间循环，如图 23.18 所示。在液力变矩器的情况下，

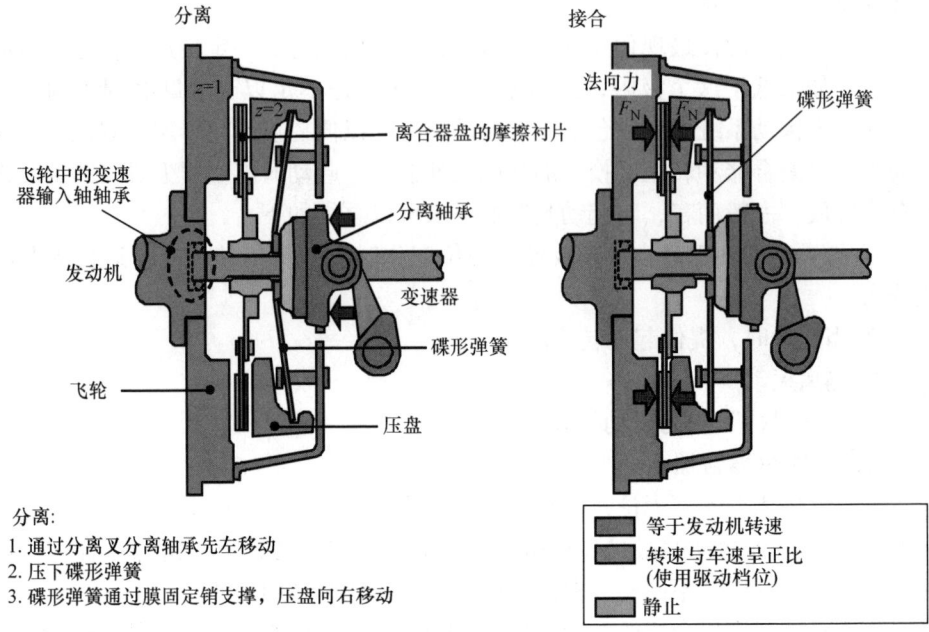

图 23.16 具有碟形弹簧的机械摩擦离合器的结构和功能

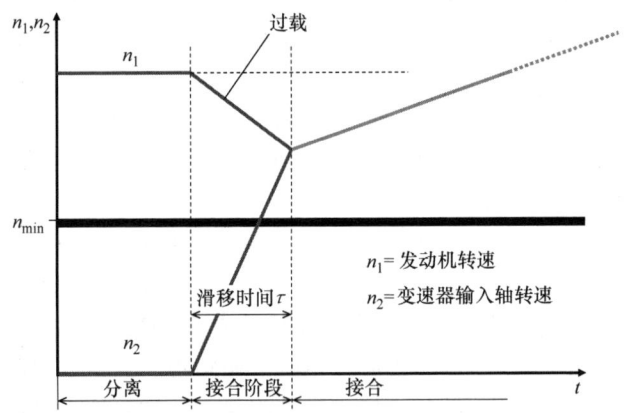

图 23.17 起动过程中发动机和变速器输入转速曲线。在接合阶段，离合器打滑，从而传递转矩。如果不加速，发动机转速略微减小，直到变速器输入转速达到发动机转速的水平

所谓定子被增加到这种类型的离合器中。当涡轮与泵达到一定的速度比，定子将驱使油流动。因此，涡轮的转矩增加。其中，速度比 $v = n_{turbine}/n_{pump}$ 小于所谓的耦合点，称为液力变矩器的范围。速度比越小，所谓的转矩 $\mu = T_{turbine}/T_{pump}$ 增加越大，如图 23.19 所示。其原因是油在定子分流，导致由楔形离合器支撑的定

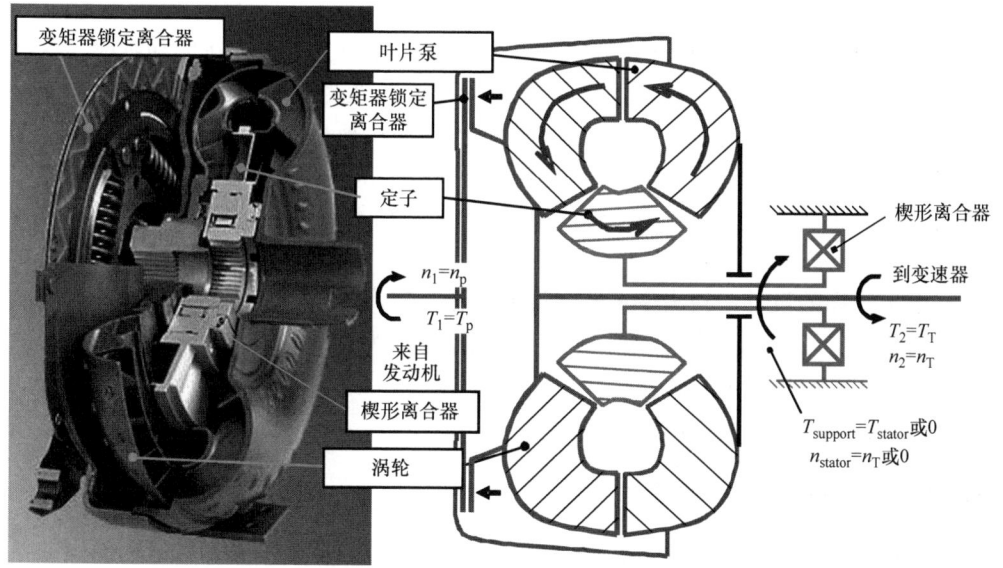

图 23.18 两相液力变矩器的构造

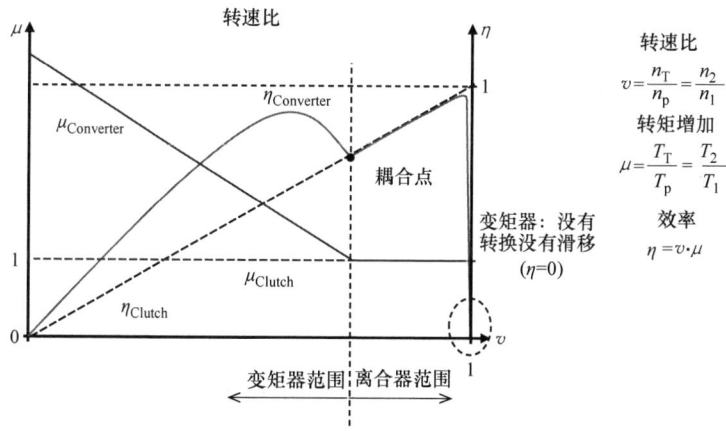

图 23.19 机械式摩擦离合器和两相液力变矩器的转矩比和效率

子产生转矩。除了泵的转矩之外,这种定子转矩也可以应用在涡轮中。液力动力两相变矩器,也称为 Trilok 变矩器,以它的发明者命名。Trilok 不仅是速度变换器,也是一种简单的液压传动形式的速度转矩转换器。在耦合点和超出耦合点,定子的流量以某种方式进行改变,使其在楔形离合器上方进行旋转,并且不增加转矩。

虽然离合器打滑决定着机械离合器的效率,但是在起动阶段,由于转矩增加，液力变矩器可以达到更高的效率，如图 23.19 所示。变矩器一个重要缺点是，如果泵轮和涡轮之间的速度有差别，则只能传递动力。在持续驱动阶段，这会造成效率降低。由于这种原因，目前采用所谓的变矩器锁止离合器（TCC），其将泵轮和涡轮机械连接。而且，这种机械连接减少所谓的橡胶带效应，在车辆缓慢响应和负载逆转的情况下，可以节省发动机的功率。但是，为了良好使用变矩器的阻尼特性，尤其是在换档的情况下，TCC 在某些操作状态控制滑移，这些状态在振动方面至关重要。

由于这样的设计，液力变矩器允许变速器具有高转矩。良好的阻尼特性以及变矩器的增加可以导致高的驱动舒适性，也正是因为这个原因，这种类型的起动装置主要用于高质量的车辆。

相关详细的内容见文献 [23，24]。

23.5.3 手动和自动变速器

变速器不仅可以转换速度，也可以转换转矩。这意味着变速器输入与输出的转矩和速度是不同的。然而，传动中功率保持不变，但存在效率损失。

在变速器输入和输出中，至少有一个由速度关系产生的比率

$$i_{\text{Transmission}} = \frac{n_{\text{TransmissionInput}}}{n_{\text{TransmissionOutput}}} \tag{23.9}$$

变速器类型包括几类，具体有一个档（轴齿轮），若干个档（手动变速器——MT），或者无级变速器（CVT），运行中存在减速传动比（$i > 1$）以及增速传动比（$i < 1$）。

变速器的效率

$$\eta_{\text{Transmission}} = \frac{p_{\text{TransmissionOutput}}}{p_{\text{TransmissionInput}}} = 1 - \frac{p_{\text{TransmissionLoss}}}{p_{\text{TransmissionInput}}} \tag{23.10}$$

变速器的输入和输出转矩之间的关系如下

$$T_{\text{TransmissionOutput}} = T_{\text{TransmissionInput}} i_{\text{Transmission}} \eta_{\text{Transmission}} \tag{23.11}$$

下列准则可以用于车辆变速器的分类：

① 自动化的程度：有"手动变速器 MT"（见 23.5.3.1 节）以及"半自动和全自动变速器 AT 类"（电控机械自动变速器 AMT、无级变速器 CVT、双离合变速器 DCT、自动变速器 AT，见 23.5.3.2 节至 23.5.3.5 节）。这些变速器包括自行起动和移动，以及自动选择换档点等[25]。在原理上，MT 的效率高于 AT 类，同时总是需要额外的能量操纵执行器，这样的能量不能用于驱动汽车。

② 动力传动类型：驱动动力可以不同的形式传输。动力可以在传统的变速器中进行机械传递，也可只在液力变矩器中进行流体 - 机械传递。在现代的混合动力传动系统中，存在所谓带有机械以及电动传动装置的分离变速器。

③ 传动比调整策略：关于这点，带有离散的阶梯式自动变速器和无级变速器（23.5.3.3 节）是不同的，无级变速器可以在给定的范围内自由选择传动比。

④ 设计：根据动力传动系统的布局，存在不同的变速器概念。所谓内联变速器的输入和输出进行同轴安装。直齿圆柱齿轮变速器（MT、AMT、DCT）至少要有两个传动比档位，如图 23.20a 所示；通常，从输入到中间轴再到输出轴齿轮的传动比是固定的。行星变速器（AT，见 23.5.3.5 节）遵守这一点。内联变速器尤其适用于设计标准的动力传动系统，如图 23.10 所示。这种设计允许具有高效率传动比的直接档齿轮——直接将转矩从输入轴传递到输出轴。如果发动机纵向安装并且车辆由传动轴驱动，则主要使用跨轴的变速器，如图 23.20b 所示。这种类型的变速器结合变速器传动和轴传动，并且允许枢轴旋转 90°。对于横向安装的发动机，将使用横向变速器，如图 23.20c 所示。其有两个或两个以上的平行轴，但是输出轴与输入轴不同轴，轴齿轮和差速器通常都集成在变速器中。

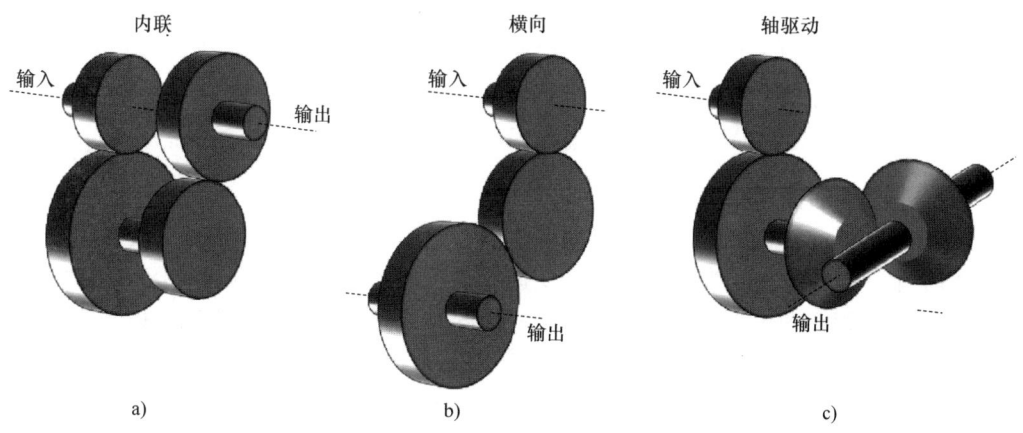

图 23.20 不同的动力传动系统的变速器设计
a）输入和输出轴同轴向布置的标准变速器 b）用于发动机横向安装的变速器轴的位置平行，但是位置不同，通常与一个轴齿轮集成
c）轴驱动变速器用于纵向安装发动机，并且将主变速器与轴齿轮组合成枢轴旋转 90°

⑤ 牵引中断：在只有一个离合器作为起动装置的变速器（MT，AMT）中，由于齿轮变化需要无负载传递，离合器通常要在换档过程分离。当离合器分离时，动力不能传递到车轮，因此牵引中断。在加速过程中，这导致了相当大的纵向加速度中断，如图 23.21 所示。然而，带有多个离合器的变速器（DCT，AT）在没有牵引中断的情况下变化齿轮，因为一个（分离）离合器的转矩传递给另一个（接合）离合器，转矩在齿轮变化的期间传递到两个离合器。因此，理想情况下应保证驾驶员不能识别这样的变化。

下面将对最重要的变速器设计进行描述。

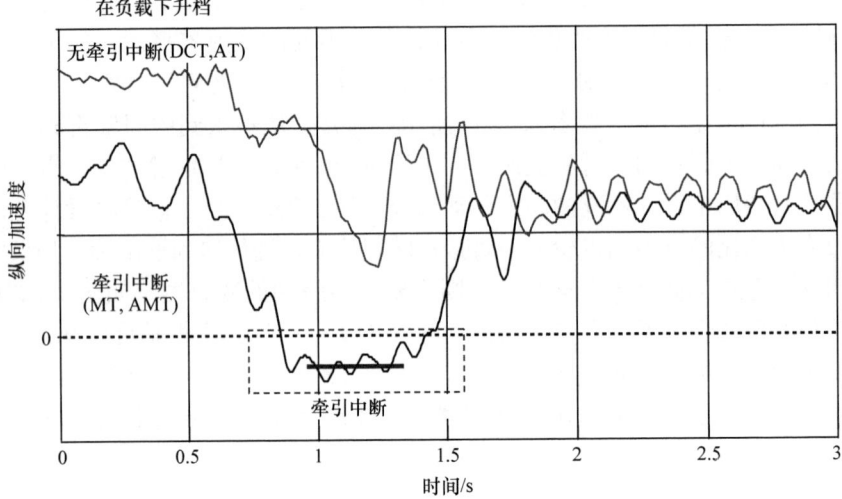

图 23.21　负载下换档过程有和无牵引中断的纵向加速度曲线。在有牵引中断传输的变速器（MT，AMT）的情况下，纵向加速度显著降低，并且一部分变为负数。而在无牵引中断的情况下，几乎不能识别纵向加速度变化

23.5.3.1　手动变速器 MT

由于制造成本低和效率高，手动变速器在欧洲以及世界各地许多重要的市场上都是很受欢迎的一类变速器。手动变速器是直齿圆柱齿轮传动，每个齿轮的齿轮对至少布置在两个平行轴上，每对由一个固定齿轮和一个空转齿轮组成。固定齿轮固定在轴上，而空转齿轮可在另一个轴上自由旋转。只有当一个齿轮啮合时，空转齿轮才和轴通过换档单元连接（通常是同步器）。

图 23.22a 说明了手动变速器的内联安装结构：转矩从输入（左）轴至中间轴不断传递。根据啮合的齿轮，转矩传递到与输入轴同轴向的输出轴，并且从输出轴传递到轴齿轮。因为动力直接从输入轴传到输出轴，所以作为所谓直接档的五档是特殊的。倒档需要一个附加的中间齿轮，这引起旋转方向的反转。图 23.22b 显示的是横向变速器的结构。与内联变速器相反，依赖齿轮的转矩直接从输入轴传递到也是输出轴的中间轴。然后，转矩传递到集成的轴齿轮中。由于轴空间——尤其是在横向安装发动机的情况下是有限的，因此需要小型变速器。因此，经常使用所谓的多轴概念，由若干中间轴（偏轴）组成。转矩从输入轴传递到中间轴，然后再传递到差速器，如图 23.23 所示。

有许多现代方法用于优化齿轮设计和换档概念[26-29]。

23.5.3.2　电控机械式自动变速器 AMT

在设计上，电控机械式自动变速器与手动变速器是基本相同的。但是，驾驶

第 23 章 动力传动系统

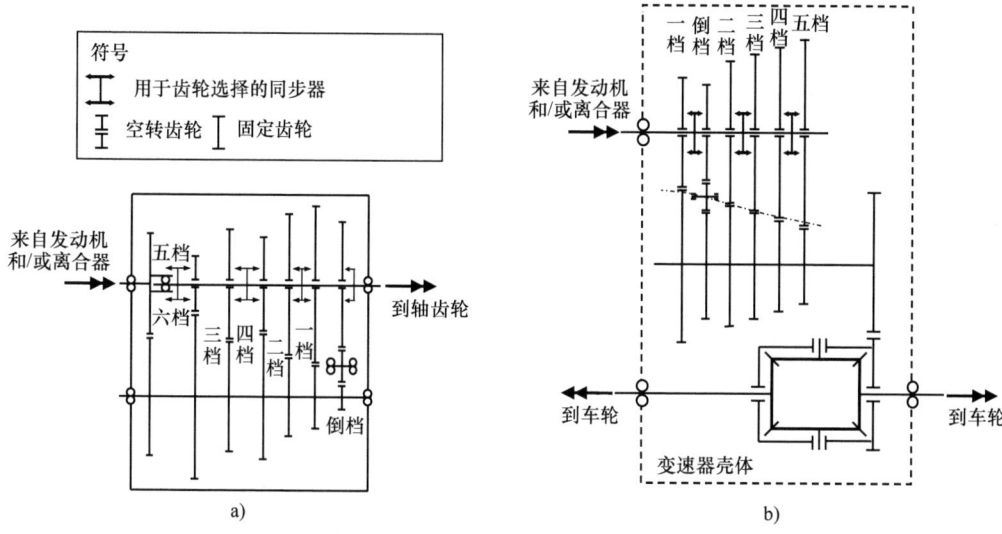

图 23.22 手动变速器的布置
a) 内联使用（例如，标准的驱动）和横向使用（例如，前横向布置）
b) 轴齿轮和差速器集成的情况

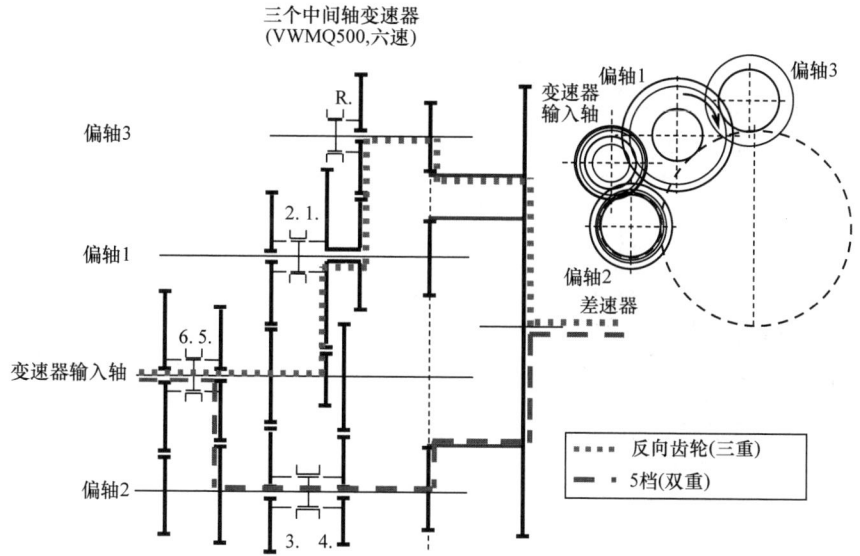

图 23.23 大众汽车六速三个中间轴变速器 MQ500，
具有通过大差动齿轮连接的几个偏轴（中间轴）

员的行为（操纵离合器和换挡）通过电动或液压的执行器自动完成，这通过具有复杂的控制和通信结构的电子变速器控制单元控制。因此，驾驶员就可以免去这些任务，并且通过换档点的优化选择，可以减少燃料消耗[30,31]。

由于极短的换档时间和高效率，电控机械式自动变速器特别适用于运动型轿车。然而，发展趋势是双离合器变速器而不是电控机械式自动变速器。在小型车辆中，电控机械式自动变速器的主要优势是成本低。由于所谓的"插件"设计，手动变速器自动化并不复杂。因此，可以设计出低成本的电控机械式自动变速器。此外，要提到的是电控机械式自动变速器的高效率，它比传统的自动变速器的效率还要高。

除了插件方法外，还设计了一些类型的电控机械式自动变速器。一个例子是多组的智能变速器，它不能手动换挡，如图23.24所示。自动化允许设计非常小的变速器。

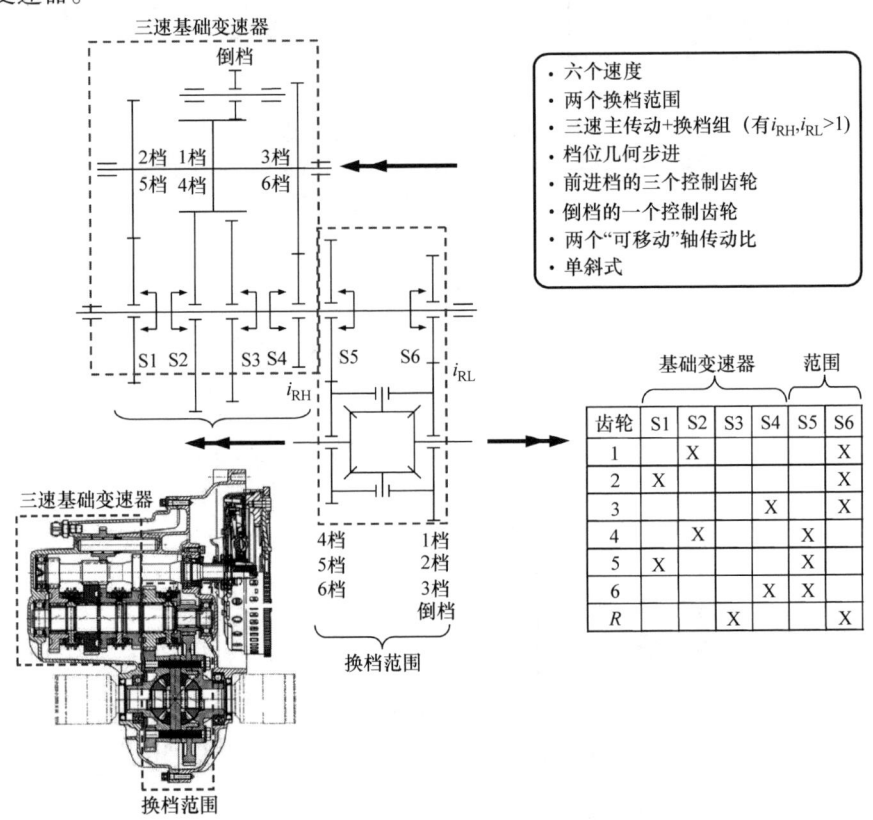

图 23.24　Getrag 在 Smart 中使用的 AMT 布局，其为多组变速器，即两个变速器一前一后接合。从3档到4档或从4档到3档时两个变速器在相同的时间接合，而手动是不可能的

23.5.3.3　无级变速器 CVT

无级变速器的传动比可以在设计范围内自由调节，具有无限的档位数量。与

内燃机特性结合,这是有利的,因为可以设计出取决于驾驶情况的最佳操作点。如果速度改变,恒定的发动机转速也可以通过传动比的连续改变实现。

所谓变传动比是无级变速器的核心,它用于连续改变初始和最终之间的传动比。最常见的机械变量包括输入的旋转单元,以及通过连接单元固定的输出,可以变化连接单元和输入或输出单元之间的接触半径以调整传动比。

大多数标准的无级变速器是所谓的带驱动变速器,如图23.25所示。一个链或带作为输入和输出的两个圆锥形盘之间的连接单元,调整圆锥形盘对之间的轴向距离,可以改变带或链的旋转半径,从而确定传动比。

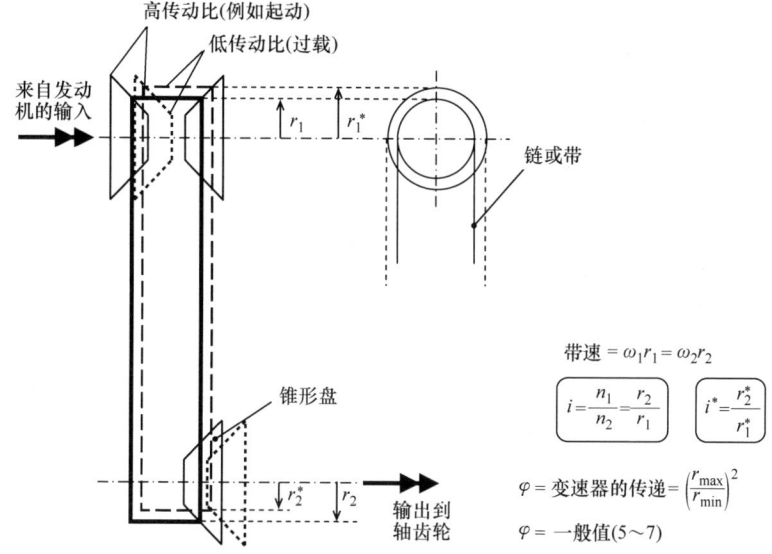

图 23.25 由带驱动调整的变速器的功能和传动比,通过锥形盘的特定轴向位移,输入和输出的带或链的旋转半径是变化的,从而改变变速器的传动比

然而,自由选择传动比的优点通常要由相当高的能量输入补偿,以产生变速器的夹紧力。此外,由于装备无级变速器车辆的发动机不容易设计,无级变速器至少在欧洲市场上并不十分成功。

详细内容见文献 [32,33]。

23.5.3.4 双离合变速器 DCT

双离合变速器设计为直齿圆柱齿轮变速器,与手动变速器类似。不同的是,在输入端有两个离合器。变速器分为两个部分:一个用于奇数档(1,3,5,…),一个用于偶数档(2,4,6,…,两部分都与输出相连接。每一个离合器负责其部分的传输,奇数档离合器作为起动离合器,一般直径较大。在操纵过程中,一个离合器是接合的,而另一个离合器不传递转矩。为了降低内燃机和负载变动效应的旋转不规则性的影响,离合器通常在非常低的滑动下操作。

相比手动变速器和电控机械式自动变速器,双离合变速器的设计优点是档位可以在牵引不中断的情况下做出改变。因为在动力换档或离合器至离合器换档期间转矩从一个离合器到另一个离合器之间传递，后面的档位在卸载部分传输的情况下预选。因此，换档时间很短。离合器通常由一个复杂的机电控制单元实现液压控制，更高转矩的双离合变速器配备油冷湿式多盘离合器，而较小功率的双离合器配备干式离合器。横向安装具有干式离合器的七速双离合器变速器的原理，如图 23.26 所示。

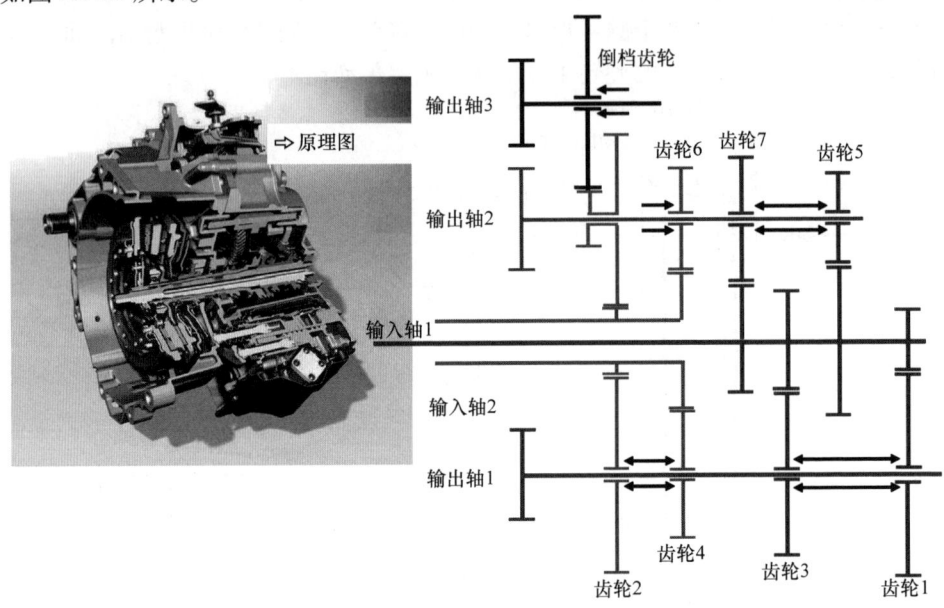

图 23.26　前部横向安装的大众汽车干式离合器七速双离合变速器的布置，两个输入轴有一个离合器，用于奇数档或偶数档。动力从各输入轴传递到输出轴中的一个，再到集成轴齿轮的差速器，同步器（双箭头）以某种方式进行布置，该种方式是由同步器控制的齿轮对之间多于一个齿轮级。因此，齿轮总是可以预选一个档位级的变速（升档和降档）

更详细的示例在 23.6.3.4 节中给出，具体内容见文献 [34-37]。

23.5.3.5　自动变速器 AT

通常，自动变速器以行星齿轮变速器为基础，具有各种齿轮组组合，采用一个液力变矩器作为起始装置。简单的行星变速器由一个太阳轮、齿圈、太阳轮和齿圈之间的若干行星轮组成，行星轮的轴由一个行星架连接，如图 23.27 所示。太阳轮、齿圈和行星架各连接到一个轴，通过它动力可以传递，或者每个部件可以固定在变速器壳体上。所有轴同轴布置，根据各自的输入轴和输出轴或哪个轴是固定的，可以实现不同的传动比。然而，大部分传动比不适合在车辆中使用。出于这个原因，开发了不同的齿轮组，以允许有更好的传动比。例如，这包括拉维尼奥（Ravigneaux）齿轮组，如图 23.27 所示。

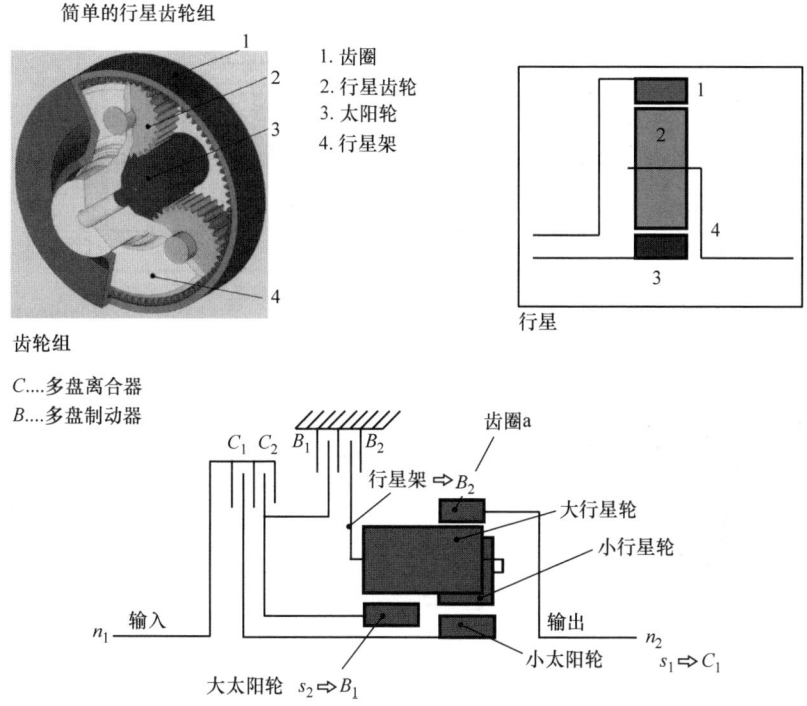

图 23.27 简单的行星齿轮组和 Ravigneau 齿轮组结构，Ravigneau 齿轮组由一个简单的行星齿轮组和第二齿轮组组成，第二齿轮组是行星啮合而不是与第一齿轮组齿圈啮合，两个齿轮组通过行星架相互连接

现代自动变速器通常有几个齿轮组，其轴可以通过离合器连接，或者通过制动器固定，取决于这些所谓的档位单元哪个被激活（即传递转矩），可能有不同的传动比。通过这种方式，现代变速器可以配置多达八个前进档。动力流以一种复杂的方式分离，从而优化齿轮系统的使用，可以获得高功率密度，图 23.28 给出了八速自动变速器的元件布置。

湿式多盘离合器和油冷却制动器作为档位单元安装以改变档位，就像双离合变速器中的重叠换档一样。因此，自动变速器在不中断牵引力的情况下允许换档，换档通过机电系统控制，也和双离合变速器一样。

详细的内容见文献 [38-40]。

23.5.4 传动轴

大多数汽车应用一个纵向轴，将动力从发动机或变速器传递到车辆的另一端，然后再传递到车轮。一对短传动轴常用于将动力从差速器、变速器或驱动桥传递到车轮，所有传动轴是动力传动系统的重要弹性件。这是它的扭转振动具有动态行为的原因。传动轴对于 NVH 的效果也是敏感的，影响整个系统的"动态

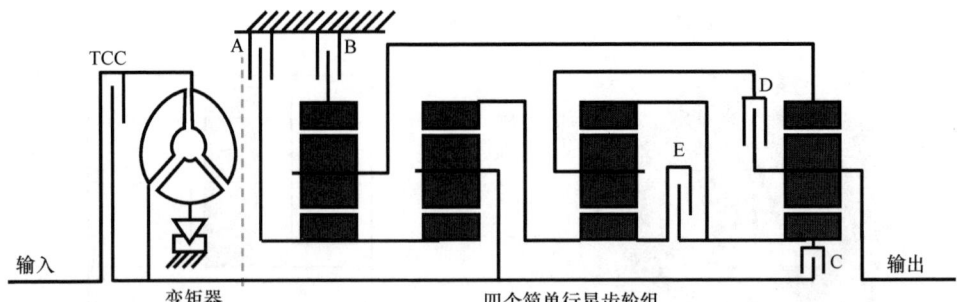

图 23.28　ZF Friedrichshafen 公司的八速自动变速器的元件布置，由四个简单的行星齿轮组和五个换档单元 A－E 组成。根据所需档位，通过液压驱动活塞关闭三个换档单元，而打开其他两个，具有 TCC 的液力变矩器和声学质量"[41]。

23.5.4.1　后轮驱动 RWD 和前轮驱动 FWD

在发动机前置后轮驱动的车辆中，需要长传动轴将动力传递到车轮。目前有两种设计占优势：

① 具有单个万向节的扭矩管。

② 具有两个或两个以上万向节的霍奇凯斯（Hotchkiss）传动。

这些车辆大多具有一个离合器和变速器（或齿轮箱），直接安装在发动机的输出轴上，具有通向后轴内主减速器的传动轴。

连接变速器和后差速器的传动轴总成由传动轴、滑动接头和一个或多个万向节组成。在发动机和车轴彼此分开的地方，如四轮驱动车辆和后轮驱动车辆，由传动轴从发动机向车轴传递驱动力。

连接后差速器和后轮的传动轴可以称为半轴，其名称源于这样的事实：需要两个这样的轴形成后轴。

几种不同类型的传动轴用于汽车行业：

① 一体式传动轴。

② 两件式传动轴。

③ 筒中滑动的传动轴。

详细的内容见文献 [42]。

23.5.4.2 四轮驱动 FWD 和全轮驱动 AWD

这两个应用是从后轮驱动 RWD 演变而来的。一种新型的变速器,称为分动器,放置在变速器和包括两个轴的主减速器之间。这个设计可以将动力传进两个轴,还可以包括减速齿轮、爪形离合器或差速器。至少要使用两个传动轴,每个轴从分动器传到一个驱动轴。在一些较大的车辆中,分动器居中安装并直接由短传动轴驱动。

具有全轮驱动(AWD)的现代轻型汽车,可能使用更符合前轮驱动(FWD)布置的系统。变速器和前轴的主减速器组合安装在发动机一侧的壳体内,一个传动轴连接到后轴。

更详细的示例在 23.6.1 节中(见图 23.31)以及文献 [43] 中。

23.5.4.3 万向节

在动力传动系统的动力传输是平行换档或者具有角度偏移的情况下,通常使用万向节。尤其在汽车行业中,万向节是常见的,由于万向节长度的补偿,驱动和非驱动端的空间位置是可变的。然而,必须注意的是,万向节也可以是激励源,可能导致动力传动系统中类似共振的振动放大(载荷峰值)。这种激励是由不均匀行为引起的,这种不均匀行为可以通过 π 周期(主要是正弦曲线形状)的比例变化进行描述。

万向节的动量计算公式可从文献 [44] 中找到。

通常,考虑两个比值(意味着两个接头和插入轴之间所谓不平衡程度的转化)、两个弹簧 – 阻尼单元和一个转动惯量,激励机理的计算需要一些主要参数(除了通常的惯性、刚度和阻尼外),如图 23.29 所示。

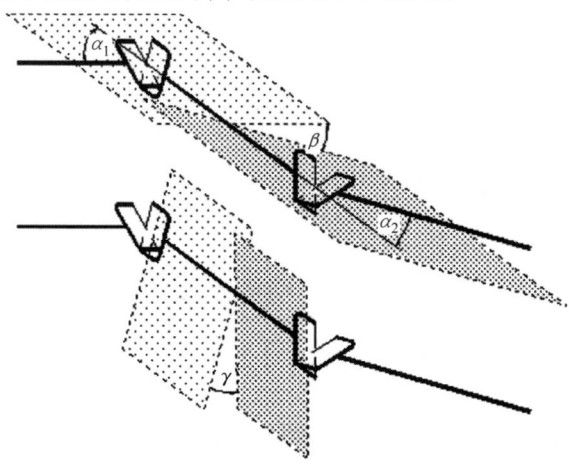

图 23.29 万向节内的角定义,其中 α_1, α_2 = 两个连接部分的倾斜角度;β 和 γ = 水平角度(二个叉水平之间的角度差)

23.5.5 差速器

差速器是一种装置,通常由齿轮组成,能够通过三个轴传递转矩和旋转,几乎总是以两种可能的方向(方式)使用。一种方式是,其接收一个输入并提供两个输出,这可以在大多数汽车应用中发现。另一种方式是,其组合两个输入以创建一个输出,并且输出是两个输入的和、差或平均值。

在汽车和其他轮式车辆的内部,差速器允许每个驱动车轮以不同的速度旋转,而大多数车辆提供平等的转矩给每个车轮。

差速器的目的可以简要在下面描述。车辆的车轮以不同的速度旋转,尤其是在转弯的时候。设计差速器驱动一对车轮使其有相同的力,同时允许车轮以不同的速度旋转。有些车辆内部没有差速器,如卡丁车,强制两个驱动轮以相同的速度旋转,通常由一个简单链驱动系统驱动一个共同的轴。转弯时,内轮与外轮相比需要行驶较短的距离。因此,没有差速器的结果是内轮滑转和/或外轮拖动,会导致操纵困难,并且引起轮胎损坏,并可能会使整个动力传动系统出现故障。

侧向振动和扭转振动的叠加,有时会在差速器中出现,与相邻的输入轴和输出轴的动态行为有关。因此,这些子系统具有典型的动态效应,只能在叠加振动模型中解决[45]。

现代差速器概念的详细内容见文献[46,47]。

23.6 动力传动系统动态行为仿真:实例

有关当前动力传动系统激励和系统响应的定量说明(也考虑非线性和瞬态效应),只能借助于时域仿真实现。"稳态仿真(频域仿真)"只在线性系统受到谐波激励转矩激励的情况下才是有帮助的;在这种情况下,响应函数的最大幅值(如转矩)对每个速度步进行计算。由于大部分车辆动力传动系统的效应是非线性的,并且也是时间瞬态的(例如,齿轮啮合)。因此,应用的仿真方法是基于时域方法的[9,10]。

23.6.1 动力传动系统:车辆主要动态效应的研究

在详细分析动力传动系统动力学和 NVH 效应之前,要先研究在动力传动系统中噪声和振动产生的来源。

通常受到往复式发动机典型波动激励的动力传动系统,由飞轮(单或双质量飞轮)、离合器、手动变速器或自动变速器(包含所有轴)、带有边轴的差速器、车轮和轮胎组成。有不同的驱动概念,如:

① 前轮驱动 FWD。

② 后轮驱动 RWD。

③ 全轮驱动 AWD 或四轮驱动 4WD。

图 23.30 给出后轮驱动乘用汽车动力总成系统的典型驱动单元，以及有可能发生相应的 NVH 现象[17,48]。

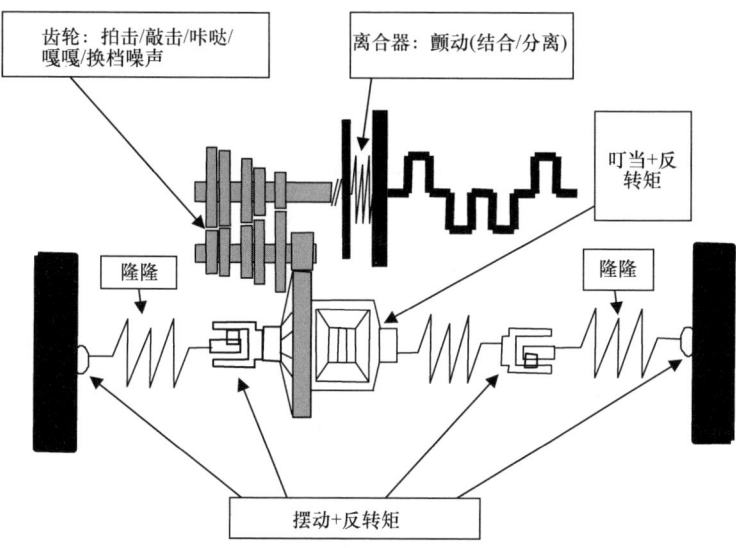

图 23.30 乘用车动力传动系统典型的 NVH 现象（FWD）

如果考虑货车的动力传动系统（4 轮驱动或全轮驱动），也可以观察到类似的 NVH 效应，如图 23.31 所示。

图 23.31 中的数字代表典型的 NVH 效应（NVH 现象），如表 23.2 所示。上述效应，包括通常观察到的特征频率。表 23.2 中提到了更加详细的关于 NVH 效应的文献。

对于研发工程师，设计车辆动力传动系统是必须的。在建立原型样机或对第一批车辆进行详细测试之前，要对动态响应进行预先分析。因此，了解有关先进车辆动力传动系统概念的特性对于未来车辆的设计是至关重要的，变速器的概念是车辆动力传动系统的关键概念之一。通常，变速器的设计要与包含减振器设计的离合器系统和多质量飞轮系统的研发相结合。

此外，手动变速器失去了在全球市场中的重要性。通常，手动变速器存在动力传动系统的 NVH 问题。因此，自动变速器的研发和 NVH 优化变得越来越重要。与自动变速器现有设计概念有关的顾客属性，如图 23.32 所示[57]。显然，没有以最佳方式真正满足所有属性的概念。当考虑一个更现代的设计理念时，例如，自动变速器中较高的档位级，或者类似于双离合变速器和无级变速器等新概念时，顾客的属性倾向于正面的评价。然而，关于动力学，由于负摩擦梯度依赖于双离合变速

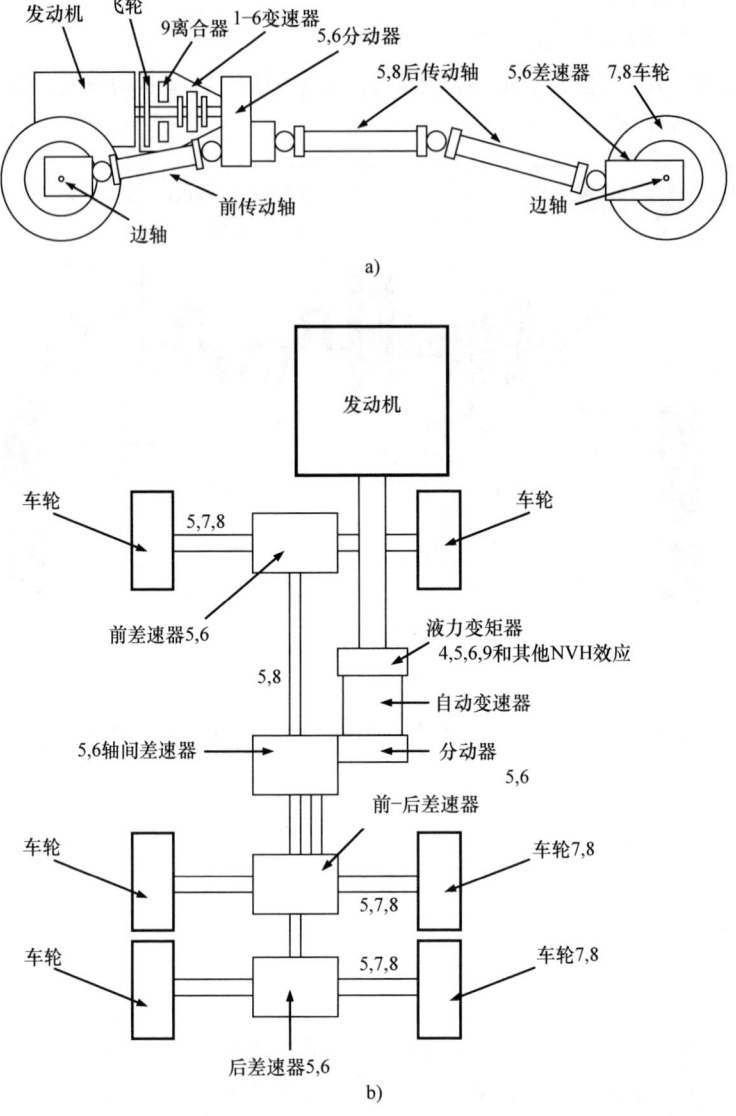

图 23.31 货车动力传动系统中典型的 NVH 现象（4WD/AWD）
a）装有手动变速器（4×4 驱动） b）装有自动变速器（6×6 驱动）

器的滑移或者依赖于无级变速器橡胶带的影响，因此要考虑如双离合器中自激励新的效应。这就是为什么现代变速器概念需要一个非常强烈的先验动态分析，以找到最佳的 NVH 评级的原因。除了动态效应，动力传动系统概念总是要满足所有当代燃油经济性法规的要求，这取决于不同类型的车辆，包括最佳的性能和效率。大多数情况下，研发工程师要处理典型的目标冲突——要运用现代计算机仿真技术、高质量模型、测试结果，来解决这些系统问题[58]。

表 23.2 NVH 效果及相关频率范围

顺序	NVH 现象	典型的频率带宽
1	"拍击"/"敲击"[49-51] 加速或滑行	激励 ~20-120Hz 噪声 ~500-3000Hz
2	"咔哒"/"颤振"[52] 例如在怠速位置时	~8-20Hz 由于噪声，频率也可以更高
3	"碰击"	~25-80Hz, 300-600Hz, 1000-2000Hz
4	"换档噪声"	~25-80Hz, 300-600Hz, 1000-2000Hz
5	"叮当"/"咚咚"[53,54] "反转矩"/"负载变化"	~300-600Hz, 1000-2000Hz ~1-10Hz, 50-150Hz, 1000-2000Hz
6	"齿轮呜呜"[55]	~500-4000Hz
7	"摆动"/"轻踩 回退" 也称为"Bonanza"效应	~1-10Hz
8	"隆隆"	~20-50Hz, 100-250Hz
9	"颤动"/"颤抖"[56] 滑移+摩擦效应，取决于耦合设计	~10-90Hz

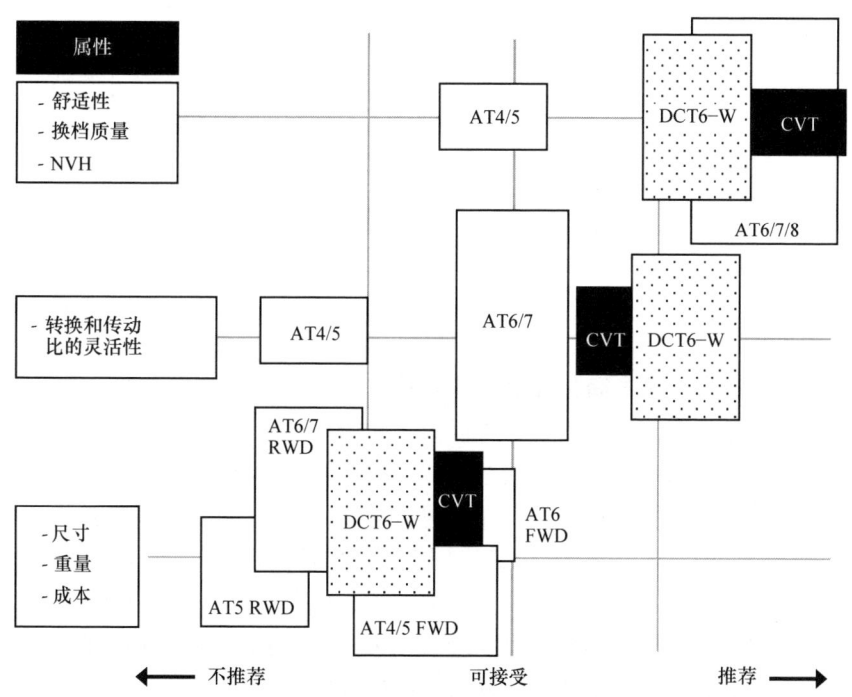

图 23.32 有关现有自动变速器概念的客户属性，AT 有液力变矩器，DCT [W = 湿式离合器]，CVT 和 4/5/6/7/8 = 档位数量

23.6.2 动力传动系统的非线性行为

动力传动系统意味着系统单元的相互连接并且具有非线性效应,如在离合器、双质量飞轮（DMF）、同步过程、整个系统的间隙（齿轮级、变速器和轴），或者车轮—轮胎—路面接触的滑移等。一些典型的特点,在图 23.33 中概括。这也是为什么针对特定动力单元的动态效果,通常只有考虑所有连接动力单元的整体系统行为时才可以理解。

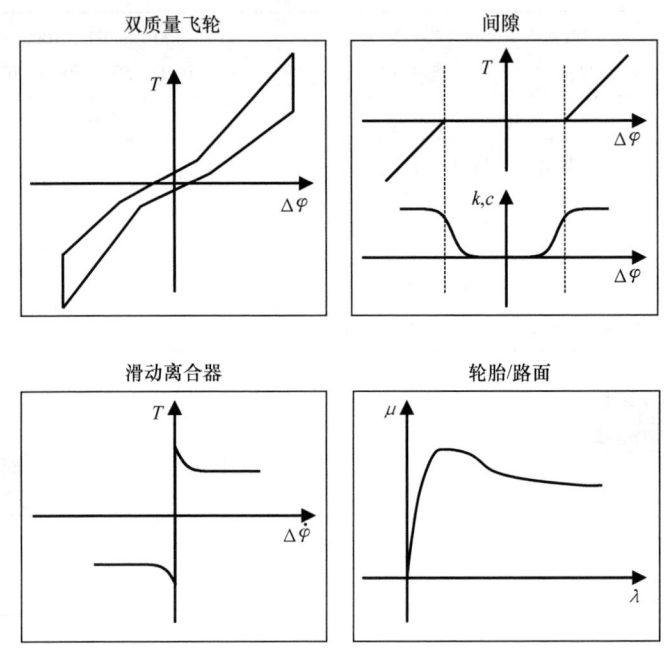

图 23.33　动力传动系统中的非线性效应实例

23.6.2.1　评价齿轮拍击简化计算方法的引入

齿轮拍击是一个非线性效应,可以大大削弱车辆内部的噪声舒适度。为了优化 NVH 现象,见 23.6.1 节,必须考虑整个动力传动系统,因为发动机转矩波动激发了齿轮拍击。而拍击噪声发生在变速器中,由于齿轮卸载阶段的间隙不在变速器的转矩路径中。这意味着齿轮问题不是齿轮的局部问题,而是成为整个系统的配置问题。作为可听到拍击噪声的程度,在进行全面仿真研究之前,建议首先采用最小化的模型。这样的模型可以通过引入所谓的拍击因子进行评估[59],这允许在非常早期的研发阶段比较各种齿轮设计的概念。

拍击振动源于内啮合区域,经由齿轮轴和轴承传递到轴承壳体,并进一步通过车身传递到底盘。为了将理论模型与声学测量进行比较,使用简化噪声模型,假设拍击声功率与功率损失成正比，都是由于啮合区内的冲击造成的[59]。如果损失的能量在一段时间内增加，会增加噪声。对拍击噪声的最重要影响，如图23.34 所示。显然，与齿轮系统中的齿隙相比，外部激励具有主要影响。

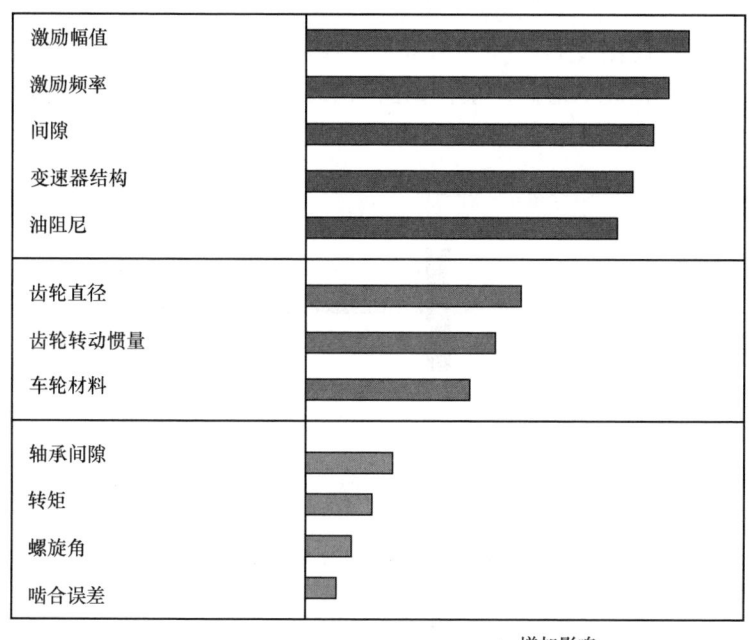

图 23.34 拍击效果取决于典型参数的影响

拍击因子 R 的计算，基于冲击功率对整个变速器中所有 p 个松动齿轮的总和进行计算。首先，推荐将半径为 r_e（下标 $=j$）的所有松动"驱动"齿轮的输入转速 n_{ej} 对输入转速 n_{e1} 进行正则化。取被驱动的松动齿轮的转动半径 r 和转动惯量 J，可以得到拍击数 R_z

$$i_j = \frac{n_{e1}}{n_{ej}} \tag{23.12}$$

$$R_z = \sum_{j=1}^{p} J_j \frac{r_{ej}}{r_j^2} \frac{1}{i_j} \tag{23.13}$$

借助于 R_z，一方面，不同结构的变速器可以有相同的属性（如间隙、变速器油）；另一方面，可以根据其主要拍击灵敏度进行比较。为了进行比较，参考变速器的选择是有用的，其空闲状态的拍击数用作为参考数。如果拍击数 R_z 对参考数 R_{z0} 进行正则化，得到无量纲拍击因子 R

$$R = \frac{\sum_{j=1}^{p} J_j (r_{ej}/r_j^2)(1/i_j)}{R_{z0}} \tag{23.14}$$

该方法的进一步细节在文献[59]中有描述。

23.6.2.2 分析齿轮拍击行为的仿真模型

如果通过整个动力传动系统对齿轮的拍击效应进行优化，而且考虑其他的 NVH 效应，当引入任何改进或创新时，可能导致目标冲突，进一步的计算步骤要求先进的仿真模型支持。为了分析大多数 NVH 问题，在创建综合模型之前[17]，可以应用简化的仿真模型，如图 23.35 所示。有关更多的振动模态能量表示的解释，见 23.4.1 节。

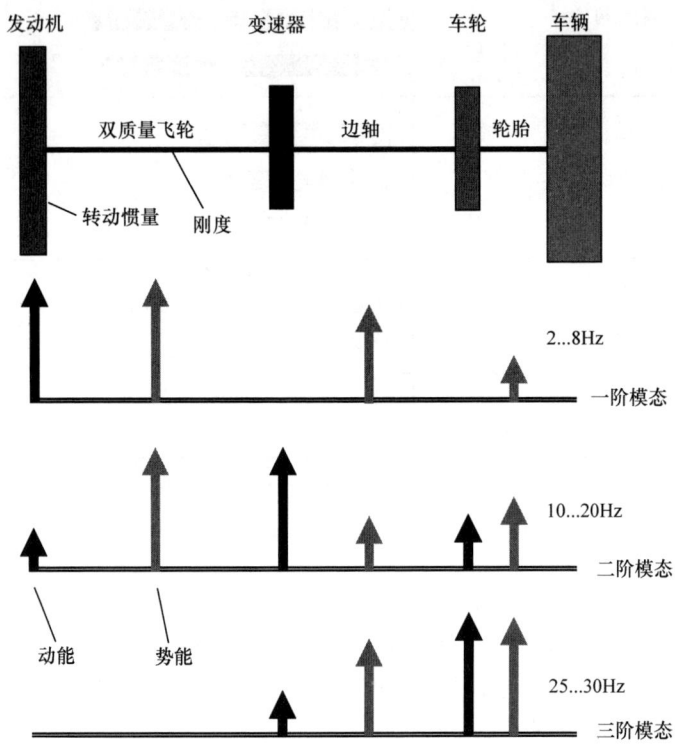

图 23.35 动力传动系统简化的扭转振动模型，用于讨论 NVH 问题的基本问题

基于简化模型，为了计算一些典型的 NVH 评级功能[17,48]，将具有松动齿轮的重要齿轮的部分集成到仿真模型中，如图 23.36 所示，表示如下：

① 松动齿轮的加速度的均方根值（RMS）和波动均方根值。

② 冲击数和将时间信号分类以确定 NVH 形态。

③ 冲击能量的 RMS，也是每个齿轮级所有冲击能量的和。

④ 整个系统的叠加分析，既考虑统计参数和表示间隙的分布变化，也考虑离合器/DMF 特性、动力传动系统中进一步弹性等。

统计方法[17]是有用的，必须考虑以下各方面：

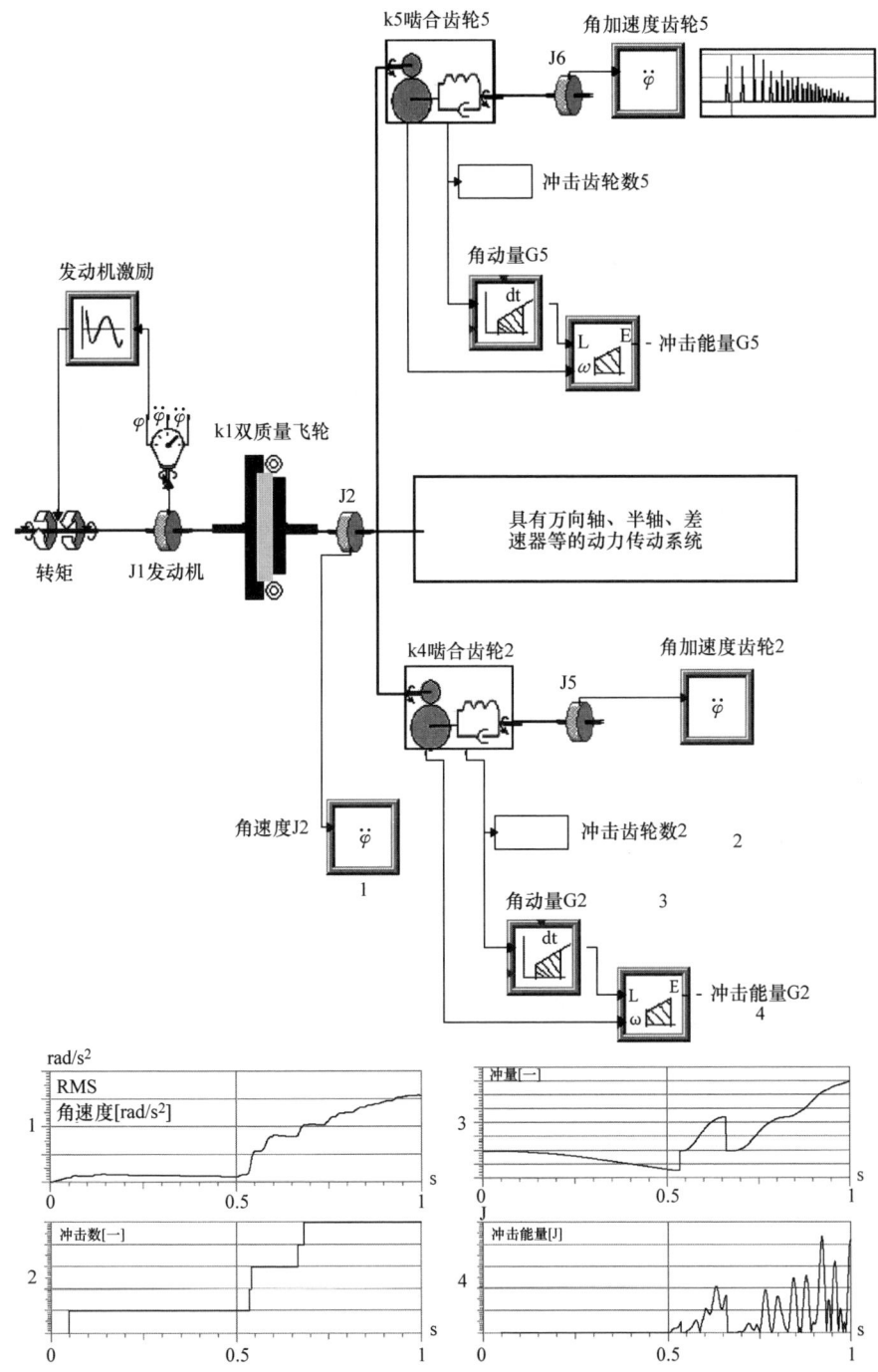

图 23.36 通过 ITI® – SIM3 实现的仿真模型以创建典型的 NVH 评价函数

① 数据的变化。
② 数据的不确定性。
③ 数据的灵敏性。
④ 制造过程中的公差。
⑤ 可以接受（可以实现）并且可以采取任何进一步改进的参数范围。

因此，NVH 现象评价应当导致基于统计的评级函数[17]。输入值不再是固定的参数，而是分布参数，例如，高斯、均匀分布。评级分布越清晰，设计质量的可重复性越好。

23.6.2.3 叠加非线性特性的先进评价

由于 NVH 效应不能只由独立于其他效应的单一现象评价，因此创建一个具有最重要特性的评分矩阵是至关重要的，包括对效率和成本一些方面[60]，如图 23.37 所示。于是，需要更多维的评级系统，研究所有典型的目标冲突，以便获得优化的解决方案。对于这种计算的研究，必须使用统计方法。

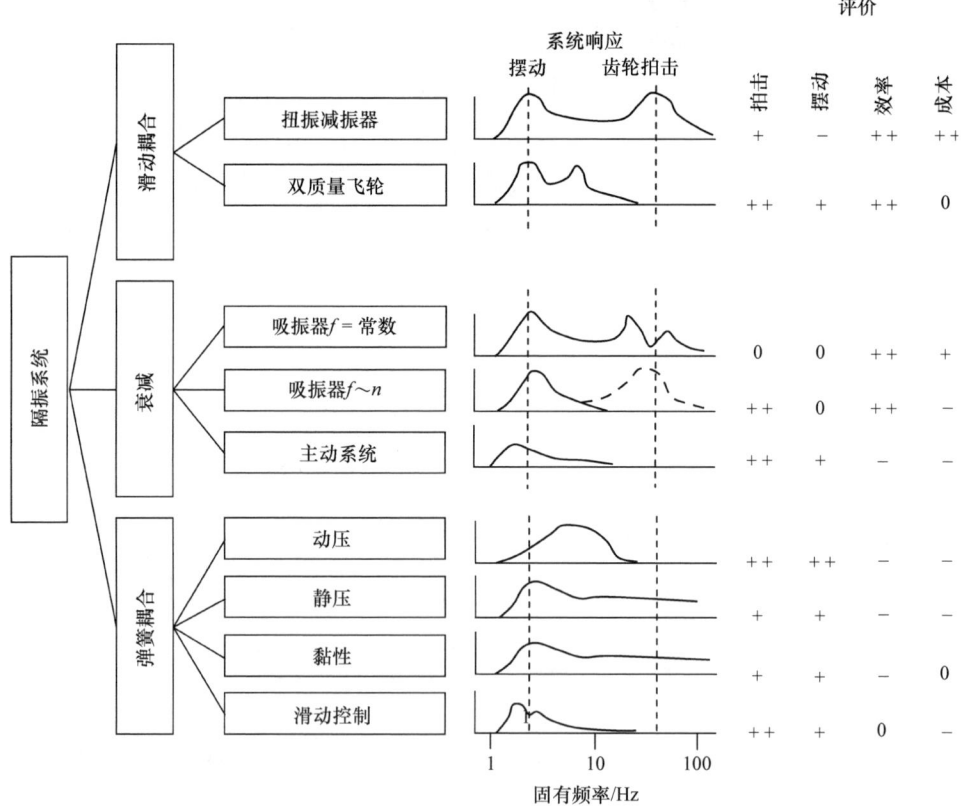

图 23.37　减振和隔振评价以便改善动力传动系统中一种以上的 NVH 现象

23.6.3 动力传动系统建模和换档行为仿真

23.6.3.1 换档仿真的目标和效益

在手动变速器中,每个档位至少包含一对具有不同传动比的齿轮。改变齿轮意味着爪式离合器的啮合分离,它将空转齿轮与变速器轴正连接。同样的原理适用于许多自动变速器类型,例如,双离合变速器。爪式离合器在接合之前需要速度同步,通过机械同步器(手动变速器,双离合变速器),或通过外部装置达到同步——如发动机或重型车辆动力传动系统中的变速器制动器。

爪形离合器的接合和分离是换档过程中最重要的操作之一,这些操作质量对换档品质和舒适性有显著的影响。一些重要的标准和影响,如表23.3所示。

表23.3 爪式离合器的接合和分离:标准和影响

标准	影响
爪式离合器接合过程中的速度相等	碰击,动力传动系统的振动激励,噪声激励,部件磨损,变速杆的舒适感觉
爪式离合器接合过程中的响应力	驾驶员的舒适感觉;平顺性和换档的力度
爪式离合器在接合过程中的负载转矩	动力传动系统振动激励;后续换档过程的干扰

23.6.3.2 换档仿真方法的发展

用于换档仿真的动力传动系统的建模是一个循序渐进的过程,从换档方案中的最内部的部件——爪式离合器和同步器开始。由此产生的模型可通过部件试验台获得的试验数据进行验证,这保证了部件的正确运动,并允许调校有限数量的不能或几乎不能测量的参数,如阻尼或摩擦特性。

下一个步骤是将部件模型包括到较大规模的模型中,如变速器模型。为此,以相同的方式进行测试数据的验证过程。最后,动力传动系统模型是这个过程的最后阶段的结果。

23.6.3.3 实例:手动换档动力传动系统

下面的例子考虑了一个手动变速器的换档。这个仿真任务[61]的目的是换档优化,尤其是在低速档下进行。潜在的舒适性问题,如低温条件下磨损也是令人特别感兴趣的问题。

根据前述的方法,仿真任务分为如下三个阶段:
① 同步器建模和验证。
② 变速器建模和验证。
③ 完整的动力传动系统建模和验证。
模型开发的最后阶段会导致换档行为的再现,如观察实车一样。一旦通过验

证,基于此模型就有高度的确定性,模型中系统参数的变化将会以与实车换档行为相同的方式影响仿真的换档行为。

图23.38从滑动套筒的角度显示了特别差的换档过程。这里看到的效应是碰击,它出现在非常低的油温和小换档力的情况下。在锁定齿松动和套筒到达选择齿之间的很短时间间隔过程内,增加的阻力转矩会导致速度差的形成。由于速度差,套筒在啮合之前被向后推几次,这使得驾驶员感到明显的NVH效应,即所谓磨损和碰击。

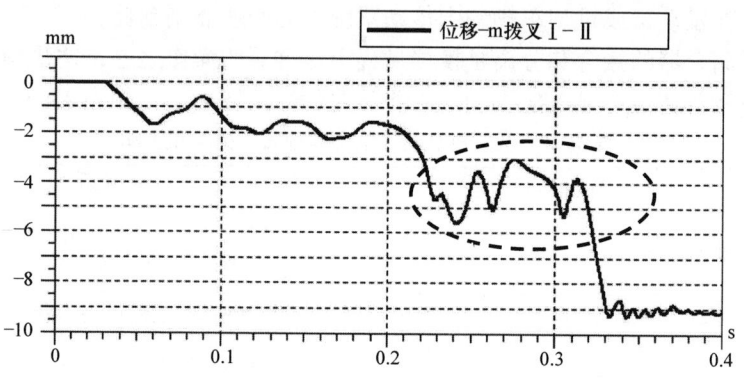

图23.38 具有小换档力的变速器中的冷碰击

23.6.3.4 实例:双离合变速器

双离合器概念集成到动力传动系统设计中,结合了一个自动换档的同步变速器,提供了不间断牵引的附加好处,导致效率、舒适性和性能的最佳匹配。

双离合变速器是有两个输入轴的变速器,每个输入轴都有自己的离合器,两个独立的中间轴接合为偶数档或奇数档,分别与一个共同的输出轴相连,如图23.39所示。换档时,中间轴的一个齿轮接合,并且对应的离合器接合。在另一副轴(对应的离合器分离)上,下一个齿轮可以在正常驱动过程中接合。一

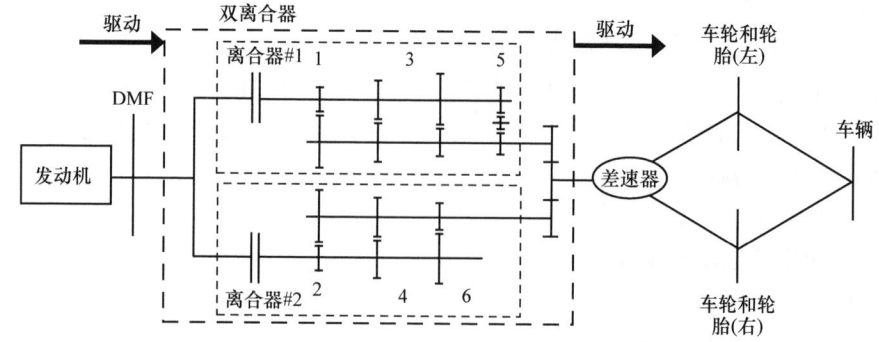

图23.39 带有双离合变速器的前轮驱动动力传动系统的实例

旦爪式离合器的新齿轮接合，通过分离一个离合器和接合另一个离合器，转矩从一个中间轴传递到另一个中间轴。换档的舒适性主要取决于两个齿轮之间的平稳过渡方式，相关整体描述在 23.5.3.4 节中给出。

更详细的实例模型和结果在文献 [62, 63] 中进行了讨论。

双离合器中换档舒适性的主要分析问题，是变速器换档时从一个齿轮转向另一个齿轮时，两个分支之间的过渡问题。应用仿真模型是为了对离合器进行离线测试，在开发周期的早期阶段评估换档的质量。

图 23.40 给出变速器输入轴速度的仿真和试验结果的比较，换档发生在 10.5~12s 的时间间隔内。提供的速度对应于输入轴，它在换档过程中脱离。该分析的重点主要是换档过程中激发的变速器振动，图 23.40 中通过曲线上的黑圆标注。

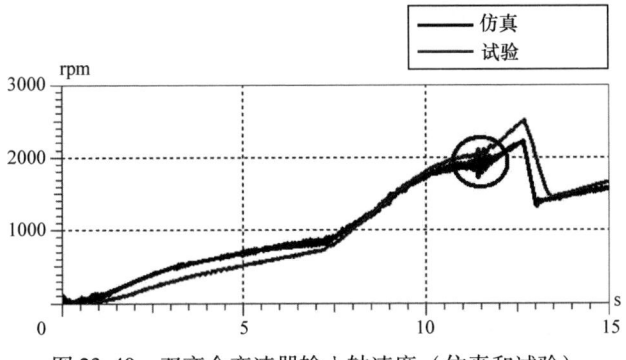

图 23.40 双离合变速器输入轴速度（仿真和试验）

23.7 结论

当考虑应力、载荷、激励及其 NVH 产生的影响时，动力传动系统的动态行为变得至关重要，这样的动态标准象征着客户端的质量和接受的水平。因此，至关重要的是，一方面采用简化模型预先计算最重要的和关键的动态效果，另一方面也采用更全面的仿真的方法和软件工具进行计算。特别是需要一个以实践为导向的评价体系，以便在研发过程中尽可能早地对概念进行评价，并保证最佳的计算质量。

尽管现代仿真技术得到大量应用，但是不能缺少的一个重要的连接环节是——工程师总是产品开发链的中心，工程类思维和行为仍然是复杂的技术系统评价的重要和核心的基础部分。

致谢

作者感谢德国 ARLA Maschinentechnik GmbH 公司的 Andreas Stocker 先生，他

帮助进行了计算、详细的分析和图形准备。特别感谢德国 Braunschweig 科技大学汽车工程研究院的 Tobias Kassel 博士，他在本章形成过程中的辛勤工作、无数的想法和建议。此外，也要感谢 Gerrit Knabe 先生和 Jan Hafele 先生的诸多技术建议和编辑注释，感谢德国 Dresden ITHmbHI 公司的 Andreas Abel 先生对 23.6.3 节的贡献。

参 考 文 献

1. Laschet, A. (2009). The overall system behaviour of vehicle powertrains. In: A. Laschet et al.: *Systemanalyse in der Kfz-Antriebstechnik V* (pp. 5–8). Renningen, Germany: Expert Verlag.
2. De Silva, C.W. (2000). *Vibration: Fundamentals and Practice*. Boca Raton, FL: CRC Press.
3. Piersol, A.G. and Paez, Th.L. (2009). *Harris' Shock and Vibration Handbook*, 6th edn. New York: McGraw-Hill.
4. Dresig, H. and Holzweißig, F. (2009). *Maschinendynamik*, 9th edn. Berlin, Germany: Springer-Verlag.
5. Dresig, H. (2006). *Schwingungen mechanischer Antriebssysteme*, 2nd edn. Berlin, Germany: Springer-Verlag.
6. Shigley, J.E., Mischke, Ch.R., and Budynas, R.G. (2004). *Mechanical Engineering Design*, 7th edn. New York: McGraw-Hill.
7. Lechner, G. and Naunheimer, H. (1999). *Automotive Transmissions*. Berlin, Germany: Springer Verlag.
8. Robert, B. (2007). *Automotive Handbook*, 7th edn. (Section "Drivetrain", pp. 756–773). Chichester, U.K.: John Wiley & Sons.
9. Laschet, A. (1988). *Simulation von Antriebssystemen. Fachberichte Simulation*, Vol. 9. Berlin, Germany: Springer-Verlag.
10. Laschet, A. (1995). Einsatz der Simulation im Rahmen antriebstechnischer Optimierungen. In: *Simulation in der Praxis*. Düsseldorf, Germany: VDI Report No. 1215, pp. 19–34.
11. Laschet, A. (2004). ARLA service for engineers—Torsional vibration analysis (TVA) of drive systems. Basic information on the model generation, analysis of excitability and interpretation of the dynamic behaviour of drivelines & powertrains, Report No. R-TVA/3.0. Wipperfürth, Germany: ARLA Maschinentechnik GmbH (www.arla.de).
12. Willumeit, H.-P. (1998). *Modelle und Modellierungsverfahren in der Fahrzeugdynamik*. Stuttgart, Germany: B.G. Teubner.
13. Niemann, G. and Winter, H. (1983). *Maschinenelemente*, 2nd edn., Vol. 2. Berlin, Germany: Springer-Verlag.
14. Smith, J.D. (1999). *Gear Noise and Vibration*. New York: Marcel Dekker, Inc.
15. Gregory, R.W., Harris, S.L., and Munro, R.G. (1963–1964). Dynamic behaviour of spur gears. *Proceedings of the Institution of Mechanical Engineers*, 178(Part 1): 207–226.
16. Laschet, A. and Berres, M. (2001). Strategien zur ingenieurmäßigen Modellgenerierung von Kfz-Antriebssträngen. In: A. Laschet et al.: *Systemanalyse in der Kfz-Antriebstechnik I* (pp. 3–24). Renningen, Germany: Expert Verlag.
17. Laschet, A. and Fan, J. (2003). Ermittlung der NVH-Sensitivität durch geeignete CAE-Modellierung. In: S. Pischinger and H. Wallentowitz (eds.): *12. Aachener Kolloquium Fahrzeug- und Motorentechnik*. Aachen, Germany: Technical University, pp. 719–733.
18. Rangwala, A.S. (2001). *Reciprocating Machinery Dynamics*. New York: Marcel Dekker, Inc.
19. Fayette, T.Ch. (1985). *Internal Combustion Engine in Theory and Practice*, Vol. 2. Cambridge, MA: MIT Press.
20. Heisler, H. (2002). Friction clutch. In: *Advanced Vehicle Technology* (pp. 37–59). London, U.K.: Butterworth-Heinemann.
21. Benatzky, C., Schober, M., and Schlager, G. (2009). A nonlinear transmission approach for dual mass flywheels. In: *Getriebe in Fahrzeugen 2009*. Düsseldorf, Germany: VDI Report No. 2071.
22. Zieglmaier, W. and Steinel, K. (2008). Clutch concepts for high engine torques in commercial vehicles. In: *CTI Transmission Symposium 2008*, Berlin, Germany. *Conference Book of 7th International CTI Symposium*.

23. Heisler, H. (2002). Hydrokinetic fluid couplings and torque converters. In: *Advanced Vehicle Technology* (pp. 98–116). London, U.K.: Butterworth-Heinemann.
24. Reik, W. (2007). Clutches, torque converters and dampers—Linking the engine and transmission in new drivetrain concepts. In: *CTI Transmission Symposium 2007*, Berlin, Germany. *Conference Book of 6th International CTI Symposium*.
25. Heisler, H. (2002). Semi- and fully automatic transmission. In: *Advanced Vehicle Technology* (pp. 117–192). London, U.K.: Butterworth-Heinemann.
26. Sutar, G.S. (2008). Modular shift system for five and six speed manual transmission. In: *CTI Transmission Symposium 2008*, Berlin, Germany. *Conference Book of 7th International CTI Symposium*.
27. Müller, P. and Helms, G. (2007). The new 6-speed manual transmission family for the MINI. In: *CTI Transmission Symposium 2007*, Berlin, Germany. *Conference Book of 6th International CTI Symposium*.
28. Ozaki, Y. (2006). The improvement technique on the performance of manual transmission. In: *CTI Transmission Symposium 2006*, Berlin, Germany. *Conference Book of 5th International CTI Symposium*.
29. Narita, R. (2009). Development of new 6-speed manual transmission for FWD passenger vehicles. In: *CTI Transmission Symposium 2009*, Berlin, Germany. *Conference Book of 8th International CTI Symposium*, Vol. 1, pp. 83–98.
30. Findlay, M. (2009). Next steps in automated manual transmission technology. In: *CTI Transmission Symposium 2009*, Berlin, Germany. *Conference Book of 8th International CTI Symposium*, Vol. 1, pp. 134–136.
31. Höhn, B.-R. (2009). Automated Manual transmission—The forgotten concept for the future? In: *Getriebe in Fahrzeugen 2009*. Düsseldorf, Germany: VDI Report No. 2071.
32. Schiberna, P. (2007). The newly developed second generation Audi multitronic. In: *CTI Transmission Symposium 2007*, Berlin, Germany. *Conference Book of 6th International CTI Symposium*.
33. Kurse, T., Meyer, C., and Poll, G. (2006). Influencing factors on the variator efficiency of belt-type CVT—Measurement data, simulation and design optimisation. In: *CTI Transmission Symposium 2006*, Berlin, Germany. *Conference Book of 5th International CTI Symposium*.
34. Tenberge, P. (2006). Dual-clutch transmission in planetary gearset design. In: *CTI Transmission Symposium 2006*, Berlin, Germany. *Conference Book of 5th International CTI Symposium*.
35. Gröhlich, H., Hadler, J., Schäfer, M., and Lindemann, K. (2009). DQ500—The new Volkswagen 7-speed dual clutch transmission for high torque. In: S. Gies and S. Pischinger (eds.): *18th Aachen Colloquium "Automobile and Engine Technology"*. Aachen, Germany: Technical University.
36. Bünder, C. (2009). "6DCT250"—The next generation high efficiency GETRAG PowerShift—Product for the world market. In: *CTI Transmission Symposium 2009*, Berlin, Germany. *Conference Book of 8th International CTI Symposium*.
37. Ebenhoch, M. (2009). 7-speed dual-clutch transmission with start-stop function and optional integrated all-wheel distributor system. In: *CTI Transmission Symposium 2009*, Berlin, Germany. *Conference Book of 8th International CTI Symposium*.
38. Usuki, K. and Uchida M. (2008). Development of new 7-speed automatic transmission for medium and large RWD vehicles. In: *CTI Transmission Symposium 2008*, Berlin, Germany. *Conference Book of 7th International CTI Symposium*.
39. Müller, J. and Leesch, M. (2008). New structure optimized 8-speed automatic transmission. In: *CTI Transmission Symposium 2008*, Berlin, Germany. *Conference Book of 7th International CTI Symposium*.
40. Tenberge, P. (2006). Dual-clutch transmission in planetary gearset design. In: *CTI Transmission Symposium 2006*, Berlin, Germany. *Conference Book of 5th International CTI Symposium*.
41. Reitz, A. (2003). Abstimmung der Schwingungsübertragung von Seitenwellen zur Verbesserung des Innengeräuschs in einem frontgetriebenen PKW. In: A. Laschet et al.: *Systemanalyse in der Kfz-Antriebstechnik II* (pp. 83–104). Renningen, Germany: Expert Verlag.
42. Nunney, M.J. (1998). Rear-wheel drive and front-wheel drive layouts. In: *Automotive Technology* (pp. 391–394). Warrendale, PA: Society of Automotive Engineers.
43. Nunney, M.J. (1998). Four-wheel-drive systems. In: *Automotive Technology* (pp. 427–437). Warrendale, PA: Society of Automotive Engineers.
44. Duditza, F. (1973). *Kardangelenkgetriebe und ihre Anwendungen*. Düsseldorf, Germany: VDI-Verlag.
45. Eulert, S., Klaffke, S., Lührs, G., and Martin, F. (2009). Experimentelle und numerische NVH-Analyse verzahnungsindizierter Biege- und Torsionsschwingungen am Beispiel einer Hinterachse. In:

A. Laschet et al.: *Systemanalyse in der Kfz-Antriebstechnik V* (pp. 158–173). Renningen, Germany: Expert Verlag.
46. Heisler, H. (2002). Final drive transmission. In: *Advanced Vehicle Technology* (pp. 226–269). London, U.K.: Butterworth-Heinemann.
47. Pinschmidt, U. (2009). The new sport differential in the Audi S4, In: *Getriebe in Fahrzeugen 2009*. Düsseldorf, Germany: VDI Report No. 2071.
48. Laschet, A. (2004). CAE-Unterstützung bei der Analyse von NVH-Sensitivitäten in Getrieben und Nkw-Antriebssträngen. In: Ch. Erhard (ed.): *NVH bei modernen Nutzfahrzeugen*. Essen, Germany: Haus der Technik.
49. Rivin, E.I. (2000). Analysis and reduction of rattling in power transmission systems. SAE Technical Paper Series, No. 2000-01-0032.
50. Delprete, C. and Rosso, C. (2005). Numerical analysis of gear rattle. SAE Technical Paper Series, No. 2005-01-1786.
51. Kwon, O.J. and Lee, H.S. (2005). A study on the evaluation process of rattle noise considering the signal characteristics in frequency and time domain. SAE Technical Paper Series, No. 2005-01-2543.
52. Fujimoto, T. and Kizuka, T. (2005). Predictive calculation of idling rattle in manual transmissions. SAE Technical Paper Series, No. 2003-01-0678.
53. Oh, W. and Singh, R. (2005). Examination of clunk phenomena using a non-linear torsional model of a front wheel drive vehicle with manual transmission. SAE Technical Paper Series, No. 2005-01-2291.
54. Crowther, A.R., Zhang, N., and Singh, R. (2005). Development of a clunk simulation model for a rear wheel drive vehicle with automatic transmission. SAE Technical Paper Series, No. 2005-01-2292.
55. Cheng, Y., Abe, T., and Wilson, B.K. (2005). Automatic transmission gear whine simulation and test correlation. SAE Technical Paper Series, No. 2005-01-2290.
56. Mäki, R., Nyman, P., Olsson, R., and Ganemi, B. (2005). Measurement and characterization of anti-shudder properties in wet clutch applications. SAE Technical Paper Series, No. 2005-01-0878.
57. Petri, H., Najork, R., Eggert, U., and Krauss, Ch. (2004). Systeme, Konzepte, Lösungen—Automatikgetriebe 2004. In: *Getriebe in Fahrzeugen 2004*. Düsseldorf, Germany: VDI Report No. 1827, pp. 713–747.
58. Riel, A., Hasewend, W., Bogner, E., and Fischer, R. (2004). Modellierung von Fahrzeug und Antriebsstrang im gesamten Entwicklungsprozess. *ATZ*, 106(6): 522–531.
59. Küçükay, F. (1988). Berechnung und Optimierung der Rasselschwingungen bei Schaltgetrieben. In: *Berechnung im Automobilbau*. Düsseldorf, Germany: VDI Report No. 699, pp. 593–630.
60. Reik, W. (1990). Torsionsschwingungsisolation im Antriebsstrang—ein Wertungsversuch. In: *Torsionsschwingungen im Antriebsstrang*, Baden-Baden (pp. 119–138). Bühl, Germany: LuK.
61. Abel, A., Schreiber, U., Valsania, S., and Fornelli, A. (2005). Simulation-based design of gearboxes for high-performance sports cars. In: A. Laschet et al.: *Systemanalyse in der Kfz-Antriebstechnik III* (pp. 160–172). Renningen, Germany: Expert Verlag.
62. Schreiber, U. (2004). Modeling and simulation of the complete powertrain of the golf 4motion. *Internationale Zulieferbörse*. Wolfsburg, Germany: Volkswagen AG.
63. Abel, A., Schreiber, U., and Schindler, J. (2006). Engine and gearbox modeling and simulation for improving the shifting behavior of powertrains with manual or automated transmission. SAE Technical Paper Series, No. 2006-01-1641.

第24章 制动系统

Carlo Maria Domenico Cantoni, Riccardo Cesarini, Giampiero R. M. Mastinu, Giorgio Previati 和 Roberto Sicigliano

24.1 引言

制动是所有地面车辆最重要的安全子系统。与车辆的其他子系统,如发动机、悬架和轮胎一样,制动也是非常复杂的工程装置,需要材料科学、应用力学和热流体动力学、制造技术和其他工程学科的知识才能设计和制造有效的制动系统。

制动最初由古罗马人发明,并应用到手推车和马车上,如图 24.1 所示。那时,通过制动将动能转化成热能,直到今天这还是使车辆停止的有效方式。

本章将概述主要的制动功能和结构应用。此外,24.6 节将处理制动舒适性,即 NVH。

图 24.1 古罗马手推车和马车的早期制动

24.2 制动功能

在机动车中,制动系统有三个主要的功能[1]:
① 降低车速并最终使车辆停止(行车制动)。
② 下坡行驶时避免不必要的加速(缓速制动)。
③ 使已停驶的汽车驻留原地不动(驻车制动)。

对于由内燃机驱动的普通车辆,动能通常以热量的形式耗散,这是产生制动力非常有效的方法[1]。对于混合动力或纯电动汽车,可利用电机实现再生制动[2]。本章只研究常见的耗散制动。

在水平路面上,制动过程消耗的能量由初始和最终动能之差确定

$$E_d = \frac{1}{2}m(v_i^2 - v_f^2) + \frac{1}{2}J_{rot}(\omega_i^2 - \omega_f^2) \tag{24.1}$$

式中,m 为车辆的质量;v_i 和 v_f 分别为车辆的初始速度和最终速度;J_{rot} 为轮胎、传动系和发动机的总转动惯量,为了计算 J_{rot},要考虑变速器的传动比和主减速器传动比[3];ω_i 和 ω_f 分别为驱动轴两端车轮的初始转速和最终转速,为了简化,这里只考虑单一驱动轴的情况。

通常,忽略旋转能量,尤其是非驱动轴的。如果忽略其他能量耗散,包括:气动阻力、滚动阻力、发动机阻力转矩,所有动能将全部由制动系统耗散。在坡路制动的情况下,要将势能增加到式(24.1)中

$$E_d = \frac{1}{2}m(v_i^2 - v_f^2) + \frac{1}{2}J_{rot}(\omega_i^2 - \omega_f^2) - mg(h_f - h_i) \tag{24.2}$$

式中,g 为重力加速度;h_f 和 h_i 分别为坡路的最初高度和最终高度。

如果 $h_f > h_i$,则车辆上坡制动,其初始能量有一部分转变为势能,从而减少制动耗散的能量。更重要的情况是 $h_f < h_i$ 时,车辆下坡制动,制动系统要耗散车辆的动能和势能。当以恒定速度下坡行驶时,车辆动能为常数,从而车辆势能要全部由制动系统耗散。在这种情况下,必须使用缓速器[1,3]。

制动系统耗散的能量通常转换为要从制动系统散发的热量。因此,制动系统的热阻是关键的问题[1]。此外,在车辆减速(行车制动操作)或下坡行驶(缓速器操作)过程中,会表现出不同的热行为[3]。在车辆减速过程中,在短时间内就会产生大量的热量。制动热容累积制动过程产生的热量,对于普通汽车而言,不会产生非常高的温升。在下坡制动过程中,车辆以恒定速度行驶时产生的热量几乎是恒定的。制动系统的设计是为了达到其部件允许的温度极限热平衡,这样的温度通常比使用制动时达到的温度高很多[1,3]。

在水平路面上制动时,制动耗散热功率的估计在下面给出。考虑加速 - 制动

循环，循环过程中的平均热功率为

$$W_\mathrm{d} = \frac{1}{2} \frac{mv^2 + J_\mathrm{rot}\omega^2}{t_\mathrm{a} + t_\mathrm{b}} \qquad (24.3)$$

式中，t_a 和 t_b 分别为车辆从静止加速到速度 v 的时间和从速度 v 减速到静止的时间。

当车速为零，或车速为车辆最大速度时（在此情况下，$t_\mathrm{a} \to \infty$，最大速度为渐近值），车辆的平均功率也为零。当平均功率达到最大值时，可以计算速度 v 的值，该值取决于车辆的质量及其性能（发动机和制动的性能）。

下坡行驶时，热功率计算为

$$W_\mathrm{d} = mgv\sin\alpha \qquad (24.4)$$

式中，α 为道路的坡度角。

对于给定的坡度角，热功率随速度线性增加。对于每个坡度角，制动系统的热耗散性能限制了车辆的极限速度。

通常，对于轻型高性能的车辆，最重要的条件由行车制动情况给出。对于重型商用车，下坡情况是最重要的。针对这些车辆，摩擦制动专门用于行车制动，并且采用专用的子系统实现车辆的缓速器功能。图 24.2 显示了水平道路和斜坡道路上耗散的热功率[4,5]。

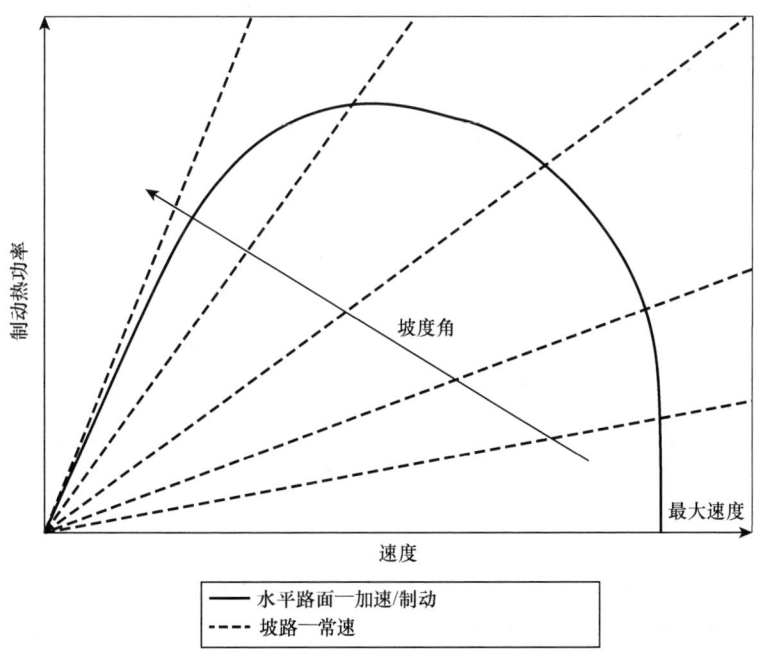

图 24.2 水平（实线）和斜坡（虚线）道路上制动耗散的热功率与速度的函数关系

24.3 制动过程

24.3.1 制动距离：行车制动

制动系统必须在最短距离内使车辆停止，尤其在紧急情况下。然而，停车距离不只依赖于制动系统，还要考虑下面的因素。

图 24.3 显示了制动过程随时间的变化[1,6,7]。在时间为 0 时，驾驶员看到一个障碍。在反应时间 t_r 后，驾驶员开始施加踏板力制动车辆。反应时间取决于许多因素，其中驾驶员的注意力和年龄起着非常重要的作用。反应时间估计非常复杂，普遍接受的平均反应时间约为 1s。在图 24.3 中，将踏板力简化为时间的线性函数，而踏板力的实际形状取决于驾驶员的能力。更熟练的驾驶员能够提供稳步上升的踏板力，而不熟练的驾驶员会产生持续振荡的踏板力。

在驾驶员反应时间后，车辆减速开始之前，要考虑一些时间。因为制动系统开始施加制动力需要时间，即间隙占用时间。这个时间称为制动起作用时间 t_a，液压制动系统为 0.1~0.2s，而气动制动系统可达 1s[6,7]。

在操作的第 1 阶段中，即图 24.3 中的区域 1，总持续时间为 $t_r + t_a$，此时考虑减速度为零；由于存在气动和机械阻力，只有很小的减速度可能出现，但是它可以忽略[6]，车辆的速度是恒定的，等于驾驶员看到障碍之前的速度，此阶段车辆行驶的距离是车辆实际制动中必然存在的距离。

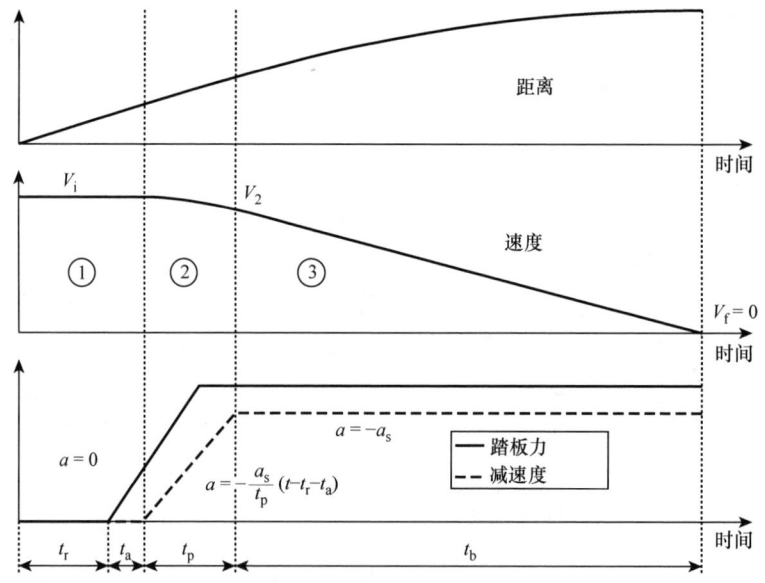

图 24.3 制动过程随时间的变化

在图 24.3 的第 2 阶段中，车辆减速度增加取决于施加的踏板力大小和制动系统动力学的规律。由于轮胎抱死或踏板力保持恒定，车辆将达到最大减速度。在该阶段，车辆速度开始降低；考虑减速度为时间的线性函数，达到减速度的稳定值 a_s。在 a_s（第 3 阶段），速度随着时间线性减小，直到车辆停止。

总制动距离是三个不同阶段行驶的距离之和。

第 1 阶段：等速运动，行驶距离 s_1 为

$$s_1 = V_i(t_r + t_a) \tag{24.5}$$

式中，V_i 为车辆的初始速度，此阶段结束时车辆速度仍为 V_i。

第 2 阶段：线性上升的减速运动。考虑时间 t_p 内，加速度从零到稳定值 a_s 呈线性增加，该阶段的行驶距离和速度的变化为

$$\begin{cases} a = -\dfrac{a_s}{t_p}t \\ V_2 = V_i - \displaystyle\int_0^{t_p} \dfrac{a_s}{t_p}t\,\mathrm{d}t = V_i - \dfrac{1}{2}a_s t_p \\ s_2 = V_i t_p - \displaystyle\int_0^{t_p} \dfrac{1}{2}\dfrac{a_s}{t_p}t^2\,\mathrm{d}t = V_i t_p - \dfrac{1}{6}a_s t_p^2 \end{cases} \tag{24.6}$$

第 3 阶段：恒减速运动时，车辆的行驶距离和速度为

$$\begin{cases} a = -a_s \\ V_f = V_2 - a_s t_b \\ s_3 = V_2 t_s - \dfrac{1}{2}a_s t_b^2 \end{cases} \tag{24.7}$$

式中，t_b 为车辆停止时间，可由 $V_f = 0$ 计算得到。

行驶距离为

$$s_3 = \dfrac{1}{2}\dfrac{V_2^2}{a_s} \tag{24.8}$$

此时，$t_b = V_2/a_s$。

将式（24.7）中的第二部分代入式（24.8），三个阶段总的停车距离为

$$s = s_1 + s_2 + s_3 = V_i\left(t_r + t_a + \dfrac{t_p}{2}\right) + \dfrac{1}{2}\dfrac{V_i^2}{a_s} - \dfrac{1}{24}a_s t_p^2 \tag{24.9}$$

式（24.9）最后一项与其他项相比通常是小的。设车辆从速度 100km/h 开始制动，驾驶员反应时间 $t_r = 1$s，制动器起作用时间 $t_a = 0.2$s，持续制动时间 $t_p = 0.3$s，稳定减速度为 $a_s = 8$m/s^2 时，则总的制动距离为 85.3m，其中的最后一项小于 0.1m。

只考虑没有减速度阶段和恒定减速度阶段，可以得到估计制动距离的更简单

表达式。考虑制动系统制动力上升的时间，将达到制动力矩75%的上升时间加入到驾驶员的反应时间中。在这种情况下，制动距离可以估计为

$$s = \frac{1}{2}\frac{V_i^2}{a_s} + V_i t_{r\_tot} \qquad (24.10)$$

式中，V_i 为制动前的初始速度；a_s 为制动过程中恒定的减速度；t_{r-tot} 为考虑驾驶员反应时间、制动器起作用时间和上升时间的总反应时间。

在充分利用轮胎-道路摩擦的情况下，车辆减速度是 $a_s = \mu g$，μ 为轮胎-路面之间的摩擦系数，g 为重力加速度。式（24.10）可以表示为轮胎-路面摩擦系数的函数

$$s = \frac{1}{2}\frac{V^2}{\mu g} + V t_{r\_tot} \qquad (24.11)$$

在图24.4a中，对高摩擦道路 $\mu = 0.8$ 或低摩擦道路 $\mu = 0.4$ 进行减速制动时，总制动距离是初速度（范围为20~200km/h）和总反应时间（1.5s）内车辆行驶距离的函数。在图24.4b中，总反应时间内车辆的制动距离占总制动距离的百分比描述可分为两种情况。在车速较小和高摩擦道路的情况下，大部分制动距离发生在总反应时间内，此时驾驶员不能作出任何防止事故的实际行动，有关制动距离的更多细节，具体可见文献 [1,6,8]。

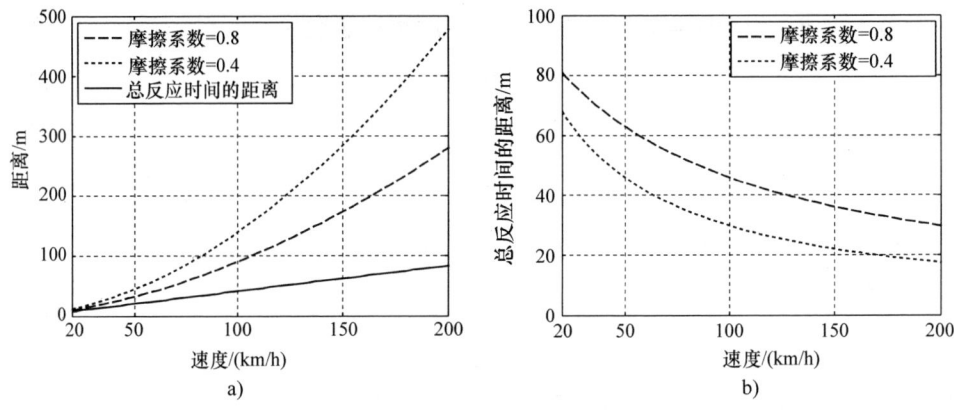

图24.4　摩擦系数的影响
a）高摩擦和低摩擦系数道路上的总制动距离
b）高摩擦和低摩擦系数道路上，总反应时间内车辆行驶的制动距离占总制动距离的百分比

24.3.2　静止状态的车辆：驻车制动

本节将考虑车辆静止在坡路上，制动系统要施加必要的制动力使车辆保持静止。如图24.5所示，车辆的平衡方程为

$$\begin{cases} mg\cos\alpha - F_{zF} - F_{zR} = 0 \\ mg\sin\alpha - F_{xF} - F_{xR} = 0 \end{cases} \tag{24.12}$$

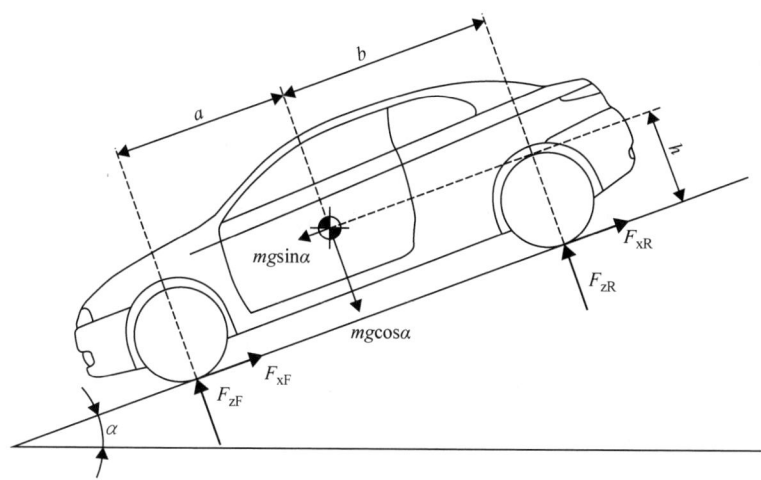

图 24.5　在坡路上制动的车辆

如果轮胎都具有相同的摩擦系数 μ，防止车辆沿斜坡滑动的限制条件为

$$mg\sin\alpha \leq F_{xF} + F_{xR} = \mu(F_{zF} + F_{zR}) = \mu mg\cos\alpha \tag{24.13}$$

极限坡度角为

$$\tan\alpha_{\lim} = \mu \tag{24.14}$$

当坡度角 $\alpha > \alpha_{\lim}$，车辆不能静止在斜坡上，而是会向下滑。大多数情况下，驻车制动只作用于后轴。在这种情况下，$F_{xF} = 0$，极限坡度角为

$$\begin{cases} mg\cos\alpha - F_{zF} - F_{zR} = 0 \\ mg\sin\alpha - F_{xR} = 0 \end{cases} \tag{24.15}$$

$$mg\sin(\alpha) \leq F_{xR} = \mu F_{zR} = \mu mg \frac{a\cos\alpha - h\sin\alpha}{a+b} \tag{24.16}$$

得到的极限坡度角为

$$\tan\alpha_{\lim} = \mu \frac{a}{a+b+\mu h} \tag{24.17}$$

关于极限坡度角的更多详细信息，见文献 [9]。

24.3.3　直线制动和稳定性

为了从制动系统中获得可能的最佳性能，即实现最短制动距离，应当利用每个轮胎上可用的道路 - 轮胎摩擦系数。这意味着，如果所有轮胎具有相同的摩擦系数，制动力矩应当根据作用在每个轮胎上的实际垂直载荷分配到各个轮胎上。

考虑对称的车辆，同一轴上的轮胎载荷是相同的，制动力矩应当根据制动过程中从后轴到前轴的载荷转移分配。在制动过程中，如果制动力矩上升，可能有下列两种情况发生：

① 后轮先抱死。

② 前轮先抱死。

这两种情况对车辆稳定性有着非常不同的影响。在这两种情况下，实现准静态的简化分析在下面说明[6,10]，图 24.6 描述了前（左）和后（右）轮抱死的两种情况。如果后轮先抱死，后轮会产生与侧滑速度矢量方向相反的力。如果在车辆重心处施加一个干扰的侧向力，在车辆纵向轴线和车辆重心移动方向之间出现侧滑角。只在前轴出现反作用力，由此产生的横摆力矩增加车辆的侧偏角，即车辆纵向轴线旋转，以增加其相对于速度方向的角。因此，力系统是发散的，趋于增加滑偏角，这意味着非常难以操纵车辆。只有非常熟练和专业的驾驶员才能在这种情况下控制车辆，普通驾驶员会失去对车辆的控制，并且可能发生非常危险的事故。

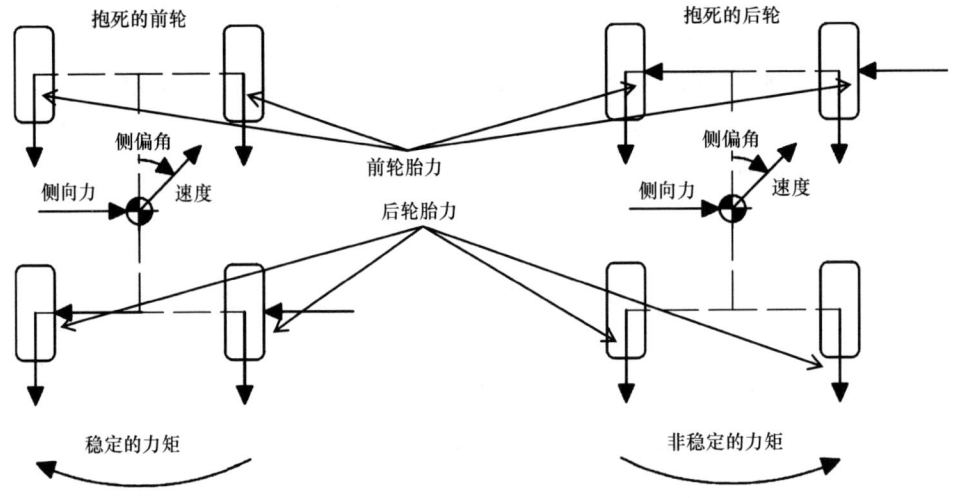

图 24.6 后轮抱死和前轮抱死的车辆行为

如果前轮先抱死，后轴会产生反作用力，随之产生横摆力矩将车辆回正到车辆重心的速度矢量方向，从而减小车辆的侧偏角。产生的力系统是收敛的，对车辆的操纵稳定性是好的。

当车辆达到抱死时，通过考虑所谓的"操纵图"可以更加深入了解车辆动力学。在11.4节和30.3节中，描述了"操纵图"的定义和计算的理论，其中对车辆稳定性最重要的考虑进行了详细讨论。这些讨论的非常重要的结果是，当速度超过临界速度时，过度转向的车辆变得不稳定，甚至在平直道路上都会产生不

稳定性。不足转向或过度转向车辆的特性是根据不足转向梯度给定的，其定义为[另参见式（11.47）或式（30.88）]

$$K_{US} = \frac{m(C_R b - C_F a)}{(a+b)C_R C_F} \tag{24.18}$$

式中，m 为车辆质量；C_F 和 C_R 分别为前后侧偏刚度；a 和 b 为车辆尺寸，如图 24.5 所示。

当 $K_{US} > 0$，意味着 $C_R b < C_F a$ 时，车辆为过度转向。

当轮胎抱死时，侧向力很小，但是不会消失，可以按下式计算

$$F_y = \mu F_z \sin\alpha$$

图 24.7 给出所有轮胎滚动、前轮抱死或后轮抱死的车辆操纵图。未抱死车轴的特性比由于纵向制动力存在的车轴的纵向特性差得多[11]。对于滚动轮胎，如图 24.7a 所示，设计车辆均为不足转向。前轮抱死车辆为不足转向，如图 24.7b 所示。而后轮抱死车辆为过度转向，如图 24.7c 所示，见第 11 章。实际上，对于小值 α 抱死轮胎的侧偏刚度是 $C_\alpha = \mu F_z$，对于干燥路面，$\mu = 0.6/1.2$，对于滚动轮胎而不是 $C_\alpha / F_z = 10/25$（货车轮胎 $C_\alpha / F_z = 4/7$）[3]。因此，如果后轮抱死，式（24.18）K_{US} 为负。在文献[11]中，有兴趣的读者可以找到对这个问题的充分讨论，包括后轮抱死车辆临界速度的计算。

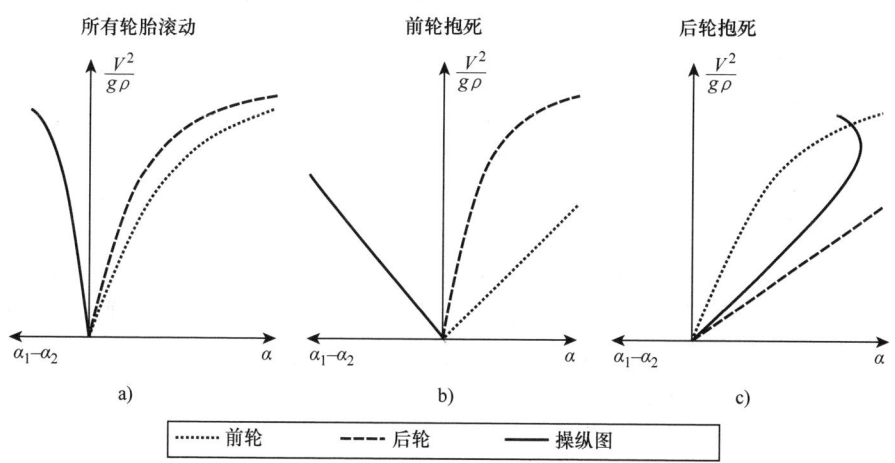

图 24.7 操纵图（该图的计算，见 11.4 节），前轮抱死会产生高度不足转向；后轮抱死会产生高度过多转向，即使在直线行驶也可能产生不稳定
a）所有轮胎滚动 b）前轮抱死 c）后轮抱死

设计制动系统以便前轮抱死。在这种情况下，如果前轮达到抱死，车辆将直线向前滑动，不对驾驶员的转向输入进行反应。如果碰撞是不可避免的，正面碰撞由于更能保护成员，通常比侧面碰撞给乘客带来的伤害更少。

24.3.4 最佳直线制动和制动平衡

在第 11 章中,导出并讨论了最佳制动平衡的前后制动力之间基本关系。如图 24.8 所示,这些关系为

$$\frac{F_{xF}}{mg} = \frac{\mu}{L}\left(b + \frac{a_x}{g}h\right) \tag{24.19}$$

$$\frac{F_{xR}}{mg} = \frac{\mu}{L}\left(a - \frac{a_x}{g}h\right) \tag{24.20}$$

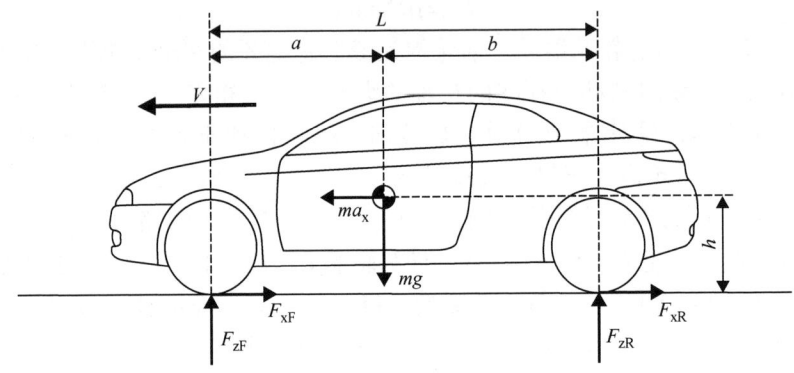

图 24.8 水平道路上车辆的制动

式中,μ 为摩擦系数。

前后轴的载荷取决于加速度的实际值和质心的位置,

$$\frac{F_{xR}^2}{m^2g^2} + 2\frac{F_{xR}F_{xF}}{m^2g^2} + \frac{b}{h}\frac{F_{xR}}{mg} - \frac{a}{h}\frac{F_{xF}}{mg} + \frac{F_{xF}^2}{m^2g^2} = 0 \tag{24.21}$$

式(24.21)是抛物线,表示前后纵向力之间的理想比值,如果前后轮胎摩擦相等,车辆具有最佳的制动平衡。图 24.9 描述了满载和空载车辆的这种关系[1-6,12,13],抛物线上的点表示所有轮胎同时抱死时前后轮胎的力,抛物线以下的点表示前轮先抱死,而抛物线以上的点表示后轮先抱死。

设计中,必须在避免后轮抱死(通常是空载车辆)和限制最大可能制动距离(在欧洲,该距离由欧盟标准 71/320[14]确定)的最关键条件下,找到制动分配设计的区域。对于乘用车上使用的典型液压制动系统,前后制动力比值是固定的,在图 24.9 中用直线表示[固定制动力分配(BFD)]。在获得高制动性能方面,固定 BFD 不够有效。实际上,在较小的纵向加速度下,这种线性分布比理想分布给出小得多的力。

较高纵向加速度下,车辆趋向于先抱死后轮。使用折线 BFD 可以获得更好的结果,其中使用限制阀可以限制高纵向加速度的后轮制动压力。这样的话,在

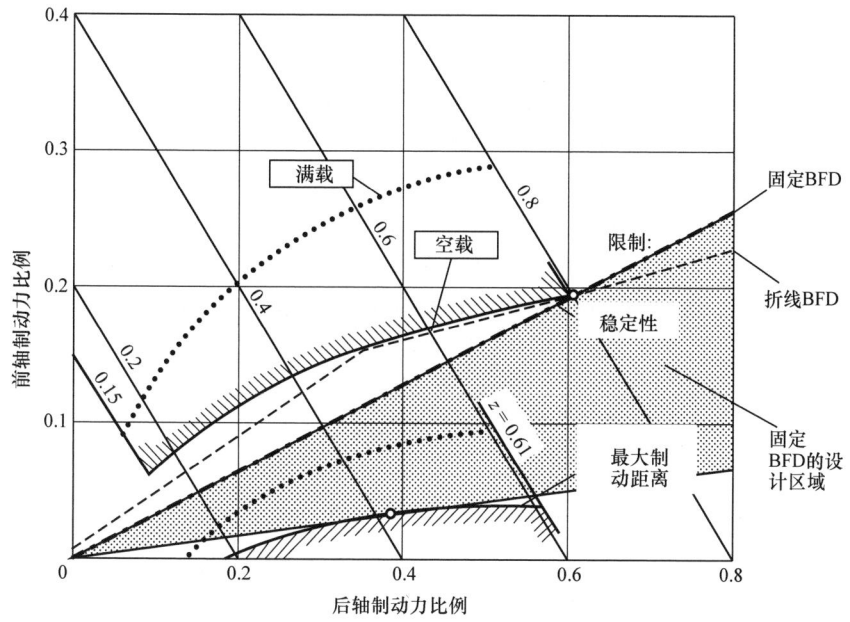

图 24.9 固定、折线和载荷敏感的制动力分布（BFD）

低纵向加速度下可以获得更有利的平衡，在高纵向加速度下可以避免后轮抱死。在车辆满载的情况下，改变限制阀的操纵点可以提高制动系统性能，从而允许获得更高的后制动力，它使用的载荷敏感限制阀，见 24.4.2.4 节。

在没有比例阀的液压制动系统中，前后车轴的压力相等；前后制动力的比值是固定的，取决于在两轴上安装的不同制动器。车辆的制动分布比例 φ 或制动平衡可定义为后制动力与总制动力的比值

$$\varphi = \frac{F_{xR}}{F_{xF} + F_{xR}} \tag{24.22}$$

式中，F_{xF} 和 F_{xR} 分别为前轴和后轴的制动力。

最佳的制动力分配由前后轮制动的适当设计获得，固定的制动分布比值不是制动系统的最佳选择，如图 24.9 所示。为了改善低加速度下的制动性能，在后轴上安装限压阀或减压阀。在给定的压力下，限压阀或减压阀可以限制或减少后部压力，改变平衡曲线的斜率。

应当注意的是，当设计车辆 BFD 时，传动阻力和转动惯量具有实际应用价值。传动阻力的影响是将产生的制动力转增加到驱动车轴上，转动惯量的作用是利用部分制动力矩降低旋转部件的转速。驱动和被动车轮都受到此类现象的影响，但是它与驱动桥更相关，其中要减小车轮和传动的转速。

当在车辆上使用空气动力学减阻措施时，应当考虑空气动力学对制动平衡的

影响，详见第 15 章。对于标准车辆，在大多数实际情况下会忽略空气动力对车辆的影响。

图 24.10 显示了具有固定制动分配比例的制动系统。如果所有轮胎的摩擦系数为 0.6，则点 A 表示获得 $0.6g$ 减速度的理想制动力分配。如果一个固定的制动分配比例被认为如图 24.10 所示，对于这样水平的摩擦系数，则前轮先抱死。当踏板力沿着表示固定制动分配比例的线达到 B 点时，前后制动力增加。在该点，固定制动分配比率的线与固定摩擦系数为 0.6 的线相交，前轮接近抱死，车辆减速度等于 $0.58g$。前或后摩擦固定线的定义，如图 11.30 所示。如果施加更大的踏板力，达到点 A，前轮抱死，并且由于载荷转移会增加前制动力。

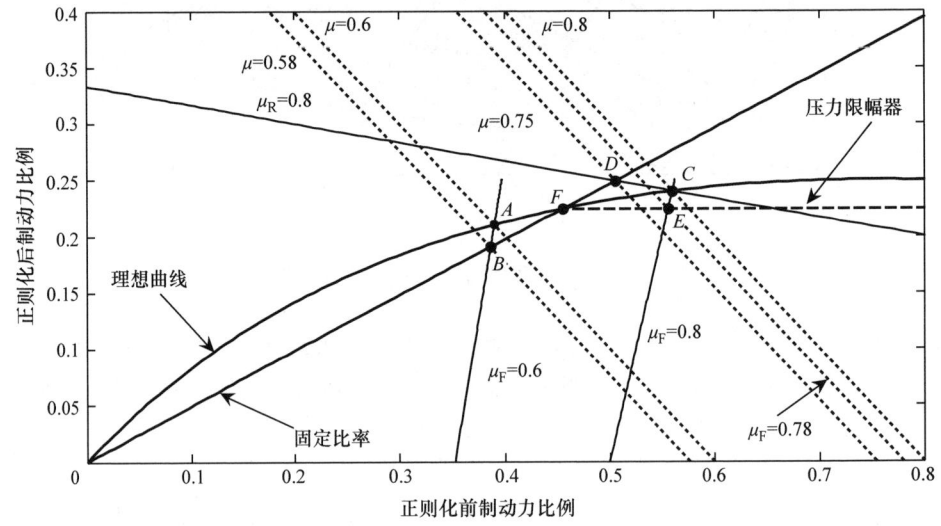

图 24.10 优化和实际的制动平衡

如果摩擦系数为 0.8，对于所描述车辆，后轮先抱死。图 24.10 中点 C 表示获得 $0.8g$ 减速度的理想制动分配。实际制动力沿着表示固定制动分配的线达到 D 点，与表示固定摩擦为 0.8 的线交叉。在该点，车辆减速度等于 $0.75g$，后轮胎接近抱死状态。车辆处于不稳定的制动情况：从点 D 持续踩制动踏板，会达到点 C；在点 C，前后轮胎都抱死。为避免后轮抱死，使用限压阀或减压阀。如果限压阀采用的切断压力等于点 F 的后压力，则制动力要随着从点 F 到点 E 的图 24.10 中虚线增加，其中与固定摩擦系数 0.8 的线相交。在该点，前轮接近抱死条件，处于稳定制动状态，减速度为 $0.78g$。

制动效率 E 可以定义为实际纵向减速度 a_x 和 μg 的比值

$$E = \frac{a_x}{\mu g} \tag{24.23}$$

类似地，E 可以在前后轴定义为纵向减速度和摩擦系数之间的比值。前轴 μ_F 和后轴 μ_R 的摩擦系数，可以通过该轴上实际纵向力和垂直力之间的比值计算。对于固定的制动分配，符号如图 24.8 所示，前后摩擦系数为[6]

$$\mu_F = \frac{F_{xF}}{F_{zF}} = \frac{(1-\varphi)(a_x/g)}{b/L + (a_x/g)h/L} \tag{24.24}$$

$$\mu_R = \frac{F_{xR}}{F_{zR}} = \frac{\varphi(a_x/g)}{a/L - (a_x/g)h/L} \tag{24.25}$$

其中

$$F_{xf} = (1-\varphi)a_x m, \quad F_{zF} = mg\left(\frac{b}{L} + \frac{a_x}{g}\frac{h}{L}\right), \quad F_{xR} = \varphi a_x m, \quad F_{zF} = mg\left(\frac{a}{L} - \frac{a_x}{g}\frac{h}{L}\right)$$

前后制动效率为

$$E_F = \frac{a_x}{\mu_F g} = \frac{b/L}{1 - \varphi - (h/L)\mu_F} \tag{24.26}$$

$$E_R = \frac{a_x}{\mu_R g} = \frac{a/L}{\varphi + (h/L)\mu_R} \tag{24.27}$$

E 只有小于 1 的值才有物理意义。

24.3.4.1 两轴以上车辆

对于两轴以上车辆，制动动力学分析对确定车辆各轴之间的制动分配是重要的。典型的两轴以上车辆是三轴货车或公交车，其有一个前轴和一个平衡后轴。对于这种类型车辆，为了计算三个轴之间的载荷转移，要考虑平衡后轴的动态平衡。涉及的方程通常是很复杂的，可以利用计算机程序求解。在某些情况下，如步进梁或板簧平衡轴悬架，可以用封闭形式求解方程[6]。

通常，载荷转移增加前轴载荷，减少后轴载荷，中心轴载荷有较小的变化。作为随垂直载荷变化的函数，要实现制动系统以便优化制动力矩。

24.3.4.2 铰接式车辆和车辆-挂车组合

在铰接式车辆或车辆-挂车组合的情况下，如图 24.11 所示，制动分配是车辆稳定性的关键[3,6]。图 24.11a 是牵引车和挂车组合，挂车有两个车轴，可以支撑其自身重量。根据图 24.11 中的符号，牵引车和挂车的减速度 a 和 a_t 分别为

$$a = \frac{F_x}{mg} \quad a_t = \frac{F_{xt}}{m_t g} \tag{24.28}$$

牵引车和挂车组合的减速度 a_s 为

$$a_s = a\frac{mg}{mg + m_t g} + a_t\frac{m_t g}{mg + m_t g} \tag{24.29}$$

此时可能出现两个危险的情况。如果牵引车减速度高于挂车减速度 $a > a_t$，

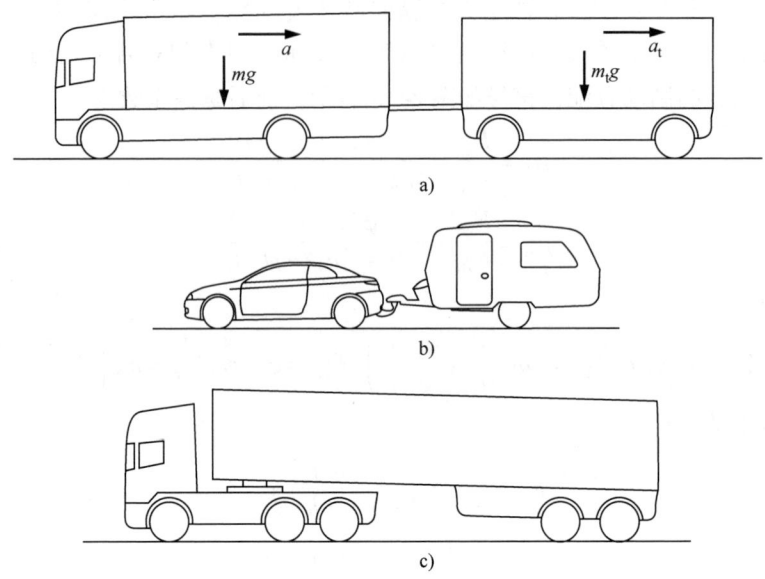

图 24.11 铰接式车辆
a) 牵引车和挂车 b) 乘用车和拖车 c) 牵引车和半挂车

则挂车会在运动方向给牵引车施加水平力,会压缩牵引车和挂车之间的连接,可能发生不稳定。在挂车减速度高于牵引车减速度 $a_t > a$ 的情况下,挂车有轮胎抱死的风险。在这种情况下,在转弯过程中,挂车不再跟随牵引车行驶,即挂车会滑出弯道[3]。为了避免两种相反的情况,牵引车和挂车要有相同的减速度,即必须调节 F_x 和 F_{xt},使 $a = a_t$。制动过程中,牵引车和挂车之间的水平力要消失。

图 24.11b 给出乘用车和拖车实现的铰接车辆。在这种情况下,拖车不能支撑其自身的重量,垂直力作用在连接处,并且不可避免地会产生一定量的水平力。乘用车和拖车之间的作用力会改变乘用车前后轴的垂直载荷。尤其是,后轴垂直负荷增加,而前轴垂直载荷降低。当乘用车单独行驶时,设置其制动平衡以便具有最好的性能。在这种情况下,制动平衡应向后轴移动。如果不能这样实现,会导致不良的制动性能。如果使用电子制动系统,可以调整这种情况的制动平衡。如果拖车没有制动系统,当拖车减速度小于乘用车减速度时,系统以与牵引车和挂车类似的方式变得不稳定。如果拖车可以进行制动,鉴于拖车和乘用车的轮胎附着力不同,可能会造成拖车轮胎抱死[3]。

牵引车和半挂车组合,如图 24.11c 所示。这种情况非常类似于乘用车 - 拖车组合情况。然而,通过设计牵引车及其一起工作的挂车制动系统,通过设计的强制电子控制系统调节牵引车和挂车之间的制动力平衡,不稳定的风险受到牵引车的车轴连接定位位置的限制,关于这方面的更多信息见文献 [15,16]。

24.3.5 制动时车身姿态

传统车辆都具有前后悬架系统，制动或加速过程中，车身俯仰姿态会受纵向加速度的影响。一般情况下，发生的重要车身俯仰与悬架系统的几何结构密切相关。本节致力于分析前后悬架传递到车身的力，导出避免车身俯仰要求的悬架系统的几何特性。制动时，防止车身俯仰的悬架系统特性称为抗点头特性。能够完全避免制动时车身俯仰的悬架系统，应具有100%抗点头特性。

对于两轴汽车，制动器位于车轮上，根据文献［3］，制动点头现象可进行如下描述。

在图24.12中，描述了定义悬架系统抗点头特性的合适模型。该模型有3个自由度，即纵向位移x，垂直位移z和俯仰角φ，前后弹性运动通过等效刚度和阻尼，以及给定倾斜角的等效纵臂描述。利用这个模型，可以考虑每种悬架系统。制动器位于车轮轮毂托架上，即制动器的反应力矩直接作用在轮毂托架上。参考图24.12中符号，制动时的动态平衡为

$$ma_x = -F_{xcf} - F_{xcr} \qquad (24.30)$$

$$m\ddot{z} = F_{zcf} + F_{zcr} + F_f + F_r \qquad (24.31)$$

$$J\ddot{\varphi} = -F_{zcf}(a-L_f) + F_{zcr}(b-L_r) - F_f a + F_r b - F_{xcf}(h-h_f) - F_{xcr}(h-h_r) \qquad (24.32)$$

式中，m为车身质量；J为对于俯仰轴的转动惯量。

对于（无质量）悬架臂，有

$$F_{xcf} = X_f \qquad F_{xcr} = X_r \qquad (24.33)$$

$$F_{zcf} = Z_f - F_f \qquad F_{zcr} = Z_r - F_r \qquad (24.34)$$

$$F_{zcf}L_f - F_{xcf}(h_f - r) - M_f = 0 \qquad F_{zcr}L_r + F_{xcr}(h_r - r) - M_r = 0 \qquad (24.35)$$

r为轮胎半径。对于（无质量）轮胎，有

$$F_{xf} = -X_f \qquad F_{xr} = -X_r \qquad (24.36)$$

$$\Delta F_{zf} = Z_f \qquad \Delta F_{zr} = Z_r \qquad (24.37)$$

$$M_f = F_{xf}r \qquad M_r = F_{xr}r \qquad (24.38)$$

悬架刚度和阻尼对应的力计算为

$$F_f = -k_f(z - L_f\varphi) - r_f(\dot{z} - L_f\dot{\varphi}) \qquad (24.39)$$

$$F_r = -k_r(z + L_r\varphi) - r_r(\dot{z} + L_r\dot{\varphi}) \qquad (24.40)$$

由式（24.30）、式（24.33）和式（24.36）可得

$$ma_x = -F_{xcf} - F_{xcr} = X_f + X_r = F_{xf} + F_{xr} \qquad (24.41)$$

将式（24.41）代入式（24.31）和式（24.32）中，将式（24.34）、式（24.35）和式（24.37）至式（24.40）重新整理，车身的垂直和俯仰动态平衡

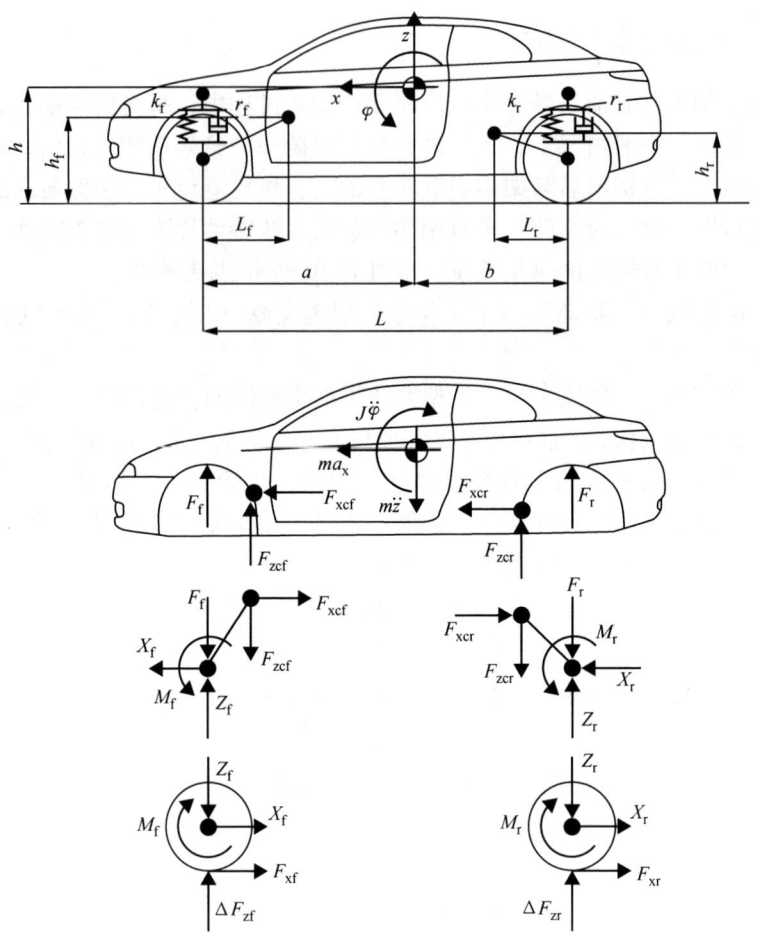

图 24.12 抗点头特性计算的车辆模型

可以改写为

$$m\ddot{z} + (r_f + r_r)\dot{z} - (r_f L_f - r_r L_r)\dot{\varphi} + (k_f + k_r)z - (k_f L_f - k_r L_r)\varphi$$

$$= ma_x \left(\frac{F_{xf}}{F_{xf} + F_{xr}} \frac{h_f}{L_f} - \frac{F_{xr}}{F_{xf} + F_{xr}} \frac{h_r}{L_r} \right) \quad (24.42)$$

$$J\ddot{\varphi} - (r_f L_f - r_r L_r)\dot{z} + (r_f L_f^2 + r_r L_r^2)\dot{\varphi} - (k_f L_f - k_r L_r)z + (k_f L_f^2 + k_r L_r^2)\varphi$$

$$= ma_x \left(h - \frac{F_{xf}}{F_{xf} + F_{xr}} \frac{h_f}{L_f} a - \frac{F_{xr}}{F_{xf} + F_{xr}} \frac{h_r}{L_r} b \right) \quad (24.43)$$

如果式（24.42）和式（24.43）的各个右端项为0，则位移 z 和俯仰角 φ 为零的条件为

$$\frac{h_\mathrm{f}}{L_\mathrm{f}} = \frac{F_\mathrm{xf} + F_\mathrm{xr}}{F_\mathrm{xf}} \frac{h}{L} \tag{24.44}$$

$$\frac{h_\mathrm{r}}{L_\mathrm{r}} = \frac{F_\mathrm{xf} + F_\mathrm{xr}}{F_\mathrm{xr}} \frac{h}{L} \tag{24.45}$$

必须注意，如果式（24.44）和式（24.45）存在，无论是稳态还是瞬态制动过程，也不管是否施加过制动，都不会有位移 z 和俯仰角 φ [3]。

如果考虑稳态平衡，式（24.42）和式（24.43）可改写为

$$(k_\mathrm{f} + k_\mathrm{r})z - (k_\mathrm{f}L_\mathrm{f} - k_\mathrm{r}L_\mathrm{r})\varphi = ma_\mathrm{x}\left(\frac{F_\mathrm{xf}}{F_\mathrm{xf} + F_\mathrm{xr}}\frac{h_\mathrm{f}}{L_\mathrm{f}} - \frac{F_\mathrm{xr}}{F_\mathrm{xf} + F_\mathrm{xr}}\frac{h_\mathrm{r}}{L_\mathrm{r}}\right) \tag{24.46}$$

$$-(k_\mathrm{f}L_\mathrm{f} - k_\mathrm{r}L_\mathrm{r})z + (k_\mathrm{f}L_\mathrm{f}^2 + k_\mathrm{r}L_\mathrm{r}^2)\varphi = ma_\mathrm{x}\left(h - \frac{F_\mathrm{xf}}{F_\mathrm{xf} + F_\mathrm{xr}}\frac{h_\mathrm{f}}{L_\mathrm{f}}a - \frac{F_\mathrm{xr}}{F_\mathrm{xf} + F_\mathrm{xr}}\frac{h_\mathrm{r}}{L_\mathrm{r}}b\right) \tag{24.47}$$

求解式（24.46）和式（24.47），稳态俯仰角

$$\varphi = \frac{ma_\mathrm{x}}{L}\left(\frac{h}{L}\left(\frac{1}{k_\mathrm{f}} + \frac{1}{k_\mathrm{r}}\right) - \frac{F_\mathrm{xf}}{F_\mathrm{xf} + F_\mathrm{xr}}\frac{h_\mathrm{f}}{L_\mathrm{f}}\frac{1}{k_\mathrm{f}} - \frac{F_\mathrm{xr}}{F_\mathrm{xf} + F_\mathrm{xr}}\frac{h_\mathrm{r}}{L_\mathrm{r}}\frac{1}{k_\mathrm{r}}\right) \tag{24.48}$$

图 24.13 给出先前条件为 100% 抗点头的图形表示。俯仰旋转中心可以通过轮胎接地点线和悬架臂与车身之间铰链点线的交点获得，其有相同的重心高度。以这种方式，由减速产生的惯性力通过俯仰旋转中心，没有俯仰力矩作用在车身上。

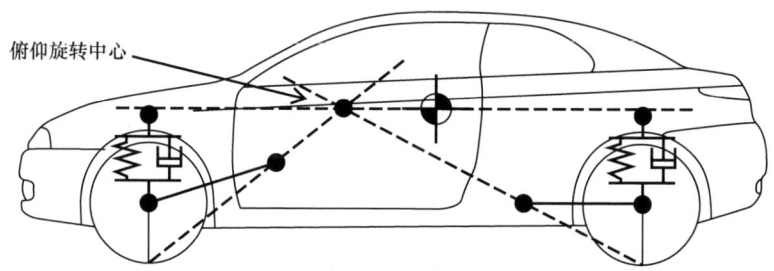

图 24.13 具有 100% 抗点头配置的前后倾斜悬架臂，制动作用在悬架臂上

在制动位于车辆底盘上的情况下，要修改之前的公式。在这种情况下，制动反应力矩作用在车身上。式（24.47）和式（24.48）的抗点头条件重新表示为

$$\frac{h_\mathrm{f}}{L_\mathrm{f}} = \frac{F_\mathrm{xf} + F_\mathrm{xr}}{F_\mathrm{xf}} \frac{h}{L} + \frac{r}{L_\mathrm{f}} \tag{24.49}$$

$$\frac{h_\mathrm{r}}{L_\mathrm{r}} = \frac{F_\mathrm{xf} + F_\mathrm{xr}}{F_\mathrm{xr}} \frac{h}{L} + \frac{r}{L_\mathrm{r}} \tag{24.50}$$

制动位于车身上情况的 100% 防点头条件的图形表示如图 24.14 所示。在这种情况下，通过轮胎中心和悬架臂与底盘的铰接点线的交点，可以确定俯仰旋转

中心，它应高于车辆重心。制动时由惯性力产生的力矩等于施加于车身的反应力矩。

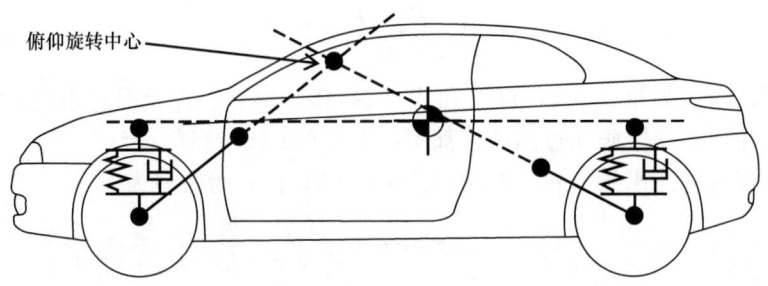

图 24.14　具有 100% 防点头配置的前后倾斜悬架臂，制动作用在车身上

24.4　液压制动系统和部件

对于乘用车，液压系统常用于将施加的制动能量和制动力矩由驾驶员传递给制动系统。实际上，液压系统相当灵活，可以方便安装到车身上并且刚度足够，并易于防止不希望的能量存储在液压管道中[1,3,8]。

在保证制动质量和驱动能量尽可能低的条件下，线控制动系统可能是会在未来广泛采用的选项[1,8]。

图 24.15 给出了标准制动管路的示意。驾驶员施加的踏板力 F_P 乘以踏板杠杆比 i_p 传递到制动主缸。通常，制动助力放置在踏板和主缸之间，用于增加输入到主缸内的力，主缸产生的压力通过液压回路传递到产生夹紧力 F_c 的从动缸活塞。在这个操作过程中，施加给主缸的力 F_i 通过液压回路增大。在回路中，主缸的输入截面积为 A_{in}，从动缸的输出截面积为 A_{out}，制动器的夹紧力可以计算为

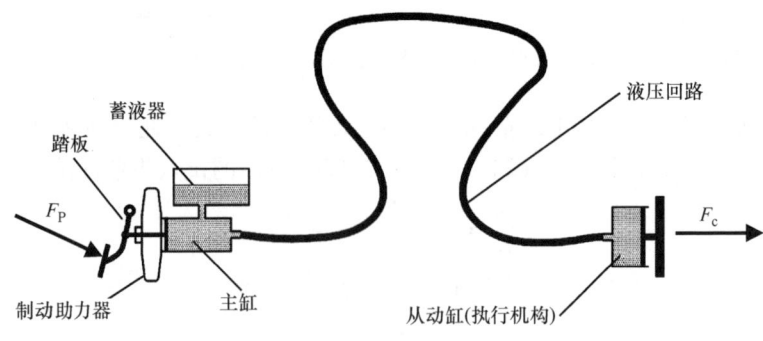

图 24.15　液压制动回路示意

$$p = \frac{F_i}{A_{in}} = \frac{F_c}{A_{out}} = 常数 \Rightarrow F_c = \frac{A_{out}}{A_{in}} F_i = i_H F_i \qquad (24.51)$$

式中，p 为液压力，在液压回路中是常数；$A_{out} > A_{in}$，$F_c > F_i$ 和 $i_H > 1$；i_H 为液压传动比，用于乘以输入力 F_i。

i_H 最大值受到的限制条件为：主缸必须提供推动制动执行机构所需的制动液（一方面是消除间隙，另一方面是施加作用力），以及液压回路变形吸收和保持剩余行程的制动液。主缸输出制动液的体积为主缸活塞行程乘以其截面积 A_{in}。

活塞行程受到踏板行程和踏板杠杆比（它的定义为 8 人以下的车辆的最大作用力为 500N，8 人以上的车辆的最大作用力为 700N[14]）的限制。输入截面积 A_{in} 的最小值受到所需制动液量的限制。增大输出截面积 A_{out} 导致所需制动液体积的增加，因而受到 A_{in} 的限制。为了最大化液压传动比 i_H，要求液压回路的所有组件都是刚性的，以便减少液压管路变形吸收的制动液量。同样，要尽可能地减小制动蹄和制动鼓或制动钳和制动盘之间的间隙，以便减少消除间隙的执行机构行程。

考虑踏板的杠杆比 i_p 和助力器的力增量 i_b，从施加的踏板力 F_P 到夹紧力 F_c 的乘法为

$$F_c = i_p i_b i_H F_P = i_{out} F_P \Rightarrow i_{out} = i_p i_b i_H = \frac{F_c}{F_P} \qquad (24.52)$$

式中，i_{out} 为制动系统外部增益，定义为夹紧力和踏板力之比。

整个制动系统增益 i_{og} 定义为制动圆周力 F_B 和踏板力之比，可以由每种制动类型典型的内部增益 C^* 乘以外部增益获得

$$i_{og} = i_{out} C^* \qquad (24.53)$$

内部增益 C^* 可以由每种制动类型（盘式制动器或鼓式制动器）计算，不同制动结构已经在 ISO611 标准中总结[17]。

对于具有两个摩擦面的盘式制动器，其内部增益为

$$C^* = \frac{F_B}{F_c} = \frac{F_{B,sch1} + F_{B,sch2}}{F_c} = \frac{F_c \mu_{lining} + F_c \mu_{lining}}{F} = 2\mu_{lining} \qquad (24.54)$$

式中，μ_{lining} 为制动钳和制动盘的摩擦系数；$F_{B,sch1}$ 和 $F_{B,sch2}$ 分别为作用于制动盘两个表面上的切向力。

对于盘式制动器，C^* 的典型值为 0.8[17]。对于鼓式制动器，C^* 的值取决于制动器的结构类型，其变化范围为 1~5.5[1,17,18]，具体见表 24.1。为避免左右轮和前后轮的制动力不平衡，不应将增益值 C^* 较高的结构用于行车制动，而只能用于驻车制动。

考虑主缸内力-压力的转换效率 η_{act} 以及轮缸内压力-力的转换效率 η_B，制动摩擦半径 r_B 和轮胎滚动半径 r_t，导出踏板力到制动力 F_x 的转换方程为

$$F_x = \underbrace{i_P i_b \eta_{act}}_{\text{执行机构}} \underbrace{i_H \eta_B}_{\text{液压系统}} \underbrace{C^* \frac{r_B}{r_t}}_{\text{制动机构}} F_P \qquad (24.55)$$

式（24.55）是近似方程，只能在严格条件下使用，但是式（24.55）说明了制动系统中三个子系统的作用。

表 24.1 各种类型制动器内部增益 C^*

制动类型	力方案	典型摩擦系数[17]	内部增益 C^*
单向		0.44	$C^* = \dfrac{F_{tL} + F_{tT}}{F_C}$ 典型值 向前：$C^* = 2.2$ 向后：$C^* = 2.2$
双向		0.40	$C^* = \dfrac{2F_{tL}}{F_C}$ 典型值 向前：$C^* = 3.4$ 向后：$C^* = 1.0$
两重双向		0.40	$C^* = \dfrac{2F_{tL}}{F_C}$ 典型值 向前：$C^* = 3.4$ 向后：$C^* = 3.4$
单伺服		0.40	$C^* = \dfrac{F_{tP} + F_{tS}}{F_C}$ 典型值 向前：$C^* = 5.5$ 向后：$C^* = 1.0$

（续）

制动类型	力方案	典型摩擦系数[17]	内部增益 C^*
双伺服		0.40	$C^* = \dfrac{F_{tP} + F_{tS}}{F_C}$ 典型值 向前：$C^* = 5.5$ 向后：$C^* = 5.5$
凸轮		0.44	$C^* = \dfrac{2(F_{tL} + F_{tT})}{F_{SL} + F_{ST}}$ 典型值 向前：$C^* = 1.9$ 向后：$C^* = 1.9$
单楔形		0.35	$C^* = \dfrac{F_{tL} + F_{tT}}{F_C}$ 典型值 向前：$C^* = 2.0$ 向后：$C^* = 2.0$
双楔形		0.35	$C^* = \dfrac{2F_{tL}}{F_C}$ 典型值 向前：$C^* = 3.4$ 向后：$C^* = 3.4$

（续）

制动类型	力方案	典型摩擦系数[17]	内部增益 C^*
盘	（图：$2F_t$, F_C, ω）	0.40	$C^* = \dfrac{2F_t}{F_C}$ 典型值 向前：$C^* = 0.8$ 向后：$C^* = 0.8$

F_C 夹紧力；F_t 切向力（L：领蹄，T：从蹄，P：领蹄，S：从蹄）；F_W 楔力；F_S 驱动力（L：领蹄，T：从蹄）；ω 旋转速度

24.4.1 制动系统构型

制动系统安全法规要求采用两个独立的液压回路。当一个回路发生故障时，仍有一定量的制动功率使车辆停止。在 DIN 74000 标准中[19]，车辆上可以使用的五种液压回路构型，如图 24.16 所示。

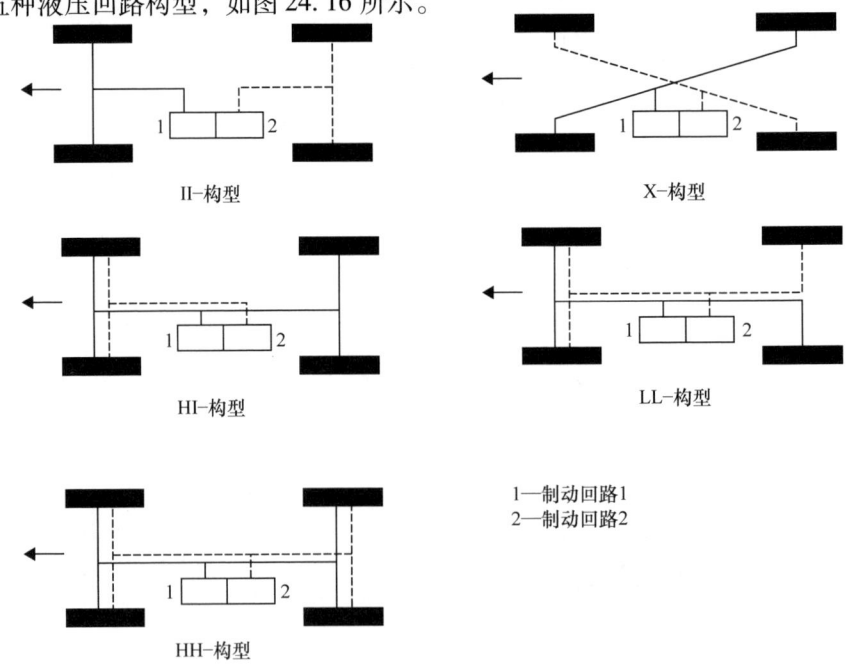

II-构型　　　　　　　　　X-构型

HI-构型　　　　　　　　　LL-构型

HH-构型

1—制动回路1
2—制动回路2

图 24.16　基于 DIN74000 标准的制动回路构型

在五种可能的构型中，乘用车上最常使用的是前两种：II 和 X 构型[1,8]。在其他三种构型——HI、LL 和 HH 构型中，两个不同回路到达两个或两个以上的制动器。制动器要设计有两个单独的活塞和两个入口管，这种结构较昂贵。因此，很少用于乘用车，仅用于轻型和重型商用车。

参考前两种构型，后轴高载荷的车辆采用 II 构型。在这种情况下，如果前轴回路发生故障，后轴呈现高载荷，仍能提供足够的制动力。通过分离前后回路，在前轴热过载的情况下，例如液压制动内产生蒸气气泡，后轴制动仍保持有效。大多数前有或没有重量偏差的车辆，采用 X 构型。采用这种布置，每条制动回路为对角线方向相对的每对制动器提供能量。因此，如果一个回路发生故障，可将前轴产生的较大比例制动力施加到一个车轮上制动，通过适当设计车轴，例如设计成具有逆向摩擦半径，可以补偿由于一个回路发生故障导致的车辆左右侧制动力不对称分布而产生的制动拉力。

24.4.2 制动系统部件

所有乘用车制动系统的主要部件都是相似的，图 24.17 给出制动系统 II 构型的方案。驾驶员在踏板 1 上施加力，推动连接踏板的活塞杆和通过制动助力器 2 将力传至串联的主缸 3。

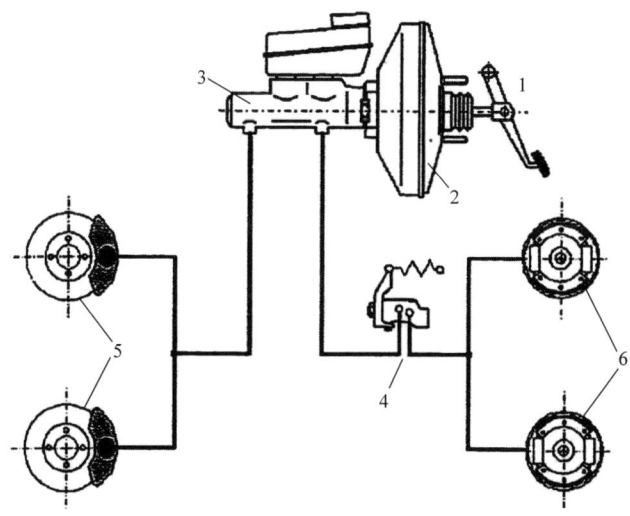

图 24.17 制动回路
1—制动踏板 2—真空制动助力器 3—具有储液罐的串联主缸
4—制动压力调节器 5—前轴车轮制动器 6—后轴车轮制动器

通过引入能量进入系统，制动助力器放大驾驶员施加的力。串联主缸将机械力转换成压力，并提供给两个单独的液压回路。储液罐连接到串联主缸的每个腔室，为其提供所需的制动液。一个或两个（取决于回路构型）压力调节器4位于管路或后轴制动器的管路上，以减少减速度较大时后轮的压力。制动器5和6位于前后轮上，使用盘式制动器5或鼓式制动器6。盘式制动器可以用于车辆前后轴，而鼓式制动器仅限于低性能车辆的后轴。

下面将简要描述制动系统的每个部件。

24.4.2.1 制动踏板

制动踏板是制动系统和驾驶员之间的接口，整个制动操作可以作为一个闭环控制系统。其中，驾驶员是主要的控制器。实际上，如果存在电子控制系统，某些控制操作需要应用它来完成。在这种控制回路中，踏板具有双重功能，如图24.18所示。踏板是由驾驶员驱动的执行机构，提供制动能量；也是驾驶员使用的传感器，利用踏板估计制动系统的状态。踏板的人机工程学及其力特性，对于驾驶员的信心和安全是至关重要的。踏板可放大驾驶员施加的力3~5倍，踏板的正确定位有助于缩短制动距离，最小化紧急情况下完成指令需要的制动时间。

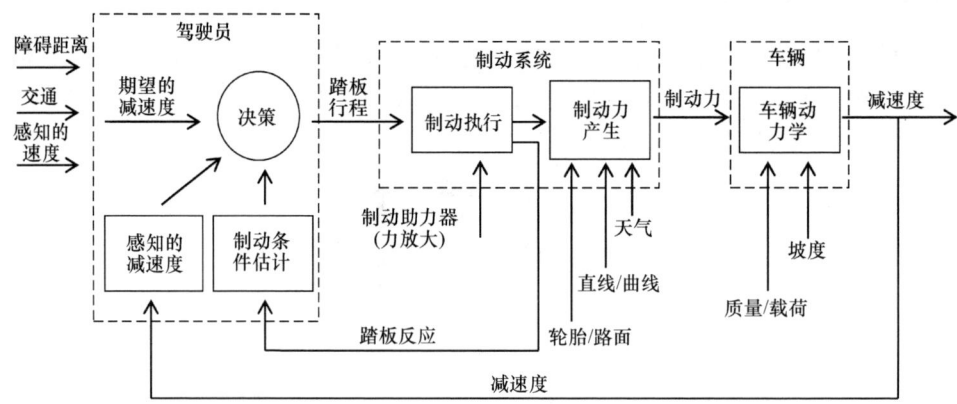

图 24.18 制动控制回路

24.4.2.2 制动助力器

制动助力器的功能是增大驾驶员施加的制动力，降低制动所需的体力。安全要求规定，在助力器故障的情况下，驾驶员必须仍可以通过自己的力量使车辆停止。因此，不能使用非常高的助力比 i_b，因为在它产生故障时难以匹配这样的要求。助力器的功能是驾驶员输入的追随者，即驾驶员将力施加到踏板上，助力器才能开始动作和完成驾驶员达到的踏板位置动作。目前，使用两种类型制动助力器，即真空制动助力器和液压制动助力器[1,8,20]。

1. 真空制动助力器

图24.19显示了一个满足前述要求的真空制动助力器。驾驶员通过踏板将力施加到活塞杆7上，输出力由推力杆1传至串联主缸。应注意的是，如果系统不

工作,即使没有任何助力器的帮助,活塞杆也可以直接推动串联杆,允许驾驶员完成制动。

助力系统的工作原理,基于真空室2和工作室8之间的压力差。真空室连接到真空发生器,即真空泵(柴油发动机)或者进气歧管(汽油发动机)。当真空发生器失效时,利用止回阀使真空室中的真空度不遭受损失。当系统处于静止状态时,真空室和工作室通过阀体连接。当两个室内的压力相等时,助力器不工作。当活塞杆移动时,两个室之间的连接被关闭,此时工作室通过双向阀5连接大气压力。工作室中的较高压力作用到膜片3上,与作用到推力杆上的工作活塞4相连,在驾驶员施加的力上增加了压力,以克服复位弹簧的反作用力。阀体连接到工作活塞,当达到最终位置时,工作室与真空室再次连接,停止助力动作。

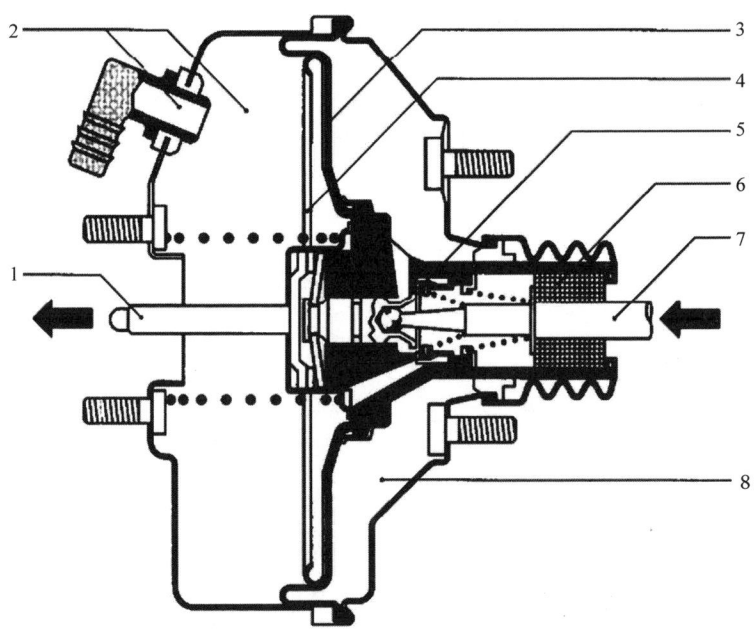

图24.19 真空制动助力器
1—推力杆(输出力到串联缸) 2—真空连接的真空室 3—膜片 4—工作活塞
5—双向阀 6—空气过滤器 7—活塞杆(踏板力) 8—工作室

主动制动助力器具有与阀体进行集成的电驱动螺线管,用于驱动阀,也为其他附加功能提供支持,如ESC启动、电子制动辅助和ACC[1]。

尽管体积较大,但是与液压制动助力器相比,真空制动助力器直到现在还是首选。由于助力器的压力和尺寸限制,它通常用于主缸容积约为25mL的情况[6]。应用真空助力的主要原因是制造成本低,在汽油机中应用时具有易于得到的真空源,并且还有较好的踏板感觉[6]。

2. 液压制动助力器

液压助力系统以加压流体为能量源。制动系统为传统制动系统，具有助力器和添加的管道。大多数情况下，由转向泵产生液压。利用压力控制流量调节器从动力转向装置提取小部分液压，对液压储压器供压。在转向泵发生故障情况下，储压器也具有为制动应用提供一定液压的功能。

与真空制动助力器相比，液压制动助力器占用空间少，并且可以提供更高的助力。然而，它的踏板感觉较差并且成本更高。当需要较高制动助力时，例如豪华乘用车等重型乘用车[8,20]，应采用液压制动助力器。

24.4.2.3 串联主缸

两种不同液压回路要求使用两个主缸或一个串联主缸为这两条回路进行增压。大多数车辆采用串联主缸，而赛车利用平衡杆连接两个主缸，详见第 15 章。

串联主缸的结构必须可以为两个液压回路提供所需压力，在一个回路发生故障时，串联主缸必须能够对另外一个回路传递压力。主缸及其储能器的典型结构如图 24.20 所示。储能器的用处是提供吸收执行机构位移的液压，以补偿管道磨损和热膨胀。

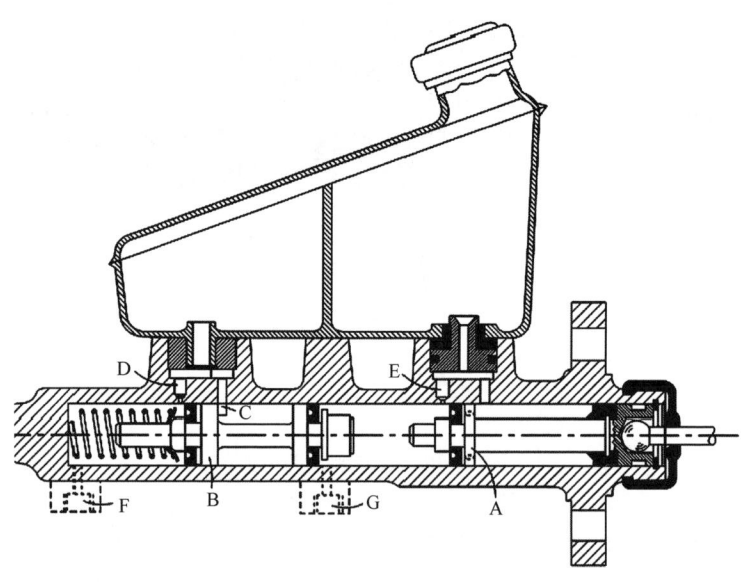

图 24.20　串联主缸
A 和 B—活塞　C、D、E—储能器口　F、G—两个液压回路连接

在图 24.20 中两个活塞 A 和 B 都在同一孔中。活塞 A 直接或者通过制动助力器连接到踏板上，踏板位移使活塞向左移动，在与第一个液压回路连接的两个活塞之间的腔内产生压力。由于压力的作用，在活塞 B 上产生力，当其大于复

位弹簧的反作用力时，活塞 B 向左移动，在与第二个液压回路连接的腔内产生压力。通过适当设计活塞面积，可以在两个液压回路内给出相同的压力。

一旦一个液压回路发生故障，串联主缸仍然能够为另一个液压回路提供压力。如果液压回路与端口 F 的连接出现故障，在没有任何压力作用下，活塞 B 滑动直至停止。只要停止，会出现某个反应，在其他腔内产生压力。如果液压回路与端口 G 的连接出现故障，在没有任何压力作用下，活塞 A 滑动直到其到达活塞 B 处。此时，活塞 B 移动，在连接端口 F 的腔内产生压力[18,21]。

24.4.2.4 限压阀和减压阀

如前所示，制动过程中车轴载荷会变化，以至于前轴制动作用增加而后轴制动作用降低。理想的制动力分配 BFD 为非线性曲线，可以方便地通过限制或减少后轴制动压力。直到 20 世纪 90 年代中期，还在利用液压-机械限压阀和减压阀实现该功能。现今，这些系统日益被电子制动力分配（EBD）取代，集成在 ABS 中[1]。

几种主要的压力分配阀的典型特性，如图 24.21 所示。

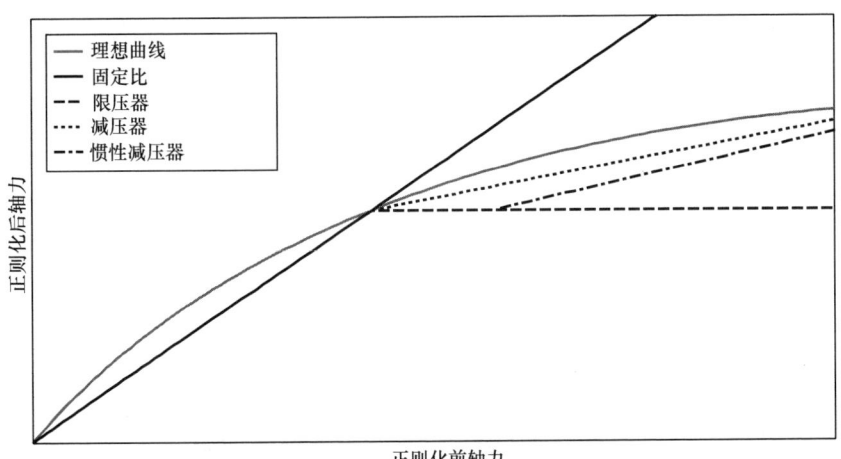

图 24.21　限压阀（虚线）、减压阀（点线）和惯性减压阀（点画线）的特点

如图 24.22 所示，在限压阀的情况下，需要确定后制动回路与主缸分离所需的截止压力，即不管进入主缸的压力是否增加，后制动器的压力保持不变。为此，限压阀有一个连接至复位弹簧的内部活塞，通过主缸压力移动，直到连接后轴的歧管关闭。

图 24.23 给出了比例减压阀的结构。在这种情况下，主缸压力使反应活塞向外移动，直到其产生的压力达到锥形截止阀所设定的截止压力，与后轴分离。然后，如果主缸压力上升，则锥形阀向内移动，后轴再次与主缸连接。后轴压力增

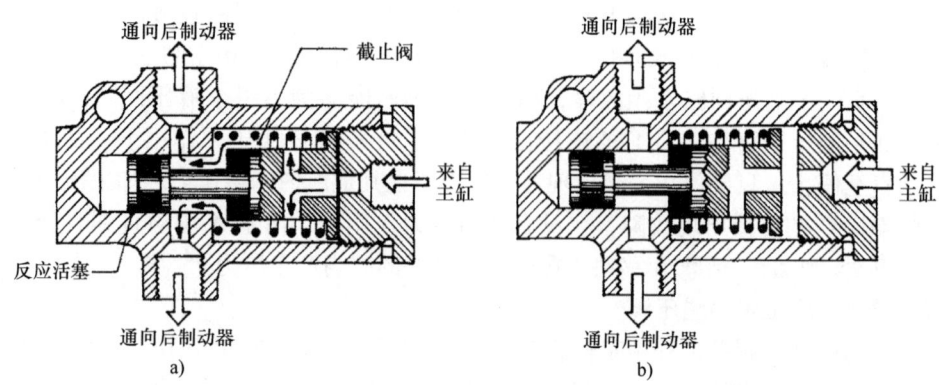

图 24.22 限压阀
a) 低减速度 b) 高减速度

大小于主缸压力,因为当两个回路连接时,后部回路压力上升促使反应活塞再次关闭阀门。在高压制动过程中,重复该动作,阀继续振荡,使后部压力随主缸压力缓慢上升。图 24.24 中所示的比例阀对载荷也是敏感的,复位弹簧连接车辆的悬架系统,预载荷随着车辆载荷的变化而变化。在这种情况下,截止压力能够变化,并且可以实现图 24.24 的特性[18,20,21]。

图 24.25 描述了惯性减压阀。在这种情况下,惯性球相对行驶方向定位于斜坡上。当达到一定纵向减速度时,惯性球远离截止阀盘移动,以关闭和隔离后液压回路。如果使用差动截止阀盘,获得的比例特性类似于图 24.24 中的一个特性[18]。

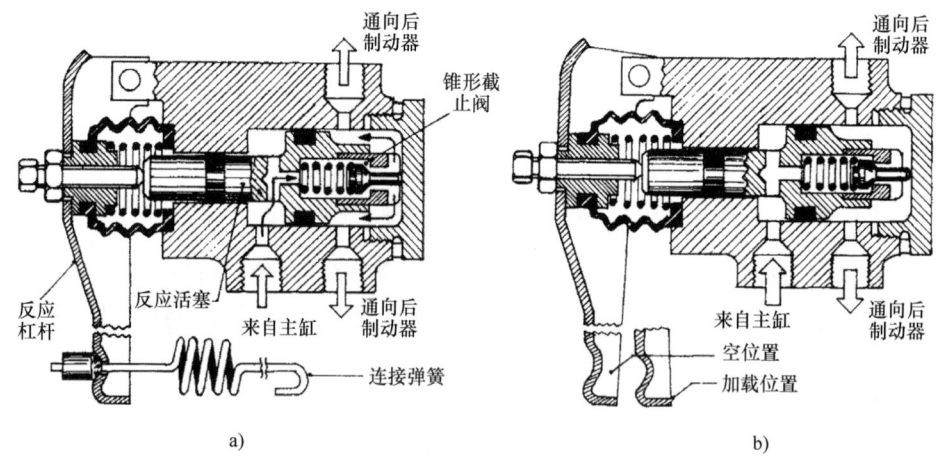

图 24.23 比例减压阀
a) 低减速度 b) 高减速度

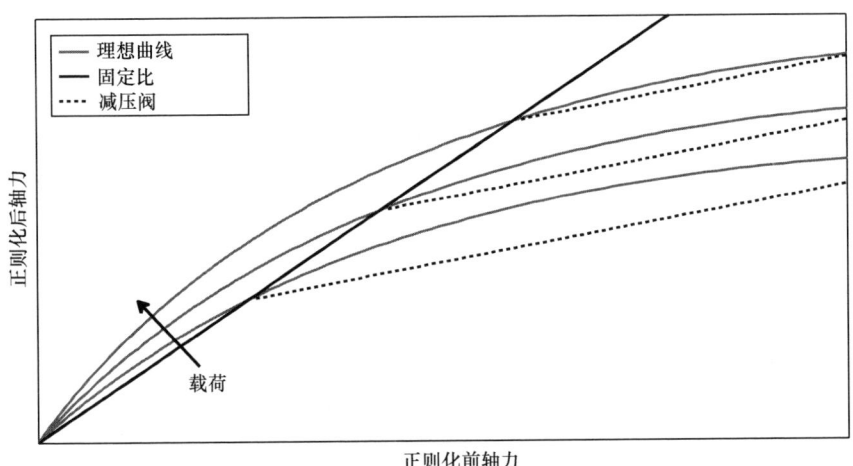

图 24.24　载荷敏感减压阀的阀特性

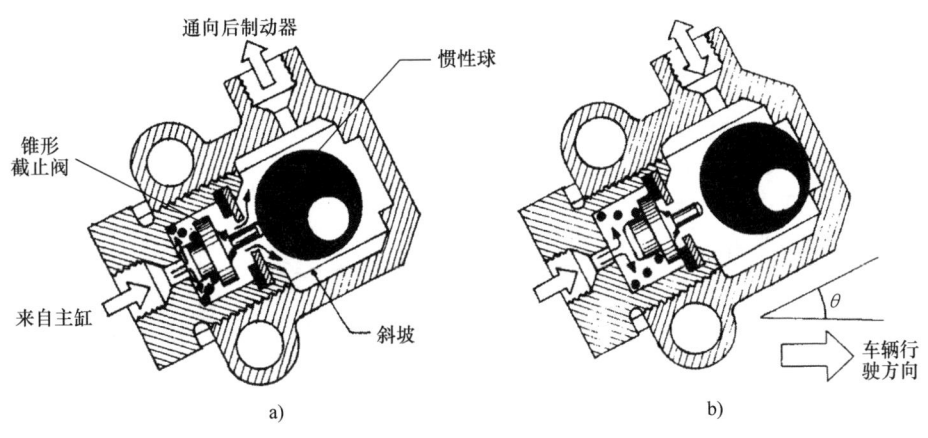

图 24.25　惯性减压阀
a）低减速度　b）高减速度

24.4.3　制动器类型

对于车辆应用，采用两种不同类型的制动器——鼓式制动器和盘式制动器。其他类型的制动器，如带式制动器，可在履带车辆上应用。在采用行星齿轮自动变速器的车辆中，使用带式制动器改变行星齿轮运动状态，进而改变传动比[22]。有关自动变速器的详细信息，见 23.5.3.5。

鼓式制动器首先用于液压驱动制动系统中，是直到 20 世纪 50 年代中期一直使用的唯一制动器。捷豹[1]首先采用了制动盘和制动钳部分接触的盘式制动器，并实现了量产。此后,盘式制动器成为常见的选择,而鼓式制动器则多用于低性能车辆的后轴。

24.4.3.1 鼓式制动器

鼓式制动器通过将制动鼓安装到轮毂上并绕车轴旋转而实现。一对制动蹄相对车辆固定,位于制动鼓的内部,通过液压执行机构在制动鼓上产生切向力。制动蹄的不同布置,如表 24.1 所示。基于制动蹄的布置,鼓式制动器的内部增益可能非常高。在一些布置中,通过正向和反向旋转获得不同的内部增益[1,6,17,18]。

即使鼓式制动器的内部增益高于盘式制动器很多,但它的性能却较差,这是由多种因素造成的。鼓式制动器位于轮毂内,因而减小制动力矩可以减小制动器的直径。出于同样原因,制动器的散热也受到限制。此外,鼓式制动器承受着热膨胀的巨大影响,必须制动鼓的直径增大,以减少制动鼓和制动蹄之间压力。因此,它的摩擦系数是变化的。考虑到鼓式制动器的高内部增益,可能会出现制动平衡问题。制动蹄和制动鼓之间需要相对大的间隙,这就增加了制动系统所需的制动液体积,进而降低了液压增益。最后,鼓式制动器易于产生制动尖叫。

由于制造成本低,鼓式制动器多用于低性能车辆的后轴,这种应用只需考虑较少的热衰退相关问题。鼓式制动器具有较高的内部增益,也用于驻车制动器,即使重型车辆也是如此[1,6,18,21]。

24.4.3.2 盘式制动器

盘式制动器由一个连接于轮毂称为转子的旋转盘,和与半轴附连的制动钳连接的一对摩擦片组成。利用液压执行机构,摩擦片夹紧制动盘以产生切向力。

制动钳可以是固定的,也可以是浮动的。固定的制动钳具有固定的钳体,制动缸位于制动盘的两侧,如图 24.26a 所示。这样的布置具有高度刚性,确保操作时具有低的液压系统位移。但由于制动缸位于两侧,需要大的设计空间。它大部分用于具有正摩擦半径的后轮驱动的重型乘用车上。

在浮动制动钳中,一个或两个液压执行机构位于制动盘的一侧,并且制动钳能在轴向自由移动,如图

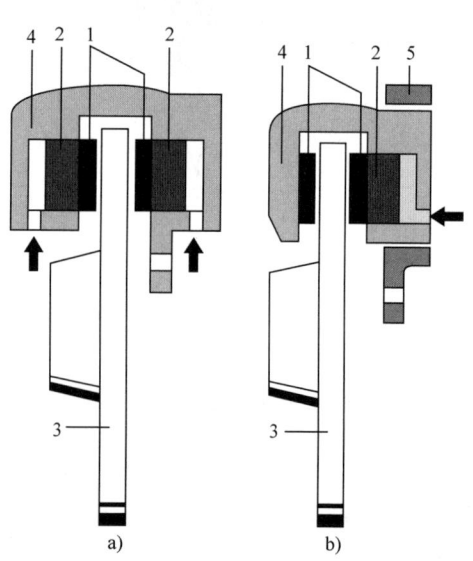

图 24.26 盘式制动器
a)固定制动钳 b)浮动制动钳
1—摩擦片 2—制动活塞 3—制动盘
4—制动钳 5—支撑

24.26b 所示。施加制动力时，执行机构侧面的制动盘沿轴向移动，使另一个制动片与制动盘接触。浮动制动钳需要的空间小，且有助于适当定位转向轴。

盘式制动器的间隙非常小，由活塞的密封环保证。当没有制动压力时，活塞就会产生一定的空间。

在制动过程中，释放的大部分热量都由制动盘吸收，它可以达到700℃的高温。盘式制动器的大多数热问题与高温时释放蒸气（衰退）导致的衬片摩擦系数降低有关。它与由于制动盘微观变形而使制动盘局部区域损坏有关，也与在液压系统内产生气泡（对固定制动钳尤其如此）有关，还与制动盘向摩擦片倾斜产生的制动盘变形有关。为了降低制动盘的温度，可以使用通风制动盘[1,6,9,18,21,23]。

盘式制动器的另一个重要问题，是制动过程中制动盘的振动。这种问题可以产生身体感知的低频振动或感知为噪声的高频振动，这将在本章的最后一节进行全面解释。

24.5 缓速器

重型商用车下坡行驶时调节速度，需要耗散车辆的势能。如式（24.4）所示，制动系统消耗的热量与速度呈线性关系，可达到几百千瓦数量级。作为行车制动使用的摩擦制动器，不能及时耗散下坡产生的这种量级的热量。在这种情况下，需要缓速器或连续制动系统。

下坡行驶时，为了允许驾驶员连续调节车速，不使热耗散产生任何损害，设计了缓速器。

目前可以选用三种不同类型的缓速器，即发动机制动、液力缓速器和电动缓速器。发动机制动也称为初级缓速器，因为其作用于驱动输入轴，而另外两种称为二级缓速器，因为其作用于驱动输出轴。

当节气门关闭时，内燃机由传动系驱动并吸收一些能量。为了增加拖动发动机的负转矩，在排气管中增加一个节流阀足够了。它应尽可能接近排气歧管。在需要时，节流阀可以关闭排气歧管；废气残留在排气管内，并且发动机在第四个循环，即排气行程期间，活塞要压缩气体。在压缩之后，由于排气门关闭，压缩空气滞留在排气管内，在发动机膨胀循环内不能做正功。这种情况下，增加减压阀，发动机在第二个循环，即压缩行程中能够用于耗散能量。通过这种简单的装置，根据发动机转速不同，发动机能够吸收相当于 80%～90% 的发动机功率的能量[1,3,5,6,18]。

液力缓速器加热液体以耗散车辆动能。液力缓速器具有类似于流体耦合器的设计。具有流体耦合器泵功能的转子连接到驱动轴，而具有涡轮功能的定子连接缓速器壳体。转子由驱动轴驱动，对定子施加以车速为函数的转矩。定子不能旋转，所有能量耗散和转化为热量，然后热量通过发动机的冷却系统排出。通过调节转子-定子系统中液体的水平，可以调节缓速器的转矩。通过这种缓速器，可以耗散两倍的名义发动机能量。然而，对于长时间工作的缓速器，冷却系统的性能是不够的，缓速器的反应将会降低。这种缓速器的优点是它不会抱死车轮。因为当车轮接近抱死状态时，转矩消失；缓速器几乎没有磨损，传动的载荷减少；其产生的噪声比发动机制动时的小[1,3,5,6,18]。

电动缓速器利用电涡流耗散能量。它将具有励磁线圈的盘作为定子，连接到驱动轴上的转子由位于定子两边的两个盘组成。当电流向线圈供电时，磁场产生。转子在磁场中旋转，在定子线圈内产生涡流。然后电流转化为热量和耗散。制动能量的大小，取决于定子的励磁电流和转子的转速[1,3,5,6,18]。

图 24.27 给出三种类型缓速器以车速为函数的典型制动能量。必须注意的是，当将力施加到驱动轴上时，发动机制动能量取决于选择的档位。车辆低速行驶时，这允许制动系统具有良好的性能，其常用于公交车上。二级缓速器具有良好的高速性能，它常用于在下坡高速行驶的长途货车上调节速度。

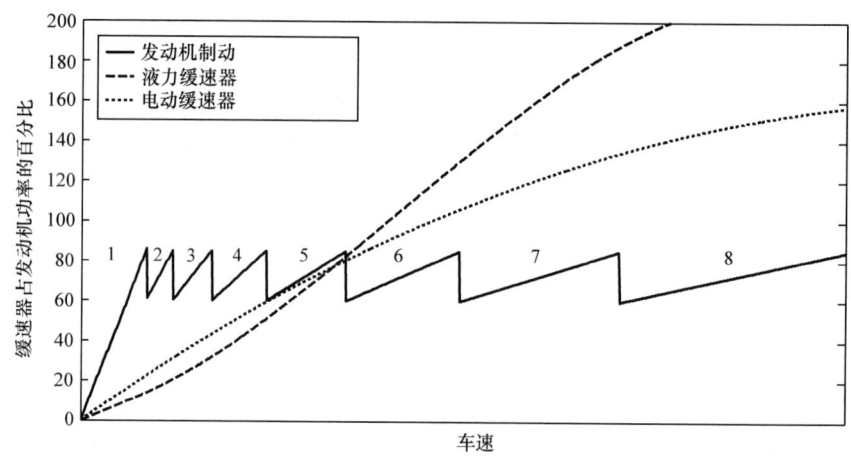

图 24.27 以车速为函数的缓速器，数字代表选择的档位

24.6 NVH

对盘式制动器振动和/或噪声的反复研究表明，它仍然是一个难以解决的问题。建立制动振动和噪声的模型，涉及许多设计变量。此外，还要考虑许多苛刻的操作和环境条件。在如此不确定的条件下，很有可能产生制动振动和/或噪声。了解接触机理、摩擦学、非线性动力学、制动系统和悬架系统之间的相互作用等

是必不可少的。

即使已经进行了大量的研究，并且理解了主要的原因，但是对制动噪声的最后解决似乎仍需要很长时间。验证无噪声制动系统的唯一方式，是将实验和分析方法相结合的过程。

对于工业应用，当前唯一可用的分析方法，是从完整的有限元制动系统模型中提取复杂特征值。对于实际问题，虽然受到理论限制，这可能是用于稳健设计研究的唯一方法。事实上，制动噪声问题可以通过稳健优化设计方法获得更好评价。

Brembo 也采用有限元模型和复特征值分析，这种方法便于使用试验测试调整，能够预测制动系统的严苛情况和趋势。这种模拟的主要目标，是对系统部件进行"全局"设计，如刚度、质量分布和模态参与等，应当用于设计和产品开发的早期阶段。

不幸地，稳健解决方案经常要求整个悬架和制动系统设计要定位于此，以降低其噪声，特别是 1500~2500Hz 的低频尖叫。这并不一定能实现：悬架及其连接以不同的目标设计，并且制动系统要满足几个约束条件，如重量、液压消耗、热载荷、摩擦方面的性能和成本。

此外，就噪声倾向而言，由于制动过程中的操纵条件（压力、温度和磨损等）不同，摩擦材料的行为是不可预测的。全局方案其实是非常复杂的。

除了分析工具外，这导致开发产品的对标和车辆试验的必要性。在产品开发过程中，可以用可靠方式测试和选择对全局设计和制动性能不会影响的对应措施（增加质量，摩擦表面倒角，垫片等），根据仿真结果微调这些措施（为了达到高相关性，模态获取和激光振动测量等工具是基本的）。

总之，要实现综合研究方法：在初始设计阶段，分析工具用于获得部件的全局设计；为了解决所有可能出现的噪声，必须进行精细对标和车辆调校。

24.6.1 先进的 NVH 综述

已经存在许多有关制动产生振动和/或噪声的综述。从这些工作中，可以理解避免制动振动和噪声仍然是一个棘手的问题。在理解制动振动和/或噪声机理与原因方面已经取得许多进展。然而，仍然可以找到新的机理[24]或设想[25-27]，即使在最新的综述也未提及。

专注于某些特定的观点，下列作者进行了各种新的综述：

① North 似乎第一个进行了制动振动和噪声综述[28]。

② Nishiwaki 发表了关于制动振动和噪声的第一个现代论文[29]。

③ Crolla 和 Lang 对未来有限元问题进了全面现代阐述[30]。

④ Ibrahim 对制动盘振动模态和诸如混沌的非线性效应问题，进行了两个详

细的综述[31,32]。

⑤ Yang 和 Gibson 重点对材料进行全面综述[33]。

⑥ Mottershead 对受摩擦载荷影响的制动盘动力学进行了综述，特别强调了数学建模[34]。

⑦ Papinniemi 等重点对声学进行了全面综述[35]。

⑧ Kinkaid 等对制动尖叫进行了著名的综述[36]。

⑨ Ouyang 等对以前的综述进行了有益的补充[37]。

⑩ Chen 从 OEM 角度进行了综述[38]。

⑪ Hoffmann 和 Gaul 综述了目标、仍然存在的问题和未来的发展[25]。

⑫ Cantoni 等对制动尖叫建模和测试技术进行了全面综述[39]。

针对制动振动和/或噪声，汽车工程师学会（SAE）出版了两部著作[1,40]。在本章附录中，表 24.8 根据本章细分的章节列出了本章引用的所有文章。

24.6.2 现象和影响因素

通常，基于发生频率或激励源将制动振动和噪声分成很多类，如 Papinniemi 等[35]、Kinkaid 等[36]、Ouyang[37]、Chen[38]、Dunlap[41]。这里将振动和噪声作为频率的函数分类，然后将处理产生振动和噪声的激励或机理。

根据文献［42］，取决于振动和噪声发生的频率，存在三种类别，即低频振动和噪声（0~1000Hz，细分为三个子类）、低频尖叫噪声（1000~3000Hz）和高频尖叫噪声（3000~15000Hz）。

低频范围（0~1000Hz）存在两种不同类型的结构振动，即抖动和颤振，其相关的空气噪声为颤声和啸叫（或嗡嗡声），如图 24.28 所示。

许多出版物处理高频振动和/或噪声，即制动尖叫，见 24.6.5.3 节。而有关抖动和啸叫的文章相对少。然而，这种类型的振动和/或噪声越来越受到汽车行业的关注，因为它主要影响舒适性：驾驶员经历抖动，如转向盘、制动踏板和地板的振动，如表 24.2 所示，并且可能导致第一次驾驶的无经验驾驶员错误反应，降低行驶安全性[43-47]。

制动器抖动（0~100Hz）的振动频率与车轮速度成比例，因此，与车辆速度成比例。通常将抖动频率与车轮速度相联系，例如频率是每秒车轮转速的两倍，称为二阶抖动[45]。

表 24.2 总结了抖动现象的激励源、传输系统和影响。

颤振，通常称为蠕变颤振[48]，一般发生在低速、冷制动和高湿度条件下，如图 24.29 所示。图 24.30 总结了有助于产生蠕变颤振制动的因素。

在文献［42］中，将尖叫噪声作为频率的函数分类。存在低频尖叫和高频尖叫，如图 24.28 所示。低频尖叫通常归类为频率范围超过 1000Hz 的窄频率带宽下的噪声，而高频尖叫通常归类为频率超过3kHz发生的噪声。由于高频尖叫的频率范围在影响人耳敏感的范围内，因此认为它是最烦人的噪声类型。所谓的钢丝刷噪声发生在1kHz以上。

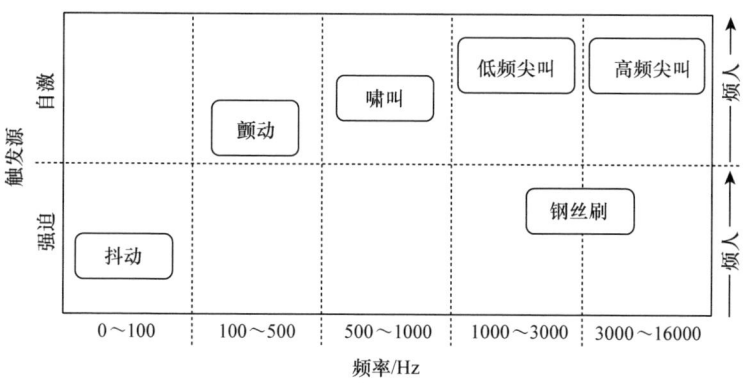

图24.28　基于产生频率和激励源频率的制动噪声分类

表24.2　振动抖动的激励源、发展和影响

激励源	传递系统	影响
车轮制动（制动压力和制动力矩变化、路面谱）	制动系统	制动踏板脉动，车轮振动
旋转部件不平衡（车轮、轮毂、制动盘）	转向系统	转向盘旋转振动，车身振动
轴承设计和间隙	车轮悬架	座椅振动，低频噪声

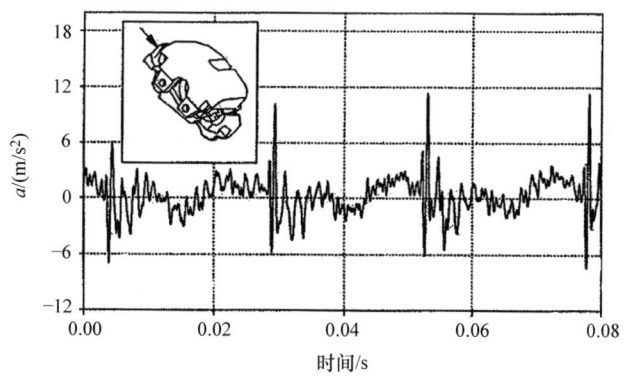

图24.29　蠕变颤振过程制动钳的切向加速度

然而，对于将第一个现象与第二个现象区分开的频率，没有独特的概念。出

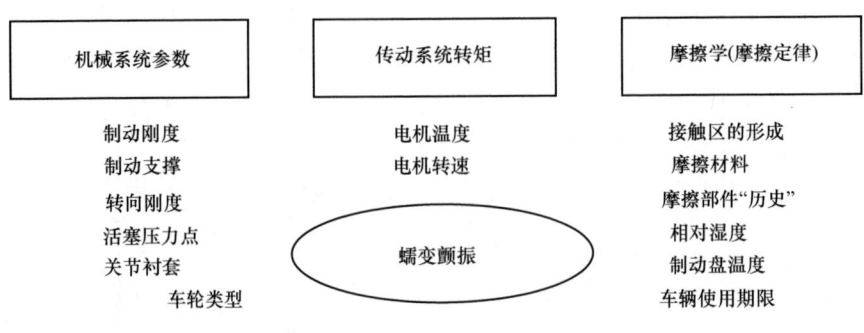

图 24.30　影响蠕变颤振现象的因素

于这个原因，许多作者[49,50]将表征制动盘振动模态的节点直径，作为区分制动尖叫噪声的一种方式。

此外，制动研究最显著问题是制动尖叫的易变性，它有时是不可重复的[36,51]。在相同条件下，制动系统不总是产生尖叫[40]。另外，操作温度、制动器压力、转子速度或摩擦系数的细小变化都可能会具有不同的尖叫特性或频率[38]。

24.6.3　试验和计算

24.6.3.1　试验

1. 位移/振动

制动试验是表征制动系统及其部件振动行为的一种重要方法，为振动和噪声问题提供解决方案。然而，应当指出的是，尖叫经常不能再现或者不能在所有工作条件下再现。

存在许多不同的试验程序用于评价制动系统的振动和噪声倾向，通常为 OEM（原始设备制造商）或制动制造商专用。在这些试验程序中，由于时间和成本的限制，难以覆盖产生制动振动和噪声的所有条件，例如难以达到低温和高湿度的一些条件[38]。

对于制动振动进行初步检测和基本分析，只是测量制动部件位移/速度。这种位移通常非常小，与制动盘表面不平度具有相同的量级[52]。这种分析开始于十几年前，并且不断更新。在表 24.3 中，报告了尖叫盘的实测位移。

测出位移的光学技术包括：

① 双脉冲全像干涉（DPHI）和散斑干涉。在文献 [36，53] 中，给出许多简要介绍。这些方法用于检查制动尖叫的模态。DPHI 一直在文献中占据主导地位，直到另一种光学技术——电子散斑干涉（ESPI）出现。

② ESPI 和激光测振仪在 20 世纪 90 年代后期开始流行。

③ 扫描激光测振仪（SLV）用于识别大振幅的位置，并且识别热点是理想的。更多详情，见文献［53］。

表 24.3　在振动的制动盘中位移测试　　　　（单位：μm）

位移分量		最大值	最小值	均值
盘上部	dx	3.527	-4.845	-0.727
	dy	5.701	-4.139	-0.202
dxy（平面内）		6.704	—	1.743
dz（平面外）		3.106	-2.375	-0.022
盘下部	dx	4.515	-7.306	-0.306
	dy	4.437	-6.409	-0.202
dxy（平面内）		8.932	—	1.536
dz（平面外）		3.964	-3.934	-0.136

最近开发的激光测振仪采用三个激光测振头，可以测量三维速度分布，它能够捕捉由任何平面内振动诱导的尖叫产生的面外运动。与三维激光测振仪类似，三维脉冲激光 ESPI 也使用三个照相机获得三维运动。

另一种方法是将加速度计与激光技术结合，小加速度计可以在三个方向安装在转子片内，如文献［38，51］所述。

在有关制动振动和噪声试验研究文献中，较少提供试验中实际制动总成的一些细节。因此，考虑到设计和材料选择可能的范围较宽，几乎不可能比较不同研究的结果。结合 Kinkaid 的研究[36]，这里总结了由制动振动和噪声试验文献得出的结论。制动系统可以在许多不同频率和微米量级的幅值下产生尖叫，持续制动力造成的变形量级可低至 0.1mm；直立或行波可以沿着制动盘变动，转速、制动压力和摩擦片的摩擦系数能够影响制动振动和/或噪声，如图 24.31 所示。

在数学模型中引入参数值的定义是一种典型的试验活动。摩擦测量的基本方法，在文献［54］中给出。这种方法意味着摩擦是一种参数，与涉及动力学系统模型的应用相比更适合于摩擦学的科学研究。

摩擦片的正交异向特性，即 Young 模量垂直方向高于接触面水平方向，可以通过非标准材料测试技术测量，见文献［55］的第 12 章。式（24.56）的五个独立弹性常数要被测量，以便完全确定（线性）力学性能。D. Yuhas 和 M. Yuhas 采用超声技术成功测量了图 24.31 中所述的弹性常数

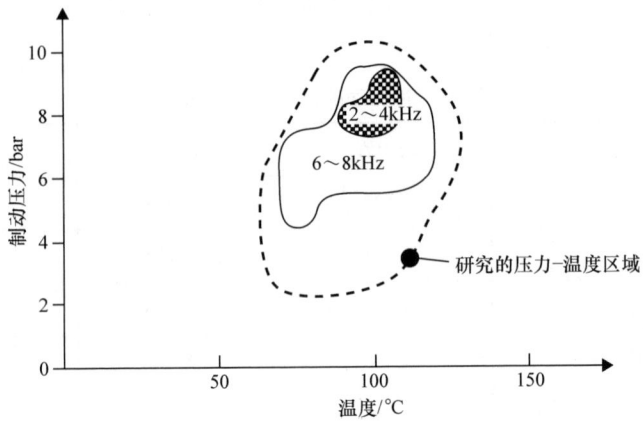

图 24.31 制动压力和温度的相互作用对制动尖叫影响的实例

$$\begin{bmatrix} \sigma_x \\ \sigma_y \\ \sigma_z \\ \tau_{xz} \\ \tau_{yz} \\ \tau_{xy} \end{bmatrix} = \begin{bmatrix} c_{11} & c_{12} & c_{13} & 0 & 0 & 0 \\ c_{12} & c_{11} & c_{13} & 0 & 0 & 0 \\ c_{13} & c_{23} & c_{33} & 0 & 0 & 0 \\ 0 & 0 & 0 & c_{44} & 0 & 0 \\ 0 & 0 & 0 & 0 & c_{44} & 0 \\ 0 & 0 & 0 & 0 & 0 & \frac{1}{2}(c_{11}-c_{12}) \end{bmatrix} \begin{bmatrix} \varepsilon_x \\ \varepsilon_y \\ \varepsilon_z \\ \gamma_{xz} \\ \gamma_{yz} \\ \gamma_{xy} \end{bmatrix} \quad (24.56)$$

温度对图 24.32 的刚度参数有重要影响；当温度从 20℃ 增加到 200℃ 时，预期范围减少为 20% 到 35%[40]。

最近的 SAE 试验程序 J2598[56]，对摩擦片阻尼测量提供了具有一定再现性的稳健设计程序。它建议使用小冲击锤和小加速度计，小冲击锤是为了避免附件振动，虽然不能完全消除接触的影响。获得一致可重复性的测试结果的另一种方法，是采用非接触激励（磁力，最早使用该方法的研究人员之一是 Nishiwaki 等[57]）和非接触信号拾取器（激光测振仪）。

2. 摩擦

Bergman、Eriksson、Jacobson 和同事发现摩擦系数 μ_d 的变化与制动次数和尖叫产生相关。他们的成果总结在文献 [58 - 67] 中，并且与文献 [26] 的报道一致。他们指出，μ_d 从 0.2 逐渐增加，经过 1000 次制动之后，其值稳定到低于 0.6 的一个值。当 μ_d 增加超过一临界值时，可发现尖叫迅速增加，如图 24.33 所示。

在文献 [36] 中，试验结果涉及了不同固体润滑剂的作用，湿度和摩擦片形态对制动尖叫都可产生影响。

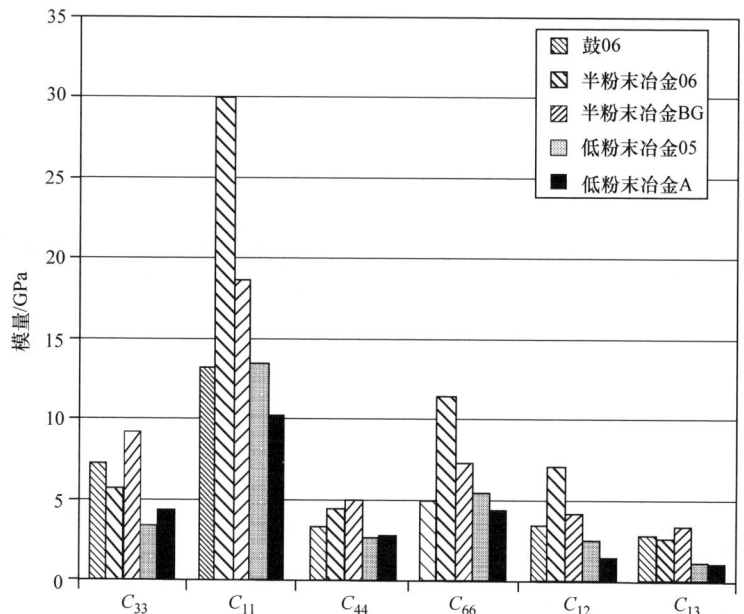

图 24.32 摩擦材料模量的比较，值 C_{ij}（$i, j = 1, 6$）指的是式（24.56）刚度矩阵的分量，而 σ_x，σ_y，σ_z，τ_{xy}，τ_{yx}，τ_{xz} 为应力，ε_x，ε_y，ε_z，γ_{xy}，γ_{yx}，γ_{xz} 为应变

24.6.3.2 计算

计算对于理解制动振动和/或噪声是至关重要的。仿真和分析方法可以分为两大类：频域内的复特征值分析和时域内的瞬态分析[37]。瞬态分析结果可以通过傅立叶变换到频域内，此时假设现象是周期性的，虽然并非总是如此。

复特征值分析研究准静态稳定滑动条件下的制动振动和噪声现象，由力学模型导出的运动方程是线性的。

当存在非线性影响时，只有时域仿真是分析制动系统动力学行为的适当方法。表 24.4 总结了上述两种方法的主要方面[37,68-73]。

24.6.3.3 试验和计算

自 20 世纪 30 年代末到 20 世纪 90 年代，在匹配计算数据和试验结果方面，两者的匹配几乎没有实际有效的。在过去的二十年内，不断增加的计算能力允许研究人员面对复杂的制动振动和噪声仿真问题。

在附录中，表 24.8 列出了一列有关试验和计算仿真的文献。

综合研究的目的，在于通过试验改善复杂和简单的制动模型[74]。尤其是通过三维有限元热机械仿真与详细的试验结果分析结合，发现热弹性"屈曲不稳定"是产生热点和热抖动的一个重要因素[47]。

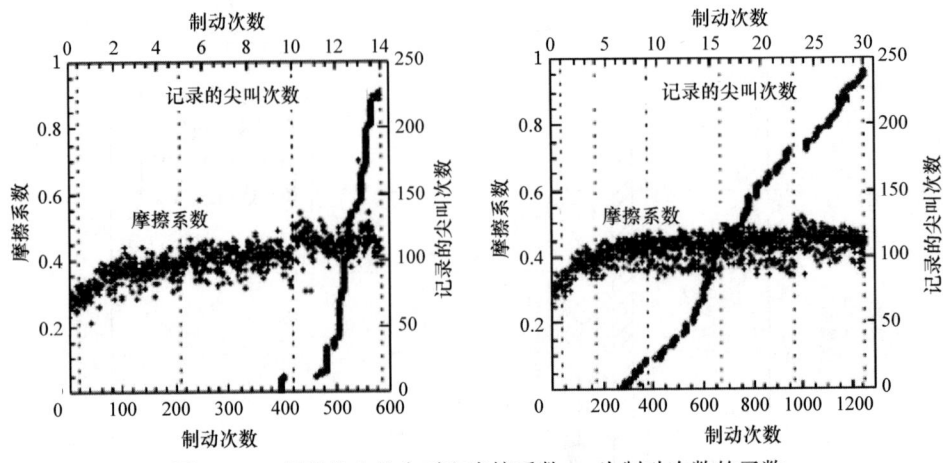

图 24.33 累积发生的尖叫和摩擦系数 μ_d 为制动次数的函数

表 24.4 制动盘平面外模态

模态	m = 节点圆数 n = 节点直径数	频率范围/Hz	形状
1ND	$(m,n)=(0,1)$	700~1100	
2ND	$(m,n)=(0,2)$	800~1700	
3ND	$(m,n)=(0,3)$	1800~3500	
4ND	$(m,n)=(0,4)$	2900~4300	
5ND	$(m,n)=(0,5)$	4300~5900	
6ND	$(m,n)=(0,6)$	5700~7800	
7ND	$(m,n)=(0,7)$	7100~9900	
8ND	$(m,n)=(0,8)$	8500~12400	
9ND	$(m,n)=(0,9)$	12600~13200	
…	…	…	
1NC	$(m,n)=(1,0)$	1700~4000	

(续)

模态	m = 节点圆数 n = 节点直径数	频率范围/Hz	形状
2NC	$(m,n) = (2,0)$	3400~5700	
…	…	…	

许多研究人员在实验室建立了制动系统,以便控制实际制动系统存在的许多不确定性和形状细节以及难以建模的问题。在文献[75]中,使用销-盘(POD)系统提供了令人满意的机械简化和可控的动态特性;预测的不稳定模态实际上是不稳定的,但是稳定的模态可能向不稳定模态转化。在文献[76]中,盘制动器和摩擦片的相互作用通过实验室内的制动系统进行了分析和试验,在确定和随机摩擦系数下考虑了制动盘和摩擦片之间的横向和圆周振荡。在文献[77]中,研究了简单集总数学模型,通过使用简单的 L 形梁的试验台,提出预测尖叫噪声的两种试验方法,它的结果取决于摩擦和切向/接触刚度的准确度。在文献[78,79]中,对建立的简单制动系统进行了深入的科学分析,以便控制影响制动振动和/或噪声的参数,此论文强调了时域仿真的关键作用。

24.6.4 模型

24.6.4.1 摩擦

在文献[36]中,阐述了摩擦与制动系统关系的概况。除了摩擦学的经典书籍[80-83]外,最近对控制摩擦的应用在文献[84]给出了中综述。从文献[84]可以看出,由 Amontons、Coulomb 和 Stribeck 在历史上建立的摩擦模型,似乎应当通过依赖状态的摩擦定律加以改善。的确,摩擦是一种动态行为。预位移、速度相关性和滞后等现象,已经通过试验观察到,并且只能通过动态模型再现[84]。Dahl 模型[85]是依赖状态的摩擦定律,定义为

$$F = F_c (1 - e^{-\sigma_0 |x|/F_c}) \operatorname{sgn}\left(\frac{dx}{dt}\right) \quad (24.57)$$

式中,F 为力;F_c 为 Coulomb 摩擦;x 为位移;σ_0 为刚度。

将式(24.57)对 x 进行微分,取 $x = 0$,有

$$\frac{dF}{dx} = \sigma_0 \left(1 - \frac{F}{F_c} \operatorname{sgn}\left(\frac{dx}{dt}\right)\right) = \sigma_0 \left(1 - \frac{F}{F_c} \operatorname{sgn}(v)\right) \quad (24.58)$$

引入 $z = F/\sigma_0$ 作为状态变量,得

$$\frac{dz}{dt} = \frac{1}{\sigma_0} \frac{dF}{dx} \frac{dx}{dt} = \frac{1}{\sigma_0} \frac{dF}{dx} v = v - \frac{\sigma_0}{F_c} |v| z \quad (24.59)$$

稳定状态下，有

$$F_{ss} = \sigma_0 z_0 = F_c \text{sgn}(v) \quad (24.60)$$

由此得到 Coulomb 摩擦力。Dahl 模型不包含 Stribeck 效应，即摩擦系数随速度下降。但是，与之前引入的 Dahl 模型相比，LuGre 摩擦模型包含 Stribeck 效应[85]，具体为

$$\dot{z} = v - \sigma_0 \frac{|v|}{g(v)} z = v - h(v)z; \quad F = \sigma_0 z + \sigma_1 \dot{z} + f(v) \quad (24.61)$$

式中，v 为接触表面之间的速度；σ_1 为微观阻尼；$f(v)$ 为宏观阻尼，其典型值为 $\sigma_0 v$。

在稳定状态下，

$$F_{ss}(v) = g(v)\text{sgn}(v) + f(v) \quad (24.62)$$

LuGre 模型可以考虑为一种被动系统，当且仅当

$$\sigma_2 > \sigma_1 \frac{F_s - F_c}{F_c} \quad (24.63)$$

更多细节可以在文献 [85] 中找到，讨论黏滑现象的非线性动力学，如图 24.34 所示。

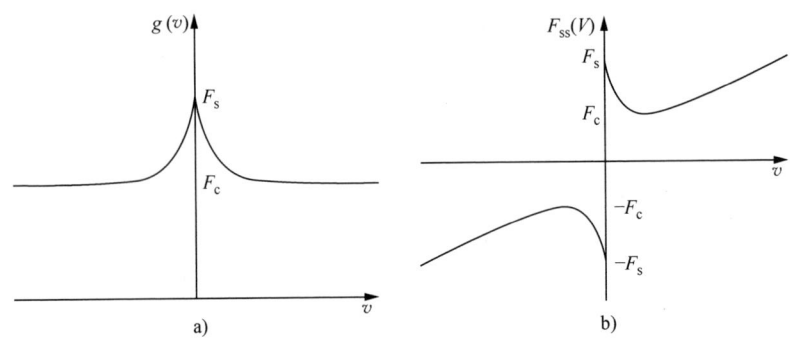

图 24.34 表征了 Lugre 摩擦模型的函数
a) 表示函数 $g(v)$ 能够获得 Coulomb 摩擦和 Stribeck 效应
b) 表示稳态摩擦函数 $F_{ss}(v)$，其中 $f(v)$ 代表黏性摩擦，典型地，$f(v) = \sigma_2 v$，F_c 是 Coulomb 摩擦力，而 F_s 表示黏合力。不对称摩擦行为，可以通过让 $g(v)$ 和 $F(v)$ 具有用于正和负的速度不同的形状获得

摩擦测量通过定义明确的标准实现[54]。文献 [86] 指出由基本的准静态测量很难导出 Stribeck 特性。

从经验而言，摩擦片和制动盘之间接触区域的平均摩擦系数变化范围为 0.2~0.7，更常用的值为 0.3~0.6。这个平均值指的是接触面积较宽，不能保证接触面积平滑分布。在单一的小接触区域，可以通过标准实验室测功机，称为摩擦测试仪，用来测量摩擦系数。从材料科学而言，这种测量方式非常有趣。但

是,这在普通工程应用中应用意义有限,如摩擦片和制动盘之间的摩擦力测量。摩擦片和制动盘之间接触区域的接触压力变化范围为 0~4MPa,取决于转子温度(达到500℃)。

在文献[27,87]中,尝试用一种随机方法建立摩擦制动力模型,因为制动振动噪声具有随机性。接触表面和相对速度被发现是随机的,直接导致随机摩擦力。摩擦的随机定义为

$$\mu = \left(\mu_k + \frac{\mu_s - \mu_k}{\cosh(\alpha v_{rel})}\right)\tanh(\beta v_{rel}) \qquad (24.64)$$

式中,μ_s 和 μ_k 分别为静态和动态摩擦系数;α 和 β 为形状参数;v_{rel} 为相对速度。

摩擦系数被认为是平均值为 μ_k 的高斯白噪声过程的随机变量。

随机等效(平均值)摩擦系数的实现,可以解释制动振动和/或噪声难以琢磨的特性,但是可能会失去其物理意义。捕捉摩擦系数(随机)变化更有趣的一种方法,致力于研究在微观(微米)或中观(微米、毫米)尺度发生的现象,Ostermeyer 对此进行了科学研究,见文献[26]之前引用的论文。在文献[26]中,摩擦力的变化与出现在摩擦片和制动盘之间接触表面上的硬质颗粒的同步微振动有关。一个力学模型的实例,如图 24.35 所示。其中,硬质颗粒与聚合物基材弹性连接和相互连接,可以从宏观上计算变化的摩擦。

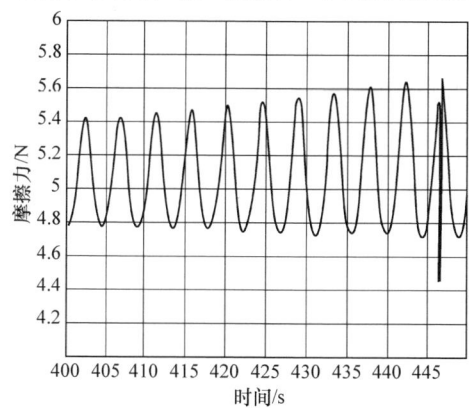
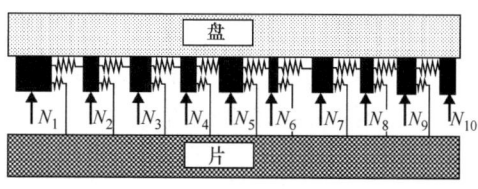

图 24.35 许多相互连接的振动质量产生的作用在制动盘上变化的摩擦力

在文献[40]中,其第 2 章涉及表面形貌和表面粗糙变形,给出基于粗糙的接触模型和现象学接触模型之间的相关性。基于法向柔性定律,引入用于接触和摩擦的 Oden – Martins 本构模型。这种模型可以有效地获得接触压随力侵入增加的非线性效应,如图 24.36 所示。

24.6.4.2 集中参数模型

最早理解制动噪声产生原因的尝试,是通过少自由度系统模型的简单分析,

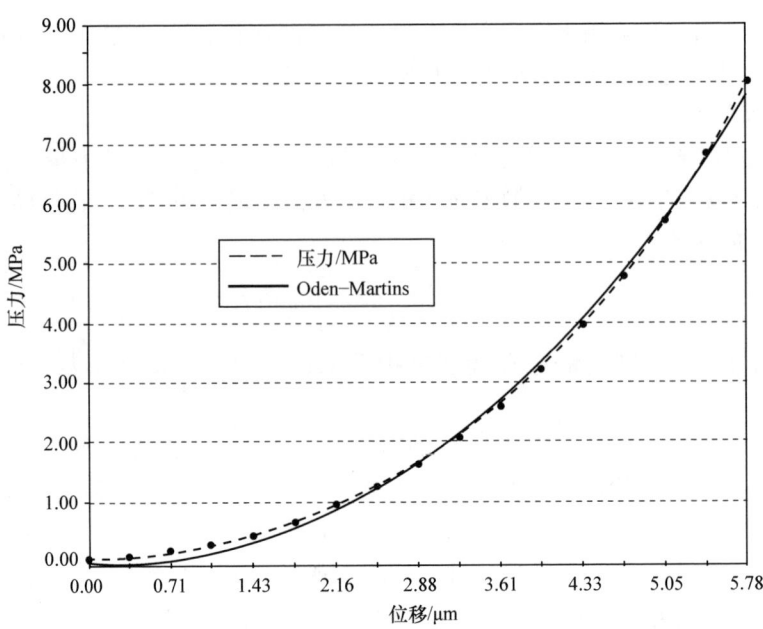

图 24.36 以侵入为函数的接触压力的增加

称为"简约模型"或"集中参数模型",如 Jarvis 和 Mills[88], Millner[89], Earles 及其同事[90-94], Nishiwaki[57,95], Brooks[96], Hultén 和 Flint[97], El-Butch 和 Ibrahim[32,98], Rudolph(鲁道夫)和 Popp[99,100], Popp 等[101], Chowdhary[102,103], Hoffmann 和 Gaul[104]。

这种模型是实际系统的近似,视为离散单元的聚合部件,如通过弹簧和减振器连接刚体。文献中有很多简约模型的例子[25,36],尤其是对制动尖叫噪声的研究。一个关键的问题,是从这些模型和结果的可靠性可以推断出的信息。

在文献[104]中,基本上提出了两类可能的模型:

① 分析模型用于理解振动现象。

② 源于大规模系统的模型。

第一类包括用于揭示产生制动振动和/或噪声的物理机理的模型,这种模型通常只能给出定性和现象的结果。而第二类的目标是获得定量结果的模型,通常用于控制[105,106],但是这些模型的推导仍是一个悬而未决的问题。早期学术研究的模型可以清楚地归为第一类,见 24.6.1 节。因为它们尝试理解和解释制动振动和/或噪声的现象,某些模型利用试验分析进行了验证。

文献中会出现许多"简约模型"。为简化起见,将只描述每个模型的一般特性。基于线性化运动方程,仅用质量矩阵 $[M]$、阻尼矩阵 $[C]$、刚度矩阵 $[K]$ 表示,相关的运动方程为

$$[M] \cdot \ddot{z} + [C] \cdot \dot{z} + [K] \cdot z = 0 \tag{24.65}$$

不限于制动噪声问题,最广泛研究的模型,如图 24.37 所示。模型中给出了

摩擦振荡器的单自由度模型。

许多作者描述了由质量组成、受到线性弹簧和线性黏滞阻尼元件限制的简单模型[84,107,108]，其中质量为 m，刚度为 k，阻尼常数为 c，以垂直力 F 将质量压在速度为 v 的移动带上。显然，运动方程为

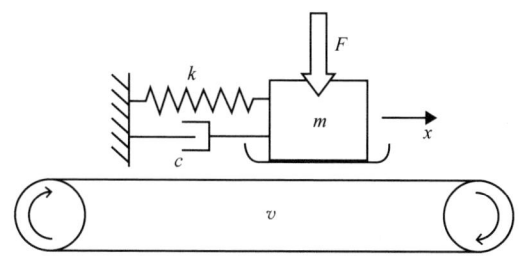

图 24.37 摩擦振荡器的单自由度模型

$$m_{\text{TOT}}\ddot{x} + c_{\text{TOT}}\dot{x} + k_{\text{TOT}}x = 0 \quad (24.66)$$

根据系统的物理参数，该模型可能是不稳定的。Matsui 等提出了一种简单模型[109]，如图 24.38 所示，试图基于摩擦系数 μ 取决于速度 v 的摩擦定律，解释尖叫噪声产生的原因。

运动的线性方程的矩阵为

$$\underline{z} = x \quad [M] = m \quad [K] = k \quad [C] = c - Nb$$

显然，项 $c - Nb$ 的符号决定系统是渐近稳定的，还是不稳定的。Matsui 和 Murakami 在论文中认为，影响系统稳定性的基本参数为阻尼系数 c、垂向力 N 和摩擦斜率 b。

Hetzler 等发现[110,111]，滑动稳定状态与不稳定状态之间的转换比经典稳态性分析更复杂，并且涉及取决于系统参数的分岔。

尽管该模型简单和能够说明一定的现象，但是图 24.37 和图 24.38 中的模型不适用于描述制动振动和/或噪声。

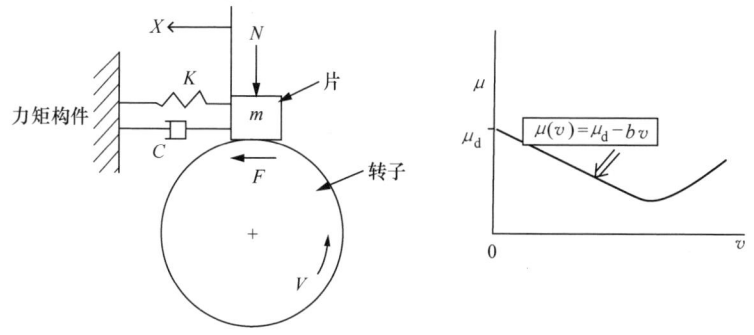

图 24.38 Matsui 和 Murakami 建立的模型

历史上用于研究制动尖叫的最重要的"简约模型"之一，是 1972 年 North[112]建立的二元颤振模型；1976 年由 North 进一步简化[28]。在文献[28]中，模型是一个两自由度 y 和 θ 的盘，质量 m 为刚体，厚度为 $2h$，转动惯量为

J。假设盘夹在两层摩擦材料之间,每层的长度为 L,每层刚度分别为 k_1 和 k_2,其中 $k_2 = k_1 L^2/3$,N_0 为片和盘之间的静态预载荷。如图 24.39 所示,作用在盘上的摩擦力 F_1 和 F_2 分别为

$$F_1 = \mu(k_1 y + N_0), F_2 = \mu(-k_1 y + N_0) \tag{24.67}$$

如前所述,该模型是新颖的,因为它第一个将制动尖叫考虑为有固定摩擦系数 μ 下通过摩擦力产生的自激振动。参考稳定平衡位置 $y=0$,$\theta=0$,线性化运动方程如下

$$\underline{z} = \begin{bmatrix} y \\ \theta \end{bmatrix} \quad [M] = \begin{bmatrix} m & 0 \\ 0 & J \end{bmatrix} \quad [K] = \begin{bmatrix} k_t + k_1 & 2\mu N_0 \\ -2\mu h k_1 & k_r + k_2 \end{bmatrix}$$

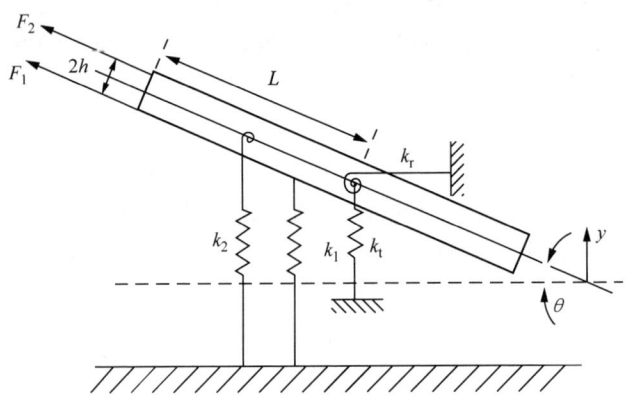

图 24.39 North 建立的模型

North 发现,矩阵 $[K]$ 的非对称性可能造成模态耦合不稳定或二次颤振。如果以下两个条件式(24.68)都成立,则会产生不稳定:第一个条件总是成立;第二取决于系统的参数值

$$(-2\mu h k_1)(2\mu N_0) < 0 \tag{24.68a}$$

$$\frac{1}{mJ}((k_t + k_1)J - (k_r + k_2)m)^2 \leq 16\mu^2 h k_1 N_0 \tag{24.68b}$$

虽然该模型简单,不包括阻尼,但是可以得到重要的结论:摩擦系数 μ 的增加会增大颤振不稳定的趋势,然后产生制动振动和/或噪声的倾向。

另一个重要的模型是由 Earles 及其同事提出的 POD 模型。该模型如图 24.40 所示,盘表示为刚体质量 M,片表示为刚体质量 m 和转动惯量 J。两个刚体通过长度分别为 l_C 和 l_G 的销连接。在考虑接触约束之前,该模型有三个自由度 x_d、x_p 和 φ,但是由于销必须始终与盘保持接触,因此该模型只有两个自由度。模型中的摩擦系数 μ 是固定的。

运动方程为

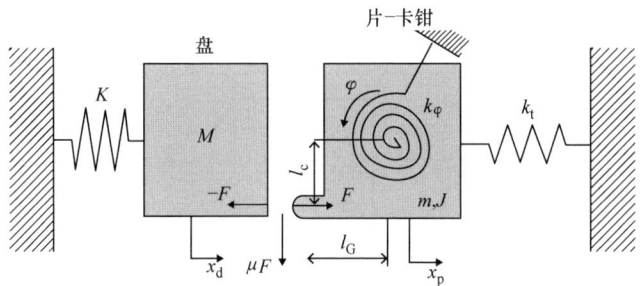

图 24.40　Earles 建立的模型

$$M\dot{x}_d + Kx_d = -F$$
$$m\ddot{x}_p + k_t x_p = F$$
$$J\ddot{\varphi} + k_\varphi \varphi = \mu F l_G + F l_C \quad (24.69)$$

接触约束方程为

$$x_d = x_p + l_C \varphi$$

$$\underline{z} = \begin{bmatrix} x_p \\ \varphi \end{bmatrix} \quad [M] = \begin{bmatrix} M+m & Ml_C \\ \mu l_G M + l_C M & J + \mu l_G l_C M + l_C^2 M \end{bmatrix}$$

$$[K] = \begin{bmatrix} K+k_t & Kl_C \\ \mu l_G K + l_C K & k_\varphi + \mu l_G l_C K + l_C^2 K \end{bmatrix} \quad (24.70)$$

该模型基于楔块滑动理论，与 Spurr[113] 提出的运动方程没有一致的数学公式。此模型最大的创新是首次考虑片的旋转运动，而不仅考虑片的平移运动。

通过一系列模型，Earles 等[90-94] 能够说明片弯曲振动对制动振动和噪声产生的重要性。分析表明，当制动盘 f_d 和摩擦片－卡钳 f_φ 的固有频率相近时产生尖叫。然而，试验结果与模型仿真结果不吻合。除其他原因外，销－盘模型只能模拟平移方向的反作用力，不能模拟旋转方向上接触表面的恢复力矩。出于这个原因，Oura 等[114] 最近开发出表面－接触模型，其中检验了建模为分布式弹簧的摩擦接触面对尖叫的影响，该模型获得的仿真结果与试验结果可以吻合很好。

一个重要的简约模型是 Millner 模型[89]，如图 24.41 所示。它由一个制动盘、一个制动片和一半制动钳组成，具有六个自由度，包含一个约束方程，将自由度减少为五个。它通过固定摩擦系数 μ 表征，基于楔块滑动理论建立，与 North 模型类似。对于 Millner 模型，增加摩擦系数 μ 具有更大增加不稳定的可能性，但是不稳定的最小值是必须的。文献 [89] 的其他重要结果总结是：对于固定的摩擦值，尖叫发生和尖叫频率取决于制动片材料的刚度（Yang 模量）、卡钳刚度和质量；将活塞和制动片之间的压力中心向制动片前端移动，减少了尖叫的倾向；将简约模型仿真结果和试验结果进行了比较，对应尖叫的理论和实际 μ

值具有良好的可比性。当 μ 值较大时，模型中尖叫幅值随着 μ 增加。

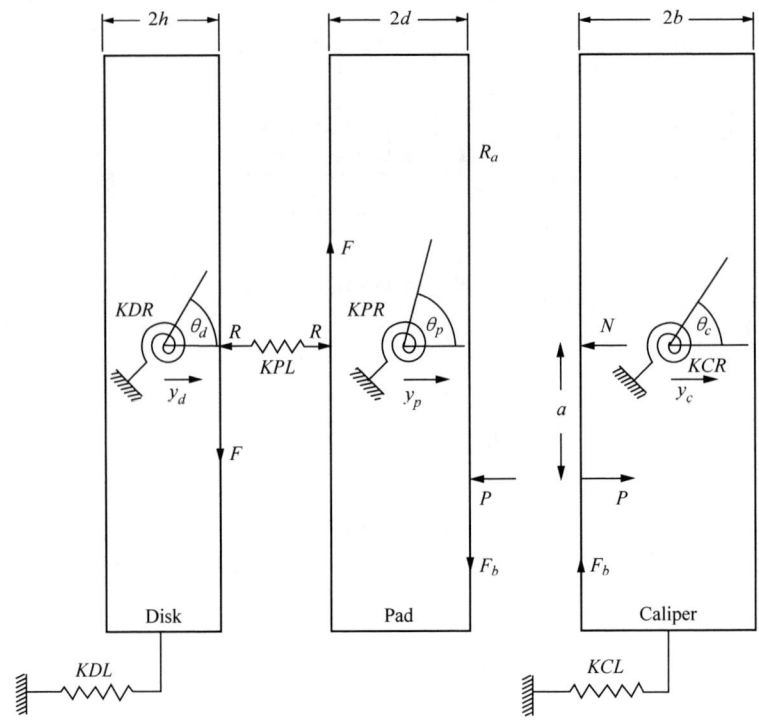

图 24.41　Millner 建立的模型

Murakami 等开发了一种更复杂的销滑块拳头型盘式制动器模型[115]，位于制动器末端和前端的力矩元件作为刚度/阻尼系统。模型的 7 个自由度分别为旋转自由度 θ_0、θ_i、θ_R、θ_p、θ_c 和旋转方向的位移 Z_0、Z_i，如图 24.42 所示。作者尝试通过试验和数值方法（FEM 和分析方法）解释制动尖叫现象，与试验结果相关的主要尖叫能量源通过制动片的 $\mu - v$ 特性和制动力识别，前者如图 24.43a 所示，后者如图 24.43b 的 i 和 ii 所示。制动力沿制动盘旋转的切线方向，使平面弯曲力矩垂直制动盘旋转方向。为了确定计算的可靠性，进行制动试验，以便验证集总模型，了解每个参数对尖叫产生频率的影响，试验结果和仿真结果相吻合。模型给定了以下参数：

① 由刚度引起的力矩 TC、TP、TE、TCR、TPR、GRO 和 GRI。
② 由阻尼力引起的力矩 DC、DP、DE、DCR、DPR、DRO 和 DRI。
③ 刚度（阻尼）力 KZO、KZI（CZI、CZI）。
④ 沿 y 轴的力 N。

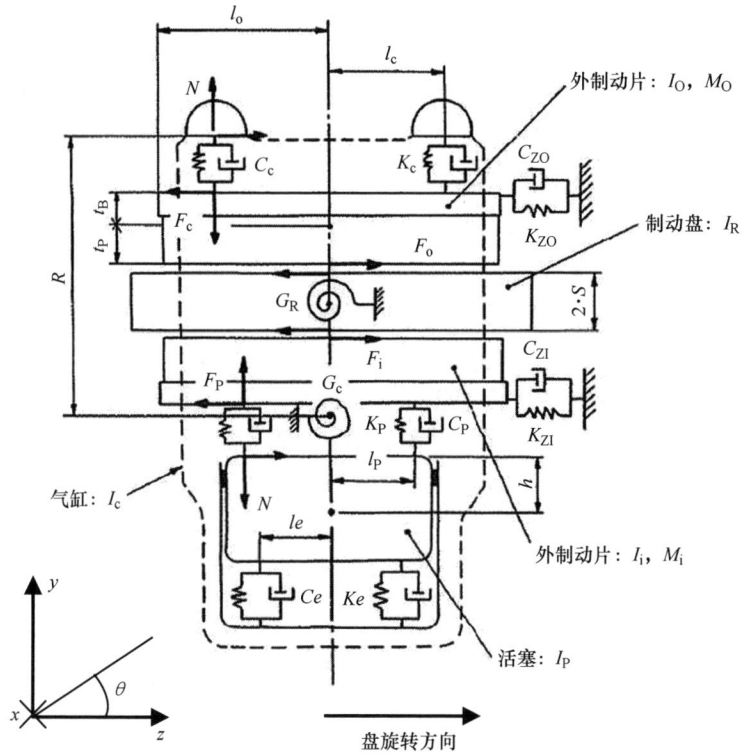

图 24.42　Murakami、Tsunada 和 Kitamura 建立的模型

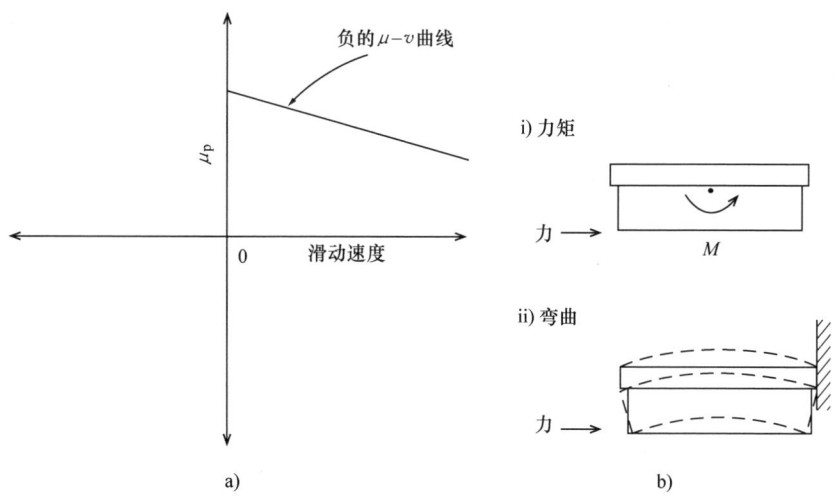

图 24.43　图 24.15 中模型假设的 $\mu - v$ 特性

⑤ 摩擦力 F_o、F_i、F_c 和 F_p。

运动方程为

$$I_o\ddot{\theta}_o = -TC - DC + F_o t_p + F_c t_B + Nl_c - GRO - DRO$$
$$I_R\ddot{\theta}_R = -C_R\theta_R - C_R\dot{\theta}_R + F_\sigma S - F_i S - TCR - TPR - DCR - DPR$$
$$I_i\ddot{\theta}_i = -TP - DP - F_i t_p - F_p t_B - Nl_p - GRI - DRI$$
$$I_p\ddot{\theta}_p = TP + DP - TE - DE + Nl_p - F_p h$$
$$I_c\ddot{\theta}_c = -G_c\theta_c + TC + DC + TE + DE - Nl_c - F_c R$$
$$M_o\ddot{Z}_o = -KZO - CZO + F_o - F_c$$
$$M_i\ddot{Z}_i = -KZI - CZI + F_i - F_p \quad (24.71)$$

由 Nishiwaki 建立的另一个有趣的数学模型，用于比较鼓式制动器尖叫、盘式制动器尖叫和盘式制动器颤振噪声的运动方程[95]。这样的制动噪声都是由摩擦力的动态不稳定产生的，而摩擦力属于非保守力。制动结构的振动使摩擦表面产生位移，因此，摩擦力作用于制动系统的变形表面。盘式制动器尖叫的理论模型，如图 24.44 所示。与 Murakami 模型一样，这个研究使用的制动器是一个销滑块拳型卡钳。制动盘是半径为 r_2 的圆盘，板厚度为 t_d，抗弯刚度为 D_d。外侧和内侧摩擦片安装在相反位置，r_1 和 r_2 分别为每个摩擦片的内、外圆周曲率半径，t_p 为摩擦片厚度，D_p 为弯曲刚性，2ϕ 为中心角。摩擦材料由厚度为 h 的衬片表示，黏附于每个摩擦片，在模型中用无质量的弹簧表示，单位面积的弹簧系数 E_1/h 分布在所有摩擦表面上。

与模型有关的方案，如图 24.44 所示，它可能有四个自由度。建立制动盘平面内的变形 v_d 和垂直于制动盘平面的制动盘和摩擦片的变形 w_{op}、w_{ip}、w_d 的模型。一般形式表示的拉格朗日运动方程为

$$M\ddot{X} + KX = \left(\frac{E_1}{h}\right)AX + \mu\left(\frac{E_1}{h}\right)BX \quad (24.72)$$

其中，定义 a_{ij} 和 b_{ij} 为常数，取决于制动片和制动盘的振动模态、制动片的形状、衬的位置和制动片，项 M、K、A、B 和 X 为以下形式

$$X = \begin{bmatrix} q_{op}(t) \\ q_{ip}(t) \\ q_{d1}(t) \\ q_{d2}(t) \end{bmatrix}; M = \begin{bmatrix} m_{op} & 0 & 0 & 0 \\ 0 & m_{ip} & 0 & 0 \\ 0 & 0 & m_{d1} & 0 \\ 0 & 0 & 0 & m_{d2} \end{bmatrix}; K = \begin{bmatrix} k_{op} & 0 & 0 & 0 \\ 0 & k_{ip} & 0 & 0 \\ 0 & 0 & k_{d1} & 0 \\ 0 & 0 & 0 & k_{d2} \end{bmatrix}$$

$$A = \begin{bmatrix} a_{11} & 0 & a_{13} & a_{14} \\ & a_{22} & a_{23} & a_{24} \\ & & a_{33} & a_{34} \\ & & & a_{44} \end{bmatrix}; B = \begin{bmatrix} 0 & 0 & 0 & 0 \\ 0 & 0 & 0 & 0 \\ b_{31} & b_{32} & 0 & 0 \\ b_{41} & b_{42} & 0 & 0 \end{bmatrix} \quad (24.73)$$

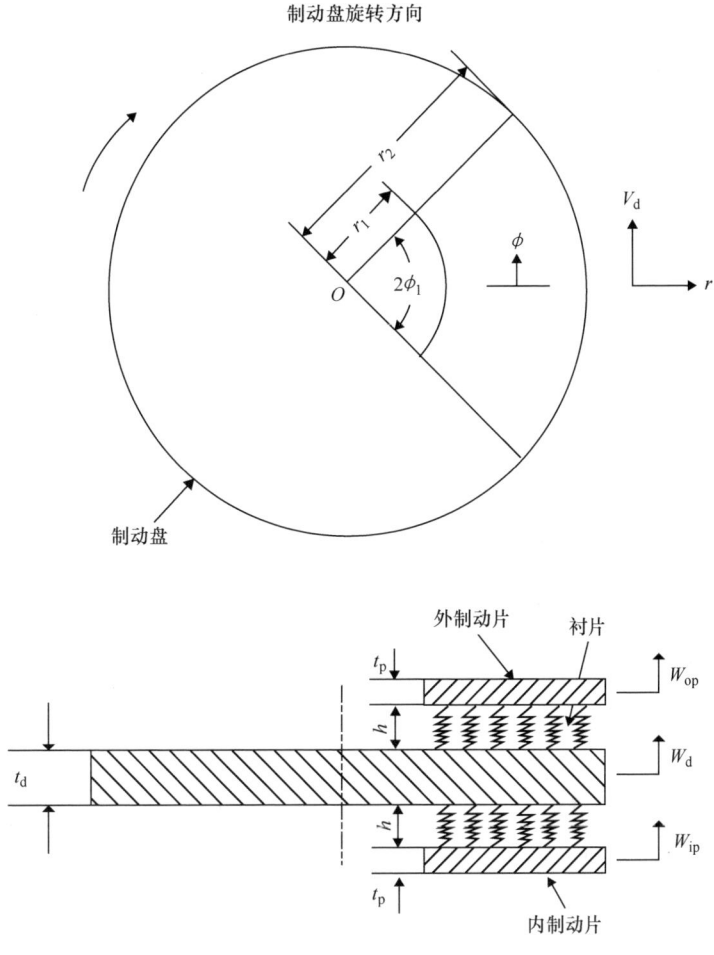

图 24.44 Nishiwaki 建立的模型

Nishiwaki 模型仅限于对制动器噪声现象进行纯数学研究,没有进行试验验证。

Brooks 等开发了制动尖叫的集总参数模型,具有 12 个自由度。在 Murakami 模型中,Brooks 将盘式制动器的振动考虑为摩擦产生的制动不稳定,由从动件的摩擦力引起。此外,Brooks 使用特征值灵敏度分析模型中参数的小变化对尖叫产生的影响。

Shin 模型试图通过摩擦下降特性和黏合滑动理论解释自激振动[116]。该模型具有非常简单的优点,并且它的摩擦定律为线性,但是难以将其与真正的制动系统相联系。实际上,没有对分析结果进行试验验证。$\mu(v)$ 的定律和非线性的运动方程将在后续描述，如图 24.45 所示。

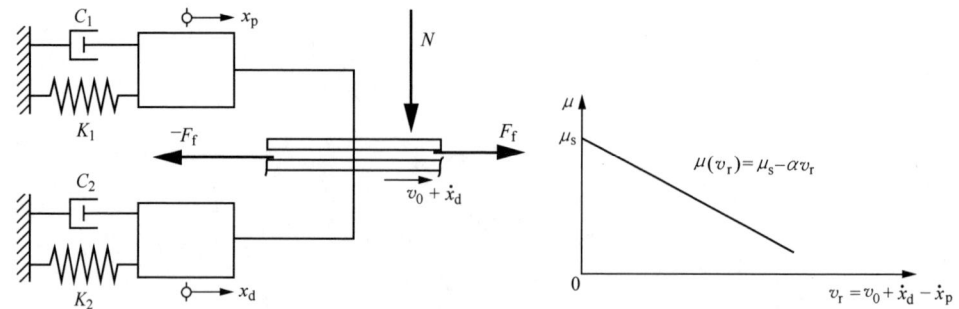

图 24.45 Shin 建立的模型

线性运动方程为

$$m_1\ddot{x}_p + c_1\dot{x}_p - N\alpha(\dot{x}_p - \dot{x}_d) + k_1 x_p = N(\mu_s - \alpha v_0)$$
$$m_2\ddot{x}_d + c_1\dot{x}_d - N\alpha(\dot{x}_d - \dot{x}_p) + k_2 x_d = -N(\mu_s - \alpha v_0) \quad (24.74)$$

其中

$$\underline{z} = \begin{bmatrix} x_p \\ x_d \end{bmatrix}; [M] = \begin{bmatrix} m_1 & 0 \\ 0 & m_2 \end{bmatrix}; [C] = \begin{bmatrix} c_1 - N\alpha & N\alpha \\ N\alpha & c_2 - N\alpha \end{bmatrix}; [K] = \begin{bmatrix} k_1 & 0 \\ 0 & k_2 \end{bmatrix}$$

(24.75a)

单独对制动盘或摩擦片增大阻尼，可使系统产生更大的噪声。

从科学的角度而言，Hoffmann 和 Gaul[104]建立了一个非常有趣的模型，具有之前所述简约模型的所有特性。这样模型的缺点是与实际制动系统相差很大，但是，作者显然想要探索和解释模态耦合不稳定，是产生摩擦诱导的自激振动的一个原因。图 24.46 中的模型有两个自由度，由一个传送带和一个大质量块组成。

考虑到稳定滑动状态的小扰动和近似的摩擦力 $F_F = \mu k_3 y$，可得如下线性运动方程

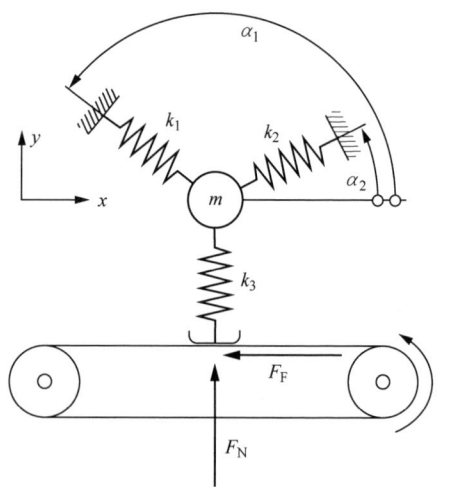

图 24.46 Hoffmann 和 Gaul 建立的模型

$$\underline{z} = \begin{bmatrix} x \\ y \end{bmatrix}; [M] = \begin{bmatrix} m & 0 \\ 0 & m \end{bmatrix}; [K] = \begin{bmatrix} k_{11} & k_{12} - \mu k_3 \\ k_{21} & k_{22} \end{bmatrix} \quad (24.75b)$$

其中
$$k_{11} = k_1\cos^2\alpha_1 + k_2\cos^2\alpha_2$$
$$k_{12} = k_{21} = k_1\sin\alpha_1\cos\alpha_1 + k_2\sin\alpha_2\cos\alpha_2$$
$$k_{22} = k_1\sin^2\alpha_1 + k_2\sin^2\alpha_2 + k_3$$

摩擦力作用类似于交叉的耦合力，可能会造成颤振不稳定。该模型不与特定制动系统相关，但是如作者所述[104]，它可能对实际设计具有很大的帮助。

可以认为 Popp 模型[99-101]是 North 模型的新发展。该模型是令人鼓舞的模型，仅有 2 个自由度且摩擦系数恒定为 μ，由两个弹簧模拟制动盘与片的接触和阻尼对两自由度制动盘产生影响，如图 24.47 所示。

在两个摩擦片上加上预载荷 N_0 以确保接触，线性化运动方程为

$$\underline{z} = \begin{bmatrix} x \\ \varphi \end{bmatrix}; [M] = \begin{bmatrix} m & 0 \\ 0 & J \end{bmatrix}; [C] = \begin{bmatrix} d_1 & 0 \\ 0 & d_2 \end{bmatrix}$$

$$[K] = \begin{bmatrix} c_1 + c_3 & -c_3 s \\ -c_3(s-\mu h) & c_2 + c_3(s^2 + \mu h s) \end{bmatrix}$$

$$[K] = \begin{bmatrix} c_1 + c_3 & -c_3 \\ -c_3(s-\mu h) & c_2 + c_3(s^2 + \mu h s) + 2N_0(h(1+\mu^2) + \mu s) \end{bmatrix} \quad (24.76)$$

Flint 和 Hultén[117]基于特征值分析开发了盘式制动器模型。在文献［117］中，他们将制动盘和摩擦片假设为弹性元件，与卡钳结合组成无质量的刚体，以便研究小振动的增长趋势。

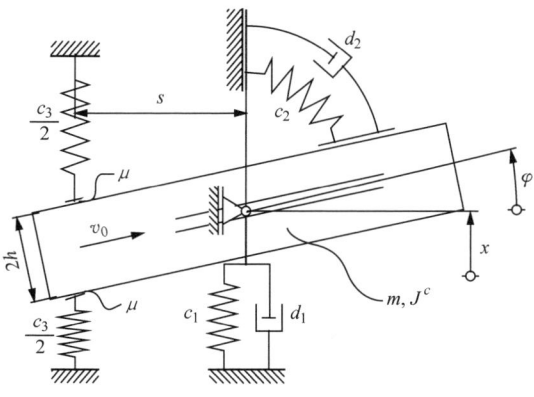

图 24.47 Popp 建立的模型

制动盘建模为具有环形对称边界的柔性梁，通过摩擦材料与两个摩擦片连接，摩擦材料建模为无限弹簧。该模型能够考虑由于制动盘两侧摩擦力不等产生的力矩，而摩擦力不等是由于两侧摩擦材料所受的压缩不同。在这种方式下，由

于力矩存在,横向振动产生时,会使制动盘的旋转产生行波。摩擦片的底板通过梁表示,它与地面柔性接触。活塞建模为刚性体,在横向方向上有 1 个自由度,它通过七个弹簧与底板接触,其中七个弹簧代表分布接触,如图 24.48 所示。

具有外部激励的线性系统和连续系统的方程为

$$M[\ddot{w}] + L[w] = 0$$

$$k_{ij} = \int_D \phi_i L[\phi_j] dD \quad m_{ij} = \int_D \phi_i M[\phi_j] dD \tag{24.77}$$

式中,L 和 M 为线性微分算子。

将偏微分方程离散为普通方程系统

$$k_{ij} = \int_D \phi_i L[\phi_j] dD \quad m_{ij} = \int_D \phi_i M[\phi_j] dD \tag{24.78}$$

式中,D 为积分范围;ϕ 为测试函数($i, j = 1, 2, \cdots, N$);N 为分析的项数。

此模型的更多细节可参见文献 [117]。

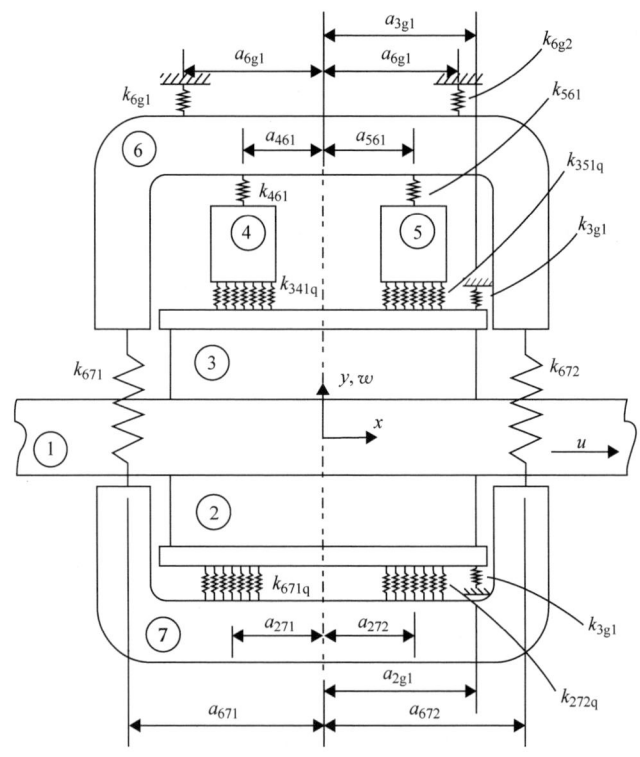

图 24.48　Flint 和 Hulten 建立的模型,该模型将一个制动盘①和两个摩擦片②和③作为连续元件,而活塞④和⑤和卡钳部分⑥和⑦作为离散元件

该模型能够很好地再现测试实际盘式制动器的尖叫频率,作者说明"测试

的尖叫和计算不稳定性之间具有良好的一致性,可能是由于这些特定尖叫与制动盘的共振接近。"

Kinkaid 等建立的模型[24]是具有四个平移自由度的简单模型,可以再现盘制动器摩擦片的滑动。该模型能够获得横向(径向)的系统运动,主要用于模拟尖叫过程中的瞬态现象,如图 24.49 所示。

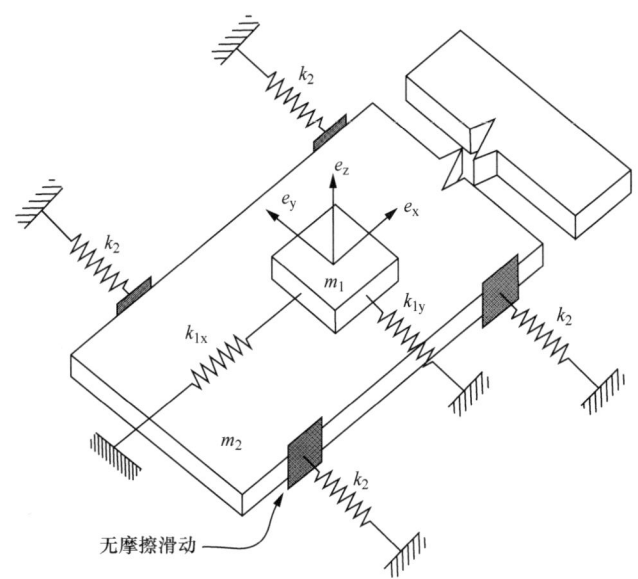

图 24.49 Kinkaid、O'Reilly 和 Papadopoulos 建立的模型

此模型使用 Amontons - Coulomb 摩擦规律,摩擦行为的不同取决于摩擦片黏附在制动盘上还是在制动盘上滑动。系统的运动方程为

$$\begin{gather} m_1\ddot{x}_1 + c_{1x}\dot{x}_1 + k_{1x}x_1 = F_{fx} \\ m_1\ddot{y}_1 + c_{1y}\dot{y}_1 + k_{1y}y_1 = F_{fy} \\ m_2\ddot{x}_2 = -F_{fx} \\ m_2\ddot{y}_2 + c_{2y}\dot{y}_2 + k_{2y}y_2 = -F_{fy} \end{gather} \tag{24.79}$$

式中,F_{fx} 和 F_{fy} 为摩擦力在 x 和 y 方向上的分力;c_{1x}、c_{1y} 和 c_{2y} 为线性黏性阻尼系数。

Wagner 等[118]建立的模型具有三个自由度,通过约束方程将其降为二自由度,可以再现制动盘和两个摩擦片。该模型的主要优点之一是,它与实际盘式制动器易于关联,如图 24.50 所示。但是,文献中没有将分析结果和实际制动系统相比较。

引入陀螺效应,μ 为摩擦系数,压力施加半径为 r,预紧力为 N_0,线性运动

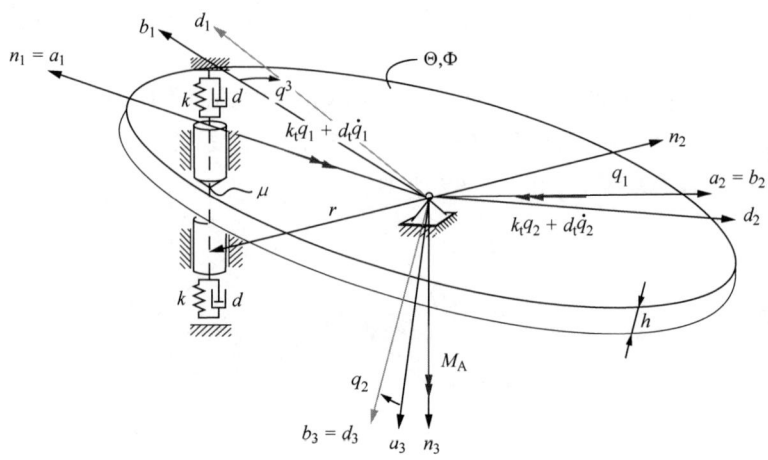

图 24.50　Wagner、Hochlenert 和 Hagedorn 建立的模型

方程为

$$\underline{z} = \begin{bmatrix} q_1 \\ q_2 \end{bmatrix}; [M] = \begin{bmatrix} \Theta & 0 \\ 0 & \Theta \end{bmatrix}; [C] = \begin{bmatrix} \dfrac{1}{2}\mu N_0 \dfrac{h_2}{r\Omega} + 2dr^2 + d_t & \Phi\Omega \\ -\Phi\Omega - \mu dhr & d_t \end{bmatrix}$$

$$[K] = \begin{bmatrix} k_t + 2kr^2 + N_0 h & \dfrac{1}{2}\mu N_0 \dfrac{h^2}{r} \\ -\mu(khr + 2N_0 r) & k_t + (1+\mu^2)N_0 h \end{bmatrix} \quad (24.80)$$

North 的 8 自由度模型[112]是与试验结果良好相关的分析模型之一，它的成功在于通过增加阻尼和摩擦系数 μ 相关性，以减少尖叫[36]。

24.6.4.3　源于模态方法的模型

该模型主要由 Chan 和 Mottershead[119-122]、Ouyang[72,123]、Giannini 和 Sestieri[124]建立。这里，基于文献 [36] 简要总结振动制动盘的动态特性。

图 24.51 表示振动制动盘，通用点的位移为 $u = u(R,\phi,z,t); u = u_x e_r + u_y e_\phi + u_z E_z$。控制 z 方向运动的偏微分方程为

$$\rho h \dfrac{\partial^2 u_z}{\partial t^2} = \dfrac{h}{R}\dfrac{\partial}{\partial R}\left(\sigma_{RR} R \dfrac{\partial u_z}{\partial R}\right) + \dfrac{h\sigma_{\phi\phi}}{R^2}\dfrac{\partial^2 u_z}{\partial \phi^2} - \dfrac{Eh^3}{12(1-\nu^2)}\nabla^4 u_z + q \quad (24.81)$$

式中　h 为制动转子的厚度；R、ϕ 和 z 为圆柱极坐标系；u_z 为 z 方向的位移；E 为 Yang 模量；ρ 为质量密度；ν 为泊松比；σ_{RR} 和 $\sigma_{\phi\phi}$ 为旋转 Ω 在圆板上引起的应力。

$q = q(R,\phi,t)$ 代表外部的力和力矩，可以表示为

$$q = -\left(\dfrac{\delta(R-R^*)\delta(\phi-\phi^*)}{R^*}\right)\dfrac{F_\phi}{R^*}\dfrac{\partial u_z}{\partial \phi} \quad (24.82)$$

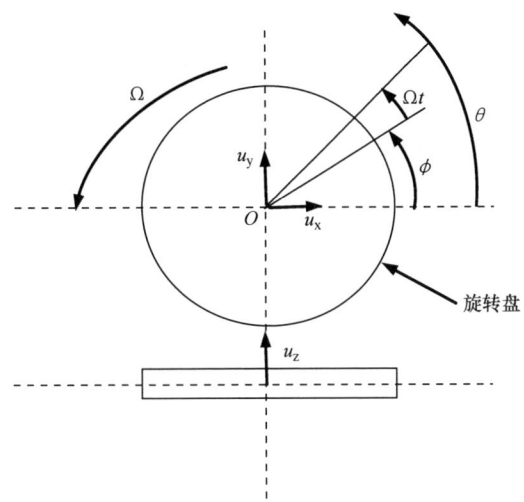

图 24.51 振动制动盘的参考系

式中，δ 为 Dirac 函数；R^* 和 ϕ^* 为外力施加在制动盘上的位置。

此外，∇^2 等于

$$\nabla^2 = \frac{\partial^2}{\partial R^2} + \frac{1}{R}\frac{\partial}{\partial R} + \frac{1}{R^2}\frac{\partial^2}{\partial \phi^2} \tag{24.83}$$

如果不存在外部负载，并且制动盘不绕其轴旋转，有

$$\rho h \frac{\partial^2 u_z}{\partial t^2} + \frac{Eh^3}{12(1-\nu^2)}\nabla^4 u_z = 0 \tag{24.84}$$

上述偏微分方程的解为

$$u_z(R,\phi,t) = \sum_{n=0}^{\infty}\sum_{m=0}^{\infty} F_{mn}(R)\sin(\omega_{mn}t)(A_{mn}\sin(n\phi+\psi_n))$$

$$= \sum_{n=0}^{\infty}\sum_{m=0}^{\infty} F_{mn}(R)\sin(\omega_{mn}t)(B_{mn}\sin(n\phi)+C_{mn}\cos(n\phi)) \tag{24.85}$$

ψ_n 取决于所给的激励。第 m 个模态是指圆周节线，称为单态模式。直径节线是指第 n 个模态，与双峰模态有关。这样的模态是相同的，具有相同的频率 ω_{mn}，但是其空间相位为 $\pi/2$。

该双峰模态可以解释为相反方向的两个波，即

$$2\sin(\omega_{mn}t)\sin(n\theta+\psi_n) = \sin(n\theta-\omega_{mn}t+\psi_n)+\sin(n\theta+\omega_{mn}t+\psi_n) \tag{24.86}$$

如果制动盘旋转，但是可以忽略离心力，则由制动盘旋转引起的不对称性为

$$2\sin(\omega_{mn}t)\sin(n\theta-n\Omega t+\psi_n) = \sin(n\theta-(\omega_{mn}+n\Omega)t+\psi_n) +$$
$$+ \sin(n\theta+(\omega_{mn}-n\Omega)t+\psi_n) \tag{24.87}$$

节点直径可以匀速或非匀速旋转[36,125]，平面外模态如图 24.51 所示。

由表 24.5 和表 24.6 可以清楚了解理想制动盘是如何振动的。由于以螺母和螺栓作为约束，车辆制动器的实际制动盘与理想制动盘是完全不同的。此外，激励源于摩擦片的振动，与制动盘接触破坏了力学模型的轴对称。振动幅值与制动盘不平度幅值具有相同的量级，即微米级。制动盘不平度是制动盘厚度的变化（DTV），见 24.6.3 节，它的激励作用通常被低估。

表 24.5 制动盘平面内外模态和组合模态

模态	m = 节点圆数 n = 节点直径数 q = 径向模态指数 l = 切向模态指数	频率范围/Hz	形状
	$l = 0$	1900	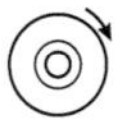
	$(m, n) = (1, 1)$	2000	
	$(m, n, q) = (0, 1, 1)$	2500	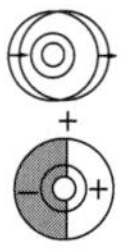
1R 径向模态		3000	
2R 径向模态		3200	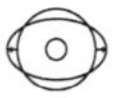
	$(m, n) = (1, 2)$	3200	
	$(m, n, q) = (1, 2, 2)$	3800	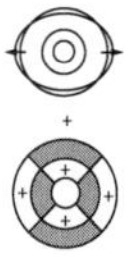
1NC1ND		4200	
1NC2ND		4300	
2R 径向模态		5500	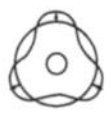
BR 径向吸气模态		6000	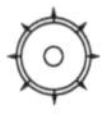

(续)

模态	m = 节点圆数 n = 节点直径数 q = 径向模态指数 l = 切向模态指数	频率范围/Hz	形状
	$(m, n, q) = (1, 3, 3)$	7100	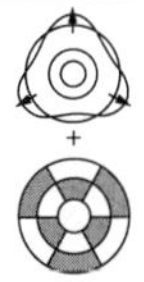
	$q = 0$	7200	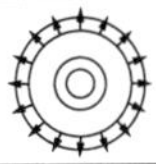

表 24.6 两种尖叫噪声分析方法的优缺点轮胎（不平衡或不均匀）

尖叫噪声 分析方法	优点和检测精度	缺点和不准确性
复特征值分析	1. 一次允许找到所有不稳定的特征值，与瞬态分析相比，计算成本低 2. 可以预测制动系统的所有不稳定振动模态（模态具有实部），但是在实际情况中，并非所有分岔对应尖叫趋势	1. 瞬态精度有限（该方法对非线性进行线性化） 2. 不能包含非平稳性，如依赖时间的材料性质 3. 不能获得运动的实际幅值
瞬态分析	1. 极限环运动的有限幅值是已知的 2. 可以考虑制动系统随时间变化的特性（引入移动载荷）	1. 运行时会发现一个极限环运动 2. 时间域分析需要许多内存 3. 基于大量数据的设计变化难以更改

2006 年，Sestieri 及其同事开发了一个模态模型[124]，能够预测在实验室制动器装备上进行试验的尖叫频率。他们提出的模型解释了制动盘平面外动力学，如图 24.52 所示。建立了小制动片的模型，证明其固有频率对尖叫是至关重要的。他们指出，当摩擦片的固有频率与双峰模态中的一个几乎相等时，双峰频率不同且具有不稳定，如图 24.53 所示。

在表 24.6 中，给出平面内模态和组合（平面外和平面内）模态。

在文献 [37] 中，专门在一节中讨论了文献中基于模态方法的许多贡献。

24.6.4.4 FEM 模型

同样，在文献 [37] 中，专门在一节中讨论了基于有限元方法做出许多贡献的文献。

在文献 [126, 127] 中，Nack 开创了制动振动和噪声非线性有限元分析的先例。有限元建模用于描述非线性效应和相关的瞬态分析，但是很少给出制动盘

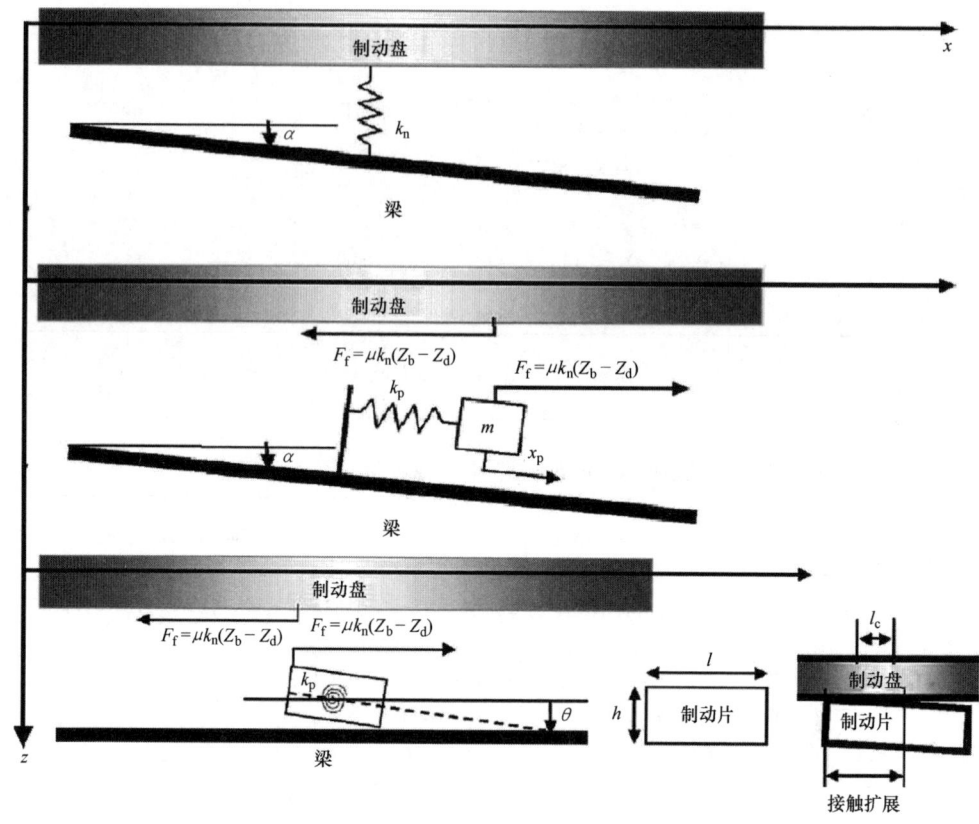

图24.52 摩擦片的平面外、平面内和旋转模型

和摩擦片是如何实现接触的细节。实际上,关键问题在于制动盘和摩擦片是如何接触的。在文献[121]中,显然在制动盘和摩擦片之间进行力交换的点只有一个。直到2000年初,研究人员一直在使用这种方法。此外,许多论文都不考虑制动盘旋转[37]。尽管如此,业界对不稳定性仍进行了一些研究,例如在文献[128-130]中,认识到了制动盘平面内振动的作用,这要归功于有限元分析;在运动重要性方面,它指出了载荷的作用。在文献[72]中,制动钳、壳体和摩擦片通过有限元建模,制动盘振动通过分析建模。当制动盘静止时,计算振动模态,结果与试验吻合良好。计算结果和试验结果存在合理的一致,即使在常规的制动振动和噪声研究,预测的和试验的尖叫频率也不总是一致的。

在文献[131]中,描述了完整的盘式制动器有限元模型。首先,研究了摩擦片对刚体的作用,如图24.54a所示。利用LS-DYNA代码,使刚体在接触下滑动,设定恒定的摩擦系数 $\mu = 0.4$,计算接触表面的中心极限周期,如图24.54b所示。当滑动速度增加时,这样的分析直接导致计算的"表面"摩擦系数消失，验证了 Stribeck 效应，见 24.6.4.1 节。

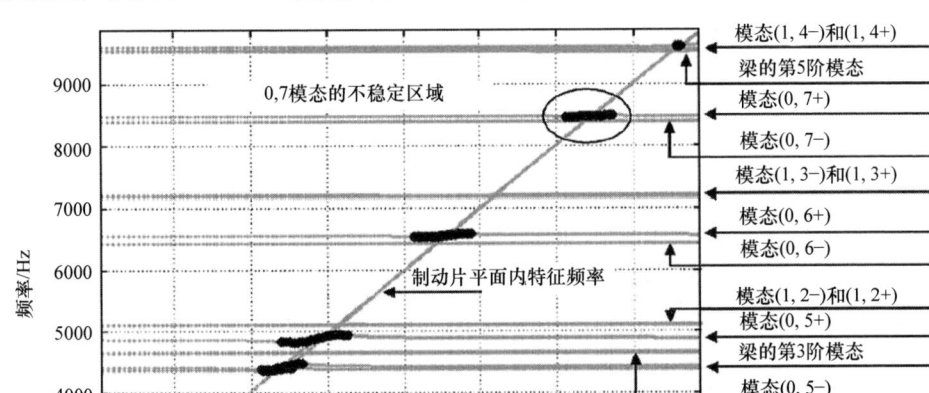

图 24.53 给点制动片转角（$\alpha = -1°$）的复特征值分析实例，
黑线表示因负阻尼产生尖叫的不稳定点

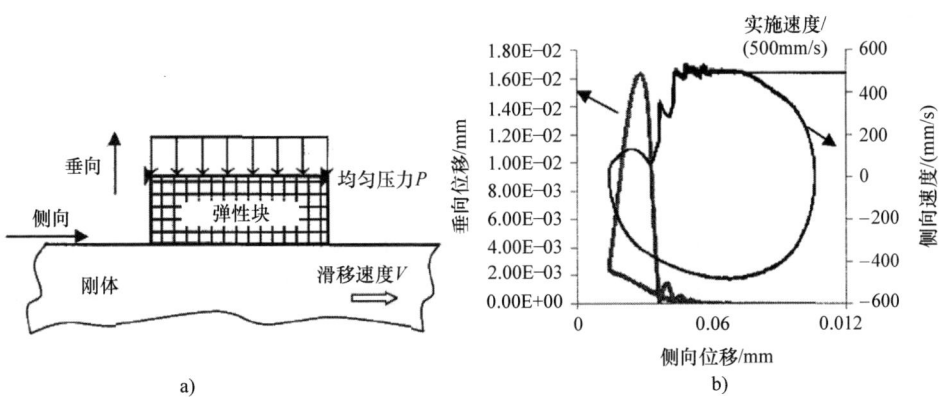

图 24.54 盘式制动器模拟
a) 弹性块压在刚体上滑动
b) 接触表面中心产生的运动

24.6.5 制动振动和/或噪声：原因和机理

本节将侧重于引起制动振动和噪声的机理，如图 24.55 所示。

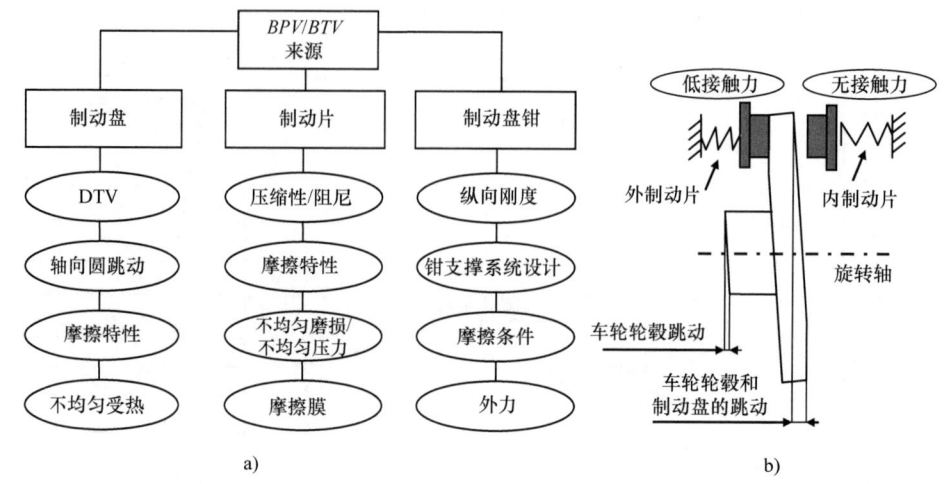

图 24.55 制动抖动因素
a) 制动压力和制动力矩变化的原因（左侧）
b) 释放制动过程由于制动盘跳动导致的制动盘表面侵蚀（右侧"冷磨损"）

24.6.5.1 抖动

按照传统分类方法，抖动主要分为两类[45,46]：

① 由热变形（例如制动盘的锥旋和波纹）、不均匀热膨胀和制动材料相变转变产生的热抖动。

② 因机械加工和安装产生的几何不规则性、不均匀磨损、轴承系统（包括轮毂和悬架）变形、不均匀腐蚀或不均匀摩擦膜产生引起的冷抖动。

抖动也可以分类为振动阶数的函数（许多文献，如文献［45，47］称之为低阶几何偏差和高阶几何偏差）。

影响制动压力变化（BPV）和制动力矩变化（BTV）的最重要因素，总结如图 24.55a 所示[47]。制动抖动主要是由于制动盘偏离理想形状的几何偏差和沿制动摩擦片摩擦系数的空间变化引起的，其中最重要的几何特性是 DTV 和制动盘的跳动，如图 24.55b 所示。

跳动的大小由制动盘的制造加工和安装误差、制动过程中的轴承间隙和制动盘扭曲确定。此外，外力——如轮胎力和不平衡，也会影响跳动。应当指出的是，在冷条件下测试观察到 $15\mu m$ 的 DTV 作为严格制动条件下的制动抖动。因此，对于大多数生产商，初始 DTV 的水平在 $6 \sim 10\mu m$ 之间变化，以确保它有一定的安全余量[132]。

抖动引起 BPV/BTV 的另一个重要因素，是盘式制动器的不均匀磨损，不均匀磨损主要由未制动状态下盘式制动器的几何不平度（冷侵蚀）和制动状态下不均匀热效应引起[133]。这种不均匀的接触区域和压力在滑动表面上产生不均匀的热分布[134,135]，摩擦膜厚度不均匀使 DTV 的热量增加几微米，受热制动盘的不均匀会造成腐蚀和热摩擦片材料在制动盘上沉积。

制动压力变化（BPV）和制动力矩变化（BTV）产生制动振动，而制动振动会传输和放大到不同的车辆部件上，如表 24.2 所示。车轮悬架会放大振动，尤其是当振动接近其固有频率时，而转向系统会将振动进行二次放大，更多详情见文献［136］。减少抖动的主要方法是降低以下部件的 BPV 和 BTV：

① 摩擦片：根据其摩擦特性：密度、熔点、弯曲强度和剪切强度、压缩刚度、摩擦系数和热膨胀系数、导热性、腐蚀性和孔隙度，BTV 水平因摩擦片成分（具有相同的 DTV）会变化 2~3 倍。尤其是摩擦片压缩刚度应当尽可能低，以改善其不均匀接触压力，避免热弹性不稳定性（热点，热 DTV 等）。但是，为了获得"良好踏板感"，摩擦片刚度应当合理且稳定[137,138]。换言之，线性摩擦片可能具有超过 10μmDTV 的更高制动盘厚度公差，线控制动技术提供了实现"良好踏板感"的其他方法[46,139]。

② 制动盘：除材料（其主要性能是热电容、散热性、导热性和热膨胀系数）的质量外，制动盘转子的基本设计是重要的。为了减重和增加热对流，广泛使用通风式制动盘。然而，这种类型的制动器可能因制动盘温度不均匀增加抖动问题[140]。但是，使用具有特定热性能（热容量、热膨胀等）的复合材料可能有助于减少抖动，改善不均匀接触，减少热 DTV 和热点[43-45]。

24.6.5.2 颤振、颤声和啸叫

颤振和颤声（100~500Hz）是因车轮-制动系统动力学不稳定产生的振动引起的。同样，在高频（500~1000Hz）下会产生啸叫。

颤振和颤声是由摩擦材料与制动盘表面之间的黏滑运动引起的，若干准谐波振动或不同强度的非稳态振动脉冲序列的叠加是其主要特性。因此，该现象通过非线性激励和非线性传输机理表征。

最近，Von Wagner 等[118]建立了非常重要模型，阐明了摩擦诱导的自激振动是由模态耦合不稳定引起的现象，可以基于 North 不稳定标准解释。

24.6.5.3 尖叫噪声

表 24.7 总结了尖叫噪声产生的许多机理。

① 黏滑：与摩擦片和转子之间滑动速度有关的摩擦系数的变化，是制动尖叫的来源。当静摩擦系数高于动态系数 $\mu_s > \mu_d$ 时，在移动带上质量的滑动可能变得不稳定，如图 24.35 所示。在开始阶段，滑动力增大直至其超过静摩擦力。因此，质量开始滑动。如果速度下降到零，则会产生黏连。然后，滑动和黏连相继发生。1938 年，Mills[141]认为制动尖叫与摩擦系数随摩擦速度的减小有关，如图 24.35 所示。至今，该机理仍被认为是产生低频振动问题的原因。

② 楔块滑动：Spurr[113]引入术语楔块滑动命名其制动尖叫理论。图 24.55 中的系统具有相对刚硬的无质量杆，能够绕 O 旋转，外力 L 作用在其自由端。Spurr 假设摩擦力作用在平面和无质量杆之间的接触点 $F_f = T = \mu_d N$，则该系统的平衡方程为

$$N = \frac{L}{1 - \mu_d \tan\theta}; \quad F_f = \frac{\mu_d L}{1 + \mu_d \tan\theta} \tag{24.88}$$

如果 $\theta \rightarrow \tan^{-1}(1/\mu_d)$，则 $F_f \rightarrow \infty$。杆的柔性让其加载和卸载，保持楔块滑动极限循环，如图 24.56 所示。

表 24.7 制动尖叫机理

制动尖叫机理	作者	参考文献	图
黏滑	Mills（1938）、Bowden 和 Leben（1939）、Blok（1940）、Lang 和 Smales（1983）、Eriksson 和 Jacobson（2001）、Shin（2002）、Brunel 和 Dufrenoy（2008）	[50，65，116，131，141－143]	图 24.37、图 24.38 和图 24.45
楔块滑动	Spurr（1961）、Jarvis 和 Mills（1963）、North（1972/1976）	[28，88，112，113]	图 24.39
黏滑和楔块滑动的组合	Murakami 等（1984）、Earles 及其合作者（1971—1987）、Felske 等（1978）、Millner（1978）	[89－94，115，141]	图 24.41 至图 24.43
模态耦合	North（1972/1976）、Millner（1978）、Nishiwaki（1993）、Hultén 和 Flint（1999）	[28，89，95，97，112]	图 24.39、图 24.41、图 24.44 和图 24.48
分岔	Giannini 和 Sestieri（2006）、Hetzler（2006）、Hoffmann 及其合作者（2002/2008）	[25，104，124，145]	图 24.46
锤击	Rhee 等（1989）	[146]	
水平运动耦合	Kinkaid（2005）	[24]	图 24.49
其他	Popp 和 Stelter（1990）、Rudolph 和 Popp（2001/2002）、Mottershead 和 Chan（1992）、Von Wagner（2007）、Afferrante 和 Ciavarella（2008）	[99－101，118，119，147，148]	图 24.47 和图 24.50

后来，研究人员将楔块滑块应用到更复杂的多自由度模型中，定义了几何诱

第24章 制动系统

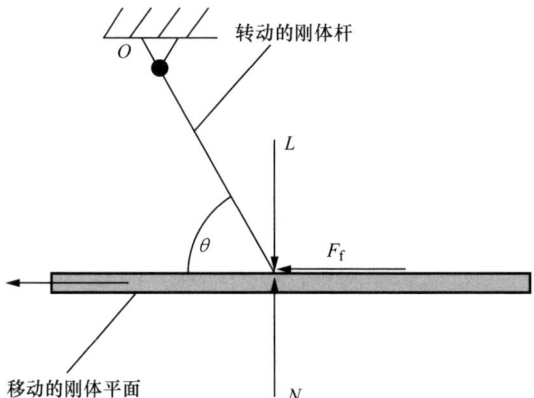

图24.56 通过外力 L 加载刚体无质量杆与刚体移动平面接触和绕 O 旋转

导或运动约束不稳定。摩擦系数随滑动速度的变化不是引起摩擦诱导振动必需的。

③ 黏滑与楔块滑移的组合：显然，两种不稳定机理可能在同样的力学模型中存在并引起不稳定，这可能发生在特性完善和接近实际特性的模型中。

④ 模态耦合：当两种模态结合时，发生不稳定。按照文献［78］，在实验室中开发的制动不稳定机理可以总结如下：

摩擦力与实验室制动器的弯曲振动和摩擦片的平面内振动耦合，摩擦力与制动盘和摩擦片相对位移是同步的。如果系统在接近摩擦片的固有频率处振动，即系统固有频率接近于摩擦片的平面内固有频率，则摩擦片相对于制动盘和梁的弯曲振动进行 $90°$ 相位差振动。这表明摩擦片接触点的椭圆轨迹可以将制动盘连续旋转的能量转化为摩擦片的振动运动。

⑤ 分岔（Hopf）：在非线性动力系统中，平衡随着系统参数的变化而变化。当复特征值对存在正实部时，会产生分岔（Hopf）不稳定，可能产生其他鞍点分岔。此原理被评估为定义良好的尖叫机理。

⑥ 锤击：Rhee 等[146]提出一个简单的机械冲击模型（锤击），用于解释制动噪声的激励机理。文献［146］的研究表明，盘式制动器热变形作为制动过程中摩擦生热的结果，可能会引起转子表面局部热点形成。

⑦ 水平运动耦合：这种新机理[24]关键取决于二维接触，不需要依赖于滑动速度的摩擦系数。

⑧ 其他：黏滑可能与混沌有关，因而不稳定。由制动盘振动造成的参数共振是产生不稳定性（类似锤击）的来源。由于制动盘和摩擦片的相互作用，反向波可能是不稳定的。热弹性动力不稳定（TEDI）在理论上已经被研究[148]，可以预见它是产生制动器振动和/或噪声的一个原因。

24.7 结论

本章描述了车辆制动系统，讨论了制动系统最重要的部件，分析了其功能和相关的构造问题。

首先，引入制动系统的功能，重点考虑了一些基本制动动力学和涉及的能量。然后，深入考虑了制动平衡，详细描述了液压制动系统，简要讨论了最重要的制动系统构造问题。考虑了连续制动问题，描述了不同类型的缓速器。

在最后一节中，综合考虑所有已发表的最重要文献，深入研究了 NVH 的基本问题。制动振动和噪声已经被研究了 80 年，仅有较少的实际结果。这表明，合适的数学模型尚未确定或正确采用，可用的计算能力只能用于简化解决摩擦片在制动盘上滑动的"简单"问题。随着技术的发展，可以更深入理解摩擦片和制动盘如何动态变形，什么是与振动和噪声相关的实际机理，摩擦的作用和实际摩擦是什么，热效应是什么等问题。

的确，制动的力学/数学模型要考虑复杂的系统，其中许多参数起着决定性作用。这样的参数属于中观参数或者微观参数，有些参数是确定的，而有些是不确定的。非线性现象似乎起到了关键的作用；实际上，通常的实践表明存在稳定和不稳定的极限环。

在不久的将来，时域模型将日益用于先验的仿真。进一步研究难以琢磨的摩擦特性，可能要将制动盘的实际不平度和车辆悬架所有部件的力学特性一起考虑，由随机过程激发的非线性系统理论有助于评估制动振动和噪声发生的概率。

附录

按主题分类的参考文献见表 24.8。

表 24.8 按主题分类的参考文献

制动噪声问题	初期	1980—1990 年	1991—2000 年	2001 年至今
综述	[28, 90, 149]	[29]	[30, 33, 41, 150]	[35 - 38, 45, 151, 152]
低频制动噪声产生机理	—	—	[43, 48, 126, 132, 136, 138, 153]	[44, 46, 154]
尖叫产生机理	[89, 91, 92, 113, 141, 143, 155, 156]	[57, 93, 94, 115, 146, 157]	[31, 58, 61, 95, 109, 129, 158 - 164]	[1, 24, 40, 65, 165 - 178, 431]
摩擦、温度和磨损	[80, 81, 91, 142, 143]	[86, 82, 146, 179]	[59, 60, 62, 63, 85, 135, 140, 180 - 195]	[25, 26, 54, 64, 66 - 68, 71, 83, 84, 100, 101, 128, 148, 166, 196 - 246]

(续)

制动噪声问题	初期	1980—1990 年	1991—2000 年	2001 年至今
振动/模态分析 复特征值分析 瞬态分析	—	[147, 247, 248] [429]	[34, 49, 96, 97, 119-122, 130, 191, 192, 194, 249-262]	[1, 69, 73, 79, 99, 107, 108, 110, 111, 117, 131, 145, 154, 168, 206, 208, 246, 249, 263-315, 430]
计算研究 集中参数, FEM 和 控制模态	[89, 112, 141]	[134, 316]	[32, 98, 127, 133, 139, 250, 255, 317-324, 428]	[24, 55, 68, 72, 102-104, 114, 116, 118, 123, 158, 165, 174, 198, 199, 214, 215, 220, 269, 271, 313, 325-362]
试验研究	[144]	[248]	[51, 87, 125, 137, 363, 364]	[52, 56, 78, 124, 152, 365-383]
计算和试验研究	—	—	[47, 70, 74, 75, 384, 385]	[27, 53, 72, 76, 77, 267, 386-403]
减小/阻止尖叫噪声的方法	[155]	—	[50, 181, 249, 404-409]	[42, 101, 105, 106, 228, 380, 388, 410-425, 427]

参 考 文 献

1. Breuer, B. and Bill, K.H., *Brake Technology Handbook*, SAE International, Warrendale, PA, 2008, ISBN 978-0-7680-1787-8.
2. Emadi, A., *Handbook of Automotive Power Electronics and Motor Drives*, CRC Press, Boca Raton, FL, 2005, Print ISBN: 978-0-8247-2361-3, eBook ISBN: 978-1-4200-2815-7.
3. Mitschke, M. and Wallwntowitz, H., *Dynamik der Kraftfahrzeuge*, Springer, Berlin, Germany, 2004.
4. Genta, G. and Morello, L., *L'autotelaio. Progetto dei sistemi*, Levrotto & Bella, Turin, Italy, 2007.
5. Morelli, A., *Progetto dell'autoveicolo*, Celid, Turin, Italy, 1999.
6. Limpert, R., *Brake Design and Safety*, 2nd edn., SAE, Warrendale, PA, 1999.
7. Vangi, D., *Ricostruzione della dinamica degli incidenti stradali: Principi e applicazioni*, Firenze University Press, Florence, Italy, 2008.
8. Bosch, *Automotive Handbook*, 7th edn., SAE, Warrendale, PA, 2007.
9. Jazar, R.N., *Vehicle Dynamics: Theory and Application*, Springer Science+Business Media, LLC, New York, 2008, ISBN: 9780387742441.
10. Reimpell, J., Stoll, H., and Betzler, J., *Automotive Chassis: Engineering Principles*, Elsevier Butterworth-Heinemann, Oxford, U.K., 2001.

11. Pacejka, H.B. (eds), *Tire and Vehicle Dynamics*, Butterworth-Heinemann, Oxford, U.K., 2006.
12. Gillespie, T.D., *Fundamentals of Vehicle Dynamics*, SAE, Warrendale, PA, 1992.
13. Genta, G., *Meccanica dell'autoveicolo*, Levrotto & Bella, Turin, Italy, 2000.
14. European Union Directive 71/320/ECC, On the approximation of the laws of the Member States relating to the braking devices of certain categories of motor vehicles and of their trailers, July 26, 1971.
15. Fancher, P. and Winkler, C., Directional performance issues in evaluation and design of articulated heavy vehicles, *Vehicle System Dynamics: International Journal of Vehicle Mechanics and Mobility*, 45(7–8), 607–647, 2007.
16. Woodrooffe, J., Blower, D., Gordon, T., Green, P.E., Liu, B., and Sweatman, P., Safety benefits of stability control systems for tractor semitrailers, U.S. Department of Transportation, National Highway Traffic Safety Administration, Washington, DC, 2009.
17. ISO 611, *Road Vehicles—Braking of Automotive Vehicles and Their Trailers—Vocabulary*, 4th edn., April 15, 2003.
18. Heisle, H., *Advanced Vehicle Technology*, Butterworth-Heinemann, Oxford, U.K., 2002.
19. DIN 74000, Hydraulic braking systems; dual circuit brake systems; symbols for brake circuits diagrams, January 8, 1992.
20. Genta, G. and Morello, L., *L'autotelaio. Progetto dei Componenti*, Levrotto & Bella, Turin, Italy, 2007.
21. Garrett, T.K., Newton, K., and Steeds, W., *The Motor Vehicle*, Butterworth-Heinemann, Oxford, U.K., 2001.
22. Orthwein, W.C., *Clutches and Brakes: Design and Selection*, Marcel Dekker Inc., New York, 2004.
23. Pompon, J.P., *Il manuale del disco freno*, Giorgio Nada Editore in collaboration with Brembo, Milan, Italy, 1998.
24. Kinkaid, N.M., O'Reilly, O.M., and Papadopoulos, P., On the transient dynamics of a multi-degree-of-freedom friction oscillator: A new mechanism for disc brake noise, *Journal of Sound and Vibration*, 287, 901–917, 2005.
25. Hoffmann, N.P. and Gaul, L., Friction induced vibration of brakes: Research field and activities, Technical Report, SAE, Paper No. 2008-01-2579, Warrendale, PA, 2008.
26. Ostermeyer, G.-P., On tangential friction induced vibrations in brake systems, Technical Report, SAE, Paper No. 2008-01-2580, Warrendale, PA, 2008.
27. Beloiu, D.M. and Ibrahim, R.A., Influence of random contact forces on disc brake noise using wavelet transform, http://www.aisst.org.tn/PDF/document/sd69.pdf,
28. North, M.R., Disc brake squeal, in: *Braking of Road Vehicles*, Automobile Division of the Institution of Mechanical Engineers, Mechanical Engineering Publications Limited, London, U.K., pp. 169–176, 1976.
29. Nishiwaki, M., Review of study on brake squeal, *Japan Society of Automobile Engineering Review*, 11(4), 48–54, 1990.
30. Crolla, D.A. and Lang, A.M., Brake noise and vibration—The state of the art, in: D. Dowson, C.M. Taylor, and M. Godet (Eds.), *Vehicle Tribology*, No. 18 in Tribology Series, Elsevier Science, England, U.K., pp. 165–174, 1991.
31. Ibrahim, R.A., Friction-induced vibration, chatter, squeal, and chaos: Part I: Mechanics of contact and friction, *American Society of Mechanical Engineers Applied Mechanics Reviews*, 47(7), 209–226, 1994.
32. Ibrahim, R.A., Friction-induced vibration, chatter, squeal, and chaos: Part II: Dynamics and modeling, *American Society of Mechanical Engineers Applied Mechanics Reviews*, 47(8), 227–253, 1994.
33. Yang, S. and Gibson, R.F., Brake vibration and noise: Reviews, comments, and proposals, *International Journal of Materials and Product Technology*, 12, 496–513, 1997.
34. Mottershead, J.E., Vibration- and friction-induced instability in disks, *Shock and Vibration Digest*, 30(1), 14–31, 1998.
35. Papinniemi, A., Lai, J.C.S., Zhao, J., and Loader, L., Brake squeal: A literature review, *Applied Acoustics*, 63, 391–400, 2002.
36. Kinkaid, N.M., O'Reilly, O.M., and Papadopoulos, P., Automotive disc brake squeal, *Journal of Sound and Vibration*, 267, 105–166, 2003.
37. Ouyang, H., Nack, W., Yuan, Y., and Chen, F., Numerical analysis of automotive disc brake squeal: A review, *International Journal of Vehicle Noise and Vibration*, 1(3/4), 207–231, 2005.
38. Chen, F., Disc brake squeal: An overview, Technical Report, SAE, Paper No. 2007-01-0587, Warrendale, PA, 2007.

39. Cantoni, C., Cesarini, R., Mastinu, G., Rocca, G., and Sicigliano, R., Brake comfort—A review, *Vehicle System Dynamics, International Journal of Vehicle Mechanics and Mobility*, 47(8), 901–947, 2009.
40. Chen, F., An Tan, C., and Quaglia, R.L., *Disc Brake Squeal—Mechanism, Analysis, Evaluation, and Reduction/Prevention*, SAE International, Warrendale, PA, December 2005, ISBN 978-0-7680-1248-4.
41. Dunlap, K.B., Riehle, M.A., and Longhouse, R.E., An investigative overview of automobile disc brake noise, Technical Report, SAE, Paper No. 1999-01-0142, Warrendale, PA, 1999.
42. Dai, Y. and Lim, T.C., Suppression of brake squeal noise applying finite element brake and pad model enhanced by spectral-based assurance criteria, *Applied Acoustics*, 69, 196–214, 2008.
43. Jacobsson, H., Frequency sweep approach to brake judder, part A: The brake judder phenomenon. Classification and problem approach, Licentiate thesis, Chalmers University of Technology, Göteborg, Sweden, 1998.
44. Jacobsson, H., Brake judder, Thesis, Chalmers University of Technology, Göteborg, Sweden, 2001.
45. Jacobsson, H., Aspects of disc brake judder, *Proceedings of the Institution of Mechanical Engineers, Part D*, 217, 419–430, 2003.
46. Jacobsson, H., Disc brake judder considering instantaneous disc thickness and spatial friction variation, *Proceedings of the Institution of Mechanical Engineers, Part D*, 217, 325–342, 2003.
47. Kao, T.K., Richmond, J.W., and Douarre, A., Brake disc hot spotting and thermal judder: an experimental and finite element study, *International Journal of Vehicle Design*, 23(3/4), 276–296, 2000.
48. Brecht, J., Hoffrichter, W., and Dohle, A., Mechanisms of brake creep groan, Technical Report, SAE, Paper No. 973026, Warrendale, PA, 1997.
49. Bengisu, M.T. and Akay, A., Stability of friction-induced vibrations in multi-degree-of-freedom systems, *Journal of Sound and Vibration*, 171, 557–570, 1994.
50. Lang, A.M. and Smales, H., An approach to the solution of disc brake vibration problems, in: *Braking of Road Vehicles*, Automobile Division of the Institution of Mechanical Engineers, Mechanical Engineering Publications Limited, England, U.K., pp. 223–231, 1993.
51. Ichiba, Y. and Nagasawa, Y., Experimental study on disc brake squeal, Technical Report, SAE, Paper No. 930802, Warrendale, PA, 1993.
52. Fieldhouse, J.D., Steel, W.P., and Talbot, C., The measurement of the absolute displacement of a noisy disc brake, *Proceedings of the IMechE, Part D*, 222, 1121–1140, 2008.
53. Chen, F. and McKillip, D., Measurement and analysis of vibration and deformation using laser metrology for automotive application, *Proceedings of the IMechE, Part D: Journal of Automobile Engineering*, 221, 725–738, 2007.
54. ASTM G 115-04, Standard Guide for Measuring and Reporting Friction Coefficients 2004.
55. Thomsen, J.J. and Fidlin, A., Near-elastic vibro-impact analysis by discontinuous transformations and averaging, *Journal of Sound and Vibration*, 311, 386–407, 2008.
56. SAE J2598, *Brake Pad Damping Measurement Procedure*, U.S. Working Group, 2006. Warrendale, PA 15096-0001, USA.
57. Nishiwaki, M., Harada, H., Okamura, H., and Ikeuchi, T., Study on disc brake squeal, Technical SAE, Paper No. 890864, Warrendale, PA, 1989.
58. Bergman, F., Eriksson, M., and Jacobson, S., Influence of disc topography on generation of brake squeal, *Wear*, 225–229, 621–628, 1999.
59. Bergman, F., Eriksson, M., and Jacobson, S., Surface characterisation of brake pads after running under silent and squealing conditions, *Wear*, 232, 163–167, 1999.
60. Bergman, F., Tribological nature of squealing disc brakes, PhD thesis, Uppsala University, Uppsala, Sweden, 1999.
61. Bergman, F., Eriksson, M., and Jacobson, S., The effect of reduced contact area on occurrence of disc brake squeals for an automotive brake pad, *Proceedings of the Institution of Mechanical Engineers, Part D*, 214, 561–568, 2000.
62. Eriksson, M. and Jacobson, S., Tribological surfaces of organic brake pads, *Tribology International*, 33, 817–827, 2000.
63. Eriksson, M., Friction and contact phenomena of disc brakes related to squeal, PhD thesis, Uppsala University, Uppsala, Sweden, 2000.
64. Eriksson, M., Lundqvist, A., and Jacobson, S., A study of the influence of humidity on the friction and squeal generation of automotive brake pads, *Proceedings of the Institution of Mechanical Engineers, Part D*, 215, 329–342, 2001.
65. Eriksson, M. and Jacobson, S., Friction behaviour and squeal generation of disc brakes at low speeds,

Proceedings of the Institution of Mechanical Engineers, Part D, 215, 1245–1256, 2001.
66. Eriksson, M., Lord, S., and Jacobson, S., Wear and contact conditions of brake pads: Dynamical in situ studies of pad on glass, *Wear*, 249, 272–278, 2001.
67. Eriksson, M., Bergman, F., and Jacobson, S., On the nature of tribological contact in automotive brakes, *Wear*, 252, 26–36, 2002.
68. Abu Bakar, A.R., Ouyang, H., Titeica, D., and Hamid, M.K.A., Modelling and simulation of disc brake contact analysis and squeal, PhD thesis, Department of Engineering, University of Liverpool, Liverpool, U.K., 2005.
69. Abu Bakar, A.R. and Ouyang, H., A prediction methodology of disk brake squeal using complex eigenvalue analysis, *International Journal of Vehicle Design*, 46(4), 416–435, 2008.
70. Ouyang, H., Mottershead, J.E., Brookfield, D.J., James, S., and Cartmell, M.P., A methodology for the determination of dynamic instabilities in a car disc brake, *International Journal of Vehicle Design*, 23(3/4), 241–262, 2000.
71. Ouyang, H. and Mottershead, J.E., A bounded region of disc-brake vibration instability, *Transactions of the American Society of Mechanical Engineers, Journal of Vibration and Acoustics*, 123(4), 543–545, 2001.
72. Ouyang, H., Cao, Q., Mottershead, J.E., and Treyde, T., Vibration and squeal of a disc brake: Modelling and experimental results, *IMechE Journal of Automobile Engineering*, 217(10), 867–875, 2003.
73. Cao, Q., Ouyang, H., Friswell, M.I., and Mottershead, J.E., Linear eigenvalue analysis of the disc-brake squeal problem, *International Journal for Numerical Methods in Engineering*, 61, 1546–1563, 2004.
74. Schiffner, K. and Rinsdorf, A., Pratical evaluation and sFEM-modelling of a squealing disc brake, Technical Report, SAE, Paper No. 933071, Warrendale, PA, 1993.
75. Tworzydlo, W.W., Hamzeh, O.N., Zaton, W., and Judek, T.J., Friction-induced oscillations of a pin-on-disk slider: Analytical and experimental studies, *Wear*, 236, 9–23, 1999.
76. Beloiu, D.M. and Ibrahim, R.A., Analytical and experimental investigations of disc brake noise using the frequency-time domain, *Structural Control and Health Monitoring*, 13, 277–300, 2006.
77. Rusli, M. and Okuma, M., Squeal noise prediction in dry contact sliding systems by means of experimental spatial matrix identification, *Journal of System Design and Dynamics*, 2(2), 585–595, 2008.
78. Giannini, O., Akay, A., and Massi, F., Experimental analysis of brake squeal noise on a laboratory brake set-up, *Journal of Sound and Vibration*, 292, 1–20, 2006.
79. Massi, F., Baillet, L., Giannini, O., and Sestieri, A., Brake squeal: Linear and nonlinear numerical approaches, *Mechanical Systems and Signal Processing*, 21, 2374–2393, 2007.
80. Kragelskii, V., *Friction and Wear*, Butterworth-Heinemann, Oxford, U.K., 1965.
81. Rabinowicz, E., *Friction and Wear of Materials*, Wiley, New York, 1965.
82. Suh, N.P., *Tribophysics*, Prentice-Hall, Englewood Cliffs, NJ, 1986.
83. Bowden, F.P. and Tabor, D., *The Friction and Lubrication of Solids*, Oxford University Press, Clarendon Press, Oxford, U.K. (second corrected edition, Oxford Classic Text in the Physical Sciences), 2001.
84. Astrom, K.J. and Canudas-de-Wit, C., Revisting the LuGre friction model, *IEEE Control Systems Magazine*, 28(6), 101–114, 2008.
85. Dahl, P.R., Solid friction damping of mechanical vibrations, *AIAA Journal*, 14, 1675–1682, 1996.
86. Ruina, A.L., Constitutive relations for frictional slip, in: Z.P. Bazant (Ed.), *Mechanics of Geomaterials: Rocks, Concrete, Soils*, Wiley, New York, pp. 169–188, 1985.
87. Ibrahim, R.A., Madhavan, S., Qiao, S.L., and Chang, W.K., Experimental investigation of friction-induced noise in disc brake systems, *International Journal of Vehicle Design*, 23(3/4), 218–240, 2000.
88. Jarvis, R.P. and Mills, B., Vibrations induced by dry friction, *Proceedings of the Institution of Mechanical Engineers*, 178(32), 847–857, 1963.
89. Millner, N., An analysis of disc brake squeal, Technical Report, SAE, Paper No. 780332, Warrendale, PA, 1978.
90. Earles, S.W.E. and Soar, G.B., Squeal noise in disc brakes, *Vibration and Noise in Motor Vehicles*, Institution of Mechanical Engineers, London, U.K., Paper No. C 101/71, pp. 61–69, 1971.
91. Earles, S.W.E. and Lee, C., Instabilities arising from the frictional interaction of a pin-disk system resulting in noise generation, *Transactions of the American Society of Mechanical Engineers, Journal of Engineering for Industry*, 98(1), 81–86, 1976.
92. Earles, S.W.E., A mechanism of disc-brake squeal, Technical Report, SAE, Paper No. 770181, Warrendale, PA, 1977.
93. Earles, S.W.E. and Badi, M.N.M., Oscillatory instabilities generated in a double-pin and disc undamped

system: A mechanism of disc-brake squeal, *Proceedings of the Institution of Mechanical Engineers*, 198C(4), 43–50, 1984.
94. Earles, S.W.E. and Chambers, P.W., Disc brake squeal noise generation: Predicting its dependency on system parameters including damping, *International Journal of Vehicle Design*, 8(4/5/6), 538–552, 1987.
95. Nishiwaki, M., Generalized theory of brake noise, *Proceedings of the Institution of Mechanical Engineers*, 207, 195–202, 1993.
96. Brooks, P.C., Crolla, D.A., Lang, A.M., and Schafer, D.R., Eigenvalue sensitivity analysis applied to disc brake squeal, in: *Braking of Road Vehicles*, Institution of Mechanical Engineers, Mechanical Engineering Publications Limited, Bury St. Edmunds, England, U.K., pp. 135–143, 1993.
97. Hultén, J.O. and Flint, J., An assumed modes method approach to disc brake squeal analysis, Technical Report, SAE, Paper No. 1999-01-1335, Warrendale, PA, 1999.
98. El-Butch, A.M. and Ibrahim, I.M., Modeling and analysis of geometrically induced vibration in disc brakes considering contact parameters, Technical Report, SAE, Paper No. 1999-01-0143, Warrendale, PA, 1999.
99. Rudolph, M. and Popp, K., Brake squeal: Detection, utilization and avoidence of nonlinear dynamical effects in engineering applications, Final Report of a Joint Research Project Sponsored by the German Federal Ministry of Education and Research, Shaker, Aachen, Germany, pp. 197–225, 2001.
100. Rudolph, M. and Popp, K., Friction induced brake vibrations, *Proceedings of DETC'01* (in CD-ROM), DETC2001/VIB-21509, ASME, Pittsburgh, PA, pp. 1–10, 2001.
101. Popp, K., Rudolph, M, Kröger, M., and Lindner, M., Mechanisms to generate and to avoid friction induced vibrations, *VDI-Bericht*, 1736, 1–15, 2002.
102. Chowdhary, H.V., Modelling of disc brakes systems for squeal prediction, Master's thesis, Purdue University, West Lafayette, IN, 2001.
103. Chowdhary, H.V., Bajaj, A.K., and Krousgill, C.M., An analytical approach to model disc brake system for squeal prediction, *Proceedings of DETC'01* (in CD-ROM), DETC2001/VIB-21560, ASME, Pittsburgh, PA, pp. 1–10, 2001.
104. Hoffmann, N., Fischer, M., Allgaier, R., and Gaul, L., A minimal model for studying properties of the mode-coupling type instability in friction induced oscillations, *Mechanics Research Communications*, 29, 197–205, 2002.
105. Hagedorn, P. and von Wagner, U., "Smart pads": A new tool for the suppression of brake squeal, in: B. Breuer (Ed.), *VDI-Bericht 575, Proceedings of XXIV μ-Kolloquium*, Bad Neuenahr, Germany, 2003.
106. von Wagner, U., Hochlenert, D., Jearsiripongkul T., and Hagedorn, P., Active control of brake squeal via smart pads, Technical Report, SAE, Paper No 2004-01-2773, Warrendale, PA, 2004.
107. Hetzeler, H., Schwarzer, D., and Seemann, W., Steady-state stability and bifurcations of friction oscillators due to velocity-dependent friction characteristics, *Proceedings of the Institution of Mechanical Engineers, Part K, Journal of Multibody Dynamics*, 221, 401–412, 2007.
108. Hoffmann, N., Linear stability of steady sliding in point contacts with velocity dependent and LuGre type friction, *Journal of Sound and Vibration*, 301, 1023–1034, 2007.
109. Matsui, H., Murakami, H., Nakanishi, H., and Tsuda, Y., Analysis of disc brake squeal, Technical Report, SAE, Paper No. 920553, Warrendale, PA, 1992.
110. Hetzler, H., Seemann, W., and Seemann, W., Analytical investigation of steady-state stability and Hopf-bifurcations occurring in sliding friction oscillators with application to low-frequency disc brake noise, *Communications in Nonlinear Science and Numerical Simulation*, 12, 83–99, 2007.
111. Hetzler, H., Schwarzer, D., and Seemann, W., Steady-state stability and bifurcations of friction oscillators due to velocity-dependent friction characteristics, *Proceedings of the IMechE, Part K*, 221, 401–413, 2007.
112. North, M.R., Disc brake squeal—A theoretical model, Technical Report 1972/5, Motor Industry Research Association, Warwickshire, England, U.K., 1972.
113. Spurr, R.T., A theory of brake squeal, *Proceedings of the Automobile Division of the Institution of Mechanical Engineers*, 1961–1962(1), 33–52, 1961.
114. Oura, Y., Kurita, Y., Matsumura, Y., and Nishizawa, Y., Influence of distributed stiffness in contact surface on disk brake squeal, Technical Report, SAE, Paper No. 2008-01-2584, Warrendale, PA, 2008.
115. Murakami, H., Tsunada, N., and Kitamura, T., A study concerned with a mechanism of disc-brake squeal, Technical Report, SAE, Paper No. 841233, Warrendale, PA, 1984.
116. Shin, K., Oh, J.-E., and Brennan, M.J., Nonlinear analysis of friction induced vibrations of a two-degree-of-freedom model for disc brake squeal noise, *JSME International Journal C*, 45(2), 426–432, 2002.

117. Flint, J. and Hultén, J., Lining-deformation-induced modal coupling as squeal generator in a distributed parameter disc brake model, *Journal of Sound and Vibration*, 254(1), 1–21, 2002.
118. Von Wagner, U., Hochlenert, D., and Hagedorn, P., Minimal models for disk brake squeal, *Journal of Sound and Vibration*, 302, 527–539, 2007.
119. Mottershead, J.E. and Chan, S.N., Brake squeal—An analysis of symmetry and flutter instability, in: *Friction-Induced Vibration, Chatter, Squeal, and Chaos*, vol. DE-49, American Society of Mechanical Engineers, New York, pp. 87–97, 1992.
120. Chan, S.N., Mottershead, J.E., and Cartmell, M.P., Parametric resonances at subcritical speeds in discs with rotating frictional loads, *Proceedings of the Institution of Mechanical Engineers*, 208, 417–425, 1994.
121. Mottershead, J.E. and Chan, S.N., Flutter instability of circular discs with frictional follower loads, *ASME Journal of Vibration and Acoustics*, 117, 161–163, 1995.
122. Chan, S.N., Mottershead, J.E., and Cartmell, M.P., Instabilities at subcritical speeds in discs with rotating frictional follower loads, *Transactions of the American Society of Mechanical Engineers, Journal of Vibration and Acoustics*, 117(2), 240–242, 1995.
123. Ouyang, H., Gu, Y., and Yang, H., A dynamic model for a disc excited by vertically misaligned, rotating, frictional sliders, *Acta Mechanica Sinica*, 20(4), 418–425, 2004.
124. Giannini, O. and Sestieri, A., Predictive model of squeal noise occurring on a laboratory brake, *Journal of Sound and Vibration*, 296, 583–601, 2006.
125. Fieldhouse, J.D. and Newcomb, T.P., Double pulsed holography used to investigate noisy brakes, *Optics and Lasers in Engineering*, 6(25), 455–494, 1996.
126. Nack, W.V. and Joshi, A.M., Friction induced vibration: Brake moan, Technical Report, SAE, Paper No. 951095, Warrendale, PA, 1995.
127. Nack, W.V., Brake squeal analysis by finite elements, *International Journal of Vehicle Design*, 23(3/4), 263–275, 2000.
128. Chen, G.X., Zhou, Z.R., Kapsa, P., and Vincent, L., Effect of surface topography on formation of squeal under reciprocating sliding, *Wear*, 253, 411–423, 2002.
129. Matsuzaki, M. and Izumihara, T., Brake noise caused by longitudinal vibration of the disc rotor, Technical Report, SAE, Paper No. 930804, Warrendale, PA, 1993.
130. Bae, J.C. and Wickert, J.A., Free vibration of coupled disk-hat structures, *Journal of Sound and Vibration*, 235(1), 117–132, 2000.
131. Brunel, J.F. and Dufrénoy, P., Transient analysis of squealing mode selection in disc brake, Technical Report, SAE, Paper No. 2008-01-2537, Warrendale, PA, 2008.
132. Engel, H., Bachman, Th., Eichhorn, U., and Saame, Ch., Dynamical behavior of brake-disc geometry as cause of brake judder, *Proceedings of AEEC Fourth International Conference on Vehicle and Traffic System Technology*, vol. 1, pp. 456–481, Strasbourg, France, 1993.
133. Brooks, P.C., Barton, D.C., Crolla, D.A., Lang, A.M., and Schafer, D.R., A study of disc brake judder using a fully coupled thermo-mechanical finite element model, *Proceedings, 25th FISITA Congress*, Beijing, China, pp. 340–349, Technical Report, SAE, Paper No. 945042, Warrendale, PA, 1994.
134. Kao, T.K., Richmond, J.W., and Moore, M.W., The application of predictive techniques to study thermo-elastic instability of brakes, *Proceedings of the Twelfth Annual Brake Colloquium and Engineering Display*, Atlanta, GA, Technical Report, SAE, Paper No. 942087, Warrendale, PA, 1984.
135. Thuresson, D., Thermomechanical analysis of friction brakes, *Proceedings of the Eighteenth Annual Brake Colloquium and Engineering Display*, San Diego, CA, vol. P-358, pp. 149–159, Technical Report, SAE, Paper No. 2000-01-2775, Warrendale, PA, 2000.
136. Gassmann, S. and Engel, H.G., Excitation and transfer mechanism of brake judder, Technical Report, SAE, Paper No. 931880, Warrendale, PA, 1993.
137. Avilés, R., Hennequet, G., Hernández, A., and Llorente, L.I., Low frequency vibrations in disc brakes at high car speed. Part I: Experimental approach, *International Journal of Vehicle Design*, 16(6), 542–555, 1995.
138. de Vries, A. and Wagner, M., The brake judder phenomenon, *SAE Transactions*, 101(6), 652–660, 1992.
139. Richmond, J.W., Kao, T.K., and Moore, M.W., The development of computational analysis techniques for disc brake pad design, *Proceedings of Advances in Automotive Braking Technology (Design Analysis and Material Development)*, Mechanical Engineering Publication, London, U.K., 1996.
140. Grieve, D.G., Barton, D.A., Crolla, D.A., Chapman, J.L., and Buckingham, J.T., Alternative disc brake materials, *Proceedings of Advances in Automotive Braking Technology: Design Analysis and Material Developments*, Leeds, U.K., 1996.

141. Mills, H.R., Brake squeak, Technical Report 9000 B, Institution of Automobile Engineers, London, U.K., 1938.
142. Bowden, F.P. and Leben, L., The nature of sliding and the analysis of friction, *Royal Society of London Proceedings Series A, Mathematics Physics and Engineering Science*, 169, 371–391, 1939.
143. Blok, H., Fundamental mechanical aspects of boundary lubrication, *SAE Journal*, 46(2), 54–68, 1940.
144. Felske, A., Hoppe, G., and Matthäi, H., Oscillations in squealing disc brakes—Analysis of vibration modes by holographic interferometry, Technical Report, SAE, Paper No. 780333, Warrendale, PA, 1978.
145. Hetzler, H., Seemann, W., and Seemann, W., Bifurcation behavior of a 1DOF sliding friction oscillator, *Proceedings in Applied Mathematics and Mechanics*, 6, 331–332, 2006.
146. Rhee, S.K., Tsang, P.H.S., and Wang, Y.S., Friction-induced noise and vibration of disc brakes, *Wear*, 133, 39–45, 1989.
147. Popp, K. and Stelter, P., Stick-slip vibrations and chaos, *Philosophical Transactions of the Royal Society of London A*, 332, 89–105, 1990.
148. Afferrante, L. and Ciavarella, M.: Thermo-elastic dynamic instability (TEDI)—A review of recent results, *Journal of Engineering Mathematics*, 61, 285–300, 2008.
149. Fosberry, R.A.C. and Holubecki, Z., Interim report on disc brake squeal, Technical Report 1959/4, Motor Industry Research Association, Warwickshire, U.K., 1959.
150. Langthjem, M.A. and Sugiyama, Y., Dynamic stability of columns subjected to follower loads: A survey, *Journal of Sound and Vibration*, 238(5), 809–851, 2000.
151. Chan, D. and Stachowiak, G.W., Review of automotive brake friction materials, *Proceedings of the Institution of Mechanical Engineers Part D*, 218, 953–966, 2004.
152. Chen, F., Luo, W.D., Dale, M., Petniunas, A., Harwood, P., and Brown, G.M., High-speed ESPI and related techniques: overview and its application in the auto motive industry, *Optics and Lasers in Engineering*, 40, 459–485, 2003.
153. Kido, I., Kurahachi, M., and Asai, M., A study on low-frequency brake squeal noise, Technical Report, SAE, Paper No. 960993, Warrendale, PA, 1996.
154. Hetzler, H. and Seemann, W., On low frequency disc-brake vibrations, *Proceedings in Applied Mathematics and Mechanics*, 5, 95–96, 2005.
155. Fosberry, R.A.C. and Holubecki, Z., Disc brake squeal: Its mechanism and suppression, Technical Report 1961/1, Motor Industry Research Association, Warwickshire, U.K., 1961.
156. Harding, P.R.J. and Wintle, B.J., Flexural effects in disc brake pads, *Proceedings of the Institution of Mechanical Engineers*, 192, 1–7, 1978.
157. Fieldhouse, J.D. and Rennison, M., Proposals for the classification of brake noise—An equivalent noise dose rating, Technical Report, SAE, Paper No. 973027, Warrendale, PA, 1997.
158. Chargin, M.L., Dunne, L.W., and Herting, D.N., Nonlinear dynamics of brake squeal, *Finite Elements in Analysis and Design*, 28, 69–82, 1997.
159. Flint, J., Instabilities in brake systems, Technical Report, SAE, Paper No. 920432, Warrendale, PA, 1992.
160. Hultén, J.O., Some drum brake squeal mechanisms, Technical Report, SAE, Paper No. 951280, Warrendale, PA, 1995.
161. Qiao, S. and Ibrahim, R.A., Stochastic dynamics of systems with friction-induced vibration, *Journal of Sound and Vibration*, 223(1), 115–140, 1999.
162. Sherif, H.A., Geometric induced instability in drum brakes, Technical Report, SAE, Paper No. 933072, Warrendale, PA, 1993.
163. So, J. and Leissa, A.W., Three-dimensional vibrations of thick circular and annular plates, *Journal of Sound and Vibration*, 209(1), 15–41, 1998.
164. Sugiyama, Y., Langthjem, M.A., and Ryu, B.-J., Realistic follower forces, *Journal of Sound and Vibration*, 225(4), 779–782, 1999.
165. Baillet, L., D'Errico, S., and Laulagnet, B., Understanding the occurrence of squealing noise using the temporal finite element method, *Journal of Sound and Vibration*, 292, 443–460, 2006.
166. Matozo, L.T., Soares, M.R.F., and Al-Qureshi, H.A., The effect of environmental humidity and temperature on friction level and squeal noise propensity for disc brake friction materials, Technical Report, SAE, Paper No. 2008-01-2534, Warrendale, PA, 2008.
167. Chen, G.X. and Zhou, Z.R., Correlation of a negative friction–velocity slope with squeal generation under reciprocating sliding conditions, *Wear*, 255, 376–384, 2003.
168. Hetzler, H. and Seemann, W., Brake vibrations at very low driving velocities, *Proceedings in Applied Mathematics and Mechanics*, 4, 87–88, 2004.

169. Hochlenert, D., Spelsberg-Korspeter, G., and Hagedorn, P., Friction induced vibrations in moving continua and their application to brake squeal, *Transactions of the ASME Journal of Applied Mechanics*, 74, 542–549, 2007.
170. Hoffmann, N. and Gaul, L., A sufficient criterion for the onset of sprag-slip oscillations, *Archive of Applied Mechanics*, 73, 650–660, 2004.
171. Hoffmann, N., Transient growth and stick-slip in sliding friction, *Transactions of the ASME*, 73, 643–647, 2006.
172. Pilipchuk, V.N. and Tan, C.A., Creep–slip capture as a possible source of squeal during decelerated sliding, *Nonlinear Dynamics*, 35, 259–285, 2004.
173. Lee, J.M., Yoo, S.W., and Kim, J.H., A study on the squeal of a drum brake which has shoes of non-uniform cross-section, *Journal of Sound and Vibration*, 240(5), 789–808, 2001.
174. Paliwal, M., Mahajan, A., Don, J., Chu, T., and Filip, P., Investigation of high-frequency squeal in a disc brake system using a friction layer-based coupling stiffness, *Proceedings of the IMechE, Part C*, 219, 513–522, 2005.
175. Park, J.-P. and Choi, Y.-S., Brake squeal noise due to disc run-out, *Proceedings of the IMechE, Part D*, 221, 811–821, 2007.
176. Sherif, H.A., Investigation on effect of surface topography of pad/disc assembly on squeal generation, *Wear*, 257, 687–695, 2004.
177. Sinou, J.-J., Thouverez, F., and Jezequel, L., Analysis of friction and instability by the centre manifold theory for a non-linear sprag-slip model, *Journal of Sound and Vibration*, 265, 527–559, 2003.
178. van der Auweraer, H., Hendricx, W., Vandenplas, B., and Pezzutto, A., Vibro-acoustic and structural dynamics analysis of brake noise, C603/019/2002, *IMechE* 2002.
179. Rhee, S. K., Jacko, M.G., and Tsang, P.H.S., The role of friction film in friction, wear, and noise of automotive brakes, Technical Report, SAE, Paper No. 900004, Warrendale, PA, 1990.
180. Bloch, A., Krishnaprasad, P.S., Marsden, J.E., and Ratiu, T.S., *Dissipation Induced Instabilities*, *Annales Institut H. Poincaré: Analyse Non Linéaire*, 11(1), 37–90, 1994.
181. Heppes, P., Noise insulators for brake squeal reduction—Influence and selection of the damping material, *The 2nd International Seminar on Automotive Braking*, D. Barton and M. Haigh (eds.), Leeds, U.K., pp. 15–26, 1998.
182. Tirovic, M. and Day, A.J., Disc brake interface pressure distributions, *Proceedings of the Institution of Mechanical Engineers*, 205, 137–146, 1991.
183. Day, A.J., Drum brake interface pressure distributions, *Proceedings of the Institution of Mechanical Engineers*, 205, 127–136, 1991.
184. Day, A.J., Tirovic, M., and Newcomb, T.P., Thermal effects and pressure distributions in brakes, *Proceedings of the Institution of Mechanical Engineers*, 205, 199–205, 1991.
185. Fieldhouse, J.D., A proposal to predict the noise frequency of a disc brake based on the friction pair interface geometry, *17th Annual SAE Brake Colloquium and Engineering Display*, Miami, FL, October 10–13, 1999, Technical Report, SAE, Paper No. 1999–01–3403, Warrendale, PA, 1999.
186. Kang, B. and Tan, C.A., Parametric instability of a Leipholz column under periodic excitation, *Journal of Sound and Vibration*, 229(5), 1097–1113, 2000.
187. Kobayashi, M. and Odani, N., Study on stabilisation friction coefficient of disc brake pads in cold condition, Technical Report, SAE, Paper No. 973030, Warrendale, PA, 1997.
188. Odani, N., Kobayashi, M., and Kakihara, K., Effects of transferred surface film on μ behaviour of disc brake pad in humidity environment, SAE, Paper No. 1999-01-3391, Warrendale, PA, 1999.
189. Lee, K. and Barber, J.R., Frictionally-excited thermoelastic instability in automotive disk brakes, *ASME Journal of Tribology*, 115, 607–614, 1993.
190. Lee, K. and Barber, J.R., The effect of shear tractions on frictionally-excited thermoelastic instability, *Wear*, 140, 237–242, 1993.
191. Mottershead, J.E., Ouyang, H., Cartmell, M.P., and Friswell, M.I., Parametric resonances in an annular disc, with a rotating system of distributed mass and elasticity; and the effects of friction and damping, *Proceedings of the Royal Society of London A*, 453, 1–19, 1997.
192. Ouyang, H. and Mottershead, J.E., Friction-induced parametric resonances in disc: Effect of a negative friction-velocity relationship, *Journal of Sound and Vibration*, 209(2), 251–264, 1998.
193. Mottershead, J.E., Ouyang, H., Cartmell, M.P., and Brookfield, D.J., Friction-induced vibration of an elastic slider on a vibrating disc, *International Journal of Mechanical Science*, 41, 325–336, 1999.

194. Thomsen, J.J., Using fast vibrations to quench friction-induced oscillations, *Journal of Sound and Vibration*, 228(5), 1079–1102, 1999.
195. Adams, G.G., Self excited oscillations of two elastic half spaces sliding with a constant friction coefficient, *ASME Journal of Applied Mechanics*, 62, 867–872, 1995.
196. Abu Bakar, A.R., Abdul Hamid, M.K., and Ouyang, H., A new prediction methodology for dynamic contact pressure distribution in a disc brake, *Jurnal Teknologi*, 45(A), 1–11, 2006.
197. Abu Bakar, A.R., Abdul Hamid, M.K., Dzakaria, A., Abd Ghani, B., and Mohamad, M., Stability analysis of disc brake squeal considering temperature effect, *Jurnal Mekanikal*, 22, 26–38, 2006.
198. Abu Bakar, A.R., Ouyang, H., James, S., and Li, S., Finite element analysis of wear and its effect on squeal, *Proceedings of the IMechE, Part D*, 222, 1153–1165, 2008.
199. Abu Bakar, A.R. and Ouyang, H., Wear prediction of friction material and brake squeal using the finite element method, *Wear*, 264, 1069–1076, 2008.
200. Afferrante, L. and Ciavarella, M., The thermoelastic Aldo contact model with frictional heating, *Journal of the Mechanics and Physics of Solids*, 52, 617–640, 2004.
201. Afferrante, L. and Ciavarella, M., "Frictionless" and "frictional" thermoelastic dynamic instability (TEDI) of sliding contacts, *Journal of the Mechanics and Physics of Solids*, 54(11), 2330–2353, 2006.
202. Afferrante, L., Ciavarella, M., and Barber, J.R., Sliding thermoelastodynamic instability, *Proceedings of the Royal Society A*, 462, 2161–2176, 2006.
203. Afferrante, L. and Ciavarella, M., A note on thermoelastodynamic instability (TEDI) for a 1D elastic layer: Force control, *International Journal of Solids and Structures*, 44, 1380–1390, 2007.
204. Afferrante, L. and Ciavarella, M., Thermo-elastic dynamic instability (TEDI) in frictional sliding of two elastic half-spaces, *Journal of the Mechanics and Physics of Solids*, 55, 744–764, 2007.
205. Baillet, L., D'Errico, S., and Berthier, Y., Influence of sliding contact local dynamics on macroscopic friction coefficient variation, *Revue européenne des éléments finis*, 10(10), 1–17, 2005.
206. Meziane, A., D'Errico, S., Baillet, L., and Laulagnet, B., Instabilities generated by friction in a pad–disc system during the braking process, *Tribology International*, 40, 1127–1136, 2007.
207. Massi, F., Berthier, Y., and Baillet, L., Contact surface topography and system dynamics of brake squeal, *Wear*, 265, 1784–1792, 2008.
208. Berger, E.J., Krousgrill, C.M., and Sadeghi, F., Friction-induced sliding instability in a multi-degree-of-freedom system with oscillatory normal forces, *Journal of Sound and Vibration*, 266, 369–387, 2003.
209. Zhu, B., Barton, D., and Brooks, P., Effects of thermal deformations on the squeal propensity of a simple automotive disc brake system, Technical Report, SAE, Paper No. 2008-01-2532, Warrendale, PA, 2008.
210. Lu, Y., Wang, K., and Jiao, L., Ceramic abrasives in brake friction materials, Technical Report, SAE, Paper No. 2008-01-2538, Warrendale, PA, 2008.
211. Imai, J., An acrylic rubber modified phenolic resin which has good flexibility at low temperature, Technical Report, SAE, Paper No. 2008-01-2539, Warrendale, PA, 2008.
212. Sanitate, F. and Schmitt, O., An investigation of metal pick-up generation on passenger car brake pads in correlation with deep rotor scoring, Technical Report, SAE, Paper No. 2008-01-2540, Warrendale, PA, 2008.
213. Nukumizu, K., Kobayashi, T., Abe, T., and Unno, M., Study of the formulation mechanism for metal pick-up on the frictional surface of a disc brake pad, Technical Report, SAE, Paper No. 2008-01-2541, Warrendale, PA, 2008.
214. Hassan, M.Z., Brooks, P.C., and Barton, D.C., Thermo-mechanical contact analysis of car disc brake squeal, Technical Report, SAE, Paper No. 2008-01-2566, Warrendale, PA, 2008.
215. Lou, G., Peters, B., Robere, M., Severnak, S., Spurr, W., and Gaulrapp, M., Lining life prediction based on rotor 1-D thermal model and applicability of wear versus temperature data, Technical Report, SAE, Paper No. 2008-01-2567, Warrendale, PA, 2008.
216. Steege, R. and Marx, F., A new approach to material compressibility of brake pads, Technical Report, SAE, Paper No. 2008-01-2572, Warrendale, PA, 2008.
217. Sanders, P.G., Dalka, T., and Hartsock, D., Friction material compressibility as a function of pressure, temperature, and frequency, Technical Report, SAE, Paper No. 2008-01-2574, Warrendale, PA, 2008.
218. Desplanques, Y. and Degallaix, G., Interaction between third-body flows and localisation phenomena during railway high-energy stop braking, Technical Report, SAE, Paper No. 2008-01-2583, Warrendale, PA, 2008.
219. Lee, Y.S., Brooks, P.C., Barton, D.C., and Crolla, D.A., A predictive tool to evaluate disc brake squeal propensity Part 1: The model philosophy and the contact problem, *International Journal of Vehicle*

Design, 31(3), 289–308, 2003.
220. Cho, H. J. and Cho, C. D., A study of thermal and mechanical behaviour for the optimal design of automotive disc brakes, *Proceedings of the IMechE, Part D: Journal of Automobile Engineering*, 222, 895–915, 2008.
221. Cho, M.H., Cho, K.H., Kim, S.J., Kim, D.H., and Jang, H., The role of transfer layers on friction characteristics in the sliding interface between friction materials against gray iron brake disks, *Tribology Letters*, 20(2), 101–108, 2005.
222. Jibiki, T., Shima, M., Akita, H., and Tamura, M., A basic study of friction noise caused by fretting, *Wear*, 251, 1492–1503, 2001.
223. Kang, B. and Tan, C.A., Parametric instability of a Leipholz beam due to distributed frictional axial load, *International Journal of Mechanical Sciences*, 46, 807–825, 2004.
224. Kang, B. and Tan, C.A., Nonlinear response of a beam under distributed moving contact load, *Communications in Nonlinear Science and Numerical Simulation*, 11, 203–232, 2006.
225. Kang, J., Krousgrill, C.M., and Sadeghi, F., Dynamic instability of a thin circular plate with friction interface and its application to disc brake squeal, *Journal of Sound and Vibration*, 316, 164–179, 2008.
226. Kirillov, O.N., Subcritical flutter in the acoustics of friction, *Proceedings of the Royal Society A*, 464, 2321–2339, 2008.
227. Masoomi, M., Katbab, A.A., and Nazockdast, H., Damping behavior of the phenolic based composite friction materials containing thermoplastic elastomers (TPEs), *Iranian Journal of Chemistry and Chemical Engineering*, 25(3), 35–40, 2006.
228. Masoomi, M., Katbab, A.A., and Nazockdast, H., Noise generation and propagation control in disc brake systems using composite friction materials composed of thermoplastic elastomers as viscoelastic materials, *Polymer Composites*, 27, 461–469, 2006.
229. Moirot, F., Nguyen, Q.-S., and Oueslati, A., An example of stick–slip and stick–slip–separation waves, *European Journal of Mechanics A/Solids*, 22, 107–118, 2002.
230. Nguyen, Q.-S., *Instability and fiction, Comptes Rendus Mecanique*, 331, 99–112, 2003.
231. Lorang, X. and Nguyen, Q.S., Vibrations non-linéaires des structures en situation de contact frottant: Application aux crissements des freins à disque, *18 ème Congrès Français de Mécanique*, Grenoble, France, pp. 1–5, 2007.
232. Nguyen, Q.-S., Oueslati, A., Steindl, A., Teufel, A., and Troger, H., Travelling interface waves in a brake-like system under unilateral contact and Coulomb friction, *Comptes Rendus Mecanique*, 336, 203–209, 2008.
233. Österle, W., Griepentrog, M., Gross, Th., and Urban, I., Chemical and microstructural changes induced by friction and wear of brakes, *Wear*, 251, 1469–1476, 2001.
234. Ostermeyer, G.P., Friction and wear of brake systems, *Forschung im Ingenieurwesen*, 66, 267–272, 2001.
235. Ostermeyer, G.P., On the dynamics of the friction coefficient, *Wear*, 254, 852–858, 2003.
236. Mueller, M. and Ostermeyer, G.P., The interaction of surface topography and friction dynamics in brake systems described by a Cellular Automaton, *Proceedings in Applied Mathematics and Mechanics*, 5, 113–114, 2005.
237. Ostermeyer, G.P. and Müller, M., Dynamic interaction of friction and surface topography in brake systems, *Tribology International*, 39, 370–380, 2006.
238. Müller, M. and Ostermeyer, G.P., A Cellular Automaton model to describe the three-dimensional friction and wear mechanism of brake systems, *Wear*, 263, 1175–1188, 2007.
239. Müller, M. and Ostermeyer, G.P., Cellular automata method for macroscopic surface and friction dynamics in brake systems, *Tribology International*, 40, 942–952, 2007.
240. Ouyang, H. and Mottershead, J.E., Unstable travelling waves in the friction-induced vibration of discs, *Journal of Sound and Vibration*, 248(4), 768–779, 2001.
241. Rudolph, M. and Popp, K., The influence of contact properties on friction-induced brake vibrations, in: *Contact Mechanics* (eds. J.A.C. Martins and Manuel D.P. Monterio Marques), Kluwer Academic Publishers, the Netherlands, pp. 125–132, 2002.
242. Rudolph, M., Popp, K., and Hogenkamp, W., Computation of the temperature between brake disk and pad, *Proceedings in Applied Mathematics and Mechanics*, 3, 124–125, 2003.
243. Lindner, M., Sextro, W., and Popp, K., Hysteretic friction of a sliding rubber element, *Proceedings in Applied Mathematics and Mechanics*, 4, 101–102, 2004.
244. Sinou, J.-J., Fritz, G., and Jézéquel, L., The role of damping and definition of the robust damping factor for

a self-exciting mechanism with constant friction, *Journal of Vibration and Acoustics*, 129, 297–306, 2007.
245. Stoimenov, B.L., Maruyama, S., Adachi, K., and Kato, K., The roughness effect on the frequency of frictional sound, *Tribology International*, 40, 659–664, 2007.
246. Duffour, P. and Woodhouse, J., Frictional instability of systems with a sliding point contact, C605/027/2002, *IMechE* 2002.
247. Brooks, P.C. and Sharp, R.S., A computational procedure based on eigenvalue sensitivity theory applicable to linear system design, *Journal of Sound and Vibration*, 114(1), 13–18, 1987.
248. D'Souza, A.F. and Dweib, A.H., Self-excited vibration induced by dry friction, part 1: Experimental study, *Journal of Sound and Vibration*, 137(2), 163–175, 1990.
249. Baba, H., Okade, M., and Takeuchi, T., Study on reducing low frequency brake squeal—From modal analysis of mounting bracket, Technical Report, SAE, Paper No. 952697, Warrendale, PA, 1995.
250. Ono, K., Chen, J.-S., and Bogy, D.B., Stability Analysis for the Head-Disk Interface in a Flexible Disk Drive, *ASME Journal of Applied Mechanics*, 58, 1005–1014, 1991.
251. Kung, S.-W., Dunlap, K.B., and Ballinger, R.S., Complex eigenvalue analysis for reducing low frequency brake squeal, Technical Report, SAE, Paper No. 2000-01-0444, Warrendale, PA, 2000.
252. Lee, C.W. and Kim, M.E., Separation and identification of travelling wave modes in rotating disk via directional spectral analysis, *Journal of Sound and Vibration*, 187(5), 851–864, 1995.
253. Lee, D. and Waas, A.M., Stability analysis of a rotating multi-layer annular plate with a stationary frictional follower load, *International Journal of Mechanical Sciences*, 39(10), 1117–1138, 1997.
254. Hinrichs, N., Oestreich, M., and Popp, K., Dynamics of oscillators with impact and friction, *Chaos, Solitons & Fractals*, 8(4), 535–558, 1997.
255. Hinrichs, N., Oestreich, M., and Popp, K., On the modelling of friction oscillators, *Journal of Sound and Vibration*, 216(3), 435–459, 1998.
256. Jezequel, L. and Lamarque, C.H., Analysis of non-linear dynamical systems by the normal form theory, *Journal of Sound and Vibration*, 149(3), 429–459, 1991.
257. Tseng, J.-G. and Wickert, G.A., On the vibration of bolted plate and flange assemblies, *Transactions of the ASME, Journal of Vibration and Acoustics*, 116, 468–473, 1994.
258. Tseng, J.-G. and Wickert, G.A., Vibration of an eccentrically clamped annular plate, *Transactions of the ASME, Journal of Vibration and Acoustics*, 116, 155–160, 1994.
259. Tseng, J.-G. and Wickert, G.A., Nonconservative stability of a friction loaded disk, *Transactions of the ASME, Journal of Vibration and Acoustics*, 120, 922–929, 1998.
260. Tseng, J.-G. and Wickert, G.A., Split vibration modes in acoustically-coupled disk stacks, *Transactions of the ASME, Journal of Vibration and Acoustics*, 120, 234–239, 1998.
261. Kim, M., Moon, J., and Wickert, J.A., Spatial modulation of repeated vibration modes in rotationally periodic structures, *Transactions of the ASME, Journal of Vibration and Acoustics*, 122, 62–68, 2000.
262. Afferrante, L., Ciavarella, M., Decuzzi, P., and Demelio, G., Transient analysis of frictionally excited thermoelastic instability in multi-disk clutches and brakes, *Wear*, 254, 136–146, 2003.
263. Akay, A., Acoustics of friction, *Journal of Acoustical Society of America*, 111(4), 1525–1548, 2002.
264. Andreaus, U. and Casini, P., Dynamics of friction oscillators excited by a moving base and/or driving force, *Journal of Sound and Vibration*, 245(4), 685–699, 2001.
265. Wu, G. and Zhou, G., Numerical investigation on brake noise mechanism incorporating nonlinear effects and complex eigenvalue extraction, Technical Report, SAE, Paper No. 2008-01-2535, Warrendale, PA, 2008.
266. Hoffrichter, W., Schmitt, O., and Fecske, L., Development of shim specifications, Technical Report, SAE, Paper No. 2008-01-2545, Warrendale, PA, 2008.
267. Bono, R.W. and Stultz, G.R., Resonant inspection applied to 100% testing of nodularity of cast ductile iron, Technical Report, SAE, Paper No. 2008-01-2577, Warrendale, PA, 2008.
268. Lee, Y.S., Brooks, P.C., Barton, D.C., and Crolla, D.A., A predictive tool to evaluate disc brake squeal propensity Part 2: System linearisation and modal analysis, *International Journal of Vehicle Design*, 31(3), 309–329, 2003.
269. Chen, G.X. and Zhou, Z.R., A self-excited vibration model based on special elastic vibration modes of friction systems and time delays between the normal and friction forces: A new mechanism for squealing noise, *Wear*, 262, 1123–1139, 2007.
270. Chen, G.X. and Zhou, Z.R., Time–frequency analysis of friction-induced vibration under reciprocating sliding conditions, *Wear*, 262, 1–10, 2007.

271. Chen, G.X., Liu, Q.Y., Jin, X.S., and Zhou, Z.R., Stability analysis of a squealing vibration model with time delay, *Journal of Sound and Vibration*, 311, 516–536, 2008.
272. Zhang, F., Cheng, L., Yam, L.H., and Zhou, L.M., Modal characteristics of a simplified brake rotor model using semi-analytical Rayleigh–Ritz method, *Journal of Sound and Vibration*, 297, 72–88, 2006.
273. Heilig, J. and Wauer, J., Stability of a nonlinear brake system at high operating speeds, *Nonlinear Dynamics*, 34, 235–247, 2003.
274. Jearsiripongkul, T., Chakraborty, G., and Hagedorn, P., Stability analysis of a floating caliper disc brake, *Proceedings in Applied Mathematics and Mechanics*, 2, 66–67, 2003.
275. Hoffmann, N. and Gaul, L., Effects of damping on mode-coupling instability in friction induced oscillations, *Zeitschrift für Angewandte Mathematik und Mechanik*, 83(8), 524–534, 2003.
276. Wagner, N. and Gaul, L., Eigenpath analyses of friction induced vibrations depending on the friction coefficient, *Proceedings in Applied Mathematics and Mechanics*, 3, 130–131, 2003.
277. Hoffmann, N., Bieser, S., and Gaul, L., Harmonic balance and averaging techniques for stick-slip limit-cycle determination in mode-coupling friction self-excited systems, *Technische Mechanik*, 24(3–4), 185–197, 2004.
278. Hoffmann, N. and Gaul, L., Non-conservative beating in sliding friction affected systems: Transient amplification of vibrational energy and a technique to determine optimal initial conditions, *Mechanical Systems and Signal Processing*, 18, 611–623, 2004.
279. Hoffmann, N., Wagner, N., and Gaul, L., Quenching mode-coupling friction-induced instability using high-frequency dither, *Journal of Sound and Vibration*, 279, 471–480, 2005.
280. Pilipchuk, V.N., Ibrahim, R.A., and Blaschke, P.G., Disc brake ring-element modeling involving friction-induced vibration, *Journal of Vibration and Control*, 8, 1085–1104, 2002.
281. Jerrelind, J. and Stensson, A., Nonlinear dynamics of parts in engineering systems, *Chaos, Solitons & Fractals*, 11, 2413–2428, 2000.
282. Joulin, O. and Picot, P., Analyse modale numérique d'un système de frein à disque, *Mécanique & Industries*, 4, 65–70, 2003.
283. Kang, J., Parametric study on friction-induced coupled oscillator, *Proceedings of the IMechE, Part C*, 222, 1381–1387, 2008.
284. Kessler, P., O'Reilly, O.M., Raphael, A.-L., and Zworski, M., On dissipation-induced destabilization and brake squeal: A perspective using structured pseudospectra, *Journal of Sound and Vibration*, 308, 1–11, 2007.
285. Kirillov, O.N., Gyroscopic stabilization of non-conservative systems, *Physics Letters A*, 359, 204–210, 2006.
286. Kirillov, O.N., Bifurcation of the roots of the characteristic polynomial and the destabilization paradox in friction induced oscillations, *Theoretical and Applied Mechanics*, 34(2), 87–109, 2007.
287. Kirillov, O.N., Destabilization paradox due to breaking the Hamiltonian and reversible symmetry, *International Journal of Non-Linear Mechanics*, 42, 71–87, 2007.
288. Kirillov, O.N., Stabilization and destabilization in non-conservative gyroscopic systems, *Proceedings in Applied Mathematics and Mechanics*, 7, 4050001–4050002, 2007.
289. Kliem, W., Mailybaev, A.A., and Pommer, C., Conditions revisited for asymptotic stability of pervasive damped linear systems, *Journal of Sound and Vibration*, 298, 471–474, 2006.
290. Li, Y. and Feng, Z.C., Bifurcation and chaos in friction-induced vibration, *Communications in Nonlinear Science and Numerical Simulation*, 9, 633–647, 2004.
291. Liu, P., Zheng, H., Cai, C., Wang, Y.Y., Lu, C., Ang, K.H., and Liu, G.R., Analysis of disc brake squeal using the complex eigenvalue method, *Applied Acoustics*, 68, 603–615, 2007.
292. Majcherczak, D. and Dufrénoy, P., Dynamic analysis of a disc brake under frictional and thermomechanical internal loading, *Archive of Applied Mechanics*, 75, 497–512, 2006.
293. Ouyang, H. and Mottershead, J.E., Dynamic instability of an elastic disk under the action of a rotating friction couple, *Journal of Applied Mechanics*, 71, 753–758, 2004.
294. Rahman, S., Stochastic dynamic systems with complex-valued eigensolutions, *International Journal for Numerical Methods in Engineering*, 71, 963–986, 2007.
295. Raman, A. and Mote Jr., C.D., Non-linear oscillations of circular plates near a critical speed resonance, *International Journal of Non-Linear Mechanics*, 34, 139–157, 1999.
296. Rusli, M. and Okuma, M., Effect of surface topography on mode-coupling model of dry contact sliding systems, *Journal of Sound and Vibration*, 308, 721–734, 2007.
297. Sinou, J.-J., Thouverez, F., and Jezequel, L., Center manifold and multivariable approximants

applied to non-linear stability analysis, *International Journal of Non-Linear Mechanics*, 38(9), 1421–1442, 2003.
298. Sinou, J.-J., Thouverez, F., and Jezequel, L., Extension of the center manifold approach, using rational fractional approximants, applied to non-linear stability analysis, *Nonlinear Dynamics*, 33, 267–282, 2003.
299. Sinou, J.-J., Thouverez, F., and Jezequel, L., Application of a nonlinear modal instability approach to brake systems, *Journal of Vibration and Acoustics*, 126, 101–107, 2004.
300. Sinou, J.-J., Thouverez, F., and Jezequel, L., Non-linear stability analysis of a complex rotor/stator contact system, *Journal of Sound and Vibration*, 278, 1095–1129, 2004.
301. Sinou, J.-J., Thouverez, F., Jezeque, L., Dereure, O., and Mazet, G.-B., Friction induced vibration for an aircraft brake system—Part 2: Non-linear dynamics, *International Journal of Mechanical Sciences*, 48, 555–567, 2006.
302. Lignon, S., Sinou, J-J., and Jézéquel, L., Stability analysis and μ-synthesis control of brake systems, *Journal of Sound and Vibration*, 298(4–5), 1073–1087, 2006.
303. Fritz, G., Sinou, J.-J., Duffal, J.-M., and Jézéquel, L., Investigation of the relationship between damping and mode-coupling patterns in case of brake squeal, *Journal of Sound and Vibration*, 307, 591–609, 2007.
304. Sinou, J.-J. and Jézéquel, L., Mode coupling instability in friction-induced vibrations and its dependency on system parameters including damping, *European Journal of Mechanics A/Solids*, 26, 106–122, 2007.
305. Lesaffre, N., Sinou, J.-J., and Thouverez, F., Stability analysis of rotating beams rubbing on an elastic circular structure, *Journal of Sound and Vibration*, 299, 1005–1032, 2007.
306. Sinou, J.-J. and Jézéquel, L., The influence of damping on the limit cycles for a self-exciting mechanism, *Journal of Sound and Vibration*, 304, 875–893, 2007.
307. Hervé, B., Sinou, J.-J., Mahé, H., and Jézéquel, L., Analysis of squeal noise and mode coupling instabilities including damping and gyroscopic effects, *European Journal of Mechanics A/Solids*, 27, 141–160, 2008.
308. Sinou, J.-J. and Jézéquel, L., On the stabilizing and destabilizing effects of damping in a non-conservative pin-disc system, *Acta Mechanica*, 199, 43–52, 2008.
309. Steindl, A., Bifurcations of Stick-Slip-Separation Waves in a Brake-like System, *Proceedings in Applied Mathematics and Mechanics*, 6, 337–338, 2006.
310. Steindl, A., Hopf bifurcations of travelling waves in a brake-like system, *Proceedings in Applied Mathematics and Mechanics*, 7, 4050025–4050026, 2007.
311. Chang, J.Y. and Wickert, J.A., Response of modulated doublet modes to travelling wave excitation, *Journal of Sound and Vibration*, 242(1), 69–83, 2001.
312. Young, T.H. and Lin, C.Y., Stability of a spinning disk under a stationary oscillating unit, *Journal of Sound and Vibration*, 298, 307–318, 2006.
313. Zhou, M., Wang, Y., and Huang, Q., Study on the stability of drum brake non-linear low frequency vibration model, *Archive of Applied Mechanics*, 77, 473–483, 2007.
314. Zhou, M., Chen, Y., Wang, Y., and Zhou, J., Study on the limit cycle oscillation of the drum brake non-linear vibration model at low frequency, *International Journal of Mechanics and Materials in Design*, 4, 317–324, 2008.
315. Lee, H., Modal acoustic radiation characteristics of a thick annular disk, Dissertation of The Ohio State University, Columbus, OH, 2003.
316. Liles, G.D., Analysis of disc brake squeal using finite element methods, Technical Report, SAE, Paper No. 891150, Warrendale, PA, 1989.
317. Chen, J.-S. and Bogy, D.B., Effects of load parameters on the natural frequencies and stability of a flexible spinning disk with a stationary load system, *Transactions of the American Society of Mechanical Engineers, Journal of Applied Mechanics*, 59(2), 5230–5235, 1992.
318. Chen, J.-S. and Bogy, D.B., Mathematical structure of modal interactions in a spinning disk-stationary load system, *Transactions of the American Society of Mechanical Engineers, Journal of Applied Mechanics*, 59(2), 390–397, 1992.
319. Hartsock, D.L., Hecht, R.L., and Fash, J.W., Parametric analyses of thermoelastic instability in disc brakes, *International Journal of Vehicle Design*, 21(4/5), 510–526, 1999.
320. Du, S. and Fash, J.W., Finite element analysis of frictionally-excited thermoelastic instability in 3D annular disk, *International Journal of Vehicle Design*, 23(3/4), 203–217, 2000.

321. McMillan, A.J., A non-linear friction model for self-excited vibrations, *Journal of Sound and Vibration*, 205(3), 323–335, 1997.
322. Nagy, L.I., Cheng, J., and Hu, Y.-K., A new method development to predict brake squeal occurrence, Technical Report, SAE, Paper No. 942258, Warrendale, PA, 1994.
323. Hu, Y.-K. and Nagy, L.I., Brake squeal analysis by using nonlinear transient finite element method, Technical Report, SAE, Paper No. 971510, Warrendale, PA, 1997.
324. Hohmann, C., Schiffner, K., Oerter, K., and Reese, H., Contact analysis for drum brakes and disk brakes using ADINA, *Computers and Structures*, 72, 185–198, 1999.
325. Ahmed, I.L.M., Leung, P.S., and Datta, P.K., Contact analysis of the disc brake by finite element methods, C605/001/2002, *IMechE* 2002.
326. Berger, E.J., Friction modeling for dynamic system simulation, *ASME Applied Mechanics Reviews*, 55(6), 535–577, 2002.
327. Gobbi, M., Guarneri, P., and Mastinu, G., Optimal robust design optimisation with application to a piezoelectric brake, Technical Report, SAE, Paper No. 2008-01-2554, Warrendale, PA, 2008.
328. Choudhary, A. and Stringham Jr., W.J., Improvements in simulation techniques to better understand disc brake dynamics, Technical Report, SAE, Paper No. 2008-01-2564, Warrendale, PA, 2008.
329. Söderberg, A., Sellgren, U., and Andersson, S., Using finite element analysis to predict the brake pressure needed for effective rotor cleaning in disc brakes, Technical Report, SAE, Paper No. 2008-01-2565, Warrendale, PA, 2008.
330. Aleksendric, D., Duboka, C., and Cirovic, V., Intelligent control of disc brake operation, Technical Report, SAE, Paper No. 2008-01-2570, Warrendale, PA, 2008.
331. Österle, W., Kloß, H., and Dmitriev, A.I., Modeling of friction evolution and assessment of impacts on vibration excitation at the pad–disc interface, Technical Report, SAE, Paper No. 2008-01-2582, Warrendale, PA, 2008.
332. Kang, H.I., Brooks, P.C., and Barton, D.C., Drum brake squeal prediction using a parametric finite element model, C605/007/2002, *IMechE*, London, U.K., 2002.
333. Lee, Y.S., Brooks, P.C., Barton, D.C., and Crolla, D.A., A predictive tool to evaluate disc brake squeal propensity Part 3: Parametric design studies, *International Journal of Vehicle Design*, 31(3), 330–353, 2003.
334. Chatterjee, S., Non-linear control of friction-induced self-excited vibration, *International Journal of Non-Linear Mechanics*, 42, 459–469, 2007.
335. Chatterjee, S., Time-delayed feedback control of friction-induced instability, *International Journal of Non-Linear Mechanics*, 42, 1127–1143, 2007.
336. Das, J. and Mallik, A.K., Control of friction driven oscillation by time-delayed state feedback, *Journal of Sound and Vibration*, 297, 578–594, 2006.
337. Emira, M.N.A., Friction-induced oscillations of a slider: Parametric study of some system parameters, *Journal of Sound and Vibration*, 300, 916–931, 2007.
338. Feng, Q. and Zhang, X.-T., The discrete models on a frictional single degree of freedom system, *Applied Mathematics and Mechanics*, 22(8), 956–964, 2001.
339. Feng, Q., A discrete model of a stochastic friction system, *Computer Methods in Applied Mechanics and Engineering*, 192, 2339–2354, 2003.
340. Guan, D., Su, X., and Zhang, F., Sensitivity analysis of brake squeal tendency to substructures' modal parameters, *Journal of Sound and Vibration*, 291, 72–80, 2006.
341. Heckmann, A., A brake model with thermoelastic disc for the analysis of vehicle judder vibrations, *Vehicle System Dynamics*, 44(1), 360–367, 2006.
342. Jearsiripongkul, T. and Hagedorn, P., Parameter estimation of the disk in a floating caliper disk brake model with respect to squeal, *Proceedings in Applied Mathematics and Mechanics*, 4, 93–94, 2004.
343. Jearsiripongkul, T., A simplified model of the floating caliper disk brake with respect to high frequency noise, *Thammasat International Journal of Science and Technology*, 11(2), 61–68, 2006.
344. Huang, J., Krousgrill, C.M., and Bajaj, A.K., Modeling of automotive drum brakes for squeal and parameter sensitivity analysis, *Journal of Sound and Vibration*, 289, 245–263, 2006.
345. Huang, J., Krousgrill, C.M., and Bajaj, A.K., An efficient approach to estimate critical value of friction coefficient in brake squeal analysis, *Transactions of the ASME*, 74, 534–541, 2007.
346. Kerschen, G., Worden, K., Vakakis, A.F., and Golinval, J.-C., Past, present and future of nonlinear system identification in structural dynamics, *Mechanical Systems and Signal Processing*, 20, 505–592, 2006.
347. Komzsik, L., Implicit computational solution of generalized quadratic, *Finite Elements in Analysis and*

Design, 37, 799–810, 2001.
348. Lou, G., Wu, T.W., and Ba, Z., Disk brake squeal prediction using the ABLE algorithm, *Journal of Sound and Vibration*, 272, 731–748, 2004.
349. Ouyang, H., Mottershead, J.E., and Li, W., A moving-load model for disc-brake stability analysis, *ASME Journal of Vibration and Acoustics*, 125(1), 1–6, 2003.
350. Paliwal, M., Mahajan, A., Don, J., Chu, T., and Filip, P., Noise and vibration analysis of a disc–brake system using a stick–slip friction model involving coupling stiffness, *Journal of Sound and Vibration*, 282, 1273–1284, 2005.
351. Shin, K., Brennan, M.J., Oh, J.-E., and Harris, C.J., Analysis of disc brake noise using a two-degree-of-freedom model, *Journal of Sound and Vibration*, 254(5), 837–848, 2002.
352. Shin, K., Brennan, M.J., Joe, Y.-G., and Oh, J.-E., Simple models to investigate the effect of velocity dependent friction on the disc brake squeal noise, *International Journal of Automotive Technology*, 5(1), 61–67, 2004.
353. Oh, J.-E., Joe, Y.-G., and Shin, K., Analysis of out-of-plane motion of a disc brake system using a two-degree-of-freedom model with contact stiffness, *Proceedings of the IMechE, Part D*, 219, 869–879, 2005.
354. Joe, Y.-G., Cha, B.-G., Sim, H.-J., Lee, H.-J., and Oh, J.-E., Analysis of disc brake instability due to friction-induced vibration using a distributed parameter model, *International Journal of Automotive Technology*, 9(2), 161–171, 2008.
355. Fritz, G., Sinou, J.-J., Duffal, J.-M., and Jézéquel, L., Effects of damping on brake squeal coalescence patterns—Application on a finite element model, *Mechanics Research Communications*, 34, 181–190, 2007.
356. Coudeyras, N., Sinou, J.-J., and Nacivet, S., A new treatment for predicting the self-excited vibrations of nonlinear systems with frictional interfaces: The Constrained Harmonic Balance Method, with application to disc brake squeal, *Journal of Sound and Vibration*, 319, 1175–1199, 2009.
357. Slavič, J., Bryant, D., and Boltežara, M., A new approach to roughness-induced vibrations on a slider, *Journal of Sound and Vibration*, 306, 732–750, 2007.
358. Stoimenov, B.L. and Mukai, T., A model of adhesion excited micro-vibrations, *Tribology Letters*, 29, 129–137, 2008.
359. Thomsen, J.J. and Fidlin, A., Analytical approximations for stick–slip vibration amplitudes, *International Journal of Non-Linear Mechanics*, 38, 389–403, 2003.
360. Trichés Jr., M.J., Gerges, S.N.Y., and Jordan, R., Analysis of brake squeal noise using the finite element method: A parametric study, *Applied Acoustics*, 69, 147–162, 2008.
361. Duffour, P. and Woodhouse, J., Instability of systems with a frictional point contact. Part 1: Basic modelling, *Journal of Sound and Vibration*, 271, 365–390, 2004.
362. Duffour, P. and Woodhouse, J., Instability of systems with a frictional point contact. Part 2: Model extensions, *Journal of Sound and Vibration*, 271, 391–410, 2004.
363. Abendroth, H., Advances in brake NVH test equipment, *Automotive Engineering International*, 107(2), 60–63, 1999.
364. Fieldhouse, J.D. and Newcomb, T.P., The application of holographic interferometry to the study of disc brake noise, Technical Report, SAE, Paper No. 930805, Warrendale, PA, 1993.
365. Wang, S.K. and Woodhouse, J., A novel measurement of dynamic friction, Technical Report, SAE, Paper No. 2008-01-2536, Warrendale, PA, 2008.
366. Fieldhouse, J.D., Bryant, D., Crampton, A., Talbot, C., and Layfield, J., A study of thermal judeer on a laboratory dynamometer, Technical Report, SAE, Paper No. 2008-01-2542, Warrendale, PA, 2008.
367. Backstrom, A., An experimental investigation of brake rotor DTV under laboratory conditions, Technical Report, SAE, Paper No. 2008-01-243, Warrendale, PA, 2008.
368. Sardá, A., Haag, M., Winner, H., and Semsch, M., Experimental investigation of hot spots and thermal judder, Technical Report, SAE, Paper No. 2008-01-2544, Warrendale, PA, 2008.
369. Hwang, P., Wu, X., and Jeon, Y.B., Repeated brake temperature analysis of ventilated brake disc on the downhill road, Technical Report, SAE, Paper No. 2008-01-2571, Warrendale, PA, 2008.
370. Schroeder, E.J. and Stringham, W., An experimental methodology to determine the low energy wear model, Technical Report, SAE, Paper No. 2008-01-2573, Warrendale, PA, 2008.
371. Chen, G.X., Zhou, Z.R., Kapsa, P., and Vincent, L., Experimental investigation into squeal under reciprocating sliding, *Tribology International*, 36, 961–971, 2003.

372. Chen, G.X. and Zhou, Z.R., Experimental observation of the initiation process of friction-induced vibration under reciprocating sliding conditions, *Wear*, 259, 277–281, 2005.
373. Cunefare, K.A. and Graf, A.J., Experimental active control of automotive disc brake rotor squeal using dither, *Journal of Sound and Vibration*, 250(4), 579–590, 2002.
374. Fieldhouse, J.D., Low frequency drum brake noise investigation using a 1/4 vehicle test rig, Technical Report, SAE, Paper No. 2000-01-0448, Warrendale, PA, 2000.
375. Giannini, O., Akay, A., and Xu, Z., A laboratory brake for the study of automotive brake noise, *Proceedings of IMAC XX*, Paper No. 373, Los Angeles, CA, 2002.
376. Giannini, O. and Massi, F., An experimental study on the brake squeal noise, *Proceedings of ISMA*, Leuven, Belgium, pp. 3411–3426, 2004.
377. Massi, F., Giannini, O., and Baillet, L., Brake squeal as dynamic instability: An experimental investigation, *Journal of the Acoustical Society of America*, 120(3), 1388–1399, 2006.
378. Giannini, O. and Massi, F., Characterization of the high-frequency squeal on a laboratory brake setup, *Journal of Sound and Vibration*, 310, 394–408, 2008.
379. Schlagner, S. and von Wagner, U., Evaluation of automotive disk brake noise behavior using piezoceramic actuators and sensors, *Proceedings in Applied Mathematics and Mechanics*, 7, 4050031–4050032, 2007.
380. Rudolph, M. and Popp, K., Vibration control to avoid stick–slip motion, *Journal of Vibration and Control*, 10, 1585–1600, 2004.
381. Kröger, M., Neubauer, M., and Popp, K., Experimental investigation on the avoidance of self-excited vibrations, *Philosophical Transactions of the Royal Society A*, 366, 785–810, 2008.
382. Sergienko, V.P., Bukharov, S.N., and Kupreev, A.V., Noise and vibration in brake systems of vehicles. Part 1: Experimental procedures, *Journal of Friction and Wear*, 29(3), 234–241, 2008.
383. Duffour, P. and Woodhouse, J., Instability of systems with a frictional point contact—Part 3: Experimental tests, *Journal of Sound and Vibration*, 304(2007), 186–200, 2007.
384. Bergman, F., Eriksson, M., and Jacobson, S., A software-based measurement system for testing and analysis of automotive brake squeal, *Tribotest Journal*, 5(3), 265–275, 1999.
385. Reeves, M., Taylor, N., Edwards, C., Williams, D., and Buckberry, C.H., A study of brake disc modal behaviour during squeal generation using high-speed electronic speckle pattern interferometry and near-speed sound pressure measurements, *Proceedings of the Institution of Mechanical Engineers, Part D*, 214, 285–296, 2000.
386. Okamura, T., Yumoto, H., and Imasaki, M., Factorial effect analysis of material and dimensional properties of brake discs for reducing variation in natural frequencies, Technical Report, SAE, Paper No. 2008-01-2533, Warrendale, PA, 2008.
387. Barigozzi, G., Perdichizzi, A., and Donati, M., Combined experimental and CFD investigation of brake discs aero-thermal performances, Technical Report, SAE, Paper No. 2008-01-2550, Warrendale, PA, 2008.
388. Strom, P., Dynamic vehicle weight reduction and safety enhancement, Technical Report, SAE, Paper No. 2008-01-2551, Warrendale, PA, 2008.
389. Huang, C.-T., Chen, C.-T., Cheng, S.-Y., Chen, B.-R., and Huang, M.-H., Design and testing of a new electric parking brake actuator, Technical Report, SAE, Paper No. 2008-01-2555, Warrendale, PA, 2008.
390. Farhang, K., Ozcan, S., and Filip, P., The effect of wear groove on vibration and noise of aircraft brakes: Theoretical and experimental evidence, Technical Report, SAE, Paper No. 2008-01-2557, Warrendale, PA, 2008.
391. Eriston, L.J. and Miles, M.D., Retrofittable regenerative braking in heavy vehicle applications, Technical Report, SAE, Paper No. 2008-01-2558, Warrendale, PA, 2008.
392. Surampudi, B., Redfield, J., and Ostrowski, G.J., Mild regenerative braking to enhance fuel economy via lowered engine load due to alternator, Technical Report, SAE, Paper No. 2008-01-2560, Warrendale, PA, 2008.
393. Ma, J., Liu, X., and Sun, J., A new method of inertia simulation in brake dynamometer testing, Technical Report, SAE, Paper No. 2008-01-2578, Warrendale, PA, 2008.
394. Fieldhouse, J.D. and Steel, W.P., A study of brake noise and the influence of the centre of pressure at the disc/pad interface, the coefficient of friction and caliper mounting geometry, *Proceedings of the Institution of Mechanical Engineers, Part D*, 217, 957–973, 2003.
395. Talbot, C. and Fieldhouse, J.D., Fourier analysis of holographic data from a noisy disc brake and its implication for modelling, *Proceedings of the Institution of Mechanical Engineers, Part D*, 217, 975–984, 2003.

396. Casini, P., Giannini, O., and Vestroni, F., Experimental evidence of non-standard bifurcations in non-smooth oscillator dynamics, *Nonlinear Dynamics*, 46, 259–272, 2006.
397. Guan, D. and Huang, J., The method of feed-in energy on disc brake squeal, *Journal of Sound and Vibration*, 261, 297–307, 2003.
398. Hetzler, H. and Seemann, W., Friction modes in low frequency disc-brake noise—Experimental results and implications on modelling, *Proceedings in Applied Mathematics and Mechanics*, 6, 307–308, 2006.
399. Hochlenert, D. and Hagedorn, P., Control of disc brake squeal—Modelling and experiments, *Structural Control and Health Monitoring*, 13, 260–276, 2006.
400. Qiao, S., Beloiu, D.M., and Ibrahim, R.A., Deterministic and stochastic characterization of friction-induced vibration in disc brakes, *Nonlinear Dynamics*, 36, 361–378, 2004.
401. Neubauer, M. and Oleskiewicz, R., Brake squeal control with shunted piezoceramics—Efficient modelling and experiments, *Proceedings of the IMechE, Part D*, 222, 1141–1151, 2008.
402. Sinou, J-J., Dereure, O., Mazet, G-B., Thouverez, F., and Jezequel, L., Friction induced vibration for an aircraft brake system—Part 1: Experimental approach and stability analysis, *International Journal of Mechanical Sciences*, 48(5), 536–554, 2006.
403. Butlin, T. and Woodhouse, J., Sensitivity of friction-induced vibration in idealised systems, *Journal of Sound and Vibration*, 319, 182–198, 2009.
404. DiLisio, P., Parisi, R., Rieker, J., and Stringham, W., Brake noise resolution on the 1998 Mercedes-Benz M-class, Technical Report, SAE, Paper No. 982245, Warrendale, PA, 1998.
405. Liu, W. and Pfeifer, J., Reducing high frequency disc brake squeal by pad shape optimization, Technical Report, SAE, Paper No. 2000-01-0447, Warrendale, PA, 2000.
406. Malosh, J.B., Disc brake noise reduction through metallurgical control of rotor resonances, Technical Report, SAE, Paper No. 982236, Warrendale, PA, 1998.
407. Doi, K., Mibe, T., Matsui, H., Tamasho, T., and Nakanishi, H., Brake judder reduction technology-brake design technique including friction material formulation, *JSAE Review*, 21, 497–502, 2000.
408. Nakajima, T. and Okada, Y., Study on reduction method of brake squeal, Technical Report, SAE, Paper No. 973029, Warrendale, PA, 1997.
409. Grochowicz, J., Experimentelle und theoretische Untersuchungen zu Bremsdruck-und Bremsmomentenschwankungen an Pkw-Scheibenbremsen, Dissertation, Dresden Technical University, Dresden, Germany, 1996.
410. Ganguly, S., Tong, H., and Karpenko, Y., A systems approach to eliminating squeal in a drum brake, Technical Report, SAE, Paper No. 2008-01-2531, Warrendale, PA, 2008.
411. Kappagantu, R.V. and Denys, E., Geometric tuning of insulators for brake squeal attenuation, Technical Report, SAE, Paper No. 2008-01-2546, Warrendale, PA, 2008.
412. Dickinson, R.C., Vehicle brake noise shims: A tutorial for continuous product improvements, Technical Report, SAE, Paper No. 2008-01-2547, Warrendale, PA, 2008.
413. Shevket, C., Zhou, X.B., and Kapaan, H., Sacrificial shield for the wheel hub bearing flange to maintain low brake rotor lateral runout, Technical Report, SAE, Paper No. 2008-01-2548, Warrendale, PA, 2008.
414. Kappagantu, R.V., Vibro-impact rotor dampers for brake squeal attenuation—Towards an insulator free design to quell squeal, Technical Report, SAE, Paper No. 2008-01-2549, Warrendale, PA, 2008.
415. Nishiwaki, M., Abe, K., Yanagihara, H., Stankovic, I., Nagasawa, Y., and Wakamatsu, S., A study on friction materials for brake squeal reduction by nanotechnology, Technical Report, SAE, Paper No. 2008-01-2581, Warrendale, PA, 2008.
416. Chatterjee, S., On the design criteria of dynamic vibration absorbers for controlling friction-induced oscillations, *Journal of Vibration and Control*, 14(3), 397–415, 2008.
417. Cunefare, K.A. and Graf, A.J., Disc brake rotor squeal suppression using dither control, Technical Report, SAE, Paper No. 2001-01-1605, Warrendale, PA, 2001.
418. Hammerström, L. and Jacobson, S., Surface modification of brake discs to reduce squeal problems, *Wear*, 261, 53–57, 2006.
419. Hwang, I.-J. and Park, G.-J., Mode and design sensitivity analyses for brake judder reduction, *Proceedings of the IMechE, Part D*, 222, 1259–1272, 2008.
420. Masoomi, M., Katbab, A.A., and Nazockdast, H., Reduction of noise from disc brake systems using composite friction materials containing thermoplastic elastomers (TPEs), *Applied Composite Materials*, 13, 305–319, 2006.
421. Masoomi, M., Katbab, A.A., and Nazockdast, H., Sound attenuation in composite friction materials con-

taining thermoplastic elastomers, *Journal of Applied Polymer Science*, 101, 2187–2194, 2006.
422. Michaux, M.A., Ferri, A.A., and Cunefare, K.A., Effect of waveform on the effectiveness of tangential dither forces to cancel friction-induced oscillations, *Journal of Sound and Vibration*, 311, 802–823, 2008.
423. Neubauer, M. and Oleskiewicz, R., Suppression of brake squeal using shunted piezoceramics, *Journal of Vibration and Acoustics*, 130, 1–8, 2008.
424. Ouyang, H. and Mottershead, J.E., Optimal suppression of parametric vibration in discs under rotating frictional loads, *Proceedings of the Institution of Mechanical Engineers, Part C*, 215, 65–75, 2001.
425. Trichés Jr., M.J., Gerges, S.N.Y., and Jordan, R., Reduction of squeal noise from disc brake systems using constrained layer damping, *ABCM Journal of the Brazilian Society of Mechanical Sciences and Engineering*, XXVI(3), 340–348, 2004.
426. Weller, J.A., Roman traction systems, www.humanist.de/rome/rts 2013.
427. Abdo, J.A. and Meinhardt, G.A., Vibration response of a disc brake: Evaluation and design, *International Journal of Applied Mechanics and Engineering*, 11(3), 467–479, 2006.
428. Brommundt, E., Ein Reibschwinger mit Selbsterregung ohne fallende Reibkennlinie, *Zeitschrift fur Angewandte Mathematik und Mechanik*, 75(11), 811–820, 1995.
429. D'Souza, A.F. and Dweib, A.H., Self-excited vibration induced by dry friction, part 2: Stability and limit cycle analysis, *Journal of Sound and Vibration*, 137(2), 177–190, 1990.
430. Schlagner, S. and von Wagner, U., Quietschen von KFZ-Scheibenbremsen, *Proceedings in Applied Mathematics and Mechanics*, 6, 329–330, 2006.
431. Ostermeyer, G.P. and Müller, M., New insights into the tribology of brake systems, *Proceedings of the IMechE, Part D*, 222, 1167–1200, 2008.

第 25 章 转 向 系 统

Ichiro Kageyama

25.1 引言

汽车设置转向系统使驾驶员可以控制车辆行驶方向。车辆转向时的向心力，是由于轮胎与路面之间摩擦引起的，通过控制摩擦力的方向可以配置向心力，进而控制施加到车辆上的横摆力矩。为了控制横摆力矩，需要同时考虑使用侧向力与纵向力的方法。前者称为转向方法，主要应用于轮式车辆；后者称为制动控制方法，主要应用于履带车辆。近几年来，一些使用轮胎的车辆采用牵引力和制动力系统，称为横摆力矩控制方法。但是，本章将仅描述应用转向方法的控制方法，主要目的是补充稳定性控制的内容。有关横摆力矩控制的详细内容，见第33章、第35章和第39章。

25.2 转向装置基本结构

控制方法是通过控制轮胎方向以控制侧向力大小和方向的方法，可以分为两种类型：前轮转向（front - wheel steering，FWS）、四轮转向（four - wheel，4WS）或全轮转向（all - wheel steering，AWS）。通常，4WS系统分析主要在车辆操纵和控制领域内研究。此外，近年来由计算机控制的线控转向系统是转向系统一个新的研究问题。例如，通过增加转向角速度对转角输出比值这一因素，可以对驾驶员的转向延迟进行补偿，此类系统的分析也在车辆操纵和控制领域内研究。因此，本章主要介绍前轮转向系统的配置、助力转向系统类型和转向系统与助力系统的运动方程。

转向系统通常由三个部分组成：转向操纵机构（控制机构）、转向器（齿轮机构）和转向传动机构（连杆机构）。转向操纵机构主要是指驾驶员能够直接进行转向的部件，包括转向盘、转向轴和转向柱。驾驶员施加的转向力，通过转向操纵机构传递至转向器和转向传动机构。同时，由路面和轮胎产生的回正力矩经过转向系统传递给驾驶员。

转向器的作用主要是降低转向轴的转速,负责改变转向机构方向以及增加转向力矩。近年的车辆采用变传动比的转向器结构形式,可以根据转向角改变传动比。进一步,转向系统命名的改变取决于使用的齿轮类型和配置。此外,转向系统的发展历程也主要取决于齿轮配置的变化。

转向传动机构是将转向器的运动传至转向轮的部件,其结构形式主要取决于转向器的类型。转向传动机构的基本结构包括转向摇臂、拉杆、横拉杆和转向节臂,如图 25.1 所示。

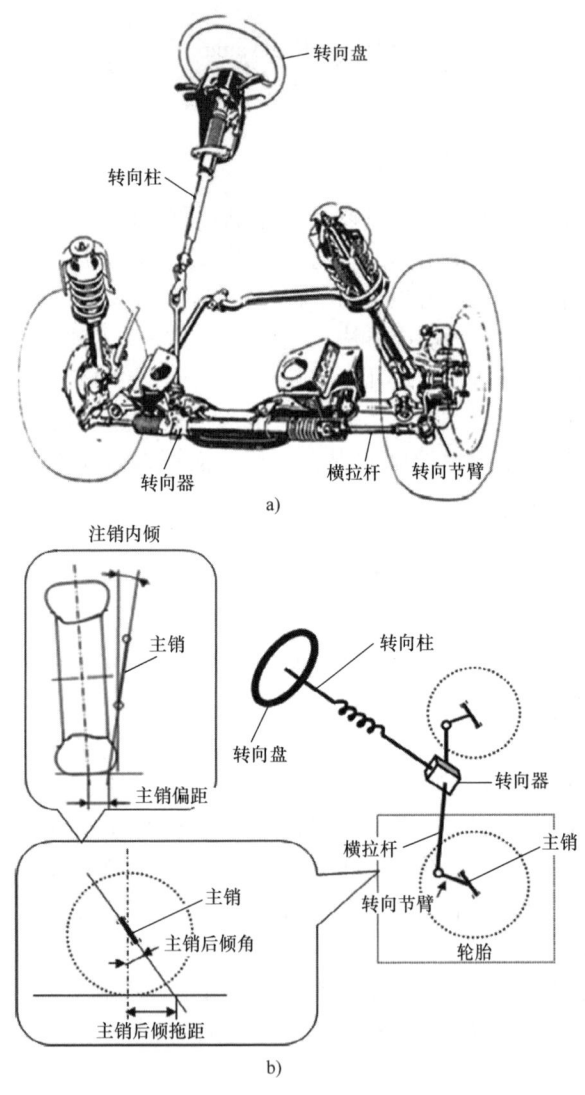

图 25.1 转向系统示意图
a)结构 b)运动分析

近年来，齿轮齿条式转向器得到广泛应用，齿轮机构与某些转向传动机构组合。通常，以极低车速转向车辆时，由于左右车轮转向半径的不同，改变转向角是必需的，这可以借助于转向传动机构的设计实现。

转向单元——特别是转向轴、转向传动机构和连接的衬套有弹性，允许转向盘和转向轮胎之间存在变形角。通过这种转向弹性，一方面会减轻路面通过轮胎对车辆的冲击，尤其是车辆纵向和旋转方向的回冲；另一方面，由于前轮转向时产生的回正力矩使转向角返回中心位置也会极大影响转向稳定性。如果不考虑转向系统，在低自由度下，降低转向轮的转向刚度值是必需的。此外，由于齿轮部件和连接之间的反弹和摩擦，在转向系统中必须描述转向盘和前转向轮转角之间的迟滞。并且，由于转向传动机构和变传动比（VGR），还会产生非线性。因此，建立转向系统模型考虑以上因素是必需的。典型的转向力矩和转向角之间的特性，如图 25.2 所示。

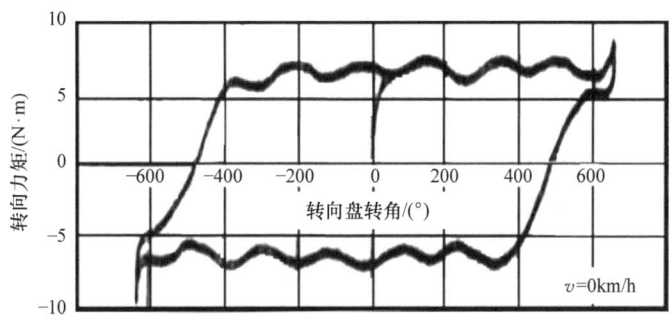

图 25.2　转向力矩与转向盘转角的关系

25.3　转向装置发展历程

25.3.1　转向机构的发展历程

在汽车制造的早期，由马拉车的年代发展，主要有两种类型的转向系统。一种采用马拉车的形式，将左右车轮刚性连接；另一种则是三轮车辆与转向轮组合。1769 年，法国人尼古拉斯－约瑟夫·屈尼奥（Nicolas-Joseph Cugnot）发明了一辆三轮炮车，它被视为第一辆机动车辆，采用前轮转向[1,2]。尤其是其转向系统由直接安装在转向盘上的环形齿轮的一部分旋转，通过转向轴上的两组齿轮完成，如图 25.3 所示。

进一步，早在 520 年前，即 1480 年，列奥纳多·达·芬奇（Leonardo da Vinci）[1] 绘制的汽车结构图中，虽然没有详细描述转向系统，但是将转向盘处理

图 25.3 Nicolas – Joseph Cugnot 发明的炮车
a) 炮车 b) 转向系统

为一个单独的整体，如图 25.4 所示。

当考虑转向几何时，上述机构的优点是车轮不会发生侧向滑动，转向力矩可以最小，机构也相对简单。因此，这种三轮机构也被卡尔·奔驰（Karl Benz）应用到世界上最早以汽油机为动力的汽车上。然而，考虑转向稳定性时，四轮车辆是更有效的，与 Karl Benz 同年发明的戴姆勒（Daimler）汽车是四轮的，采用前述马拉车的转向机构，可以在几何转向过程中最小化侧向滑动。

当考虑高速转向时汽车稳定性时，以上两种装置都不合适。使用马拉车类型转向系统，转向时会产生侧向力矩。侧向力矩出现在转向系统旋转轴上，由转向时左右轮之间载荷转移引起的侧向力变化而产生。因此，1817 年，鲁道夫·阿克曼（Rudolph Ackerman）发明了连杆型转向机构，并申请专利，应用于汽车转向系统上。这种机构使用这些连杆安装旋转轴使左右独立的车轮转向，由于采取梯形转向机构使内侧转向轮转角大于外侧转向轮转角，详见第 21 章。1889 年，这种机构已经由迈巴赫（Maybach）发明并安装在四轮马车上，从转向盘轴使用直拉杆转向轮胎。其后在 1900 年左右，相继发明了各种的转向齿轮，如蜗轮蜗杆、行星齿轮、螺杆螺母齿轮、圆柱直齿轮、凸轮杠杆齿轮，目的是减少转向力和使转向轻便。

此后，由于使用单凸轮滚轮减少了滚动接触产生的摩擦，最终发明了蜗轮蜗杆系统，于 1926 年投入商业销售。几乎同时，双凸轮滚轮、三凸轮滚轮相继发明出来并得以广泛应用。

1939 年，发明了循环球齿轮，在螺母与螺杆之间插入许多钢球以减少摩擦。然而，由于加工精度的问题，它并没有立即广泛应用。1976 年，通过减小附加到直列转向盘的传动比和增加大转向时的传动比，变速比转向系统（VGR）实现了改善高速线性和降低低速转向力矩的目标，在车辆上得到采用，并在 20 世纪 70 年代得到推广。

1975 年，蜗轮蜗杆类型和蜗杆滚轮类型转向系统消失，循环球类型在美国、日本和其他国家成为主流。

此外，齿轮齿条类型转向系统具有简单的连杆机构、易于安装、可以获得高度刚性和安全转向等优点，于 1905 年在欧洲开始应用。此后，它在 1955—1975 年间得到广泛采用，以至于这种类型得到压倒性使用并成为主流。由于日益小型化和紧凑化，尤其是可在四轮驱动汽车上的使用，车企经历了从循环球转向器到齿轮齿条转向器的转变。进一步，具有齿轮齿条传动系统的转向机构，出于降低驱动力矩的目的，从 1981 年开始得到采用，直到今日。

图 25.4 Leonardo da Vinci 发明汽车的复制品

25.3.2 动力转向的发展历程

转向力矩会随着低压轮胎的采用、重量的增加和车辆的小型化而增加。因此，设计师们计划增加传动比，但是由于转向传动比与转向力矩之间的适宜性，在转向可操纵性方面的关系，需要动力辅助，尤其是对重型车辆。

1926 年，在美国发明了液压动力转向（PS）系统，安装在 Pierce – Arrow 轿车上进行展示。此后，相继推出各种类型的动力转向系统，例如真空类型、压缩空气类型、电动类型等。在 1940 年左右，液压动力转向安装于重型货车和公交车辆上成为现实。其后，由于动力转向的小型化，1962 年开发了将动力缸和控制阀集成在转向器中作为一个单元的集成动力转向（IPS），于 1965 年投入量产。

1951 年，美国乘用车开始将液压动力转向安装于循环球转向系统中。1965 年，这种循环球 IPS 在美国得到推广，大约 60% 的车辆安装了动力转向。另一方面，在欧洲，1955 年齿轮齿条类型得到推广，1955 年这种类型动力转向投入量产。

从 20 世纪 80 年代开始，随着四轮驱动前轮载荷增加，向普通车辆提供动力转向的情况迅速增加。伴随着四轮驱动车辆的普及，从已有的循环球 IPS 向齿轮齿条动力转向转变，此后齿轮齿条动力转向成为主流。

在具有固定动力辅助的车辆中，存在高速行驶时转向力矩减少过多的趋势。因此，考虑到转向可控性和稳定性平衡，转向力矩可变动力转向很快成为必需。

1966 年左右，由于发动机采用流量控制阀，因此转向泵输出量减少，可变转向力矩动力转向系统对发动机转速更加灵敏，可以减少高速行驶时动力辅助的功率消耗。1970年，在欧洲，根据车速和转向角改变转向力矩的系统安装在Citroen Sm 汽车上。

20世纪80年代，随着电子技术的进步，几种类型的电控变力矩动力转向系统应运而生，开始得到应用。1981年，可控流量类型电控变动力转向系统得到应用；1983年，可控反力类型电控变动力转向得到应用；1989年，阀敏可调控制类型动力转向也得到应用。

1988年，动力转向发展成电动EPS，以直流电动机作为动力源，成功应用于紧凑型车辆上。相比于液压类型，这种EPS结构简单和轻巧，是具有非常小的发动机功率损失的有效系统。因此，它逐渐开始推广到大型车辆上。

25.4 转向系统基本理论

25.4.1 Ackerman 转向

转向盘转角与转向轮转角（内轮与外轮的转角平均值）之间的比值称为转向系统传动比，它与操纵稳定性相关。根据前文所述，图25.5给出了相关几何关系。内轮与外轮之间的实际转向角是不同的，如图25.6所示。

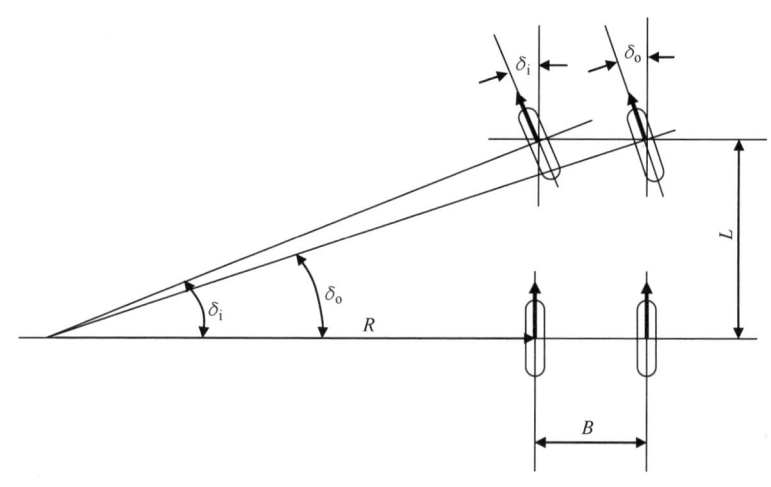

图25.5 转向半径与转角之间的几何关系

这种情况具体讨论如下：当以极低的车速转向时，向心加速度几乎为零，所以任何轮胎都不需要力。当以非零车速转向时，由于向心力的作用，轮胎力是非

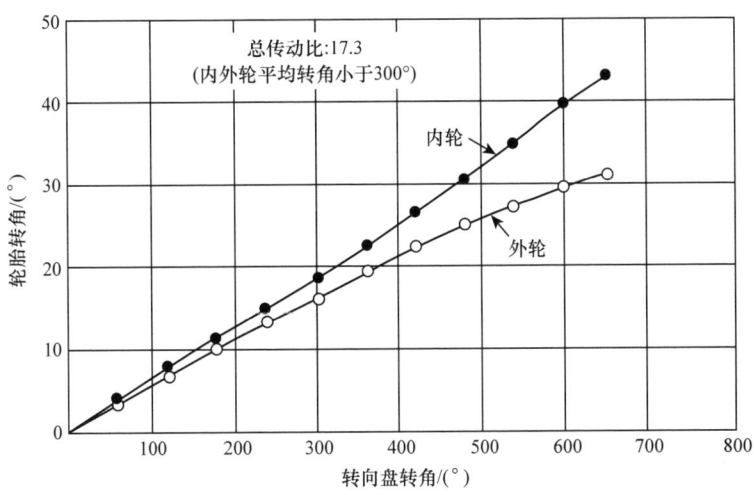

图25.6 转向盘转角与轮胎转角之间关系的实例

零的。如果施加这种力，则将发生轮胎滑移。为了防止不当应用这种轮胎力，即防止摩擦磨损，设置轮胎的常用方法，如图25.5所示。应当注意的是，这种Ackerman设置只有当车速极低的情况下才是正确的。当车速提高后，图25.5中的设置通常意味着同一轴左右两轮有几乎相同的侧向滑移，这说明由于载荷转移，同一轴两轮的侧向力不同，外轮侧向力高于内轮侧向力，通过对每个车轮设置不同的转角可以消除这一现象。设置轮胎是必需的，以便产生侧偏角。车辆转向中心的位置位于每个车轮中心速度垂线的交点，瞬时速度为零的几何转向中心位于每个车轴的延长线上。如图25.5所示，δ_i为内转角，δ_o为外转角，假设左右的轴距L相同，前后轴的轮距B相同，转向半径可以用转动中心到内侧后轮的距离R表示。这些量的关系可以表示为

$$\cot\delta_o - \cot\delta_i = \frac{B}{L} \tag{25.1}$$

如果转向半径远大于轮距，假设底盘纵轴的左右轮转角为δ，可以表示为

$$\tan\delta = \frac{L}{R} \tag{25.2}$$

其次，固定在路面的坐标系与车辆坐标系之间的关系，如图25.7所示。固定在路面坐标上车辆纵轴坐标可以采用式（25.3）表示

$$R = \frac{-\sqrt{\{1+(dy/dx)^2\}^3}}{d^2y/dx^2} \tag{25.3}$$

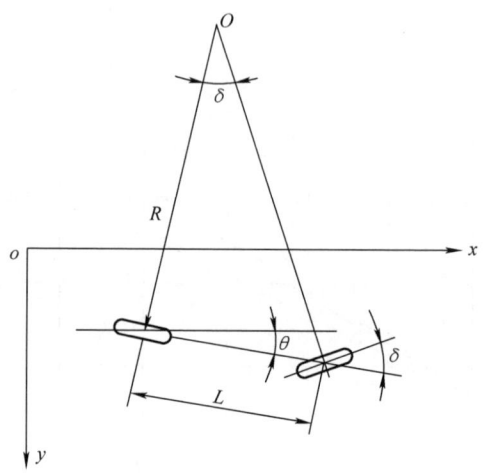

图 25.7 转向半径与转角之间的几何关系

25.4.2 转向系统建模

25.4.2.1 转向系统等效转动惯量

转向系统借助转向器进行转向，因此有必要确定转向轴的等效转动惯量。转向系统模型，如图 25.8 所示。假设角位移是小的，图 25.8 中的平衡方程可以用式（25.4）表示[3]。

$$T = I_h \ddot{\theta}_h + r_1 F_1$$
$$r_2 F_1 = I_s \ddot{\theta}_s + r_3 F_2 \quad (25.4)$$
$$F_2 = m \ddot{x}$$

式（25.4）中的参数，如表 25.1 所示。

进一步，转角与位移之间的关系可以表示为

$$r_1 \theta_h = r_2 \theta_s$$
$$r_3 \theta_s = x \quad (25.5)$$

因此，由以上关系式可以得到下列方程

$$T = \left\{ I_h + \left(\frac{r_1}{r_2}\right)^2 (I_s + r_3^2 m) \right\} \ddot{\theta}_h \quad (25.6)$$

转向系统的轴向等效转动惯量可以表示如下

$$I_{eh} = I_h + \left(\frac{r_1}{r_2}\right)^2 (I_s + r_3^2 m) = I_h + \frac{(I_s + r_3^2 m)}{n^2} \quad (25.7)$$

式中 n 为传动比，$n = r_2 / r_1$。

同理，转向器输出轴的转动惯量可以表示为

$$I_{es} = I_h n^2 + I_s + r_3^2 m \tag{25.8}$$

由式（25.8）可以看出，如果转向器的传动比为 n，转向盘的转动惯性是前轮转向轴的 xn^2 倍。

简化意味着只考虑绕主销的旋转运动，图 25.7 所示的转向系统等效转动惯量，可以表示为

$$I_{es} = I_h n^2 + I_s \tag{25.9}$$

25.4.2.2 简单转向系统建模

进行转向系统建模时，需要考虑转向系统的黏性摩擦和干摩擦。摩擦发生在轴间，轴的弹性变形也是重要的。驾驶员在车辆上进行的转向，变成角输入或力矩输入，前轮的实际转向角与转向盘转角不成正比。为了考虑上述因素，建立描述转向系统的运动方程是必需的，同时要将转向系统运动方程与车辆运动方程一起求解。本节将仅对转向系统运动方程进行介绍。

如图 25.8 所示的转向系统有两个自由度，以转向力矩为输入的运动方程可以与绕主销转动的平衡方程和转向盘力矩平衡进行联立求解。为了简化，将对转向轴的项用主销轴代替。

转向轴力矩平衡方程为

$$I_H \ddot{\theta}_H + D_s \dot{\theta}_H + K\theta_H - K\theta_s - D_s \dot{\theta}_s = T_H \tag{25.10}$$

主销轴力矩平衡方程为

$$I_s \ddot{\theta}_s + D_s \dot{\theta}_s + K\theta_s - K\theta_H - D_s \dot{\theta}_H = -T_s \tag{25.11}$$

以上两式中，带大写下标的参数描述绕主销的运动的计算值，可以表示为

$$I_H = I_h n^2, T_H = T_h n, \theta_H = \frac{\theta_h}{n} \tag{25.12}$$

上述各式中的参数含义见表 25.1。

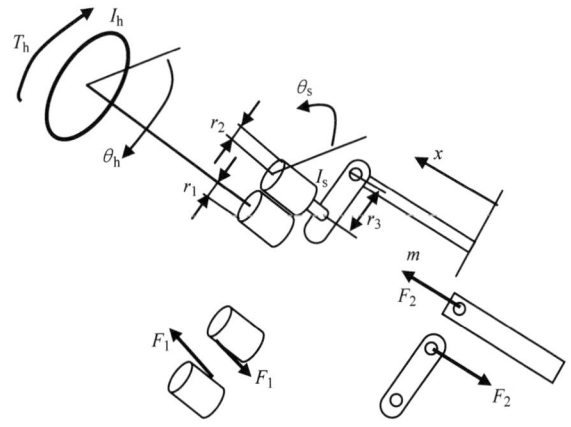

图 25.8　转向系统组成元素

使用转向盘转角输入，不必考虑转向盘的转动惯量。因此，转向系统的简化方程描述为绕主销的单自由度系统，并且这个运动方程可以与车辆运动方程联立

$$K\theta_H - T_s = I_s \ddot{\theta}_s + D_s \dot{\theta}_s + K\theta_s \qquad (25.13)$$

式中 T_s 为轮胎恢复力矩，取决于增加的自回正力矩和前轮几何引起的参数（即，主销后倾拖距、主销内倾、侧倾中心、路面反弹等），参数含义见表25.2。

表 25.1　参数含义（一）

参数	说明
T_h	转向力矩
I_h	转向轴转动惯量
I_s	转向器输出轴转动惯量
θ_h	转向盘转角
θ_s	转向器输出轴转角
F_1	转向器内力
F_2	转向连杆的内力
m	连杆质量
r_1	转向器输入轴的半径
r_2	转向器输出轴的半径
r_3	转向臂的半径

表 25.2　参数含义（二）

参数	说明
T_H	等效转向力矩
I_H	转向轴等效转动惯量
θ_H	绕主销的等效转向盘转角
δ	转角
K	转向轴上的旋转弹簧常数
T_s	恢复力矩
D_s	黏性阻尼系数
K_s	转向刚度
B	滑移角
V	车速

25.4.2.3　转向系统详细模型

前文介绍了简单的转向系统模型，下面介绍一个更加先进的转向系统模型[4]。

如图 25.9 所示，转向轴与垂直线之间存在倾角 ϕ。因此，影响车辆的旋转操作。这里必须考虑车辆的横摆速度。进一步，需要使用轴承中由黏性阻尼和干摩擦引起的转矩和力矩。此外，还需要考虑转向系统内部件的弹性变形。而且，当前轮转向时，由于侧倾作用，转向轮外倾角变化，陀螺力矩会影响转向轴运动。本节将结合上述因素，对转向系统进行描述。

在图 25.9 和图 25.10 中，转向系统可以分为两部分：转向器的上部和下部。转向盘对转向器的公式可以利用式（25.14）描述

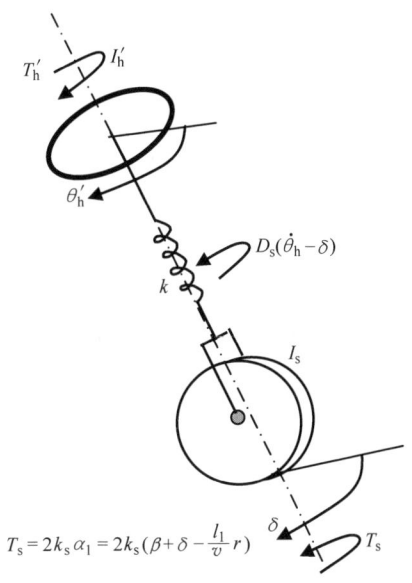

图 25.9　简单的转向模型

$$T_h = I_h(\ddot{\theta}_h + \dot{r}\cos\phi) + k_h\left(1 - \frac{n^2 k_h}{n^2 k_h + k_s + k_1}\right)\theta_h - \frac{n^2 k_h k_s}{n^2 k_h + k_s + k_1}\theta_s \pm \frac{n^2 k_h}{n^2 k_h + k_s k_1}R_h$$

(25.14)

式中，所需参数含义见表 25.3。

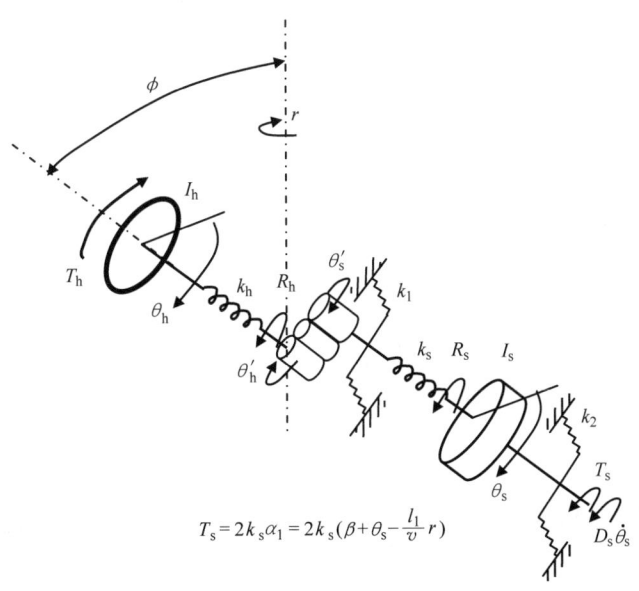

图 25.10　详细的转向系统模型

上述公式没有考虑轴的黏性阻尼。转向器到前轮的公式可以利用式（25.15）描述

$$I_s(\ddot{\theta}_s + \dot{r}) - \frac{n^2 k_h}{n^2 k_h + k_s + k_1}\theta_h - \left(\frac{k_s^2}{n^2 k_h + k_s + k_1} - k_s - k_2 - 2K_s\right)\theta_s + D_s\dot{\theta}_s + 2K_s\beta$$

$$+ 2I_w \frac{v}{R}\dot{\gamma} \pm \left(\frac{n^2 k_h}{n^2 k_h + k_s k_1}R_h - R_s\right) = 0$$

(25.15)

表 25.3 参数含义（三）

参数	说明
ϕ	转向轴倾角
r	横摆速度
k_h	绕转向轴的旋转弹簧常数
k_s	绕主销的旋转弹簧常数
k_1	安装部件1的弹簧常数
k_2	安装部件2的弹簧常数
D_s	绕主销的黏性阻尼系数
R_h	绕转向盘的干摩擦
R_s	绕主销的干摩擦
r_T	轮胎半径
I_T	绕轮胎轴的转动惯量

在上述公式中，考虑了由于转向轮转动引起的陀螺力矩。黏性阻尼部分只考虑绕主销轴转动的黏性阻尼。进一步，公式中的（±）号代表了干摩擦部分，根据每个部分的操纵或转动方向，取逆时针为正方向，如表25.3所示。

25.5 动力转向

为了降低驾驶员操纵转向盘的转向力矩，增加转向器的传动比和降低所有部分的摩擦是必需的。然而，增加转向器传动比，转角也会同时增加。动力转向装置是转向系统的动力辅助装置，提供辅助转向力矩，以达到降低转向力矩的目的。

使用这种动力辅助，可以自由选择传动比，也可以增加设计的自由度。转向是一套双向系统，因为不是驾驶员输入转向力矩而是力矩由轮胎输入到转向系统，对于驾驶员，这也成为驾驶的一类信息。出于这种考虑，考虑动力辅助满足如下要求是必需的：

1) 转向力矩要适中。

2) 转向力矩和保持的转向力能够与感觉到的路面反应力有紧密的关系。
3) 从转向盘的转向恢复没有障碍。
4) 能够对路面的冲击起到合适的缓和作用。

25.5.1 动力转向分类

液压、气压和电动机是动力转向的动力辅助装置中已经采用的动力来源。其中液压类型因结构紧凑、输出高、响应能力和可靠性等优点，成为主流的动力转向。近年来，电动类型动力转向因其安装简便、紧凑轻巧、结构简单开始得到应用，主要应用于紧凑型汽车[5]。

存在各种类型的液压转向，取决于控制阀、动力液压缸、转向器结构、布置形式和装配等。分类如下

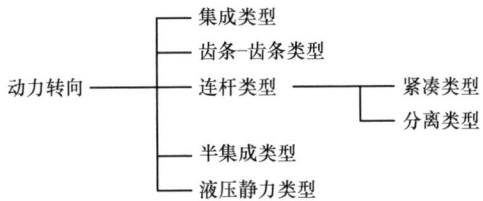

集成类型将控制阀与动力液压缸集成在循环球类型转向器中，应用于一些乘用车、货车和公交汽车上。齿轮齿条式类型将控制阀和动力液压缸集成在齿轮齿条转向器中，主要单元与连杆机构部件结合，广泛应用于乘用车上。连杆类型在连杆部分中布置控制阀和动力液压缸，位于转向器后，既可以是整体式，也可以是分离式，可以分为组合类型或分离类型。这种类型动力转向历史悠久，目前只应用于一些大货车上。半集成类型将控制阀置于转向器中，动力液压缸安装在连杆部分，主要应用于工业车辆和建筑车辆上。液压静力类型使用控制阀的液压驱动轿车车轮的动力液压缸，安装于驱动部分，在驱动部分与车轮之间没有机械连接，这种类型应用于农业拖拉机、叉车和建筑车辆上。

使用动力转向，根据不同情况对动力辅助进行控制是必需的。从本质上而言，当从停车以极低车速加速时，转向力矩变得过大，动力辅助是必需的；相反，如果高速行驶过程中辅助过大，车辆操纵会变得过于灵敏，有失去转向稳定性的趋势。因此，在车库中以极低车速行驶时，进行主要的动力辅助是必需的，而在高速进行主要转向操纵时，完成减小辅助是必需的。通常，根据车速传感器和发动机转速计数器对助力进行控制，详见如下

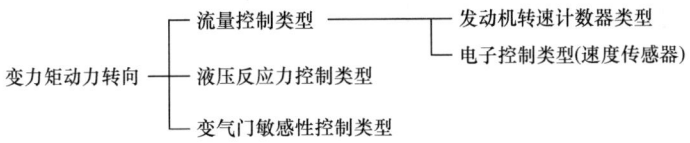

25.5.2 动力转向系统建模

以液压动力转向为例,它是当前的主流,通过受控的液压油完成动力辅助,动力液压缸可以分为三个部分:用来控制液压油流动方向的控制阀、由如图 25.11 所示的发动机供能的转向泵、安装在转向轴上并通过转向盘在转向轴中产生转向力矩的扭力杆。根据扭力杆的转角,液压油的方向通过操纵控制阀(例如滑阀)进行控制,受控的液压油进入动力液压缸对,实现动力辅助。

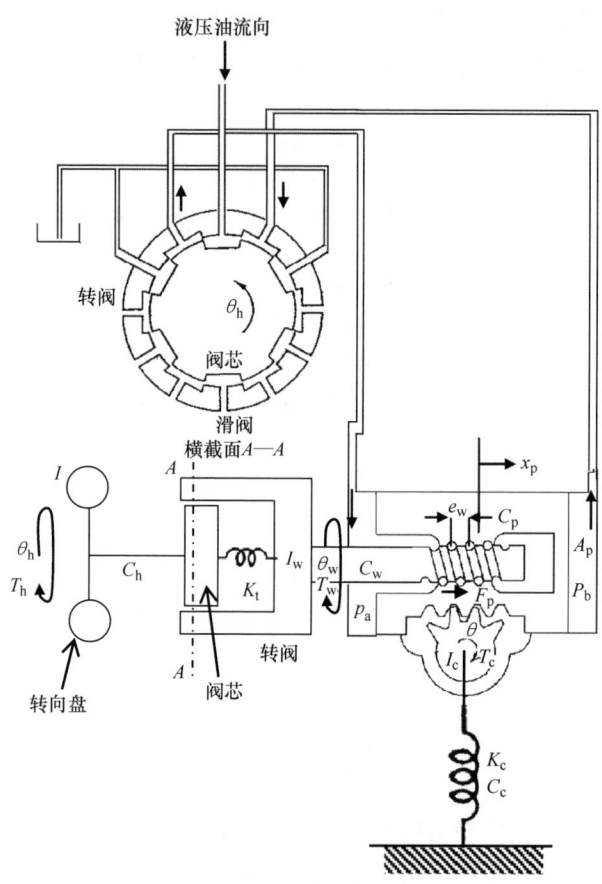

图 25.11 动力转向系统建模

与之相关的参数如表 25.4 所示。

绕转向盘转动的平衡方程可以表示如下

$$I_\theta \ddot{\theta}_h + C_h \dot{\theta}_h + K_t(\theta_h - \theta_w) = T_h \tag{25.16}$$

表 25.4 参数表示

参数	说明	参数	说明
T_h	转向盘转向力矩	K_c	输出轴等效弹簧常数
T_w	蜗杆轴力矩	C_h	绕转向盘的黏性阻尼系数
T_c	齿扇力矩	C_w	绕蜗杆轴的黏性阻尼系数
F_p	螺杆与球状螺母间之间的力	C_p	球状螺母的黏性阻尼系数
I_h	绕转向盘转动惯量	C_c	绕输出轴的黏性阻尼系数
I_w	绕杆轴转动惯量	R_c	扇形齿轮的节圆半径
I_c	绕齿扇轴转动惯量	E_w	蜗杆轴螺距
M_p	球状螺母质量	A_p	球状螺母有效面积
θ_h	转向盘转角	P_a	球状螺母 a 管路油压
θ_w	蜗杆轴转角	P_b	球状螺母 b 管路油压
θ_c	齿扇轴转角	K_f	前轮胎转向刚度
X_p	球状螺母侧向位移	K_r	后轮胎转向刚度
K_t	阀芯等效弹簧常数		

齿扇轴的平衡方程如下

$$I_w \ddot{\theta}_w + C_w \dot{\theta}_w + K_t(\theta_w - \theta_h) = -\left(\frac{e_w}{2\pi}\right) F_p \tag{25.17}$$

球状螺母轴的平衡方程如下

$$m_p \ddot{x}_p + C_p \dot{x}_p = F_p + A_p(p_a - p_b) - \frac{T_c}{r_c} \tag{25.18}$$

利用输出轴（齿扇轴）外力平衡，可以得到如下公式

$$I_c \ddot{\theta}_c + C_p \dot{\theta}_c - K_c \theta_c = T_c \tag{25.19}$$

其中

$$x_p = \frac{e_w}{2\pi} \theta_w, \quad \theta_c = \frac{x_p}{r_c} = \frac{\theta_w}{n}, \quad n = \frac{2\pi r_c}{e_w} \tag{25.20}$$

根据以上关系，可得动力转向系统运动方程如下

$$I_w \ddot{\theta}_w + C_w \dot{\theta}_w + K_t(\theta_w - \theta_h) = T_h \tag{25.21}$$

$$I_{wl} \ddot{\theta}_w + C_{wl} \dot{\theta}_w + K_{ct} \theta_w + K_t(\theta_w - \theta_h) = A_{pt}(p_a - p_b) \tag{25.22}$$

其中

$$I_{wl} = I_w + \left(\frac{r_c}{n}\right)^2 m_p + \left(\frac{1}{n}\right)^2 I_c, \ C_{wl} = C_w + \left(\frac{r_c}{n}\right)^2 n_p + \left(\frac{1}{n}\right)^2 C_c, \ K_{ct} = \left(\frac{1}{n}\right)^2 K_c, \ A_{pt} = \frac{r_c}{n} A_p$$

$$\tag{25.23}$$

25.5.3 动力转向系统实例分析

前面对动力转向系统模型进行了分析，动力转向系统的框图如图 25.12 所示。
图 25.13 给出应用图 25.12 的模型进行车辆频率响应分析的结果。计算的参数是动力转向系统刚度，计算使用的车辆为轻型货车。

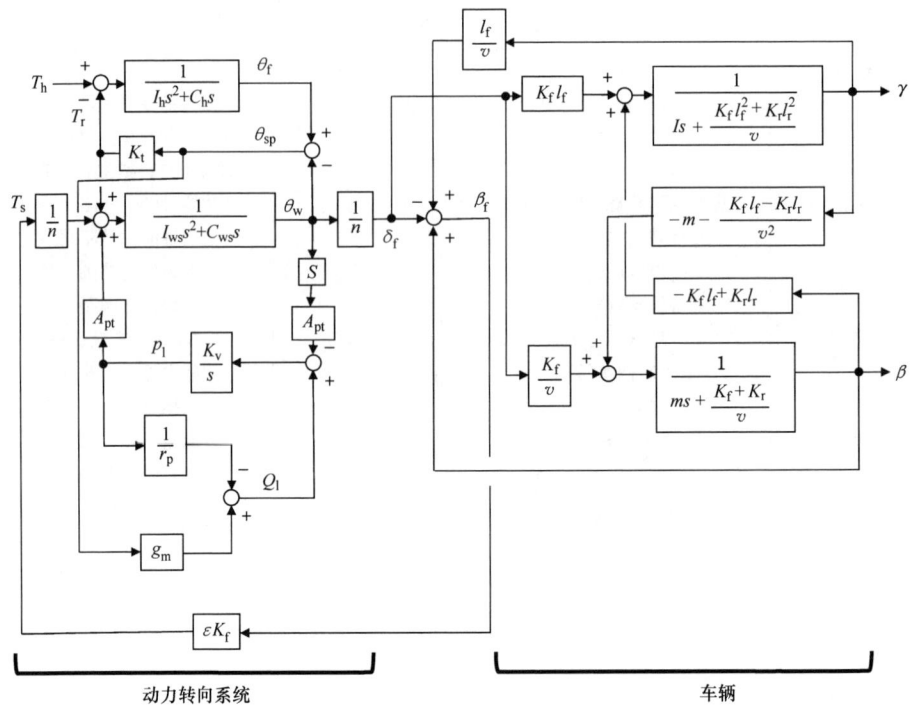

图 25.12 动力转向系统框图

由图 25.13 可以看出，动力转向系统（PS）的刚度对车辆行为有很大影响[5]。图 25.13 中也分析了 PS 中控制阀和黏性阻尼的灵敏性对车辆行为的影响[5-7]。

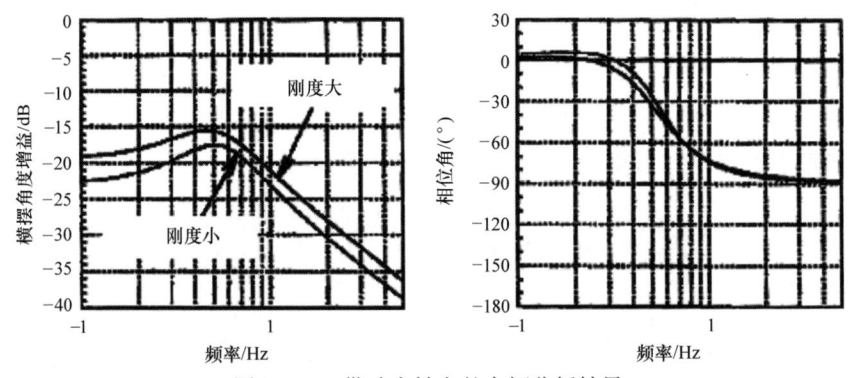

图 25.13 带动力转向的车辆分析结果

此外，从人机工程学角度对 PS 评价方法进行研究也是很重要的[8-12]。

25.5.4 电动助力转向

电动助力转向（EPS）可以根据其控制算法实现各种特性，具有很高的潜力[11,13-17]。而且，各种驾驶员支持系统可以通过 EPS 构建，例如辅助泊车和车道保持等[18-21]。

此外，相比于液压类型动力转向系统，EPS 系统可以改善燃油消耗。因此，近年来，许多紧凑型汽车主要采用 EPS[5]。根据电动机的助力位置，EPS 大致可以分为以下三种类型：柱辅助类型 C-EPS、齿轮辅助类型 P-EPS、齿条辅助类型 R-EPS，如图 25.13 所示。

25.5.4.1 EPS 建模

目前，市场中使用的 EPS 许多采用 P-EPS。因此，本节采用 P-EPS 作为分析模型，如图 25.14 所示[16]。

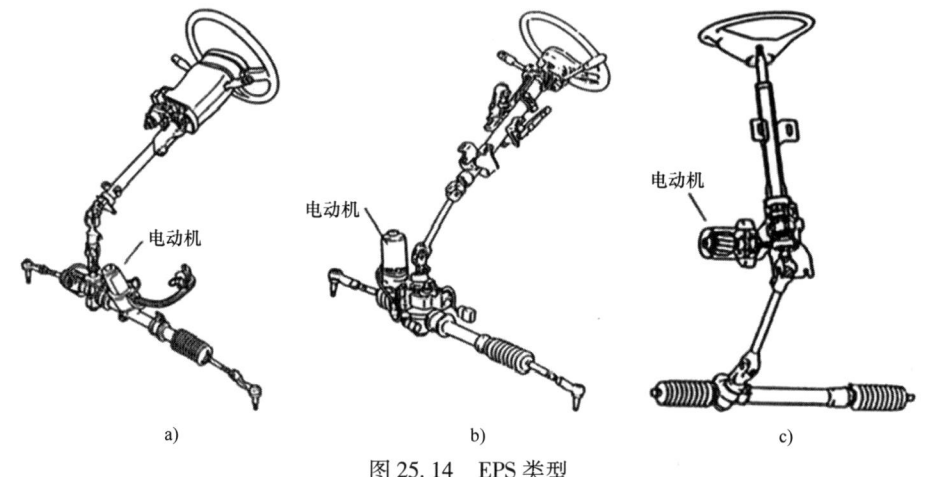

图 25.14 EPS 类型
a) R-EPS b) P-EPS c) C-EPS

EPS 模型中使用到的参数，如图 25.15 所示。进一步，在这个模型中，黏性阻力假设在轮胎部分。其次，该模型可以简化，如图 25.16 所示，等效的参数也在图 25.16 中给出。

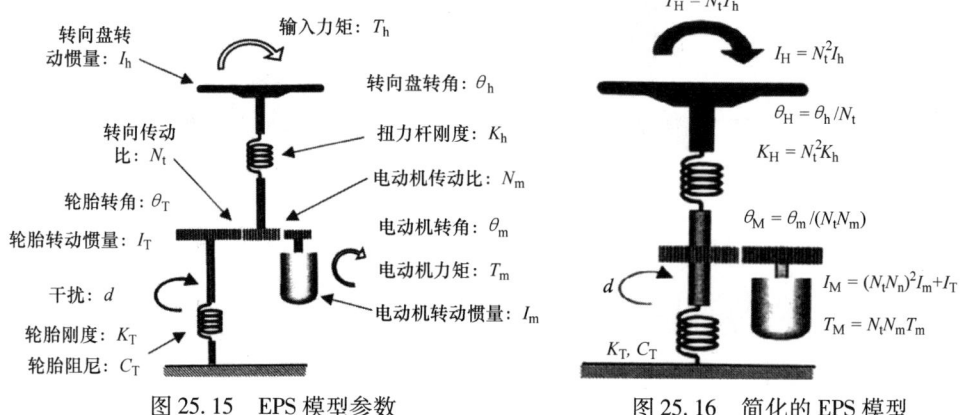

图 25.15 EPS 模型参数　　　图 25.16 简化的 EPS 模型

利用这个模型,建立 EPS 的运动方程如下

$$I_H \ddot{\theta}_H + K_H(\theta_H - \theta_M) = T_H, I_M \ddot{\theta}_M + C_T \dot{\theta}_M +$$
$$K_T \theta_M + K_H(\theta_M - \theta_H) = T_M + d \quad (25.24)$$

25.5.4.2 控制系统框图

前面应用 EPS 模型进行了分析,下面给出 EPS 控制系统框图,如图 25.17 所示。图 25.17 中,K_1 和 K_2 为控制增益:K_1 为系统辅助增益,K_2 为整个系统阻尼增益[16]。

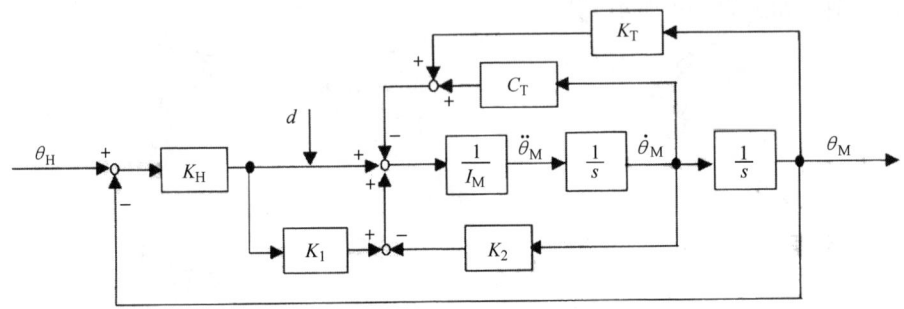

图 25.17　EPS 控制系统框图

25.5.4.3 包含 EPS 的车辆模型

包含简化的 EPS 的车辆分析模型,如图 25.17 所示。图中,主销后倾拖距是主销轴线与路面的交点到轮胎接地中心的距离,由图 25.1 中的 ξ 描述。车辆模型的参数如图 25.17 和图 25.18 所示[16]。

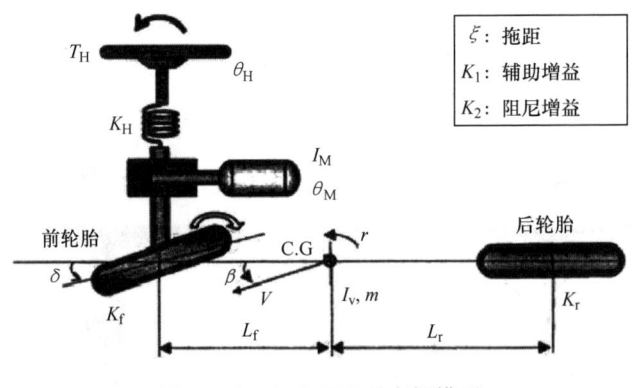

图 25.18　包含 EPS 的车辆模型

车辆平衡方程表示如下

$$\left\{mv + \frac{2(l_f K_f - l_r K_r)}{v}\right\}r + mv\dot{\beta} + 2(K_f + K_r)\beta = 2K_f \delta$$

$$I_v \dot{r} + \frac{2(l_f^2 K_f + l_r^2 K_r)}{v} r + 2(l_f K_f - l_r K_r)\beta = 2l_f K_f \delta \qquad (25.25)$$

EPS 部分的方程表示为

$$I_H \ddot{\theta}_H + K_H(\delta - \theta_H) = T_H$$

$$I_M \ddot{\delta} + C_T \dot{\delta} + 2\xi K_f \delta + K_H(\delta - \theta_H) - 2\xi K_f \left(\beta + \frac{l_f r}{v}\right) = T_M$$

$$T_M = K_1 K_H(\theta_H - \theta_M) - K_2 \dot{\theta}_M \qquad (25.26)$$

通过以上方程，可以导出车辆行为与 EPS 设计参数之间的关系[5,21,16]。此外，从人机工程学角度对 EPS 评价方法进行研究是重要的，对控制系统的鲁棒性研究也是很重要的[16,17]。

参 考 文 献

1. NHK Japan (Ed.), *Automobile—What Has the Human Race Made*? No. 2, Japan Broadcasting (NHK), 1980.
2. G. Genta, *Motor Vehicle Dynamics*, World Scientific, Singapore, 1997.
3. M. Kondo, *Basic Automotive Engineering*, Vol. I, Yokenndo, Tokyo, Japan, 1965.
4. M. Kondo, *Basic Automotive Engineering*, Vol. II, Yokenndo, Tokyo, Japan, 1967.
5. S. Komamura et al., *Steering and Dynamics*, Sankai-do Press, Tokyo, Japan, 1996.
6. S. Nishimura et al., Analysis of response delay during rapid steering in hydraulic power steering system, *Proc. JSAE*, No. 62, 1998.
7. G.E. Smid, M.S. Qatu, and J. Drew, Optimizing the power steering components to attenuate noise and vibrations, *European Conference on Vehicle Noise and Vibration*, IMechE, London, U.K., 1998.
8. T. Hara et al., Driver's steering quality in a monotonous driving, *Proceedings of 14th ESV*, Munich, Germany, 1994.
9. A. Isomura et al., Human factors in driver's steering operation, *Trans. JSAE*, 27(1), 1996.
10. Y. Hisaoka et al., A research on desirable steering response and steering torque for driver's feeling, *Trans. JSAE*, 28(4), 1997.
11. J. Tajima et al., Research on effect of steering characteristics on control performance of driver-vehicle system from a viewpoint of steer-by-wire system design, *Proceedings of AVEC'98*, Nagoya, Japan, 1998.
12. M. Segawa et al., Future technical issue on SBW system as the human-machine interface, *J. JSAE*, 57(5), 2003.
13. Y. Shimizu et al., Effects and design of steering system with variable gear-ratio according to vehicle speed and steering wheel angle, *Proc. JSAE*, 21–99, 9–12, 1999.
14. S. Nakano et al., A study of assist control strategy for electric power steering system, *Trans. JSAE*, 31(2), 47–52, 2000.
15. M. Segawa et al., A study on the relationship between vehicle behavior and steering wheel torque on steer by wire vehicles, *Vehicle Syst. Dyn.*, 41, 202–211, 2004.
16. S. Takehara, Control of electric power steering, Preprint of intensive seminar for vehicle dynamics, *JSME*, 08–44, 45, 2008.
17. Y. Oniwa. and Y. Shimizu, Evaluation method for steer assist feeling around steering center and control design on EPS, *J. Mech. Syst. Transportation Logistics*, 1(1), 2008.
18. S. Nakano et al., Steering Control Strategies for Steer-by-Wire System (Second Report), *Trans. JSAE*, 33(3), 121–126, 2002.
19. K. Kanai, Drive-by-wire of automobile-symbiosis with airplane, *J. JSAE*, 58(5), 80–87, 2004.

20. A. Heathershaw, Matching of chassis and variable ratio steering characteristics to improve high speed stability, SAE Paper No. 2004–01–1103, 2004.
21. L. Liu, Analysis on electric power steering system to improve vehicle handling and steering feeling for avoidance maneuver, *Proceedings of Control Corroboration Conference*, Vol. 50, 2007.
22. K. Kageyama et.al., *Vehicle Dynamics*, Riko Press, Tokyo, Japan, 1984.
23. B. Andonian et al., Driver steering performance using joystick vs steering wheel controls, SAE Paper No. 2003-01-0118, 2003.
24. A. Suzuki, Analysis and design of servo-system for power steering system, *J. JSAE*, 24(8), 1970.
25. H. Inoue et al., Types and features of steering systems, *J. JSAE*, 31(11), 1977.
26. M. Nishikawa et al., Power-assisted steering with velocity and load-proportional feel, *J. JSAE*, 32(1), 1978.
27. S.Sano et al., Influence of vehicle response parameters on driver control performance, *Proceedings of 18th FISITA*, Hamburg, Germany, 1980.
28. S. Sano et al., Effects of vehicle response characteristics and driver's skill level on task performance and subjective ratings, *Proceedings of ESV*, Washington, DC, 1980.
29. H. Sato et al., Dynamic characteristics of a whole wheel steering vehicle with yaw velocity feedback rear wheel steering, *IMechE*, C124/83, Washington, DC, 1983.
30. T. Kojima, Steering engineering of recent vehicles, *J. JSAE*, 38(4), 1984.
31. Y. Shibahata et al., Effects of rear suspension steer properties on handling and stability, *Proc. JSAE*, No. 815, 1985.
32. S. Sano et al., Four wheel steering system with rear wheel steer angle controlled as function of steering wheel angle, SAE Paper No. 860625, 1986.
33. T. Takiguchi et al., Improvement of vehicle dynamics by vehicle-speed sensing four-wheel steering system, SAE Paper No. 860624, 1986.
34. N. Irie et al., HICAS-improvement of vehicle stability and controllability by rear suspension steering characteristics, *Proceedings of FISITA*, Belgrade, Serbia, 1986.
35. Y. Shibahata et al., The development for an experimental four-wheel-steering vehicle, SAE Paper No. 860623, 1986.
36. Y. Matsushita et al., Modeling of vehicle and improvement of handling quality by adaptive front-wheel steering control system, *Trans. JSAE*, 36, 1986.
37. H. Hayashi, Optimum control of a driver/four-wheel-steered-vehicle system, *Proceedings of 10th IAVSD*, Prague, Czechoslovakia, 1987.
38. K.H. Senger et al., The influence of a four wheel steering system on the stability behavior of a vehicle-driver system, *Proc. 10th IAVSD*, Prague, Czechoslovakia, 1987.
39. P.M. Leucht, Active four-wheel-steering design for the blazer XT-1, SAE Paper No. 872285, 1987.
40. K. Ito et al., A new way of controlling a four wheel steering vehicle, *Trans. SICE*, 23(3), 48–54, 1987.
41. M. Iguchi, A new design concept of vehicle dynamics based on active control, *JSME Int. J.*, Series. III, 31, 1–7, 1988.
42. M. Nagai, Control of 4WS systems-now and future, *J. JARI*, 10(5), 1988.
43. M. Nagai et al., Theoretical study on active four-wheel-steering system by virtual-vehicle model following control, *JSAE Rev.*, 9(4), 01414847, 1988.
44. F.Sugasawa et al., Improvements in vehicle control and stability through front- and rear-wheel steering control, *Trans. JSAE*, 38, 1988.
45. J.C. Whitehead, Four wheel steering: Maneuverability and high speed stabilization, SAE Paper No. 880642, 1988.
46. M.J. Vanderploeg et al., Evaluation of four-wheel steer path following performance using a linear inverse vehicle model, SAE Paper No. 880644, 1988.
47. K. Fukui et al., Analysis of driver and a four wheel steering vehicle system using a driving simulator, SAE Paper No. 880641, 1988.
48. H. Mouri et al., Handling and stability improvement achieved with four-wheel steering, *IMechE*, C441/88, London, U.K., 1988.
49. A.G. Nalecz et al., Investigation into the stability of four wheel steering vehicles, *Int. J. Vehicle Des.*, 9(2), 159–178, 1988.
50. A.G. Nalecz et al., Analysis of the dynamic response of four wheel steering vehicles at high speed, *Int. J. Vehicle Des.*, 9(2), 179–202, 1988.

51. J.E. Bernard et al., Linear analysis of a vehicle with four-wheel steering, SAE Paper No 880643, 1988.
52. K.H. Senger et al., A velocity dependent steering gear ratio for four-wheel steered vehicle, *IMechE*, C438/88, London, U.K., 1988.
53. P. Lugner et al., Theoretical investigations on the behavior of a car with additional four-wheel steering at μ-split conditions, *IMechE*, C440/88, London, U.K., 1988.
54. K. Kanai et al., Design of adaptive-type yaw rate, lateral acceleration and D^*-controllers for 4-wheel steering car, *Trans. SICE*, 24(4), 1988.
55. M. Yamamoto et al., Controllability and stability aspects of actively controlled 4WS vehicle, *Proceedings of 11th IAVSD*, Kingston, Ontario, Canada, 1989.
56. H. Takeda et al., A review of four-wheel steering studies from the viewpoint of vehicle dynamics and control, *Vehicle System Dyn.*, 18, 151–186, 1989.
57. T. Fujishiro et al., A study on the stability of a four wheel steering vehicle as a steering torque input system, *Trans. SICE*, 25(2), 1989.
58. S. Sano et al., Effect of control principle of steer angle dependent 4WS on steering response characteristics, *Trans. JSAE*, 43, 1990.
59. M. Yamamoto et al., Improvement of steering response and disturbance response by active controlled rear wheel steer, *Trans. JSAE*, 46, 1990.
60. JSAE, *Automotive Handbook*, JSAE, Tokyo, Japan, 1991.
61. JAMCA, *Structure of Chassis*, JAMCA, 1991.
62. M. Yamamoto, Active control strategy for improved handling and stability, SAE Paper No. 911902, 1991.
63. M. Aga et al., Design of active control system for front-and-rear-wheel steering vehicle, *Trans. JSAE*, 22(2), 1991.
64. Matsunaga et al., Analysis of self-excited vibration in power steering system, *Proceedings of AVEC'92*, Yokohama, Japan, 1992.
65. F. Jian-Guo et al., System modeling and simulation method of electric motor-driven power steering, *Proceedings of AVEC'92*, Yokohama, Japan, 1992.
66. M. Abe, *Vehicle Dynamics and Control*, Sankai-do Press, Tokyo, Japan, 1992.
67. M. Nagai et al., Stability of 4WS systems based on side slip zeroing control, *Trans. JSAE*, 23(1), 1992.
68. E. Adachi et al., Static steering noise and bending vibrations of an automotive power steering system, *Trans. JSAE*, 24(1), 1993.
69. A. Higuchi et al., Optimal control of four wheel steering vehicle, *Vehicle Syst. Dyn.*, 22, 397–410, 1993.
70. T. Shiotsuka et al., Control of a four-wheel steering car by neural network, *Trans. JSAE*, 25(4), 1994.
71. S. Takeuchi and E. Adachi., Analysis and reduction of power steering noise during static steering operation, SAE Paper No. 950581, 1995.
72. N. Yuhara et al., An advanced steering system with active kinesthetic feedback for handling qualities improvement, *Vehicle Syst. Dyn.*, 27, 327–355, 1997.
73. G.R. Ferries and R.L. Arbanas., Control/structure interaction in hydraulic power steering systems, *Proceedings of the American Control Conference*, Albuquerque, NM, 1997.
74. M. Abe et al., Technology for improvement of vehicle handling, *Trans. JSAE*, 1998.
75. I. Yamazaki et al., A study of driving with control stick, *Trans. JSAE*, 29(3), 1998.
76. S. Taheri, R. Kazemi, and M. Tabatabai, Analysis and optimization of vehicle steering system, SAE Paper No. 981113, 1998.
77. H. Kageyama, The *Origin of Automobile*, Sankai-do Press, Tokyo, Japan, 1999.
78. M. Segawa et al., A study of vehicle stability control by steer by wire system, *Proc. AVEC'2000*, Ann Arbor, MI, 2000.
79. S. Nakano et al., Steering control strategies for the steer-by-wire system, *Trans. JSAE*, 31(2), 2000.
80. K. Sakai et al., A study on control performance of vehicle using electric power steering (EPS) with low torsional rigidity, *Proceedings of Trans-Log JSME*, No 01–36, 2001.
81. S. Nakano et al., A study of vehicle stability control system with active front-wheel angle control, *Trans. JSAE*, 32(1), 2001.
82. T. Matsunaga, T. Tanaka, and S. Nishimura., Analysis of self-excited vibration in hydraulic power steering system: Prevention against vibration by supply line, SAE Paper No. 2001–01–0488, 2001.
83. R. Isermann et al., Fault-tolerant drive-by-wire system, *IEEE Contr. Syst. Mag.*, 22(5), 64–81, 2002.
84. D. Odenthal, How to make steer-by-wire like power steering, *Proceedings of 15th IFAC*, Barcelona, Spain, 2002.

85. N. Inoue et al., Safety evaluation for an electric power steering system, *Trans. JSAE*, 34(4), 2003.
86. Se-Wook et al., The development of an advanced control method for the steer-by-wire system to improve the vehicle maneuverability and stability, SAE Paper, 2003.
87. S. Motoyama, The possibilities of steer-by-wire on vehicle dynamics, *J. JSAE*, 57(2), 39–43, 2003.
88. R. W. Phillips., Self-excited vibration in hydraulic steering racks, SAE Paper No. 2003–01–0580, 2003.
89. R.S. Sharp and R. Granger., On car steering torque at parking speed, *Proc. Inst. Mech. Eng. Part D J. Automob. Eng.*, 217, 2003.
90. T. Inoue, M.Q. Dao, and K.-Z. Liu., Development of an auto-parking system with physical limitations, *SICE Annual Conference Program and Abstracts*, Vol. 2004, No.8, 2004.
91. P. Raksincharoensak et al., Front steering control of steer-by-wire based on four-wheel-steering theory, *Trans. JSAE*, 36(2), 2005.
92. N. Zhang and M. Wang, Dynamic modeling of hydraulic power steering system with variable ratio rack and pinion gear, *JSME Int. J. Ser. C Mech. Syst., Mach. Elem. Manufact.*, 48(2), 2005.
93. B. Gao, K. Sanada, and K. Furihata, A study on modeling hydraulic-power-steering for heavy duty vehicles, *JFPS Int. J. Fluid Power Syst.*, 1(1), 8–17, 2008.
94. T. Miyoshi, Y. Shimizu, and A. Yoneda, Reduction of cogging torque in DC brushless motors for electric power steering, *J. Mech. Syst. Transp Logist.*, 1(1), 2008.

第 26 章 车身设计中结构和动力学问题

Giovanni Belingardi 和 Massimiliano Avalle

26.1 引言

车身是一个非常复杂的结构。通常,车身由薄壁梁和薄壁壳体组成,薄壁梁的特征是具有合适的截面形状,薄壁壳体的正确绘制是为了获得特定的车身形状。图 26.1 给出了一个最新车身的实例:清晰标出车身骨架结构、翼子板、侧门、行李舱盖和发动机罩。钢板是车身结构中使用最多的材料,由于如今已经可以生产出各种不同类型的钢板,因而其在车身上的使用比例还在进一步增加。近些年,由于新型车辆对轻量化的要求,无论是有色金属还是塑料等其他材料也得到了广泛应用,它们的使用比例也在不断增加。

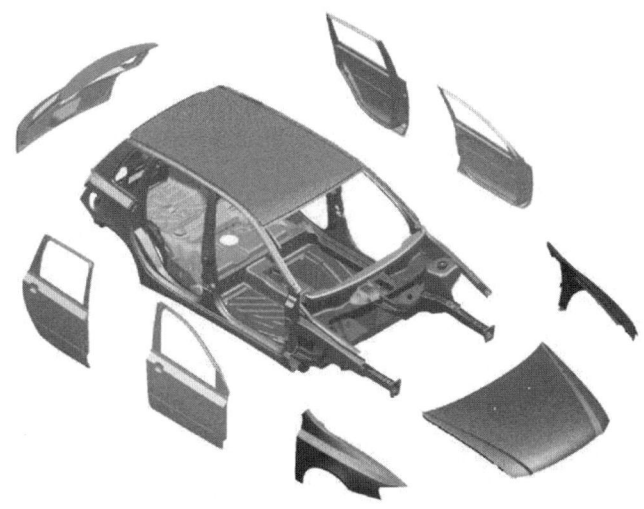

图 26.1 最新五门车身

进行车身结构设计时，要求其能满足各种不同的功能，产品的质量与这有很大的关联。当消费者决定购买车辆时，他们将详细考虑车辆的相关特性，尤其是会考虑如下几点：

1) 空间、外观以及乘员舱类型。

2) 气动外形和性能对汽车燃油消耗具有很大影响，因此对使用成本也有影响。

3) 车身结构的弯曲和扭转刚度对操纵稳定性、行驶舒适性、疲劳强度，甚至对整车异响都有很大影响。

4) 用于安装和/或连接车辆所有机械部件和装置的锚定结构，这些机械部件和装置包括：发动机、变速器、传动系统、悬架和转向系统、制动系统和驾驶员的各个踏板、排气管等。

5) 可靠性，不仅要考虑疲劳耐久性，还要考虑老化现象，即随时间和使用变化，其他质量特性的逐渐衰减。

6) 声学和振动舒适特性（常称为 NVH），尤其是与发动机、变速器和轮胎滚动主要噪声源相关的乘员舱。

7) 乘员舱温度/气候舒适性。

8) 驾驶员和乘员的舒适性，依据行驶时可使用特性和座位位置；对于车辆驾驶员座位，还有与指令相关的易使用性和可操作性的附加要求。

9) 发生事故时的乘员安全性。

这些要点将在下面的段落进行简要介绍，尤其应注意最新的解决方案和设计方法。

26.2 外观和乘员舱造型

车辆造型虽然不是车辆销售成功的唯一因素，但却是最关键因素之一。一方面，车辆造型具有汽车制造商多年保持的鲜明特色。另一方面，造型具体特性与消费者需求变化相联系，以考虑不同市场的差异。如今，车辆个性化作为拥有者独特标志的趋势是明显的。个性化通过精心选择一些美学细节区分同样车辆的不同车型。此外，存在所谓的生态位模型，即与大批量生产的车辆有显著外观差异的小/中型系列生产的车辆。例如，自雷诺 Espace 车开始，与更传统的两厢或三厢轿车相比，单厢车辆逐渐获得较大的市场份额。

如今，乘员舱在车辆美学特性方面得到明确的重视，设计师把越来越多的注意力集中在座椅造型、仪表板、仪器、转向盘、车门内板和其他内部装饰板上。最后，值得注意的是，对发动机舱的装饰也有一定的关注；现今，即使在发动机舱内，消费者也希望对不同设备、电缆和管道进行有序和赏心悦目的处理。

26.3　空气动力学

20世纪70年代的能源危机，促使人们讨论车辆造型的空气动力学性能对行驶时燃料消耗的作用[1,2]。自此，对车身造型的空气动力学的系统研究得到了发展，主要目标是降低纵向空气动力系数C_x。分析技术的改进，可以详细研究全部六个空气动力系数对空气流动方向的车辆特征运动角的依赖性。从这一点而言，需特别注意的是，通过车辆路径对侧风敏感性的具体研究，侧向空气流对行驶稳定性的影响得到重视。

多年来，车辆外部形状已经得到逐步改善，已经确定了最佳参数。例如，针对两厢和三厢车辆的风窗玻璃角度和后端形状的研究。对气动外形优化形状和位置的研究已经在进行。增加前导流板，改善通过内燃机散热器的空气流动。确定进气口的适当位置，改善乘员舱内的空气流动。增加后扰流板[3]。此外，对车辆底盘外部形状也进行了专门研究，以使空气流经车辆底部时，仅有轻微的气动升力效应。对车身结构件外部连接点的类型和外形也进行了深入的研究：流行于20世纪70年代汽车的典型车顶下降通道逐渐消失，现代的车顶是光滑的。窗口封闭的轮廓，特别是风窗玻璃的外形重新进行了设计，以避免气流的分离和漩涡的形成。对侧视镜和车门把手的外部形状也进行了相同范围的气动性能优化改进[3,4]。

此外，车身的气动设计为乘员舱内空气流动带来了重要的改善。通过进气口与出气口位置的适当定位，可以获得更有利的空气流量。对乘员舱空气流动已经进行了仔细研究，以改善内部空调特性，产生均匀的温度，改善风窗玻璃的除雾特性。

对空气动力学的研究已经发展为两个主要的方向：一个方向是通过气动风洞试验的设计和开发，配备专用仪器和复杂测量装置进行气动流动分析。另一个方向是通过计算机软件的数值仿真开发，基于通过特殊有限元方法的流体域离散化，实现对车辆外形气动行为的详细分析。数值方法应用需要大型计算机，因为离散化是必需的，具有高质量的网格、详细的车辆外部形状、车身附近空气体积的精细模拟以及风洞中其他空气流动的足够细节模拟。

通过对试验结果与数值仿真结果的不断比较，不仅整体的值可以通过车身六个空气动力系数表示，而且特定局部现象的值也可以开发出一个良好的数学模型。此外，通过这一分析，有利于外形设计师更好理解每个外形细节对车辆整体行为的影响。

26.4 弯曲和扭转刚度

车身结构有其自身的弯曲刚度和扭转刚度，两者的计算均是基于位移，由一个轴相对于另一个完全夹紧轴进行测试，垂向力施加在车轮中心。这些刚度值是车身结构配置的结果，根据选定的基础框架和底板确定。当安装风窗玻璃和车窗玻璃时，由于其类似于剪切板的作用，应考虑整车状态下这些刚度值的变化。车身刚度的数据，如表 26.1 所示。

表 26.1 同一细分市场欧洲车辆扭转刚度 K_t 和弯曲刚度 K_f 的比较

车型	扭转刚度 K_t/(kN-m/rad)			弯曲刚度 K_f/(kN/m)			玻璃对刚度贡献/(%)		扭转刚度与重量比 白车身/(m/rad)
	白车身	白车身+玻璃	全车身	白车身	白车身+玻璃	全车身	K_t	K_f	
5 门 Fiat Punto MY94	573	701	796	6.3	6.4	6.7	22	2	302
5 门 Renault Clio MY90	540	740	770				37		355
5 门 Fiat Uno MY90	342	404	478	4.3	4.4	4.8	18	3	225
5 门 Ford Fiesta MY89	420	515	665	3.5	3.6	3.8	23	1	258
Lancia Y MY85	445	556	678	6.4	6.8	7.6	25	6	295
Citroen MY87	455	635	690	4.6	5.0	5.7	40	10	358
3 门 Peugeot 205	390	500	588	3.2	3.6	3.8	28	11	275
3 门 Fiat Punto MY94	578	728	834	6.0	6.2	6.3	26	4	312
3 门 Fiat Uno MY90	336	423	486	4.4	4.6	4.8	26	3	224
3 门 Peugeot 106	567	730	820	5.7	5.9	6.4	29	4	
3 门 Opel Corsa	410	540	690	4.9	5.0	5.1	32	2	

（续）

车型	扭转刚度 K_t/(kN·m/rad)			弯曲刚度 K_f/(kN/m)			玻璃对刚度贡献/(%)		扭转刚度与重量比
	白车身	白车身+玻璃	全车身	白车身	白车身+玻璃	全车身	K_t	K_f	白车身/(m/rad)
5门 Nissan Micra	300	370	510	4.8	4.9		23	2	
VW Polo MY94	550	660	790	4.1	4.2		20	2	
3门 VW Polo MY82	360	380	435	4.9	5.0	5.2	6	2	242
5门 Renault 5	340	480	530	4.2	4.5	4.8	41	6	243
5门 Fiat Palio 2V	428	579	683	5.8	6.0	6.2	35	3	222
Lancia Y10	583	735	835	6.8	8.9	7.2	26	31	

为了得到车身弯曲刚度和扭转刚度的最高值，以下几个方面非常重要：
1）纵梁和横梁的布置，如图26.2a所示。
2）壁的厚度。
3）梁截面形状，通常为空心，以增加截面惯性矩和抗弯曲特性。
4）结构多节点设计，图26.2b给出了依据，这最后一个方面非常重要。

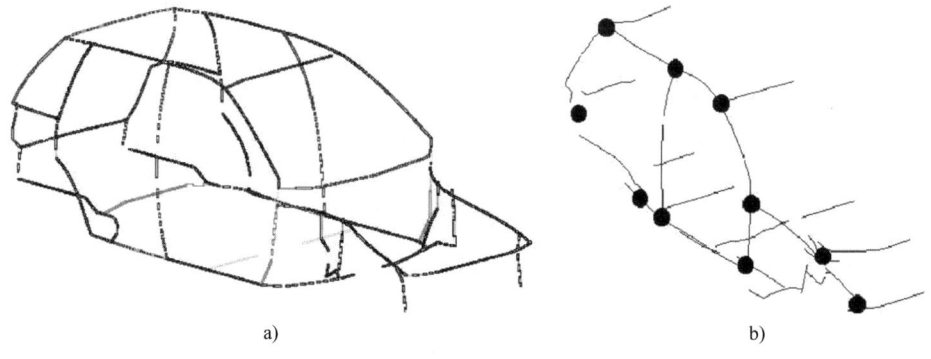

图 26.2 车身结构中梁的布局和结构节点
a）布局 b）结构节点

众所周知，可以通过在梁骨架上焊接板件以改善刚度，一般使用电点焊。近来，无论在长连接处还是短连接处，都采用了激光焊接，这可以稍微增加结构的刚度[5-12]。最近，也有黏接连接应用；这种类型的连接需要对黏接处进行适当设计，以充分发挥其优势[13-20]。

根据帕夫洛夫斯基（Pawlowski）最初提出的结构方案[21]，板件还可以在开发基本结构时使用，要承受拉伸、压缩和剪切载荷，如图26.3所示。板件剪切特性对提高结构强度具有决定性作用，本质上锁定了绕铰接的刚性转动的变形模式。由于连接处有限的柔性，典型的铰接平行四边形式发生在车身的框架结构中[22-24]。

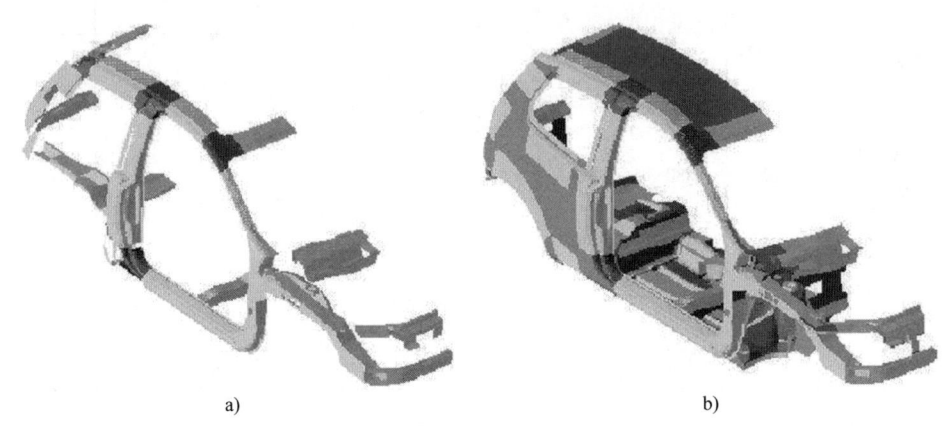

图 26.3 车身梁的结构模型和固定覆盖件模型
a）结构模型 b）覆盖件模型

在结构细节设计上的注意和通过有限元技术的精细分析，即使在没有增加车身重量的前提下，也能导致车身刚度性能的增加。

图 26.4 给出用于评价车身扭转刚度和弯曲刚度的加载位置和约束方案，分别如图 26.4a 和图 26.4b 所示。表 26.1 收集了同一细分市场上许多车辆的刚度数据，表 26.1 中车辆增加了两个相关信息：年型车和车门数。通过对比新车型与先前车型的值，如 Fiat Punto 和 Fiat Uno，随着时间推移，可以评价这些指标的演化，这可以作为恰当设计选择的参考。通过比较同一款车的五门车型和三门车型的值，如 Fiat Punto，可以评价这种结构差异的影响。

在表 26.1 中，给出白车身、装备玻璃的车身和全车身对刚度值的贡献，玻璃的贡献，尤其是风窗玻璃，对扭转刚度非常重要，大多数情况下其范围在 20% ~ 40%。

高性能车辆和赛车，由于主要要求在于驾驶操控精度，要求较高的扭转刚度。白车身结构的典型扭转刚度在 850 ~ 1700kN·m/rad 范围内。Lamborghini 的 Gallaardo 赛车车型，其扭转刚度为 1600kN·m/rad。

在多数情况下，高性能轿车是单排座结构。这种结构降低或消除了车身结构

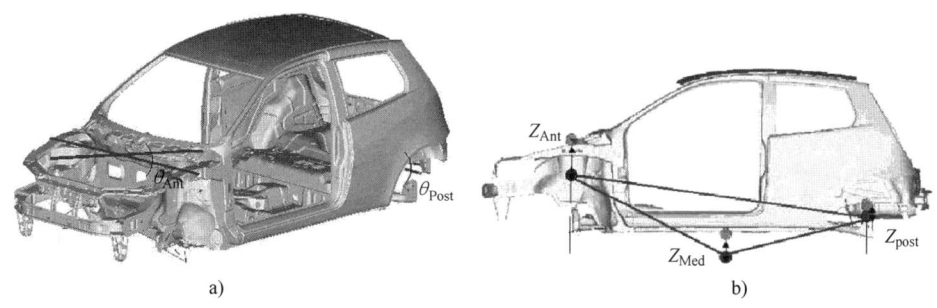

图 26.4 车身扭转和弯曲的刚度评价
a) 扭转 b) 弯曲

上部对车辆扭转刚度的贡献。因此,为补偿这种刚度的削弱,车身结构下部使用了大截面的纵梁和横梁。

近年来,可以发现使用车架结构成为一种趋势[7-11,25-28]。车架结构实质上是基于具有所需横截面柱状梁的应用,这些梁通过铸造生产并用三维接头连接。柱状梁通常由铝合金挤压成型,通过冷冲压或液压成型得到所需曲轴线[28-36]。通过使用相同的三维接头,连接不同长度但横截面相同的柱状梁,即使对于小批量生产的小众车辆,也能实现不同尺寸的车身。因此,车辆个性化不仅在车辆外观上是可行的,在车辆尺寸上也同样可以实现。

车身结构设计近来的发展,还有三点需要注意:

① 使用不同于传统低碳钢的钢材品种成为各汽车制造商的首选,因为它们适合于深冲压。

② 使用不同于钢材的材料制造结构件。

③ 使用不同于常用点焊的连接技术进行装配。

为了获得更好的韧性,传统的钢材已经进行明显的转变,旨在提高拉伸成形性,通过特定的表面钝化处理和涂装技术提高抗氧化性。

除了所谓的高强度钢外,目前已经研发出新的高性能钢材系列。现在,超高强度钢 UHS 和具有烘烤硬化特性的双相钢 DP 均可以广泛应用[29,37-43]。图 26.5 给出了 25 年前、现在和未来在车身结构中使用的主要钢材等级。

以高强度等级为特点的钢材类型表现出较高的屈服强度和极限强度,但是相比于传统的低碳钢,它的韧性和断裂应变较低。这种类型高强度钢的使用,允许降低结构单元板料的壁厚,从而降低车身结构的重量。当然,壁厚的降低对于整车扭转刚度和弯曲刚度以及局部屈曲强度都会产生负面影响;理想的刚度值需要通过对梁截面形状的适当设计获得。

再次,为了获得轻量化车身结构,开发了应用铝材的解决方案。从这个角度

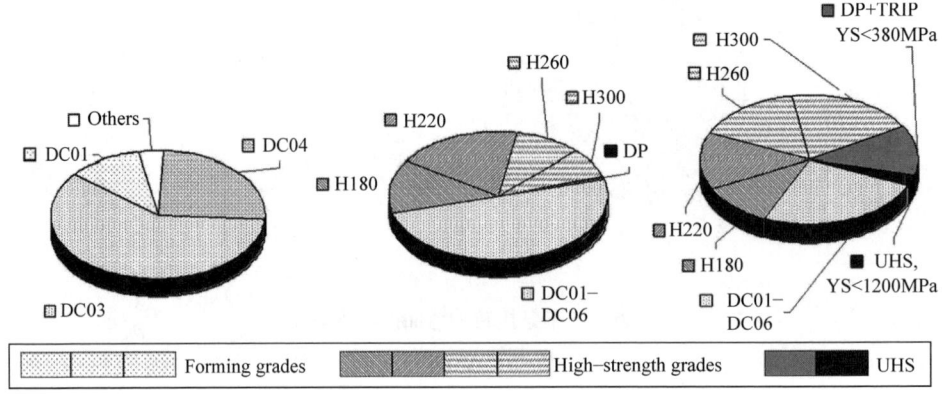

图 26.5 过去、现在和未来车身结构中使用的钢材等级和趋势（DC01 - DC06，EN 10030；H130 - H300，高强度钢，屈服强度 130 - 300MPa；UHS，超高强度钢；DP，双相钢；TRIP，相变诱导塑性钢；YS，屈服强度）

而言，必须提到 Ferrari Modena、Audi 空间框架或 ASF 和 Jaguar XJ8 上的解决方案。其中，Audi 空间框架由 Audi 和加拿大铝业集团 Alcan 联合研发，已经先后应用于 Audi A8 和 Audi A2 中。表 26.2 列出了最值得注意的基于空间框架结构的车辆，给出了它们的材料和装配方法的信息。

表 26.2 最新销售的主要基于空间框架的车辆

品牌/车型	年	结构类型	材料	装配方法
Ford AIV	1998	铝车辆技术，模压板	AA5754 - 0	熔焊
Audi A8	1994	Audi 空间框架，冷挤压铝管	铝合金	压力铸造连接，惰性气体保护焊，冲压铆合
Audi A2	1999	Audi 空间框架，铝型材	铝合金	较简单铸造连接，激光焊和黏结
Ferrari 360 Modena	1999	美国铝业铝，空间框架（153kg）	6008 系列铝合金（以 6008 为主）	铸造结构连接，惰性气体保护焊
Volvo XC90	2002	高强钢框架	HSS，EHSS，UHSS	（各种）焊接和钎焊，黏结，紧固件
Jaguar XJ8	2004	超刚模压铝单体	铝合金	熔焊和铆接
Chevrolet Corvette Z06	2006	DANA 空间框架（129kg）	铝合金	自穿孔铆接（236），激光焊（14m）

用于轿车车身的铝材型号在5xxx和6xxx范围内[34,44-50]。

第一代Audi A8是第一个生产的车型，其每年的产量较少。随后的Audi A2具有相对高的年产量。因此，决定Audi A2具有全新的设计解决方案，利用了由先前车型获得的经验，从大批量生产的角度而言，还引入了深层次设计和制造变革的理念。

Audi A8的空间结构框架ASF是变革性的，但是许多改进体现在Audi A2结构中[37]。早期的Audi A8空间结构框架广泛使用简单的冷挤压铝管，彼此通过惰性气体保护焊MIG和其他如冲孔铆接之类的机械连接方法连接，仅有复杂的刚性铸铁接头。

Audi 2空间结构框架使用轧制铝型材和较为简单的铸造接头，采用激光焊接和黏结剂连接装配。通过大幅减少零件的使用（从334个减少至225个）和自动化装配的广泛应用，节约了成本。

一些特殊的零部件，目前主要指侧门[51]和座椅结构，可以使用比铝更轻质的镁合金实现轻量化，这也是用于结构零部件的有趣经验。

最后，还应提到一些制造汽车车身结构相关零部件的经验，如底板中使用纤维增强塑料材料[52]。复合材料由于其高强度密度比的特性，因此可以实现进一步轻量化的结构[53-56]，引起了广泛关注。由于成本原因，与钢材相比复合材料的成本还相当高，玻璃纤维已经得到主要使用，同时也开始关注碳纤维的使用。使用塑料基复合材料和聚合物泡沫或蜂窝芯的夹层结构，可能成为理想的折中方案[25,53,57-60]。

使用金属以外的材料，需要仔细考虑和满足车辆报废时拆卸和材料回收的解决方案。

在零部件连接技术领域，除了经典的点焊以外，在某些情况下，金属板材的螺栓连接已经被具有更大意义的激光焊接和黏结技术取代[5-7,12,18-20,61-64]。当使用经典的铆接解决方案时，也尝试了自穿孔铆接[64-68]和无铆钉连接。除金属外，当车身还使用其他材料时，显然除了焊接外也需要其他连接技术，特别是结构黏结剂的解决方案。

黏结剂的广泛使用，不仅为每个结构部件，甚至为整个汽车车身带来了巨大优势[64,69,70]。黏结方案在欧洲一些高级轿车上已经得到使用，如BMW、Mercedes和Jaguar[67,68]。黏结剂为车身结构的改善提供了许多可能性。由于黏结的连接是连续的，而不是一系列连接的点，黏结件的刚度特性较高。此外，黏结剂还作为一种密封胶，为防止渗透和腐蚀提供了良好的保护。

黏结方案对提高车身整体弯曲刚度和扭转刚度具有较大的潜在优势[71-74]。与等效点焊柱相比，如果有合适的黏结柱设计，已经证明黏结方案可以吸收和消散更多的能量[75]。例如，使用点焊连接的带有凸缘的半壳[13,20]可以被无凸缘的半壳代替。此外，黏结剂有较高的阻尼特性，这有助于改善汽车的NVH特性[76,77]。

使用黏结剂的一个缺点是，需要较长的黏结时间才能获得足够水平的黏结聚合效果[78]。鉴于此，必须使用附加的稳定装置保持待黏结的部件，直至黏结剂充分发挥其全部强度。另一个可能的问题是准备和放置黏结剂在板材位置方面的困难，因为相比于点焊技术，它要求更高的定位精度。然而，这个问题可以在车身壳体的并行设计过程中得到解决。

由于将板材使用点焊连接并不理想，因此要找到替代的连接方法。可以使用机械紧固的方法。传统的铆接由于各种原因（包括审美外观）不太可能适用，但是穿孔铆接[79,80]或尤铆钉连接[81]可以有效解决该问题。这两种方法都非常容易实现自动化，并且也是具有成本效益的解决方案[56,82]。

26.5 车身动态行为和模态分析

车身以其静态扭转刚度和弯曲刚度为特征，这些值是汽车平顺性和操纵性的重要指标。作为一个整体，车身可以想象为置于前后悬架上的扭转弹簧和弯曲弹簧。

除了这些静态特性以外，振动和声学特性也与车身相关。图26.6给出与车身舒适性相关的振动频率范围，表明了振动与声振粗糙度和噪声之间的区别。

车辆的动态行为受整体和局部动态刚度、结构阻尼和车辆质量影响很大[83-85]。对于乘员舱的声学性能，吸声和隔声材料的数量和布置同样重要。

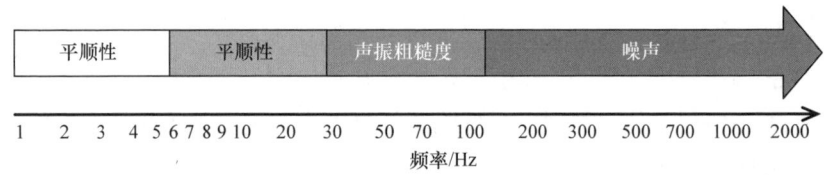

图26.6 车辆舒适性的特征频率范围

振动和声学现象由来自于不同激励源的动态激励所确定，如发动机、变速器和传动轴、轮胎滚动和气流等，如图26.7所示。每一个来源各自在一定频率范围内占主导地位。为了研究乘员舱内的噪声水平，重要的是从两个传输路径：结构路径和空气路径加以识别。

考虑一个发动机振动的实例[84-89]。当发动机正在运行时，会以发动机自身转速倍数的频率振动，从其缸壁上可以直接听到发动机的噪声。当激励频率与发

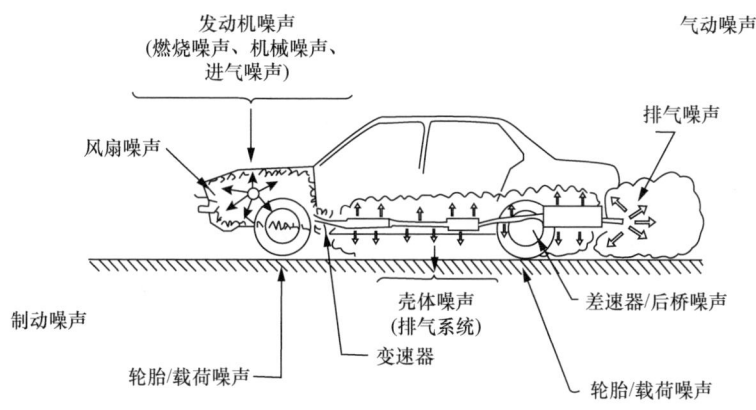

图 26.7 噪声和振动源

动机结构的固有频率相等时,这种噪声达到一个特定强度等级。发动机舱内产生的声波,经由车身结构进入乘员舱,所谓声音"透明度"就是对这种现象的衡量方法。这种类型的噪声通常称为"空气传播"噪声,因为它通过空气传播,而且通常在较高频率(>500Hz)占优势。

作用于发动机机械连接处的循环力也激发车身振动,因而振动能量通过固体结构传递到人车交互界面点,如转向盘、座椅、踏板和放在底盘上的脚接触点等。振动能量也被传递到乘员舱的板件上,引起其自身振动,进一步产生内部噪声。这种类型的噪声通常称为"结构噪声",因为它通过车身结构传播,而且通常在较低频率(<200Hz)占优势。

从噪声传输角度而言,车身性能通过声传递函数 P/F 进行量化,其中 P 是乘员舱内某一点的噪声——通常将传声器放置于驾驶员耳部位置或者乘员耳部位置——而 F 为作用在车身结构上某一点的激振力。显然这种传递函数是频率的函数,如图 26.8 所示。

由发动机引起、耳部听到的全部噪声值,可以通过所有发动机机械连接点的贡献之和计算,计算公式如下:

$$P = \sum_{n=1}^{m} F_n \times \left(\frac{P}{F}\right)_n \cong \sum_{n=1}^{m} (K_n \times X_{mtp,n}) \times \left(\frac{P}{F}\right)_n \tag{26.1}$$

式中,m 为发动机与车身所有连接点(每个加载方向)的数目。

通过上述公式,一旦整体内部噪声目标 P 确定,就可能得到各子系统的部分目标,尤其是发动机悬置的弹性特性曲线 K、发动机组的位移 X_{mtp} 和车身的声传递函数 P/F。显然,与发动机的位移 X_{mtp} 相比,发动机与车身连接点的位移 X_{body} 可以忽略,这样它在式(26.1)中就可以忽略。P/F 声传递函数一个实例,

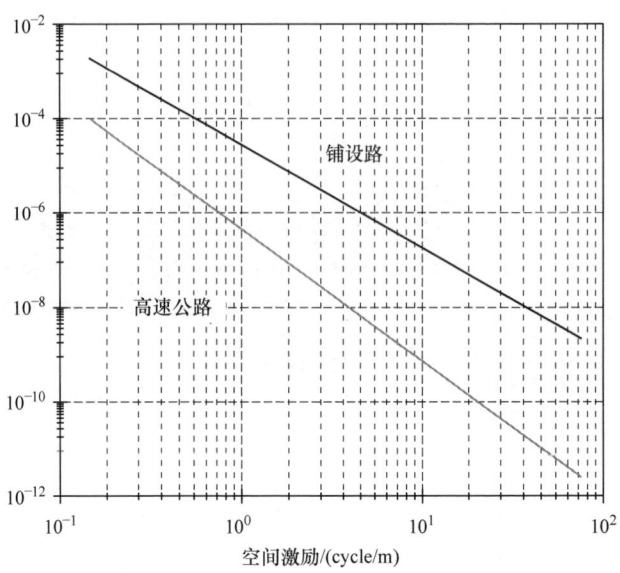

图 26.8　来自于路面不平度的激励：高速路面和铺设路功率谱特征对比

如图 26.12 所示。

在结构动态响应量化的范围内，通常使用加速度对力的传递函数，它易于由试验测试获得。当输入（激励）点和方向与输出（加速度）点和方向一致，这样的传递函数称为惯性函数。

$$I_k = \frac{\ddot{u}_k(\omega)}{f_k} = \frac{-\omega^2 u_k(\omega)}{f_k} = \sum_{i=1}^{n} \frac{\omega^2 \varphi_{ki}^2}{-\omega^2 m_i + i\omega b_i + k_i} \quad (26.2)$$

$$K_{\mathrm{dyn},k} = \frac{f_k}{u} \rightarrow K_{\mathrm{dyn},k} = -\frac{\omega^2}{I_k} \quad (26.3)$$

式中，I_k 为惯性函数；$K_{\mathrm{dyn},k}$ 为加载点 k 的动态刚度函数。

在式（26.2）和式（26.3）中，根据常用的模态分析符号，ω 为考虑的角速度，i 为模态号，m_i、b_i 和 k_i 分别为 i 的模态质量、模态阻尼和模态刚度，φ_k 为 i 模态的 k 分量。

式（26.3）表明，惯性值越高，结构的动态刚度越低。在图 26.9 中，给出了一些惯性曲线的实例，为了比较，图 26.9 上还给出三条常刚度的惯性曲线。

车身的动态刚度是许多结构振动模态组合在一起的结果，这些结构模态可以分为两类：整体模态和局部模态。整体模态包含整个结构的振动幅值；局部模态则仅包含一个子结构的振动，或多或少；而其余的结构可以认为不振动。

整体模态的频率较低，一般小于 50Hz，它很容易检测到，分为扭转模态、弯曲模态和波动模态。

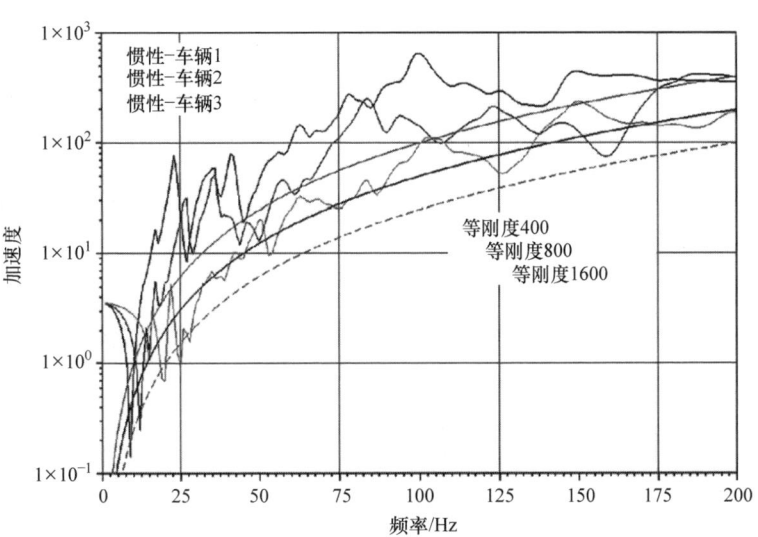

图 26.9　惯性曲线和常刚度惯性曲线与频率

对于每个此类模态，如果其模态形状在车身结构的前部或后部有较大的位移，则这些模态可以进一步细分。众所周知，模态的形状与作用在其上的载荷无关。因此，作为整体模态和以或多或少均布质量分布叠加的结果，车身的动态变形形态与静态变形形态完全不同。

图 26.10 给出一些车身结构整体模态的模态变形，也给出了相应的固有频率。车身呈现出两种扭转模态：一种是整体模态，另一种模态是在结构的前部具有较大的变形。

如前所述，质量分布影响整体模态的固有频率。因此，要考虑到所有其他装置、覆盖件和填充物装配到车身上时，质量增加，并且某种程度上质量分布也发生变化。由于结构刚度没有相应的变化，因此静态刚度值没有变化。相反，动态响应变化和整体模态的固有频率变小[86]。

从以下几个方面看，整体模态非常重要。首先，整体模态与车辆悬架模态耦合，最后，还有其他支撑框架或多或少通过刚性连接与车身结合。显然，在结构动态振动过程中，保持这些连接点位移尽可能小是非常重要的。因此，在操纵精度和舒适性方面，车身动态振动可以显著影响车辆的驾驶品质。

另一个相关点是结构整体固有频率与其他振动频率共振的可能性，如怠速时发动机的激振频率或转向盘-转向柱-转向机构的固有频率。在这两种情况下，频率的耦合将导致乘员舱内振动和噪声显著放大。在这些情况下，通过所谓的结构修改过程可能解决该问题[90]，此过程基于试验模态分析得到的模态模型。系

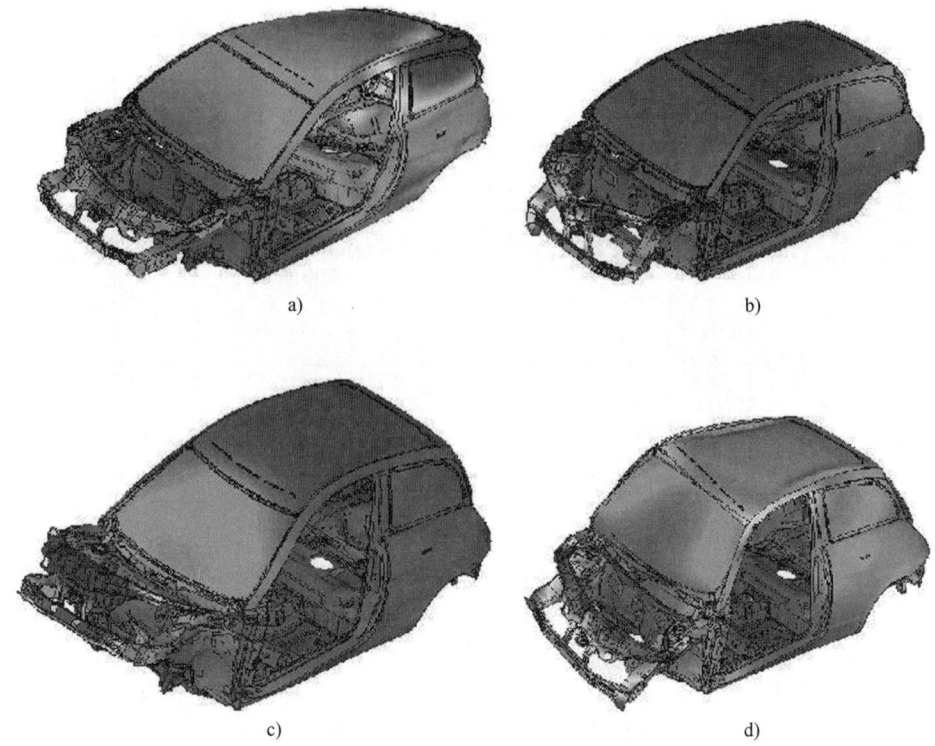

图 26.10 装配玻璃和没有运动部件的车身前四阶模态形状
a) 整体扭转模态　b) 结构前部波动模态　c) 结构前部弯曲模态　d) 结构前部第二阶扭转模态

统模态质量和/或使系统模态刚度的适当修改是"虚拟"的,以改变固有频率和使共振模态解耦。从修正的模态模型,必须回到真实的模型,以确定由此引起的系统参数的修改。由于还受到模态阻尼值的影响,给出解耦频率之间差的具体指标是不容易的。

对于振动 - 声学现象,除了车身结构这方面的固有模态外,还必须仔细考虑乘员舱内空气腔的体积。空气腔有自身的动态特性,通过固有模态和固有频率表征,甚至可以与车身结构耦合。空气腔特性对于乘员听到的噪声等级评定非常重要。

由于空气腔由流体组成,因此它有自身的动态特性,与结构的动态行为明显不同。在分析阶段,可以使用与结构振动模态分析类似的方法。至于结构,由于存在不同的模态变形,因而可能使用不同贡献的总和评价整体响应。使用与之类似的方法,可以使用乘员舱空腔压力固有模态的总和评价其声学特性。

表 26.3 收集了乘员舱空腔模态的三个较低固有频率的典型值,按不同的市场细分区别车辆。

第26章 车身设计中结构和动力学问题

表26.3 不同车辆类型下空腔低固有频率的典型值

	小型轿车类型/Hz	紧凑轿车类型/Hz	高级轿车类型/Hz
一阶纵向模态	60~70	55~65	45~55
纵向模态	115~130	100~115	85~110
一阶横向模态	130~145	120~135	110~130

对于简单规则的几何空腔,通过分析方法可以容易计算其固有频率,它与声学(压力)波在空气腔某一方向上往复的时间成反比。空气中压力波的传播速度即为声速,在标准条件下,即293K和101325Pa时为344m/s。

空气腔模态,如图26.11所示。它与结构模态类似,有节点,其压力动态变化为零,正如振动模态下位移为零的点。如果驾驶员或乘员的耳部处于这些点的附近,在相应频率下其将只听到小部分噪声分量。这对感知噪声水平有益,从而增加内部舒适性。

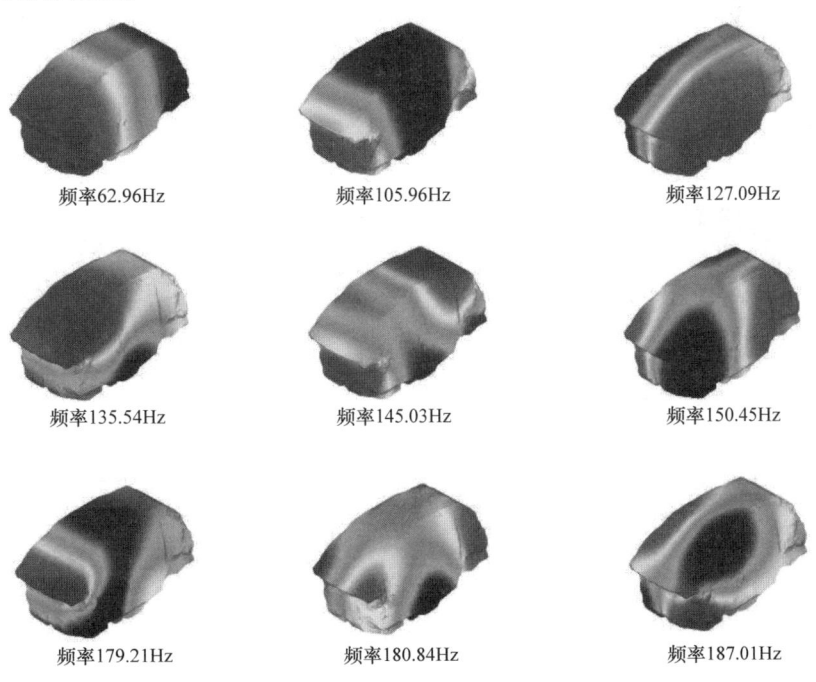

图26.11 前9阶空气腔模态和相应固有频率

以相同的方式,如果一个噪声源,如振动板,置于这些声学节点附近,其将无法激发相应的空气腔模态,并且由于其贡献,内部噪声不受其影响。相反,如果噪声源或乘员的耳部处于空气腔模态最大振幅附近,将放大内部噪声结果,对感知声学舒适性有害。

乘员舱内空气运动与结构振动是动态耦合的。当结构振动时,乘员舱的板件将其运动作为边界条件加到空气上。相反,局部气压施加压力值将作为结构动态变形的边界条件。

在耦合的乘员舱结构和空气腔应用模态分析方法是可行的[91][92],因此相关方程可以表示如下

$$[-\omega^2[M]_s + i\omega[B]_s + [K]_s] \times u(\omega) = F(\omega, t) + [A]^T \times p(\omega) \quad (26.4)$$

$$[-\omega^2[M]_f + i\omega[B]_f + [K]_f] \times p(\omega) = -[A] \times \ddot{u}_n(\omega) \quad (26.5)$$

式中,[M]、[B]和[K]分别为结构(下标为s)和流体(下标为f)的质量、阻尼和刚度矩阵;[A]为耦合面;u为位移;p为压力;ω为频率。

由此产生的耦合动力学问题形式如下

$$\begin{bmatrix} -\omega^2[M]_s + i\omega[B]_s + [K]_s & -[A]^T \\ -\omega^2[A] & -\omega^2[M]_f + i\omega[B]_f + [K]_f \end{bmatrix} \begin{pmatrix} u \\ p \end{pmatrix} = \begin{pmatrix} F \\ 0 \end{pmatrix}$$

$$(26.6)$$

为了求解这样的系统,考虑到空气运动和板件运动,可以估计结构位移u和空气压力p。图26.12给出车辆乘员舱和空气腔结构模态动态耦合的研究结果,也给出试验结果与仿真结果的比较。

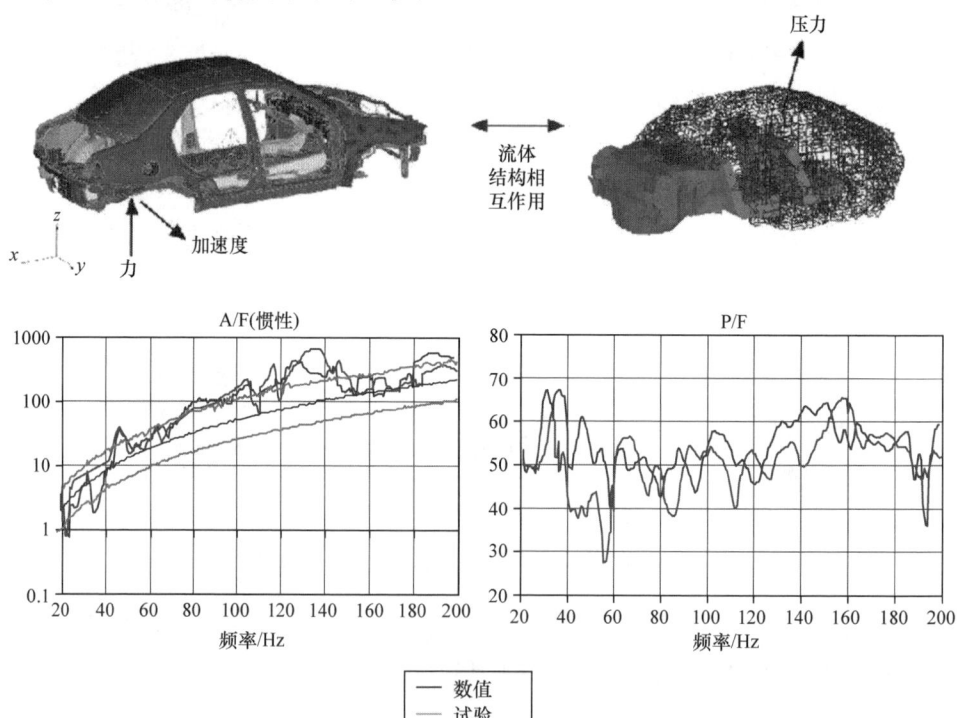

图26.12 结构模态和空腔模态耦合,使用定性的惯性和压力响应作为频率的函数

26.6 被动安全

被动安全是指在出事故的情况下车辆结构和车载设备（如安全带和安全气囊）给驾驶员和乘员提供的保护，其操作是自动执行的，不需要驾驶员激活命令[93,94]。

在与其他车辆或固定障碍发生碰撞时，要完全耗散车辆的动能，并且车辆在约十分之一秒数量级的承受时间内停止。

如果是金属材料，动能被车身结构金属材料的塑形变形过程吸收，但如果是脆性塑料材料，如聚合物基体复合材料，动能则会被材料的断裂和破碎过程吸收。

从乘员安全角度而言，能量吸收现象的渐近性是基本的要求，正如人体不同部位承受的加速度和力不能超过人体典型的耐受值，即这些耐受值会造成人体永久性伤害甚至死亡。

在这个范围内，车身结构的设计，是为了获得车辆渐进的减速过程，如图26.13所示，图中给出了新型车辆前部结构的特征部件。图26.14给出了根据EuroNCAP测试程序，车辆正面碰撞中在底盘前排座位锚点测试中典型的减速过程。其中，由于车辆结构各部分的差异，很容易检测到不同水平的减速度。

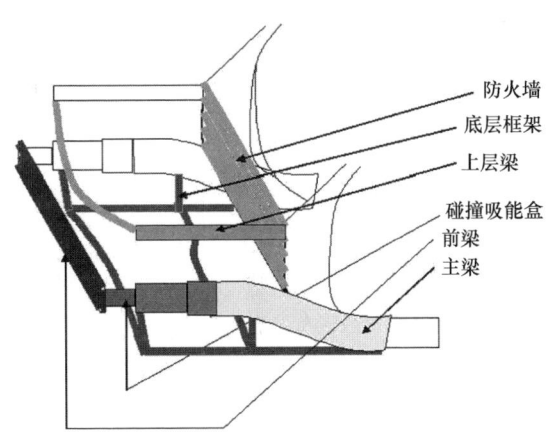

图 26.13　新车辆前部结构的特征部件

根据 EuroNCAP 测试程序[95,96]，车辆与一个可变形的障碍发生碰撞，是为了再现发生"车对车"碰撞时车辆的冲击变形和能量吸收能力[97,98]。曲线开始部分表示由于变形障碍的挤压减速度。之后，依序是前横梁和所谓的吸能盒发生

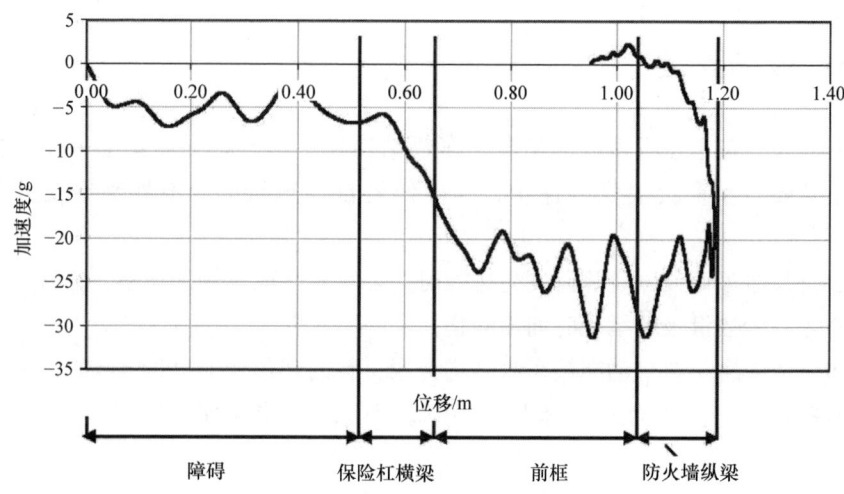

图 26.14 EuroNCAP 碰撞试验过程典型的减速度历程

变形。最后，前部的纵梁产生变形。通常，这些结构梁是由钢板制成和靠点焊连接的薄壁箱梁。

塑性轴向塌陷的梁变形机理形成一系列折叠，是最有利的机理，保证期望的能量吸收，同时满足渐进性要求[93,94]。

每个新折叠的初始化，都确定了梁轴向抗力的增量。因此，产生车辆减速度增量，这个增量在减速度图曲线中作为峰值检测。然后，塑形变形随着梁壁上局部塑形铰的形成而发展。这些金属材料的局部塑形变形给出期望的能量吸收，如图 26.15 所示，图中给出一些车身结构材料典型特定的吸收能量。

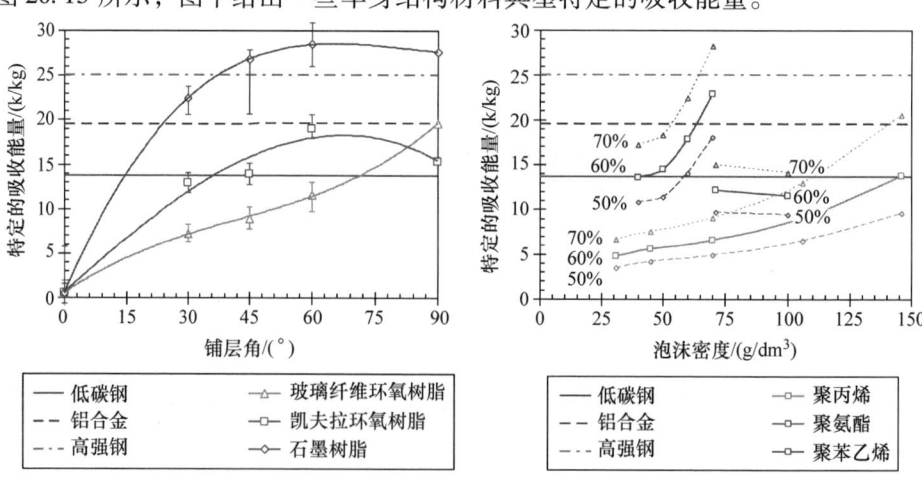

图 26.15 一些车身结构材料典型的特定吸收能量

显然，碰撞时车身的结构行为对于驾驶员和乘员承受的减速度是决定性的因素。如第42章所述，为了评价乘员的安全等级，使用生物力学标准以定量的方式评价。特别需要考虑与可能致命的头部（通过头部损伤指数 HIC[99]）、颈部、胸部碰撞，还要考虑与致残损伤有关的骨盆、腿、股骨和胫骨[97]碰撞。安全带和安全气囊的使用有助于限制乘员舱内乘员的位移，因此有助于控制生物力学参数达到的值，确保该值处于相关规则以下[93]。

最近，各国都制定了车辆对行人可能影响的进一步安全规则[101]。一些生物力学参数再次用于验证可能对行人造成的损伤水平保持在相应的阈值以下[102]，相关车辆结构涉及前保险杠和发动机罩。对于这两个部件，主要限制它们是对股骨（前保险杠）和头部（发动机罩）有关的伤害性[93]。

26.7 疲劳耐久性

疲劳失效由车身结构在使用过程中承受的变幅载荷决定[103,104]。

分析车身这样一个复杂结构的疲劳强度十分困难，主要是由于以下原因：

① 车身结构承受的实际载荷历程随不同驾驶条件和风格而不同。
② 材料疲劳强度及其自然扩散性。
③ 在结构设计和装配连接中由几何细节引起的应力集中效应。
④ 制造过程和由材料疲劳强度特性引起的修正，例如残余应力。

在实际行驶过程中，为了获得足够多车辆传递的实际载荷历程信息，常在车辆上安装仪器，当汽车在典型道路上进行典型行驶时，获得载荷信号及由此产生的应变场。这个过程意味着确定车辆典型行驶任务和使用模式[105]。图26.16给出可用于测试的载荷谱实例。

对获得的数据要进行处理，以压缩整个时间历程包含的信息和获得所谓的载荷累积，即平均应力的等效谱和振幅。在汽车行业中，这一信号处理过程通常通过雨流算法进行[106-109]，产生关于平均应力值、应力振荡振幅和循环次数的三维矩阵[106-110]。

近几年，研究指出了与疲劳行为相关的另一个因素：加载频率。显然，载荷必须不只是如传统上所做的那样简单应用于"静态"结构，还要考虑到由于时间变化产生的由疲劳载荷引起的振动变形。因此，通过提取耦合频率信息对数据处理过程进行改进，可以得到一个四维矩阵[108]。

真实载荷谱图不仅用于通过数值仿真的设计开发，还用于实验室的试验测试[104]。

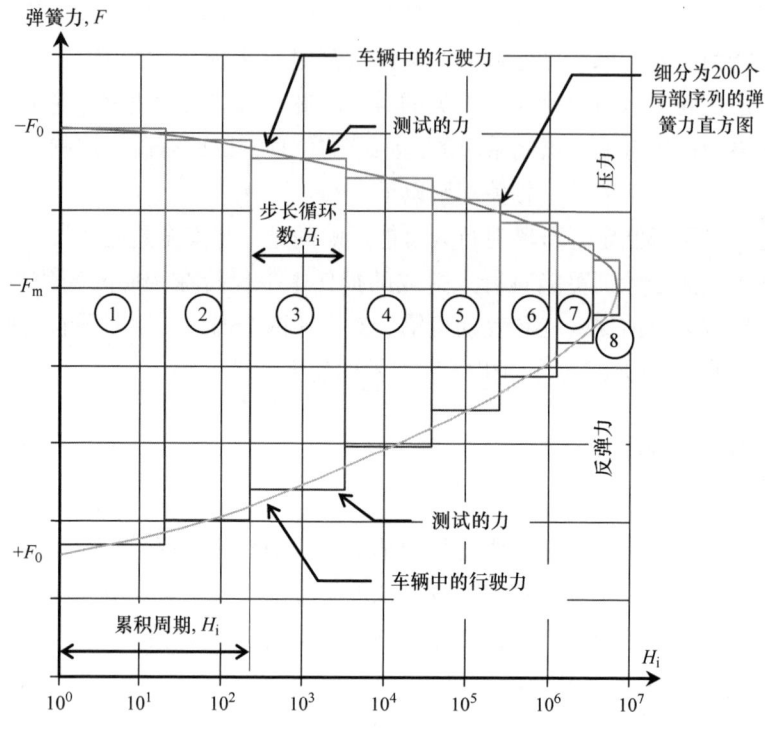

图 26.16 疲劳试验载荷谱

由于载荷条件的可重复性、易于监测性和与传统道路试验相比完成疲劳试验的快速性,道路载荷模拟器[111]广泛应用于当前的汽车行业实验室测试中[111]。

业界已经对材料的疲劳性能进行了分析,尤其是对疲劳数据典型分散特性的研究,以便获得所谓的 SNP(应力、循环次数、概率)Wöhler(沃勒)曲线[106-109]。在许多情况下,已经通过试验获得伴随曲线,基于应变(不是应力)的 Wöhler 曲线[112,113],以更合适的方式考虑每次疲劳循环的塑形变形量。

此外,已经开发出基于热弹性和热塑性效应的疲劳测试程序,通过局部温度场和局部疲劳破坏之间的相关性进行演示。

对于所有的机械结构,车身中疲劳失效的典型位置发生在由几何决定应力集中效应的区域。

从这个角度而言,有两个结构细节通常是相关的:

① 薄板弯曲过大的锐角,其中几何效应通常与塑形变形引起的材料硬化耦合。

② 焊点。

对于焊点这一主题，业界已经从理论和试验两个方面进行了广泛的研究。

一直以来，业界通过应用经典疲劳方法和断裂力学方法，对结构焊点的应力集中效应进行研究[115-120]。通过应用所谓的热点方法，已经获得试验结果与有限元仿真结果之间的良好相关性[121]，以便确定评价实际应力的位置和发展专业的有限元[120]仿真。

疲劳分析已经从单焊点扩展到对整个焊接结构单元行为的研究上，其中焊点与零部件一侧几何形状的相互作用，与零部件另一侧焊点间距对结构耐久性存在相关影响。

鉴于除点焊连接以外其他连接技术的应用，疲劳分析也在黏性接头[74,75]和螺栓接头[122]进行。这些新型连接方法具有与点焊连接相当或更好的疲劳强度，并且黏性连接表现出出乎意料的良好的长期行为[122,123]，如图26.17所示。

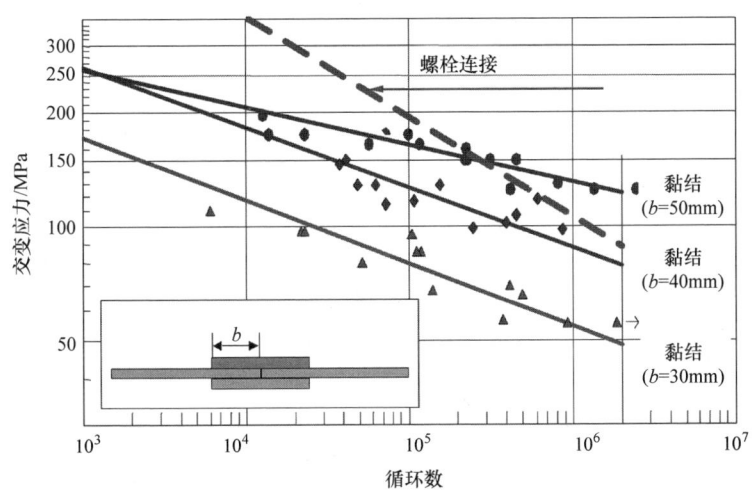

图26.17　车身结构中几种不同连接技术的疲劳强度比较

制造过程至少使制造的零部件具有对名义条件的重要改变[124]。

深拉促使可变实体的壁厚降低，某些部位非常大，由于应变硬化使得屈服强度增加和金属延展性降低。当限制弹性回弹时，残余应力变得十分关键。

所有这些对名义条件的实际结构改变，均会导致所考虑结构疲劳行为的改变。因而，对结构进行分析时，需要考虑进行更精确的疲劳分析[125]。

车身结构中最常用材料的疲劳和断裂特性数据，如表26.4所示。

表26.4 车身结构中最常用材料的疲劳和断裂特性数据

参考	材料	弹性模量 E/GPa	屈服强度 YS/MPa	极限抗拉强度 UTS/MPa	断裂伸长率 A_f/%	有效断裂韧度 K_{1e}/(MPa·$\sqrt{m}$)	平面应变断裂韧度 K_{1c}/(MPa·$\sqrt{m}$)	Paris裂纹生长应力比 C	Paris指数 n	疲劳极限 $\sigma_{D,1}$/MPa
	DC01 EN10130			280	270-410	28			6.90E-12	3
	DC03 EN10130			240	270-370	34			6.90E-12	3
	DC04 EN10130			210	270-350	38			6.90E-12	3
	DC05 EN10130			180	270-330	38			6.90E-12	3
	DC06 EN10130			180	270-350	38			6.90E-12	3
	S185 EN10027-1	207	185							
	S235 EN10027-1	207	235	325				2.43E-12	3.3	≥170
	S275 EN10027-1	207	275	360-510	24	110	77	1.91E-11	3	≥210
	S355 EN10027-1	207	355	450-610	22					≥280
[ULSAB-AVC]	DP500		300	500	30-34					
[ULSAB-AVC]	DP600		350	600	24-30					230-290
[ULSAB-AVC]	DP700		400	700	19-25					
[ULSAB-AVC]	DP800		500	800	14-20					310
[ULSAB-AVC]	TRIP 450/800		450	800	26-32					330-360
	TRIP 1000			1000						450
[ULSAB-AVC]	HSLA 350/450		350	450	23-27					
[ULSAB-AVC]	HSLA 490/600		490	600	21-26					
[45]	AA5083-O	71	138		43	69	49	5.27E-09	1.938	
[26]	AA6063-T5	69	145		27	37	26	1.73E-10	3.447	
[26]	A356-T60	72	213		40	25	18	2.56E-12	4.98	
	QE22A-T6(Mg)	45	179		43	19	14	5.52E-09	3.21	

参 考 文 献

1. Scibor-Rylski, A.J. and Skyes, D.M., *Road Vehicle Aerodynamic*, Pentech, London, U.K., 1984.
2. Dorgham, M.A., *Impact of Aerodynamic on Vehicle Design*, Interscience, Channel Islands, U.K., 1983.
3. Hucho, W.H. et al., *Aerodynamic of Road Vehicles: From Fluid Mechanics to Vehicle Engineering*, SAE, Warrendale, PA, 1998.
4. Dominy, R., Body design: Aerodynamics, in Happian-Smith, J. (ed.), *An Introduction to Modern Vehicle Design,* SAE International, Warrendale, PA, 2002, pp. 111–123.
5. Mori, K., Laser welding application of car body in Nissan, SAE paper 2003-01-2864, 2003.
6. Ebner, R., Laser welding of structural component, SAE paper 951857, 1995.
7. Staufer, D.H., Lichtbogen-laserschweissen von aluminium am beispiel des phaeton und des neuen AUDI A8, *Proceedings of the 7th German and 2nd European Automotive Conference Joining in Automotive Lightweight Design*, Bad Neuheim/Frankfurt, Germany, 2003, pp. 186–201.
8. Sünkel, R., Der weg zum spaceframe 2015—Nur ein materieller wettbewerb zwischen Stahl, aluminium, magnesium und titan? *Proceedings of the 14th European Lightweight Car Body Conference Low Cost Concepts versus Lightweight Innovations*, Bad Nauheim, Frankfurt, Germany, 2005, pp. 60–81.
9. Gobetto, E., Caroli, A., Rinero, E., and Naclerio, L., An hybrid architecture for light commercial vehicles featuring steel profiles space-frame and plastic panels, *Proceedings 14th European Lightweight Car Body Conference Low Cost Concepts versus Lightweight Innovations*, Bad Neuheim/Frankfurt, Germany, 2005, pp. 177–200.
10. Lengauer, G., Voestalpine-division profilform—Freedom of design for custom roll forming in vehicle construction, *Proceedings of the 14th European Lightweight Car Body Conference Low Cost Concepts versus Lightweight Innovations*, Bad Nauheim, Frankfurt, Germany, 2005, pp. 201–224.
11. Fredin, K. and Lassl, G., Vision lightweight design car body 2015, *Proceedings of the 14th European Lightweight Car Body Conference Low Cost Concepts versus Lightweight Innovations*, Bad Neuheim, Frankfurt, Germany, 2005, pp. 269–285.
12. Kreimeyer, M., Laser joined steel-aluminium hybrid structures, *Proceedings of the 6th European Car Body Conference Aluminium-steel-hybrid structures*, Bad Nauheim, Frankfurt, Germany, 2003, pp. 126–143.
13. Fay, P.A. and Suthurst, G.D., Redesign of adhesively bonded box beam sections for improved impact performance, *International Journal of Adhesion and Adhesives*, 10(3), 128–138, 1990.
14. Szymberski, M., Adhesives for bonding plastics, SAE paper 2000-01-0421, 2000.
15. Fu, M. and Mallick, P.K., Performance of adhesive joints in an automotive composite structure, SAE paper 2000-01-1131, 2000.
16. Mayer, B., Pre-treatment and adhesive bonding of aluminium substrates, *Proceedings of the 6th European Car Body Conference Aluminium-Steel-Hybrid Structures*, Bad Nauheim, Frankfurt, Germany, 2003, pp. 183–205.
17. Kunc, V., Erdman, D., and Klett, L., *Hybrid Joining in Automotive Applications*, ORNL/TM-119587, Oak Ridge, TN, 2001.
18. Schönfeld, R., Crash resistant structural bonding, *Proceedings of the Meeting on Structural Adhesives*, Vercelli, Piedmont, Italy, 2006, http://www.univer.polito.it/adesivi
19. Born, P., Low cure epoxy structural adhesives, *Proceedings of the Meeting on Structural Adhesives*, Vercelli, Piedmont, Italy, 2006, http://www.univer.polito.it/adesivi
20. Peroni, L. and Avalle, M., Experimental investigation of the energy absorption capability of bonded crash boxes, N. Jones and C.A. Brebbia (eds.), *Proceedings of the Ninth International Conference on Structures under Shock and Impact*, New Forest, U.K., 2006, pp. 445–454.
21. Pawlowski, J., *Vehicle Structures*, Cranfield University, Cranfield, U.K., 1986.
22. Fenton, J., *Handbook of Vehicle Design Analysis*, MPE Mechanical Engineering Publications, London, U.K., 1996.
23. Brown, J.C., Robertson, A.J., and Serpento, S.T., *Motor Vehicle Structures: Concepts and Fundamentals*, Butterworth Heinemann, Oxford, U.K., 2002.
24. Robertson, J., Chassis design and analysis, in Happian-Smith, J. (ed.), *An Introduction to Modern Vehicle*

Design, SAE International, Warrendale, PA, 2002, pp. 125–155.
25. Zimnol, R. and Malek, Th., Weiterentwickelte kunststoffe fur den modernen karosseriebau: AuBenhaut, Verglasung und Karosseriestrukturen, *Proceedings of the 5th European Car Body Conference Vision Plastic Car Body 2010*, Bad Nauheim, Frankfurt, Germany, 2003, pp. 131–155.
26. Saito, M., Iwatsuki, S., Yasunaga, K., and Andoh, K., Development of aluminum body for the most efficient vehicle, *SAE of Japan Review*, 21, 511–516, 2000.
27. Wheeler, J., Crashworthiness of aluminum structured vehicles, *Proceedings of the 16th International Technical Conference on the Enhanced Safety of Vehicles (ESV)*, Windsor, Ontario, Canada, Paper No. 98-Sl-W-20, 1998.
28. Walia, S., Gowland, S., Wakelin, P.G., Beckett, M., and Hemmings, J., The engineering of a body structure with hydroformed components, SAE paper 1999-01-3181, 1999.
29. Davies, G., *Materials for Automobile Bodies*, Elsevier, Oxford, U.K., 2003.
30. Vahl, M., Hein, P., and Bobbert, S., Hydroforming of sheet metal pairs for the production of hollow bodies, *Revue de Métallurgie*, 10, 1255–1263, 2000.
31. Lengauer, G., Leichtbau durch custom Rollforming im Fahrzeugbau, *Proceedings of the 6th European Car Body Conference Aluminium-Steel-Hybrid Structures*, Bad Nauheim, Frankfurt, Germany, 2003, pp. 380–407.
32. Le Flour, J.-C., The expected evolution of panels, profiles and pipes from the Renault perspective, *Proceedings of the 1st European Strategy Conference Vision of Materials and Processes*, Berlin, Germany, 2002, pp. 10–31.
33. Castor, L., The challenge for aluminium in large series production, *Proceedings of the 1st European Strategy Conference Vision of Materials and Processes*, Berlin, Germany, 2002, pp. 100–123.
34. Lahaye, Chr.T.W., Creating aluminium and steel opportunities for lightweight car body design, *Proceedings of the 1st European Strategy Conference Vision of Materials and Processes*, Berlin, Germany, 2002, pp. 152–184.
35. Fredin, K., Future automobile materials from the Volvo car corporation perspective—Body applications, *Proceedings of the 1st European Strategy Conference Vision of Materials and Processes*, Berlin, Germany, 2002, pp. 199–213.
36. Lozach, G., Lightweight materials in future automobile bodies of PSA Peugeot Citroën, *Proceedings of the 1st European Strategy Conference Vision of Materials and Processes*, Berlin, Germany, 2002, pp. 279–313.
37. Avalle M. and Belingardi, G., Advanced materials for automotive applications, *Mobility & Vehicle Mechanics*, 30, 51–66, 2004.
38. Sörqvist, E.-L., Lightweight bumper system—Through high performance stainless steel and new forming methods, *Proceedings of the 14th European Lightweight Car Body Conference Low Cost Concepts versus Lightweight Innovations*, Bad Nauheim, Frankfurt, Germany, 2005, pp. 250–268.
39. Larsson, J.K., Design and manufacturing aspects of boron alloyed ultra high strength steel applications, *Proceedings of the 7th German and 2nd European Automotive Conference Joining in Automotive Lightweight Design*, Bad Nauheim, Frankfurt, Germany, 2003, pp. 158–185.
40. Cazes, Chr. and Luciani, M., Innovative steel solutions for body-in-white and closures, *Proceedings of the 8th European Lightweight Car Body Design Conference Future Steel Car Bodies in Hybrid Design*, Bad Nauheim, Frankfurt, Germany, 2004, pp. 11–92.
41. Ikeda, S., A new advanced high strength steel, particularly developed for automotive seats, *Proceedings of the 8th European Lightweight Car Body Design Conference Future Steel Car Bodies in Hybrid Design*, Bad Nauheim, Frankfurt, Germany, 2004, pp. 213–227.
42. Takita, M. and Ohashi, H., Application of high-strength steel sheets for automobiles in Japan, *Revue de Métallurgie*, Paris, 10, 899–909, 2001.
43. Federici, C., Maggi, S., and Rigoni, S., The use of advanced high strength steel sheets in the automotive industry, *Proceedings of the Super-High Strength Steels*, Associazione Italiana di Metallurgia, Rome, Italy, Paper No. 11, 2005.
44. Bottema, J., Lahaye, C., Baartman, R., Zhuang, L., De Smet, P., and Schoepen, F., Recent developments in Aa6016 aluminum type body sheet product, SAE paper 981007, 1998.
45. van der Hoeven, J., Zhuang, L., Schepers, B., De Smet, P., and Baekelandt, J.P., A new 5xxx series alloy developed for automotive applications, SAE paper 2002-01-2128, 2002.
46. Schepers, B., De Smet, P., Baekelandt, J.P., van der Hoeven, J.A., and Zhuang, J., A new 5xxx series alloy developed for automotive applications, *Proceedings of the 6th European Car Body Conference Aluminium-Steel-Hybrid Structures*, Bad Nauheim, Frankfurt, Germany, 2003, pp. 10–40.

47. Wieser, D., Bleche und Rohre aus naturharten aluminiumwerkstoffen fuer den Einsatz im Fahrwerksbereich,, *Proceedings of the 6th European Car Body Conference Aluminium-Steel-Hybrid Structures*, Bad Nauheim, Frankfurt, Germany, 2003, pp. 41–60.
48. Bassi, C. and Timm, J., Last developments in the use of Al in car body construction, *Proceedings of the 6th European Car Body Conference Aluminium-Steel-Hybrid Structures*, Bad Nauheim, Frankfurt, Germany, 2003, pp. 61–97.
49. Brünger, E., Maβgeschneiderte Al- Bleche für Türen und Klappen, *Proceedings of the 6th European Car Body Conference Aluminium-Steel-Hybrid Structures*, Bad Nauheim, Frankfurt, Germany, 2003, pp. 98–125.
50. Hirsch, J., Aktuelle und zukuenftige Einsatzpotentiale von Aluminium und Magnesium, *Proceedings of the 1st European Strategy Conference Vision of Materials and Processes*, Berlin, Germany, 2002, pp. 124–151.
51. Blanchard, P.J. et al., The application of magnesium die casting to vehicle closures, SAE paper 2005-01-0338, 2005.
52. Feraboli, P. and Masini, A., Development of carbon/epoxy structural components for a high performance vehicle, *Composites—Part B Engineering*, 35, 323–330, 2004.
53. Clemente, R., Miravete, A., Larrodé, E., and Castejón, L., 3D composite sandwich structures applied to car manufacturing, SAE paper 980071, 1998.
54. Schmachtenberg, E. and Kleba, I., Status and future development concerning the application on fibre reinforced components for car body structure from the scientific point of view, *5th European Car Body Conference Vision Plastic Car Body 2010*, Bad Nauheim, Frankfurt, Germany, 2003, pp. 10–54.
55. Kopp, J. and Aitken, C., CFRP bodywork—Volume-oriented cost-efficiency and class A quality, *Proceedings of the 6th European Car Body Conference Vision Plastic Car Body 2010*, Bad Nauheim, Frankfurt, Germany, 2003, pp. 10–46.
56. Diboine, A., Plastic parts in Renault's production cars—Past, present and future, *Proceedings of the 6th European Car Body Conference Vision Plastic Car Body 2010*, Bad Nauheim, Frankfurt, Germany, 2003, pp. 128–173.
57. Cramer, D., Design and manufacture of a cost-effective advanced-composite automotive body structure, *5th European Car Body Conference Vision Plastic Car Body 2010*, Bad Nauheim, Frankfurt, Germany, 2003, pp. 156–179.
58. Grunewald, U., Advanced sandwich materials (Multifunctional Materials)—Opportunity for future lightweight vehicles, *Proceedings of the 8th European Lightweight Car Body Design Conference Future Steel Car Bodies in Hybrid Design*, Bad Nauheim, Frankfurt, Germany, 2004, pp. 336–355.
59. Renault, Th., Application of lightweight composite sandwich structures to the floorpan of Microcar MC1, *Proceedings of the 6th European Car Body Conference Vision Plastic Car Body 2010*, Bad Nauheim, Frankfurt, Germany, 2003, pp. 191–206.
60. Fox-Rubin, J., Fiber-reinforced plastics design and manufacturing for structural parts, *Proceedings of the 1st European Strategy Conference Vision of Materials and Processes*, Berlin, Germany, 2002, pp. 400–414.
61. Barnes, T.A. and Pashby, I.R., Joining techniques for aluminium spaceframes used in automobiles Part I—Solid and liquid phase welding, *Journal of Materials and Processing Technology*, 99, 62–71, 2000.
62. Barnes, T.A. and Pashby, I.R., Joining techniques for aluminium spaceframes used in automobiles Part II—Adhesive bonding and mechanical fasteners, *Journal of Materials and Processing Technology*, 99, 72–79, 2000.
63. Kochan, A., Lotus: Aluminium extrusions and adhesives, *Assembly Automation*, 16(4), 19–21, 1996.
64. Belingardi, G., Recent advances in joining technology for car body application, *Proceedings of the International Congress Motor Vehicles &Motors*, Kragujevac, Serbia, Paper no MVM2006IL01, 2006.
65. Kulak, G.L., Fisher, J.W., and Struik, J.H., *Guide to Design Criteria for Bolted and Riveted Joints*, Wiley, New York, 1987.
66. Ogawa, T., Toyonaga, S., Tanigawa, O., and Kato, T., Development of sleeve clinching method and making practicable, SAE paper 970372, 1997.
67. Mortimer, J., Jaguar uses X350 car to pioneer use of self-piercing rivets, *Industrial Robot: An International Journal*, 28(3), 192–198, 2001.
68. Mortimer, J., Jaguar uses castings, extrusions to reduce parts count in new sports car, *Assembly Automation*, 26(2), 115–120, 2006.
69. Hunter, J.A. et al., Design and production of adhesively bonded aluminium automotive structures,

Proceedings of the 31st Conference on ISATA, Dusseldorf, Germany, 1998.
70. Beevers A. et al., Analysis of stiffness of adhesive joints in car body, *Journal of Material Processing and Technology*, 118, 96–101, 2001.
71. Mortensen, F. and Thomsen, O.T., Analysis of adhesive bonded joints: A unified approach, *Composite Science and Technology*, 62, 1011–1031, 2002.
72. Belingardi, G. and Chiandussi, G., Stress flow in thin-walled box beams obtained by adhesive bonding joining technology, *International Journal of Adhesion and Adhesives*, 24, 423–439, 2004.
73. Krenk, S., Jonsson, J., and Hansen, L.P., Fatigue analysis and testing of adhesive joints, *Engineering Fracture Mechanics*, 53, 859–872, 1996.
74. Belingardi, G., Avalle, M., Fizzotti, R., and Tarditi, A., Experimental results on the axial crushing behaviour of hat-section thin-walled beam assembled by adhesive bonding, *Proceedings of the 2001 ATA Florence Conference*, ATA paper 01A1043, 2001.
75. De Goeij, W.C., van Tooren, M.J.L., and Beukers, A., Composite adhesive joints under cycling loading, *Materials and Design*, 20, 213–221, 1999.
76. Kaya, A., Tekelioğlu, M.S., and Findik, F., Effects of various parameters on dynamic characteristics in adhesively bonded joints, *Materials Letters*, 58, 3451–3456, 2004.
77. Krois, M., Dilger, K., Böhm, S., and Koch, S., Use of compliant adhesive layers in direct glazing of road vehicles for improved sound attenuation, *International Journal of Adhesion & Adhesives*, 23, 413–425, 2003.
78. Mortimer, J., Adhesive bonding of car body parts by industrial robot, *Industrial Robot: An International Journal*, 31(5), 423–428, 2004.
79. Ahlers-Hestermann, G., Fortschritte beim mechanischen Fügen von Aluminium und Stahl/Aluminium, *Proceedings of the 6th European Car Body Conference Aluminium-Steel-Hybrid Structures*, Bad Nauheim, Frankfurt, Germany, 2003, pp. 159–182.
80. Backe, P., Stanznieten mit thermischer Unterstuetzung zum Fuegen Magnesiumblechen, *Proceedings of the 7th German and 2nd European Automotive Conference Joining in Automotive Lightweight Design*, Bad Nauheim, Frankfurt, Germany, 2003, pp. 80–100.
81. Mauermann, R. and Dietrich, S., Entwicklungsfortschritte beim matrizen—Losen Clinchen und Nietclinchen, *Proceedings of the 7th German and 2nd European Automotive Conference Joining in Automotive Lightweight Design*, Bad Nauheim, Frankfurt, Germany, 2003, pp. 50–79.
82. Sowa, C., Hybrid—Fügetechnik—Kleben/Stanznieten am Beispiel der Rohbautür des Jaguar XJ (X 350), *Proceedings of the 7th German and 2nd European Automotive Conference Joining in Automotive Lightweight Design*, Bad Nauheim, Frankfurt, Germany, 2003, pp. 10–49.
83. Brughmans M. et al., The application of FEM-EMA correlation and validation techniques on body in white, *IMechE '94*, Paper C487/003/94, 1994.
84. Garro, A. and Belingardi, G., Tecniche di discretizzazione nel progetto dell'autoveicolo, *Il progettista industriale*, 3, 74–85, 1985.
85. Kitahara, T., Terada, I., and Watanabe, T., Study on effective application of soundproofing materials through low noise prototype car development, *International Journal of Vehicle Design*, 5(4), 490–504, 1984.
86. Genta, G., *Vibration of Structures and Machines*, 3rd edn., Springer, New York, 1998.
87. Garro, A., *Progettazione Strutturale del Motore*, Levrotto & Bella, Torino, Piedmont, Italy, 1992.
88. Yamanouchi, K., Yamashita, K., Mamiya, N., Yamazaki, T., and Yamazaki, I., Application of prediction noise and vibration analysis to the development of a new-generation lightweight 3-Liter V6 Nissan Engine, SAE paper 940993, 1994.
89. Lee, D.-H., Hwang, W.-S., and Kim, C.-M., Design sensitivity analysis and optimization of an engine mount system using an FRF-based substructuring method, *Journal of Sound and Vibration*, 255(2), 383–397, 2002.
90. Ewins, D.J., *Modal Testing: Theory, Practice and Application*, Baldock, Hertfordshire, U.K., 2000.
91. Nakanishi, Y. and Gerges, S.N.Y., Acoustic modal analysis for vehicle cabin, SAE paper 952246, 1995.
92. Maurin, M., A characterization of the acoustic emissions of moving vehicles, *Recherche Transports Sécurité*, 1998(59), 43–57, 1998.
93. Prasad, P. and Belwafa, J.E., *Vehicle Crashworthiness and Occupant Protection*, AISI, Southfield, MI, 2004.
94. Belingardi, G., Some recent development and perspective in car passive safety, *Mobility & Vehicle Mechanics*, 28, 87–105, 2002.

95. European New Car Assessment Program (EuroNCAP) Frontal Impact Testing Protocol v4.1, 2004. http://www.euroncap.com/downloads/test_procedures/area_3/event_2/EuroNCAP%20Frontal%20Protocol%204.1.pdf
96. European New Car Assessment Program Protocol Changes and Additions—March 2004. http://www.euroncap.com/downloads/test_procedures/area_3/event_7/Protocol%20Changes%2025th%20March%2004.pdf
97. ULSAB-AVC Technical Transfer Dispatch #6, CAE Analysis for Crashworthiness, 1999.
98. Sugimoto, T., Kadotani, Y., and Ohmura, S., The offset crash test—A comparative analysis of test methods, *Proceedings of the 16th International Technical Conference on the Enhanced Safety of Vehicles (ESV)*, Windsor, Ontario, Canada, Paper no 98-Sl-O-08, 1998.
99. DeWeese, R.L. and Moorcroft, D.M., *Evaluation of a Head Injury Criteria Component Test Device*, U.S. Department of Transportation, Federal Aviation Administration, Office of Aerospace Medicine, Document DOT/FAA/AM-04/18, 2004.
100. Seiffert, U. and Wech, L., *Automotive Safety Handbook*, SAE International, Warrendale, PA, 2003.
101. UNECE World Forum for Harmonization of Vehicle Regulations (WP.29), Working Party on Passive Safety (GRSP): Proposal for a global technical regulation on uniform provisions concerning the approval of vehicles with regard to their construction in order to improve the protection and mitigate the severity of injuries to pedestrians and other vulnerable road users in the event of a collision, Document ECE/TRANS/WP.29/GRSP/2006/2 http://www.unece.org/trans/doc/2006/wp29grsp/ECE-TRANS-WP29-GRSP-2006-02e.pdf
102. European New Car Assessment Program (EuroNCAP) Pedestrian Testing Protocol v4.1, 2004 http://www.euroncap.com/downloads/test_procedures/area_3/event_2/EuroNCAP%20Pedestrian%20Protocol%204.1.pdf
103. Wetzel, R.M., Fatigue under complex loading: analysis and experiments, SAE International, Warrendale, PA, 1977.
104. Kondo, Y. et al., Prediction methods of rough-road-load applied to vehicle body, SAE paper 930665, 1993.
105. Hay, N.C. and Dodds, C.J., Vehicle load histories: The duality of vibration and fatigue spectra, SAE paper 871938, 1987.
106. Fuchs, H.O. and Stephens, R.I., *Metal Fatigue in Engineering*, New York, 1980.
107. Collins, J.A., *Failure of Materials in Mechanical Design: Analysis, Prediction, Prevention*, Wiley, New York, 1993.
108. Rossetto, M., *Introduzione Alla fatica dei Materiali e dei Componenti Meccanici*, Levrotto & Bella, Torino, Piedmont, Italy, 2000.
109. Rice, R.C., *Fatigue Design Handbook*, R.C. Rice (ed.), SAE International, Warrendale, PA, 1988.
110. Socie, D. and Park, K., Analytical description of service loading suitable for fatigue analysis, SAE paper 971535, 1997.
111. Davis, A.G.W. and Asher, G., Control strategy for a multi-roll chassis dynamometer in road load simulation, SAE paper 950514, 1995.
112. NASGRO Reference Manual: Fatigue crack growth computer program "NASGRO" version 3.0, National Aeronautics and Space Administration, Lyndon B. Johnson Space Center, Houston, TX, Doc. No. JSC-22267B, 2000.
113. Durán, J.R. and Pinho de Castro, J.T., Prediction of fatigue crack propagation under complex loading using εN parameters, SAE paper 2001-01-4064.
114. La Rosa, G., and Risitano, A., Thermographic methodology for rapid determination of the fatigue limit of materials and mechanical components, *International Journal of Fatigue*, 22(1), 65–73, 2000.
115. El-Sayed, M.E.M., Stawiarski, T., and Frutiger, R., Fatigue analysis of spot-welded joints under variable amplitude load history, *Engineering Fracture Mechanics*, 55, 363–369, 1996.
116. Zhang, S., Stress intensity at spot welds, *International Journal of Fracture*, 88, 281–294, 1997.
117. Blarasin, A. et al., Design fatigue data for joining steel sheets in the automotive industry, SAE paper 900742, 1990.
118. Lin S.H. et al., Spot weld failure loads under combined mode loading conditions, SAE paper 2001-01-428, 2001.
119. Zhang, S., Recent development in analysis and testing of spot welds, SAE paper 2001-01-0432, 2001.
120. Salvini, P., Vivio, F., and Vullo, V., A spot weld finite element for structural modelling, *International Journal of Fatigue*, 22, 645–656, 2000.

121. Radaj, D., Review of fatigue strength assessment of non-welded and welded structures based on local parameters, *International Journal of Fatigue*, 18(3), 153–170, 1996.
122. Lazzarin, P., Milani, V., and Quaresimin, M., Scatter band summarising the fatigue strength of aluminium alloy bolted joints, *International Journal of Fatigue*, 19, 401–407, 1997.
123. Blarasin, A., Caffa, G., Mennicucci, G., and Gastaldi, G., Proprietà meccaniche e a fatica di giunzioni per scocca vettura realizzate con tecnologie innovative, *Internal Report* CRF AA55/1, 1986.
124. Chiandussi, G. et al., Analysis of the effects of the manufacturing process in the mechanical behaviour of an automotive bumper, *Proceedings of the SheMet 2001—9th International Conference on Sheet Metal*, Leuven, Belgium, 2001, pp. 43–50.
125. Murakami, Y. and Nagata, J., Effects of small defects on fatigue properties of materials, mechanism of ultralong life fatigue and applications to fatigue design of car components, SAE paper 2002-01-0575, 2002.
126. Bauer, H., *Automotive Handbook—3rd edn.*, H. Bauer (ed.), Bosch, Stuttgart, Germany, 200.
127. Finzi, A. and Valente, S., Potential applications of new HSS grade for wheels, *Proceedings of the Super-High Strength Steels*, Associazione Italiana di Metallurgia, Rome, Italy, Paper no 180, 2005.
128. Yan, B., Fatigue behavior of advanced high strength steels for automotive applications, *Great Design in Steel Seminar*, 2003, http://www.autosteel.org

第 27 章 作为车辆部件的轮胎

Hans B. Pacejka

27.1 引言

在三个垂直方向上,轮胎都能够产生力。这些力用于承载车辆重量、转向、制动或加速车辆。除了法向载荷 F_z、侧向力 F_y 和纵向驱动或制动力 F_x 外,轮胎绕相应轴也产生力矩。回正力矩 M_z 绕垂直轴作用,是较重要的力矩。如图 27.1 所示,这些力和力矩从路面到轮胎作用。力和力矩是轮胎变形的结果,由车轮和路面的相互作用而产生。显然,轮胎的法向或径向变形是车轮轴垂直运动和路面垂直轮廓的直接结果。轮胎的水平变形与车轮的水平和旋转运动相联系,可能造成车轮对地面的纵向滑移和侧向滑移。

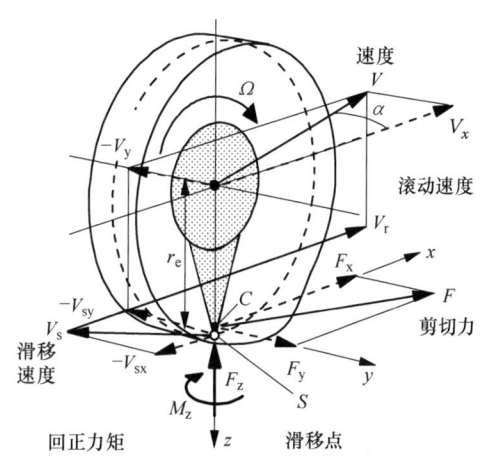

图 27.1 通过轮胎变形和车轮滑移速度产生的轮胎力和力矩

为了更精确地讨论,引入所谓滑移点 S 是有用的。这个虚拟点附加在轮缘,在观察瞬间,该点位于最低位置,即在通过所谓接触中心或交点 C 的半径上。

后一点形成三个平面的交点:道路平面、车轮中心平面和通过车轮旋转轴与路面垂直的平面。滑移点 S 通常位于路平面下稍低的位置,其到车轮中心的距离定义为滑移半径 r_s。这里,取滑移半径等于所谓有效自由滚动半径 r_e。滑移点的水平速度是轮缘对于路面的滑移速度,显然滑移速度的自由滚动(无驱动或制动力矩)纵向分量等于零,然后车轮旋转速度 $\Omega = \Omega_0$。当车轮制动时($\Omega < \Omega_0$),点 S 以纵向滑移速度 V_{sx} 向前移动。当滑移点向侧面移动时,产生侧向滑

移速度 V_{sy}。注意的是，点 S 和 C 之间的侧向速度差可以忽略，点 S 产生的速度 V_s 表示车轮滑移速度矢量，滑移速度分量可以直接用来确定产生的力和力矩。然而，在实际中的大多数情况下，使用车轮滑移矢量的分量作为输入量好像更加实际。通过单独的滑移速度分量除以车轮中心（或者接触中心 C 更好）的向前速度 V_x，可以获得这些滑移量

$$\kappa = -\frac{V_{sx}}{V_x}\left(= \frac{r_e(\Omega - \Omega_0)}{V_x}\right) \tag{27.1}$$

$$\tan\alpha = -\frac{V_{sy}}{V_x} \tag{27.2}$$

式中 α 为如图 27.1 所示的侧偏滑角。

式（27.1）和式（27.2）中其余符号见本章附录。

取决于试验设备类型，可以定义纵向滑移 κ，以便其在自由滚动或在纵向力 $F_x = 0$ 时等于零。因此，后一种情况产生更小的滑移半径值。经常使用前一种情况的定义，本书也采用，因为在传统的试验方法中，车轮可以自由滚动。当要控制车轮旋转速度时使用，后一种情况的定义，优点是即使在非常滑的表面上它还能使用，其中不可能发生自由滚动，因为低摩擦水平不能克服轮胎滚动阻力。

滑移量 α 和 κ，与车轮外倾角 γ 产生的旋转滑移角 φ 和可能的转向滑移（路径曲率 $1/R$）一起，可以作为轮胎模型的输入量。使用这种数学模型，可以计算产生的力和力矩，法向载荷和可能的行驶速度作为使用参数。

作为对车轮运动的响应，轮胎模型用于计算轮胎力和力矩，可以用各种滑移量表示。轮胎模型可以区别为，基于轮胎结构物理的理论模型和只基于试验的经验模型。同样，组合两种方法可以用于研发轮胎模型。

现今使用的轮胎模型，在非常简单的描述，到对轮胎行为高度复杂的描述范围内变化。当轮胎模型变得更复杂时，需要考虑

① 较大的车轮滑移，要求非线性描述。
② 与纯侧向滑移或纯纵向滑移相对的组合滑移。
③ 车轮外倾角和转向滑移。
④ 湿路或冰路使得摩擦系数依赖于速度，不能再忽略速度的影响。
⑤ 随时间变化的车轮运动要求非稳态/瞬态的轮胎模型。
⑥ 高频输入和大行驶速度需要考虑轮胎惯性特性。
⑦ 短波长车轮振动和路面不平度要求更详细考虑接触区域变形。
⑧ 从起动到行驶结束的仿真。

在后续的部分，作为车辆部件，将给出建立轮胎模型的简要描述。大多数材料取自作者撰写的"轮胎和车辆动力学"方面的专著[1]，有关车辆动力学应用的进一步的阅读，请参考本章列出的著作和文献。后续将给出关于轮胎建模的某

些分类和轮胎动态行为的综述，首先使用著名的物理刷子模型，处理在平路上稳态车轮滑移运动相对简单的情况。

27.2 稳态滑移的刷子模型

在 Pacejka 和 Sharp 的论文中，给出了某些最新轮胎模型的描述，讨论限制于研发用的稳态或接近稳态条件的车辆动力学研究用模型。为了获得深入了解，首先考虑非常简单的物理模型，它们可以很好地解释车轮在纯侧向滑移、纯纵向滑移或这些滑移分量组合（例如曲线制动）情况下，轮胎力和力矩如何产生的原理。

这个模型是所谓的刷子轮胎模型，类似于胎面元素的弹性刷毛附加在轮辋上，或者假设在刚性的胎体上，只在垂直方向变形以适应平坦的接触区域。在接触区域，刷毛的其他端接触路面，变形的刷子模型如图 27.2a 所示。考虑三种不同的滑移情况，每种情况给出车轮滑移速度矢量，即点 S 的速度附加到车轮轮辋上。弹性基础元素的点对路面平行移动，有滑移速度 V_s（没有考虑转向和外倾滑移）。只要前面的元素（图形的右边）碰到路面，变形就开始形成。碰到路面的元素终点保持接触没有滑移，直到在沿着接触线的一点，最大可能的摩擦力不足以抵御进一步的变形才产生滑移。在这个过渡点，进入滑移区，其中元素将继续滑移直到其在后缘离开地面。应该说明的是，在附着区，不发生滑动，接触线是直的和平行于车轮中心（或更好是接触中心 C）的速度矢量。

模型是简化的，假设摩擦系数是常数，即库伦（Coulomb）摩擦，在所有水平方向元素的刚度是同样的。而且，考虑对称抛物线压力分布。对于纯侧向滑移情况，当滑移角由非常小到大时，图 27.2b 给出变形大小和分布是如何变化的。初始近似为三角形状（由于几乎没有滑移），当完全达到滑移时变化成对称分布（情况 C）。

可以观察到，随着侧向滑移增加，侧向力增加，同时轮胎拖距（侧向力的力矩臂）减少。产生的侧向力 F_y 和回正力矩 M_z 的特性，如图 27.3a 所示。从完全滑移的滑移角开始，即情况 C，侧向力到达饱和，达到其最大值，等于摩擦系数 μ 乘以垂直载荷 F_z，而力矩等于零。这些曲线在本质上好像与测试获得的曲线数据非常类似。

组合滑移情况类似于纯侧向滑移或纯纵向滑移情况，图 27.3b 给出产生的 F_y 对 F_x 的图。沿着曲线，对于常侧滑角 α，纵向滑移 κ 变化。对于给定比例的 $\tan\alpha$ 和 κ，即对于给定的滑移速度 V_s 方向（和水平力矢量 F 与滑移速度方向相反），再次给出四种情况：A、B、C 和 D 导致的结果。

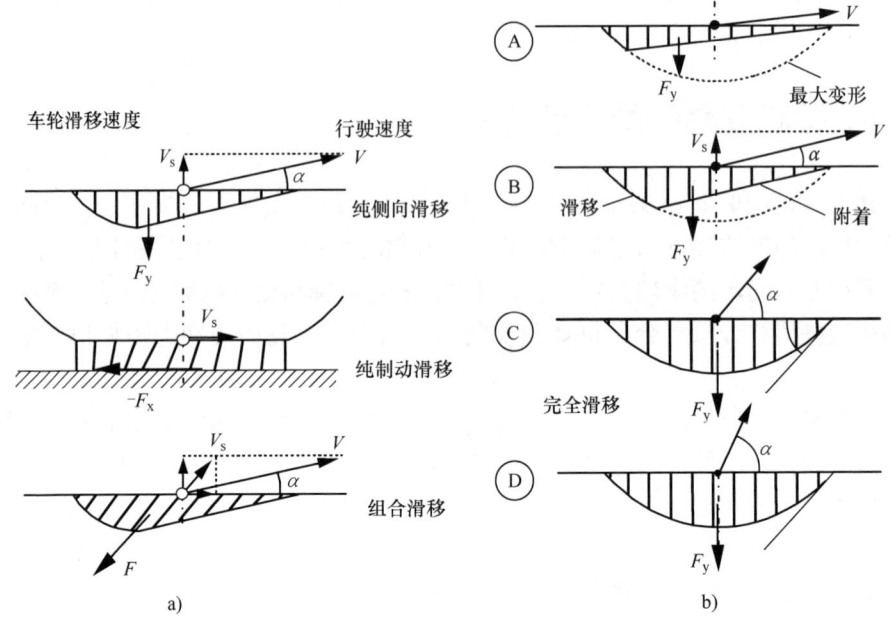

图 27.2 轮胎刷子模型

a) 刷子轮胎模型三种滑移模式 b) 不同侧滑水平的刷子模型

组合滑移的一般理论

为了节省空间，不从纯滑移情况[1]开始理论分析，而从一般的组合情况开始。为了分析纵向滑移对侧向力和力矩产生的影响，也为了数学简化性，限制于胎面单元等纵向和侧向刚度的情况（各向同性模型），即

$$c_p = c_{px} = c_{py} \tag{27.3}$$

常摩擦系数

$$\mu = \mu_x = \mu_y \tag{27.4}$$

再次考虑抛物线压力分布，当轮胎模型以给定滑移角 α 驱动或制动时，产生的变形如图 27.4 所示。由于各向同性特性，变形与滑移速度矢量 V_s 相反，也在滑移区。在它后面的区域，单元的尖端滑过路面有滑移速度 V_g，与局部摩擦力 q（单位接触长度）相反。在驶过接触区时，胎面单元的全部变形历程是沿 V_s 方向的一维过程。

基础点通过接触长度的前进的速度，是滚动速度 V_r。附着区的单元变形率，等于滑移速度 V_s。从进入点到接触中心距离 x 的点经过的时间为

$$\Delta t = \frac{a-x}{V_r} \tag{27.5}$$

式中 a 为接触长度之半。在这个位置，单元的变形在附着区还是零，以垂直形

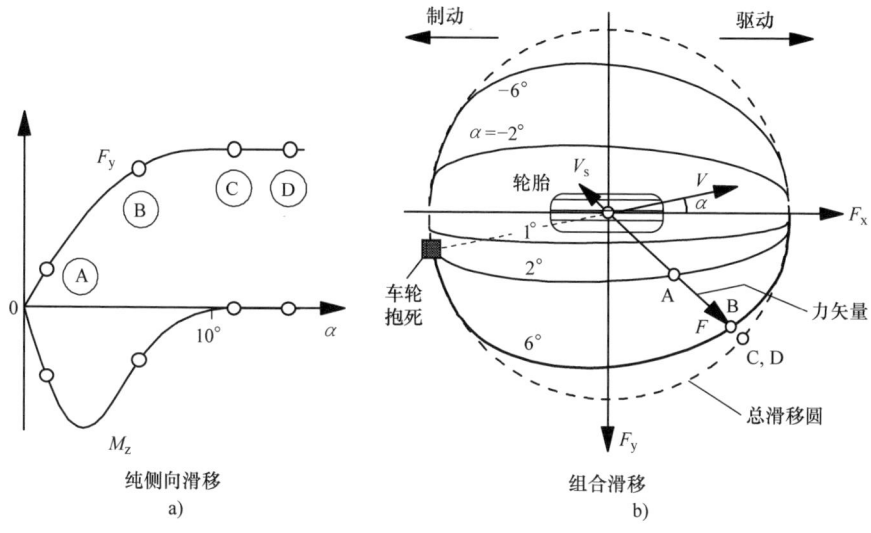

图 27.3 轮胎模型受力情况

a) 对应图 27.2b 的情况 A、B、C 和 D 的模型导致的侧向力和回正力矩特性
b) 常侧滑角下的侧向力相对于前部和后部力的组合滑特性，其中各向同性的
轮胎模型的情况 A、B、C 和 D 对应于图 27.2b 所示的滑移情况

式表示

$$e = \begin{pmatrix} u \\ v \end{pmatrix} = V_s \Delta t = -\frac{V_s}{V_r}(a-x) \tag{27.6}$$

在这个阶段引入供选择的（理论的）滑移量，以垂直形式代入似乎是自然的

$$\sigma = \begin{pmatrix} \sigma_x \\ \sigma_y \end{pmatrix} = -\frac{V_s}{V_r} = -\frac{1}{V_r}\begin{pmatrix} V_{sx} \\ V_{sy} \end{pmatrix} \tag{27.7}$$

线性滚动速度为

$$V_r = V_x - V_{sx} \tag{27.8}$$

这些理论滑移量与实际滑移量

$$\kappa = -V_{sx}/V_x \quad \text{和} \quad \tan\alpha = -V_{sy}/V_x$$

的关系是

$$\sigma_x = \frac{\kappa}{1+\kappa}$$

$$\sigma_y = \frac{\tan\alpha}{1+\kappa} \tag{27.9}$$

单元在附着区的变形为

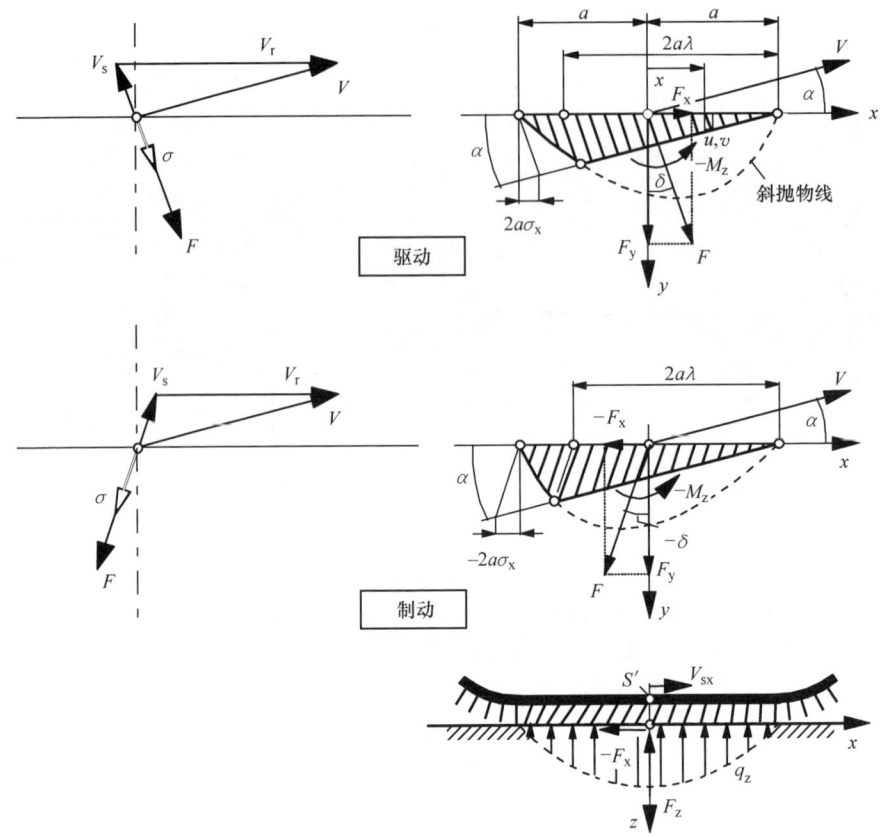

图 27.4 刷子模型在给定侧滑角下驱动和制动的矢量图和变形

$$e = (a-x)\sigma \tag{27.10}$$

由上述几个公式可以看出,纵向和侧向变形分别受 σ_x 和 σ_y 影响,彼此独立。如果变形以实际量 κ 和 α 表示,将不是这种情况。

作用在单元(单位接触长度)尖部的局部水平接触力为

$$\boldsymbol{q} = c_p(a-x)\boldsymbol{\sigma} \text{ (附着区)} \tag{27.11}$$

只要

$$q = |\boldsymbol{q}| = \sqrt{q_x^2 + q_y^2} > uq_z \tag{27.12}$$

就进入滑移区,摩擦力矢量为

$$\boldsymbol{q} = -\frac{V_s}{V_s}\mu q_z = \frac{\boldsymbol{\sigma}}{\sigma}\mu q_z \text{ (滑移区)} \tag{27.13}$$

其中

$$V_s = \sqrt{V_{sx}^2 + V_{sy}^2} \tag{27.14}$$

和
$$\sigma = \sqrt{\sigma_x^2 + \sigma_y^2} \qquad (27.15)$$

类似地，单元变形大小为
$$e = |\boldsymbol{e}| = \sqrt{v_x^2 + v_y^2} \qquad (27.16)$$

从附着区到滑移区的过渡点位置 $x = x_t$ 由下列条件获得
$$c_p e = \mu q_z \qquad (27.17)$$

或
$$c_p \sigma (a - x_t) = \frac{3}{4}\mu F_z \frac{a^2 - x_t^2}{a^3} \qquad (27.18)$$

导致
$$x_t = \frac{4}{3}\frac{c_p a^3 \sigma}{\mu F_z} - a = a(2\theta\sigma - 1) \qquad (27.19)$$

或者
$$\lambda = (a - x_t)/2a$$

为接触长度的分数，其中滑移开始在
$$\lambda = 1 - \theta\sigma \qquad (27.20)$$

其中，复合参数 θ 为
$$\theta = \frac{2}{3}\frac{c_p a^2}{\mu F_z} \qquad (27.21)$$

由式（27.20），可以计算总滑移开始的滑移 σ_{sl}。由 $\lambda = 0$ 得
$$\sigma_{sl} = \frac{1}{\theta} \qquad (27.22)$$

现在，总力 $F = |\boldsymbol{F}|$ 的大小由 $c_p e$ 对接触长度积分获得
$$\begin{aligned} F &= \mu F_z (1 - \lambda^3) = \mu F_z \{3\theta\sigma - 3(\theta\sigma)^2 + (\theta\sigma)^3\} & \sigma \leq \sigma_{sl} \\ F &= \mu F_z & \sigma \geq \sigma_{sl} \end{aligned} \qquad (27.23)$$

显然，遵循图 27.3a 所示的 F_y 特性的同样路线，力矢量 F 与 V_s 或 $-\sigma$ 的方向相反。因此可得
$$\boldsymbol{F} = F\frac{\boldsymbol{\sigma}}{\sigma} \qquad (27.24)$$

由式（27.24）可以获得 F_x 和 F_y 分量。

力矩 $-M_z$ 由 $xc_p e_y$ 对接触长度积分，如果由 F_y 与轮胎拖距 t 乘积表示，有
$$M_z = -t(\sigma)F_y \qquad (27.25)$$

轮胎拖距 t 指在接触中心之后，只有侧向力 F_y 作用的距离。

如果 $|\sigma| \leq \sigma_{sl}$，则

$$t = -\frac{M_z}{F_y} = \frac{1}{3}a\frac{1 - 3\theta\sigma + 3(\theta\sigma)^2 - \theta\sigma^3}{1 - \theta\sigma + (1/3)(\theta\sigma)^2} \qquad (27.26)$$

如果 $|\sigma| \geqslant \sigma_{sl}$，则

$$t = 0 \qquad (27.27)$$

在图 27.5 和图 27.6 中，作为同时引入其他滑移量（分别为纵向滑移和侧向滑移）的结果，可以看出发生了纯滑移力（分别为侧向力和纵向力）的大幅减

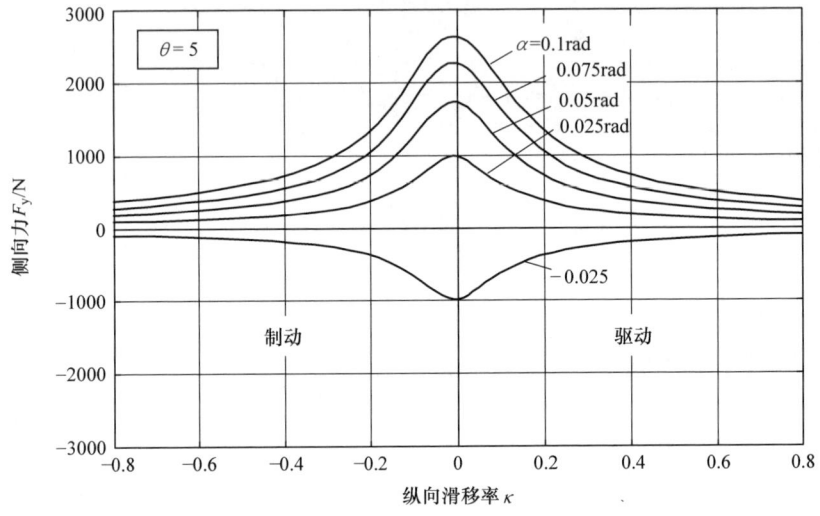

图 27.5　由于纵向滑移的存在导致侧向力减少

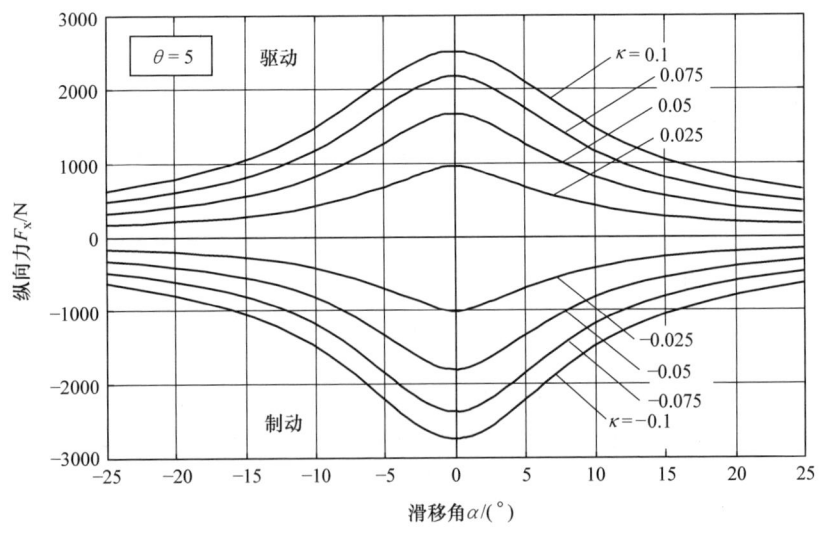

图 27.6　由于侧向滑移存在导致纵向力减少

少。由图 27.6 可以看出，这些作用曲线几乎是对称形状，常值滑移角下的侧向力对纵向滑移曲线的峰值，好像朝向制动侧稍微移动一些。由图 27.7 可以看出同样的结果，后面将进一步讨论这种现象。在非常大的纵向滑移下，即当 $|V_{sx}|/V_x \to \infty$ 时，侧向力趋近于零；在给定纵向滑移值下，当侧向滑移 $\tan\alpha$ 趋近于无穷，即 $\alpha \to 90°$，同样情况发生在纵向力。因为在那种情况下显然 $V_x \to 0$，同样纵向滑移速度不存在。对于抱死车轮（$\Omega = 0$），有 $V_{sx} = V_x$ 和 $\kappa = -1$，并且有 $F_y = \mu F_z$ 和 $F_x = -\mu F_z \cos\alpha$。

在图 27.7 中，对于几个固定的 α 值，画出计算所得 F_y 和 M_z 与 F_x 的变化，也给出对应常数 λ 的曲线。制动时，F_y 显得比驱动时大一点。对于同样的侧滑角和同样大小滑移速度矢量的偏向角 δ，从而对 y 轴有同样的力矢量的驱动和制动条件对来说，这至少是真实的。而且，滑移速度 V_s 在大小上是相等的，但是制动时滚动速度 V_r 显然更小些。当考虑式（27.7）的理论滑移 σ 的定义和式（27.23）与力 F 的函数关系时，在制动情况下，F 必须大些，因为存在较大的 σ。最后，在车轮抱死情况下，力矢量 F 大小等于 μF_z，方向与车轮速度矢量 V 相反，与滑移速度矢量 V_s 一致。

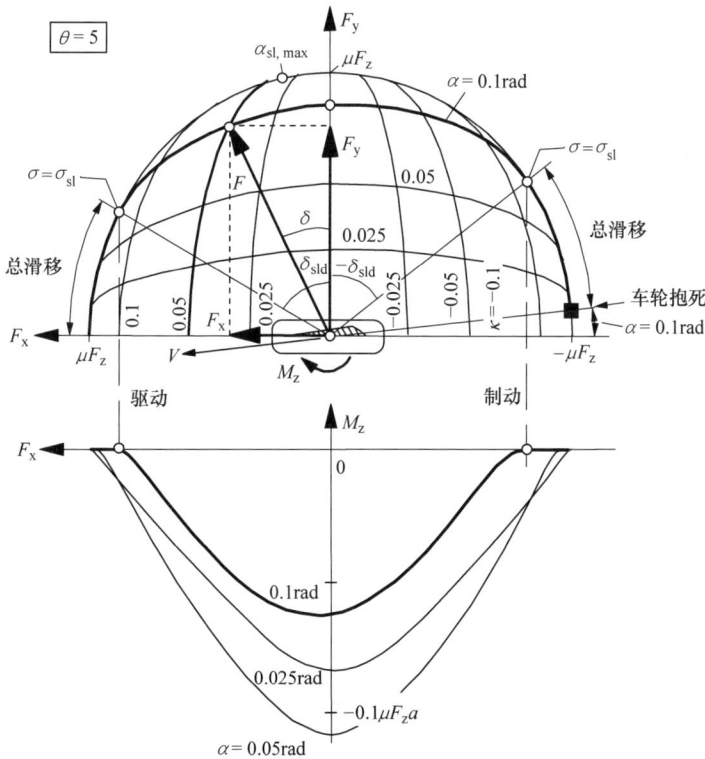

图 27.7 常滑移角 α 或纵向滑移 κ 下的转向力和回正力矩作为纵向力的函数

试验证据支持如图 27.7 所示的力的理论曲线特性,曲线形状通常显得比由简单刷子模型预测的更不对称,这可能是由于制动时(使轮胎更刚性)接触长度的轻微增加和侧向滑移时接触区制动力产生侧滑角而造成的。这是通过由制动力产生的绕垂直轴力矩产生的胎体扭转实现的,由于侧向变形使力的作用线移动,与侧向力相联系。

图 27.7 下部所示的力矩曲线,给出或多或少的对称钟形曲线。正如模型所预测的,当总滑移 $\sigma \geq \sigma_{sl}$ 发生时,回正力矩变为零。在实际观察的情况下,这些计算的力矩特性可能明显偏离试验值。通过引入附加胎面单元基础线的侧向偏移,可以改善模型。这个偏移与胎体侧向变形相一致,发生在侧向力作用下的侧向滑移时,在制动特性范围内可能产生力矩符号的改变[1]。

虽然力的图好像相当真实,但是这个简单刷子模型通常不适于产生数值足够精确,因而可以应用于设计的结果。计算值可能发生相当大的偏差,没有包含在简单刷子模型中的下面的重要特性包括:在 x 和 y 方向不等的刚度、非常数的摩擦系数、胎体与带的侧向和弯曲柔度、非对称和非常数的压力分布和胎面宽度,如图 27.8 所示。在轮胎模型中引入这些因素将增加巨大的复杂性,同样引入车轮外倾和转向滑移也将使事情复杂化。为了能够处理这些复杂特性,使用离散单元的计算机模型,其变形是用仿真过程计算的[1-3]。一些这样的物理模型可能变得很先进,可以用于仿真复杂的动态条件,如 Gipser[4-5] 和 Oertel[6-7] 的模型。

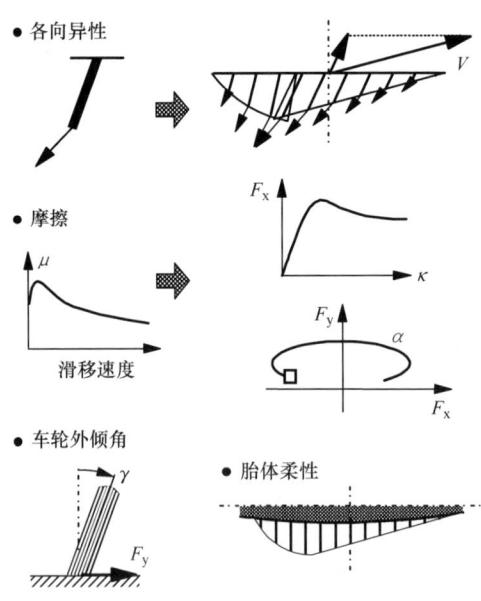

图 27.8　使轮胎模型复杂化的物理因素

达到更好数学描述的其余方法，是使用经验模型。为了进行稳态条件建模，后续的两个部分将讨论两种方法。首先，讨论相似方法；然后，处理更先进的魔术公式轮胎模型。

27.3 相似方法

基于对纯滑移曲线的观察，本节将讨论相似方法。当轮胎行驶在不同于参考条件的情况下，它在形状上保持近似相似。这里的参考条件定义为轮胎运行在额定（名义）载荷下，外倾角等于零 $\gamma = 0$，自由滚动 $\kappa = 0$ 或侧滑等于零 $\alpha = 0$，在给定的路面 μ_0 上。相似形状意味着属于参考条件的特性，通过垂直和水平乘法与曲线移动再次获得。实际相似的确近似发生的证明，由 Radt 和 Milliken 给出[8]。图 27.9 给出了结果，当侧向力和滑移角正则化时，导致无量纲的量显示在轴上。对原始数据进行处理，以便使其通过图 27.9 的起点，曲线由魔术公式拟合。无量纲侧向力（下标 y）的参数 B'、C'、D' 和 E'，已经在魔术公式无量纲版本中使用，将在后面给出。同样，对回正力矩也能给出正则化的曲线，变得好像非常一致。

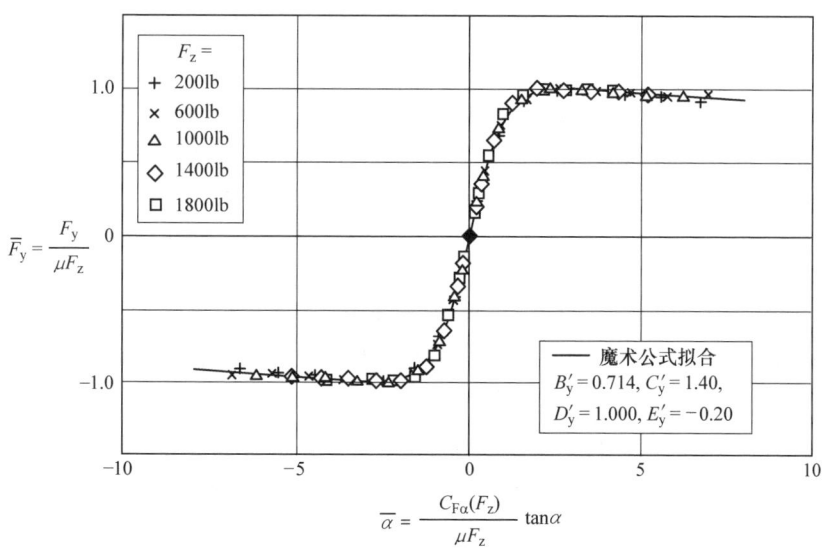

图 27.9 Radt 对轮胎特性的无量纲化结果表明，当力和滑移角按规定正则化时，不同载荷下测得的轮胎侧力特性减小到几乎相同的曲线

通过相似得到的模型相对较快，能够相当好地表示纯滑移条件，包括外倾角的影响。侧向和纵向滑移组合的情况，定性描述也令人满意。然而，在两个滑移

值组合的较高水平下，可能发生定量偏离。

27.3.1 纯滑移条件

纯滑移条件下表示参考曲线的函数，通过下标 o 表示。例如参考函数 $F_y = F_{yo}(\alpha)$，表示名义载荷 F_{zo} 下的侧向力和滑移角的关系，其中纵向滑移和外倾角等于 0，摩擦水平用 μ_o 表示。现在要尝试改变条件到不同的车轮载荷 F_z，特性将发生两个基本变化：

① 曲线水平的变化，其中侧向力发生饱和（峰值）。

② 在侧滑消失时（$\alpha=0$）斜率的变化。通过垂直和水平方向特性乘以比值 F_z/F_{zo}，可以产生第一个变化。水平乘法不需要妨碍斜率，获得的新函数为

$$F_y = \frac{F_z}{F_{zo}} F_{yo}(\alpha_{eq}) \tag{27.28}$$

等效滑移角为

$$\alpha_{eq} = \frac{F_{zo}}{F_z}\alpha \tag{27.29}$$

显然，因为 F_{yo} 对其变量 α_{eq} 的导数在 $\alpha_{eq}=0$ 时等于初始转向刚度 $C_{F\alpha o}$，可以发现 F_y 对 α 的导数在 $\alpha=0$ 时，可得

$$\frac{\partial F_y}{\partial \alpha} = \frac{F_z}{F_{zo}} \frac{dF_{yo}}{d\alpha_{eq}} \frac{\partial \alpha_{eq}}{\partial \alpha} = \frac{dF_{yo}}{d\alpha_{eq}} = C_{F\alpha o} \tag{27.30}$$

这证明特性的起点斜率不受连续的乘法影响。对初始曲线处理的第二步，是调节斜率，可以通过新获得的特性的水平乘法完成。通过新的和初始转向刚度比值乘以变量，结果新的变量为

$$\alpha_{eq} = \frac{C_{F\alpha}(F_z)}{C_{F\alpha o}} \frac{F_{zo}}{F_z}\alpha \tag{27.31}$$

与式（27.28）一起，在新载荷 F_z 下具有侧向力和滑移角关系的新表示。在图 27.10a 中，给出通过上述两步获得的新曲线，其中名义载荷 $F_{zo}=3000\text{N}$，新的载荷 $=1500\text{N}$。

以同样的方式，调整回正力矩特性到新条件下。为了实现，要使用刷子模型工作时获得的知识，如图 27.3a 所示。更专门地将根据理论，遵循 M_z 曲线到达 α 轴的点低于 F_y 曲线峰值的规则，由式（27.22），这发生在 $\tan\alpha=1/\theta$ 时，这个要求意味着式（27.28）的 F_y 函数变量必须使用式（27.31）相同的等效滑移角。其次，将使用回正刚度 $C_{M\alpha}(F_z)$ 的新值信息。使用 M_{zo} 参考曲线比图 27.3a 中的理论曲线更现实，在较大滑移角范围内力矩可改变符号，其中 F_y 近似达到其峰值。

采用同样的等效滑移角和新的回正刚度，根据相似概念，得到回正力矩的

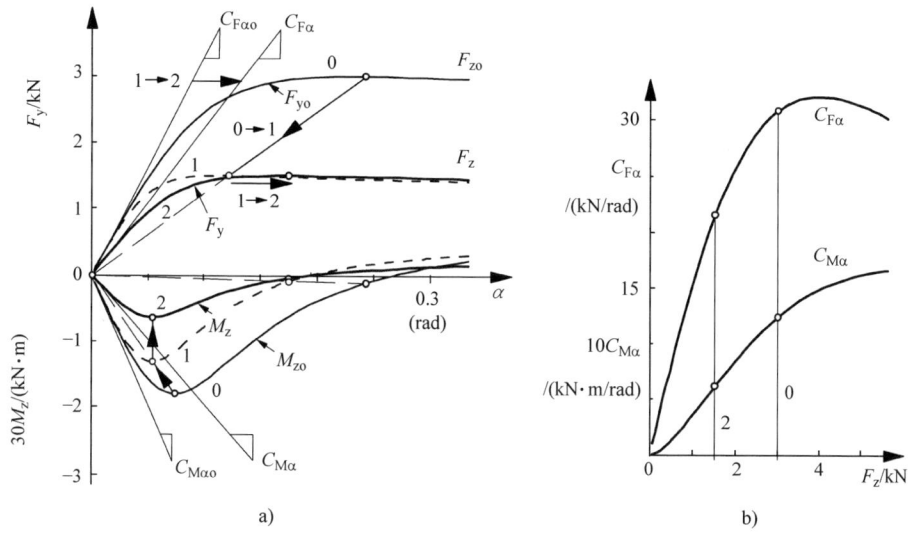

图 27.10 载荷曲线

a) 使用相似方法调整 F_y 和 M_z 曲线到新的载荷水平 b) 转向和回正刚度对应的车轮载荷曲线

新值

$$M_z = \frac{F_z}{F_{zo}} \frac{C_{M\alpha}(F_z)}{C_{M\alpha o}} \frac{C_{F\alpha o}}{C_{F\alpha}(F_z)} M_{zo}(\alpha_{eq}) \qquad (27.32)$$

第一项和第三项因子,是式(27.31)中使用的乘法因子的逆,用于保持初始斜率。第二项因子乘以中间的 M_z 曲线,即图 27.10a 中的 1,在垂直方向调整斜率到其新值 2,而不干扰 α 的比例。可以说明的是,组合第二项和第三项因子等于轮胎拖距的新值与初始值的比值 t/t_0。

为了使计算与图 27.10a 相联系,F_{yo}、M_{zo} 和 $C_{F\alpha}$ 的参考特性要通过魔术公式类型函数描述。为此,回正刚度要建模为接触长度 $2a$ 和转向刚度的一定的分数乘积。为保证这四个量的特性是真实的,如图 27.10a 和图 27.10b 所示,将使用下面的公式计算。

名义载荷 F_{zo} 下的侧向力

$$F_{yo} = D_{yo} \sin\left[C_y \arctan\{ B_{yo}\alpha - E_y(B_{yo}\alpha - \arctan(B_{yo}\alpha)) \} \right] \qquad (27.33)$$

刚度因子为

$$B_{yo} = \frac{C_{F\alpha o}}{C_y D_{yo}} \qquad (27.34)$$

通常,侧向力的峰值因子不同于纵向力的因子。因此,除峰值因子 μ_{xo} 外还引入 μ_{yo}

$$D_{yo} = \mu_{yo} F_{zo} \qquad (27.35)$$

转向刚度作为车轮载荷 F_z 的函数

$$C_{F\alpha} = c_1 c_2 F_{zo} \sin\left\{2 \arctan\left(\frac{F_z}{c_2 F_{zo}}\right)\right\} \qquad (27.36)$$

名义车轮载荷下的回正力矩为

$$M_{zo} = D_{zo} \sin[C_z \arctan\{B_{zo}\alpha - E_z(B_{zo}\alpha - \arctan(B_{zo}\alpha))\}] \qquad (27.37)$$

刚度因子为

$$B_{zo} = \frac{-C_{M\alpha o}}{C_z D_{zo}} \qquad (27.38)$$

峰值因子(a_o 表示名义载荷下接地长度之半)

$$D_{zo} = c_3 a_o D_{yo} \qquad (27.39)$$

回正刚度为车轮载荷 F_z 的函数

$$C_{M\alpha} = tC_{F\alpha} = c_4 a C_{F\alpha} \qquad (27.40)$$

显然,轮胎拖距 $t = c_t a$,接地长度之半 a 假设为与车轮载荷的平方根成正比

$$a = a_o \sqrt{\frac{F_z}{F_{zo}}} \qquad (27.41)$$

由此计算出的近似轮胎拖距,被证明相当准确,可以在后面式(27.128)中的魔术公式轮胎模型中使用,将在后面详述。

用于计算的参数值,如表 27.1 所示。

表 27.1 参数值

F_{zo}	300N	C_y	1.3	C_x	1.5	c_1	8	c_5	1
a_o	0.08m	E_y	−1	E_x	−1	c_2	1.33	c_6	0.3
b	0.07m	C_z	2.3	μ_{zo}	1	c_3	0.25	c_7	100
r_e	0.30m	E_z	−2	μ_{xo}	1.26	c_4	0.5	c_8	15

下面要处理的两个项是摩擦系由 μ_{yo} 到 ω_y 的变化和引入外倾角 γ。第一个变化通过在径向用 μ_y/μ_{yo} 乘以曲线处理,与载荷的变化一起组合得

$$F_y = \frac{\mu_y F_z}{\mu_{yo} F_{zo}} F_{yo}(\alpha_{eq}) \qquad (27.42)$$

和

$$\alpha_{eq} = \frac{C_{F\alpha}(F_z)}{C_{F\alpha o}} \frac{\mu_{yo} F_{zo}}{\mu_y F_z} \alpha \qquad (27.43)$$

可以假设摩擦系数取决于滑移速度 V_s。为了在湿路上建模,可以使用衰减函数 $\mu(V_s)$,具体见后面的式(27.110)和式(27.75)[1]。

当考虑小外倾角 $F_z - \alpha$ 的试验特性时,F_y 曲线水平移动可以得到一个合理的结果。然后,峰值侧向力保持不变,这是一个合理的假设,但不总是能被试验证据或者有常摩擦和有限接触宽度的物理模型支持。其中,前者通常不表明在最

大侧向力稍有增加时，后者有稍小的减少。对于小角度，外倾推力近似为外倾刚度和外倾角的乘积

$$F_{y\gamma} = C_{F\gamma}\gamma$$

因此，α 变化为

$$S_{Hy} = \frac{C_{F\gamma}(F_z)}{C_{F\alpha}(F_z)}\gamma \tag{27.44}$$

以便

$$\alpha^* = \alpha + S_{Hy} \tag{27.45}$$

在式（27.43）中，用 α^* 代替 α，就可得到 α_{eq}。

在新条件下，回正力矩的表示更复杂。由试验结果和更先进的计算可以看出，对于不太大的滑移角，初始曲线 M_{zo} 趋向于向旁边和向上移动。如果使用与力相同的等效的滑移角，因而与式（27.44）产生相同的水平变化，力矩会变成零，其中侧向力也通过 α 轴。在 $\alpha = 0$ 时，会产生等于 $-C_{M\alpha}S_{Hy}$ 的力矩。然而，力矩应当等于 $C_{M\gamma}\gamma$，有正的外倾力矩刚度 $C_{M\gamma}$。这意味着要求附加的垂直移动等于

$$S_{Vz} = C_{M\gamma}(F_z)\gamma + C_{M\alpha}(F_z)S_{Hy} \tag{27.46}$$

附加的力矩与所谓的残余力矩 $M_{z\gamma}$ 相对应，它就是当侧向力变成零时保留的力矩。对于较大的滑移角，附加力矩应当趋于零，通过式（27.46）除以诸如 $1 + c_7\alpha^2$ 的项，就可以很容易得到。

外倾刚度对垂直载荷的依赖性，可以假设为线性。有

$$C_{F\gamma} = c_5 F_z, \quad C_{M\gamma} = c_6 \frac{b^2}{r_e} C_{F\kappa} \tag{27.47}$$

式中，b 为接触区宽度之半（假设为常数）；r_e 为有效滚动半径；$C_{F\kappa}$ 为纵向滑移刚度，考虑 $C_{F\kappa}$ 随载荷线性变化

$$C_{F\kappa} = c_8 F_z \tag{27.48}$$

外倾力矩刚度 $C_{M\gamma}$ 主要由接触区内左右相反的纵向滑移产生。在图 27.11 中，显示了导致（小）外倾角条件的不同步。首先，初始曲线 0 移动到左面一定距离，等于式（27.44）的水平移动，产生中间曲线 1。然后，增加残余力矩：式（27.46）的垂直移动可能作为滑移角的函数，通过如前面建议的乘以衰减加权函数的移动实现。载荷 F_z 和摩擦系数 μ_y 分别保持等于其参考值 3000N 和 1。

纯纵向滑移下的纵向力，可以如侧向力同样的方式建模，类似于式（27.33）至式（27.35）的公式作为参考函数。然而，假设不发生外倾对纵向力的影响。在同样的图 27.11 中，也画出 F_x 对 κ 的特性。纵向力和力矩相应增加的参数数值，在表 27.1 中列出。

最后，对于纯滑移条件（纵向或侧向滑移），有下面相似的公式

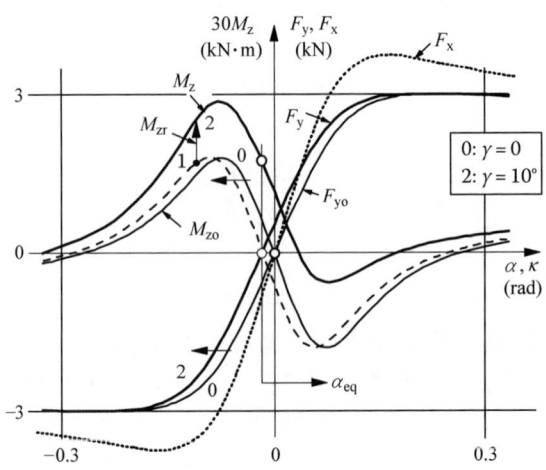

图 27.11 根据相似方法在纯滑移特性的侧向力和回正力矩中引入外倾角，纯滑移特性的纵向力为 $F_z = F_{zo} = 3000\text{N}$，$\mu_y = \mu_{yo} = 1$，$\mu_x = \mu_{xo} = 1.26$

$$F_x = \frac{\mu_x F_z}{\mu_{xo} F_{zo}} F_{xo}(\kappa_{eq}) \quad (27.49)$$

等效的纵向滑移为

$$\kappa_{eq} = \frac{C_{F\kappa}(F_z)}{C_{F\kappa o}} \frac{\mu_{xo} F_{zo}}{\mu_x F_z} \kappa \quad (27.50)$$

对于侧向力

$$F_y = \frac{\mu_y F_z}{\mu_{yo} F_{zo}} F_{yo}(\alpha_{eq}) \quad (27.51)$$

等效滑移角含有式（27.44）的水平移动

$$\alpha_{eq} = \frac{C_{F\alpha}(F_z)}{C_{F\alpha o}} \frac{\mu_{yo} F_{zo}}{\mu_y F_z} \left(\alpha + \frac{C_{F\gamma}(F_z)}{C_{F\alpha}(F_z)} \gamma \right) \quad (27.52)$$

对于回正力矩

$$M_z = \frac{\mu_y F_z}{\mu_{yo} F_{zo}} \frac{C_{M\alpha}(F_z)}{C_{M\alpha o}} \frac{C_{F\alpha o}}{C_{F\alpha}(F_z)} M_{zo}(\alpha_{eq}) + M_{zr} \quad (27.53)$$

与式（27.46）的垂直移动对应的残余力矩具有减小因子

$$M_{zr} = \frac{C_{M\gamma}(F_z) + t(F_z) C_{F\gamma}(F_z)}{1 + c_7 \alpha^2} \gamma \quad (27.54)$$

27.3.2 组合滑移条件

现在，我们讨论组合滑移的条件问题。通过刷子模型的分析，我们已经获得对轮胎力作用机理的深入理解，将使用式（27.9）的理论滑移量 $\sigma_{x,y}$ 和式

(27.15）的 σ 大小，采用类似于式（27.24）的概念，评价滑移产生的水平力，并且还要使用式（27.25）中的轮胎拖距 t。对于具有 α 移动的理论滑移量，由于含外倾，有

$$\sigma_x = \frac{\kappa}{1+\kappa} \qquad (27.55)$$

$$\sigma_y^* = \frac{\tan\alpha^*}{1+\kappa} \qquad (27.56)$$

和

$$\sigma^* = \sqrt{\sigma_x^2 + \sigma_y^{*2}} \qquad (27.57)$$

有

$$\sigma^* = \alpha + \frac{C_{F\gamma}(F_z)}{C_{F\alpha}(F_z)}\gamma \qquad (27.58)$$

在接下来的理论分析中，将使用式（27.55）和式（27.56）的理论滑移量，在常数 α 下 F_y 对 F_x 的曲线在 $F_x = 0$ 时产生斜率。然而，应当说明的是，经验说明实际滑移量 s_x 和 s_y^*（即 κ 和 $\tan\beta^*$）的使用，可以通过忽略式（27.55）和式（27.56）的分母再次获得，这些公式已经能给出非常好的结果[1]。注意：当车轮接近抱死时，$\sigma_x \to \infty$，这称为人工限制，在式（27.55）的分母中增加小的正量。

因为处理的是通用的非各向同性的轮胎，纯纵向和侧向滑移特性是不同的，如图 27.11 所示。尽管如此，可以取侧向和纵向分量，然后求出各自的纯滑移特性 F_{yo} 和 F_{xo}。如果要使用理论滑移量 σ，必须保证纯滑移特性由 σ_x 和 σ_y 作为横坐标。

其次，应当认识到通过式（27.45）已经计入外倾。因此，σ_y 要由式（27.56）定义的 σ_y^* 代替，产生的力和力矩函数通过 $F_{xo}(\sigma_x)$、$F_{yo}(\sigma_y^*)$ 和 $M_{zo}(\sigma_y^*)$ 表示。如图 27.12 所示，"分量"现在变成 σ^*，表示式（27.57）的理论滑移矢量的大小

$$F_x = \frac{\sigma_x}{\sigma^*}F_{xo}(\sigma^*), \quad F_y = \frac{\sigma_y^*}{\sigma^*}F_{yo}(\sigma^*) \qquad (27.59)$$

图 27.12 给出了滑移力矢量如何由单独的纯滑移特性产生。在小滑移时，通常矢量不与滑移矢量 V_s 相反。然而，在车轮抱死时，力矢量的确与滑移矢量 V_s 相反，因为这里假设当滑移接近无穷时，单独的特性（渐近线）是一样的，在魔术公式中，应当让

$$\mu_{yo}\sin(1/2\pi C_y) = \mu_{xo}\sin(1/2\pi C_x)$$

在大滑移时，理论显然不能正确说明外倾角的贡献。在车轮抱死时，应当预料到滑移角为零时侧向力变成零。在模型中这不是准确的情况，因为等效的理论

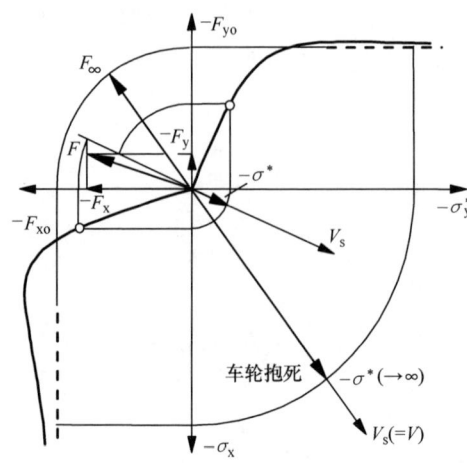

图 27.12 根据式 (27.59) 由纯滑移特性生成组合滑移力

侧滑移根据式 (27.56) 定义,应通过式 (27.45) 使用 α^* 计算。

对于回正力矩,没有重复给出公式,可以参考文献 [1]。

使用与纯滑移力 $F_{x,yo}$ 相似的表示,最后可得到下面的组合滑移条件的公式。对于纵向力

$$F_x = \frac{\sigma_x}{\sigma^*} \frac{\mu_x F_z}{\mu_{xo} F_{zo}} F_{xo}(\sigma_{eq}^x) \tag{27.60}$$

等效滑移

$$\sigma_{eq}^x = \frac{C_{F\kappa}(F_z)}{C_{F\kappa o}} \frac{\mu_{xo} F_{zo}}{\mu_x F_z} \sigma^* \tag{27.61}$$

对于侧向力

$$F_y = \frac{\sigma_y^*}{\sigma^*} \frac{\mu_y F_z}{\mu_{yo} F_{zo}} F_{yo}(\sigma_{eq}^y) \tag{27.62}$$

等效滑移

$$\sigma_{eq}^y = \frac{C_{F\alpha}(F_z)}{C_{F\alpha o}} \frac{\mu_{yo} F_{zo}}{\mu_y F_z} \sigma^* \tag{27.63}$$

对于载荷不同于参考值和存在外倾角的情况,轮胎侧向力的组合滑移特性可通过使用前述各公式来评价。生成的图形使用滑移角 α 作为参数,如图 27.13 所示。由于使用了式 (27.55) 和式 (27.56) 的理论滑移量,发现 F_y 曲线在靠近 $F_x=0$ 处给出小斜率,同样的观察也发生在使用物理刷子模型时,有时试验评价时特征更显著。当引入由扭转柔性决定的外倾角时,不会出现附加斜率,需要特殊的公式表示这种效果。下面的部分,将结合魔术公式轮胎模型处理这一问题。

应当进一步说明的是,由式 (27.60) 至式 (27.63) 与式 (27.55) 和式

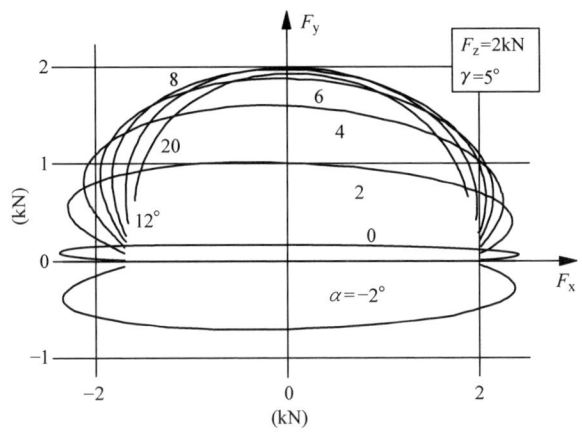

图 27.13 在新载荷和外倾角下使用相似方法计算的转向力与纵向力

(27.56) 一起给出的相似模型,加上参考的纯滑移函数,在下面的极限情况中,的确正确表示了实际轮胎的稳态行为:

① 纯滑移情况。
② 线性组合滑移情况(小 α 和 κ)。
③ 车轮抱死情况($\gamma = 0$)。

如图 27.12 所示,当车轮抱死时,模型正确给出了初始参考纯滑移曲线中生成的力,作用在与滑移速度 V_s 相反的方向。当两个滑移分量接近无穷时(由魔术公式中的参数 μ 和 C 控制),F_{xo} 和 F_{yo} 的水平趋向于同样的水平,其他滑移的组合可能产生与测试特性不同的偏离。应当指出的是,无需有组合滑移测试数据,能够近似表示侧向、前和后力组合的滑移特性。在文献 [1] 中,比较了计算结果与试验数据,两者具有良好的一致性。

27.4 魔术公式轮胎模型

在车辆动力学研究中,广泛使用计算轮胎力和力矩特性的半经验模型,基于所谓魔术公式构建,这个模型的研发起始于 20 世纪 80 年代中期。在合作过程中,TU Delft(代尔夫特理工大学)和 Volvo(沃尔沃公司)开发了几个版本,见 Bakker 等[9]和 Pecejka 等[10]的论文。在这些模型中,组合滑移情况由物理观点建模。在 1993 年,Michelin(米其林公司)[11]引入使用基于魔术公式函数的纯经验方法,以便在组合滑移下描述轮胎水平力的生成,该方法也被 Delft Tire 公司采用[12]。在 Delft Tire 公司的新版本中,改变了回正力矩的初始描述,以便适应相对简单的基于组合滑移扩展的物理现象。引入轮胎拖距作为计算对垂直轴力矩的基础[12]。本章后面将给出模型的全部清单。

27.4.1 模型描述

在给定垂直载荷和外倾角的情况下，公式的通用形式为

$$y = D\sin[C\arctan\{Bx - E(Bx - \arctan Bx)\}] \quad (27.64)$$

有

$$Y(X) = y(x) + S_V \quad (27.65)$$

$$x = X + S_H \quad (27.66)$$

式中，Y 为输出变量 F_x、F_y 或 M_z；X 为输入变量 $\tan\alpha$ 和 κ；B 为刚度因子；C 为形状因子；D 为峰值；E 为曲率因子；S_H 为水平移动；S_V 为垂直移动。

典型地，魔术公式 $y(x)$ 产生通过原点 $x = y = 0$ 的曲线，达到最大，接着趋于水平渐近线。对于给定的 B、C、D 和 E 系数值，曲线关于原点给出反对称形状。为了允许曲线对原点的偏离，引入了两个移动量 S_H 和 S_V，产生新的坐标组合 $Y(X)$，如图 27.14 所示。对于侧向力 F_y，公式能够产生与试验曲线匹配接近的形状。如果希望，回正力矩 M_z 也可以这样计算，如式（27.37）给出的。对于前和后的力 F_x，以下这些滑移量的函数：滑移角 α 和纵向滑移 κ、载荷 F_z 和外倾角 γ，包括在参数中。

通过典型的侧向力特性，图 27.14 给出了一些因子的意义。显然，系数 D 表示峰值（关于中心 x 轴和 $C \geq 1$），BCD 乘积与原点（$x = y = 0$）的斜率一致。在式（27.64）中，形状因子 C 控制正弦函数出现的范围，因此决定产生曲线的形状。因子 B 用于确定原点的斜率，称为刚度因子。引入因子 D 控制峰值的曲率，同时控制峰值的水平位置。

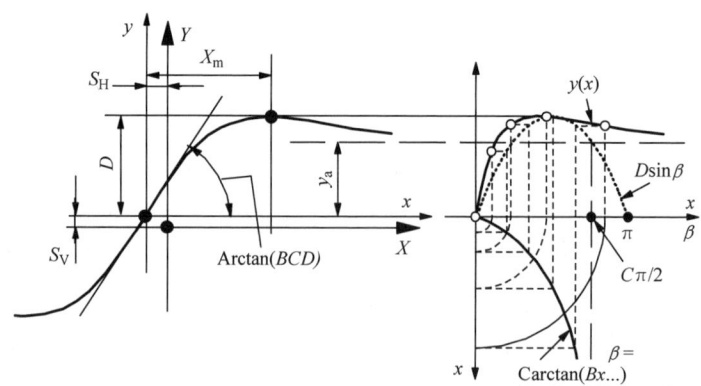

图 27.14　由式（27.64）魔术公式初始产生的正弦版本曲线，指出曲线参数的意义

由峰值的高度和水平渐近线，可以计算形状因子 C

$$C = 1 \pm \left(1 - \frac{2}{\pi}\arcsin\frac{y_a}{D}\right) \qquad (27.67)$$

由 B、C 和峰值的位置 x_m，可以确定 E 值

$$E = \frac{Bx_m - \tan\{\pi/(2C)\}}{Bx_m - \arctan(Bx_m)} \qquad (\text{if } C > 1) \qquad (27.68)$$

当角度效应、锥度影响和可能的滚动阻力使得 F_y 和 F_x 曲线不通过原点时，将产生 S_H 和 S_V。车轮外倾角可能使 F_y 对 α 曲线产生较大的移动。这种移动可以通过初始曲线的纯反对称形状的大偏离来实现，为了适应这样的反对称形，曲率因子 E 依赖于横坐标 x

$$E = E_o + \Delta E \cdot \text{sgn}(x) \qquad (27.69)$$

形状的差别也预期会发生在驱动和制动范围之间的 F_x 对 κ 特性上，需要小心处理。在图 27.15 中，演示了两个形状因子 C 和 E 对曲线外形的影响。图形已经正则化，通过 y 除以 D 和用 CB 乘以 x，使曲线峰值水平和初始斜率独立于参数。

在相当极端的情况下，由式 (27.64) 给出的函数能够达到的锐度可能不足够。通过在反正切函数的变量中引进额外项，已经证明可以相当大地增加曲线的锐度，对此可以参考文献 [1]。

各个因子是法向载荷和车轮外倾角的函数，一些参数出现在这些函数中。根据最佳拟合的二次算法[13]，由测试数据使用合适的回归技术确定参数的值。一个最重要的函数关系是转向刚度与 F_z 和 γ 的变化，由侧向力函数的系数 B_y、C_y 和 D_y 的乘积，几乎可以准确给出：在 $\tan\alpha = -S_H$ 时，$BCD_y = K_{y\alpha} = C_{F\alpha} = \partial F_y/\partial\alpha$ 时

$$BCD_y = p_1 \sin\frac{2\arctan(F_z/p_2)}{1 + p_3\gamma^2} \qquad (27.70)$$

对于零外倾角，转向刚度在 $F_z = p_2$ 时达到其最大值 p_1。在图 27.16 中，画出了它们的基本关系。显然，外倾车轮的转向刚度随 $|\gamma|$ 的增加而减少。在较大外倾角下，要注意特性左和右的曲率差别。为实现这一点，根据式 (27.69) 使用分开的 E。在全部公式列表中，如以后所示，要引入无量纲参数。例如，式 (27.70) 中的参数将变成 $p_1 = F_{zo}p_{Ky1}$、$p_2 = F_{zo}p_{Ky2}$ 和 $p_3 = p_{Ky3}$，用 F_{zo} 表示名义车轮载荷。

回正力矩 M_z 现在可以通过侧向力 F_y 乘以轮胎拖距 t，通常再加上小（除了有外倾外）的残余力矩 M_{zr} 得到，如图 27.17 所示，可得

$$M_z = -t \cdot F_y + M_{zr} \qquad (27.71)$$

轮胎拖距随侧向滑移而衰减，借助于魔术公式的余弦版本描述

$$t(\alpha_t) = D_t \cos[C_t \arctan\{B_t\alpha_t - E_t(B_t\alpha_t - \arctan(B_t\alpha_t))\}] \qquad (27.72)$$

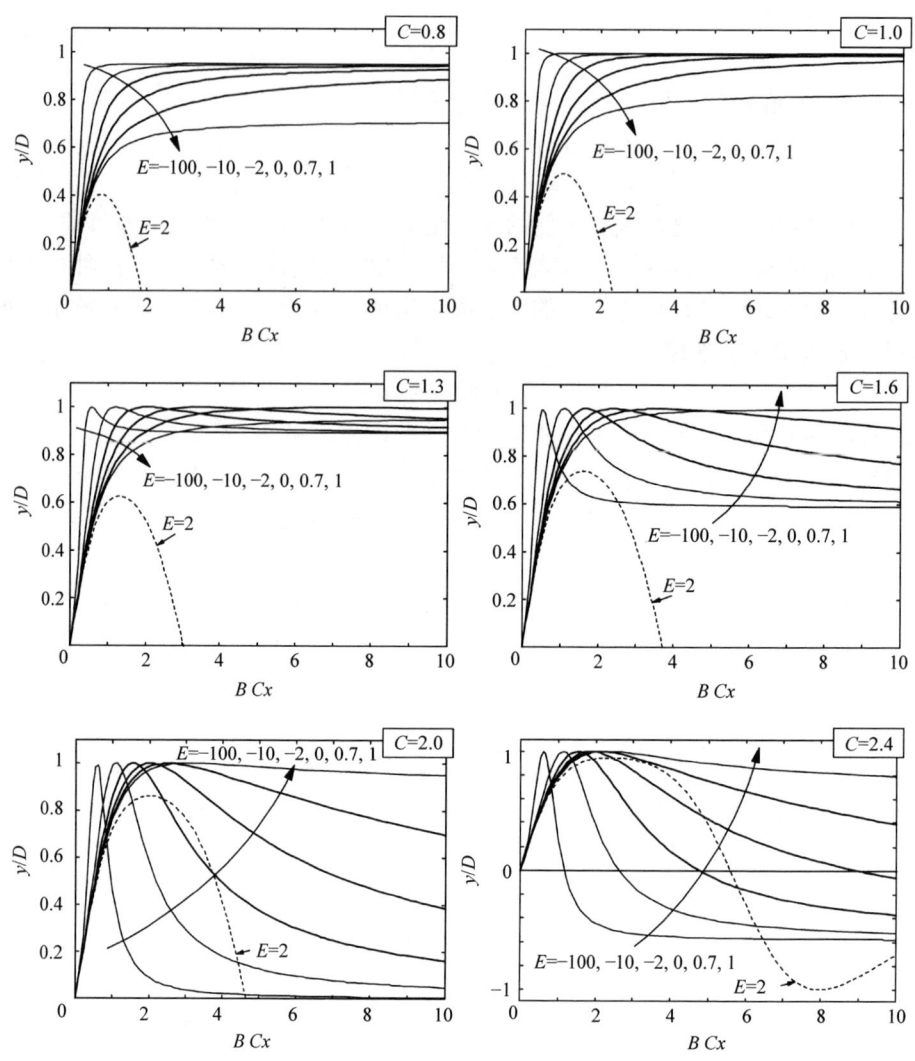

图 27.15 由式（27.64）获得的形状因子 C 和 E 对曲线外形的影响，注意 $E>1$ 不产生实际曲线

其中

$$\alpha_t = \tan\alpha + S_{Ht} \tag{27.73}$$

残余力矩给出类似的衰减

$$M_{zr}(\alpha_r) = D_r \cos[\arctan(B_r \alpha_r)] \tag{27.74}$$

可得

$$\alpha_r = \tan\alpha + S_{Hf} \tag{27.75}$$

由此看出，力矩的两部分使用魔术公式建模，但是没有用正弦函数，而是使

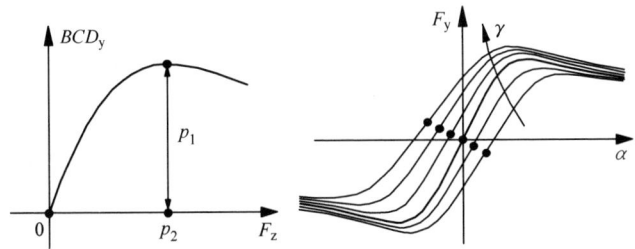

图 27.16 由式 (27.70) 获得的转向刚度与垂直载荷的关系,以及车轮外倾角的影响

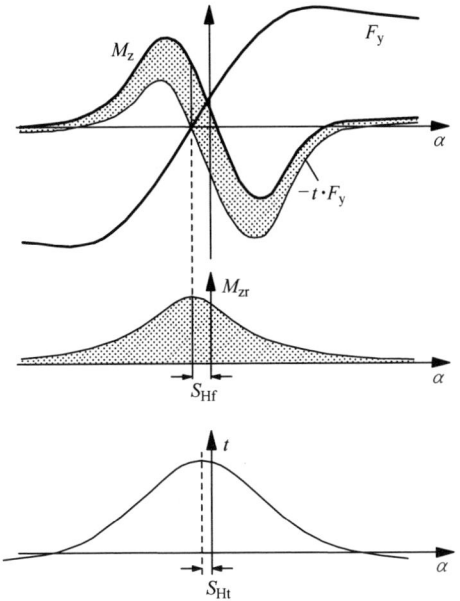

图 27.17 一部分由侧向力且另一部分由所谓残余力矩(由于轮胎锥度和外倾角)组成的回正力矩特性

用了余弦函数。这样就产生了山丘形状曲线,峰值向旁边移动。

假设在侧向力变成零的侧滑角时,残余力矩达到其最大值 D_r,这通过水平移动 S_{Hf} 完成。残余力矩发生在 $\tan\alpha = -S_{Ht}$ 时,这被证明与测试曲线存在非常好的一致性。由于早期版本的优点,式(27.64)也用于回正力矩,现在直接确定轮胎拖距,需要处理组合滑移情况。

在图 27.18 中,给出了基于余弦曲线的基本特性(再次消除了因子下标)。同样,D 为峰值,C 为确定水平渐近线的 y_a 水平的形状因子,现在 B 影响峰值的曲率(由插入的抛物线演示),因子 E 修改较大滑移的形状以及控制曲线与 x 轴交叉点 x_0 的位置,产生下列公式

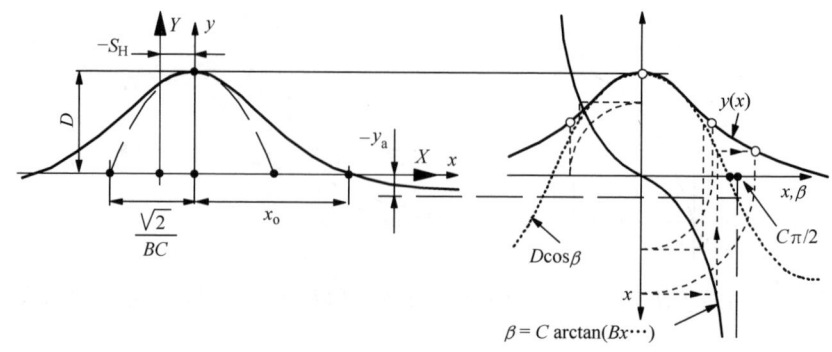

图 27.18　由魔术公式余弦版本式（27.72）和式（27.78）产生的曲线，给出了曲线参数的意义

$$C = \frac{2}{\pi}\arccos\frac{y_a}{D} \tag{27.76}$$

$$E = \frac{Bx_o - \tan\{\pi/(2C)\}}{Bx_o - \arctan(Bx_o)} \quad (\text{if } C > 1) \tag{27.77}$$

在可能存在大外倾角的情况下，如摩托车，在 $\gamma = 0$ 时使用式（27.71）的侧向力 F_y 可能最好。同样，可以修改式（27.64）的侧向力函数和式（27.70）的转向刚度函数，以便更好逼近摩托车轮胎的大外倾响应，文献［1，2］和［14］给出了全部方程。参照文献［1］讨论对于转向滑移（道路曲率）的模型扩展，也适用于具有制动力或驱动力的组合滑移。

在 Pacejka 和 Bakker 的论文中[10]，轮胎对组合滑移的响应使用基于物理的公式建模。更新和更有效的方法是纯经验的，这种方法由 Michelin 研发并由 Bayle 等发表[11]。此方法描述了组合滑移对侧向力和纵向力特性的影响，引入权函数 G 乘以初始纯滑移函数式（27.64），以便产生 κ 对 F_y 和 α 对 F_x 的相互影响。权函数具有山丘形状，取纯滑移（κ 或 α 等于零）的特殊情况的值。例如，引入在给定滑移角 α 从零增加到制动滑移时，对 F_y 的相应权函数可以首先在大小上给出稍微地增加（变得比以前大些），但不久达到其峰值，其后连续减少。魔术公式的余弦版本用于表示山丘形状的函数

$$G = D\cos[C\arctan(Bx)] \tag{27.78}$$

式中，G 为产生的权因子；x 为 κ 或 $\tan\alpha$（可能移动）；D 为峰值（如果山丘产生水平移动，稍微偏离）；C 为确定山丘基础高度因子；B 为影响山丘锐度的因子，构成了负责权函数形状的主要因子。

作为 Bayle 等发表的初始函数的扩展，以后将增加形状因子 E 的内容。这种扩展的出现改善了近似程度，特别在大水平滑移时，尤其在严格的条件下，权函数必须在所有滑移条件下保持为正。

对于侧向力，得到如下公式

$$F_y = G_{y\kappa} \cdot F_{yo} + S_{Vy\kappa} \tag{27.79}$$

现在表示权函数，以便其 $\kappa = 0$ 时等于单位值

$$G_{y\kappa} = \frac{\cos[C_{y\kappa} \arctan(B_{y\kappa}\kappa_s)]}{\cos[C_{y\kappa} \arctan(B_{y\kappa}S_{Hy\kappa})]} \quad (>0) \tag{27.80}$$

其中

$$\kappa_s = \kappa + S_{Hy\kappa} \tag{27.81}$$

进一步，系数为

$$B_{y\kappa} = r_{By1} \cos[\arctan\{r_{By2}(\tan\alpha - r_{By3})\}] \tag{27.82}$$

$$C_{y\kappa} = r_{Cy1} \tag{27.83}$$

$$S_{Hy\kappa} = r_{Hy1} + r_{Hy2}df_z \tag{27.84}$$

$$S_{Vy\kappa} = D_{Vy\kappa} \sin[r_{Vy5} \arctan(r_{Vy6}\kappa)] \tag{27.85}$$

$$D_{Vy\kappa} = \mu_y F_z \cdot (r_{Vy1} + r_{Vy2}df_z + r_{Vy3}\gamma) \cdot \cos[\arctan(r_{Vy4}\tan\alpha)] \tag{27.86}$$

使用符号 df_z 用于表示垂直载荷对于（调整的）名义载荷的无量纲增量，可参见后续给出的式（27.90）。图 27.19 描述了两个权函数，显示为 α 和 κ 的函数以及导致的力形状改变，下面将予以说明。

在式（27.79）中，F_{yo} 指由式（27.64）获得的纯侧滑移时的侧向力。权函数式（27.80）的分母在 $\kappa = 0$ 时，使得 $G_{y\kappa} = 1$。在侧向力经历中等制动时，达到 $G_{y\kappa}$ 的峰值前，F_y 开始衰减时，权函数的水平移动 $S_{Hy\kappa}$ 达到稍微增加，水平移动可能依赖于垂直载荷。$C_{y\kappa}$ 控制水平渐近线，如果 $C_{y\kappa} = 1$，则当 $\kappa \to \pm\infty$ 时，权函数式（27.80）将接近于零。如果预期 κ 要在从正无穷到负无穷的全部范围使用的话，这将是 $C_{y\kappa}$ 的正确值。如果不是这样，则 $C_{y\kappa}$ 的选择可能不同，在这样限制下优化 $G_{y\kappa}$ 保持为正。因子 $B_{y\kappa}$ 影响山丘形状权函数的锐度，正如前述，在较大滑移角下，山丘变得更平（更宽）。根据式（27.82），$B_{y\kappa}$ 减少。在极限情况下，α 接近 90°，即当 $V_{cx} \to 0$ 时，$B_{y\kappa}$ 将达到零。因此，$G_{y\kappa}$ 将保持等于 1，除非 κ 达到无穷，这在当 $V_{cx} \to 0$，车轮旋转速度 Ω 和纵向滑移速度 V_{sx} 保持不等于零时容易出现。量 $S_{Vy\kappa}$ 是垂直移动，它有时称为 κ 诱导的角度效应。外倾时，由于增加了非对称性，纵向力明显产生了力矩，并产生了与可能存在的角度效应有关的扭转角。这种垂直移动随 κ 改变，如式（27.85）所示。

如图 27.19 所示，其峰值 $D_{Vy\kappa}$ 依赖于外倾角 γ 和随滑移角 α 大小的增加而衰减。图 27.20 给出 Bayle 等发表的测试数据和拟合曲线。

F_x 的组合滑移关系类似于侧向力的关系，然而不需要包括垂直移动函数。在图 27.21 中，给出的三维图形说明了 F_x 和 F_y 的变化与 α 和 κ 的关系。由于垂直移动，清晰可见对应 F_y 与 κ 曲线（在小 α）的初始 S 形状。

对于回正力矩，应用物理观点建立组合滑移情况的模型

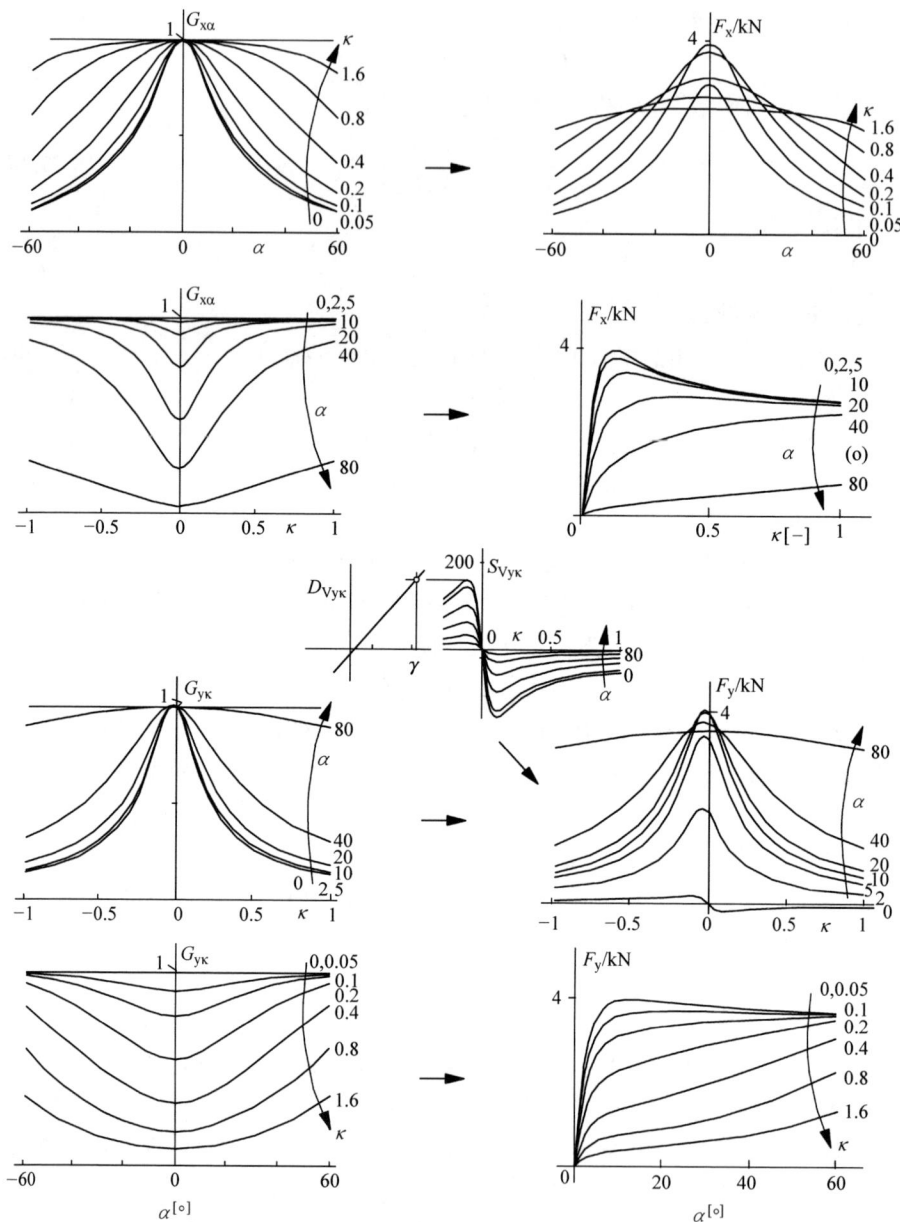

图 27.19 权函数和产生的组合滑移的纵向力和侧向力的特性,后者也受 κ 诱导的角度效应垂直移动 $S_{Vy\kappa}$ 的影响

$$M_z = -t(\alpha_{t,eq}) \cdot F_y + M_{zr}(\alpha_{r,eq}) + s(F_y, \gamma) \cdot F_x \qquad (27.87)$$

变量 α_t 和 α_r(包括移动)出现在式(27.73)和式(27.75)中,用于纯侧滑的轮胎拖距和残余力矩由等效滑移角代替,如式(27.88)所示,在复合滑移中结合了 κ 的影响

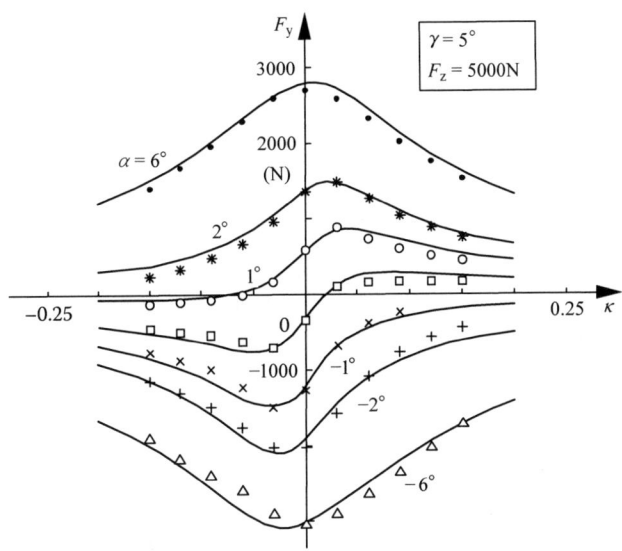

图 27.20 外倾角存在时的组合滑移侧向力特性

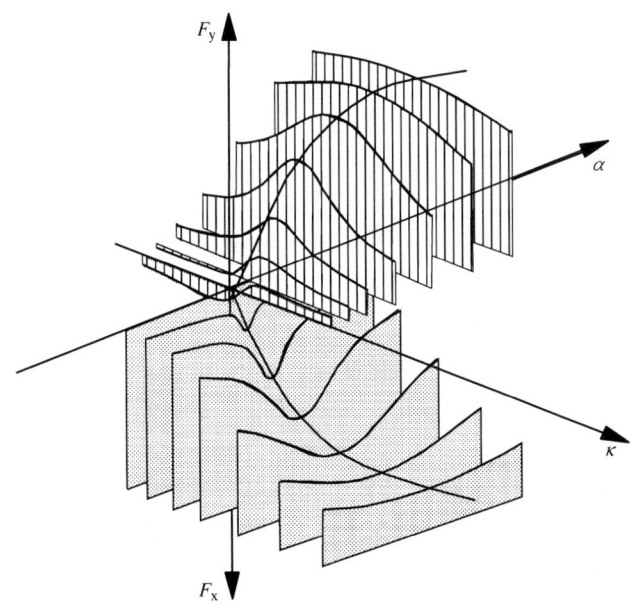

图 27.21 组合侧向力特性的三维图形

$$\alpha_{t,eq} = \sqrt{\alpha_t^2 + \left(\frac{K_{x\kappa}}{K_{y\alpha}}\right)^2 \kappa^2} \cdot \mathrm{sgn}(\alpha_t) \tag{27.88}$$

同理，$\alpha_{r,eq}$ 也类似。为了使接触区的滑动程度逼近侧向滑移产生的程度，纵

向滑移 κ 要乘以纵向和侧向滑移刚度的比值。

此外，在式（27.87）中引入额外项，以便解释力臂 s 产生的事实。因为 F_x 作为外倾角 γ 和与 F_y 相关的侧向轮胎变形的结果，在制动范围内，引入的额外项可以产生回正力矩的符号变化，正如实际观察到的那样。

27.4.2 方程集合

魔术公式模型方程，包含无量纲的模型参数 p、q、r、和 s。此外，还有一组比例因子 λ 和旋转因子 ζ。这里没有给出外倾加转向滑移，可参见文献 [1]。在方程中使用的其他参数和变量为

g　　重力加速度
V_c　　车轮接触中心 C 的速度大小
$V_{cx,y}$　　车轮接触中心 C 的速度分量
$V_{sx,y}$　　（点 S）滑移速度 V_s 的分量
V_r　　（$=R_e\Omega=V_{cx}-V_{sx}$）向前的滚动速度
V_o　　参考速度（$=\sqrt{gR_o}$）或其他指定值
R_o　　无载荷的轮胎半径（$=r_o$）
R_e　　有效滚动半径（$=r_e$）
Ω　　车轮旋转速度
ρ_z　　轮胎法向变形（如果压缩 >0）
F_{zo}　　名义（额定）载荷（$\geqslant 0$）
F'_{zo}　　适应的名义载荷

让轮胎具有不同名义载荷的作用，可以粗略使用比例因子 λ_{Fzo} 近似[1]，用于考虑充气压力的影响

$$F'_{zo}=\lambda_{Fzo}F_{zo} \tag{27.89}$$

进一步，引入垂直载荷的正则化变化

$$df_z=\frac{F_z-F'_{zo}}{F'_{zo}} \tag{27.90}$$

代替取滑移角 α 本身 [弧度，由式（27.2）计算] 作为输入量，在非常大的滑移角和车轮可能向后行驶的情况下，最好使用滑移角正切作为侧向滑移

$$\alpha^*=\tan\alpha\cdot\mathrm{sgn}V_{cx}=-\frac{V_{cy}}{|V_{cx}|} \tag{27.91}$$

对于外倾角，引入

$$\gamma^*=\sin\gamma \tag{27.92}$$

纵向滑移率定义为

$$\kappa=-\frac{V_{sx}}{|V_{cx}|} \tag{27.93}$$

如果向前的速度 V_{cx} 变成或等于零,在式(19.91)和式(27.93)的分母中可以增加小量 ε 避免奇异;或者当瞬态滑移情况发生时,应当使用瞬态滑移量(或变形梯度) $\tan\alpha'$ 和 κ' 的定义,在下面使用。

为了避免在后续的方程中发生类似的奇异,例如零速度或零垂直载荷,在下面方程的相关分母中,将引入小的附加量 ε,由其表示相关的主要量采用同样的符号。

对于出现在回正力矩中的因子 $\cos\alpha$,为了适当处理大滑移角和可能的向后行驶($V_{cx}<0$)的情况,定义

$$\cos'\alpha = \frac{V_{cx}}{V'_c} \tag{27.94}$$

和

$$V'_c = V_c + \varepsilon_V \tag{27.95}$$

式中可以选择 $\varepsilon_V = 0.1\mathrm{m/s}$。

对于从路面到轮胎作用的三个力和三个力矩,根据图 27.1 的图形(沿并且绕 x-、y-、z-轴,$F_z>0$)定义。首先是关于纯滑移条件的方程,包括外倾角,注意外倾刚度的描述公式——式(27.114)至式(27.117),与较早的出版物中的公式相比已经发生了变化。然后是关于组合条件的方程,更多细节参考文献[1]的第3版。

纵向力(纯纵向滑移)

$$F_{xo} = D_x \sin[C_x \arctan\{B_x\kappa_x - E_x(B_x\kappa_x - \arctan(B_x\kappa_x))\}] + S_{Vx} \tag{27.96}$$

$$\kappa_x = \kappa + S_{Hx} \tag{27.97}$$

$$C_x = p_{Cx1} \quad (>0) \tag{27.98}$$

$$D_x = \mu_x \cdot F_z \quad (>0) \tag{27.99}$$

$$\mu_x = p_{Dx1} + p_{Dx2}df_z \quad (>0) \tag{27.100}$$

$$E_x = (p_{Ex1} + p_{Ex2}df_z + p_{Ex3}df_z^2) \cdot \{1 - p_{Ex4}\mathrm{sgn}(\kappa_x)\} \quad (\leqslant 1)$$

$$K_{x\kappa} = F_z \cdot (p_{Kx1} + p_{Kx2}df_z) \cdot \exp(p_{Kx3}df_z) \tag{27.101}$$

$$\left(= B_x C_x D_x = \frac{\partial F_{xo}}{\partial \kappa_x}\mathrm{at}\kappa_x = 0\right) \quad (= C_{F\kappa}) \tag{27.102}$$

$$B_x = \frac{K_{x\kappa}}{C_x D_x + \varepsilon_x} \tag{27.103}$$

$$S_{Hx} = (p_{Hx1} + p_{Hx2}df_z) \tag{27.104}$$

$$S_{Vx} = F_z(p_{Vx1} + p_{Vx2}df_z)\left\{\frac{V_{cx}}{\varepsilon_{Vx} + V_{cx}}\right\} \tag{27.105}$$

侧向力(纯侧滑移)

$$F_{yo} = D_y \sin[C_y \arctan\{B_y\alpha_y - E_y(B_y\alpha_y - \arctan(B_y\alpha_y))\}] + S_{Vy} \tag{27.106}$$

$$\alpha_y = \alpha^* + S_{Hy} \tag{27.107}$$

$$C_y = p_{Cy1} \; (>0) \tag{27.108}$$

$$D_y = \mu_y \cdot F_z \tag{27.109}$$

$$\mu_y = \frac{p_{Dy1} + p_{Dy2} df_z}{1 + p_{Dy3}\gamma^{*2}} \; (>0) \tag{27.110}$$

$$E_y = (p_{Ey1} + p_{Ey2} df_z)\{1 + p_{Ey5}\gamma^{*2} - (p_{Ey3} + p_{Ey4}\gamma^*)\mathrm{sgn}(\alpha_y)\} \; (\leqslant 1) \tag{27.111}$$

$$K_{y\alpha} = p_{Ky1} F'_{zo} \sin\frac{p_{Ky4}\arctan\{F_z/((p_{Ky2} + p_{Ky5}\gamma^{*2})F'_{zo})\}}{1 + p_{Ky3}\gamma^{*2}}$$

$$\left(= B_y C_y D_y = \frac{\partial F_{yo}}{\partial \alpha} \mathrm{at}\alpha_y = 0\right)(\mathrm{if}\gamma = 0: = K_{y\alpha o} = C_{F\alpha})(\text{usually}: p_{Ky4} = 2) \tag{27.112}$$

$$B_y = \frac{K_{y\alpha}}{C_y D_y + \varepsilon_y} \tag{27.113}$$

$$S_{Hy} = p_{Hy1} + p_{Hy2} df_z + \frac{K_{y\gamma o}\gamma^* - S_{Vy\gamma}}{K_{y\alpha} + \varepsilon_K} \tag{27.114}$$

$$S_{Vy\gamma} = F_z \cdot (p_{Vy3} + p_{Vy4} df_z)\gamma^* \tag{27.115}$$

$$S_{Vy} = F_z \cdot (p_{Vy1} + p_{Vy2} df_z) + S_{Vy\gamma} \tag{27.116}$$

$$K_{y\gamma o} = F_z(p_{Ky6} + p_{Ky7} df_z)\left(= \sim \frac{\partial F_{yo}}{\partial \gamma}\mathrm{at}\alpha = \gamma = 0\right)(= C_{F\gamma}) \tag{27.117}$$

回正力矩（纯侧滑移）

$$M_{zo} = M'_{zo} + M_{zro} \tag{27.118}$$

$$M'_{zo} = -t_o \cdot F_{yo} \tag{27.119}$$

$$t_o = t(\alpha_t) = D_t \cos[C_t \arctan\{B_t\alpha_t - E_t(B_t\alpha_t - \arctan(B_t\alpha_t))\}] \cdot \cos'\alpha \tag{27.120}$$

$$\alpha_t = \alpha^* + S_{Ht} \tag{27.121}$$

$$S_{Ht} = q_{Hz1} + q_{Hz2} df_z + (q_{Hz3} + q_{Hz4} df_z)\gamma^* \tag{27.122}$$

$$M_{zro} = M_{zr}(\alpha_r) = D_r \cos[C_r \arctan(B_r\alpha_r)] \cdot \cos'\alpha \tag{27.123}$$

$$\alpha_r = \alpha^* + S_{Hf}(= \alpha_f) \tag{27.124}$$

$$S_{Hf} = \frac{S_{Hy} + S_{Vy}}{K'_{y\alpha}} \tag{27.125}$$

$$K'_{y\alpha} = K_{y\alpha} + \varepsilon_K \tag{27.126}$$

$$B_t = (q_{Bz1} + q_{Bz2} df_z + q_{Bz3} df_z^2) \cdot (1 + q_{Bz5}|\gamma^*| + q_{Bz6}\gamma^{*2}) \; (>0) \tag{27.127}$$

$$C_t = q_{Cz1} \; (>0) \tag{27.128}$$

$$D_{to} = F_z \cdot \left(\frac{R_o}{F'_{zo}}\right) \cdot (q_{Dz1} + q_{Dz2} df_z) \cdot \mathrm{sgn}V_{cx} \tag{27.129}$$

$$D_{\mathrm{t}} = D_{\mathrm{to}} \cdot (1 + q_{\mathrm{Dz3}} |\gamma^*| + q_{\mathrm{Dz4}} \gamma^{*2}) \quad (27.130)$$

$$E_{\mathrm{t}} = (q_{\mathrm{Ez1}} + q_{\mathrm{Ez2}} df_z + q_{\mathrm{Ez3}} df_z^2) \left\{ 1 + (q_{\mathrm{Ez4}} + q_{\mathrm{Ez5}} \gamma^*) \frac{2}{\pi} \arctan(B_{\mathrm{t}} C_{\mathrm{t}} \alpha_{\mathrm{t}}) \right\} (\leqslant 1)$$
$$(27.131)$$

$$B_{\mathrm{r}} = q_{\mathrm{Bz9}} + q_{\mathrm{Bz10}} B_{\mathrm{y}} C_{\mathrm{y}} \ (\text{preferred}: q_{\mathrm{Bz9}} = 0) \quad (27.132)$$

$$C_{\mathrm{r}} = 1 \quad (27.133)$$

$$D_{\mathrm{r}} = F_z R_{\mathrm{o}} \left\{ (q_{\mathrm{Dz6}} + q_{\mathrm{Dz7}} df_z) + (q_{\mathrm{Dz8}} + q_{\mathrm{Dz9}} df_z) \gamma^* \right.$$
$$\left. + (q_{\mathrm{Dz10}} + q_{\mathrm{Dz11}} df_z) \gamma^* |\gamma^*| \right\} \cos'\alpha \cdot \mathrm{sgn} V_{\mathrm{cx}} \quad (27.134)$$

$$K_{z\alpha o} = D_{\mathrm{to}} K_{y\alpha, \gamma=0} \left(= \sim \frac{-\partial M_{zo}}{\partial \alpha_{\mathrm{y}}} \mathrm{at} \ \alpha_{\mathrm{y}} = \gamma = 0 \right) (=C_{\mathrm{Ma}}) \quad (27.135)$$

$$K_{z\gamma o} = F_z R_{\mathrm{o}} (q_{\mathrm{Dz8}} + q_{\mathrm{Dz9}} df_z) - D_{\mathrm{to}} K_{y\gamma o} \left(= \sim \frac{\partial M_{zo}}{\partial \gamma} \mathrm{at} \ \alpha = \gamma = 0 \right) (=C_{M\gamma})$$
$$(27.136)$$

纵向力（组合滑移）

$$F_x = G_{x\alpha} \cdot F_{xo} \quad (27.137)$$

$$G_{x\alpha} = \cos \frac{C_{x\alpha} \arctan\{B_{x\alpha} \alpha_s - E_{x\alpha}(B_{x\alpha} \alpha_s - \arctan(B_{x\alpha} \alpha_s))\}}{G_{x\alpha o}(>0)} \quad (27.138)$$

$$G_{x\alpha o} = \cos[C_{x\alpha} \arctan\{B_{x\alpha} S_{Hx\alpha} - E_{x\alpha}(B_{x\alpha} S_{Hx\alpha} - \arctan(B_{x\alpha} S_{Hx\alpha}))\}] \quad (27.139)$$

$$\alpha_s = \alpha^* + S_{Hx\alpha} \quad (27.140)$$

$$B_{x\alpha} = (r_{Bx1} + r_{Bx3} \gamma^{*2}) \cos[\arctan(r_{Bx2} \kappa)] (>0) \quad (27.141)$$

$$C_{x\alpha} = r_{Cx1} \quad (27.142)$$

$$E_{x\alpha} = r_{Ex1} + r_{Ex2} df_z (\leqslant 1) \quad (27.143)$$

$$S_{Hx\alpha} = r_{Hx1} \quad (27.144)$$

侧向力（组合滑移）

$$F_y = G_{y\kappa} \cdot F_{yo} + S_{Vy\kappa} \quad (27.145)$$

$$G_{y\kappa} = \cos \frac{C_{y\kappa} \arctan\{B_{y\kappa} \kappa_S - E_{y\kappa} \kappa_S - \arctan(B_{y\kappa} \kappa_S)\}}{G_{y\kappa o}(>0)} \quad (27.146)$$

$$G_{y\kappa o} = \cos[C_{y\kappa} \arctan\{B_{y\kappa} S_{Hy\kappa} - E_{Hy\kappa}(B_{y\kappa} S_{Hy\kappa} - \arctan(B_{y\kappa} S_{Hy\kappa}))\}] \quad (27.147)$$

$$k_s = k + S_{Hy\kappa} \quad (27.148)$$

$$B_{y\kappa} = (r_{By1} + r_{By4} \gamma^{*2}) \cos[\arctan\{r_{By2}(\alpha^* - r_{By3})\}] (>0) \quad (27.149)$$

$$C_{y\kappa} = r_{Cy1} \quad (27.150)$$

$$E_{y\kappa} = r_{Ey1} + r_{Ey2} df_z (\leqslant 1) \quad (27.151)$$

$$S_{Hy\kappa} = r_{Hy1} + r_{Hy2} df_z \quad (27.152)$$

$$S_{Vy\kappa} = D_{Vy\kappa} \sin[r_{Vy5} \arctan(r_{Vy6} \kappa)] \quad (27.153)$$

$$D_{V_{yK}} = \mu_y F_z \cdot (r_{Vy1} + r_{Vy2} df_z + r_{Vy3}\gamma^*) \cdot \cos[\arctan(r_{Vy4}\alpha^*)] \quad (27.154)$$

法向载荷

$$F_z = P_{z1} \cdot (F'_{zo}) \cdot \rho_z \quad (\geqslant 0)$$

$$\left(C_{fz} = \frac{\partial F_z}{\partial \rho_z} = \frac{P_{z1} F'_{zo}}{R_o} \right) \quad (27.155)$$

倾覆力矩

$$M_x = F_z R_o \cdot \left(\frac{q_{sx1} - q_{sx2}\gamma^* + q_{sx3} F_y}{F'_{zo}} \right) \quad (27.156)$$

滚动阻力矩

$$M_y = -F_z R_o \cdot q_{sy1} \arctan\left(\frac{V_r}{V_o}\right) + \frac{q_{sy2} F_x}{F'_{zo}} \quad (27.157)$$

回正力矩（组合滑移）

$$M_z = M'_z + M_{zr} + s \cdot F_x \quad (27.158)$$

$$M_z = -t \cdot F'_y \quad (27.159)$$

$$t = t(\alpha_{t,eq}) = D_{tcos}[C_t \arctan\{B_t \alpha_{t,eq} - E_t(B_t \alpha_{t,eq} - \arctan(B_t \alpha_{t,eq}))\}] \cdot \cos'\alpha$$

$$(27.160)$$

$$F'_y = F_y - S_{Vyk} \quad (27.161)$$

$$M_{zr} = M_{zr}(\alpha_{r,eq}) = D_r \cos[C_r \arctan(B_r \alpha_{r,eq})] \quad (27.162)$$

$$s = R_o \cdot \left\{ s_{sz1} + s_{sz2}\left(\frac{F_y}{F'_{zo}}\right) + (s_{sz3} + s_{sz4} df_z)\gamma^* \right\} \quad (27.163)$$

$$\alpha_{t,eq} = \sqrt{\alpha_t^2 + \left(\frac{K_{xk}}{K'_{ya}}\right)^2 k^2} \cdot \text{sgn}(\alpha_t) \quad (27.164)$$

$$\alpha_{r,eq} = \sqrt{\alpha_r^2 + \left(\frac{K_{xk}}{K'_{ya}}\right)^2 k^2} \cdot \text{sgn}(\alpha_r) \quad (27.165)$$

在文献［1］中，列出了特定轮胎的一组参数值。在纯滑移和组合滑移条件下，给出了计算特性的例子与试验曲线的对比，公式产生了非常好的一致性，可用于对转向滑移的作用进行建模。对于一组假设的模型参数给出一些计算的特性。同样，文献［1］还讨论了定义锥度和角度效应为等效外倾角和等效滑移角的响应作用。针对侧向滑移和外倾下用于货车、轿车和摩托车轮胎的倾覆力矩，应引入比式（27.156）更好的描述。

27.5 一阶轮胎迟滞

对于相对低频和大波长的瞬态和振动的车辆运动，可以忽略轮胎惯性和有限接地长度作用，或者以近似方式考虑它们。在文献［1］中，基于 von Schlippe

的早期工作，给出了平面外拉伸环轮胎模型的全部处理过程，也给出了一些扩展和近似的模型。在其中的一个近似模型中，忽略了有限接地长度的作用。对于回正力矩，模型包括了胎面的宽度和陀螺力矩的作用。

本节将进一步讨论和发展这种单接触点类型的模型，其最简单的形式在车辆动力学的研究中非常受欢迎。将讨论平面内和平面外的模型，包括小滑移、线性和大滑移、非线性的条件。在模型结构中，松弛长度的概念是核心。与基于环模型的理论方法相比，单接触点模型的研发遵循了一条本质上不同和更简单的路线。由于模型的简化性，可以增强模型，以便包含从停止，甚至从前到后滚动方向变化的全非线性组合滑移范围，也可以包括外倾角和转向滑移。

使用线性和非线性模型，可以近似分析各种车辆动力学问题，如摆振现象，具有振荡转向输入的瞬态车辆运动，在侧滑、外倾角和控制制动的起伏波状路面上的运动，车轮不平衡诱导的振动和轮胎不圆度等。在文献 [1] 中，已经研究了许多解决这些问题的应用。

27.5.1 模型开发

模型由接地印迹（点）组成，与车轮轮辋通过纵向（圆周）和侧向弹簧连接，这些弹簧表示胎体的柔性。在侧向和纵向上，接地点可以相对地面移动（滑移）。通过这种相对运动，产生侧向力、纵向力和回正力矩。为了确定这些力和力矩，要定义接地印迹侧向滑移（可能包括角度效应）和纵向滑移。此外，由于可能存在锥度的外倾和转向滑移，这会产生接地线的曲率。然后，这些接地印迹滑移量可以作为稳态轮胎滑移模型的输入，利用魔术公式，以便计算作用在接地印迹上的瞬态力和力矩的变化。

27.5.2 线性模型

图 27.22 描述了模型的俯视图。在图示的瞬间，车轮滑移点 S（靠近路面附加在车轮轮辋上）和接触点 S' 通过车轮轴和路面法向的平面确定。这些点（可以认为位于两个平行的滑移圆上）行驶过路面，分别存在车轮和接地印迹滑移速度。在图 27.22 中，滑移速度的 x 和 y 分量表示为负量。两个点的速度差引起胎面弹簧变形，因此纵向和侧向变形 u 和 v 的对时间的导数为

$$\frac{\mathrm{d}u}{\mathrm{d}t} = -(V_{sx} - V'_{sx}) \tag{27.166}$$

和

$$\frac{\mathrm{d}v}{\mathrm{d}t} = -(V_{sy} - V'_{sy}) \tag{27.167}$$

假设小滑移值，$C_{F\alpha}$ 为转向或侧滑移刚度，则作用在从路面到接地印迹的侧

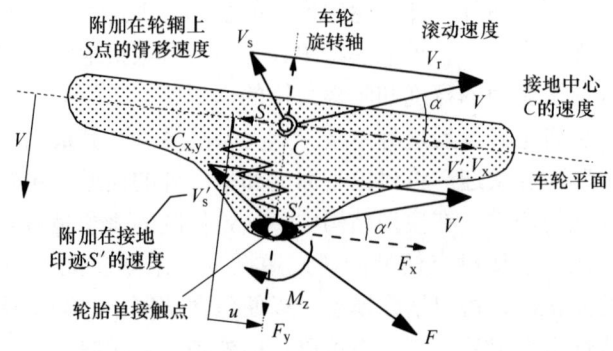

图 27.22 给出侧向和纵向变形 u 和 v 的单点接触模型（俯视图）

向力为

$$F_y = C_{F\alpha}\alpha' = -C_{F\alpha}\frac{V'_{sy}}{|V_x|} \qquad (27.168)$$

这里，假设忽略车轮中心纵向速度 V_x 和接触中心纵向速度 V_{cx} 之差，即

$$V_{cx} \approx V_x \qquad (27.169)$$

因此，可以在分母中使用 V_x。在路面上存在侧向轮胎刚度 V_{Fy}，平衡侧向滑移力的弹性内力为

$$F_y = C_{Fy}v \qquad (27.170)$$

为了使用式（27.168）和式（27.170）重新表达式（27.167），引入侧向滑移的松弛长度

$$\sigma_\alpha = \frac{C_{F\alpha}}{C_{Fy}} \qquad (27.171)$$

由于侧向滑移 v_α 产生的侧向变形微分方程（以后也有由于外倾角 γ 对应的侧向变形）为

$$\frac{\mathrm{d}v_\alpha}{\mathrm{d}t} + \frac{1}{\sigma_\alpha}|V_x|v_\alpha = |V_x|\alpha = -V_{sy} \qquad (27.172)$$

式中 $\alpha = -V_{sy}/|V_x|$ 为车轮滑移角，侧向力通过 v_α 乘以 C_{Fy} 获得。

以类似方式，可以处理纵向力响应。用路面上的纵向车轮刚度 C_{Fx} 和纵向滑移刚度 C_{Fk}，得到松弛长度

$$\sigma_k = \frac{C_{Fk}}{C_{Fx}} \qquad (27.173)$$

对于前和后变形 u，由式（27.166）可以导出

$$\frac{\mathrm{d}u}{\mathrm{d}t} + \frac{1}{\sigma_k}|V_x|u = |V_x|K = -V_{sx} \qquad (27.174)$$

用 $k \approx -V_{sx}/|V_x|$ 表示纵向车轮滑移率，纵向力通过 u 乘以刚度 C_{Fx} 获得。

接下来，考虑车轮外倾角作为输入。对于突然施加的外倾角 γ（关于地面的交叉线），假设在接地印迹上可以立即作用接触线曲率和外倾推力。作为响应，形成接地印迹侧滑角 α'，积累形成侧向胎面变形 $v = v_\gamma$。再次应用式（27.170），作用在车轮上的侧向力变成

$$F_y = C_{FY}V_\gamma = C_{F\gamma}\gamma + C_F\alpha' \qquad (27.175)$$

让车轮侧向滑移保持等于零，有

$$V_{sy} = 0 \text{ 和 } V'_{sy} = -|V_x|\alpha'$$

式（27.167）可以写成下列形式

$$\frac{dv_\gamma}{dt} + \frac{1}{\sigma_\alpha}|V_x|v_\gamma = \frac{C_{F\gamma}}{C_{F\alpha}}|V_x|\gamma \qquad (27.176)$$

根据这个简单模型，式（27.176）说明外倾力松弛长度 σ_γ 等于侧向滑移松弛长度 σ_α。这个理论结果可以通过仔细的外倾角阶跃试验加以证实，并由 Higuchi 在平板试验台上完成了[16]。对于包含转向滑移和外倾角的总旋转角 φ，可以得到类似的方程结果。

由变形 u 和 v，首先通过确定瞬态滑移量 α'、k' 和 γ' 及其与滑移刚度的关系，可以获得力和力矩。

根据采用的稳态模型式（27.158），力矩对外倾角的响应是残余力矩之和。假设 M_{zr} 主要是由于有限胎面宽产生，$-t_aF_y$ 是由于外倾诱导的侧向滑移产生。在短松弛长度等于半接地长度 a 情况下，可以使用 M_{zr} 响应的一阶近似。然而，这满足了由于胎面宽度产生的力矩立即对外倾角响应的假设。

对于线性小滑移，有

$$\alpha' \approx \tan\alpha' = \frac{v_\alpha}{\sigma_\alpha}, F_{y\alpha} = C_{F\alpha}\alpha' \quad M_{Z\alpha} = -C_{M\alpha}\alpha' = -t_\alpha F_{y\alpha} \qquad (27.177)$$

$$k' = \frac{u}{\sigma_k}, F_x = C_{Fk}k' \qquad (27.178)$$

$$\gamma' = \frac{C_{F\alpha}}{C_{F\gamma}}\frac{v_\gamma}{\sigma_\alpha}, F_{y\gamma} = C_{F\gamma}\gamma', M_{zry} = (C_{M\gamma} + t_\alpha C_{F\gamma})\gamma \qquad (27.179)$$

由于滑移产生的轮胎拖距这里表示为 t_α，总回正力矩变成

$$M_z = -t_\alpha(F_{y\alpha} + F_{y\gamma}) + M_{zr\gamma} \qquad (27.180)$$

在用于摩托车动态研究的另外的模型中，在式（27.179）中的项使用 $t_\alpha C_{Fy}$ 或 $t_\alpha F_{y\gamma}$，忽略式（27.180）[1]。

式（27.172）、式（27.174）和式（27.176）可以由瞬态滑移量表示，例如可以用 α' 表示 v_α，即使用式（27.177）的第一个式子，代入式（27.172），有

$$\sigma_\alpha\frac{d\alpha'}{dt} + |V_x|\alpha' = |V_x|\alpha = -V_{sy} \qquad (27.181)$$

如果认识到松弛长度是垂直载荷函数的事实,以及平均滑移角不等于零,在线性方程 [α' 和 $F_z(t)$ 的变化是小的] 中出现附加项,是由 $v_\alpha = \sigma_\alpha \alpha'$ 对时间微分导致的,这样式(27.172)变成

$$\alpha' \frac{\mathrm{d}\alpha'}{\mathrm{d}F_z} + \left(|V_x| + \frac{\mathrm{d}\alpha'}{\mathrm{d}F_z}\frac{\mathrm{d}F_z}{\mathrm{d}t}\right)\alpha' = |V_x|\alpha = -V_{sy} \qquad (27.182)$$

显然,当使用式(27.181)时,不能预测垂直载荷变化的响应。如果载荷变化,式(27.181)是不充分的,应当使用初始的式(27.172)或者对应的式(27.182)。

使用式(27.170),式(27.172)可以直接以 F_y 表示。如果考虑胎体侧向刚度 C_{Fy} 实际上独立于车轮载荷 F_z,使用式(27.171),可得

$$\sigma_\alpha \frac{\mathrm{d}F_y}{\mathrm{d}t} + |V_x|F_y = |V_x|F_{yss} \qquad (27.183)$$

既然对于侧向滑移和外倾角两种响应有同样的松弛长度,这个公式似乎适用于对输入 α 和 γ 或 φ 组合的线性响应。在右端项,F_{yss} 表示对这些输入的稳态(瞬时)响应,可能是表示在给定滑移条件下垂直载荷的变化。如果 $\gamma = \varphi = 0$,与轮胎拖距相乘产生力矩 $-M'_z$,类似的微分方程可以适用于 F_x 对 k 的响应。

式(27.172)和式(27.174)的形式(V_x 不在分母中,$V_{sx,y}$ 用于右端项),已经使其适于模拟从零速度开始的停止和起动的情况。在速度 $V_x = 0$ 时,式(27.174)转化成积分

$$u = -\int V_{sx}\mathrm{d}t$$

使用式(27.178),纵向力变成

$$F_x = C_{Fk}k' = C_{Fk}u/\sigma_k$$

它与式(27.175)等于 $C_{Fk}u$。这是用于轮胎在停止时的正确表示,如纵向或切向弹簧作用。当车轮开始滚动时,轮胎逐渐变成具有阻尼 $C_{Fk}/|V_x|$ 的阻尼器。图 27.23 描述了相应的力学模型,弹簧和阻尼器串联。在给出低速时阻尼器变得非常刚性,弹簧起主导作用。在较高向前速度下,弹簧变得相对刚性,而阻尼器起主导作用,主导了轮胎的行为,类似的模型可以用于瞬态侧向行为。应注意的是,式(27.183)不适于移动接近或 $V_x = 0$ 的情况。在文献[1]中,演示了侧向和纵向车轮滑移速度在接近零速度的瞬态模型中的使用。

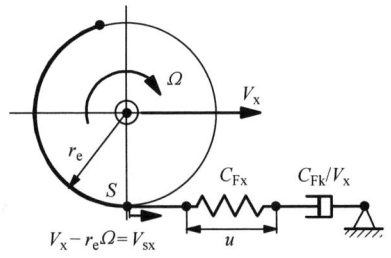

图 27.23 反映瞬态切向轮胎行为的力学模型

27.5.3 半非线性模型

为了扩展线性理论以便包含滑移特性的非线性范围,尝试使用式(27.183)并在微分方程中使用瞬时非线性力响应作为输入。例如,应用魔术公式,使用当前的车轮滑移角,计算输入的稳态侧向力。然而,这种方法可能导致不正确的结果,因为在侧向力响应中存在相位滞后;当前(变化)的车轮载荷可能不与计算获得的侧向力相对应。在极限条件下,可能预测轮胎还在附着区,而实际上已经发生全部滑移。更好的方法是使用初始式(27.172)和使用式(27.177)产生的瞬态滑移角 α',作为魔术公式中的输入计算侧向力。

通常,让式(27.172)、式(27.174)、式(27.176)以及式(27.177)至式(27.179)生成 α'、κ' 和 γ' 或 φ',作为非线性力和力矩函数的输入(γ 或 φ 直接用于 M_r 的表示中)。例如,魔术公式轮胎模型的方程(见27.4节)为

$$F_x = F_x(k', \alpha', F_z) \tag{27.184}$$

$$F_y = F_y(\alpha', \gamma', K', F_z) \tag{27.185}$$

$$M'_z = -t_\alpha F_y \tag{27.186}$$

$$M_{zr} = M_{zr}(\gamma, \alpha', K', F_z) \tag{27.187}$$

$$M_z = M'_z + M_{zr} + s \cdot F_x \tag{27.188}$$

其中,如果需要,γ 可以由 φ 代替,作为旋转变量[1]。

这个非线性模型简单明确,通常用于瞬态和低频车辆运动仿真中,从零速度开始或在零速度停止是可能的。然而,如前所述,在 V_x 等于或接近于零时,式(27.172)和式(27.174)作为滑移速度分量 $V_{sx,y}$ 的积分,可能产生非常大的变形。如果存在以下条件:

① 向前的车轮速度变得非常小($< V_{low}$)。

② 变形大于实际可能的值[1]。

限制这些变形可以通过使变形 u 和 v 的导数等于零来实现。

另一个极端情况是车轮抱死的条件,稳态时式(27.174)简化为

$$\frac{1}{\sigma_k}|V_x|u = -V_x \tag{27.189}$$

根据半线性理论,这说明变形 u 变得与松弛长度 σ_k 一样大。对于避免变形变得过大,这是非常重要的。例如,重复制动时,要求增强的非线性模型。该模型的另一个缺点涉及试验观察到的轮胎特性:轮胎的松弛长度取决于滑移水平。在较高的侧向滑移水平下,轮胎表现了对侧向滑移附加变化的较快响应,这说明松弛长度随滑移增长而减少。

27.5.4 全非线性模型

使用式(27.177)的第一个式子,可以将初始的式(17.172)表示如下

$$\frac{dv_\alpha}{dt} + |V_x|\tan\alpha' = |V_x|\tan\alpha = -V_{sy} \tag{27.190}$$

通过使用式（27.170）令

$$v = v_\alpha \text{ 和 } F_y = F_y(\alpha', F_z)$$

完全以瞬态滑移角表示上式，直接产生

$$\frac{1}{C_{Fy}}\frac{\partial F_y}{\partial \tan\alpha'}\frac{d\tan\alpha'}{dt} + |V_x|\tan\alpha' = -V_{sy} - \frac{1}{C_{Fy}}\frac{\partial F_y}{\partial F_z}\frac{dF_z}{dt} \tag{27.191}$$

附加输入 dF_z/dt 要求给定滑移值下斜率 $\partial F_y/\partial F_z$ 的信息。如果垂直载荷保持常数，最后一项通常使用全约束非线性模型

$$\sigma_\alpha \frac{d\tan\alpha'}{dt} + |V_x|\tan\alpha' = -V_{sy} \tag{27.192}$$

和

$$\sigma_\alpha = \frac{1}{C_{Fy}}\frac{\partial F_y}{\partial \tan\alpha'} \tag{27.193}$$

如果考虑平均滑移角 α_o、$\tan\alpha$ 的小变化 $\widetilde{\alpha}$ 和相应的侧向滑移速度，在减去平均值后，式（27.192）变成

$$\sigma_\alpha \frac{d\widetilde{\alpha}'}{dt} + |V_x|\widetilde{\alpha}' = -\widetilde{V}_{sy} \tag{27.194}$$

这表明它保持着式（27.192）的结构，式（27.193）的 σ_α 表示在给定载荷和滑移角下线性化系统的实际松弛长度。显然，松弛长度与侧向力特性的斜率有关。此结果还表明超出侧向力特性的峰值后松弛长度变成负，如果运行点位于侧向滑移的范围内，使得式（27.194）的解，也是初始式（27.190）不稳定。然而，可以向下限制 σ_α，以避免不稳定性和计算时间过大：$\sigma_\alpha = \min(\sigma_\alpha, \sigma_{\min})$。力变化的瞬态响应与 $\widetilde{\alpha}'$ 的变化成正比，因为

$$\widetilde{F}_y = (\partial F_y/\partial \tan\alpha)\widetilde{\alpha}'$$

当使用式（27.192）时，不会发生像式（27.172）的非线性版本通用方程那样的代数循环的情况，因为使用了侧向变形 $v^{[1]}$。松弛长度 σ_α 可以直接从已经可用的 $\tan\alpha'$ 确定。然而，因为忽略了式（27.191）的最后一项，式（27.192）对 F_z 的变化变得不敏感。

类似的函数和微分方程，可以从纵向滑移的瞬态响应导出。获得的松弛长度为

$$\sigma_k = \frac{1}{C_{Fx}}\frac{\partial F_x}{\partial k'} \tag{27.195}$$

有趣的是，对于车轮抱死的极端情况，现在可以用 $u = F_x/C_{Fx}$ 正确处理[1]。

图 27.24 至图 27.26 给出了 Higuchi 在平板试验机（TU Delft）上获得的乘用

车 205/60R15 轮胎的结果。图 27.24 表示名义载荷 4000N 的侧向力对阶跃变化的响应，清晰地说明了不同侧向滑移下的行为差别，在 $\alpha = 10°$ 时发生非常快的响应。根据式（27.190）的全非线性模型，与式（27.185）一起，给出了满意的一致。测试的响应曲线纠正了侧向力的变化，在零滑移角下产生不完全对称和规则的轮胎行为。在施加滑移角（转向角）后，加载轮胎完成试验。随后，平板移动。回正力矩以类似的方式（未画出）表现，虽然响应有点初始迟滞发生，但可由环模型正确预测[1]。在较大滑移角（超出 M_z 峰值发生的水平）下，回正力矩首先出现响应峰值，其后力矩衰减到其稳态值，这种行为由模型很好模拟[1]。图 27.25 给出侧向力对小增量滑移角的响应，在平板停止运动后，通过进一步将车轮转半度和继续向前运动完成试验。首先确定的是，侧向力对阶跃转向输入的响应几乎不受到轮胎是否由路面提离的影响。当然，在后种情况下，因为存在对垂直轴的初始扭转，回正力矩响应是相当不同的。产生的侧向力响应，如图 27.25 所示，与通过式（27.194）和式（27.193）预测的侧向力增量的指数响应进行了比较。采用最小二乘方法拟合给出松弛长度 σ_α，如图 27.26 所示。产生的 σ_α 随滑移角水平变化，与稳态侧向力特性的斜率进行了比较，正则化两者，以便在滑移角不存在时等于一致值。

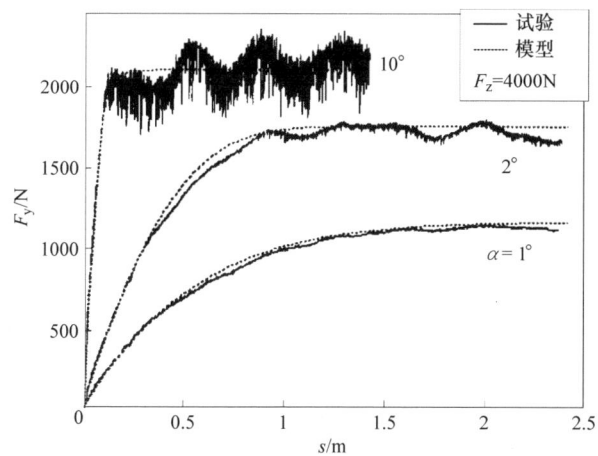

图 27.24　通过平板试验和由式（27.190）确定的模型计算的侧向力对滑移角小和大的阶跃变化

极好的一致性支持了理论的发现，Higuchi 也研究了响应对外倾角、对受到一定限制和对有关转向滑移的变化。力对外倾角变化的响应表现了所谓的特殊特性，直接证明在车轮外倾（关于交叉线）后，立即形成侧向力，这显然是由轮胎下部横截面的不对称扭曲引起的。这种侧向力部分的初始非迟滞，已经在文献[1]中详细讨论。

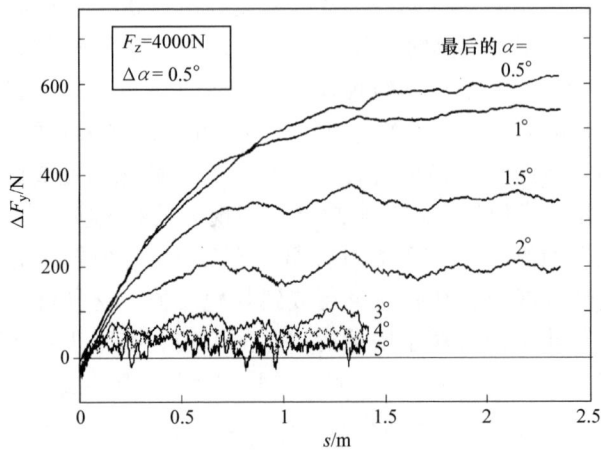

图 27.25 在不同滑移角水平下,侧向力对小增量滑移角 $\Delta\alpha$ 的响应说明松弛长度随侧向滑移水平增加而减少,并且与式(27.193)一致

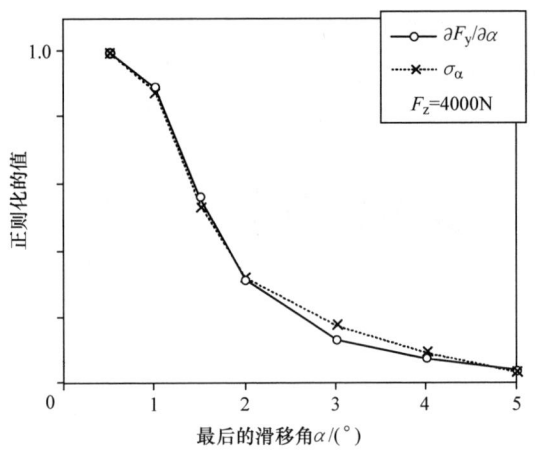

图 27.26 通过试验确定的 F_y 对 α 斜率与松弛长度之间的一致性

27.5.5 陀螺耦合

在文献[1]中,引入关于垂直轴的陀螺耦合,产生了轮胎平均侧倾变形角的时间变化率的结果。考虑这个角与侧向轮胎变形 v 或侧向力 F_y 成正比,力矩以变形率表示为

$$M_{z,\text{gyr}} = c_{\text{gyr}} m_t r_e \Omega \frac{dv}{dt} \qquad (27.196)$$

自由滚动时,车轮旋转速度等于前向速度除以轮胎的有效滚动半径。通常,有

$$\Omega = \frac{V_x - V_{sx}}{r_e} \qquad (27.197)$$

对于子午线轿车轮胎，估计无量纲系数 c_{gyr} 取值为 0.5，m_t 表示轮胎质量。扩展式（27.88）或式（27.158），产生总回正力矩

$$M_z = M'_z + M_{zr} + sF_x + M_{z,\text{gyr}} \tag{27.198}$$

陀螺耦合对前轮转向振动具有大阻尼作用，尤其是不稳定的摆振情况下[1]。

27.5.6 增强的非线性瞬态轮胎模型

建立轮胎瞬态滚动特性模型的另一种完全不同的方法，是基于接地印迹滑移特性和胎体柔性分离，不是使用松弛长度，而是将胎体弹簧显式结合在模型中。为了简化计算过程（计算因果关系），可以给定接地印迹一定的惯量。这样做的缺点是引进相对高的固有频率，可能使计算更慢。然而，可以使用其他方法回避所包含的小质量。要讨论的模型自动解释了对车轮滑移响应的滞后，和在较高滑移水平下前面部分通过减小松弛长度减少载荷变化的特性。然而，如果模型也要解释车轮载荷变化的瞬态响应，后面的方法可能存在计算困难的问题。同样，对组合滑移的响应不容易建模。然而，在研发增强模型的过程中，应当尽力维持松弛长度模型的特性，以便充分处理在接近或等于零速度下的仿真。

图 27.27 描述的增强瞬态模型的结果，相对车轮轮辋的下部，接地印迹可以在周向和侧向变形。只允许平动，以保证通过稳态接地印迹看到的滑移角，等于车轮平面的滑移角。如前所述，可以认为质量点附加在接地印迹上，与点 S^* 一致，它构成了接触点的滑移速度。使用这个滑移速度，与由转向滑移和车轮外倾角对应的（假设在接地印迹检测）路径曲率一起，计算从路面到接地印迹的力 F_x、F_y 和力矩 M_z。可以增加简单的松弛长度模型，使计算能够接近零速度。该模型首先由 Van der Jagt 等使用[17]，后来由 Pacejka 和 Besselink 推广[18]。

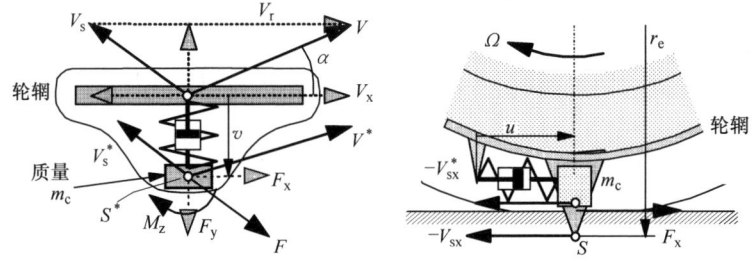

图 27.27　由俯视和侧视表示胎体柔性和接触印迹质量的增强瞬态轮胎模型

使用质量 m_c、胎体刚度 $c_{\text{cx,y}}$ 和阻尼系数 $k_{\text{cx,y}}$，具有纵向和侧向速度分量 $V^*_{\text{sx,y}}$ 的接地印迹质量点的运动方程为

$$m_c \dot{V}^*_{\text{sx}} + k_{\text{cx}} \dot{u} + c_{\text{cx}} u = F_x(\kappa', \alpha', F_z) \tag{27.199}$$

$$m_c \dot{V}^*_{\text{sy}} + k_{\text{cy}} \dot{v} + c_{\text{cy}} v = F_y(\alpha', \kappa', \gamma, F_z) - F_{y,\text{NL}} \tag{27.200}$$

从路面到接触印迹的力出现在右端,由稳态公式计算。假设非滞后的外倾角力 $F_{y,NL}$ 直接作用在车轮轮辋上,通过与 γ 的线性关系,可以近似表示非滞后力。使用外倾推力刚度 C_{Fy}、非滞后小量 ε_{NL},并考虑前后力 F_x 存在的权函数 G_{yk},有

$$F_{y,NL} = G_{yk} \varepsilon_{NL} C_{Fy} \gamma \qquad (27.201)$$

应当说明的是,ε_{NL} 随车轮载荷变化。可以参考文献 [1],找到更适合和通用的方法,说明非滞后部分。

为了在速度接近零或在停止时能够计算,可以增加具有松弛长度 σ_c 的附加一阶微分方程。从这些方程,产生瞬态滑移量,作为稳态滑移力公式的输入。有

$$\sigma_c \frac{d\alpha'}{dt} + |V_x|\alpha' = -V_{sy}^* \qquad (27.202)$$

$$\sigma_c \frac{d\kappa'}{dt} + |V_x|\kappa' = -V_{sx}^* \qquad (27.203)$$

可以给接触松弛长度 σ_c 小而有限的值,例如等于名义载荷下半接地长度 a_o,这与27.6节的理论发现一致。式(27.202)和式(27.203)并不响应载荷变化。为此,依赖胎体柔性的作用(与依赖载荷的转向刚度结合),可以给出足够准确的结果。实际上,产生的静态轮胎的侧向柔性为

$$\frac{1}{C_{Fy}} = \frac{1}{c_{cy}} + \frac{\sigma_c}{C_{F\alpha}} \qquad (27.204)$$

产生的有效轮胎松弛长度(用于侧向滑移响应)为

$$\sigma_\alpha = \frac{C_{F\alpha}}{C_{Fy}} = \frac{C_{F\alpha}}{c_{cy}} + \sigma_c \qquad (27.205)$$

事实上,可以使用这个方程确定地面水平的侧向胎体刚度 c_{cy}。测试轮胎松弛长度 σ_α 和转向刚度 $C_{F\alpha}$,接着测试静态轮胎的侧向刚度 C_{Fy}。取 σ_c 等于半接触长度 a,可以确定胎体侧向刚度 c_{cy}。用于载荷变化的松弛长度等于

$$\sigma_{\alpha,Fz} = \frac{C_{F\alpha}}{c_{cy}} \qquad (27.206)$$

它比 σ_α 更小些。虽然这是从实际建模考虑得出的结果,但是事实上与测试结果接近[1]。

如果对包含仿真接近或等于零的向前速度的能力不感兴趣,可以放弃接触松弛长度 σ_c,取其等于零。在27.6节,在研发短波长行为的模型时,接触松弛长度构成了基本单元。

在式(27.199)和式(27.200)中,需要的变形率等于滑移速度之差

$$\dot{u} = V_{sx}^* - V_{sx} \qquad (27.207)$$

$$\dot{v} = V_{sy}^* - V_{sy} \qquad (27.208)$$

如前所述，车轮滑移速度 V_s 与其分量 $V_{sx,y}$ 定义为滑移点 S 的水平速度，认为该点附加在车轮轮辋上，距离为 r_e，即有效滚动半径，在车轮中心下的车轮中心平面，有

$$V_{sx} = V_x - r_e \Omega \tag{27.209}$$

$$V_{sy} = V_y - r\dot{\gamma} \tag{27.210}$$

式中 $V_{x,y}$ 指车轮中心速度的水平（平行于路面）分量。

在式（27.210）中，假设外倾角是小的，r_e 用加载半径 r 代替。

最后，作用在车轮轮辋上的力为

$$F_{xa} = k_{cx}\dot{u} + c_{cx}u \tag{27.211}$$

$$F_{ya} = k_{cy}\dot{v} + v_{cy}v + F_{y,NL} \tag{27.212}$$

回正力矩为

$$M'_z = -t_\alpha F_y \tag{27.213}$$

$$M_{zr} = M_{zr}(\gamma, \alpha', \kappa', F_z) \tag{27.214}$$

$$M_z = M'_z + M_{zr} + s \cdot F_x + M_{z,gyr} \tag{27.215}$$

通过引入式（27.196）的陀螺耦合，最后得出的方程是式（27.158）的扩展。

为了说明模型的性能，计算侧向力响应对外倾角、滑移角和制动滑移连续的步长变化，如图 27.28 所示，在这个例子中没有使用接地印迹松弛长度 σ_c。在文献 [1] 中，模型应用于不平路面上控制制动和由静止开始起动的问题，其中后者使用松弛长度 σ_c。在纯侧滑移下，要求较低情况的侧向力和回正力矩对连续步长的变化，如图 27.29 所示。根据式（式 27.192）使用约束的全非线性模型。当使用增强模型时，即包含接触质量 m_c，可以发现非常类似的结果。

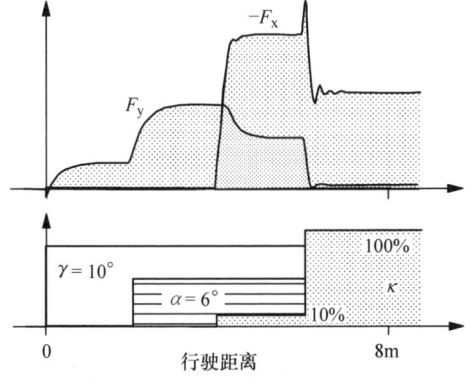

图 27.28 采用增强瞬态轮胎模型计算的组合滑移下，侧向力和制动力对阶跃变化的响应

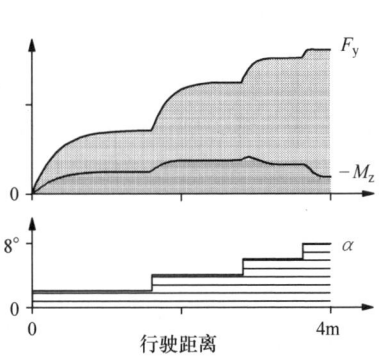

图 27.29 采用约束瞬态全非线性模型式（27.192）计算的侧向滑移下，侧向力和制动力对连续步长的响应

27.6 短波长中频率轮胎模型

本节将简短描述波长相对短（>20cm，甚至可能比所建立的路面障碍包容特性模型更短）并且频率相对高（<60Hz），而滑移水平可能高的模型。它可以处理发生组合滑移的情况，利用魔术公式作为非线性力和力矩描述的基础。因此，实现由随时间变化的情况到稳态条件的连续瞬态变化。初始模型研发限于对纵向和侧向滑移变化较重要的响应，此外轮胎模型包含行驶过独特路面不平度（楔形）的可能性。模型基于 Zegelaar 和 Maurice 的工作，在 Deft 技术大学进行，得到 TNO 汽车和工业财团的资助。此模型称为 SWIFT 模型（对应当前部分标题的英文缩写），在 Deft 轮胎研究论著中称为 MF-Swift 模型。此模型的连续发展使得其可能包含外倾角和转向滑移的变化，详细信息请读者参考文献[1, 21]。

通过使用环模型可以进一步达到的关键步骤，是胎体和接地印迹建模的分离。以这种方式，可以确立更多通用的模型，正确描述短波的滑移特性和高水平滑移。这里建立的模型，可以作为前面部分增强单接触点模型的进一步发展，如图 27.27 所示。在图 27.30 中，描述了模型的结构。在此可以区别模型的四个元素：

① 考虑带的惯性，以便正确描述轮胎动力学，频率限制在 60~80Hz，允许带作为刚性圆环。

② 在接触印迹和环之间引入所谓剩余刚度，以保证轮胎总静态刚度在纵向、侧向和横摆方向是正确的，轮胎模型总柔度由胎体柔度、剩余柔度（实际是胎体总柔度的一部分）和胎面柔度组成。

③ 刷子模型表示接地印迹的水平胎面单元柔度和局部滑移，在这个模型基础上，近似包含印迹的有限长度和宽度的影响，模型的这个单元是最复杂的部分，允许实现波长减少到大约 10cm。

④ 有效路面输入使轮胎驶过不平路面的模拟和轮胎包容特性得到适当表达，实际路面的三维轮廓由四个有效输入的集合代替：有效高度、路平面的有效前向和有效侧向斜率和有效前向路面曲率，有效前向路面曲率在很大程度上决定了轮胎有效滚动半径的变化。

⑤ 魔术公式轮胎模型用于描述非线性滑移力和力矩的特性。

已经开发了类似但更符合物理定位的模型，著名的例子是 Gipser 的 BRIT 模型。在有限接地印迹上，它使用表征胎面单元分布特性的刷-环模型，具有实际压力分布，通过模拟轮胎驶过正弦路面的滑移角和制动情况演示了模型的应用[4]。其他模型使用离散和有限元，如 Ftire 和 RMod-K，由 Gipser[5]、Oertel 和 Fandre[7]分别开发。在文献[22]中，Lugner 等对三个动态模型 MF-Swift、

第 27 章　作为车辆部件的轮胎

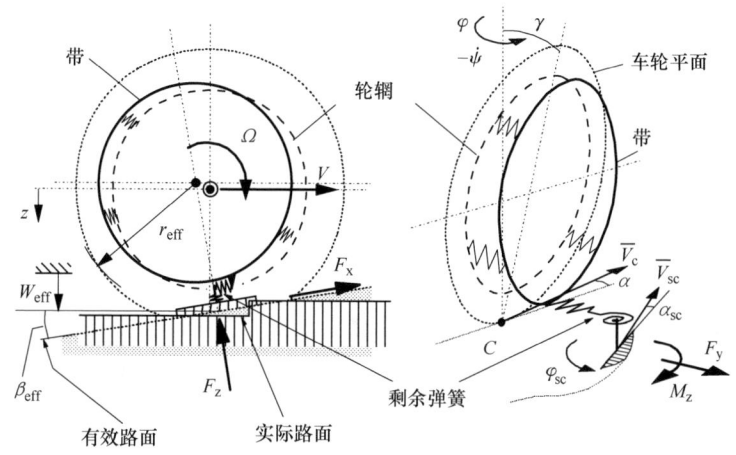

图 27.30　表示刚性带环特性、剩余刚度、接触印迹滑移模型和
有效路面输入的 Swift 模型通用构型

Ftire 和 RMod – K 给出了综合的比较讨论。

在接下了的讨论中，首先，将讨论包含小波长和大滑移的接地印迹滑移模型。其次，将增加描述具有剩余柔度的刚性带环动态行为的模型。再次，将致力于考虑驶过不平路面的模型特性，全尺寸轮胎试验将演示模型的有效性。

27.6.1　非稳态行为的接触模型

理论分析表明，刷子轮胎模型的瞬态滑移特性可以通过三个一阶微分方程近似。对于瞬态滑移 κ'，有

$$\sigma_c \frac{d\kappa'}{dt} + |V_x|\kappa' = -V_{sxc} \tag{27.216}$$

对于瞬态滑移角 α'，有

$$\sigma_c \frac{d\alpha'}{dt} + |V_x|\alpha' = -V_{syc} - |V_x|\psi_{st}^r \tag{27.217}$$

对于轮胎拖距的瞬态滑移角 α'_t，有

$$\sigma_2 \frac{d\alpha'_t}{dt} + |V_x|\alpha'_t = |V_x|\alpha' \tag{27.218}$$

附加的四个一阶微分方程考虑了改变转向滑移和外倾角的响应。前向速度用 V_x 表示，输入是接地印迹的滑移速度 V_{sxc}、V_{syc} 和 $d\psi_{sc}/dt$，输出是瞬态滑移量。需要式 (27.217) 中的最后一项 (反馈环中的静态胎体横摆变形)，使式 (27.220) 轮胎滑移特性的时间应用成为可能。

松弛长度随着总滑移增大而减小，这是由于接地印迹的附着区减小所致。在滑移消失时，有 $\sigma_c = a$ (接地长度之半) 和 $\sigma_2 = t$ (轮胎拖距)。为了确定力和

力矩，随后使用瞬态滑移量作为稳态力和轮胎拖距公式的输入。在纯滑移条件下，有

$$F_x = F_x(\kappa', \alpha', \cdots) \tag{27.219}$$

$$F_y = F_y(\kappa', \alpha', \cdots) \tag{27.220}$$

$$M_z = -t(\kappa', \alpha'_t, \cdots) \cdot F_y + M_{zr}(\kappa', \alpha', \cdots) + (s + y^r_{st}) \cdot F_x + C_{\Delta M} \cdot (\alpha' - \alpha'_t) \tag{27.221}$$

式（27.221）的最后一项的 $C_{\Delta M}$，表示非常小的额外力矩，它保持线性形式。需要这个项模拟由于相位不同，当力矩还是非零而侧向力可能变成零的情况。随着总滑移大小的增加，系数 $C_{\Delta M}$ 也将逐渐减少到零。在滑移消失时，这个量等于接地印迹模型（刷子模型）的回正刚度。M_{zr} 表示旋转产生力矩（转向滑移和外倾角），具有 F_x 的项反映 F_x 作用线侧向移动的影响，可参考初始魔术公式模型。

在 $\alpha_o = 0$、0.08 和 0.16 rad 的三个不同水平下，早期近似仿真模型[对于式（27.219）至式（27.221）表示的刷子模型，替换为通过分析确定的稳态特性和删去式（27.217）的最后一项]与刷子物理模型分析解的比较，以路径频率响应的形式表示，图 27.31 给出接地印迹模型附加在柔性胎体上的结果。一般结论是，至少对于波长近似大于 10cm 的情况，可以判断对应的关系非常好。上面的两幅图形表示侧向力响应，显示相位滞后曲线的侧面移动，这是由于松弛长度随着平均滑移角增加而下降引起的。当平均滑移角从零变到较大值时，回正力矩响应图清晰给出从二阶到一阶行为的转换。

模型也可以扩展到包含对外倾角和转向滑移的响应，后者对于模拟停车行为特别重要，详细的信息见文献[1]。

遇到的第一个问题是前面描述的模型中接地印迹由刷子模型表示的事实，稳态特性使用式（27.220）和式（27.221）属于刷子模型，不属于包含胎体横摆扭转柔度的总模型。使用车轮滑移值的函数是首选的，因为这些函数（可能是魔术公式）可以在路面上、平板或鼓式试验台上进行全尺寸试验直接获得。

一个明显的解决方案，是采用魔术公式建立接地印迹特性的模型。这些偏离了用于评价整体轮胎的模型，因为接地已经"看到"滑移角不同于（小于）车轮平面的滑移角。对于接地印迹，改进的一组魔术公式参数可以离线确定，或者包括迭代循环达到正确的整个模型的稳态行为。然而，研究者已经找到更简单和更实际的方法，允许使用魔术公式特性由轮胎滑移试验获得，这通过增加式（27.217）中的最后一项完成（胎体的静态横摆变形）[1]。

27.6.2 剩余刚度和带动力学

在前面的部分，使用接地印迹模型与柔性胎体连接。在本部分，引入带的惯

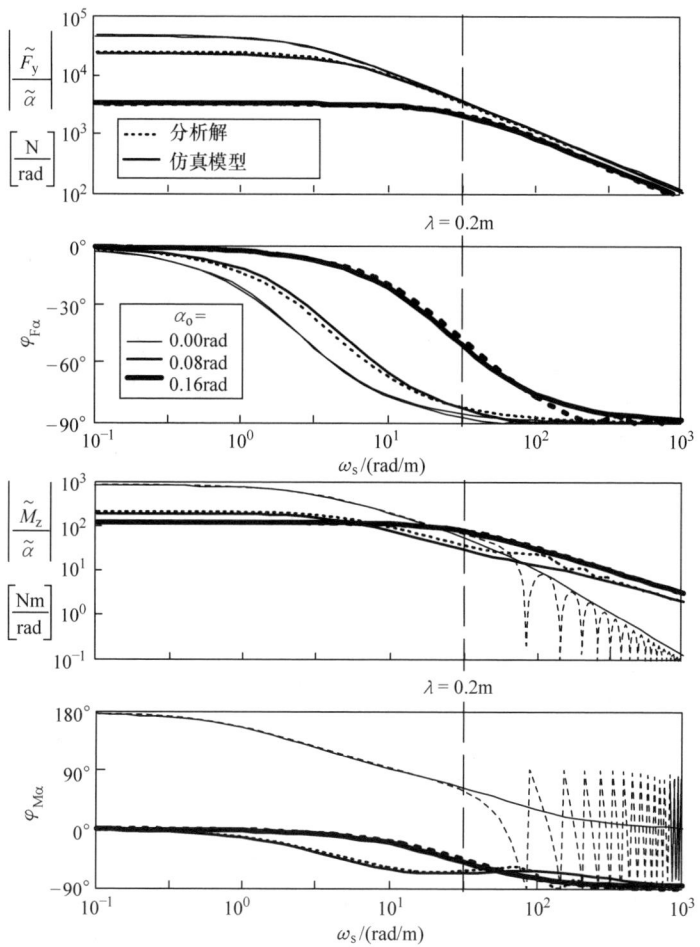

图27.31 根据分析解和近似仿真模型计算的不同平均滑移角水平下,包含胎体柔性的线性系统频率响应函数,给出输入车轮平面运动等于20cm波长的路径频率

性。既然限制模型的应用小于60~80Hz,带可以近似为刚性环,通过柔性侧壁附属于轮胎轮辋上。为了保证静态轮胎刚度不变,在接地印迹和带之间引入剩余弹簧。模型中确定的剩余弹簧,如图27.32所示。

接地印迹水平动力学,由一组六个一阶微分方程处理,而六个自由度带运动方程由两组三个二阶微分方程建模。

Zegelaar的研究[19]也在文献[1]中给出了报告。对轮胎本构关系进行了重要的试验,如接地面积尺寸、静态和动态垂直刚度、不同滚动速度的特性、静止轮胎的静态纵向刚度、轮胎半径随速度变化、滚动阻力、有效滚动半径和滚动阻力矩。模型参数值由全尺寸轮胎动态试验确定,在不同类型试验装置上完成。大多数参数,通过测试和计算(复杂)响应函数之差最小获得。

利用在滚筒试验台上试验确定的参数,计算零速时的振动刚体模态,如图 27.33 和图 27.34 所示。

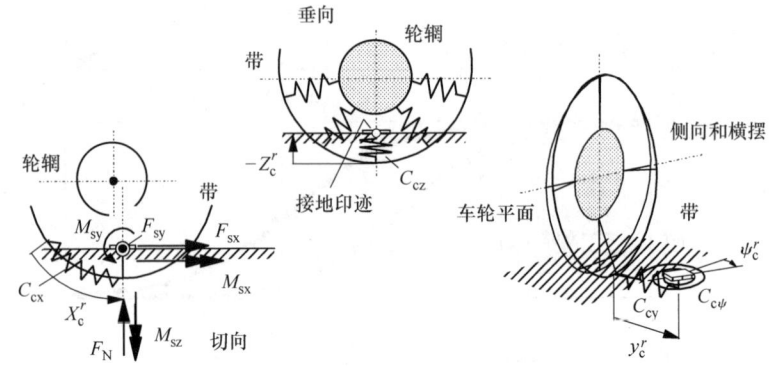

图 27.32 附加在接地印迹到带的剩余弹簧的变形

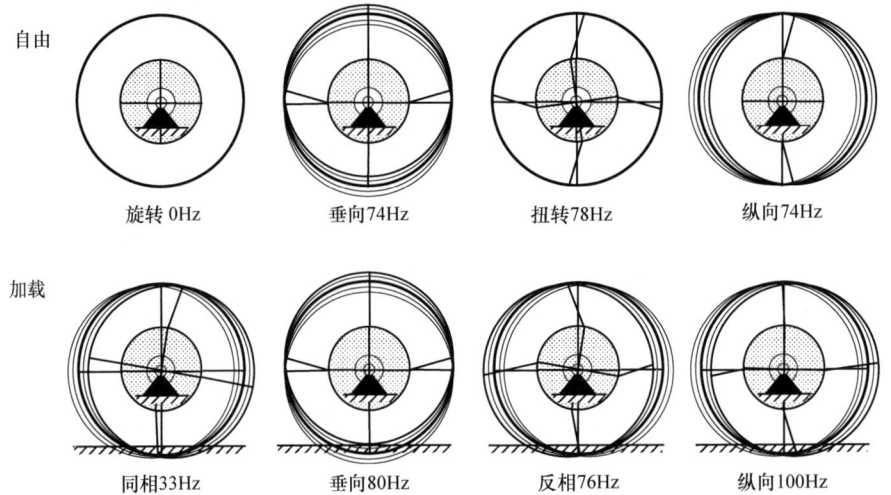

图 27.33 轴固定和轮胎自由,或在转鼓上采用垂直载荷 $F_N = 4000\mathrm{N}$ 加载和零速度的轮胎/车轮系统平面内计算振动模态(一)

带环和轮辋有四个平面内自由度,两个平移和两个旋转;三个平面外自由度,侧向、横摆和外倾。因此,可以区分四个平面内刚体模态和三个平面外刚体模态。当轮胎与转鼓面接触时,模态形状可能变化很大。自由度(0Hz)模态变化成带和轮辋同相模态彼此旋转的模态,侧向和外倾模态形成组合:低轴外倾振动的低频模态和绕接近轮胎顶部旋转轴的高频模态,在接地区形成相对大的侧向变形。

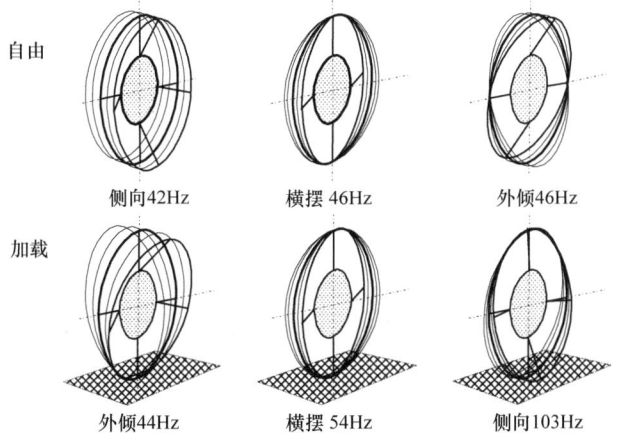

图 27.34 轴固定和轮胎自由，或在转鼓上采用垂直载荷 F_N =4000N 加载和零速度的轮胎/车轮系统平面外计算振动模态（二）

作为一个例子，图 27.35 给出了侧向力和回正力矩幅值对横摆振动的平面外

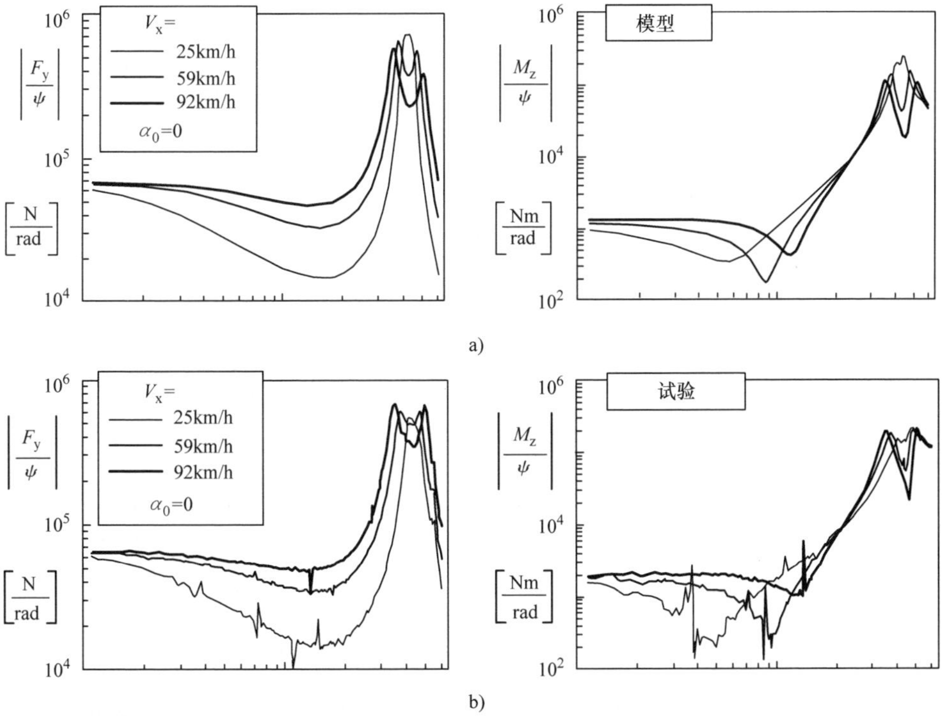

图 27.35 在零平均滑移角、三个向前速度值和法向载荷 F_N =4000N 下，计算的和测试的侧向力和回正力矩幅值对转向角变化的平面外频率响应函数
a）计算结果 b）测试结果

频率响应函数与试验结果的比较,这是通过达到约60Hz的横摆振动试验获得的。为了说明模型的平面内性能,仿真和试验在动态制动/带钉转鼓试验台进行,在制动压力连续逐步增加的情况下完成。纵向力响应和相关车轮速度,如图27.36所示。显然,刚性环模型提供短波长瞬态滑移模型和剩余柔度,在约60Hz频率范围能够很好地描述动态轮胎行为。

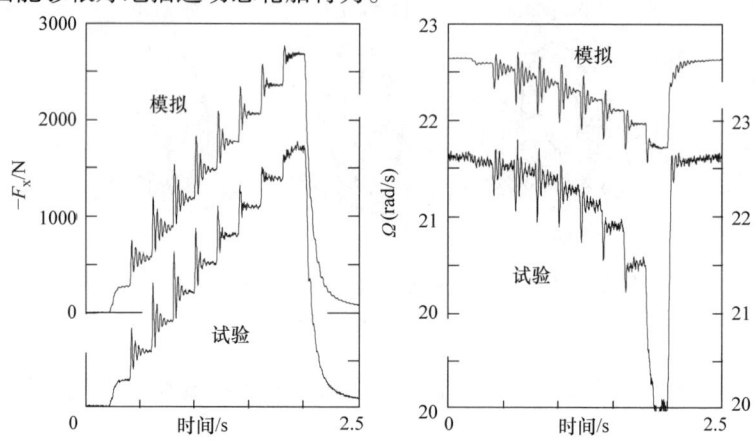

图27.36 制动力对制动压力连续步长增量的响应,描述了力的变化和车轮旋转速度随时间的变化,实际摩擦系数明显低于模型假设的值

27.6.3 短路面不平度的动态轮胎响应

轮胎滚过的实际路面轮廓,可能包含表示相对短波长的谱分量。如果波长小于接触长度的两到三倍,假设使用的轮胎模型以单点接触路面,则需要对轮廓进行几何滤波。而SWIFT模型开发了特殊的滤波器,考虑轮胎滚过短障碍时的轮胎包容特性和有效滚动半径的变化。在接触区,发生障碍的包容,假设忽略局部动态影响。对准静态驶过障碍时轮胎产生的变化条件进行测试和建模,随后将其作为轮胎较高速度下的有效路面输入,带的惯性考虑了动态影响。为了达到几何滤波路面轮廓描述,Bandel引入了有效路面[23]。有效路面高度和前向斜率变化,可以通过试验确定,即让车轮以非常低的速度滚过不平路面,在常垂直载荷、力和垂直位移下测试。根据定义,作用在车轮轴上产生的力(扣除滚动阻力)与有效路面垂直。取有效高度变化 w 等于垂直轴的位移,有效前向斜率 $\tan\beta_y$ 是通过纵向水平力(扣除相对小的滚动阻力)除以垂直力得到的。在模型中,使用与移动长度 l_s 的两点跟随器相关的基本曲线[19],或者在实际路面上移动椭圆形状的两个凸轮[1,21,24],以等于长度 l_s 的距离(略小于接地长度)彼此跟随,可以确定有效路面高度和斜率。两个凸轮最低点连线中点的高度和连线的倾斜,表示有效路面高度和有效前向斜率,图27.37说明了一前一后凸轮构型。

在一定常垂直载荷下，让轮胎驶过台阶或不同高度条带，使用非常低速的轮胎响应的最佳近似，拟合得到凸轮的参数。一旦确定参数后，凸轮的参数可以保持固定，并且独立于台阶高度、障碍形状或垂直载荷。检验表明，椭圆底部的形状在侧视中与轮胎轮廓的实际是一样的，拟合过程考虑在接触区前面达到最高的台阶高度。前后凸轮的基本长度 l_s 的确依赖于垂直载荷，前后凸轮用于模拟滚过单个楔、任意不规则或通常遇到的路面。

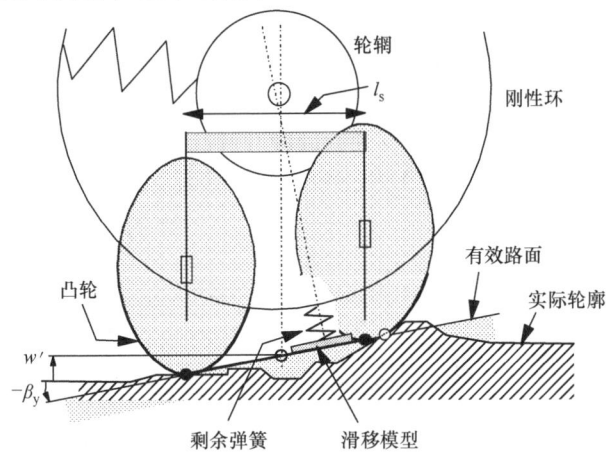

图 27.37　Schmeitz 的前后凸轮构型，产生有效路面高度和斜率，附加在环和滑移模型上

分析表明，有效滚动半径随着初始条件变化，其中有效斜率 β_y 和斜率变化率（曲率）$d\beta_y/ds$ 是零，径向变形 $\rho_z = \rho_{zo}$，有

$$\widetilde{r}_e = -\eta \widetilde{\rho}_z - r_{eo}(1 - \cos\beta_y) + \rho_z r_{eo} \frac{d\beta_y}{ds} \tag{27.222}$$

在不平路面上，最后项现在对有效滚动半径变化构成最重要的贡献。因此，对车轮旋转加速度构成贡献只能通过纵向接触力 F_x 引起变化。这个力也经常超过由前向斜率本身产生的水平纵向力。

在图 27.38 中，给出 205/60 R15 轮胎在常轴高度下滚过转鼓表面的实例，其上具有一些不同形状的障碍。测试和计算的车轮轴垂向力和水平（纵向）力 K_z 和 K_y、车轮角速度 Ω 对时间变化和功率谱 S 给出了满意的一致性。

路面发生外倾变化，如轮胎滚过斜楔时，可以通过取两个平行的前后凸轮（轨迹宽度取等于接地印迹宽度）处理，确定平均横向有效斜率 β_x，参考图 27.39，给出双轨"路面感觉器"驶过角 θ 的台阶的路面不平形状。对于短波长（<0.2m）路面外倾的变化，如遇到斜台阶或条带障碍，要插入附加的过渡凸轮（即三个附加凸轮，每个沿着路面感觉器四个边），采用斜率平均以便获得足够准确的结果[21,24]。

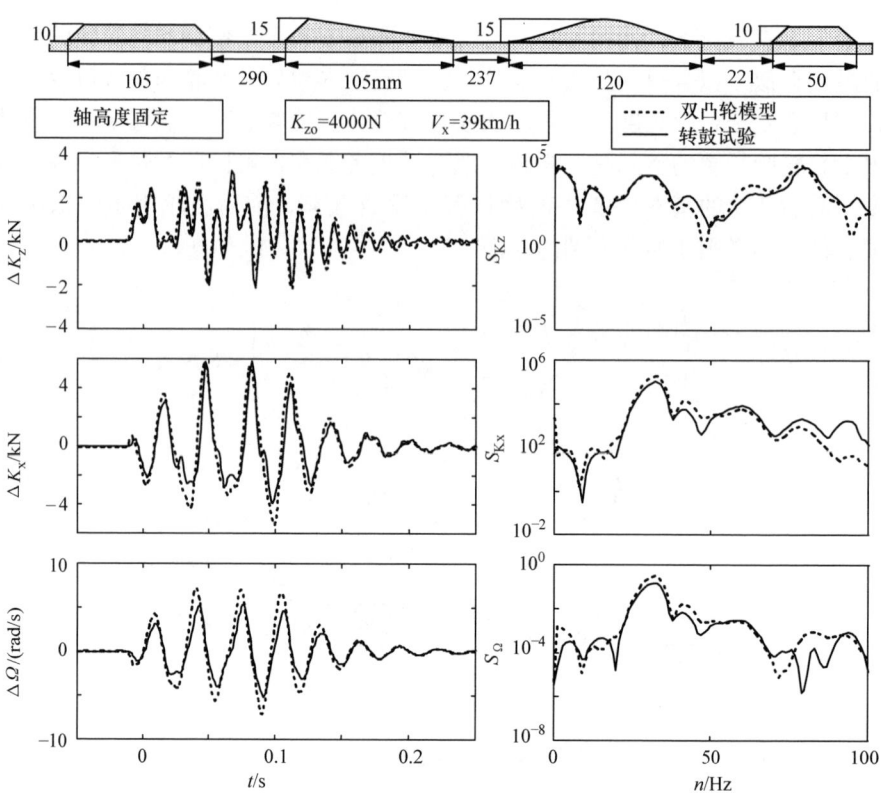

图 27.38 滚过安装在转鼓表面的系列楔，在常轴高度测试和计算的车轮轴垂直力和纵向力 K_z 和 K_y、车轮角速度 Ω 对时间变化及其功率谱密度 S，在 $t=0$ 时左楔中心在车轮中心下，在大约 $t=0.12\mathrm{s}$ 时恢复表面

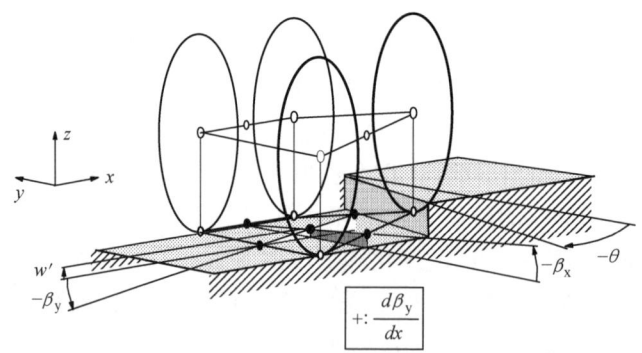

图 27.39 用于三维路面不平度的双轨凸轮感应器驶过斜台阶产生四个有效路面输入

总体上，现在有四个有效路面输入量：

① 有效高度 w。

② 有效前向路面斜率角 β_y。
③ 有效横向路面斜率角 β_x。
④ 有效前向路面曲率 $d\beta_y/dx$。

在图 27.40 中，给出轮胎在常轴高度以 59km/h 速度，驶过相对转鼓轴 43°（车轮滑移角和外倾角为零）安装的斜条带（高度 10mm，宽度 50mm）实例的试验和模型仿真的结果。车轮轴力 $K_{x,y,z}$、力矩 T 和车轮角速度 Ω 是时间的函数，其功率谱密度为频率函数。由此再次可以看出，可以达到合理或好的一致性；不同轮胎/车轮的共振频率，垂直模态出现在 78Hz（K_z），旋转模态出现在 35Hz（K_x 和 Ω），外倾模态出现在 46Hz（K_y、T_z 和 T_x），横摆模态出现在 54Hz（T_z）。

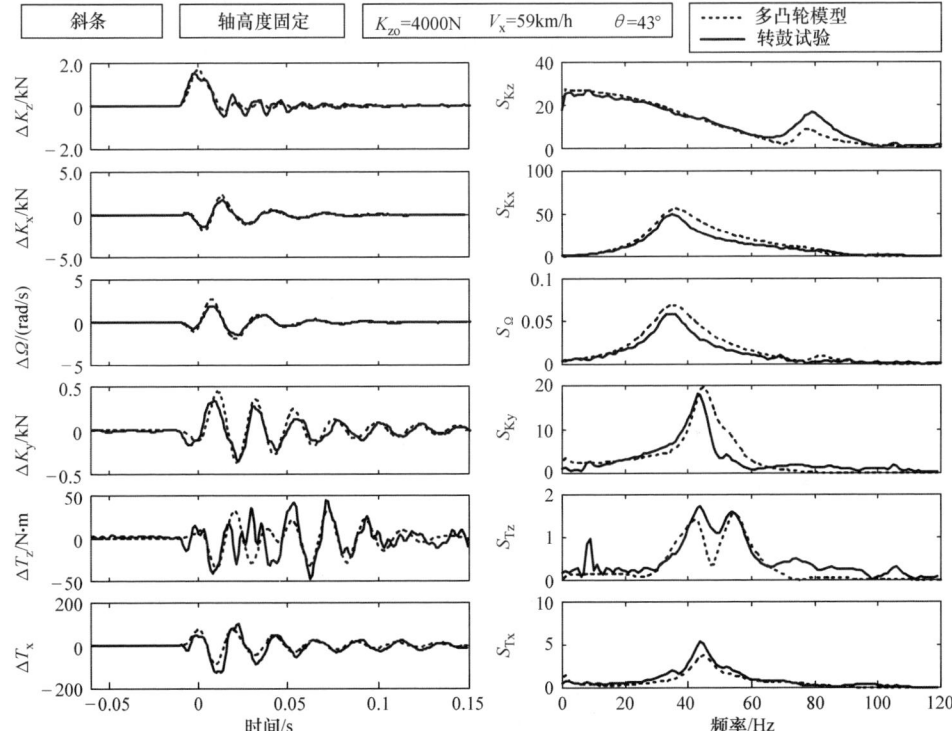

图 27.40 在常轴高度下驶过以 43°安装在转鼓表面的斜楔（10×50mm 条带），测试和计算的车轮轴力 K、力矩 T 和车轮角速度 Ω 随时间变化及其功率谱密度 S

27.7 轮胎稳态和动态试验装备

在各家汽车公司、轮胎工业公司，一些大学和研究机构中，试验装备可用于进行全尺寸轮胎测试，以便评估轮胎力和力矩产生的特性。试验装备可以建在货车或挂车上，装备特殊的车轮悬架和导引系统测试轮毂。通常，在路面行驶的试验装备，中等速度可以达到约120km/h。转向角的频率可以变化，外倾角可以通过机械或液压缸调整。垂直载荷可以设置要求的平均水平，路面不平度引起的载荷变化要滤掉。通常，纵向滑移由制动压力的可控应用产生。在很少的情况下，车轮角速度通过液压马达控制，产生相对车辆车轮旋转角速度的速度。以这样的方法，试验车轮的驱动和制动滑移可以在可控方式下改变。在一些装备上，在测试车轮前面可以喷水，以便产生潮湿的路面条件。测试的轮毂安装应变计或压电的力测试单元。使用这些试验装备，通常在拟稳态条件下完成测试。通常，侧向滑移或制动滑移可以在低速下施加。在处理、纠正和平均信号后，获得稳态的力和力矩滑移特性。

通常，大型室内装置以类似的方式运行。这些装置基于模拟的路面，由转鼓表面或平板（无穷带）实现。改变垂直轴位置和横摆角，一般可以达到更高的频率（约2~8Hz）。已经建成的转鼓试验装置，其直径范围为2~5m。使用较大的转鼓，可以在外表面运行轮胎或者在内表面运行轮胎。这种构型使得安装实际路面段成为可能，可以在内表面维持一层水，因而使得模拟潮湿或冰（甚至雪）的条件成为可能。2.5~3m的外转鼓直径是更经常遇到的情况。同样，也使用平板试验装置。通常但并非总是，这些装置在非常低的速度下使用，无论是板式还是车轴式。同样，建有转台或摇臂装置，以便测试转向滑移特性。

在转鼓试验装置上，测试拖轮或特殊的车轮引导系统具有可以定位的力测试平台或轮毂。对于较高频率的动态轮胎试验，要求非常刚性的试验台（或者非常软的振动系统）。使用的特殊设备通常限于特殊的应用，以使系统变成轻且具有足够刚性，即高的一阶固有频率。存在用于特殊任务的装备，如确定轮胎非均匀性、楔块响应或制动压力变化响应的轴固定系统（但是可以在高度方向调节）系统，以及只完成垂直轴振动，以确定垂直动态刚度和纵向力响应的轴加载系统，再就是只通过轴的横摆角变化评价轮胎动态转向响应的系统。

在图 27.41 中，给出 Delt 轮胎测试拖车[25,1]，现在由 TNO 拥有。拖车有两个测试站：一个用于乘用车尺寸轮胎，限制于不大的外倾角（<30°）；在另一边，特别设计用于摩托车轮胎的系统，可以处理大的外倾角（达到55°）。试验车轮可以受到（变化的）转向和外倾角，可以制动到车轮抱死，在试验轮胎前面可以以控制速率喷水。借助于测试轮毂：分别基于大型应变计和基于压电系统，测试三个力和两个力矩（即除制动力矩外的力矩）。

图 27.42 给出 MTS 的平板试验机。上部结构装有转向轴，可以倾斜形成车轮中心面与模拟路面的带的交叉线。通过这种构型，可以产生纯外倾角或车轮倾斜角（在零转向角下）。这种系统非常早的例子，是大型的 Calspan 的 Tread Mill 系统、Baffalo 系统，也可以处理较大的货车轮胎。带由两个转鼓支撑，在轮胎下面为平坦的空间或载水的面。带的侧向稳定由转鼓之一的横摆或倾斜角变化实现，试验车轮能够以可控滑移方式驱动或制动。

第 27 章　作为车辆部件的轮胎

图 27.41　Delt 轮胎测试拖车

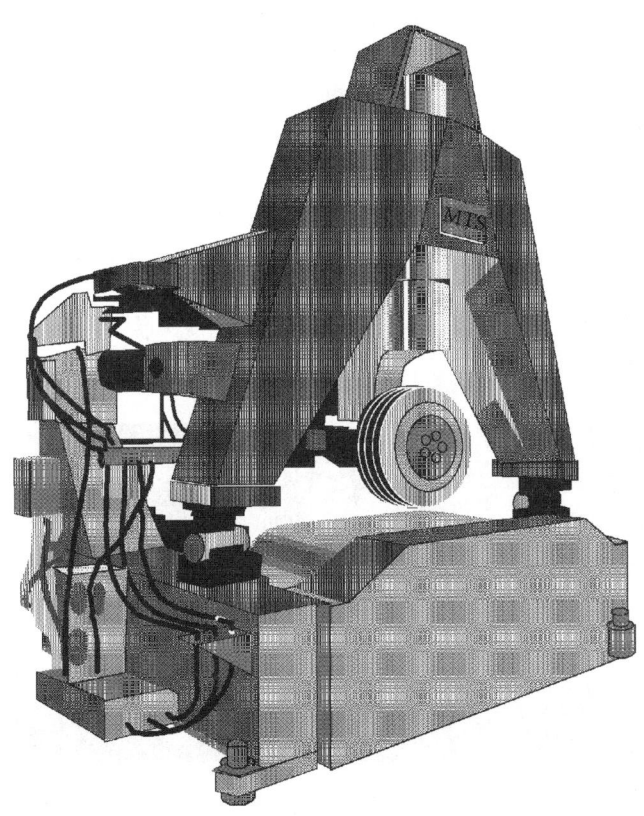

图 27.42　MTS 的平板试验机

图 27.43 和图 27.44 给出两个内转鼓试验装置的布局[26-27]，也可以使用图 27.43 转鼓的外表面，最大速度为 250km/h，这些大型装置由卡尔斯鲁厄理工大学（Karlsruhe University of Technology）管理。车轮加载、倾斜和转向系统的布置，使得中心点转向、对接触内轮鼓表面倾斜和位于车轮中心平面成为可能。车轮姿态角的变化顺序是，首先总是对垂直轴转向，然后对新的（还是水平）x 轴倾斜，保证每个角对于垂直位置确定，当其他变化时保持不变。当然，这个原理也适用于图 27.41，但不适用于图 27.42 的平板试验机。图 27.44 的构型表现了液压车轮驱动马达，使用它可以控制车轮滑移率。这里，力测试单元与车轮一起旋转。这避免了其他必须的结构测试，抑制了寄生的力和串扰，如由位置不准产生的制动力矩与回正力矩的交互作用。对于静态测试轮毂，双万向耦合驱动轴（包括长度变化补偿单元）是这种测试的例了，保证了只有实际的驱动/制动力矩传递到车轮。代替一对这样的耦合，也使用一组两个薄膜（薄的柔性盘）或其他装置，如图 27.46 所示。保持准确的定位是必需的，使用 UNTRI 构型（密西根大学），通过非旋转静态测试系统和轮胎之间的制动系统定位，阻止了交叉作用。旋转测试系统的缺点之一，是对垂直轴敏感（对于小的回正力矩），不能选择大于对水平纵向轴的敏感性，否则力矩可能变得过大。

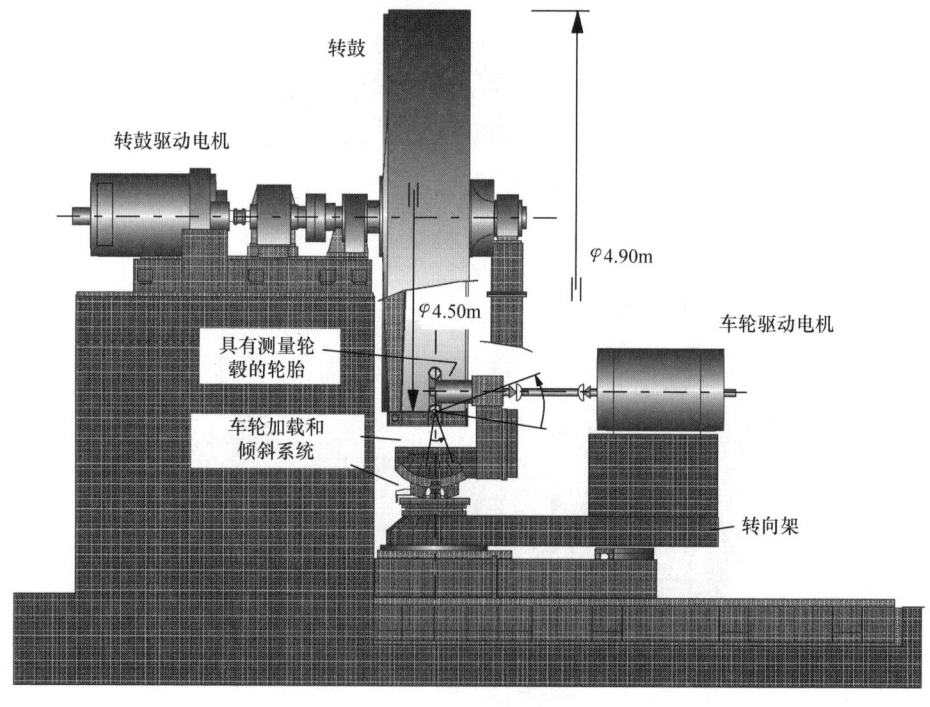

图 27.43　初始由保时捷（Porsche）拥有和运行的内转鼓试验装备

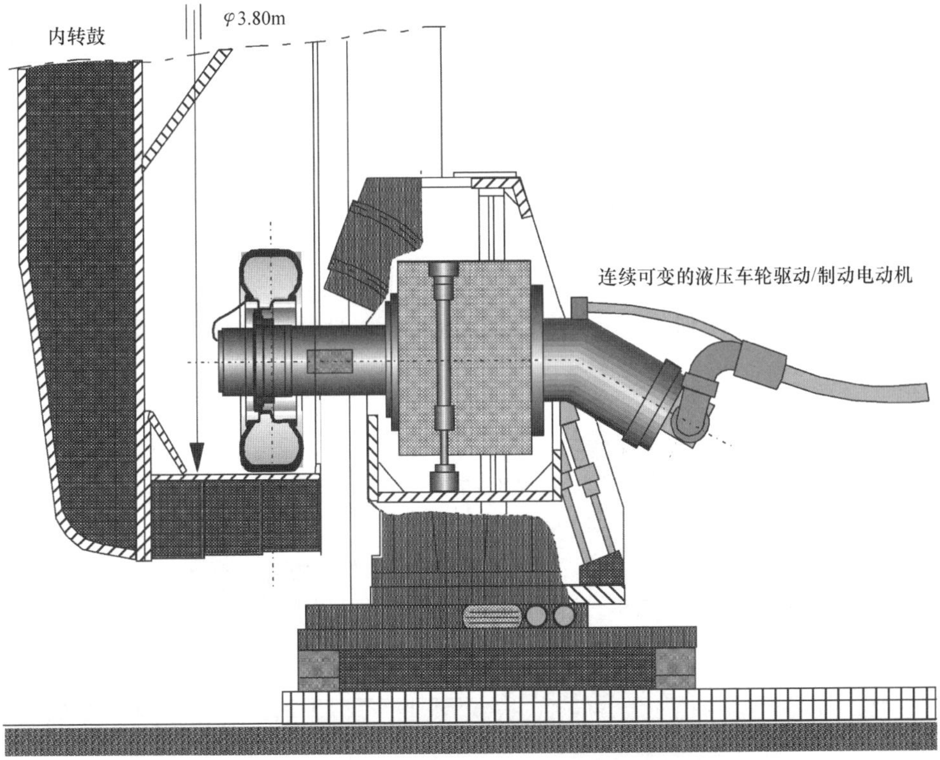

第 27 章 作为车辆部件的轮胎

图 27.44 卡尔斯鲁厄（Karlsruhe）内转鼓试验装置

图 27.45 给出的 Delft 平板试验机[16,25]，现在由埃因霍温理工大学（Eindhoven University of Technology）拥有。利用这个装置，在低至 2.4cm/h 速度下可以进行准确的测试。平台具有 7.5m 的最大行程，可以对平台上的纵向中心线倾斜。因此，可以确定纯外倾阶跃响应。车轮轴装备有测试轮毂，可以转向和外倾，可以制动车轮。可以调整垂直轴位置或轮胎垂直载荷，可以在平板面上安装

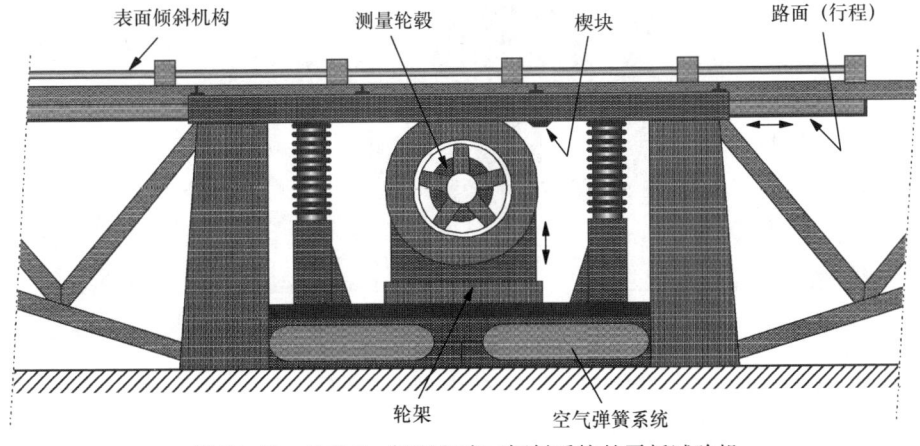

图 27.45 具有 7m 行程和路面倾斜系统的平板试验机

楔块。通常地，可以在这种装备上完成轮胎静态刚度试验（垂直、纵向、侧向、横摆和外倾），瞬态（阶跃）侧向滑移和外倾试验（松弛长度）、脉冲转向和楔块试验。

代尔夫特理工大学的室内转鼓试验装备，基于两个耦合转鼓，直径为2.5m，运行的最大速度可以达到300km/h。在顶部有一个转鼓，能够安装测试拖轮，用于低频或中频横摆和制动试验。这个试验台[20,25]可以绕垂直轴转向，通过轮胎接触中心和顶部转鼓表面。在另一个转鼓，可以安装用于测试平面内轮胎力学的试验台，如图27.46所示[19]。为了确保试验台有足够的刚性，导致产生了一个

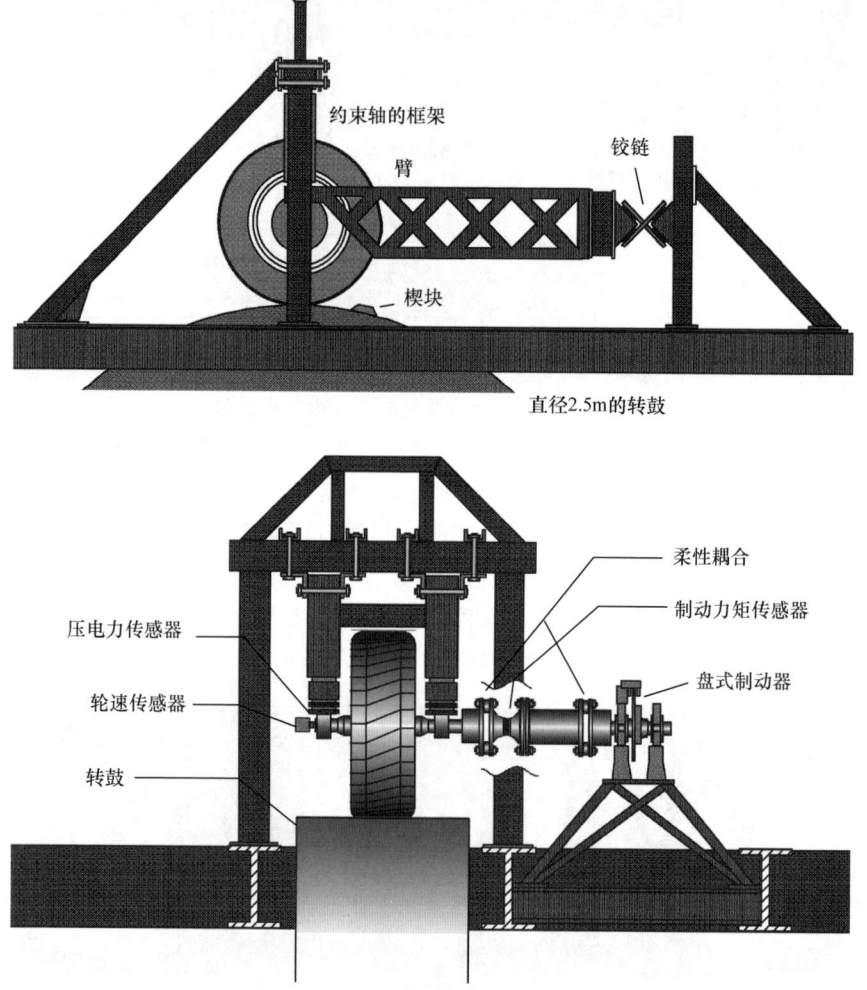

图27.46 动态制动和楔块试验装备的侧视图与前视图，可以达到约65Hz，能够确定包括剩余刚度和振动刚体模态在内的轮胎/车轮平面内的惯性和刚度

稍高于100Hz的最低固有频率，允许使用试验数据达到约70Hz。此外，为了避免力和力矩的串扰，制动轴与车轮轴通过具有柔性耦合的中间轴连接。这些耦合是图27.43的双万向节耦合的替代解决方案。除了旋转轴外，它们在所有方向是柔性的。如果适当对正，将保证只有制动力矩传递到车轮，大大压缩其他寄生的力和力矩，制动力矩采用附加到中间耦合轴的应变计测试。液压伺服系统用于控制制动压力波动，带宽达到约60Hz，压力载荷传感器放置于车轮轴轴承的顶部提供信号，从其导出作用在车轮上的力和力矩（制动力矩除外）。设备采用了不同设置，用于对垂直轴振动的响应进行测试（<20Hz）。

  在另一个转鼓上，可以安装用于平面外轮胎动态试验的试验台。一个是纵臂"摆式"试验台[14,20]，一端有垂直铰链，另一端有转向头用于调整平均滑移角，安装有压电测试轮毂，如图27.47所示。在摇臂激励点，由液压促动器侧向激励，达到约25Hz。通过稍微向前倾斜垂直铰链调整车轮载荷，臂长是1.65m。轮胎几乎受到纯侧向滑移变化，试验台用于确定全部松弛长度和陀螺耦合参数。在图27.48中，描述了所谓横摆振动试验台[20]，可以用于进行绕平均转向角的试验，设置的值在-5°到5°之间。结构是轻的而非常刚性的，具有柔性铰链的两导杆相交于位于车轮中心平面（中心点转向）的垂直虚拟转向轴上。它安装有液压促动器，以产生横摆振动，典型的随机振动，具有65Hz的带宽。车轮轴提供压电测试轮毂，通过机械调整轴对于轮鼓表面的高度，以实现轮胎加载。

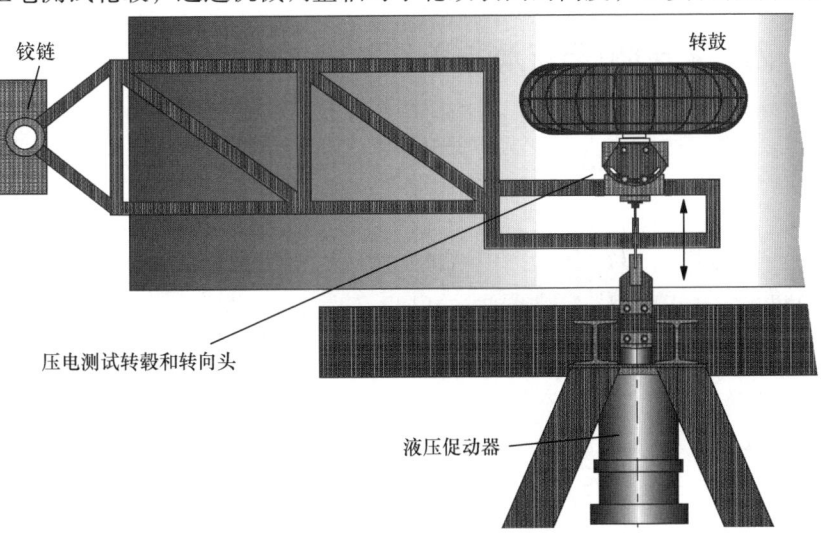

图27.47 激励轮胎几乎是纯侧向的纵臂钟摆试验台，频率达到大约25Hz，用于确定松弛长度和陀螺耦合参数

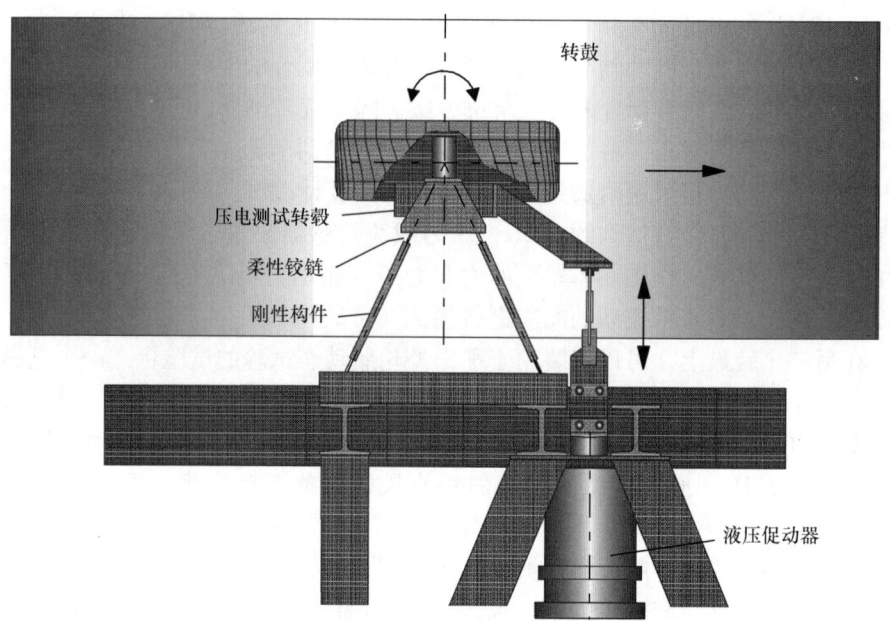

图 27.48 表征中心点转向的横摆振动试验台,频率达到约 65Hz,能够确定包括剩余刚度和振动刚体模态在内的轮胎/车轮平面外的惯性和刚度

附录 力、力矩和车轮滑移的符号转换

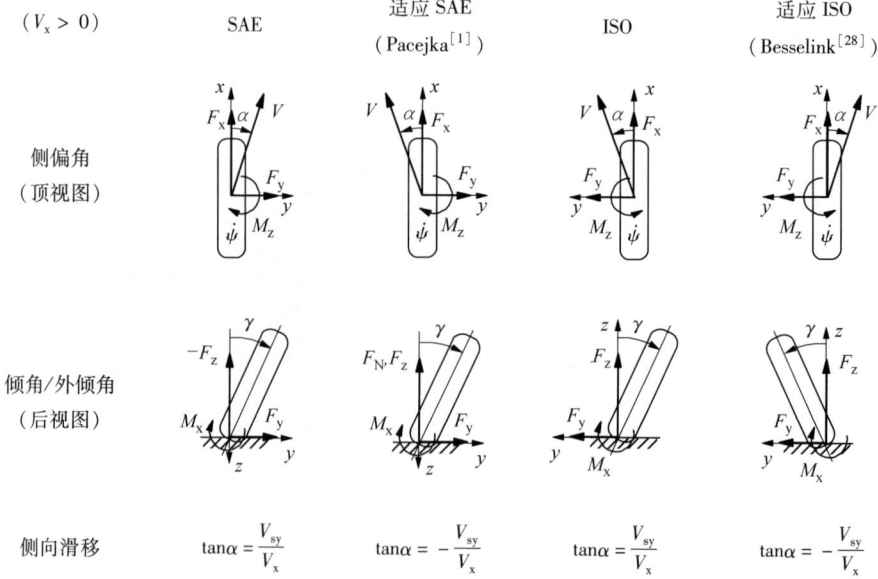

第 27 章 作为车辆部件的轮胎

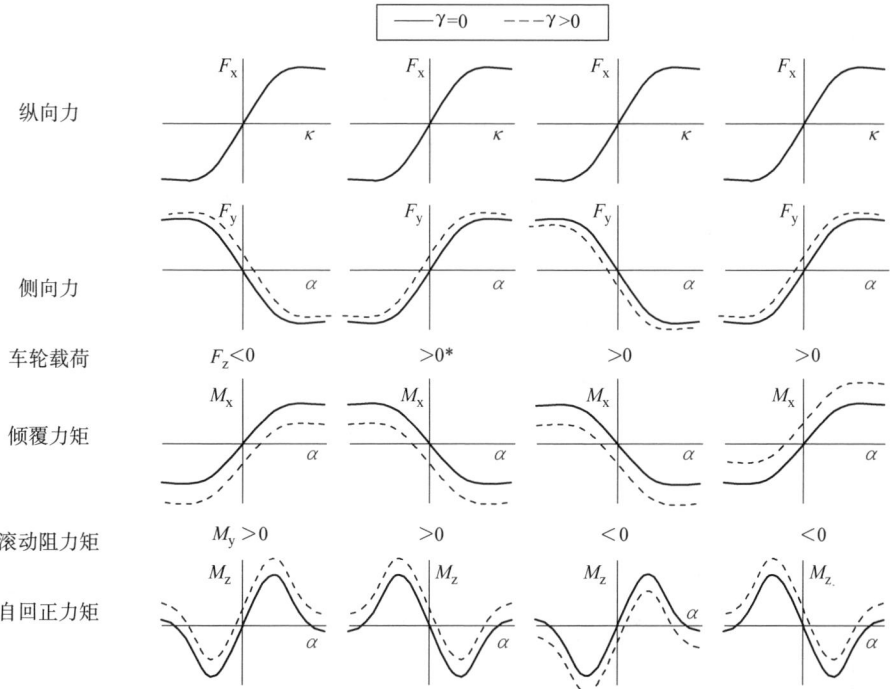

* 除文献 [1] 的第 9 章外，此处 $F_N = -F_z > 0$

参考文献

1. Pacejka, H.B., *Tyre and Vehicle Dynamics*. Butterworth and Heinemann (also SAE). Oxford, U.K., 2002, 2nd edn., 2006; 3ed., 2013.
2. Pacejka, H.B. and Sharp, R.S., Shear force development by pneumatic tyres in steady state conditions: A review of modelling aspects. *Vehicle System Dynamics*, 20, 121–176, 1991.
3. Pacejka, H.B. and Fancher, P.S., Hybrid simulation of shear force development of a tire experiencing longitudinal and lateral slip. In: *Proceedings of the XIV FISITA International Automotive Technology Congress*, London, U.K., 1972.
4. Pacejka, H.B., Hofer, R., and Lugner, P., Dynamical tire forces response to road unevennesses. In: *Proceedings of the 2nd Colloquium on Tyre Models for Vehicle Analysis*, Eds. F. Böhm and H.P. Willumeit, Berlin, Germany, 1997, *Vehicle System Dynamics*, 27(Suppl.), 1996.
5. Gipser, M., Ftire, a new fast tire model for ride comfort simulations. In: *Proceedings of the International ADAMS User Conference*, Berlin, Germany, 1999.

6. Oertel, Ch., On modelling contact and friction—Calculation of tyre response on uneven roads. In: *Proceedings of 2nd Colloquium on Tyre Models for Vehicle Analysis*, Eds. F. Böhm and H.P. Willumeit, *Vehicle System Dynamics*, 27(Suppl.), 1996.
7. Oertel, Ch. and Fandre, A., Ride comfort simulations and steps towards life time calculations: RMOD-K and ADAMS. In: *Proceedings of the International ADAMS User Conference*, Berlin, Germany, 1999.
8. Radt, H.S. and Milliken, W.F., Non-dimensionalizing tyre data for vehicle simulation. *Road Vehicle Handling*, Institute of Mechanical Engineers (C133/83), 1983.
9. Bakker, E., Nyborg, L., and Pacejka, H.B., Tire modeling for use in vehicle dynamics studies. *SAE*, 1987, Paper No. 870421.
10. Pacejka, H.B. and Bakker, E., The Magic Formula tyre model. In: *Proceedings of the 1st Colloquium on Tyre Models for Vehicle Analysis*, Delft, the Netherlands, 1991, Ed. H.B. Pacejka, *Vehicle System Dynamics*, 21(Suppl.), 1993.
11. Bayle, P., Forissier, J.F., and Lafon, S., A new tyre model for vehicle dynamics simulation. In: *Proceedings of the Automotive Technology International*, Aachen, Germany, 1993, pp. 193–198.
12. Pacejka, H.B., The tyre as a vehicle component. In: *Proceedings of XXVI FISITA Congress*, Ed. M. Apetaur, Prague, Czech Republic, 1996.
13. van Oosten, J.J.M. and Bakker, E., Determination of magic tyre model parameters. In: *Proceedings of the 1st Colloquium on Tyre Models for Vehicle Analysis*, Ed. H.B. Pacejka, Delft, the Netherlands, 1991, *Vehicle System Dynamics*, 21(Suppl.), 1993.
14. de Vries, E.J.H. and Pacejka, H.B., Motorcycle tyre measurements and models. In: *Proceedings of the 15th IAVSD Symposium on the Dynamics of Vehicles on Roads and Tracks*, Ed. L. Palkovics, Budapest, Hungary, 1997, *Vehicle System Dynamics* 28(Suppl.), 1998.
15. von Schlippe, B. and Dietrich, R., *Das Flattern eines bepneuten Rades*. Bericht 140 der Lilienthal Gesellschaft, 1941: NACA TM 1365, 1954.
16. Higuchi, A., Transient response of tyres at large wheel slip and camber. Dissertation, TU Delft, Delft, the Netherlands, 1997.
17. van der Jagt, P., Pacejka, H.B., and Savkoor, A.R., Influence of tyre and suspension dynamics on the braking performance of an anti-lock system on uneven roads. In: *Proceedings of the EAEC Conference*, Strassbourg, Germany, C382/047 IMechE, 1989.
18. Pacejka, H.B. and Besselink, I.J.M., Magic formula tyre model with transient properties. In: *Proceedings of 2nd Colloquium on Tyre Models for Vehicle Analysis*, Eds. F. Böhm and H.P. Willumeit, Berlin, Germany, 1997, *Vehicle System Dynamics*, 27(Suppl.), 1996.
19. Zegelaar, P.W.A., The dynamic response of tyres to brake torque variations and road unevennesses. Dissertation, TU Delft, Delft, the Netherlands, 1998.
20. Maurice, J.P., Short wavelength and dynamic tyre behaviour under lateral and combined slip conditions. Dissertation, TU Delft, Delft, the Netherlands, 2000.
21. Schmeitz, A.J.C. and Pacejka, H.B., A semi-empirical, three-dimensional, tyre model for rolling over arbitrary road unevennesses. In: *Proceedings of 18th IAVSD Symposium on the Dynamics of Vehicles on Roads and Tracks*, Ed. M. Abe, Kanagawa, Japan, 2003, *Vehicle System Dynamics*.
22. Lugner, P., Pacejka, H.B., and Plöchl, M., Recent advances in tyre models and testing procedures. State of the art paper of *19th IAVSD Symposium on the Dynamics of Vehicles on Roads and Tracks*, Milano, Italy, 2005, *Vehicle System Dynamics*, 43.
23. Bandel, P. and Monguzzi, C., Simulation model of the dynamic behavior of a tire running over an obstacle. *Tire Science and Technology, TSTCA*, 16, 2, 1988.
24. Schmeitz, A.J.C., A semi-empirical three-dimensional model of the pneumatic tyre rolling over arbitrarily uneven road surfaces. Dissertation, TU Delft, Delft, the Netherlands, 2004.
25. van Eldik Thieme, H.C.A., Experimental and theoretical research on mass-spring systems. In: *Proceedings of the FISITA Congress*, The Hague, the Netherlands, 1960.
26. Bröder, K., Haardt, H., and Paul, U., Reifenprüfstand mit innerer und äusserer Fahrbahn. *ATZ*, 75(2), 1973.
27. Krempel, G., Untersuchungen an Kraftfahrzeugreifen. *ATZ*, 69(1), 8, 1967. (cf. also dissertation Karlsruhe University, 1965.)

进一步推荐的参考文献

28. Bernard, J.E., Segel, L., and Wild, R.E., Tire shear force generation during combined steering and braking maneuvers. *SAE*, 1977, Paper 770852.
29. Besselink, I.J.M., Shimmy of aircraft main landing gears. Dissertation, TU Delft, Delft, the Netherlands, 2000.
30. Böhm, F., Der Rollvorgang des automobil-rades. *ZAMM*, 43, T56–T60, 1963.
31. Clark, S.K., A brief history of tire rolling resistance. In: *Proceedings of the 1st Rubber Division Symposia*, Chicago, IL, 1982.
32. Davis, D.C., A radial-spring terrain-enveloping tire model. *Vehicle System Dynamics*, 3, 55–69, 1974.
33. Dijks, A., A multifactor examination of wet skid resistance of car tires. *SAE*, 1974, Paper 741106.
34. Fiala, E., Seitenkräfte am rollenden Luftreifen. *VDI Zeitschrift*, 96, 973, 1954.
35. Guan, D.H., Shang, J., and Yam, L.H., Modelling of tire cornering properties with experimental modal parameters. *SAE*, 1999, Paper 1999-01-0784.
36. Guo, K.H., The effect of longitudinal force and vertical load distribution on tire slip properties. *SAE*, 1994, Paper 945087.
37. Guo, K.H. and Liu, Q., Modelling and simulation of non-steady state cornering properties and identification of structure parameters of tyres. In: *Proceedings of the 2nd Colloquium on Tyre Models for Vehicle Analysis*, Berlin, Germany, 1997, Eds. F. Böhm and H.P. Willumeit, *Vehicle System Dynamics*, 27(Suppl.), 1996.
38. Jianmin, G., Gall, R., and Zuomin, W., Dynamic damping and stiffness characteristics of the rolling tire. *Tire Science and Technology*, 29, 4, 2001.
39. Mastinu, G., A semi-analytical tyre model for steady and transient state simulations. In: *Proceedings of the 2nd Colloquium on Tyre Models for Vehicle Analysis*, Berlin, Germany, 1997, Eds. F. Böhm and H.P. Willumeit, *Vehicle System Dynamics*, 27(Suppl.), 1996.
40. Mousseau, C.W. and Clark, S.K., An analytical and experimental study of a tire rolling over a stepped obstacle at low velocity. *Tire Science and Technology, TSTCA*, 16, 2, 1994.
41. Pacejka, H.B., Analysis of the wheel shimmy phenomenon. In: *Proceedings of the Automobile Division of I.Mech.E.*, 180, Part 2A, Institution of Mechanical Engineers, 1965–1966.
42. Reimpell, J. and Sponagel, P., *Fahrwerktechnik: Reifen und Räder*. Vogel Buchverlag, Würzburg, Germany, 1986.
43. Sakai, H., Study on cornering properties of tire and vehicle. *Tire Science and Technology, TCTCA*, 18(3), 1990.
44. Sharp, R.S. and El-Nashar, M.A., A generally applicable digital computer based mathematical model for the generation of shear forces by pneumatic tyres. *Vehicle System Dynamics*, 15, 187–209, 1986.
45. Smiley, R.F., Correlation, evaluation and extension of linearized theories for tire motion and wheel shimmy. NACA (NASA) Technical Note 4110, 1958.
46. Takahashi, T. and Hoshino, M., The tyre cornering model on uneven roads for vehicle dynamics studies. In: *Proceedings of the AVEC'96, International Symposium on Advanced Vehicle Control*, Ed. H. Wallentowitz, Aachen, Germany, 1996.

第28章 充气轮胎模型：详细的力学模型

Michael Gipser

28.1 引言

轮胎性质和轮胎模型，在各种车辆动力学研究中起着至关重要的作用。然而，对更好和更详细模型需求的不断增长，在本质上扩大了仿真技术的应用范围。今天的仿真技术日益从经典稳态域或低频率的车辆动力学，扩展到较高频率区——在时间域和频率域内对路面激励和动态轮胎的响应。

同时，随着悬架模型的细化和精度的不断提高，轮胎模型也将越来越精确。今天的仿真，不再是像过去那样是原理研究的事情，不再意味着只是预测一个数量级的大小，而是预测小数点后二到三位的计算结果。至少，这是大多数用户期待昂贵的软件包所能够达到的效果。

而且，这个精度不仅是包括各种测试的运行点希望的，而且也是需要外插条件希望的。的确，多体系统（MBS）悬架模型的许多用户希望轮胎模型可以准确预测复杂但相关情况下的轮胎力。想象一辆车辆，以急转弯通过一个障碍同时制动，同时启动防抱死系统（ABS）的情况。此外，如果轮胎受到障碍损害而失去压力怎么办？如果所有这些发生在重型车辆或者车辆趋向于侧翻怎么办？毫无疑问，所有这些都是与车辆动力学相关的问题，不仅仅是学术兴趣，仿真试验必须得要给出答案。

另一方面，从建模观点而言，轮胎是一个棘手的问题，其基体材料是一种复杂的化合物，由许多非常不同的化学材料通过复杂的制造过程后硫化在一起而实现的，如图28.1所示。结构力学、热力学、流体动力学、化学、摩擦学、传热等物理领域对其行为起着决定性的作用。从系统动力学观点而言，轮胎表现为高度非线性。这不仅是由于大到极端的变形，而且也由于橡胶材料的非线性行为、在接地印迹的单侧接触力和转向、驱动和制动情况下的摩擦现象。

第 28 章 充气轮胎模型：详细的力学模型

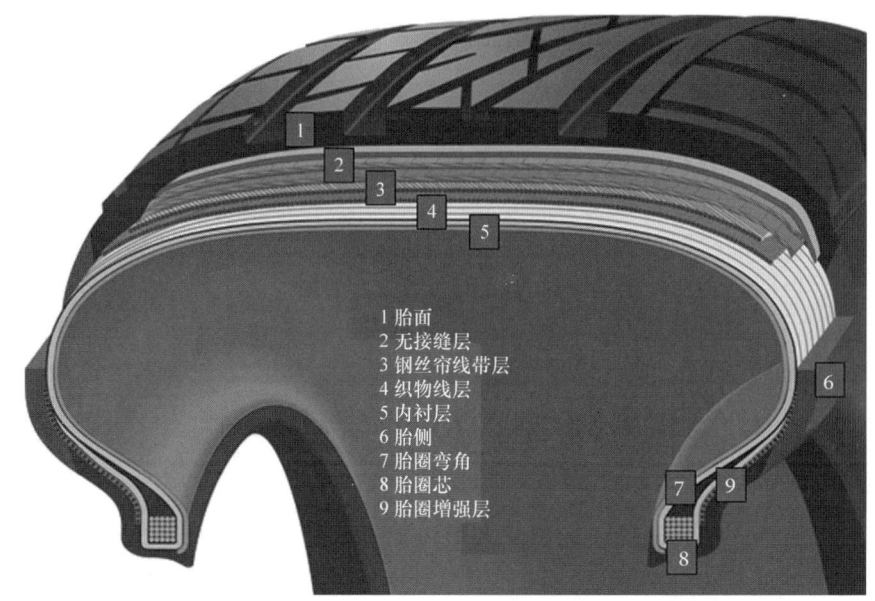

1 胎面
2 无接缝层
3 钢丝帘线带层
4 织物线层
5 内衬层
6 胎侧
7 胎圈弯角
8 胎圈芯
9 胎圈增强层

图 28.1 乘用车子午胎的组成

胎面花纹对轮胎的许多性质有很大影响，其几何图形从简单（某些农业、飞机和赛车轮胎）到极其复杂（大多数乘用车轮胎）。对于试图通过组合轮胎力学模型和计算流体动力学（CFD）模型模拟滑水的人，乘用车轮胎的胎面花纹是一个恶梦，如图 28.2 所示。当试图模拟与轮胎花纹相关的噪声生成，或者预测在雪地或软土壤地的牵引力和转向力时，情况也是如此。

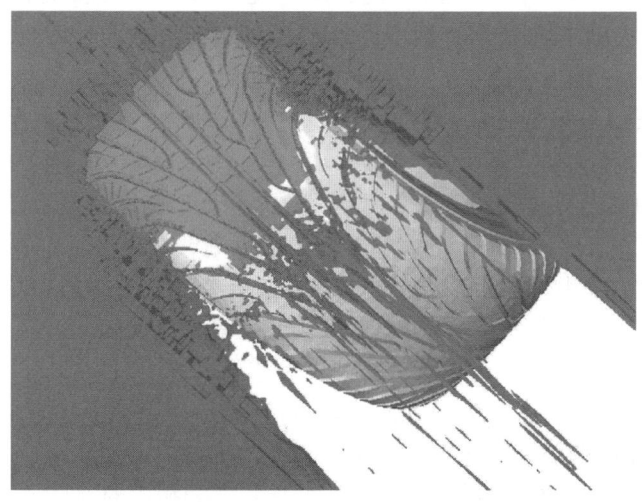

图 28.2 使用显式有限元法/有限体积法代码进行的滑水仿真

将所有这一切放在一起,通过把用户的需求(宽和日益增长的应用范围,激励和响应的高频率,绝对精度的高要求,没有相应测试可用情况下的有效性和可靠性)与轮胎性质〔极端非线性,复杂几何,复杂材料性质,完全不同的设计和尺寸,包括自行车、摩托车、乘用车、SUV、货车、拖车、农用机械、飞机、推土机、全地形车辆(ATV)、赛车和更多的轮胎〕相联系,从长远观点而言,显然简单的模型对所有这些是不够的。要求的模型,定位在尽可能与轮胎物理一致,但同时还要评估有可能承受的计算工作量。

显然,轮胎模型是用于轮胎工业帮助开发和改善轮胎本身,还是用于车辆(或悬架部件)制造商的开发部门是存在差别的。后者的主要兴趣不是改善轮胎,而是对于研发车辆使用或计划使用的轮胎进行描述。如前所述,这种描述要尽可能准确、可靠和有效,但它不一定必须描述轮胎设计的修改对轮胎性能的影响。

另一方面,轮胎开发者拥有(或应该拥有)关于轮胎设计、所有几何和材料数据项的最佳可能的知识,这对于生成详细的有限元(FE)模型是必需的。FE模型分析是轮胎开发的最重要的计算机辅助工程(CAE)工具。简而言之,轮胎设计师准备花费时间和精力开发FE轮胎模型,因为这些模型与其主要任务相关,并且因为它拥有所需的所有可用参数。

然而,车辆设计师通常无法获得此类详细的轮胎设计数据。他们也不准备在建立和运行其不负责的一个产品的FE模型上花费太多时间。此外,轮胎模型需要耦合进车辆模型中。同时运行4个FE轮胎模型(甚至更多,例如典型的欧洲半挂汽车组合是12个),再加上车辆模型,意味着不可接受的长时间计算。这就是为什么对轮胎模型需求不断增长的原因。具体来说:

① 基于详细的力学方法,预测所有相关情况。

② 远没有FE模型复杂,时间域内以足够快的速度进行标准车辆动力学行为的整车仿真。

对于所有这些模型而言,最大挑战是模型数据的提供,后来称为参数化。即使具有很好定义的物理意义,低于FE的力学模型的许多参数不容易确定或直接测试。因此,参数化工具起着至关重要的作用。当然,对于诸如基于著名的魔术公式[1]的MF-Tyre和MF-Swift现象类力学模型,更是如此。

参数化有两种方法,第一种方法使用测试:

① 静止轮胎的静态行为(径向、纵向和侧向的刚度等)。

② 滚动轮胎的稳态行为(转向特性)。

③ 未加载或加载轮胎的模态性质(共振频率和相应的模态形状)。

④ 对瞬态激励的动态响应(不同类型的楔形试验、不同滚动速度和车辆载荷)。

为了识别模型数据，识别过程中一些参数在识别软件下完成，或者至少在一些参数识别软件下辅助完成。

第二种方法要求详细的 FE 模型，应用一些静态或模态凝聚技术计算"粗"模型的数据，或者生成静态、稳态、模态和瞬态类型的"虚拟"测试。

对于这两种方法，时间和成本是相当大的，不是需要复杂的测试平台，就是需要详细的有限元数据。通常，轮胎制造商两种方法都可以使用。因此，为车辆制造商工作的悬架设计师，将尝试从轮胎制造商那里得到一个随时可以运行的数据文件。然而，反过来，轮胎模型需要由轮胎制造商接受和可用。轮胎和车辆的制造商之间交换模型数据的这种努力，是日常工作中实际使用轮胎模型很少的原因之一，在学术界公开发表的就不多了。

28.2 轮胎有限元分析

一项对主流轮胎制造商的调查显示，所有企业在轮胎研发期间都在大力应用 FEA。大多数公司表示，在各种 CAE 计算中 FEA 的比例超过 80%；一些公司甚至说超过 90%。一家制造商提到，通过应用 FEA，他们在过去 8 年内的研发延迟已经削减了 50%，类似的模型如图 28.3 所示。

图 28.3 中等规模网格尺寸的 FE 模型

此外，几乎所有被调查的公司都在开发、维护和使用专有的内部 FE 软件。显然，轮胎 FEA 的重要性证明了如此巨大的努力是合理的，似乎这仍然是映射公司轮胎技术诀窍到仿真模型最简单的方法。使用中的商用 FE 软件是 ABAQUS、LS - DYNA 和 PAM 软件族，一些用到了 NASTRAN 和 Marc。显然，仿真的重点放在了高度非线性模型,包括大位移、接触和摩擦的处理上。

制造商所提到的 FEA 应用列表很长,反映了轮胎开发过程的复杂性。这个列表的顶端是日常计算,如静态接地印迹分析,包括形状预测和地面压力分布的计算。同样已经完成的是稳态滚动,如图 28.4 所示;有时在一定的瞬态条件下,预测车轮的动态载荷。按重要性排序,其他日常计算包括胎体和带的应力与强度、模态分析和稳态的牵引和转向力预测。

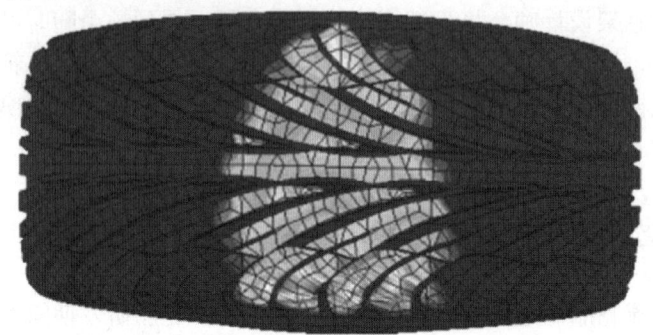

图 28.4 使用内部 FE 模型在侧滑仿真中的压力分布

少数公司提到的更先进的 FEA 应用包括:
① 滚动阻力预测和优化。
② 短波长障碍的轮胎包容特性。
③ 轮胎充气过程和轮胎-轮辋装配,包括预测安装和拆卸的方便性。
④ 水、雪和可压缩土壤的牵引。
⑤ 摩擦能量耗散的估计、热映射和化学进化。
⑥ 胎面磨损仿真。
⑦ 冲击和误用分析。
⑧ 耦合的声-结构分析,包括胎面块与不同材质地面接触的激励过程。
⑨ 轮胎制造过程,包括聚合物合成。

显然,其中一些应用是非标准的,但是是基础的研究。某些制造商提到,使这些应用更可靠和更有成本效益,是将来的重要发展方向。其他提到的研发包括:

① 集成单独的 FEA 成为一个集成的标准程序,以便自动表征所有的性能标准,再进一步集成这样的程序到 CA 进程链中。
② 用于橡胶化合物、纤维和泡沫等材料模型的改进,同时考虑对应变水平、激励振幅、频率、负载历史和温度依赖的非线性。
③ 几何细化,伴随着计算能力的进一步提高。
④ 摩擦模型的改善,尝试更好地理解热-黏弹性,考虑非稳态的摩擦定律。

⑤ 用于泥、雪和沙的地面模型的研发和改善。
⑥ 通过损伤模拟的裂纹萌生和裂纹阻裂效果。
⑦ 轮胎混合/成型/制造过程，及其对材料性质影响结果的仿真。

用于轮胎 FEA 建模技术和应用的一个不完整的论文集合见参考文献 [2-47]，更多应用可以在某些杂志中找到[48]。

28.3 减低复杂性使用专用软件的轮胎力学模型

与使用商业或内部 FEA 软件包的"真正的"有限元模型不同，有几个力学模型正在研发中，它们使用了专门用于动态仿真轮胎的软件编写和优化[49-74]。与全 FE 模型相比，这类模型显示减少了复杂性，表达进行了简化。在通用 FEA 中，模型结构只通过输入文件描述，而在专门软件中它是"硬代码"。这样的程序可以更好地充分利用某些特定于轮胎的力学和数值性质，此外，它易于在不同的公司之间交换，不需要在两个地方提供相同的 FE 软件包，而且它更易于与 MBS 悬架模型耦合。使用真实的 FE 模型，需要对 FE 和 MBS 求解器进行复杂的联合仿真。

如前所述，对多用途轮胎模型的解决方案的需求日益增长，要求软件同时可以应用于车辆动力学的许多重要领域。这样做的原因很明显：
① 研发或购买一个模型而不是几个模型，更节省时间和经费。
② 对每个轮胎尺寸只进行一次参数化。
③ 没有经验的用户不需要为每个应用单独选择"正确的"轮胎模型。
④ 模型可用于受到车辆动力学若干方面影响的情况。

通常，这类优化的力学轮胎模型比基于 FE 的模型使用较少的自由度 (DOF)，这个自由度数量和类型的选择要遵循折中原则。适用的范围，有时通过最大频率值以过于简化的方式表示，将与实现的工作、计算时间、在极端情况下的数值稳定性、精度和参数化工作进行比较。

就适用性范围而言，这样的轮胎模型现今适用于：
① 平坦和不平路面的操纵性研究。
② 行驶平顺性。
③ 由时间域载荷历史产生的耐久性。
④ 轮胎误用，如高速运行过深坑。
⑤ 轮胎动力学与悬架和制动控制系统的相互作用。
⑥ 噪声、振动和声不平顺（NVH）研究，有时使用线性化模型变量。

越来越便宜的个人计算机（PC）和工作站的计算能力的巨大增长，必然会导致越来越复杂的仿真模型的开发和应用，进一步拓宽了这种应用的范围。只用一个数据说明这种能力：一台配备四核中央处理器（CPU）的标准 PC 售价约 500 美元，在每毫秒内可以用计算远超过一百万如 $a = b + c \times d$ 形式的算术"基本运算"，精度为 15 位。然而，在实际中存在一种风险，即不适当数值的算法会浪费大量的这种计算能力。

当指定轮胎模型的 DOF 时，在轮胎和悬架模型的复杂性之间寻找合理的平衡似乎是很自然的，这种复杂性可以用计算时间和模型的"粒度"共同表示。在大多数情况下，将零自由度点接触轮胎模型与高度详细的悬架模型结合使用没有多大意义，目前的悬架模型通常可以超过 100Hz 的频率范围。加载一个复杂 FE 轮胎模型只与一个简单的双质量振荡器结合，也是不合理的。

对轮胎整体动力学影响最大的轮胎结构刚度特性之一，是钢带的纵向刚度。例如，钢带在本质上影响轮胎通过短障碍的包容特性。另一方面，通过带弦线的杨氏模量量化，与分布的带质量相结合，是导致仿真模型数值刚性的原因之一。这种数值刚性的系统，只能够通过显式解算器和非常小的步长，或者隐式求解器进行积分求解。从本质上讲，显式解算器的最大时间步长 $h_{\max}$，由钢中声速和两个节点的最小距离（即网格尺寸 Δs）确定

$$h_{\max} \approx \frac{\Delta s}{v_{\text{sound}}}$$

在薄的钢棒中，纵向波的声速接近 5000m/s，典型的网格尺寸将小于 20mm，以便使很小的障碍也可以求解。这将导致最大时间步长 $h_{\max} \approx 4\mu s$。即使对完整车辆进行几秒甚至几分钟的仿真，这样的值也会小得不切合实际。

隐式求解器的使用避免了这种数值稳定性的限制。但是，另一方面，这需要建立和求解大型线性方程组。这种系统在每个时间步都要更新，或者至少反复经过少量的这样时间步来更新。方程组的矩阵系数与模型的线性化系统矩阵紧密相关，这个矩阵反过来又由力学模型的线性化的质量、阻尼和刚度矩阵确定[50,55]。

这些矩阵结构是减少计算量的最重要的起点。除了胎面花纹的几何形状和一些不希望的缺陷外，未加载轮胎接近于轴对称。这种轴对称可以有助于大大减少线性化的计算时间。然而，更重要的是系统矩阵的稀疏模式，见 28.6.1.6。如果在求解算法中仔细考虑这种稀疏模式，计算时间可以减少到只随着 DOF 线性增长，而不是以二次方甚至三次方的函数增长。

为了获得这些特定特征的任何优点，事实证明，轮胎模型要自己完成对其内部状态变量的积分，数值积分器成为模型软件不可分割的一部分。大部分商业、基于力学的轮胎模型都采用这种方法，如 FTire™、CDTire™ 和 RMOD – K™[71,75]。

一方面，这有利且有助于高效求解模型方程；另一方面，对于 MBS 积分器，这种基于局部积分的方式可能是有问题的。大多数 MBS 包默认使用复杂和步长控制的积分器，并进行精度估计，因而步长控制算法可能对这类隐藏状态变量的

影响非常敏感。因此，在轮胎仿真模型开发中，MBS 包和轮胎模型之间的接口起着至关重要的作用，这适用于物理方面、数值方面以及实施和编码方面。

28.4　悬架和轮胎模型之间的接口

从 MBS 程序的角度而言，轮胎只不过是另一个力单元，作用在轮辋上提供力和力矩，依赖于轮辋的所有 12 个状态变量，如图 28.5 所示。当然，轮胎力/力矩响应受到路面特性的影响，如高度和摩擦系数以及前面提到的轮胎的内部状态。在详细的轮胎力学模型中，辅助的运动学滑移值（纵向滑移、滑移角和转向滑移）只作为附加的输出信号。特别在低速下，轮胎响应不能只表示为这些值的函数，而是同时以更复杂的方式依赖于所有轮辋状态。

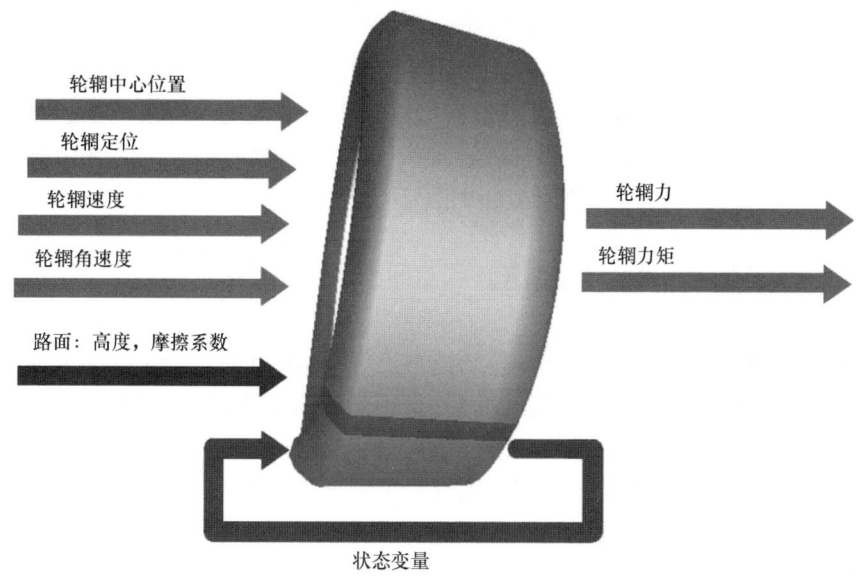

图 28.5　轮胎接口信号（没有地面反作用力）

如果不能认为路面是完全刚性的，还要提供接地印迹内的轮胎反作用力，这对于重型货车的仿真或者飞机起落架的仿真具有重要性。此外，任何与轮胎模型相连接的雪或松软土壤模型，要求将接触力作为输入和与地面作用的几何作为输出。遗憾的是，还没有任何统一的方法用于在轮胎模型程序接口中描述这些分布变量，而这种统一是促进土壤和轮胎模型进一步独立发展的前提。

如同现实世界中真正的轮胎一样，虚拟轮胎需要适应不同的车轮——虚拟世界中的车轮被调用的仿真软件代替。许多用户希望可以使用相同的轮胎模型与许多不同的软件包一起仿真运动或动力学，这些软件包括（以字母顺序）ABAQUS、

FEDEM、ADAMS、CarSim/TruckSim/BikeSim、dSPACE/ASM、Dymola/Modelica、MADYMO、MATLAB/SIMULINK/SimMechanics、MotionSolve、PAM – CRASH、RecurDyn、SAMTECH、SIMPACK、veDYNA 和 Virtual Lab Motion，以及所有重要的操作系统。

业界正在进行一项活动，试图统一和标准化 MBS 包和轮胎模型之间的程序接口——TYDEX 工作组的标准接口（STI）[76]。这个标准化的程序接口，主要是为了将一些非常简单的轮胎模型和"数值无害的"的状态提供给各种各样的MBS 包。这就是为什么 STI 不能很好适应多自由度模型的原因，因为它具有数值刚性。业界希望重新设计这种接口，使用时间离散的方法，以及现代化的数据格式和编码风格。

尽管需要修改，但是这种标准化的接口还是非常有用的，它鼓励用户结合各自的车辆模型比较和评价不同的轮胎模型。轮胎模型和路面评价程序之间的程序接口也需要类似的统一，TYDEX 工作组也为这项任务确定了一项建议[76]。与轮胎/车辆接口相反，这个建议从没有达到可以被接受的程度。修改应当包括依赖时间的移动表面（像试验转鼓和具有液压执行机构的试验台），允许输出反作用的接触力，这样使松软土壤建模成为可能。

28.5 常用的轮胎力学模型

显然，难以对当今使用的所有轮胎模型进行全面的了解。然而，只有少数几个轮胎模型在应用报告中经常被提到，并且得到了商业应用。在 FE 模型下面的力学模型，可以粗略分成二维或三维辐条模型、二维或三维刚性带模型、二维或三维柔性带模型。所谓的模态模型，则遵循了完全不同的分类方法。

如果对轮胎结构振动的激励不感兴趣，辐条模型[52,66]可以作为解决非常短波长路面不平度的简单方法。由于这一限制，这类模型的应用范围有限。辐条只是单向的弹簧 – 阻尼单元，一端与轮辋连接，另一端与路面偶尔保持黏着或滑动接触。这些辐条同时代替了轮胎结构刚度和胎面的刚度，可以只放置在轮辋中平面，以模拟纯平面的行为，或者也可以延伸到胎面的宽度内。

在更现实的模型中，在结构弹性和胎面弹性之间放置某种惯性体，这类模型最简单的是刚性带模型。这里，轮胎结构振动最重部分的钢带，集中成一个刚体，有三个或六个自由度（分别为二维或三维情况）。辐条不再连接到轮辋上，而是连接到这种刚体上——现在看起来更像刷子而不像辐条。当然，只有轮胎结构的刚体模态可以看成是这种模型的振动。毕竟，根据轮胎的种类，相应的振动特征频率可以达到 100Hz 的数量级。

这类模型包括：

① 本书作者的刷子模型和环模型（BRIT 模型[53,49,63]，放弃研发）。
② RMOD - K 6 轮胎模型族的低端成员[61,64,71]曾经商业可用）。
③ RMOD - K 7 轮胎模型族的 RMOD - K 7 R B 成员（RMOD - K 6 的继任者，商业可用）。
④ RTire（刚性环轮胎模型，FTire 模型族的"低端成员"[77]，研发放弃）。
⑤ CDTire 模型族的成员 CDT20（舒适和耐久性轮胎[72]，商业可用），所有 RMOD - K6 和 CDTire 模型族成员都有共同的根，可以追溯到 Bohm[38]。

然而，最广泛使用的刚性带模型，似乎是商业上可用的——MF - Swift 模型（短波长中频轮胎模型[1]）。

必须强调的是，MF - Swift 并不完全是前述类型的模型。事实上，它不能通过接触元素的刷子代替胎面。相反，水平接触力不是基于刷子位移而是通过魔术公式方法计算的。对于短波的路面不平度的反作用，通过应用特殊的非线性滤波器加以改善。非常类似的方法，在 Mancosu 等的刚性环轮胎模型上得以实现[70]。

如果考虑平面内或平面外柔性带的振动，可以极大扩展频率范围和精度。所有这类模型都用集中质量系统代替刚性环带模型，通常用约 50 ~ 2000 点质量组成这样的模型。它对粗网格的 FE 模型有一个光滑的过渡。这些质量彼此之间，以及与轮辋之间通过离散的、主要是非线性弹簧（或广义化的弹性）和一定的阻尼单元连接。由于充气压力，沿着内衬表面法线，一些模型也考虑了内部力。以下是具体例子：

① 本书作者的 FTire（柔性带轮胎模型[75,78-84]，商业可用）。
② FETire（粗网格 FE 轮胎模型，商业可用）。

它们将在后续部分讨论。后一个模型基于 DNS - tire（动态非线性空间模型[49,50,55]）。

其他这类模型包括：

① RMOD - K 6 轮胎模型族的高端成员。
② RMOD - K 7 轮胎模型族的 RMOD - K 7 FB 成员。
③ CDTire 模型族的 CDT30 和 CDT40 成员。
④ Mancosu 等的模型[68]，在 ABAQUS 中作为子系统实现。

RMOD - K 7 FB（柔性带）模型，在模型结构和详细水平上与 FETire 非常类似，如图 28.6 所示。

与前述的"集总参数"模型有很大不同的模型是模态模型，一个例子是 Mancosu 等的柔性体轮胎模型[68]。

在 ADAMS 中，这个模型将轮胎结构描述为一般柔性体。这种柔性体的实际形状，通过未加载轮胎的一阶低频模态形状线性组合定义。这种线性组合的系数，是结构模型的自由度，路面接触以与集中参数模型类似的方法建立。这样的

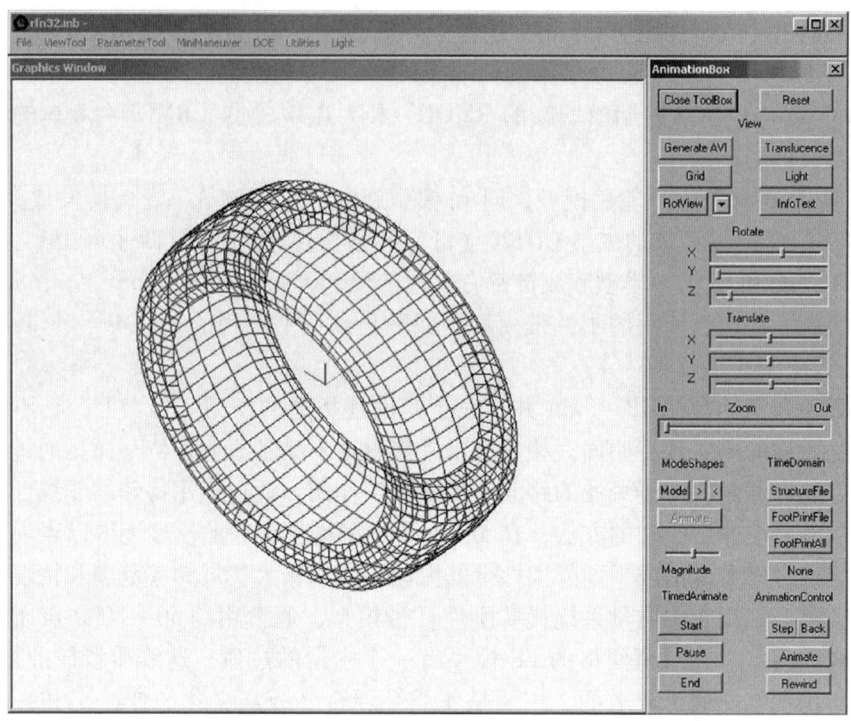

图 28.6　RMOD－K 7 前后处理器

柔性模型要求使用相应完整的有限元模型，以便提供模态数据。该方法的一个优点是对任意特征频率和相应模态形状准确的再现性。然而，它的一个缺点是结构刚度的固有线性将违反大位移条件。因此，当驶过高的障碍时，无法保证钢带非常小的圆周可扩展性。

28.6　FTire 模型族

作为真正的有限元法（FEM）模型，FTire 是轮胎力学模型的典型代表，这里将仔细讨论模型族 FTire（柔性环轮胎模型）。FTire 模型族的研发始于 1998 年，使用了作者的粗网格的 FE 模型 DNS－Tire[49,50,55]和空间非线性刚性环/刷模型 BRIT[53,59,63]的一些方法和数值概念。从那时起，FTire 的第一个版本就得到本质上的改善。在 ADAMS、SIMPACK 和 MotionSolve 中，它作为先进的轮胎模型得到应用，也在一些其他商业和非商业仿真程序中得以实现，并在 MATLAB/SIMULINK 中作为一个模块库。FTire 是对 DNS－Tire（称为 FETire）的重新设计，并对 2002 版魔术公式模型进行兼容而实现的，后者也称为 HTire。FTire、FETire 和 HTire 共同建立了 FTire 模型族，后续部分将详细说明 FTire 和 FETire。

28.6.1 柔性环轮胎模型

FTire 是 FTire 模型族最重要的成员。与大多数其他轮胎力学模型一样，FTire 的核心由两个单独部分组成。第一部分描述轮胎结构的刚度、阻尼和惯性，为了简化，将其称为结构模型；第二部分是胎面/路面接触模型，由路面评价、接触压力分布和分布摩擦力计算组成，后来被称为胎面模型。

结构模型的基本想法是只引入少量必需的 DOF，以便表示所有与应用相关的轮胎特性。研发过程的主要目标包括：

① 全非线性三维模型，工作在时间域。
② 平面内和平面外的有效频率达到 150Hz。
③ 纵向和侧向波长小于等于 2cm，包括尖边的障碍。
④ 参数化尽可能容易和灵活。
⑤ 参数化过程，使用易于测试的静态、稳态和模态特性。
⑥ 计算时间小于等于 5～20 倍实时时间，甚至能够在优化版本中实时运行。
⑦ 在稳态和动态条件下，对平顺性和操稳性有效。
⑧ 对车辆和路面模型具有简单和灵活的接口。

FTire 的潜在应用包括：

① 用于乘用车、摩托车、赛车、货车、挂车、全地形车（ATV）、飞机和推土机等的轮胎模型。
② 各种振动达到 150Hz，由轮胎/路面接触引起。
③ 轮胎缺陷引起振动激励。
④ 用于耐久性仿真的载荷历程的产生。
⑤ 极端不平路面的牵引性和操稳性。
⑥ 平坦和不平路面滚动阻力的研究。
⑦ 不同条件下的轮胎误用。
⑧ 停车时的转向力矩。
⑨ 高度动态悬架控制系统的评价。
⑩ 移动地面，各种试验台的模拟。
⑪ 轮胎温度及其对路面摩擦的影响。
⑫ 胎面磨损。
⑬ 标准轮胎和漏气轮胎的压力损失和爆胎。
⑭ 松软土壤的沉陷和牵引。
⑮ 在大的垂直和水平载荷作用下，弹性和黏弹性轮辋变形的影响。
⑯ 气腔振动。

大多数模型的扩展，如热和磨损模型、轮胎误用、轮胎缺陷和柔性轮辋模型，都是源于车辆和轮胎行业用户的需求。当然，在悬架设计和优化中，还有许多相关的影响不能使用 FTire 分析，如噪声产生和滑水。

28.6.1.1 结构模型

  FTire 结构模型由一些集中质量节点（通常为 60~300 个）组成，代替轮胎的钢丝帘线。这些节点连接到轮辋，彼此之间通过具有一定非线性和依赖充气压力的刚度、阻尼和摩擦单元连接。而且，节点在径向受到充气压力和胎面模型的力。轮胎结构中与这样带节点相关联的部分，称为带段，如图 28.7 所示。每个带段具有 $4+x$ 自由度：

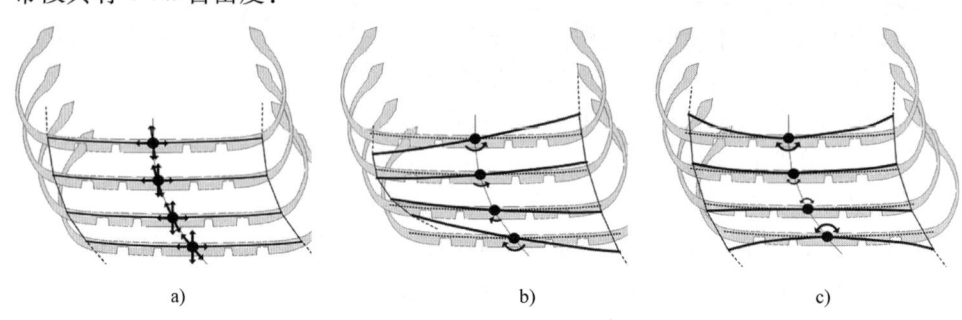

图 28.7 带段的自由度
a）平动 b）扭转 c）侧向弯曲

① 纵向、侧向和垂向位移。
② 绕圆周轴的旋转角度（带扭转）。
③ 垂直于圆周轴的侧向弯曲，通过 x 个独立的弯曲梁方程的特征解描述。

  带节点和轮辋之间的弹性耦合，通过径向、周向和横向的非线性力单元描述，包含弹簧、阻尼器、Maxwell 单元和弹簧-摩擦系列连接（弹-塑单元）。图 28.8 为单个带节点的径向力单元，而周向和横向单元类似放置。Maxwell 单元用于描述较高滚动速度下的轮胎硬化，而干摩擦单元代替橡胶的迟滞。在测试中可以清楚看到这种迟滞对整体轮胎径向刚度的影响，在相应的 FTire 仿真中也可以看到，如图 28.9 所示。

  径向刚度单元由单向刚性弹簧建立，位于轮辋凸缘径向。当轮胎变形超过某个确定值时，这些弹簧与带的内边开始接触，然后产生高度渐进的径向刚度特性，如图 28.10 所示。依赖于外倾角，这个轮辋-带的接触只能发生在一个轮辋凸缘上，或者同时发生在两个轮辋凸缘上。轮辋-带接触，使得仿真某些轮胎误用的情况成为可能。

  除了平动得力单元外，扭转弹簧 $c_{torsion}$ 位于每个带段和轮辋之间，这些扭转单元用作为带段扭转自由度的"弹性基础"，如图 28.11 所示。此外，弯曲刚度针对侧向带弯曲，与径向单元一起，它们描述左轮和右轮胎壁的刚度。

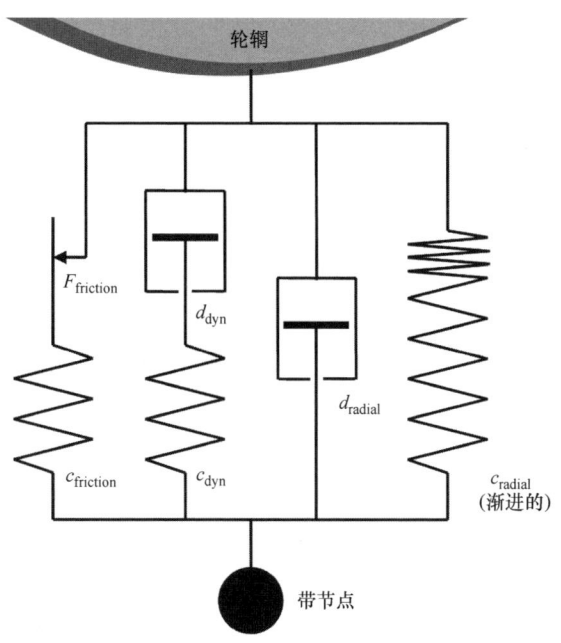

图 28.8 每个带节点和轮辋之间的径向力单元

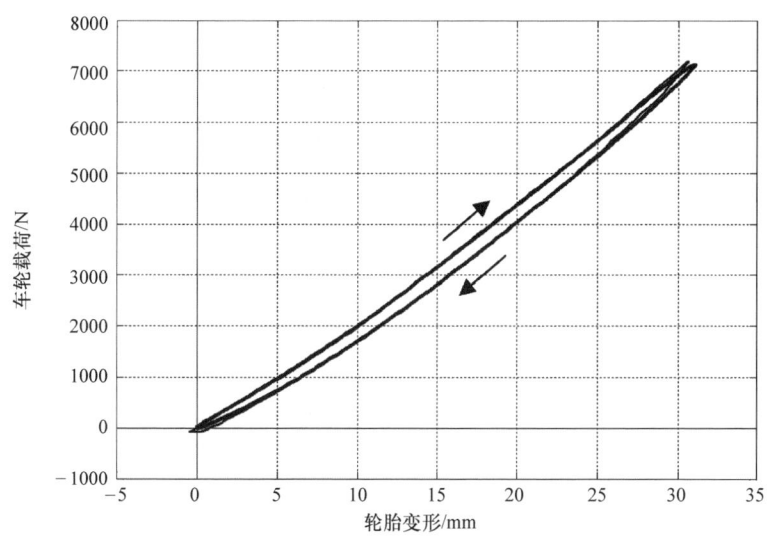

图 28.9 具有迟滞的子午线轮胎的测试（粗线）和 FTire 仿真（细线）

下面的附加力单元用于连接相邻的带节点：
① 非常刚的平动弹簧 c_{long}，提供带的伸展刚度，如图 28.11 所示。
② 另外的扭转弹簧，连接两个相邻节点的扭转自由度，并未在图 28.11 中画出。

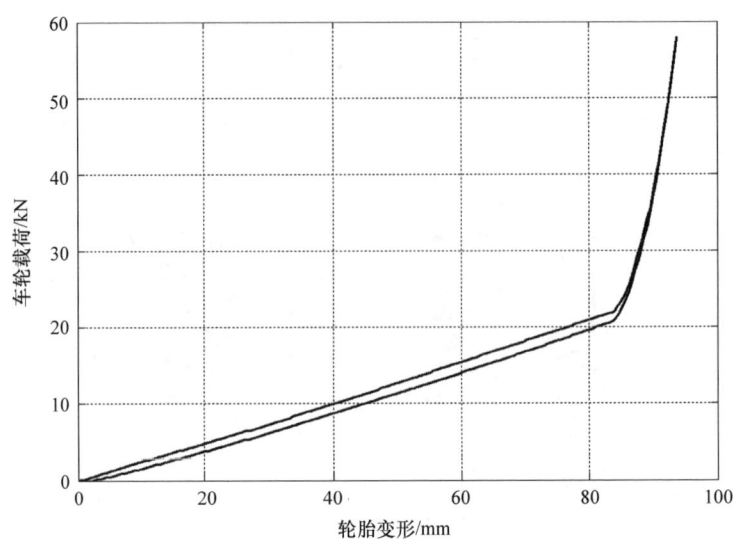

图 28.10　由于轮辋凸缘接触产生的渐进变化的径向刚度

③ 弯曲刚度 $c_{\text{bend,in-plane}}$，连接线上三个节点，针对垂直于侧向轴的带弯曲（平面内弯曲刚度），如图 28.11 所示。

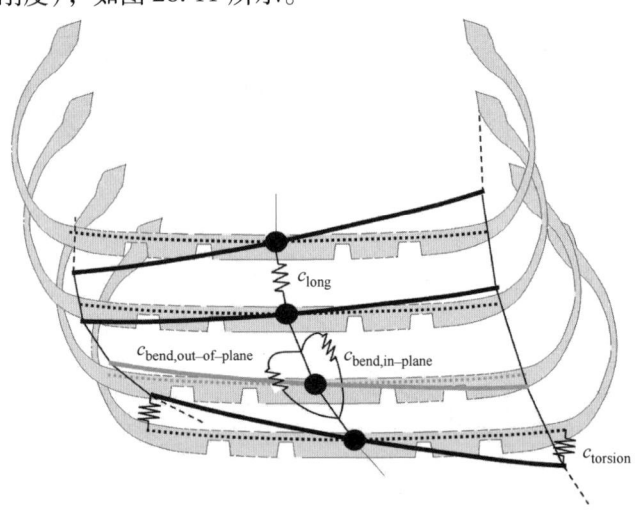

图 28.11　带的柔性刚度

④ 另外的弯曲刚度 $c_{\text{bend,out-of-plane}}$，针对垂直于径向轴的弯曲（平面外弯曲刚度），如图 28.11 所示。

所有刚度值取决于实际的充气压力。压力处理为"运行条件"，在行驶仿真中可以任意改变，这不会以任何方式干扰积分过程。此外，实际充气压力取决于轮胎温度，可当成热模型的输出，见 6.1.3 节。充气压力不仅影响刚度值，也产生额外的力,这些力作用在径向的带节点上。通过纵向弹簧伸展,这些力产生膜张力。这会导致钢带进一步硬化,类似于平面内弯曲刚度引起的硬化。

针对三个不同的变形值,图 28.12 给出线性化模型的一阶特征值。这里应用的线性化技术,也可以用于计算不同运行条件下的传递函数。

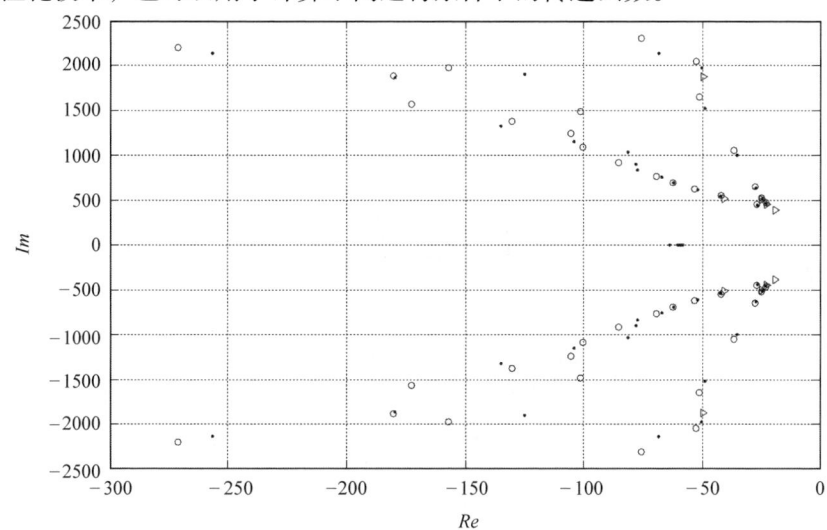

图 28.12　线性化结构模型的 FTire 特征值位置:▷,未加载轮胎;■,20mm 变形;○,40mm 变形;实数轴和虚数轴的刻度是不同的

为了更好匹配实际轮胎,在结构模型中实现了几种可选类型的缺陷,这些缺陷包括静态和动态不平衡、径向和切向不均匀性、角度效应、几何偏心。

28.6.1.2　胎面模型

在相邻两个带段之间,放置一定数量的无质量接触和摩擦单元,以便确定路面接触,如图 28.13 所示。其典型数量为 30~100,由用户选择,取决于希望的路面不平度分辨率。这些接触模型构成刷子类型的胎面模型。

接触单元以纵向和横向分辨率的方式放置,通过两个单元的最小距离定义,用尽可能少的单元进行

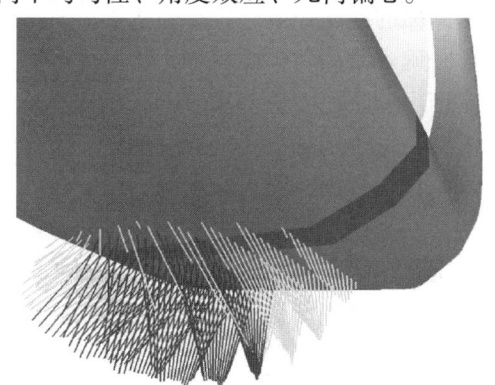

图 28.13　停车过程的分布接触力

优化。在全局坐标中,使用四个最近的带节点的坐标以及实际带的横截面几何进行光滑插值,接触点连接到扭曲带段的准确位置,反之亦然。接触单元产生的

力，将在这四个带节点的任何一个上起外力作用。实际带的横截面几何，由两个最接近的带段的所有自由度定义。

如果胎面模式以黑白位图文件的形式给出，则接触单元的长度，即局部胎面橡胶的高度，可以根据这个模式设置。这种模型计算的接触压力，如图 28.14 所示。其中，使用了 120 个段和 50 个接触单元，接触单元沿 25 个平行线放置。对于大型货车轮胎，这导致近似为 $0.5\text{mm} \times 12\text{mm}$ 的分辨率。显然，为了分辨更复杂的模式，要求更多的接触单元，如典型的轿车轮胎。然而，正如在后续部分所示，计算时间随接触单元和带段的数目增加均小于线性关系。

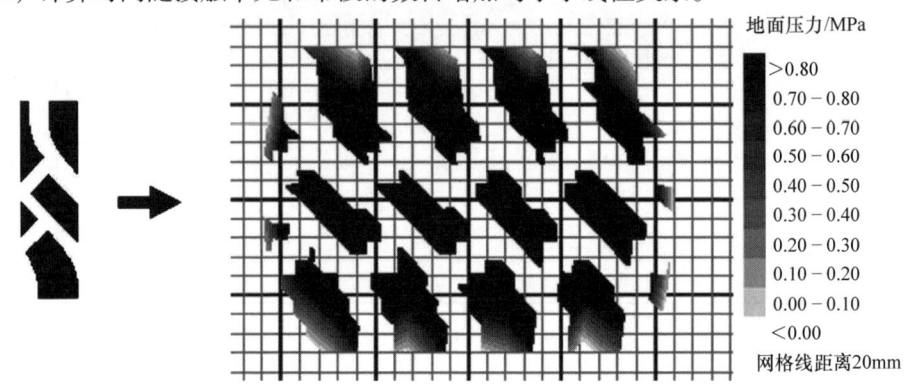

图 28.14　胎面模式位图和产生的 FTire 接触压力分布

在任何积分步长，对于每个接触单元，需要完成快速测试以便检查接触单元是否与路面接触，这种测试使用最接近单元的位置。如果通过测试，计算接触单元对路面的准确距离。只有当接触单元穿过路面，才继续进行接触计算。其后的步骤是确定路面切平面、单元法向变形、产生的法向力、切向滑移速度，最后是确定产生的摩擦力。

对于每个接触单元，通过确定靠近接触单元三个不同位置的路面高度，单独计算路面切平面。这是必需的，以便分辨所有障碍，包括尖边的障碍，如楔块和凹坑。路面设置可能取决于仿真时间，就像四柱试验台和旋转转鼓那样。在这样的情况下，法向和切向表面速度都要考虑在内。

法向力是变形量和变形速度的函数，用于描述胎面橡胶压缩刚度和阻尼，这些值根据胎面橡胶弹性模量、胎面模式的有效厚度与总厚度的比值、局部胎面深度等确定。显然，压力分布和法向力在很大程度上取决于轮胎的横截面几何，其中最重要的是加载条件下带的曲率，以及作为侧向坐标函数的胎面深度。这就是为什么这样的几何数据必须以非常详细的方式规定的原因，即通过使用有光顺样条插值的查询表确定。

在计算法向力后，下一步是确定切平面内摩擦力向量值。它的大小见下式

$$|F_{\text{friction}}| = \mu(v_{\text{slide}}, p_{\text{ground}}, T_{\text{tread}}) \cdot F_{\text{normal}}$$

力的方向是滑移速度的负方向。在路面切平面内，使用摩擦力、弹性剪切力和接触单元的剪切阻尼力的力平衡条件的向量值，确定滑移速度，如图 28.15 所示。

这种力的平衡条件是单元切向位移的微分方程。根据摩擦系数作为滑动速度函数的性质，这个微分方程的右端可能是不连续的，甚至可能是局部不稳定的。数值求解这类方程的唯一方式，是使用隐式积分。事实证明，这种积分需要一个额外的离散状态变量，它用于表达前一步的单元是附着在地面还是滑移。

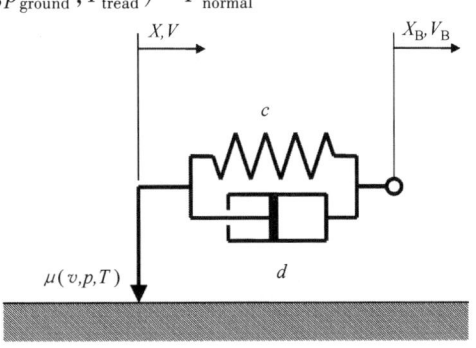

图 28.15 接触单元切向位移模型

28.6.1.3 热模型和磨损模型

胎面模型通过热模型和胎面磨损估计模型完成。热模型的组成如下：

① 作为充气气体质量、冷胎充气压力、轮胎温度和内部体积的函数，进行实际充气压力的热动力学计算。

② 热生成和热传递模型，引入用于轮胎结构（包括充气气体）温度的状态变量和每个胎面接触单元的单独温度，热生成和热传递由路面上的结构阻尼和干摩擦带来的功率损耗分布决定，如前所述，胎面温度反过来影响路面摩擦系数。

在热生成和热传递子模型中，假设轮胎分成三个区，每个区都有不同的热性质：轮胎结构（包括胎圈、胎侧、带和气体体积）、胎面非接地区和接地区，如图 28.16 所示。下面针对三个不同区进行假设。

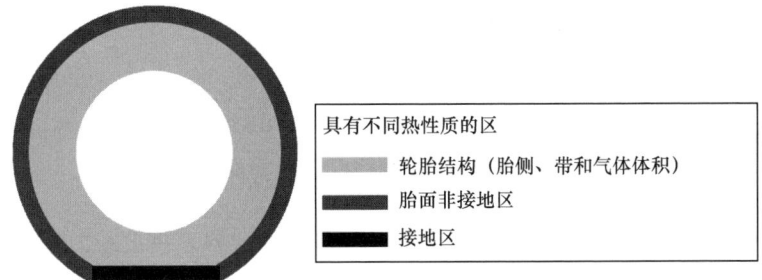

图 28.16 热模型区

轮胎结构只通过一个全局温度描述。该温度变化率和轮胎结构的总热容的乘积，平衡之和相当于：

① 在带和胎壁中，所有耗散能量的力单元的功率损失，不包括胎面单元的

摩擦和阻尼。

② 由轮胎结构流入两个胎面区的热量，该热传递由各自的温度差确定，再乘以适当的热传递系数，假设这个热传递系数独立于滚动速度。

③ 由胎侧传递到绕轮胎的空气流中的热量，该热传递由轮胎结构和环境空气的温度差确定，再乘以适当的热传递系数，假设这个热传递系数与滚动速度呈强非线性关系。

分布温度场被分配给接地区外的一部分胎面，为每个接触单元单独提供一个温度值。该温度变化率和胎面单元热容的乘积，平衡之和相当于

① 由材料阻尼引起的胎面单元的功率损失。

② 由轮胎结构流入特定的胎面单元的热量，如前所述。

③ 由胎面单元流入轮胎周围空气中的热量，该热传递由胎面单元和环境空气的温度差确定，再乘以适当的热传递系数。再一次假设这个热传递系数与滚动速度呈强非线性关系，但对于所有不与路面接触的单元具有同样的值。

接地区描述与胎面其余部分的类似，存在如下例外：考虑到路面摩擦引起的附加功率损失，热量传递到路面而不是周围空气中，假设胎面和路面之间的热传递系数独立于滚动速度。

作为例子，4kN 车辆载荷、4°外倾角和 8°侧滑角，2s 转向后接地区产生的温度分布，如图 28.17 所示。

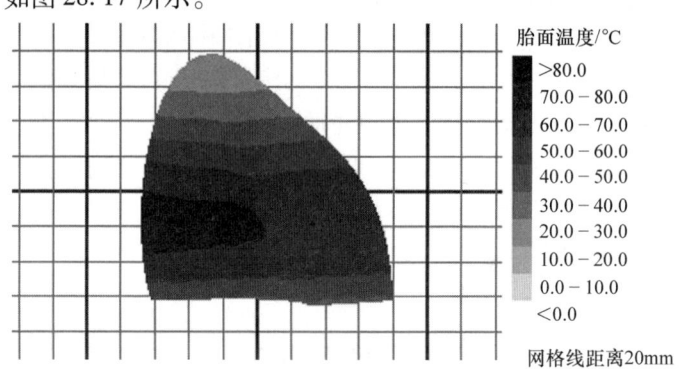

图 28.17　4°外倾角下转向时接触区的温度分布

胎面磨损模型，使用摩擦功率（其为摩擦力和滑移速度之积）、摩擦功率与磨损率之间的函数关系。这些变量用于单独更新每个接触单元，实际局部的胎面深度见下式

$$\dot{d}_{\text{tread}} = -f_{\text{wear}}(|F_{\text{friction}}| \cdot |v_{\text{slide}}|)$$

伴随着胎面深度的减少，所有取决于胎面深度的胎面性质将分别改善：压缩刚度和阻尼、剪切刚度和阻尼、热容、胎面质量分布。因此，甚至由抱死制动引起的不平衡和跳动也可以视为各自仿真试验的结果。显然，热和磨损模型可以不

再考虑，在这种情况下使用常温度和常胎面深度。

28.6.1.4 模型数据和参数化

在 28.1 节讨论过，易于参数化是任何轮胎模型最重要的目标之一，当然这对 FTire 模型尤其适用。其中，模型方程中使用的数据（预处理数据）和用户提供的数据（基本数据）存在明确的区别。基本思想是定义基本数据，尽可能容易获得，同时产生完整的信息，以独特的方式确定预处理数据。

这种预处理要求解一些非线性系统方程，需要几秒的计算时间。成功完成后，生成的预处理参数要附加到数据文件中。当下次使用这个文件时，要检查是否以任何方式改变了基本数据。如果没有，跳过预处理阶段，直接使用附加的数据。

谈到基于测试的参数化的工作量和成本，显然很难说某些参数是否容易获得。在一个测试设备上容易获得，可能在另一个测试设备上难以实现或者不可能获得。这就是为什么对于一些基本数据存在不同的选择和组合，尤其是对结构模型。此外，并非所有数据项对所有应用都同样适用。例如，在许多情况下，当滚动过横向楔块时，带的平面外弯曲刚度不影响轮胎响应，同时摩擦系数对子午线轮胎的性质几乎没有影响。

除了轮胎和轮辋尺寸、负荷指数、速度标记、质量和滚动周长等基础数据外，结构模型需要整体轮胎的静态和模态数据的几种不同组合。预处理时，要确定相应的内部刚度、阻尼和惯性数据，以便生成的 FTire 模型准确表示这种规定的全局行为。

以下数据的枚举只反映了这样一种可能的组合，全面和最新的所有数据项的列表可以在 www.cosin.eu 上找到。辅助参数化的工具，将在 28.7 节中讨论。

典型的 FTire 参数化可能使用以下参数：

① 轮胎尺寸、负荷指数和速度标记。
② 滚动周长。
③ 轮胎质量。
④ 轮辋的直径和宽度。
⑤ 作为侧向胎面坐标函数的胎面的宽度和深度。
⑥ 胎面沟槽到钢带的距离（冠基础高度）。
⑦ 胎面模式的净–总比，或者胎面模式位图文件。
⑧ 未加载轮胎横截面的侧向带平均曲率半径，或者横截面详细的样条数据。
⑨ 胎面橡胶的弹性模量。
⑩ 一到三个接触压力值对应的胎面橡胶附着摩擦系数。
⑪ 两个滑移速度和一到三个接触压力值对应的胎面橡胶滑动摩擦系数。
⑫ 不同垂直载荷、外倾角和充气压力值的印迹轮廓和接地压力分布。

⑬ 对于未加载、充气、固定轮辋轮胎，一或两个充气压力值，振动模态 1、2、4 和 6 的固有频率和模态阻尼，如图 28.18 所示。

⑭ 如下情况的垂直力。

　　a. 平面上静止轮胎，对应两个变形值和一或两个充气压力值。

　　b. 在横向和纵向定位楔块上的静止轮胎，对应一或两个充气压力值。

　　c. 在平面和横向定位楔块的大外倾角的静止轮胎，对应一或两个充气压力值。

　　d. 平面上滚动轮胎，在纵向或侧向拖，直到其开始滑移。

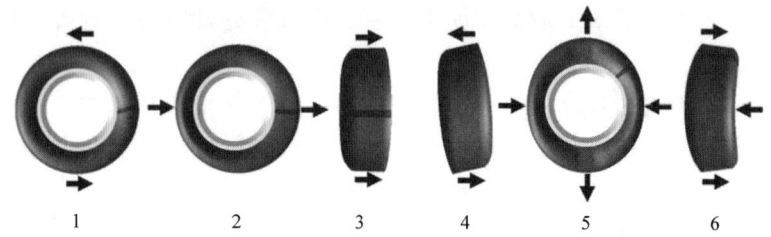

图 28.18　用于 FTire 参数化和验证的未加载的前几阶振动模态

28.6.1.5　数值方面和实施

如 28.4 节中的讨论，在调用 MBS 软件的情况和计算环境时，需要非常灵活的轮胎模型。基于这一原因，FTire 以 Fortran90 和 C 的混合方式编程，以便最好地利用两者：Fortran 仍然突出现代和标准化的"数值计算"功能、C 的诸如多线程、库插件技术、与 OpenGL 图形的接口、数据通道和函数指针的系统级功能。

调用 MBS 求解器的接口，以 C + + -、C - 和 Fortran 兼容应用程序接口（API）的形式组织，在所有 32 位和 64 位 Linux、Windows 和 Mac OS X 操作系统上编译。看似任意的模型的许多例子能够以并行、线程安全的方式仿真，且没有互相干扰。

对于每个时间增量，数值积分基本上两步完成，时间增量可以是固定的或变化的。如果轮辋旋转增量超过一定角度的阈值，比如说 1°，将自动分成较小的步长。因此，FTire 可以很容易连接到 MBS 软件，其使用步长控制的积分器，独立于滚动速度产生足够的精度。与所有高度动态子系统一样，MBS 求解器的积分器应设置为将 MBS 模型和轮胎模型之间的通信间隔限制到一个合理的值。在 FTire 的情况下，推荐小于或等于 1ms 的值。否则，MBS 模型不能准确跟随任何高频的轮胎激励。正如一个数据演示的那样：以 200km/h 驶过楔块时，轮胎的整个接触时间不超过 4ms。即使 FTire 积累了内部使用的较小步长的力，但轮辋速度变化的反馈也是决定性的。

第28章 充气轮胎模型：详细的力学模型

在每个局部时间增量的第一步，调用接触处理器。它将完成所有必需的与胎面模型相关的状态变量的更新，计算作用在胎面橡胶和带段之间的广义力。接触处理器也调用路面评价程序，以便确定位置、与时间相关的路面高度和摩擦值改善。选择和实施这些评价程序的简单程序接口，使FTire可以与广泛的用户编写和特定应用的路面实施程序相连接。

在第二步，更新轮胎结构模型。该系统的大小由带段自由度数确定，积分通过稍微修改的隐式梯形方案完成，其反过来是广泛使用的New-mak积分器是一个特例。这个积分器要求一定的系统Jacobi矩阵：加速度对位置和速度状态的偏导数矩阵，这些矩阵与线性化结构刚度阵和阻尼阵紧密相关，是极端稀疏的。此外，即使它们依赖于轮胎结构状态的实际值，也只能在很短的额外计算时间内进行计算分析。图28.19给出这些矩阵的非零模式（稀疏模式），其为所谓的循环带宽矩阵，对

图28.19 刚度阵的稀疏性

应80个带段的情况。整个矩阵元素只有3.9%是非零的。即使在Cholesky分解后，这个值也只有7.8%左右。这一点是非常重要的，因为求解系统的算术运算的量与Cholesky分解的非零元素数和位置密切相关。

图28.20给出通过测试得到的FTire的CPU时间，取决于纵向接触单元距离（其由接地区的空间分辨率确定）和带段的数目，计算在标准的PC上完成。图28.20中显示实时因子（RTF），其为CPU时间与实时时间之比。显然，计算时间接近线性依赖于带段的数量和接触元素的数量。对于合理的数值化轮胎离散：60个带段和1mm接触区分辨率，FTire甚至可以优化达到实时计算速度，因此，可以在实时版本中使用。

更多关于FTire的信息、完整文档，及所需的试验数据，以及一些应用和验证结果，可以在文献[77]中找到。

28.6.2 FETire：粗网格的FE轮胎模型

如前所述，FTire由粗网格的FE模型（FETire）和兼容的魔术公式2002实现（HTire）。FTire模型族的所有成员，具有非常不同的复杂性，使用完全相同的程序接口。目前，FETire被认为FTire是模型族中最重要的成员，因为对于大

多数车辆动力学研究，它其似乎是应用范围、精度和计算时间之间最佳的折中。

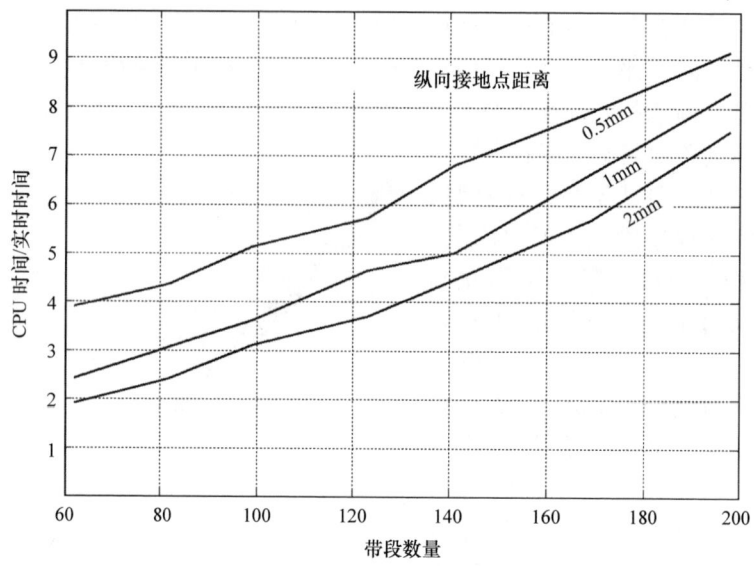

图28.20　FTire 的 CPU 时间取决于带段和接地区分辨率

另一方面，FETire 要求比 FTire 多大约 50～100 倍的 CPU 时间，现今主要用于：

① 协助 FTire 的参数化。

② 轮胎对"非标准"激励响应的理论研究。

③ 轮胎设计性质对操纵稳定性和行驶平顺性的影响研究。

然而，随着日益增长的计算能力和悬架模型的复杂性，FETire 在未来可以拥有更广阔的应用，甚至可用于整车模型。目前，RTF 大约是 200，因此，完全装备 FETire 的 10s 整车多线程仿真大约需要 33min 的 CPU 时间。对于偶尔或特别的研究，这可能是一个可以容忍的事情。

类似于 FTire，FETire 由结构模型和胎面模型组成。如图 28.21 所示，结构模型使用大约 1000～5000 个集中质量节点，每个节点具有三个平动自由度，通过非线性网络的弹簧和阻尼器连接，

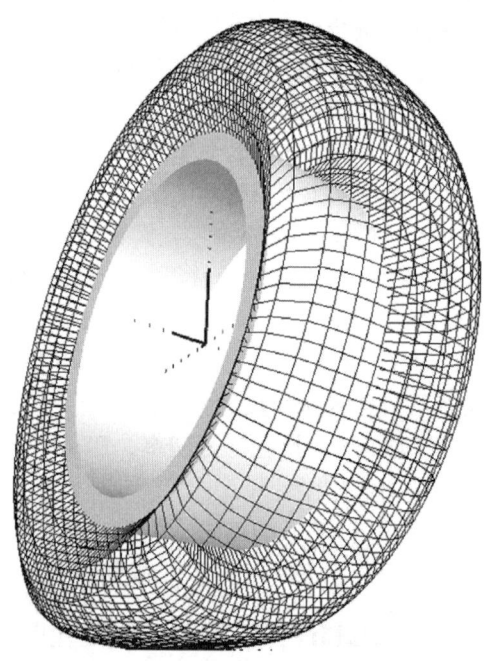

图28.21　FETire：结构模型网格

如图 28.22 所示。这种粗 FE 网格自动生成，只使用未加载和未充气轮胎的横截面几何。分层的轮胎壳单元结构的分布膜刚度和阻尼，由胎体层、带层、绷带层和胎圈填充物等组成，在预处理过程中用于计算。取而代之的是前面提到的各向异性、几何完全非线性的弹簧和阻尼器网络，图 28.22 中没有显示的阻尼器。计算弹簧的刚度和位置，使其产生的线性刚度矩阵与每个横截面区域的分层结构的膜刚度矩阵准确一致。例如，通过这个过程，沿着两个带线方向角在带区域生成了非常刚的弹簧，如图 28.22 所示的 c_{diag}。

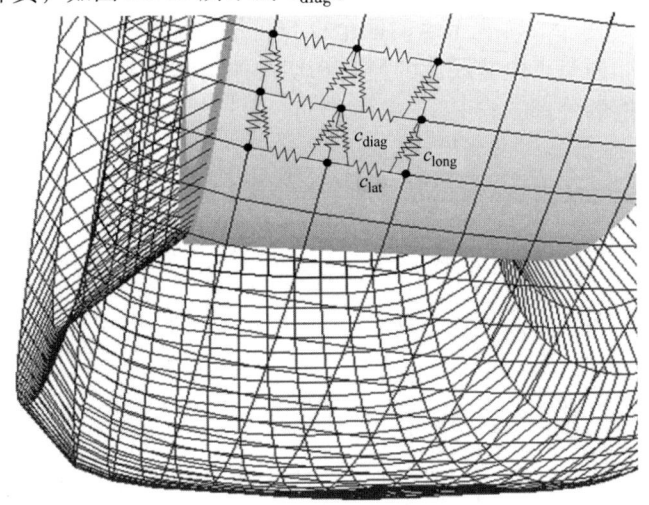

图 28.22　弹簧代替了各向异性的膜刚度

这种膜刚度模型通过板刚度模型完成，使用离散的弯曲刚度单元。在带和胎侧区域中，这些单元连接任何三个纵向和侧向的相邻节点，如图 28.23 所示。

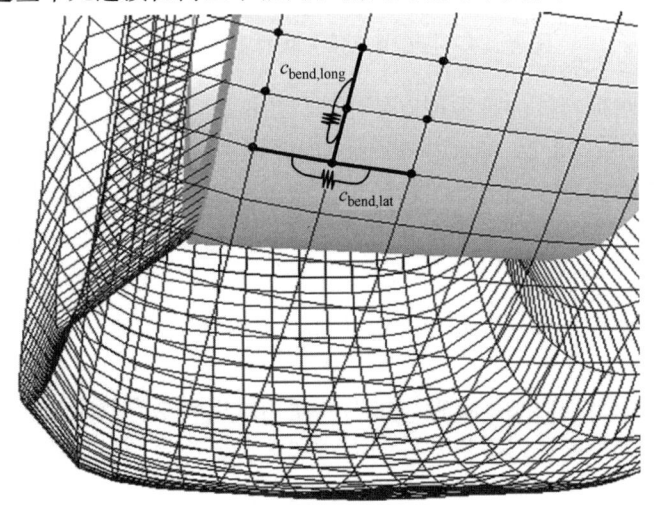

图 28.23　壳结构中的纵向和侧向弯曲刚度

最后，由充气压力产生的径向力导致节点力。节点沿着壳的法向作用，为所有相邻节点位置的非线性函数。充气压力作为内体积和空气温度的热动力学函数计算，内体积同时反过来是所有壳节点位置的函数。

类似于 FTire，高度专业化的 Newmark 类型的隐式积分器应用到节点自由度上，这种积分器充分利用了系统 Jacobi 矩阵稀疏模式，和只在接地区附近轮胎结构承受最大压变的事实。

与 FTire 相比，胎面模型由具有质量的有限元组成，如图 28.24 所示。在带区域（○）中，每个相邻壳节点的四个点与一定数目的（如4）胎面节点（●）相关联，这些胎面节点由非线性的径向和切向刚度耦合到相关联的四个壳节点。路面接触和摩擦的处理，与 FTire 基本相同。

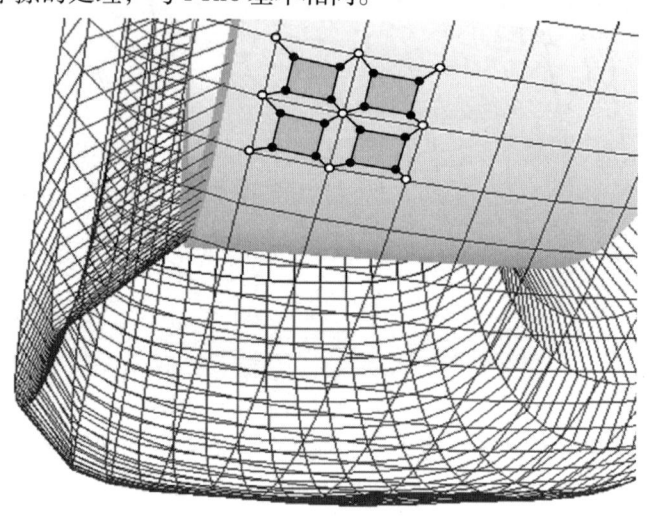

图 28.24　与壳节点相关联的胎面节点（●）

FETire 有两种特殊的版本可以使用。FETire/model 完成未加载轮胎的线性化和模态分析，如图 28.25 所示。FETire/static 用于完成加载而静止轮胎的快速非线性静载工况的计算，如图 28.26 所示。后者在接地区附近使用精细的网格，对于滚动轮胎，当壳节点进入和离开精细区域时，这种精细度要求会导致不可以接受的计算开销。

这两个特殊版本对 CPU 时间进行优化，可以用于辅助 FTire 参数化，见 28.7 节。

为了计算壳结构的刚度数据，FETire 使用对层和所有其他轮胎重要化合物的参数化描述。这种描述以模板文件的形式实施，称为轮胎设计数据文件。每个轮胎设计数据文件定性描述特定类型轮胎，如乘用车轮胎和摩托车轮胎。在这样的文件中，轮胎横截面分成几个区域，如胎圈芯、顶点、胎侧中心、胎肩和带顶。

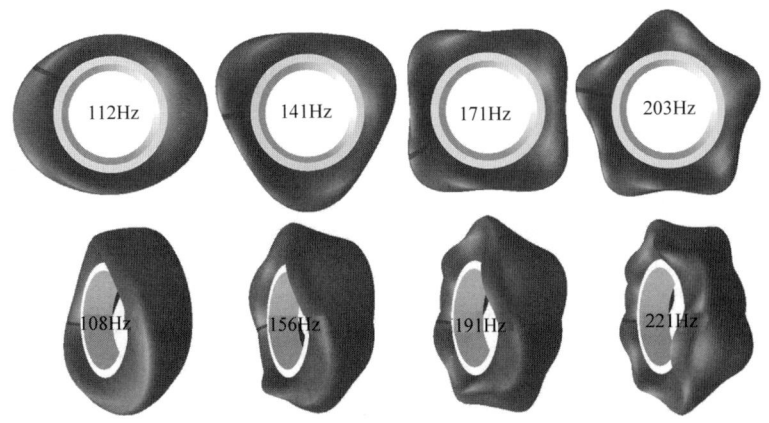

图 28.25　FETire/model：未加载乘用车轮胎的前八个平面内和平面外的弯曲模态，5130 个自由度，所有模态需要 6s 的 CPU 时间

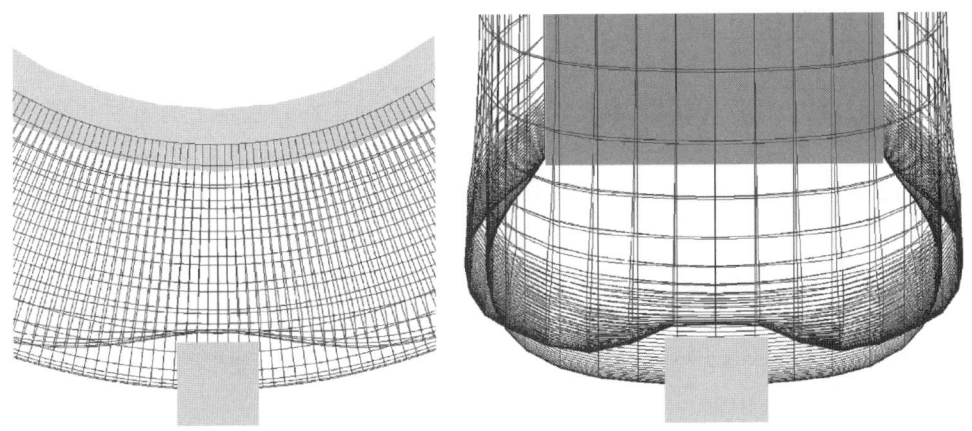

图 28.26　FETire/static：横向楔块和纵向楔块的载荷工况，变形为 35mm，与未加载轮胎相比发生结构扭曲，6750 个自由度，每个工况需要 92s 的 CPU 时间

与每个区域相关联的是一个层列表，列出每层的厚度、基体橡胶刚度、帘线刚度（如果有的话）和帘线角，图 28.27 给出了这样层表的例子。

一个层表不包含数值，而只包含很少的变量。这些变量的实际值，如带帘线密度、带帘线方向角和层高度，与横截面几何基于样条的描述和胎面深度一起，最后添加到轮胎设计数据文件中，以便描述特定的轮胎。在某种程度上，这个方法允许非常简单的外插，从一个轮胎尺寸的数据开始，估计其他类似轮胎的数据。

当然，FETire 的精度没有达到详细的 FE 模型的精度，它是精度和计算效率之间的折中。由于许多不同的原因，只要详细的 FE 模型还不能用于时间域非线

```
$layer _ list _ 8 ! belt zenith
cr.sect.        cord dens.                                      E cord      E matrix
mm^2            thr/mm          height mm       alpha deg       N/mm^2      N/mm^2      type
s_belt = 0.5
0.0             0.0             h_il            0.0             0.0         E_il        ! inner liner
A_carc          d_carc          h_carc          ang_car1        E_carc      E_cp        ! 1. body ply
A_carc          d_carc          h_carc          ang_car2        E_carc      E_cp        ! 2. body ply
A_belt          d_belt          h_belt          ang_belt        E_belt      E_bp        ! 1. belt ply
A_belt          d_belt          h_belt          -ang_belt       E_belt      E_bp        ! 2. belt ply
A_carc          d_band          h_band          0.0             E_carc      E_b         ! 1. bandage
A_carc          d_band          h_band          0.0             E_carc      E_b         ! 2. bandage
0.0             0.0             h_base          0.0             0.0         E_tr        ! tread base
```

图 28.27 乘用车轮胎设计数据文件的单层列表

性车辆动力学的仿真中,它还是具有价值的。

28.7 参数化工具

如前所述,任何轮胎模型的参数化总是微妙的工作。基本上有五种可能的方式

① 使用适当的测试直接确定参数。

② 利用详细的 FE 模型,结合"凝聚过程",直接计算参数。

③ 利用轮胎整体性能的测试结果,通过最小二乘逼近估计模型参数("参数识别")。

④ 应用详细的 FE 模型的性能仿真,产生"虚拟测试结果",然后使用上述 3 的方式进行参数识别。

⑤ 利用良好验证的数据文件,并应用某些"外插公式",估计距离验证尺寸不太远的其他尺寸的轮胎数据。

显然,由于模型参数的性质不同,不能完全使用这五种方式。一些数据总是要直接测试。例如,只取决于轮胎尺寸或胎面橡胶摩擦系数的简单几何性质。一些其他数据从来不能直接确定,例如两个相邻带段刚度耦合矩阵的人工性质。对于 FTire 模型族,作为一个例子,辅助上述 3、4 和 5 的工具是可能的,如图 28.28 所示。

首先,调用 FTire/calc,应用 FETire/modal 进行模态分析以及应用 FETire/static 进行一系列静载工况计算。这些计算通过仿真脚本控制,并且完全自动运行。它们计算变化条件下的轮胎力和力矩,如

① 平面上的垂直变形。

② 在横向和纵向定位的楔块上的垂直变形。

第 28 章 充气轮胎模型：详细的力学模型

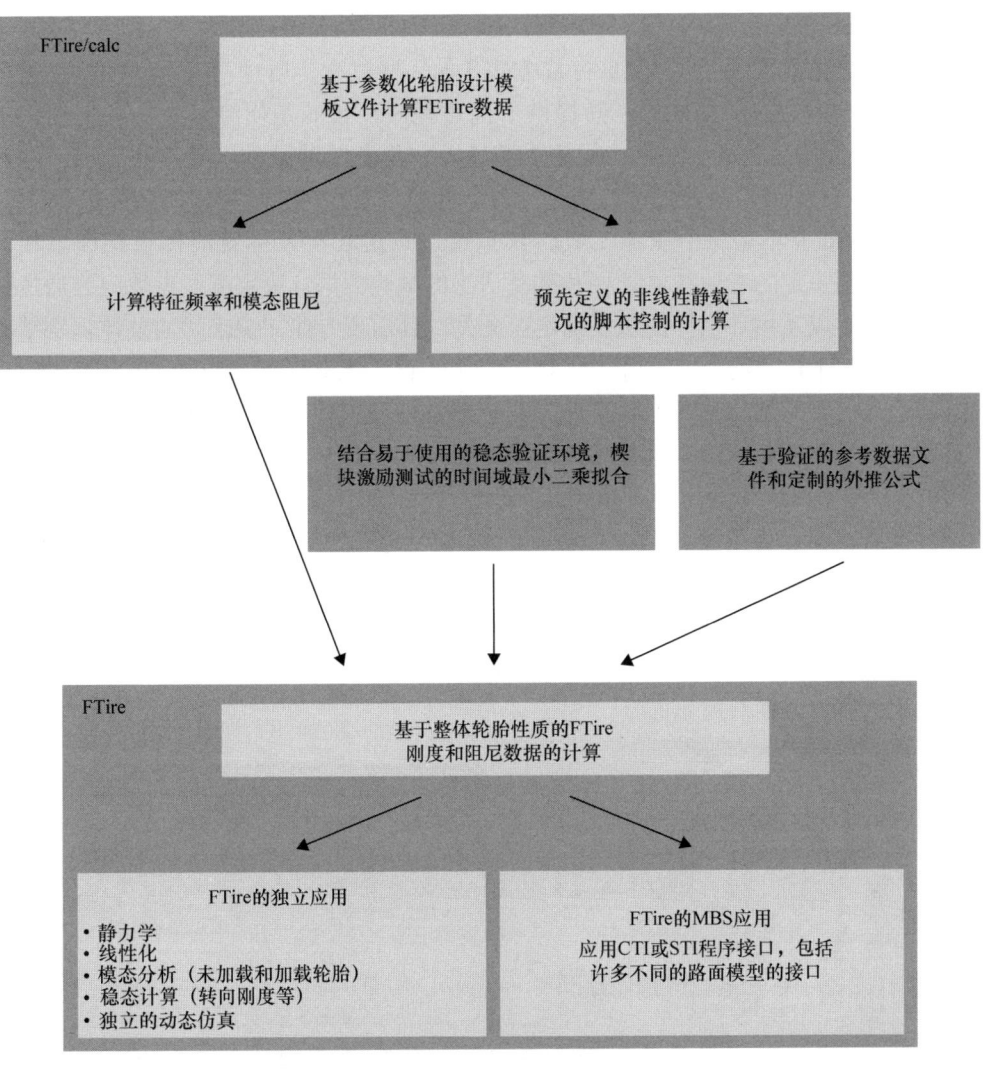

图 28.28　FTire 参数化工具

③ 在平面和楔块上对应不同外倾角的垂直变形。
④ 高摩擦值下的车轮侧向位移。
⑤ 高摩擦值下的车轮纵向位移。
⑥ 高摩擦值下的绕垂直轴的旋转。

所有这些计算使用几种不同的变形值和充气压力完成，由此产生的静态数据通过使用 FETire/modal 计算的一阶共振频率和模态阻尼完成。其中，同样的轮胎数据用于 FETire/static。一些结果用于生成 FTire 输入文件，另一些结果用于验证 FTire 模型。英语 FTire/calc 完成 FTire 参数化的整个周期，只需要不到

343

1min 的 CPU 时间。

第二个工具 FTire/fit，辅助完成方式 3 的一些过程，通过一些方便的程序完成试验数据的准备和预处理。其提供了优化程序，目的是使测试数据和对应的 FTire 仿真数据达到最小二乘，用于静载工况、稳态滚动条件以及楔块试验。此外，FTire/fit 帮助重复快速地完成基于脚本的验证运行和生成详细的结果报告。

FTire/fit 并不是一个黑箱工具，其只通过点击几次鼠标就能提供结果。相反，其需要一定的专业技能选择和准备适当的试验数据，决定哪些参数应当通过哪种试验，以及用什么样的顺序确定。此外，其需要专业知识来评估整体识别结果是否达到最优。与所有计算机优化的应用一样，无法保证真正找到全局最优。这就引入关于结果质量的不确定性，其只能够使用先前类似的计算经验去克服。只使用一个标准化的测试过程，并以同样的方式与 FTire/fit 一起使用，似乎是合理的。对于不同的轮胎，这是实现 FTire 数据可比性的最好方式。

最后，还有第三个工具 FTire/estimate 用于实现方式 5，如图 28.29 所示。FTire/estimate 使用经过良好验证的 FTire 数据文件，表示类似轮胎的整个族。使用这样的轮胎，将其刚度和模态数据与族中其他轮胎的相应值相联系，这些值可能在横截面宽度、纵横比、轮辋尺寸、质量、最大载荷、最大速度、径向刚度或名义充气压力方面有所不同。

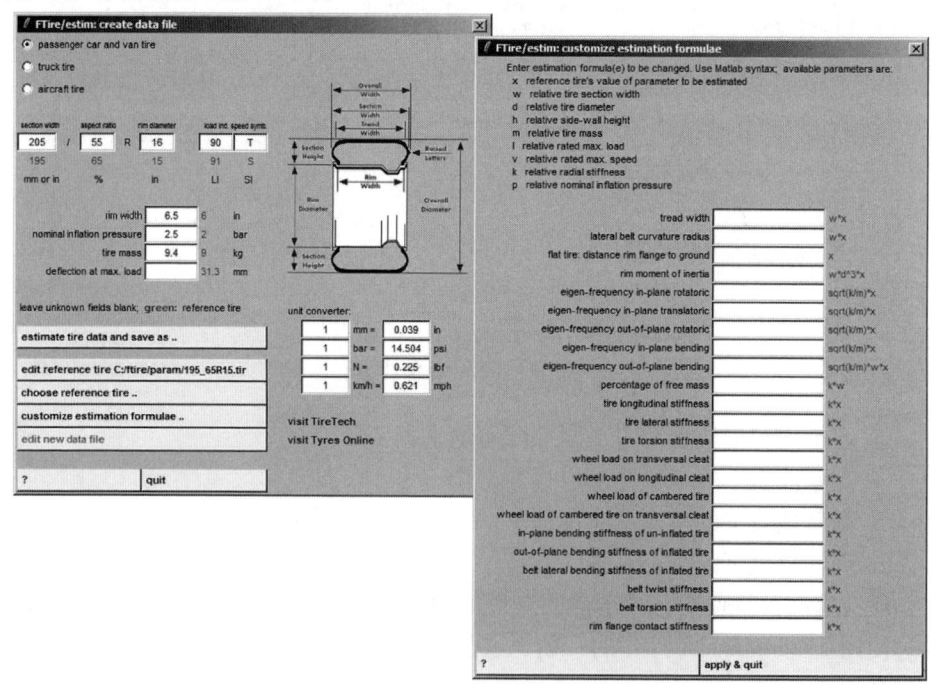

图 28.29　FTire/estimate 用户接口 GUI 给出的默认估计公式

这种关系以函数依赖形式描述：静态和模态轮胎数据的变化，是一个或更多影响参数变化的函数。这些影响参数是横截面宽度、轮胎直径、胎侧高度、轮胎质量、额定最大载荷、额定最大速度、径向刚度和名义充气压力。

显然，这些数据项并非都是相互独立的，估计程序只提供其中一些的完整性。例如，表达特征值对质量的依赖可能比对轮胎尺寸的依赖更自然，即使两者同时发生变换。在任何情况下，只使用公式中最相关的影响参数就足够了。

默认使用的影响函数，这是基于简单的力学类比的考虑。然而，它们易于定制化，用户根据其经验可能希望在专家系统的意义上，提高其 FTire/estimate 的复制能力。显然，这样的经历易于通过详细有限元模型研究或评估相应的测试完成。

参 考 文 献

1. Pacejka H.B., *Tyre and Vehicle Dynamics*, Butterworth and Heinemann, Oxford, U.K., 2012.
2. Kikuchi N., Oden J.T., *Contact Problems in Elasticity: A Study of Variational Inequalities and Finite Element Methods*. Vol. 8, SIAM Studies in Applied Mathematics, Philadelphia, PA, 1988.
3. Deneuvy A.C., Modal analysis of a pneumatic tyre and dynamic simulation by a sub-structuring method. *Proceedings of the 7th International Model Analysis Conference*, Las Vegas, NV, 1989.
4. Ishihara K., Development of a three-dimensional membrane element for the finite element analysis of tires. *Tire Science and Technology*, 19(4), 23–36, 1991.
5. Gent A.N., *Engineering with Rubber*. Hanser, München, Germany, 1992.
6. Murakoshi H. et al., An approach to vehicle pull using a tire FE model. *Tire Science and Technology*, 20(4), 212–229, 1992.
7. Le Tallec P., Rahier C., Numerical models of steady rolling for nonlinear viscoelastic structures in finite deformations. *International Journal for Numerical Methods in Engineering*, 37, 1159–1186, 1994.
8. Mark J., Erman B., Eirich F.R. (eds.), *Science and Technology of Rubber*. Academic Press, San Diego, CA, 1994.
9. Abe A., Kamegawa T., Nakajima, Y., Optimum young's modulus distribution in tire design. *Tire Science and Technology*, 24, 204, 1996.
10. Nakajima Y., Kamegawa T., Abe, A., Theory of optimum tire contour and its application. *Tire Science and Technology*, 24, 184, 1996.
11. Meschke G., Payer H.-J., Mang H.A., 3D simulations of automobile tires, material modeling, mesh generation and solution strategies. *Tire Science and Technology*, 25(3), 154–176, 1997.
12. Kennedy R.H., Engelhart M.L., Day, G.L., RPA measurement of hysteresis for CAE rolling resistance prediction. *Proceedings of the International Tire Exhibition and Conference (ITEC)*, Akron, OH, 1998.
13. Rothert H., Becker A., Dorsch V., Kaliske M., A material model for simulating the hysteretic behavior of filled rubber for rolling tires. *Tire Science and Technology*, 26, 132–148, 1998.
14. Song T-S., Lee J-W., Yu H-J., *Rolling Resistance of Tires—An Analysis of Heat Generation*. SAE International Congress and Exhibition, Detroit, MI, SAE 980255, 1998.
15. Calipel J., *Modélisation numérique du contact*. INRIA Seminar on Applied Nonlinear Problems, Rocquencourt, France, 1999.
16. Nakajima Y., Kadowaki H., Kamegawa T., Ueno K., Application of a neural network for the optimization of tire design. *Tire Science and Technology*, 27, 62, 1999.
17. Dorfi H.R., Wheeler R.L., Griffiths G.H., Tire vibration transmission part I: FEA Eigensolution correlation. *Proceedings of the International Modal Analysis Conference (IMAC)*, San Antonio, TX, 2000.
18. Kennedy R.H., McMinn M.S., Tire temperature prediction during post-cure inflation. *Tire Science and*

Technology, 28(4), 248–263, 2000.
19. Okano T., Koishi M., A computational procedure to predict transient hydroplaning of a tire. *Proceedings of the 19th Annual Meeting and Conference on Tire Science and Technology*, Akron, OH, 2000.
20. Seta E., Nakajima Y., Kamegawa T., Ogawa H., Hydroplaning analysis by FEM and FVM: Effect of tire rolling and tire pattern on hydroplaning. *Tire Science and Technology*, 28, 140, 2000.
21. Shiraishi M., Yoshinaga H., Miyori A., Takahashi E., Simulation of dynamically rolling tire. *Proceedings of the 19th Annual Meeting and Conference on Tire Science and Technology*, Akron, OH, 2000.
22. Faßbender F.R., *Simulation der Vertikaldynamik von Fahrzeugen auf Geländeböden mit STINA—Soil Tire Interface to ADAMS, einem Zusatzmodul für das Mehrkörperprogramm ADAMS*. Diss. UniBW Hamburg, Germany, 2001.
23. Yu H.J., Dynamics of tire, wheel & suspension assembly. *Proceedings of the 20th Annual Meeting and Conference on Tire Science and Technology*, Akron, OH, 2001.
24. Kennedy R.H., Prediction of tire shape change during post-cure inflation. *Tire Science and Technology*, 29(4), 198–215, 2001.
25. Koide M., Heguri H., Kamegawa T., Nakajima, Y., Ogawa H., Optimization for motorcycle tire using explicit FEM. *Tire Science and Technology*, 29(4), 2001.
26. Shoop S., Finite element modeling of tire-terrain interaction. PhD thesis, Michigan State University, Ann Arbor, MI, 2001.
27. Tsihlas D., Lacroix T., Clayton B., Comparison of sub-structuring techniques for the dynamic behavior of tires. *Proceedings of the 20th Annual Meeting and Conference on Tire Science and Technology*, Akron, OH, 2001.
28. Darnell I., Mousseau R., Hulbert G., An analytical and experimental investigation into tire force and moment behavior during side slip. *Proceedings of the 21st Annual Meeting and Conference on Tire Science and Technology*, Akron, OH, 2002.
29. Dorsch V., Becker A., Vossen L., Enhanced rubber friction model for finite element simulations of rolling tyres. *Plastics, Rubber and Composites*, 31(10), 458–464, 2002.
30. Duvernier M., Fraisse P., Bomblain V., Dormegnie E., Tyre modelling for NVH engineering in ADAMS. *Proceedings of the 1st MSC ADAMS European Users' Conference*, London, U.K., 2002.
31. Ohishi K., Suita H., Ishihara K., The finite element approach to predict the plysteer residual cornering force of tires. *Tire Science and Technology*, 30(2), 122–133, 2002.
32. Olatunbosun O.A., Burke A.M., Finite element modeling of rotating tyres in the time domain. *Proceedings of the 21st Annual Meeting and Conference on Tire Science and Technology*, Akron, OH, 2002.
33. Kennedy R.H., Experiences with cylindrical elements in tire modeling. *Proceedings of the ABAQUS User Conference*, München, Germany, 2003.
34. Nakajima Y., Takahashi F., Abe, A., Surface shape optimization of tire pattern by optimality criteria. *Tire Science and Technology*, 31, 2, 2003.
35. Kennedy R.H., Terziyski J.M., Experiences with embedded elements in tire modeling. *Proceedings of the ABAQUS User Conference*, Boston, MA, 2004.
36. Zhong D., Prediction of tire tread wear with FEM steady state rolling contact simulation. *Tire Science and Technology*, 31(3), 189–202, 2003.
37. Seta E., Kamegawa T., Nakajima Y., Prediction of snow/tire interaction using explicit FEM and FVM. *Tire Science and Technology*, 31(3), 173–188, 2003.
38. Olatunbosun O.A., Bolarinwa O., FE simulation of the effect of tire design parameters on lateral forces and moments. *Tire Science and Technology*, 32(3), 146–163, 2004.
39. Hall W., Mottram J.T., Jones R.P., Tire modeling methodology with the explicit finite element code LS-DYNA. *Tire Science and Technology*, 32(4), 236–261, 2004.
40. Oida S., Seta E., Heguri H., Kato K., Soil/tire interaction analysis using FEM and FVM. *Tire Science and Technology*, 33(1), 38–62, 2005.
41. Bozdog D., Olson W.W., An advanced shell theory based tire model. *Tire Science and Technology*, 33(4), 227–238, 2005.
42. Kabe K., Rachi K., Takahashi N., Kaga Y., Tire design methodology based on safety factor to satisfy tire life (simulation approach to truck and bus tire design). *Tire Science and Technology*, 33(4), 195–209, 2005.
43. Lee C., Rim slip and bead fitment of tires: Analysis and design. *Tire Science and Technology*, 34(1), 38–63, 2006.

44. Shoop S., Kestler K., Haehnel R., Finite element modeling of tires on snow. *Tire Science and Technology*, 34(1), 2–37, 2006.
45. Narasimha Rao K.V., Krishna Kumar R., Bohara P.C., Mukhopadhyay R., A finite element algorithm for the prediction of steady-state temperatures of rolling tires. *Tire Science and Technology*, 34(3), 195–214, 2006.
46. Yin H.S., Hu Y.S., Zhang H., Yang M.M., Wei Y.T., Truck tire thermal-mechanical FEA and DMA with application to endurance evaluation. *Tire Science and Technology*, 34(4), 220–236, 2006.
47. Liu H.H., Load and inflation effects on force and moment of passenger tires using explicit transient dynamics. *Tire Science and Technology*, TSTCA, 35(1), 41–55, 2007.
48. *Tire Science and Technology*. Quarterly published journal, ISSN 0090-8657. The Tire Society, Akron, OH.
49. Gipser M., DNS-Tire, ein dynamisches, räumliches nichtlineares Reifenmodell. In: Reifen, Fahrwerk, Fahrbahn. VDI Berichte 650, pp. 115–135. VDI Verlag, Düsseldorf, North Rhine-Westphalia, Germany, 1987.
50. Gipser M., DNS-tire, a dynamic nonlinear spatial tire model in vehicle dynamics. *Proceedings of the 2nd Workshop on Road-Vehicle-Systems and Related Mathematics*, ISI, Torino, Italy, 1987, Neunzert H.T. (ed.), Stuttgart, Baden-Württemberg, Germany, 1989.
51. Böhm F., *Reifenmodell für hochfrequente Rollvorgänge auf kurzwelligen Fahrbahnen*. VDI Berichte 1088, pp. 65–81. VDI Verlag, Düsseldorf, North Rhine-Westphalia, Germany, 1993.
52. Negrut D., Freeman J.S., Dynamic tire modelling for application with vehicle simulations incorporating terrain. SAE Technical Papers 940223, 1994.
53. Ammon D., Gipser M., Rauh J., Wimmer J., Effiziente Simulation der Gesamtsystemdynamik Reifen-Achse-Fahrwerk. In: Reifen, Fahrwerk, Fahrbahn. VDI-Berichte 1224, VDI Verlag, Düsseldorf, North Rhine-Westphalia, Germany, 1995.
54. Fujioka T., Goda K., Discrete brush tire model for calculating tire forces. Supplement to *Vehicle System Dynamics*, 25, 200–216. Swets & Zeitlinger, Lisse, the Netherlands, 1996.
55. Gipser M., DNS-Tire 3.0—Die Weiterentwicklung eines bewährten strukturmechanischen Reifenmodells. In: *Darmstädter Reifenkolloquium*, VDI Berichte 512, pp. 52–62. VDI Verlag, Düsseldorf, North Rhine-Westphalia, Germany, 1996.
56. Mousseau C.W., Hulbert G.M., Clark S.K., On the modeling of tires for the prediction of automotive durability loads. Supplement to *Vehicle System Dynamics*, 25, 466–488. Swets & Zeitlinger, Lisse, the Netherlands, 1996.
57. Vinesse E.P., Sub-structuring method and eigen function representation for a rolling tyre coupled to a secondary mechanical system. *Proceedings of the International Mechanical Engineering Congress and Exhibition*, Atlanta 1996.
58. Darnell I., Hulbert G.M., Mousseau C.W., An efficient three-dimensional tire model for vehicle dynamics simulation. *Mechanics of Structures and Machines*, 25(1), 1–19, 1997.
59. Gipser M., Hofer R., Lugner P., Dynamical tire forces response to road unevenness. *Proceedings of the 2nd International Colloquium on Tyre Models for Vehicle Dynamic Analysis*. Supplement to *Vehicle System Dynamics*, Vol. 27. Swets & Zeitlinger, Lisse, the Netherlands, 1997.
60. Mastinu G., Gaiazzi S., Montanaro F., Pirola D., A semi-analytical tyre model for steady—and transient-state simulations. *Proceedings of the 2nd International Colloquium on Tyre Models for Vehicle Dynamic Analysis*. Supplement to *Vehicle System Dynamics*, Vol. 27. Swets & Zeitlinger, Lisse, the Netherlands, 1997.
61. Oertel C., On modelling contact and friction: Calculation of tyre response on uneven roads. Supplement to *Vehicle System Dynamics*, 27, 289–302. Swets & Zeitlinger, Lisse, the Netherlands, 1997.
62. Mancosu F., Da Re D., Minen D., Non-linear modal rolling tyre model for dynamic simulation with ADAMS. *Proceedings of the 13th European ADAMS Users' Conference*, Paris, France, 1998.
63. Gipser M., Reifenmodelle für Komfort—Und Schlechtwegsimulationen. *Proceedings of the 7th Aachener Kolloquium Fahrzeug—Und Motorentechnik*, IKA, RWTH, Aachen, North Rhine-Westphalia, Germany, 1998.
64. Fandre A., Oertel C., Ride comfort simulations and steps towards life time calculations: RMOD-K tyre model and ADAMS. *Proceedings of the 14th European ADAMS Users' Conference*, Berlin, Germany, 1999.
65. Ferrarese A., Padovese L.R., Costa A.L.A., Tire dynamical model. *Computational Methods in Engineering*, Vol. 195, 1–12, 1999.
66. Zhou J., Wong J.Y., Sharp R.S., A multi-spoke, three plane tyre model for simulation of transient behav-

iour. Supplement to *Vehicle System Dynamics*, 31. Swets & Zeitlinger, Lisse, the Netherlands, 1999.
67. Kao B., A three-dimensional tire model for vehicle dynamic simulations. *Proceedings of the 19th Annual Meeting and Conference on Tire Science and Technology*, Akron, OH, 2000.
68. Mancosu F., Sangalli R., Chel F., Ciarlariello G., Braghin F., Comparison of a new mathematical-physical 2D tyre model for handling optimization on a vehicle with experimental results. *Proceedings of the 19th Annual Meeting and Conference on Tire Science and Technology*, Akron, OH, 2000.
69. Deur J., Asgari J., Hrovat D., A dynamic tire friction model for combined longitudinal and lateral motion. *Proceedings of the ASME International Mechanical Engineering Congress and Exposition (IMECE)*, Vol. 2, New York, 2001.
70. Mancosu F., Savi C., Brivio P., Travaglio G., Ramirez I., New dynamic tyre model in multi-body environment. SAE 2001 World Congress, Detroit, MI, SAE Technical Paper Series 2001-01-0747, 2001.
71. Oertel C., Eigensystem of tangential contact in tyre models. *Vehicle System Dynamics*, 31, 232–241, 2001.
72. Bäcker M.H., Köttgen V.B., Dressler K., LMS CDTire model: Road load simulation on a digital test track. *LMS Conference US*, Troy, OH, 2002.
73. Berzeri M., Dhir A., Ranganathan R., Balendran B., Jayakumar P., O'Heron P., A new tire model for road loads simulation: Part 1: Theory and validation. *Proceedings of the 22nd Annual Meeting and Conference on Tire Science and Technology*, Akron, OH, 2003.
74. Wei Y.T., Nasdala L., Rothert H., Analysis of tire rolling contact response by REF model. *Proceedings of the 22nd Annual Meeting and Conference on Tire Science and Technology*, Akron, OH, 2003.
75. Gipser M., FTire, a new fast tire model for ride comfort simulations. *International ADAMS User's Conference*, Berlin, Germany, 1999.
76. Van Oosten J.J.M., Unrau H.J., Riedel G., Bakker E., TYDEX Workshop: Standardisation of Data Exchange in Tyre Testing and Tyre Modelling. In: *Tyre Models for Vehicle Dynamic Analysis*. Supplement to *Vehicle System Dynamics*, 27. Swets & Zeitlinger, Lisse, the Netherlands, 1997.
77. Gipser M., *FTire Documentation* (http://www.cosin.eu/res/ftire_model.pdf). Accessed May 13, 2013.
78. Gipser M., ADAMS/FTire—A tire model for ride & durability simulations. *ADAMS User's Conference*, Tokyo, Japan, 2000.
79. Riepl A., Reinalter W., Fruhmann G., Rough road simulation with tire model RMOD-K and FTire. *Proceedings of the 18th IAVSD Symposium*, Kanagawa Institute of Technology, Atsugi-shi, Japan, 2003.
80. Dorfi H.R., A study of the in-plane force transmission of tires. *Tire Science and Technology*, 32(4), 188–213, 2004.
81. Dorfi H.R., Tire non-uniformities and steering wheel vibrations. *Tire Science and Technology*, 33(2), 64–102, 2005.
82. Gipser M., FTire software: Advances in modelization and data supply. *Proceedings of the Tire Society Meeting*, Akron, OH, 2006.
83. Gipser M., Reifensimulation mit FTire: Stand und Ausblick. 15. *Aachener Fahrzeug - und Motorenkolloquium*, Aachen, Germany, 2006.
84. Gipser M., *FTire: 10 Years of Development and Application. Vehicle System Dynamics*, 45, Supplement, Taylor & Francis Group, Oxford, 2008.

第29章 充气轮胎：构造和测试

Maurizio Boiocchi 和 Giuseppe Matrascia

29.1 引言

充气轮胎由 R. W. Thompson 于1845年构思设想，然后由 J. Dunlop 于1888年发明。超过200种不同的原材料用于制造现代充气轮胎。我们所说的轮胎就是指充气轮胎，它是复合材料领域第一个真正成功的应用[1]。

如果适当注意制造轮胎材料的化学和物理性质，可以更好理解第27章和第28章给出的充气轮胎力学。为了更好地理解，也要考虑制造过程、轮胎内部结构的细节和安全评价测试。

有关轮胎材料、结构和制造的具体文献相对有限，最新的信息可以在网上找到，这也是本章后面引入许多网址的原因[2]。

本章将讨论子午线充气轮胎[3]。其他轮胎类型（斜交、对角）的材料性质、制造和试验，与子午轮胎没有太大的不同。

本章第一部分说明用于制造充气轮胎的材料，本章第二部分讨论了轮胎制造过程，本章第三部分对轮胎的内部结构进行分析，本章第四部分和最后部分评价了对已量产的轮胎进行的测试。

29.2 材料

充气轮胎由多种材料组成，包括增强材料和相关化合物，如图29.16所示。相关化合物是专门开发的材料，以实现所要求的特殊性能。充气轮胎的主要材料包括：

① 橡胶。
② 填料（炭黑、二氧化硅）。
③ 固化系统（硫、加速剂）。
④ 保护系统（抗氧化剂、抗臭氧化剂、蜡）。
⑤ 加工助剂。

⑥ 钢和编织线。

轮胎典型的材料成分，如表 29.1 所示，其中不包括增强材料。显然，在轮胎制造之前和制造过程中[4]，要完成特定的控制试验，以便监控表征化合物的每种材料和化合物本身的所有参数。

表 29.1　充气轮胎典型的材料成分（不包括增强材料）

成分	占比 / （%）	类型
橡胶	50.0	橡胶
炭黑	17.5	填料
二氧化硅	17.5	填料
油	10.0	加工助剂
树脂	2.0	不同性质的强化剂
抗氧化剂	1.0	保护系统
蜡	1.0	保护系统
氧化锌	2.0	固化系统催化剂
硬脂酸	0.8	固化系统催化剂
加速剂	0.5	固化系统
硫	0.8	固化系统

29.2.1　橡胶

许多种天然橡胶或合成橡胶参与轮胎制造[3,5]。

1. 天然橡胶

天然橡胶（NR）是由天然橡胶树提取的树液（乳胶）。橡胶树是一种在靠近地球赤道区域（纬度 ±20°）生长的高树，产地年降雨量约为 1500 ~ 2000mm/年，这样的区域包括亚马逊雨林、中美洲、非洲中部、印度和东南亚。天然橡胶主要由 1，4 - 顺式聚异戊二烯（C_5H_8 是其单体）组成，这是由 C. M. de La Condamine 于 1745 年发现的。尽管 C. Columbus 是第一个发现印第安人使用橡皮球的欧洲人，但是自公元前 1600 年起橡胶就由中美洲人使用。天然橡胶可以比合成橡胶抵抗更大的应力，迟滞更小。几种类型的天然橡胶仍被广泛使用[1]。

2. 合成橡胶

自 1945 年以来，合成橡胶用于轮胎制造，合成橡胶生产商国际机构（IIS-RP）提供了合成橡胶的分类[6]。

目前使用较多的合成橡胶是丁二烯（SBR），它具有良好的迟滞性能，意味着良好的抓地性。聚丁二烯（BR）具有良好的抗疲劳性和抗磨损性。丁基橡胶，特别是卤化丁基橡胶，是不透气性的，用于作为轮胎的内衬以防空气泄漏。显然，为了达到希望的材料性质平衡，橡胶要与其他成分混合。

玻璃化转变温度 T_g 对橡胶的力学性质有很大影响，它主要表征材料的黏性行为。有关 T_g 的信息，可以在文献 [7] 中找到。

29.2.2 填料

填料是轮胎橡胶化合物中的重要成分，因为其提供了耐磨性和增强作用，填料是固体颗粒材料。

29.2.2.1 黑色填料

炭黑由天然气或碳氢化合物燃烧获得，是较常用的填料。大约自1915年以来，炭黑用于添加到橡胶中。炭黑由细尺寸的颗粒组成，使用它是为了改善橡胶的机械阻力、弹性模量、撕裂强度、耐磨性、抗紫外线和硬度的基本性质。

炭黑的技术规格[8-11]包括结构、颗粒尺寸、颗粒孔隙性和颗粒表面的整体物理化学性质。这些因素强烈影响增强程度，也影响硫化速率[3]。关于硫化速率，参见29.2.3节。黑色填料有几个等级（参见 ASTM1765[1]）。

根据生产周期，炭黑可以有不同的pH：酸性黑色填料趋向于延缓固化过程。相反，碱性黑色填料（由炉加工）对固化过程有加速作用。如果调错黑色填料的pH，会产生灼热，即硫化开始过早。

填料的颗粒尺寸起主要作用。颗粒尺寸越小，增强作用越强，但过程效率越低。因为分散需要的时间更长，混合时产生的热更多。考虑到黑色填料分散在橡胶链之间的空隙，就可以解释出现这种情况的原因。黑色填料越细，进入空隙的效果越好，分散更难。分散越细，橡胶的弹性模量越大。

29.2.2.2 非黑填料

轮胎制造涉及的最强大非黑填料是二氧化硅，因为其小粒子尺寸和复杂的总体结构。在所有非黑颗粒填料中，二氧化硅析出物给出橡胶最高程度的强化。由于湿抓地性的改善和低滚动阻力，二氧化硅用于制造轮胎胎面。此外，对于越野轮胎，已经证明它可以保证减少脱层——一种特殊类型的胎面损坏，即小块的化合物剥离，同时它也可保证减少撕裂。

从特殊沙子里提取的二氧化硅填料，比炭黑填料更贵，但在低温下产生较小的滚动阻力和较高的抓地性[3,5]。

二氧化硅从未作为主要填料的原因，是它与胎面中使用的其他用于胎面处理的聚合物之间缺乏兼容性，实际上必须使用特殊黏合剂——硅烷。此外，在混合过程中二氧化硅不能很好地分布。硅烷与二氧化硅耦合也有助于提高二氧化硅的耐磨性，使之达到炭黑的水平，促进其在胎面中的应用。

二氧化硅也用于与炭黑混合使用。

29.2.3 固化系统

轮胎化合物最基本的成分之一是硫，它实现了橡胶硫化，橡胶硫化现象由C. Goodyear 于1839年偶然发现。当化合物加热时，硫化过程中硫在聚合物链的碳骨架之间产生交叉连接。通过阻止聚合物链的相互滑动，交叉连接增加了橡胶的强度。为了加速硫化过程,称为加速剂的成分和硫一起使用;最常用的加速剂是次磺酰胺。氧化锌和硬脂酸也可用为固化系统的催化剂:它们与加速剂作用,以便形成硫化复合物,硫化复合物产生交叉连接网络[1]。

硫化前后聚合物链的示意图,如图29.1所示。

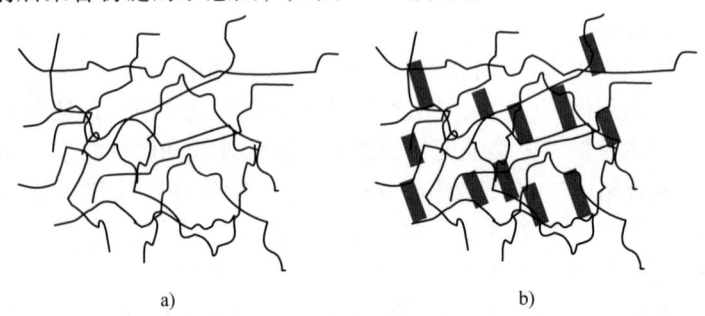

图 29.1 聚合物链硫化前和硫化后,在硫化过程中,硫在碳骨架中产生交叉连接
a) 硫化前 b) 硫化后

硫趋向于由其自己的原子形成链,如碳和硅那样。橡胶分子固化的位点,可以定义为对硫原子吸引的位点。在橡胶分子每个固化位点,硫原子可以依附自己,并且硫链可以生长,直到其达到另一个橡胶分子固化的位点。硫桥的长度可以是 1~10 个原子长。这不同于典型的聚合物,后者的碳骨架是成千上万的原子单位长度。

29.2.4 保护系统

橡胶制品的使用寿命有几个描述指标:其中之一是老化指数[12-14]。实际上,老化的橡胶比不老化的橡胶更脆弱。

弹性体的类型是老化性能的主要因素。弹性体的主干越饱和,预计其老化性能越好。实际上,环境使轮胎与空气接触,大气中臭氧浓度迅速与主骨架不饱和区的碳弹性体反应。通常,不饱和聚合物容易受热氧化或被臭氧氧化。因此,需要抗氧化剂和抗臭氧剂延长产品的寿命。热和相对较高的温度促进氧化,工作温度上升 10℃ 会加倍不恶化的过程。屈曲裂缝是橡胶化合物一种常见的疲劳失效模式,不仅涉及机械疲劳,也涉及氧化,其会由弯曲循环过程中生成的热量加速。屈曲率越高,生成的热量越多,橡胶化合物的疲劳寿命也越糟糕。相反,氧化反应因弹性体的压力、拉伸和弯曲而加速。存在临界的伸长率,低于它就不会形成裂缝,这种临界伸长率是材料最大伸长率的 5%~10%。

橡胶与臭氧的化学反应非常快。由于时间短,臭氧不能扩散到轮胎内部,只能保留在表面上。抗臭氧保护剂起初牺牲自己与臭氧反应,但是这个反应生成表面防护层,避免轮胎表面臭氧反应继续恶化。石蜡也被广泛用为防护剂:它在化合物表面扩展形成惰性膜。

紫外线(UV)使橡胶恶化。在增强用的化合物中,通常填加一些抗紫外线的成分，可以是简单的炭黑或紫外线稳定剂。紫外线与橡胶表面反应形成小裂缝，典型模式称为龟裂。源于钢带和钢丝的铁和铜的离子、化合物中的锰和钴的离子，即使含量很少，对橡胶的氧化也会有很大的贡献。它们影响过氧化物的分解，因此会进一步加速氧化的攻击，对这一现象最敏感的橡胶是硫化天然橡胶。

29.2.5 处理剂

天然橡胶要经过粉碎，添加塑解剂操作可以增加这种耗能工艺的生产效率。在一定温度下，塑解剂会固定橡胶链的分解率，常见的塑解剂是苯硫酚和联苯二硫化物。塑解剂用于使橡胶柔软和发黏，促进混合操作，尤其是在添加大量炭黑的情况下。

许多橡胶类型涉及化合物，在混合过程中需要有相同的力学性能。为了满足这一条件，要调整不同的橡胶以便适应加工周期。为了促进这种适应性，要添加特殊的增塑剂。这种成分的巨大影响，可以在二烯碳氢化合物橡胶（SBR、IR、BR）中看到；对于这样的材料，最好使用碳氢化合物油。这些油，通常称为软化剂，可降低聚合物黏度、硬度和固化产品的低温脆点。软化剂主要有三种类型：脂肪烃、芳香烃和环烷烃，芳香烃已经被禁用，取而代之的是多环芳烃含量较低的PAH。各种环烷烃也得到广泛应用。

天然橡胶表现出黏性现象，即当两个表面干净的粉碎橡胶接触时，两个表面相互强烈黏附。合成橡胶一般表现出低黏性，因此必须添加增黏剂，广泛使用的是树脂。在轮胎制造过程中，适当的黏性是必不可少的。

29.2.6 树脂

不同种类的树脂用于轮胎化合物中。胎面化合物中使用的树脂主要是抓地增强剂：它们对增长迟滞同时保持弹性模量不变是必不可少的。酚醛树脂常用于胎圈填料、骨架和带的化合物中。

29.2.7 钢和织物

29.2.7.1 钢

钢丝帘线是轮胎的基本结构构件。涉及的典型钢材是ASTM1070轮胎钢丝；抗拉强度值通常为2750 MPa。有两种类型钢，一种用于带，一种用于胎圈，其化学成分如表29.2所示。在表29.2中，两种钢是类似的，含碳量差异不大。

钢丝是通过拉丝工艺生产的，为冷变形过程。钢丝穿过一系列模具，由绞盘牵引生产。从5.5mm直径的钢棒开始，可得到的线直径最小只有百分之几毫米。当线是1.2mm直径时，要对其镀黄铜，然后进一步降低直径。

表 29.2　用于带和胎圈的钢的平均化学成分（质量分数）

成分	钢带	胎圈线
碳	0.67%～0.73%	最小 0.60%
锰	0.40%～0.70%	0.40%～0.70%
硅	0.15%～0.30%	0.15%～0.30%
磷	最大 0.03%	最大 0.04%
硫	最大 0.03%	最大 0.04%
铜	微量	微量
铬	微量	微量
镍	微量	微量
涂层	66%铜，34%锌	98%黄铜，2%锡

存在干或湿两种拉丝过程，其不同在于润滑剂或绞盘的行为。对于每个拉模，允许最大钢丝变形；线的尺寸要通过一系列的拉模减少，以便避免金属材料内部晶格的纳米缺陷。同样，轮胎制造也必须防止微观和宏观缺陷，如 Chevron 沟或断点（焊接要求）。钢丝变形次数越多，极限拉伸应力越大，伸长断裂越小。

钢线要覆盖铜涂层，以使橡胶牢固附着到钢上。实际上，橡胶不能自发地与钢结合。黄铜（更准确地说是铜）和硫化物在钢丝上产生"凸起"，有助于橡胶本身附着到钢线上。

如果在橡胶与钢线的连接点上形成硫化铜，有时会降低附着。这意味着与底层镀铜钢线存在软弱的脆性结合，不利于良好的附着。为了避免这样的问题，必须使用适当的化合物浓度；黄铜中的铜浓度以及黄铜涂层的厚度，也对获得良好的附着至关重要。钢丝用于产生钢丝线，例如，一根（3 + 6 × 0.22）钢丝线由三根扭曲的丝和另外六根直径为 0.22mm 的钢丝组成[1]。

29.2.7.2　织物

聚酯（PET）和人造丝主要用于胎体帘布层，如图 29.16 所示。尼龙 - 6、尼龙 - 66 和芳香烃聚酰胺主要用于 0°层，见图 29.16。

PET 用于乘用车、轻型货车或农业用车的轮胎。与尼龙 - 6 相比，尼龙 - 66 由于熔化温度更高，使用中成为首选。尼龙具有良好的疲劳强度、韧性和耐久性，不幸的是其尺寸稳定性较低。

在必须尽可能轻的轮胎中，芳香烃聚酰胺用为金属替代物。对于赛车应用，芳香烃聚酰胺可以用于制造带，见图 29.16。

29.3　制造过程

轮胎的制造过程基于以下工序：
① 混合。
② 压延/挤压。

③ 制造。
④ 固化。

29.3.1 混合

混合橡胶化合物，是轮胎制造的第一阶段。Banbury 机器用于混合，混合物由两个反向旋转的螺旋形叶片组成，其外由圆柱形状段覆盖，如图 29.2 所示。叶片的运动为在其之间的化合物留下了空间，叶片通常用于内部流体流动，液体可以是冷的或热的，取决于涉及的材料。这种机器的主体和结构坚固，适于重型混合。结构由进料斗组成，具有较大的横截面积用于快速加料。转子通常由合金钢制造，具有良好的力学性能和生产能力，通过门可以对卸料温度进行控制。最后，有一系列避免灰尘的密封和冷却系统。在图 29.3 中，可以看到离开混合器的一层化合物。在图 29.4 中，解释了混合器的关键部分，给出了三种不同类型的混合器。

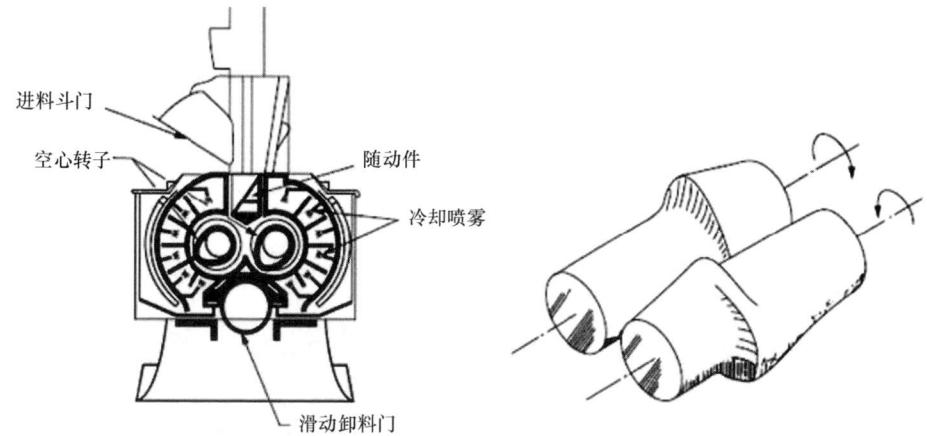

图 29.2　Banbury 机器内部和转子

图 29.3　源于 Banbury 机器制造的化合物

类型 Banbury

a. 钢中的主体（或箱），内部插入铬料，在其厚度上穿孔，平行于转子轴的通道，目的是在工作循环过程去除产生的头

b. 两个转子，螺旋为不规则形状，反向旋转，摩擦比约为1:1.10，转子在内部通过水冷却

c. 进料斗，有气动控制门

d. 推进装置，由气动活塞控制，当加载完成和在两个叶片之间材料维持工作压力时，关闭工作室

e. 吊门，其上部有一个尖端，与内室完成接通，甚至内部有尖端循环水

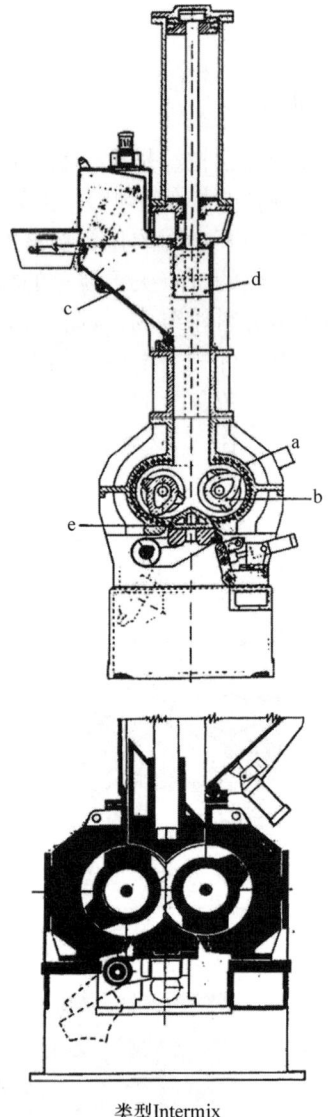

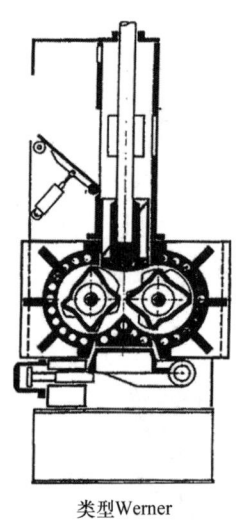

类型Werner
引入有四个翼（叶片）的转子

类型Intermix
转子之间的摩擦比为1:1，有共轭轮廓配合

图 29.4　混合器的 Banbury 类型、Werner 类型和 Intermix 类型

29.3.2　压延/挤压

29.3.2.1　压延

轮胎制造涉及的基本过程是压延。压延是一个连续过程，用于生产多种厚度的化合物层。压延也用于帘布和带的橡胶化；金属和织物的帘布覆盖适当的橡胶

化合物,以获得面料。

通常加热进料的化合物,以便达到适合处理的黏度。当薄片离开辊子时,通常要冷却它,然后将它卷到转鼓上。

两片化合物通过两个或多个辊子时,在其间插入金属/织物帘布产生面料,如图 29.5 所示。

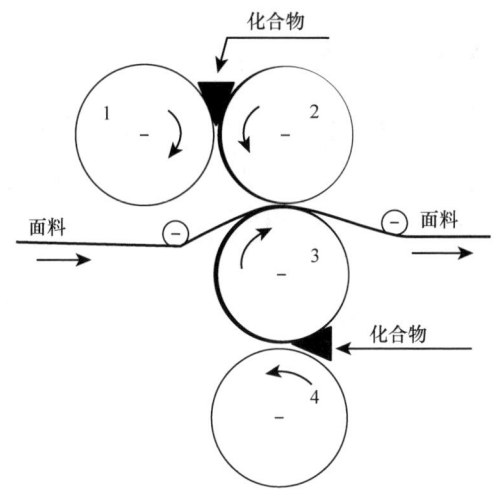

图 29.5　压延过程的放大

压延线存在许多不同的布置,具有不同的数量和位置的轧辊。图 29.6 给出了用于金属面料的压延线的典型方案。

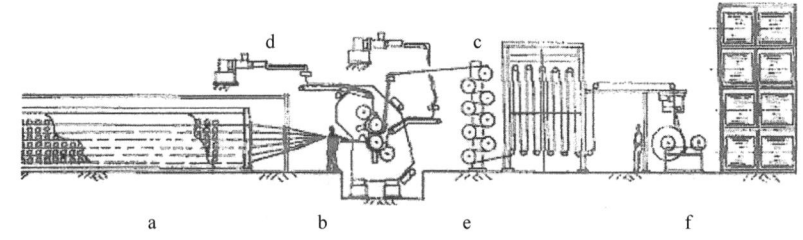

图 29.6　压延机

a—轴架:平面和耦合橡胶/钢　b—密度辊:均匀密度,渗透化合物和厚度对称性
c—压延:厚度(横向/对称/整体)、重量和渗透化合物　d—化合物处理:黏性、厚度和渗透化合物
e—冷却和拉伸:平面度和黏性　f—面料鼓的收集和储存:扯平、黏性和焊接性

29.3.2.2　挤压

在轮胎制造中,耗能很高的工序是挤压。挤压过程的设计是通过模具不断地将加工的材料转化成为所需的形状。材料通过螺旋作用完成加工,同时被加热直到其挤过模具,如图 29.7 所示。这种操作主要用于胎面和胎侧 - 轮辋缓冲化合物。

图 29.7 挤压产生的化合物

本工序中可能需要使用外部热发生器。材料的压力随着进料器到模具的距离减少而增加,在进入模具前达到最大。化合物的压力迫使其通过适配器,然后进入模具。模具形状是敞开的,以便让挤压的化合物成为所需的形状,如图 29.8 所示。

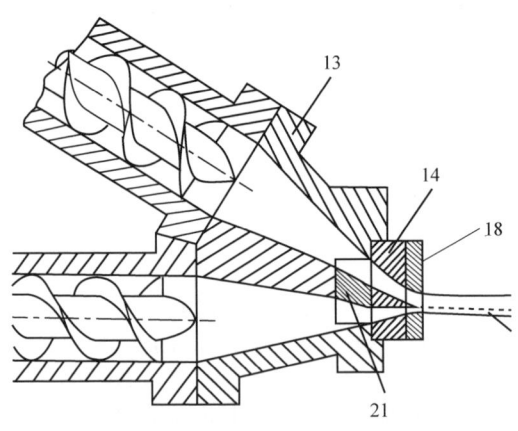

图 29.8 双化合物挤压模具

过程控制非常重要,挤压化合物的出口温度必须控制在特定的范围内,以便避免早期硫化。如果要降低温度,可以使用冷却器。任何挤压机最重要的部件都是螺杆,如图 29.9 所示。它只适用于一种材料,不能使用其他材料。螺杆通常由圆柱形状的 4140 合金钢制造,在其中切出螺旋通道。这种加工形成的螺旋脊,称为自由行程；自由行程之间的距离，称为螺距，它能沿螺杆轴变化。此螺旋角称为螺距角，要适当选择此角以便优化进料性质；螺距角通常在12°和20.1°之间变化，一般将17.6°考虑为平均值。

螺杆外直径一般比容器内直径小百分之几毫米，这种小间隙可以避免筒壁内部化合物的高稳定增长，使传热最大化。通常应对螺杆的自由行程区域进行热处理，以便提高表面硬度，增加耐磨性。

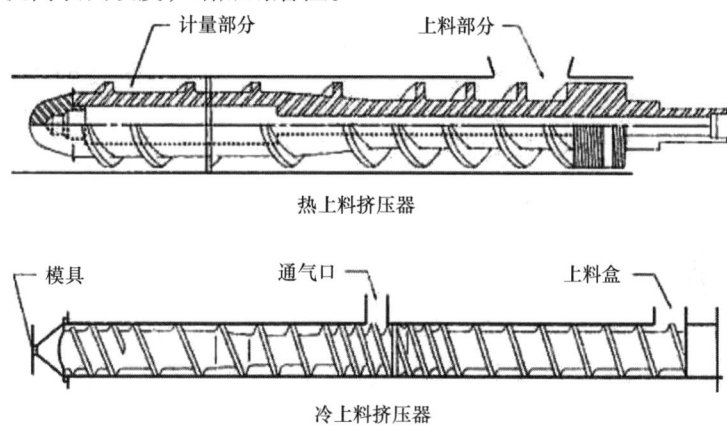

图29.9　冷和热的上料挤压器

上料系统可以热上料或冷上料，如图29.10所示。在热上料系统，绿色化合物的带从加热辊上料进入挤压机进给箱，然后进入容器。这种系统通常包含短筒、短压缩的螺杆和计量区，因为进入上料斗时化合物已经加热和具有低黏性；典型的筒长度与直径之比为4:1和6:1或8:1。冷上料系统直接将橡胶化合物上料到挤压系统，由于对降低绿色化合物塑性的要求，使其长度与直径之比大大提高。

冷上料：螺杆长度是其直径的12~16倍，螺杆分成三个区：①上料/供应区，②有中央销的混合区，③防跳动的末端区。热上料：螺杆长度是其直径的6~8倍，螺杆分成两个区：①圆锥上料区，②圆柱挤压区。

来自挤压机的化合物可以经过更多的模具头，以便形成不止一种化合物的薄片。

29.3.3　制造

当半成品材料，诸如衬、帘布、胎圈、带、胎侧/轮辋缓冲层和胎面都准备好，由前述过程可知，下一步是轮胎制造。它可以分为两个阶段：第一阶段和第二阶段。

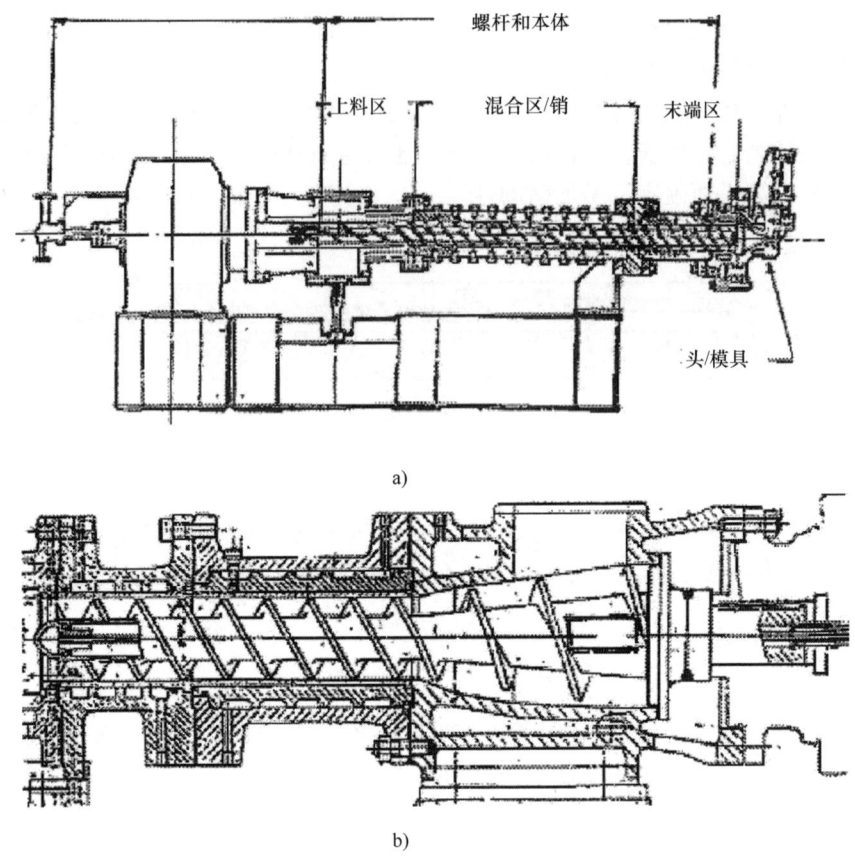

图 29.10 热上料和冷上料挤压机的完整方案
a) 冷上料 b) 热上料

29.3.3.1 第一阶段（调制）

这一阶段制造包括建立轮胎，通过在圆柱面上放置不同部分的轮胎结构（见 29.4 节）：衬、帘布、胎圈和相关的填料、胎侧和轮辋缓冲层。为了避免各部分之间存在空气，进行滚压过程：通过压力，强迫空气排出，形成均匀体。

此阶段获得的制造物看起来像一个套，称为第一阶段胎体，如图 29.11a 所示。

29.3.3.2 第二阶段（构形）

第一阶段输出圆柱形的产品。第二阶段将两个钢带、0°尼龙和胎面带放置在比第一阶段更大直径的转鼓上，通过构形过程，获得轮胎的最后形状。此形状接近环形圈。胎圈（见 29.4.3 节）通过充气朝向另一面，如图 29.11 所示。如同第一阶段，对构形后的新形状进行滚压操作。完成这步后，轮胎称为未固化轮胎或绿色轮胎,准备固化获得最后的产品。

图 29.12 给出了构形过程中的一个二阶段轮胎成形机。

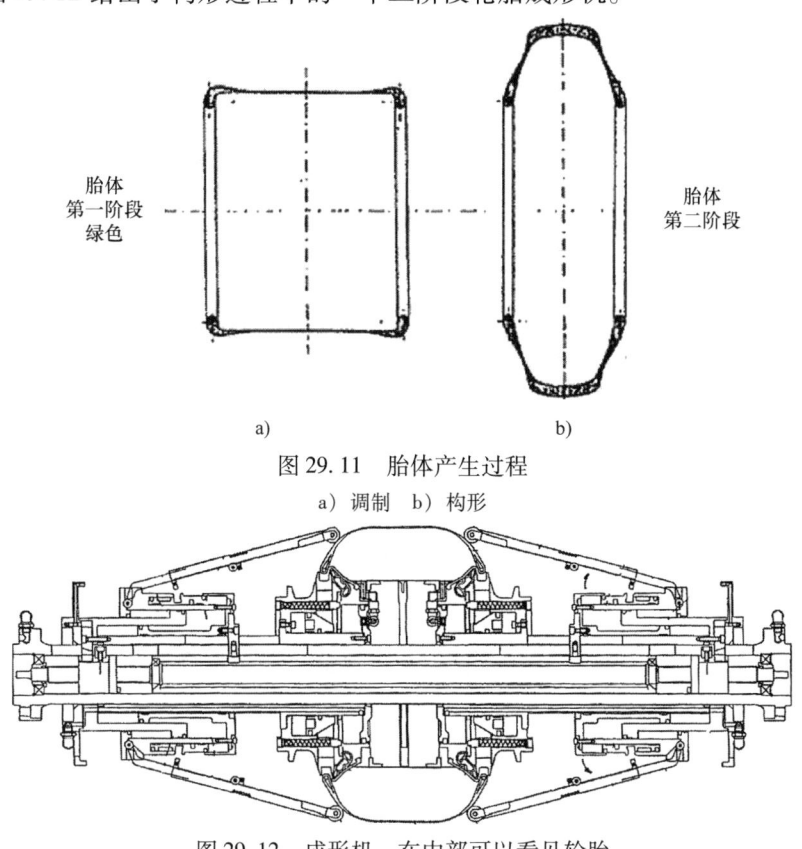

图 29.11 胎体产生过程
a) 调制 b) 构形

图 29.12 成形机,在中部可以看见轮胎

29.3.4 固化

29.3.4.1 固化简介

固化是硫化过程。未硫化橡胶可以视为在空间随机布置的一组聚合物链,如图 29.1 所示。如果受到变形,其将不会回到初始形状。相反,由于硫产生的交联作用,硫化橡胶[15-17]变形结束后将回到初始形状,如图 29.1 所示。

与固化过程相关的主要问题是,如何确定交联的最佳量(或密度),这种密度与固化过程提供的热量密切相关。

橡胶化合物的最后性能取决于交联密度和交联的类型,如图 29.13 所示。这些性能包括迟滞、撕裂强度、抗拉强度和刚度,下面将它们分别定义,见图 29.13。

迟滞与载荷消除后材料回到初始形状的能力相关。交联越多,迟滞越小。迟滞越大,轮胎对地面的抓地性越高。

刚度与弹性模量(Young 模量)直接相关,交联越多,刚度越大。

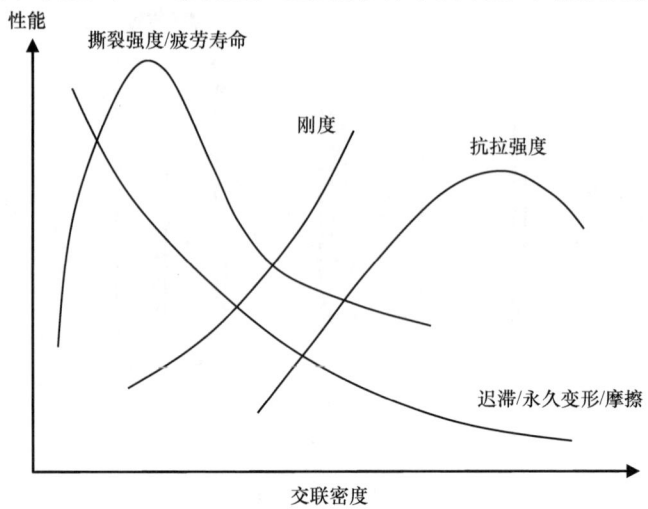

图 29.13　由硫化过程获得的橡胶中的交联作用

在相对高的交联密度下,抗拉强度达到最大。这是由于具有过度交联密度的橡胶的脆性造成的,实际上在这种情况下,交联发生了性质变化。

在相对高的交联密度下,撕裂强度达到最大。

在固化阶段,绿色轮胎外部受到高温和高压:它被压在模具上以便产生胎面花纹。

在绿色轮胎内部,所有部件也要达到内聚。

29.3.4.2　固化周期

在理想情况下,可以规定固化过程的温度和压力为常量值。然而,对于实际应用,硫化是基于时间变化的温度和压力的,最后的硫化结果(交联密度)取决于提供的能量。但是,硫桥的性质(单、双或多原子链)在很大程度上取决于固化周期,即压力-温度与时间的历程,10℃的变化可以将固化时间加倍或减半,生成不同的硫桥。

29.3.4.3　固化模具

轮胎制造模具用于获得与所模制轮胎外部轮廓相对应的花纹,花纹影响轮胎的转向、磨损、抓地性和噪声性质。

固化装置由许多部件组成,诸如充气囊、蒸汽供应和模具,如图 29.14 和图 29.15 所示。未加工轮胎的外表面与模具表面紧密接触;这是由于充气囊作用于轮胎的内表面。在固化周期后,轮胎花纹和整个轮胎将具有要求的形状。

根据产量,模具主要使用两种材料,铝或钢:前者产量低,有利于形成深而复杂的特性，后者具有较高的强度和耐久性。

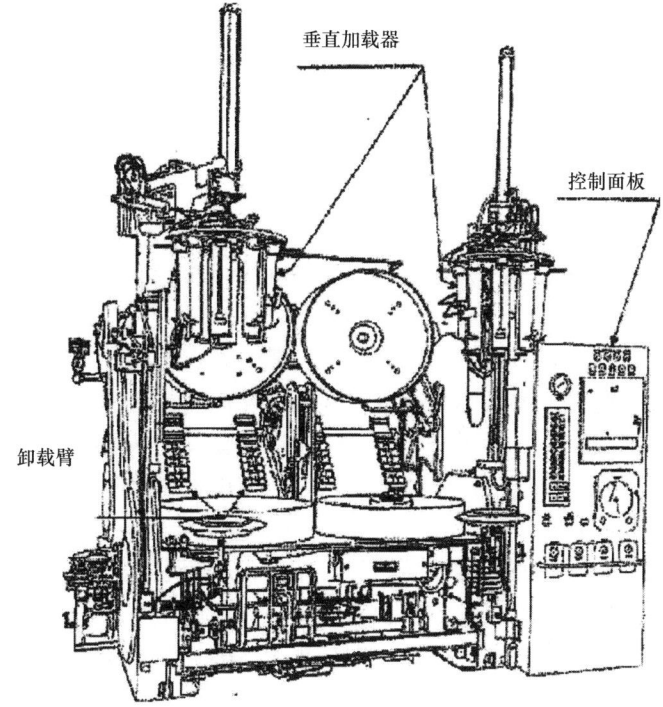

图 29.14　固化机器，绿色轮胎定位在模具中，见四个圆柱部分；然后压力和温度上升到要求的值

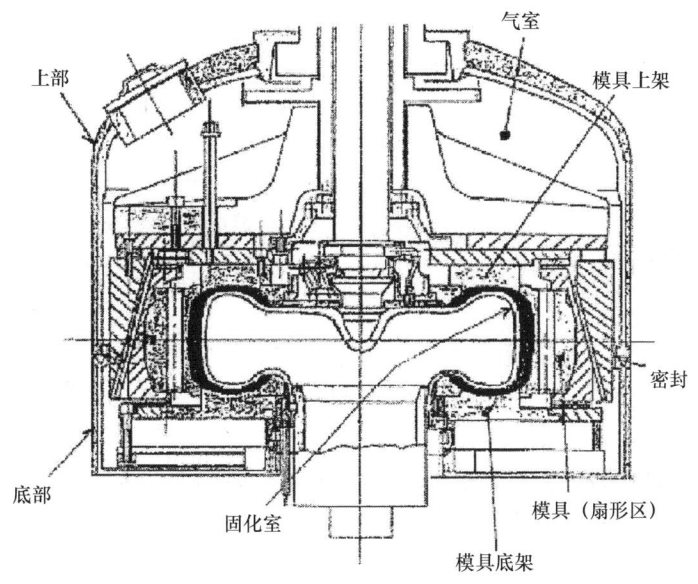

图 29.15　固化室，模具的上部和底部（上架和底架）连接以便包含绿色轮胎

29.3.4.4 用于固化周期的润滑剂

充气囊的外接触表面和轮胎的内表面之间，会发生相对运动。在扩展阶段，充气囊充气，发生这样的运动。而在固化周期结束后，充气囊要回到初始构形，充气囊放气。经历相对运动表面之间的润滑，对避免问题：轮胎形状和充气囊磨损这两种缺陷现象是必不可少的。如果润滑、固化过程的热量和压力不够，则空气可能保留在轮胎结构内部。

为了避免上述问题，要预润滑绿色轮胎。大部分润滑剂是水性的，可以包含诸如膨润土、二甲基硅油、苯甲酸钠、云母和陶土等成分。

29.3.4.5 毛刺

当绿色轮胎压向模具时，其间有空气。既然花纹由模具凸出表面形成，空气必须有逃离的可能性。如果空气受困，在固化轮胎的表面会出现小凹痕，称为不足，但也可能形成气泡。为了排除未加工轮胎和模具之间的空气，在模具表面有直径 0.1~2mm 的小排气孔。这种排气孔在硫化轮胎表面产生毛刺，它是轮胎外表面不想要的凸出物。

在行驶过程中，胎面毛刺极易消除。相反，胎侧毛刺不会被消除。

模具表面可以由扇区组成，在相邻表面间保留微间隙。这些间隙可以使空气逃离，而橡胶不能向内流动。既然它们是相当薄的，轮胎表面将不会产生气泡。

29.4 轮胎结构

当要设计轮胎时，目标是满足来自汽车制造商的所谓目标信。另外，还可以由市场需求产生轮胎的通用规格。设计目标是物理方面和机械方面的性能，尤其是里程、滚动阻力、噪声辐射和湿抓地性等。基于这样的规格生产和测试轮胎，如图 29.16 所示。

过去，轮胎公司对最终的产品没有标准。然而，为了保证一个恒定的产品质量，公司发布内部标准，以定义所需遵循的生产周期。对于整个制造过程，这样的内部标准为质量控制创造了基础。质量控制导致更有效率的生产和更严格的产品公差。

第一个标准约束了轮胎的尺寸，充气轮胎的径向和横向必须是有界的。美国轮胎轮辋协会（TRA）[18]和欧洲轮胎轮辋技术组织（ETRTO）[19]发布了有关轮胎尺寸的重要标准。

美国运输部/欧洲经济委员会（DOT/ECE）发布了有关轮胎安全的重要标准，见文献[7]的综述问题。

发布标准的目的是让公司对轮式车辆采用统一的技术规定；赛车轮胎是例外。

第 29 章 充气轮胎：构造和测试

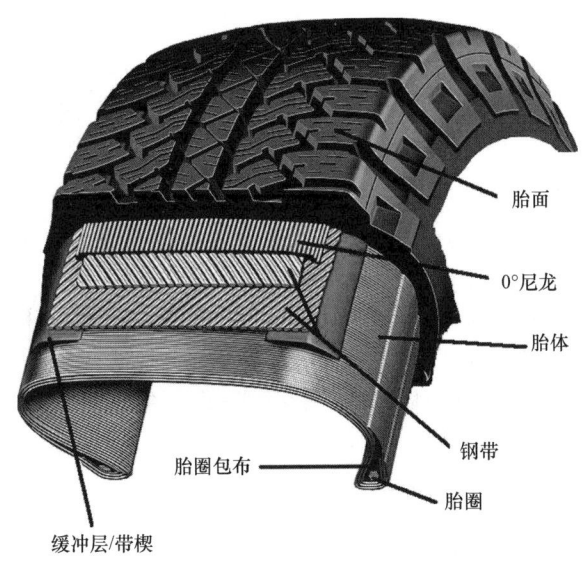

图 29.16 轮胎术语

最近[20-21]，欧洲出台了一项新立法以保证轮胎产品的最终质量。

29.4.1 内衬

内衬通常由基于卤化丁基橡胶的化合物制成，如图 29.17 所示。与丁基橡胶

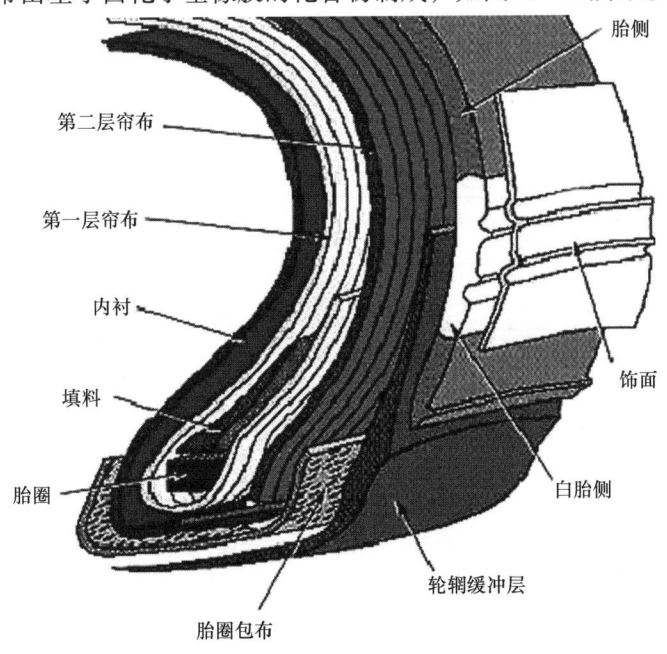

图 29.17 轮胎内部术语

相比，这种聚合物固化更快，需要更少量的固化剂。与其他制造好的橡胶产品的弹性体相比，它也更容易协同固化。内衬阻止气体进入胎体帘布或流向轮胎的带帘布，如图29.18所示。内衬看起来软，与轮胎中使用的其他橡胶相比有相对低的撕裂强度和弹性模量。内衬必须被限制在轮胎内部无应力的区域，它应当有良好的透湿性，对胎体化合物有良好的附着性、抗屈曲疲劳性和耐久性。气密性质和屈曲疲劳由低水平的交联密度产生。

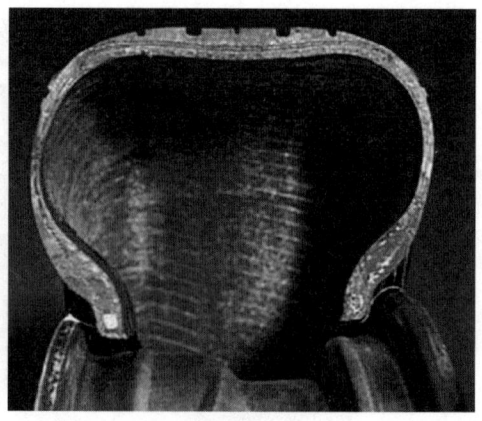

图 29.18　轮胎横截面

29.4.2　帘布

帘布由橡胶化合物和织物线制成（见29.2.7.2节），以便给出需要的结构增强，如图29.19所示。帘布包裹着胎圈，通过特殊机械定位。帘布是高柔性的部分，但由于轮胎内压作用，它可以支撑汽车的重量，见第11章。帘布体现着轮胎的胎体。

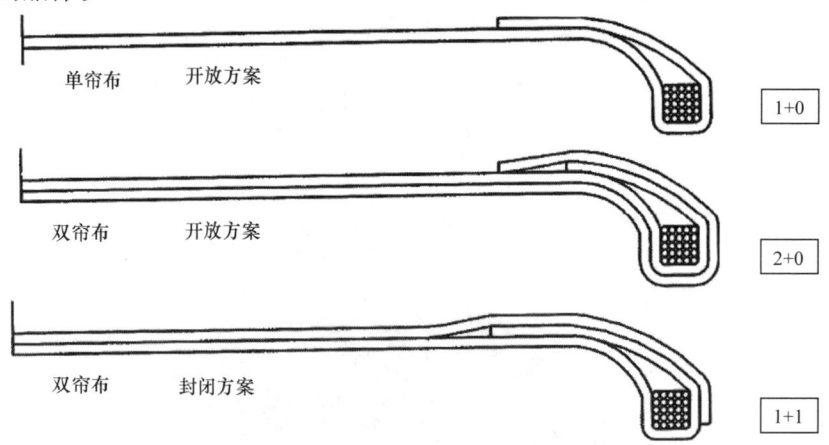

图 29.19　帘布形成胎圈的方案

29.4.3　胎圈和填料

根据ASTM 1070，胎圈由高阻钢制成，其功能是适应充气轮胎的轮辋，如图

29.20所示。

胎圈填料在轮胎中是最刚硬的化合物,包含胎圈线以便将它维持在所期望的位置。由于这一原因,胎圈不影响车轮平衡,因为它牢固地约束在轮辋上。

29.4.4 胎圈包布和轮辋缓冲层

胎圈包布由放置在胎圈周围的一层薄布组成,如图29.17所示。它的目的是针对意外产生的问题保护胎圈钢线,如磨损和因与轮辋接触产生的切削行为。由于其所处位置,它也可以分布应力。此外,它是阻止外部不希望的灰尘粒子或流进轮胎内部水分侵入的边界。有些轮胎不使用胎圈包布。

轮辋缓冲层由较高抓地性的化合物制成,以便避免在轮辋上的滑移,它提供了必要的气密性以防止泄漏。

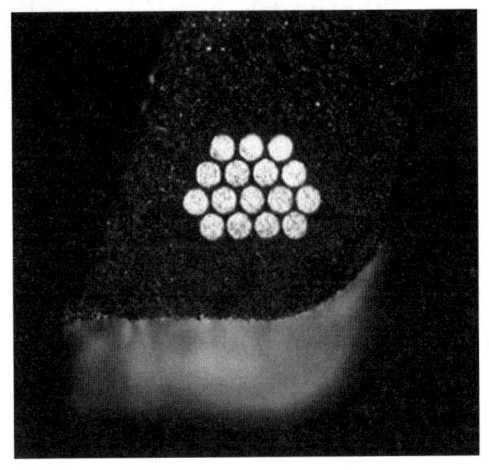

图29.20　胎圈横截面

29.4.5 胎侧

胎侧放置在胎圈和胎面之间,位于外部,如图29.16和图29.17所示。它通常由天然橡胶(NR)和顺丁橡胶(BR)制成,用于包裹胎体和保护其防止磨损。它应具有良好的抗疲劳性、低迟滞和低弹性模量。

29.4.6 带

带放置于胎面下和轮胎胎体上,如图29.16所示。带不止一层,由钢包裹着橡胶制成。这种部件的功能是不同的,加强整个轮胎结构,约束胎体帘线保持其径向要求的位置。它用于抵抗周张力,即由轮胎内压力产生的相对胎面指向切向的预应力,也用于抵抗外部物体产生的刺穿。

相对轮胎子午面,钢线以20°~35°范围的角度倾斜,这是为了抵抗侧向力。通常,乘用车轮胎有两个带,其倾斜是相反的,这种各向异性直接与角度效应相关[3]。为了避免带包的屈曲,要适当选择帘线的尺寸和量(每交叉宽度的帘线数)。

0°尼龙

尼龙带放置在带包和胎面之间,用于改善轮胎的安全性。它主要用于抵抗离心力,改善轮胎的均匀性和各向同性,抵抗周张力[3]。经验表明,更好的平顺性由轮胎的 0°尼龙带提供，如图 29.21 所示。

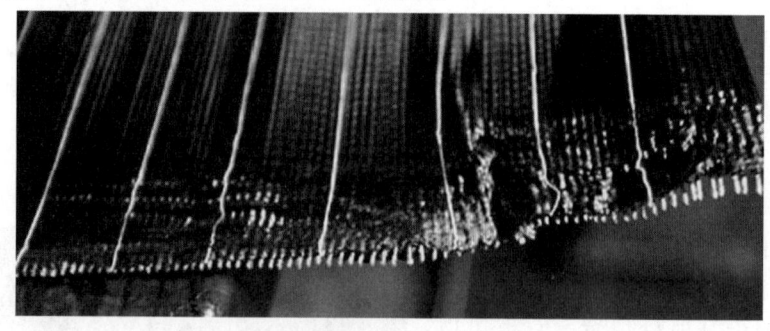

图 29.21　尼龙带

29.4.7　带楔：边缘包裹

这个部件不存在于每个轮胎中，有时用于改善安全性和耐久性而设置。它放置在带的两边，如图 29.22 所示。与带的边缘部分一起拼接，加强和改善轮胎的抗疲劳性，也阻止带分离的危险现象。

29.4.8　胎面

胎面是与地面接触的轮胎的外面部分，放置于带上，如图 29.23 所示。根据轮胎的任务，设计师确定合适的橡胶化合物，以达到预期的耐磨性。同样，其他性能主要通过适当选择合适的橡胶化合物获得。

肋骨和凹槽的设计，是轮胎动力学的重要内容。为了避免滑水，凹槽必须纵向或倾斜布置。如果侧向位置的凹槽是横向，则会改善牵引力。车辆内部感知的噪声，与横向凹槽的间距有关，不等间距使噪声谱平缓和增大。此外，沿着胎肩的两个凹槽的正确相位，会降低噪声谱的幅值。

不同车型段的各种要求，推动了胎面的设计，从越野轮胎开始到光滑轮胎，甚至在光滑轮胎中，出现了增滑胎面。

道路汽车用轮胎需要在使用里程和动态性能之间进行折中。要考虑强烈变化的温度条件（炎热的夏天，寒冷的冬天）、路上的水和雪。对于乘用车夏季轮胎，胎面中空隙和橡胶的面积比值（所谓的"陆地和海洋"的比），在 25% ~ 30% 的近似范围。对于冬季轮胎（M + S），比值是 35% ~ 40%。

另一个重要方面是生态。轮胎胎面与化合物和几何尺寸——即曲率一起，对滚动阻力有很大影响。典型值是，径向每 1000N，纵向 10N，中间值是 7N，最大值是 12N。

胎面磨损标识根据 UN / ECE 标准放置的[22,23]，目的是在胎面高度小于

第 29 章 充气轮胎：构造和测试

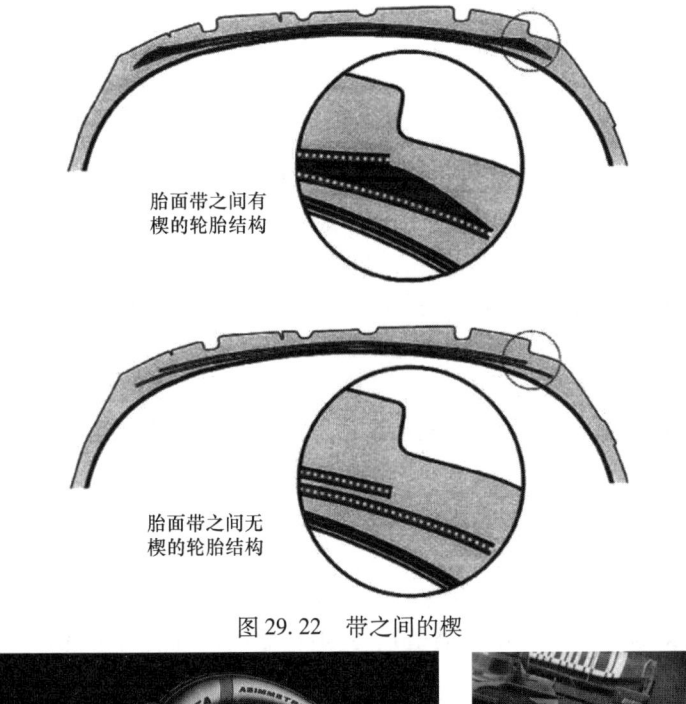

图 29.22 带之间的楔

a)   b)

图 29.23 胎面和增滑层轮胎

a）胎面 b）增滑层轮胎

1.6mm 时，显现出残余胎面。

29.5 轮胎标准和试验

29.5.1 UN/ECE 法规

  有关"车辆类型认可及其相互认证"UN/ECE 1958 协议，是由联合国促进的重要国际论坛，为制定轮胎开发技术法规提供法律框架。包括欧盟在内的世界不同地区超过 50 个国家，加入了 UN/ECE 1958 协议。

  UN/ECE 1958 全球协议的宗旨，是通过全球技术法规（GTR）的发展进一步加强国际协调过程，这可能会覆盖非1958协议缔约方的国家。

通过与日本和美国同行的密切合作[10]，欧洲轮胎行业发起了轮胎GTR的发展工作。

适用于产品研发和认证的主要轮胎技术法规包括[10]：

① UN/ECE 法规 30：用于机动车辆及其拖车的轮胎[22,23]。

② UN/ECE 法规 54：用于商用车辆及其拖车的轮胎。

③ UN/ECE 法规 64：临时使用的备用车轮/轮胎。

④ UN/ECE 法规 75：用于摩托车和轻便摩托车的轮胎。

⑤ UN/ECE 法规 106：用于农业车辆及其拖车的轮胎。

⑥ UN/ECE 法规 117：轮胎滚动声音辐射和在湿表面的附着。

⑦ UN/ECE 法规 108：用于机动车辆及其拖车的翻新轮胎。

⑧ UN/ECE 法规 109：用于商用车辆的翻新轮胎。

ECE标准引入所谓的轮胎类型，指一组类别的轮胎分类，根据：

① 制造商。

② 轮胎尺寸。

③ 使用类别［普通（道路类型）、雪地轮胎或临时使用轮胎］。

④ 结构［对角（斜交帘布）、斜交带、子午帘布、防爆胎］。

⑤ 速度类别。

⑥ 负载类别。

⑦ 轮胎横截面。

在表29.3中，给出了轮胎可能的结构性质。

表 29.3 UN/ECE 30 表 1

结构	帘布线角度	胎面下的带	额外增强胎体	临时使用符号	防爆胎运行模式
对角或斜交	小于 90°	×	×	×	×
斜交带	小于 90°	√	×	×	×
子午线	90°	√	×	×	×
增强或额外载荷	×	√	√	×	×
临时使用/备胎	×	不适用	×	√	×
T 型临时使用备胎	×	不适用	×	√注意：高压	×
防爆胎	×	√	√	×	√

来源：联合国，用于机动车辆及其拖车充气轮胎认证的统一规定，UN/ECE 30，E/ECE 324—2007。

× = 否，√ = 是。

29.5.1.1 标记

除了赛车轮胎和特殊用途轮胎外，每个轮胎要在胎侧显示特殊的符号，分为A、B、C、D四个类别，如图29.24所示。

轮辋可以归类为理论轮辋，设计最终轮胎在其上安装的轮辋，或者用于测试的试验轮辋，详情请参见文献［19］。

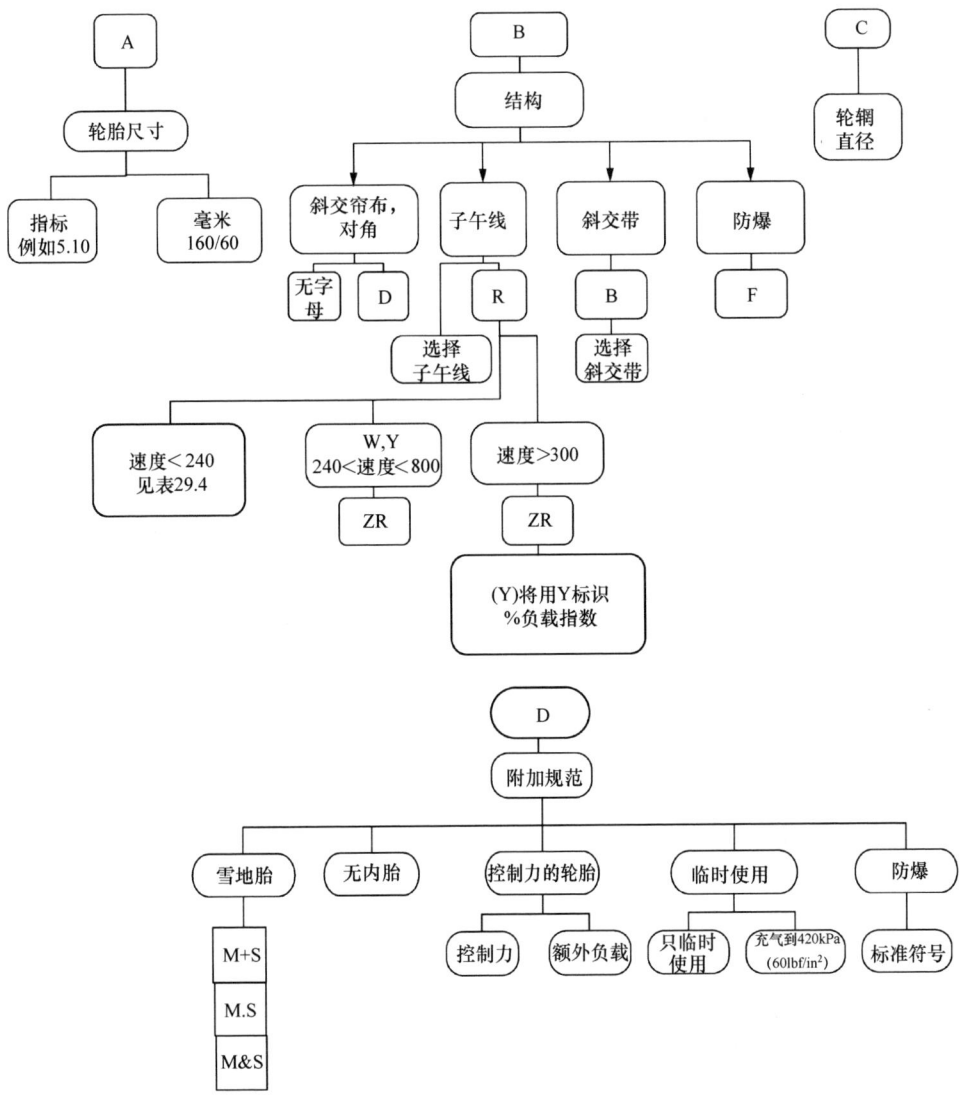

图 29.24　UN/ECE 轮胎标识方案

表 29.4～表 29.6，分别列出了轮胎负载能力和速度指标。

表 29.4　ECE 速度分类符号

速度分类符号	最大速度/(km/h)	速度分类符号	最大速度/(km/h)	速度分类符号	最大速度/(km/h)	速度分类符号	最大速度/(km/h)
L	120	R	170	H	210		
M	130	S	180	V	240		
N	140	T	190	W	270		
P	150	U	200	Y	300		
Q	160						

来源：联合国，用于机动车辆及其拖车充气轮胎认证的统一规定，UN/ECE 30，E/ECE324—2007。

表 29.5　负载能力指数

Li	kg	Li	kg	Li	kg	Li	kg
0	45	31	109	61	257	91	615
1	46.2	32	112	62	265	92	630
2	47.5	33	115	63	272	93	650
3	48.7	34	118	64	280	94	670
4	50	35	121	65	290	95	690
5	51.5	36	125	66	300	96	710
6	53	37	128	67	307	97	730
7	54.5	38	132	68	315	98	750
8	56	39	136	69	325	99	775
9	58	40	140	70	335	100	800
10	60	41	145	71	345	101	825
11	61.5	42	150	72	355	102	850
12	63	43	155	73	365	103	875
13	65	44	160	74	375	104	900
14	67	45	165	75	387	105	925
15	69	46	170	76	400	106	950
16	71	47	175	77	412	107	975
17	73	48	180	78	425	108	1000
18	75	49	185	79	437	109	1030
19	77.5	50	190	80	450	110	1060
20	80	51	195	81	462	111	1090
21	82.5	52	200	82	475	112	1120
22	85	53	206	83	487	113	1150
23	876.5	54	212	84	500	114	1180
24	90	55	218	85	515	115	1215
25	92.5	56	224	86	539	116	1250
26	95	57	230	87	545	117	1285
27	97.5	58	236	88	560	118	1320
28	100	59	243	89	580	119	1360
29	103	60	250	90	600	120	1400
30	106						

注：Li 为负载能力指数；kg 为静止在单轮承载的车辆质量。

如果速度大于 210km/h，负载指数（Li）根据表 29.6 给出的值修改。对于中间速度，通过线性插值确定。

如果速度小于 60km/h，负载指数（Li）根据表 29.7 给出的值修改。

前面表格给出的值保证了轮胎的基本功能，即在特定速度下承载给定载荷、转向和对地面施加牵引力/制动力。

表 29.6　大于 210km/h 的速度分类符号

速度分类符号	最大速度/(km/h)	最大额定载荷（%）
V	215	98.5
	220	97
	225	95.5
	230	94
	235	92.5
	240	91

(续)

速度分类符号	最大速度/(km/h)	最大额定载荷(%)
W	240	100
	250	95
	260	90
	270	85
Y	270	100
	280	95
	290	90
	300	85

表 29.7 速度小于 60km/h 的最大载荷

最大速度/(km/h)	最大额定载荷(%)
25	142
30	135
40	125
50	115
60	110

29.5.1.2 轮胎尺寸

在 ECE 标准法规 30[22-23] 中，定义了轮胎尺寸。横截面宽度取决于轮胎安装的轮辋，如图 29.25 所示。横截面宽度和轮辋宽度之间的关系，由如下式给出

$$S = S_1 + k(A - A_1)$$

式中，S 为实际横截面宽度（mm）；S_1 为名义横截面宽度，按规定轮胎指定的胎侧给出的宽度（mm）；A 为实际轮辋的宽度（mm）；A_1 为参考轮辋的宽度（mm）；k 等于 0.4，它的更多的细节在标准中给出[23]。

外直径可以采用如下公式计算

$$D = d + 2H$$

式中，D 为外（整体）直径（mm）；d 为常规的轮辋直径（mm）；H 为名义横截面高度（mm），$H = 0.01 S_1 R_a$，其中 S_1 为名义横截面宽度（mm），R_a 为名义纵横比，在轮胎外形尺寸中在胎侧上给出。

对于斜交帘布或子午线/防爆轮胎，制造轮胎可接受的较高宽度值分别达到 6% 或 4%。如果轮胎有用于保护轮毂的特殊肋，宽度可以比名义值超过 8mm。

轮胎的外部直径（外/总体）不能超过 D_{min} 和 D_{max} 的值，由下列公式获得

$$D_{min} = d + 2Ha$$
$$D_{max} = d + 2Hb$$

式中，H 和 d 已经在前面定义，$H = 0.5(D - d)$；$a = 0.97$；对于子午线或防爆轮胎 $b = 1.04$，对于对角或斜交-带轮胎 $b = 1.08$。

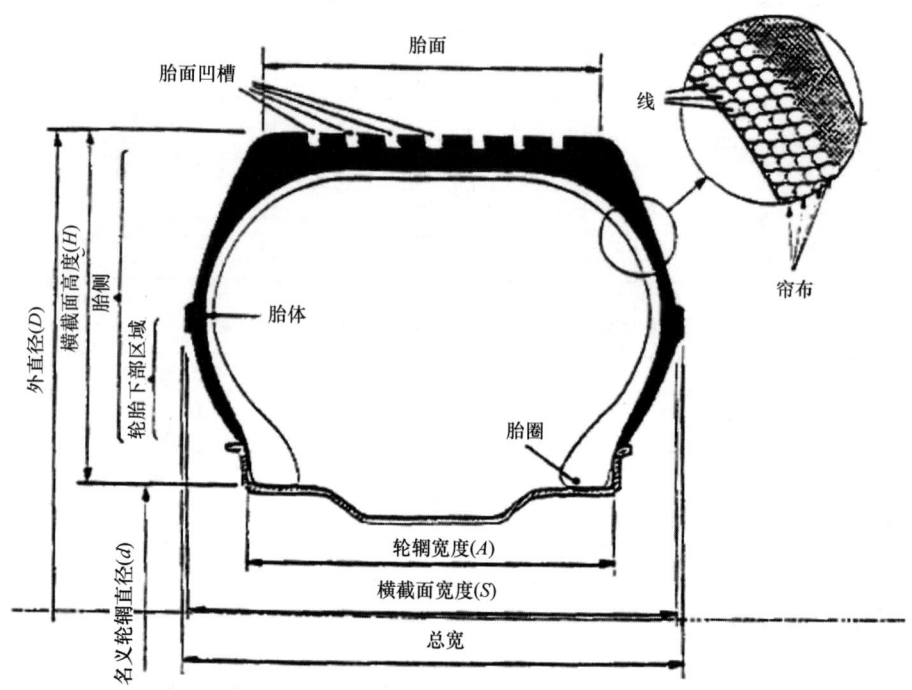

图 29.25 用于机动车辆及其拖车充气轮胎认证的统一规定的轮胎尺寸

对于雪地胎，最大允许的外直径是 $1.01 D_{max}$。

在 UN/ECE 30 的附件 6 中[23]，给出了测试轮胎尺寸的过程。

29.5.1.3 负载和速度性能测试

在 UN/ECE 30 的附件 7 中[23]，给出测试轮胎完整性的过程。

轮胎要放置在测试轮辋上，然后根据表 29.8 进行充气。对于 T（临时使用）轮胎，采用等于 4.2bar⊖ 的压力。

评价轮胎完整性的过程，如图 29.26 所示。基本上，轮胎充气，在 80% 的负载指数下加载，使速度达到接近最大速度。然后，通过增加 10km/h 的步长（持续 10min）达到通过速度指数定义的最大速度，这样的速度要维持 20min。异常（和技术细节）在文献 [23] 中报告，如图 29.26 所示。例如，1.7m 的车轮（鼓）、标识 H 的子午线轮胎（速度指标 210km/h）和负载指数 100（800kg）的测试按照如下组织：轮胎充气到 2.8bar，加载到 640kg，在 10min 内速度升到 170km/h；然后，速度增加到 180 km/h 保持 10min、190 km/h 保持 10min 和 200 km/h 保持 20min。

⊖ 1bar = 100kPa。

表 29.8　用于负载和速度性能测试的充气压力　　　　（单位：bar）

速度类别	对角（斜交 – 帘布）斜交带轮胎			子午线/防爆系统		斜交带轮胎标准
	4	6	8	标准	增强	
L、M、N	2.3	2.7	3.0	2.4	2.8	
P、Q、R、S	2.6	3.0	3.3	2.6	3.0	2.6
T、U、H	2.8	3.2	3.5	2.8	3.2	2.8
V	3.0	3.4	3.7	3.0	3.4	
W				3.2	3.6	
Y				3.2	3.6	

来源：联合国，用于机动车辆及其拖车充气轮胎认证的统一规定，UN/ECE 30，E/ECE 324—2007。

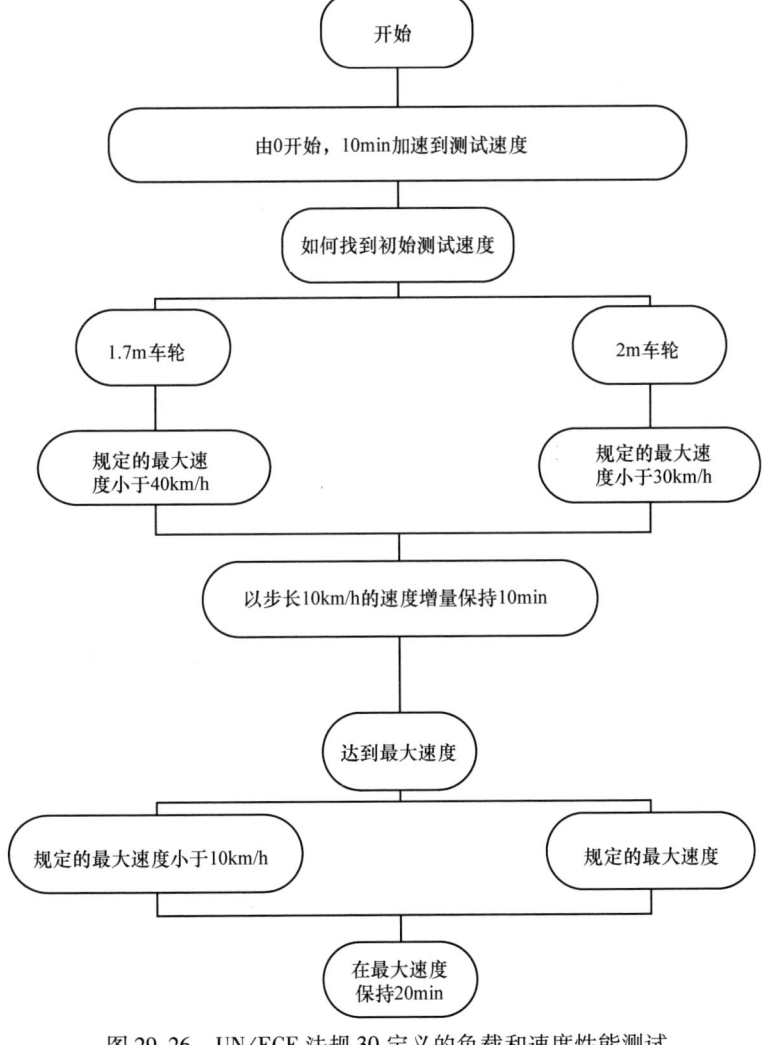

图 29.26　UN/ECE 法规 30 定义的负载和速度性能测试

对于属于 Y 速度类别的轮胎，如图 29.24 所示，完成特殊的试验以便评价高速下的完整性，见文献 [23] 的附件 7。

在轮胎经受载荷和速度试验后，如果没有表现任何的胎面分离、帘布分离、线分离、掉块或断线，则应当视为通过了测试。掉块意味着橡胶块由胎面脱离，线分离意味着线的部分与其橡胶涂层脱离，帘布分离意味着相邻帘布的分离，胎面分离意味着胎体与胎面的分离。

在负载和速度性能试验后，轮胎外直径不得超过测试前外直径的 ±3.5%。

即使轮胎胎面起泡，也视为 Y 速度类别轮胎通过测试。对于防爆轮胎，除了如图 29.27 所述的测试外，图 29.27 也显示了完整性测试，它指放气运行条件测试。在测试结束时，测试变形的横截面高度（Z_2）。计算变形横截面高度与测试前变形横截面高度的百分率变化

$$\frac{Z_1 - Z_2}{Z_1} \times 100\%$$

变形的横截面高度根据文献 [24] 中的标准测试。如果这一数值高于 20% 且没有其他可见缺陷，则轮胎通过测试。

29.5.1.4 轮胎认证

认证对应于对轮胎的认可，公共管理部门确认制造商取得符合标准的产品。以往的认证，从 DOT 或 ECE 标准中获得。

29.5.2 DOT FMVSS139 测试

DOT 标准[25-26]发布了类似前面部分[27]的完整性测试，规定了脱圈阻力、强度、耐久性和高速性能试验。一种轮胎需要三个样本，一个用于测试胎圈脱圈和强度，一个用于轮胎耐久性，最后一个用于高速测试。

29.5.2.1 轮胎尺寸

轮胎尺寸要有限制，按照制造商规定的充气压力，如图 29.28 所示。

29.5.2.2 胎圈脱圈测试

要清洁轮胎，使胎圈干燥，按照指定的压力放置在一个喷漆和清洁的轮辋上，不能使用润滑剂和附着剂。对于这种测试，要提供特殊的结构，如图 29.29 所示。

需要在胎侧上距离轮辋指定的距离施加负载进行测试，增加率一般设置为 50mm/mm，初始载荷臂位置平行于轮胎和轮辋。如果胎圈脱圈或达到指定的负载值，则停止测试。为了覆盖每次测试之间的 90°位移，这个过程要重复进行。

测试在小于参考压力下进行，负载施加到胎侧的指定位置。负载在文献 [27] 给出，取决于轮胎尺寸，范围为 6700 ~ 11100N。

第29章 充气轮胎：构造和测试

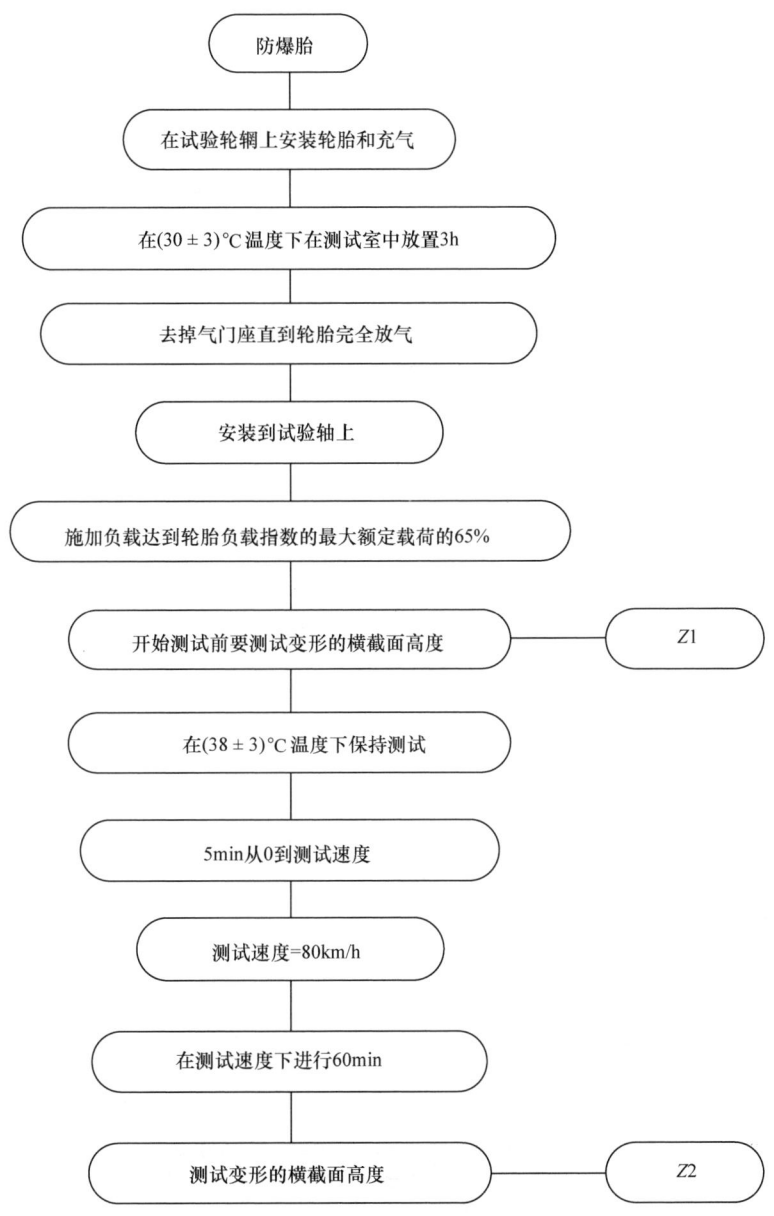

图29.27 防爆胎的完整性测试

29.5.2.3 轮胎强度

测试包括迫使19mm（3/4in）直径的圆柱形钢柱塞的半球形末端垂直进入胎面肋，尽可能接近轮胎的中心，避免侵入胎面沟槽，采用50mm/min速率进行。每72°重复测试，轮胎按照文献［27］指定的压力充气和调整。

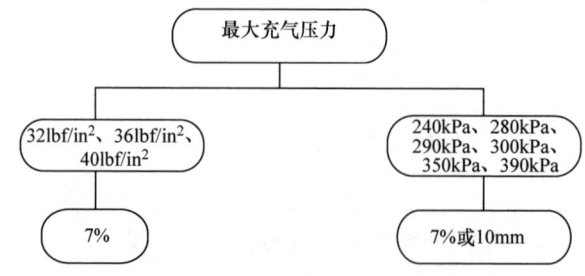

图 29.28　DOT 测试的最大充气压力

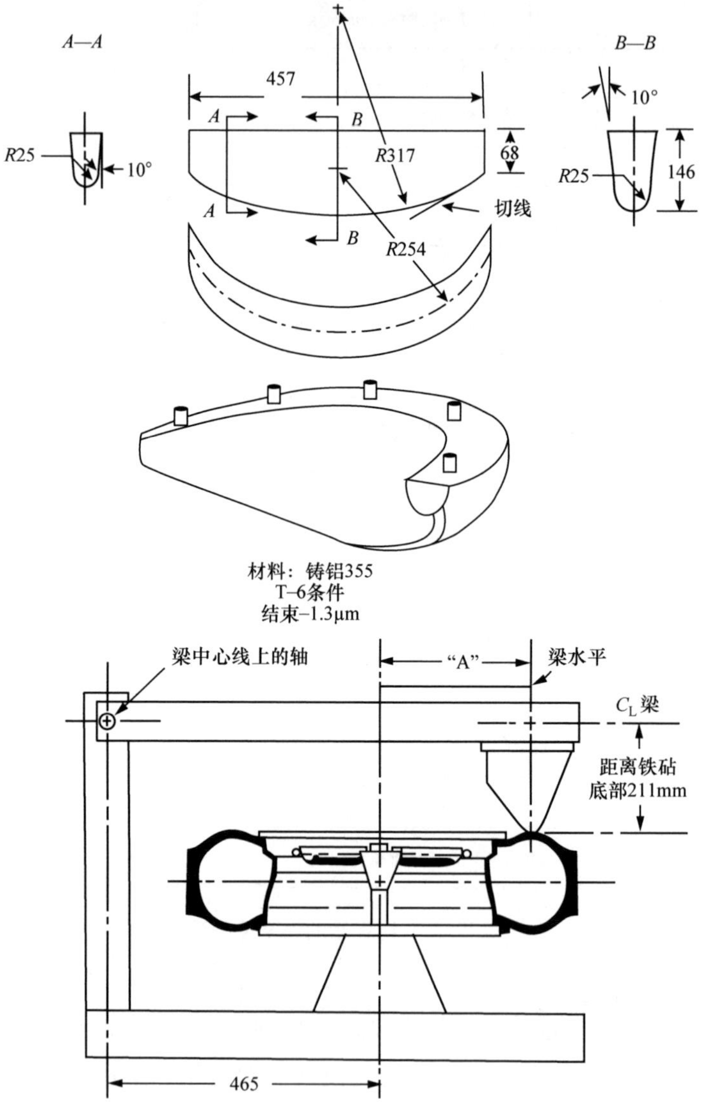

图 29.29　胎圈脱圈测试装置

力以 kgf（lbf）记录，侵入以 mm（in）记录，对于每次负载应用的能量以 J 计算。在柱塞达到轮辋停止前，如果轮胎不破裂，记录到达轮辋时的力和侵入，按下式中使用这些值进行计算

$$W = \frac{FP}{2}$$

式中，W 为能量；F 为最大力，P 为最大侵入。

破裂能量的最后值，是 5 次测试的平均。

如果前四种应用中没有一种导致胎体破坏低于最小能量值，则第五种最后（最后一种）柱塞应用应超过套管破坏的最小极限或轮胎对轮辋的压缩点，以首先发生的情况为准。

要求的最小静态破裂能，见表 29.9。

表 29.9　轮胎强度测试要求（最小静态破裂能）

负载范围 时间特性 柱塞直径 （mm 和 in）	轻型货车，17.5in 或较小的轮辋无内胎		内胎类型		无内胎	
	29.95J	3/4 * in. lb	31.75J	$1\frac{1}{4}$ * in. lb	J	in lb
A	225	2000				
B	293	2600				
C	361	3200	768	6800	576	5100
D	514	4550	892	7900	734	6500
E	576	5100	1142	12500	971	8500
F	644	5700	1785	15800	1412	12500
G	711	6300				
H	768	6800				
负载范围 时间特性 柱塞直径 （mm 和 in）	内胎类型		无内胎	
	(38.10) J	(11/2 *) in. lb	J	in. lb
G	2282	20200	1694	15000
H	2598	23000	2090	18500
J	2824	25000	2203	19500
L	3050	27000		
M	3220	28500		
N	3389	30000		

来源：NHTSA，用于 FMVSS 129 的试验室测试程序，用于轻型车辆新的充气子午线轮胎，华盛顿特区，2006 年 1 月。

注：对人造丝帘线轮胎，适用的能量值是表中值的 60%。

29.5.2.4　轮胎耐久性

不同于 ECE 标准的高速测试（见 29.5.1），耐久性测试基本上是疲劳损坏

过程，就是最大速度下的完整性测试。

轮胎安装在轮辋上，根据标准[27]充气，在一个房间内维持（100±5）℉ [（38±3）℃]。轮胎被压在直径为67.23in（1708mm）的车轮上，测试速度按照120km/h实施，按照表29.10的规定设置负载。

如果压力没有下降，同时轮胎符合所有外观检验标准，即胎面、胎侧、帘布、线、内衬、带，均没有胎圈分离、掉块、开胶、裂缝、断线等目视检验问题，则轮胎通过测试。

表29.10 用于DOT轮胎耐久性测试施加的负载

测试时间/h	额定负载百分比（%）
4	85
6	90
24	100

29.5.2.5 低压测试

完成轮胎耐久性测试后，按照先前的部分，进行低压测试，使用同样的轮胎和轮辋总成。轮胎要放气到适当的压力[27]，对于乘用车轮胎，压力是1.4bar或1.6bar。

测试条件（诸如温度）类似于耐久性测试。在120km/h速度和100%的负载能力下，测试持续90min。在完成90min测试后的15~25min，压力应当不小于初始压力的95%，还要进行其他的外观检验。

29.5.2.6 高速性能

测试条件（诸如温度）类似于耐久性测试。轮胎安装在轮辋上，根据标准进行充气[27]。轮胎被压在直径为67.23in（1708mm）的车轮上，负载设置到最大负载能力的85%。

磨合周期应当在80km/h下至少进行2h。运行结束后，允许冷却卸载轮胎。

在冷却循环后，30min内开始主要测试。所有的测试周期（140km/h、150km/h和160km/h）每种不中断运行30min。

如果压力不下降，并且如前面的测试一样没有检测到损坏，则测试通过。

29.5.3 内部试验测试

在整个轮胎生产过程中，从设计阶段开始到当前的生产过程（质量控制），都要进行测试。

在每个公司内部，要确定和使用特定（严格）的标准，其中许多是要完成测试的说明。这些测试可以分类描述，如图29.30所示。

29.5.3.1 类型A测试

典型的标准提供了如何评价轮胎结构完整性的信息，如图29.31所示。

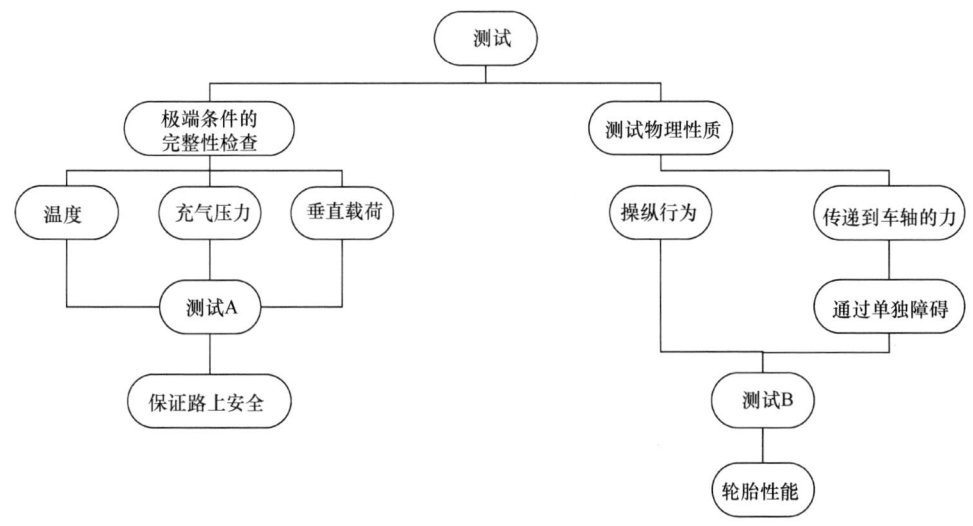

图 29.30　典型的内部试验测试

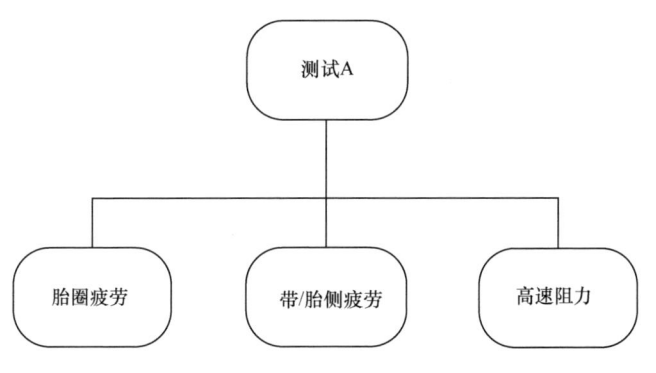

图 29.31　类型 A 测试

在转鼓上，疲劳试验以特定的压力、速度、垂直载荷和外部温度条件进行，目的是找到失效发生的旋转次数。测试结束时的失效，可以是由于剪切作用导致的带边缘分离，也可以是胎圈的分离。调校测试参数，以便再现在目标市场所需的失效。

29.5.3.2　类型 B 测试

本章不处理操纵测试，见本书的其他章节，下面讨论平顺性问题。

1. 平顺性测试

已经提出用于确定轮胎刚性环模型的参数技术，这种模型可以用于研究 0 ~ 100Hz 的平顺性和制动问题。

这种技术用于确定模型的参数，包括直接测试（质量、惯性矩、刚度）和识别某些参数的方法。

轮胎建模为刚性环[28]，如图 29.32 所示。

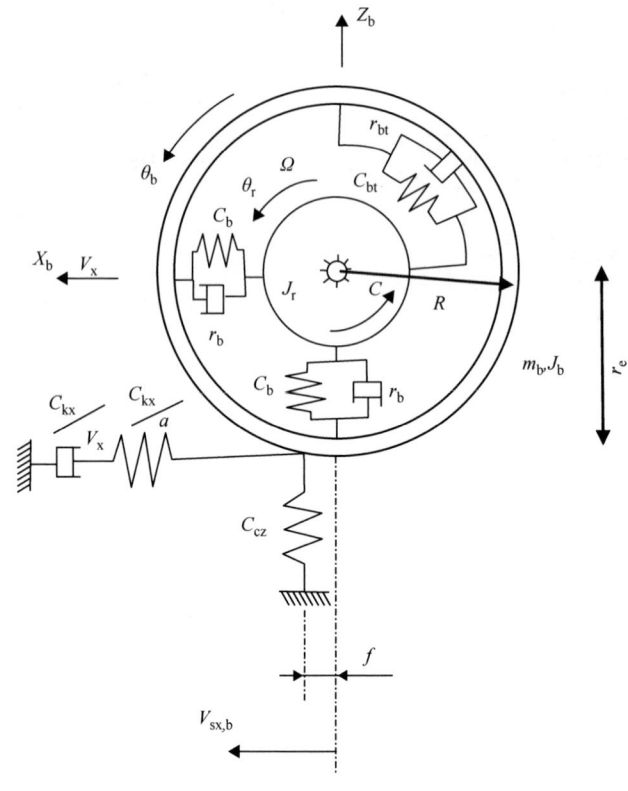

图 29.32　刚性环模型

模型通过如下参数描述：
① 刚性环的质量 m_b 和转动惯量 J_b（胎面、带和胎体的质量和惯性矩）。
② 车轮的转动惯量 J_r，包括轮胎的一部分（胎圈）转动惯量。
③ 轮胎的有效滚动半径 r_e，等于刚性环的半径 R。
④ 径向 c_b 和扭转 c_{bt} 的结构刚度：分别表示轮胎充气时，胎侧和胎体的弹簧的充气刚度。
⑤ 引入考虑接触区（印迹）变形的垂直刚度 c_{cz}。
⑥ 对应于④和⑤刚度的阻尼参数：r_b、r_{bt}。
⑦ 在接地印迹考虑纵向滑移的一阶模型（阻尼器和弹簧串联）中，定义如下参数：
a. 纵向滑移刚度 $c_{kx} = 2a^2 C_p$，其中 C_p 为单位长度的胎面刚度。
b. 接地印迹长度 $2a$。
c. 车轮向前速度 V_x。

d. 滑移速度 $V_{sx,b}$。

描述模型行为的运动方程,在文献 [30] 中给出了以下相关参数。

要直接测试的参数为

$$m_b; \ J_b; \ J_r; \ c_{bt}; \ r_{bt}; \ c_{kx}; \ r_e; \ a$$

要识别的参数为

$$c_b, \ r_b, \ c_{cz}$$

(1) 接地印迹长度 $2a$ 的测试

考虑到轮胎的接地印迹随着向前速度改变(采用静态轮胎完成的测试,与采用滚动轮胎的测试是非常不同的),通过对安装在车辆上的轮胎经过"玻璃板"进行照相,完成测试。测试时,相机安放在路面下,路面上覆盖着玻璃板。长度 $2a$ 的典型值(静态载荷下)在 50~150mm。

(2) 质量参数测试

扭转摆[30]用于测试车轮(轮辋加轮胎)的转动惯量 J_{TOT},轮胎的转动惯量 J_p 由下式确定

$$J_p = J_{TOT} - (J_m + J_c)$$

式中,J_m 为轮毂的转动惯量;J_c 为轮辋的转动惯量。

J_p 和 J_c(轿车轮胎)的典型值分别为 0.4~1.2kg·m² 和 0.15~0.35kg·m²。轮胎的转动惯量 J_p 基本上可以分为胎面橡胶的转动惯量+带+胎体 J_b 和与胎圈有关的转动惯量,通常 $J_b = 2/3 J_p$。

在图 29.33 所示的模型中,J_r 要考虑胎圈的转动惯量。

参数 m_b(刚性环的质量)是 $m_b = J_b/R^2$,$r_e = R$。

(3) 刚度 c_{bt} 和阻尼 r_{bt} 的测试

采用电激振器测试 c_{bt} 和阻尼 r_{bt}。激振器对轮辋产生交替旋转,而轮胎安装在轮辋上。测试轮辋和轮胎各自的角加速度 a_C 和 a_B(即胎面+带+胎体),两个加速度之比与激励频率 Ω 的函数提供了测试的传递函数 $H^{(s)}(\Omega)$

$$H^{(s)}(\Omega) = \frac{a_B(\Omega)}{a_C(\Omega)}$$

典型的传递函数 $H^{(s)}(\Omega)$,如图 29.33 所示。

应当注意的是,$H^{(s)}(\Omega)$ 也可以表示为

$$H^{(s)}(\Omega) = \frac{-\Omega^2 \vartheta_B}{-\Omega^2 \vartheta_C} = \frac{\vartheta_B}{\vartheta_C}$$

式中,ϑ_B 和 ϑ_C 分别为测试的胎面和轮毂的转角。

考虑刚性环的转动惯量 J_b 通过扭转弹簧 C_{bt} 和阻尼器 r_{bt} 与轮辋的转动惯量 J_r 连接,由胎面转角 ϑ_b 和轮辋转角 ϑ_r 获得的计算传递函数 $h^{(c)}(\Omega)$ 为

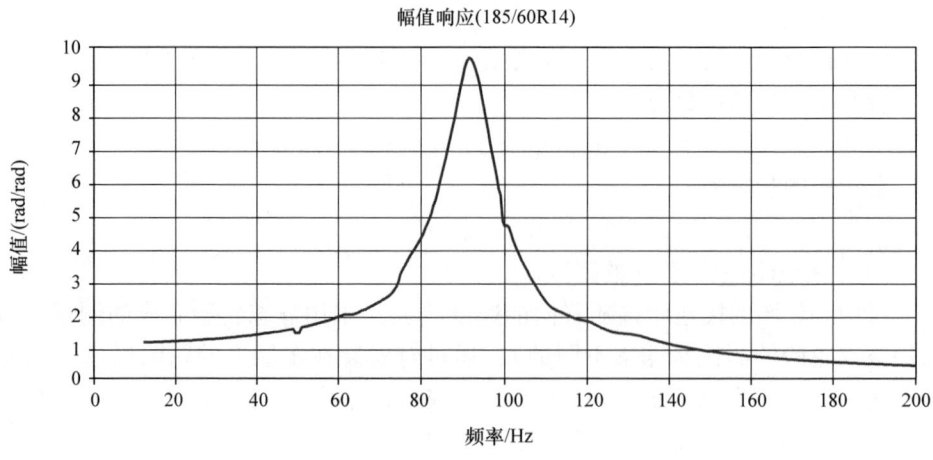

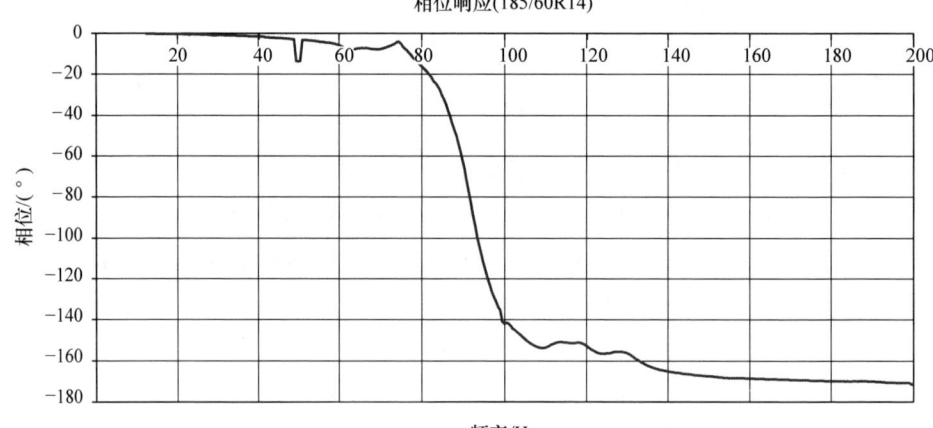

图 29.33 轿车轮胎测试的传递函数 $H^{(s)}$ （Ω）

$$h^{(c)}(\Omega) = \frac{\vartheta_b}{\vartheta_r} = \frac{i\Omega r_{bt} + c_{bt}}{-\Omega^2 J_b + i\Omega r_{bt} + c_{bt}}$$

通过给定 J_b 的适当值，识别参数 C_{bt} 和 r_{bt} 是可能的。

获得的 c_{bt} 和 r_{bt} 的典型值分别为 18~25N·m·s/rad 和 80~150kN·m·s，rad。

(4) 滑移刚度 c_{kx} 的测试

参数 c_{kx} 表示接地印迹内胎面的纵向刚度，取决于化合物、胎面花纹以及轮胎 - 路面接触面积的扩展（因此对应垂直载荷）。测力的拖车可以用于测试纵向刚度，也可以将轮胎放在平带机上进行测试。施加的纵向滑移是 $V_{sx} = V_x - r_e\Omega$，测试纵向力 F_x，如图 29.34 所示。对于小的 V_{sx}，$c_{kx} = \Delta F_x / \Delta V_{sx}$。这个方法类似于文献 [29] 给出的方法。

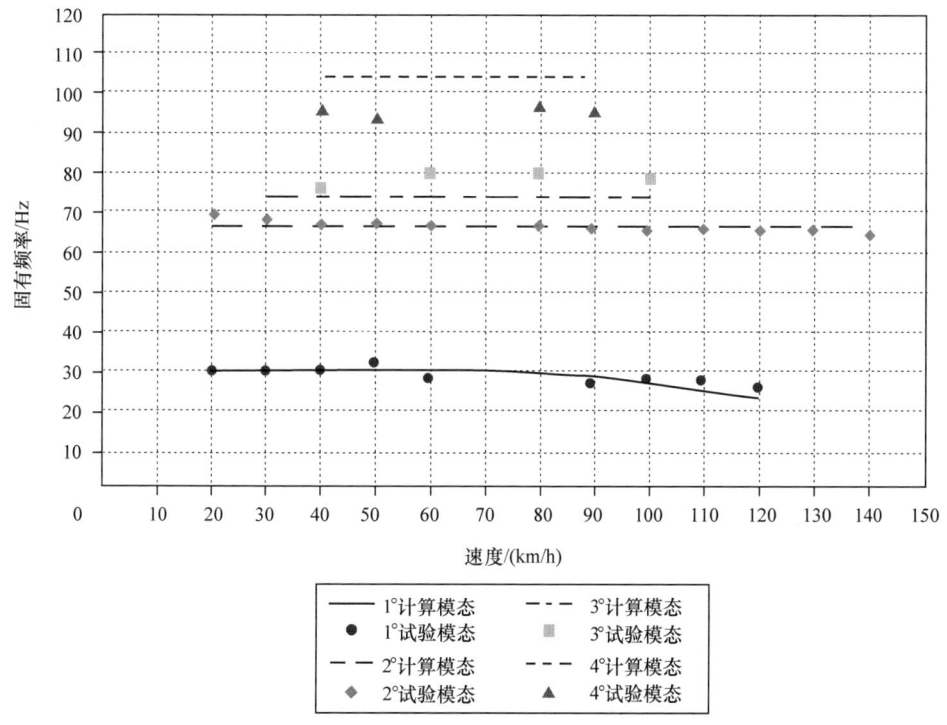

图 29.34 滚动轮胎的试验和计算的平面固有频率,计算通过图 29.32 所示的模型完成

获得的 c_{kx} 的典型值为 20000~150000N,它强烈依赖于垂直载荷。

2. 轮胎的楔块测试

为了识别 c_b、r_b 和 c_{cz},要导出垂直平面内轮胎的固有频率和阻尼值。测试涉及车轮驶过障碍,在固定的测试毂上安装车轮,让其在转鼓上滚动[30]。信号作为时间的函数,在轮毂上测试纵向力和垂向力,它由障碍激励产生。通过适当的信号分析[30],估计出 30~130Hz 范围内主要平面振动模态的频率和阻尼值。这些模态通常是四阶[29,30],取决于前向的速度,如图 29.35 所示。最后,利用如图 29.32 所示系统模型的运动方程,计算参数 c_b、r_b 和 c_{cz},具体过程在文献[30] 中给出。

确定的 c_b、r_b 和 c_{cz} 的典型值,分别为 (8~20) ×10^5N、200~500N·s/m 和 100~300kN/m。

29.5.4 其他标准或法规

除了前面报告的有关历史的法规和标准外,在撰写本书时,下面的法规或标准已经颁布或即将颁布。

① ISO 4000。该标准分成两个部分,第一个部分说明轮胎的名称、尺寸和

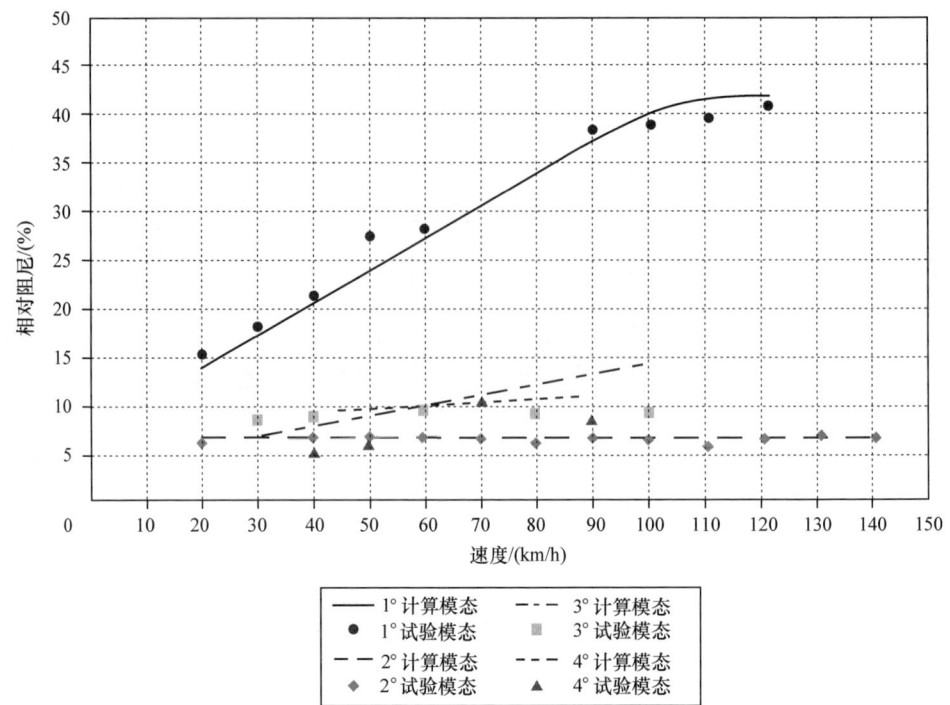

图 29.35 滚动轮胎的试验和计算的阻尼（r_b），计算通过图 29.32 的模型完成

负载评级指标——主要用于乘用车轮胎系列，第二部分说明轮辋。

② ISO 28580。该标准规定了用于可控实验室条件下测试滚动阻力的方法，主要用于乘用车、货车和客车设计的新充气轮胎，不包含临时使用的轮胎。标准包括允许对多个实验室测试结果进行比较的关联方法，应用这种方法，使得新测试轮胎的滚动阻力在处于向前直行自由滚动、处于垂直于转鼓外表面位置和稳态条件下可以进行比较。在测试轮胎滚动阻力时，在大得多的垂向力存在情况下测试小的力是必需的。因此，必须使用足够精度的设备和仪器。

③ ISO 15222。该标准规定了相对湿式制动的性能指标测试方法，参照了加载条件下商用车辆在湿路面上使用新轮胎的测试方法。

④ EC 661/2009 法规。该法规涉及用于机动车辆及其拖车、系统、部件和单独技术单元的通用安全要求型式认证要求，包括对轮胎湿抓地性、滚动阻力和滚动噪声的要求。该法规涉及 E/ECE – 324/Rev. 2/Add. 116/Rev. 2、E/ECE/TRANS – 505/Rev. 2/Add. 116/Rev. 2 法规 117 号。法规中统一了关于轮胎的滚动、声辐射、湿路面附着和/或滚动阻力的认证规定。

⑤ ASTM 1805。该标准给出了在雪和覆冰的路面直线行驶的单轮驱动的牵引测试方法。

29.6 结论

轮胎是一个复杂的装置。在其发明超过 100 年后，仍存在大量的理论和试验空白有待解决。在未来，轮胎预计将持续朝向更便宜和更有效的过程发展，新材料会显著改变轮胎的生产和性能。

参 考 文 献

1. Mortensen, A., *Concise Encyclopedia of Composite Materials*, Elsevier, Amsterdam, the Netherlands, 2007.
2. www.pirelli.com
3. Clarks, S. (ed.), *Mechanics of Pneumatic Tyres*, U.S. Department of Transportation, National Highway Traffic Safety Administration, Washington, DC, 1980.
4. www.aipma.net/info/plasticprocess.htm
5. *The Tyre Digest*, Edouard Michelin, Watford, U.K., 2002.
6. www.iisrp.com
7. Walter, J.D., Gent, A. (eds.), *The Pneumatic Tyre*, NHTSA, Washington, DC, 2005.
8. www.carbon-black.org
9. Donnet, J.B. et al., *Carbon Black Science and Technology*, Marcel Dekker, New York, 1993, ISBN 082478975X, 9780824789756.
10. www.etrma.org
11. Donnet, J.B., Voet, A., *Carbon Black: Physics, Chemistry, and Elastomer Reinforcement*, Marcel Dekker, New York, 1976, ISBN 0824763459, 9780824763459.
12. www.p2pays.org/ref/11/10504/html/intro/tire.htm
13. www.emt-india.net/process/tyre/tyre.htm
14. Alliger, G., Sjothun, I.J., *Vulcanization of Elastomers*, Reinhold Publishing Co., New York, 1963.
15. Niyogi, U., *Polymer Additives and Compounding*. Shri Ram Institute for Industrial Research, Delhi, India, 2007.
16. Scheiderich, R.F. et al., Method for preparing tire curing bladder lubricant. U.S. patent 4509984.
17. James, M., Burak, E., *Science and Technology of Rubber*, Elsevier, San Diego, CA, 2005.
18. www.us-tra.org
19. www.etrto.org
20. Regulation (EC) No 1222/2009 of the European Parliament and of the Council of 25 November 2009 on the labelling of tyres with respect to fuel efficiency and other essential parameters.
21. Commission Regulation (EU) No228/2011 of 7 March 2011 amending Regulation (EC) No1222/2009 of the European Parliament and of the Council with regard to the wet grip testing method for C1 tyres.
22. www.unece.org
23. United Nations, Uniform provisions concerning the approval of pneumatic tyres for motor vehicles and their trailers, UN/ECE Regulation 30, E/ECE324, 2007.
24. ISO 4000 Passenger car tyres and rims.
25. www.dot.gov
26. www.nhtsa.gov
27. NHTSA, Laboratory test procedure for FMVSS no. 139, New pneumatic radial tires for light vehicles, Washington, DC, January 2006.
28. Van Oosten, J., Pacejka, H.B., SWIFT-tyre: An accurate tyre model for ride and handling studies also at higher frequencies and short road wavelengths, *ADAMS User Conference*, Orlando, FL, June 2000.
29. Zegelaar, P.W.A., Pacejka, H.B., The in-plane dynamics of tyres on uneven roads, *Vehicle System Dynamics*, 14th IAVSD Symposium of Vehicles on Roads and Tracks, Ann Arbor, MI, August 21–25, 1995.

30. Mancosu, F., Matrascia, G., Cheli, F., Techniques for determining the parameters of a two-dimensional tire model for the study of ride comfort, *Tire Science and Technology, TSTCA*, 25(3), 187–213, July–September, 1997.
31. www.avontyres.com.au/technical/images/cutaway-passenger.jpg
32. www.2405.com/press-library/Hummer-H3-2006/cutaway-of-the-bridgestone-lt285-75r16c-33-inch-on-off-road-radial-tire.jpg
33. www.corryrubber.com/main/ns/67/category/7/doc/56
34. French, T., *Tyre Technology*, Adam Hilger, Bristol, U.K., 1989.
35. Mark, J. et al., *Science and Technology of Rubber*, Academic Press, New York, 1994.
36. www.sae.org
37. SAE, Passenger car tire performance requirements and test procedures, J918, 1970.
38. www.toyo.com/au
39. Jodry, C., Boynton, R., Determining product of inertia using a torsion pendulum, *41st Annual Conference of the Society of Allied Weight Engineers, Inc.*, San José, CA, May 17–19, 1982.
40. ASTM, Standard classification for carbon blacks used in rubber production, ASTM D1765, 2000.
41. ISO, Rubber—Determination of crystallization effects by hardness measurements, ISO 3387, 1994.
42. www.tirelitigation.com

Road and Off – Road Vehicle System Dynamics Handbook/by Giampiero Mastinu, Manfred Ploechl/ISBN: 9780849333224

Copyright © 2014 by CRC Press.

Authorized translation from English language edition published by CRC Press, part of Taylor & Francis Group LLC; All rights reserved. 本书原版由 Taylor & Francis 出版集团旗下，CRC 出版公司出版，并经其授权翻译出版，版权所有，侵权必究。

China Machine Press is authorized to publish and distribute exclusively the Chinese (Simplified Characters) language edition. This edition is authorized for sale throughout Mainland of China. No part of the publication may be reproduced or distributed by any means, or stored in a database or retrieval system, without the prior written permission of the publisher. 本书中文简体翻译版授权由机械工业出版社独家出版并限在中国大陆地区销售，未经出版者书面许可，不得以任何方式复制或发行本书的任何部分。

Copies of this book sold without a Taylor & Francis Sticker on the cover are unanthorized and illegal. 本书封面贴有 Taylor & Francis 公司防伪标签，无标签者不得销售。

北京市版权局著作权登记图字：01-2015-3497 号。

图书在版编目（CIP）数据

车辆系统动力学手册. 第3卷，子系统动力学/（意）吉亚姆皮埃罗·马斯蒂努（Giampiero Mastinu），（奥）曼弗雷德·普勒彻（Manfred Ploechl）主编；李杰等译. —北京：机械工业出版社，2020.9

（汽车先进技术译丛. 汽车技术经典手册）

书名原文：Road and Off – Road Vehicle System Dynamics Handbook

ISBN 978-7-111-65520-6

Ⅰ. ①车… Ⅱ. ①吉… ②曼… ③李… Ⅲ. ①车辆动力学-手册 Ⅳ. ①U270.1-62

中国版本图书馆 CIP 数据核字（2020）第 075568 号

机械工业出版社（北京市百万庄大街22号 邮政编码100037）
策划编辑：孙　鹏　责任编辑：孙　鹏　刘　煊
责任校对：张　征　封面设计：鞠　杨
责任印制：郜　敏
盛通（廊坊）出版物印刷有限公司印刷
2021年1月第1版第1次印刷
169mm×239mm·25.5 印张·2 插页·494 千字
0 001—1 500 册
标准书号：ISBN 978-7-111-65520-6
定价：169.00元

电话服务　　　　　　　网络服务
客服电话：010-88361066　机　工　官　网：www.cmpbook.com
　　　　　010-88379833　机　工　官　博：weibo.com/cmp1952
　　　　　010-68326294　金　书　网：www.golden-book.com
封底无防伪标均为盗版　机工教育服务网：www.cmpedu.com